ITQ 파워포인트 2016

Powerpoint 2016

합격의 행복 ITQ 파워포인트 2016 자료 다운로드 방법 다음 페이지

렉스미디어 자료 다운로드 받기

1. 렉스미디어 홈페이지(www.rexmedia.net)에 접속한 후 [자료실]-[대용량 자료실]을 클릭합니다. 그런 다음 렉스미디어 자료실 페이지가 나타나면 [수험서 관련]-[합격의 행복] 폴더를 클릭합니다.

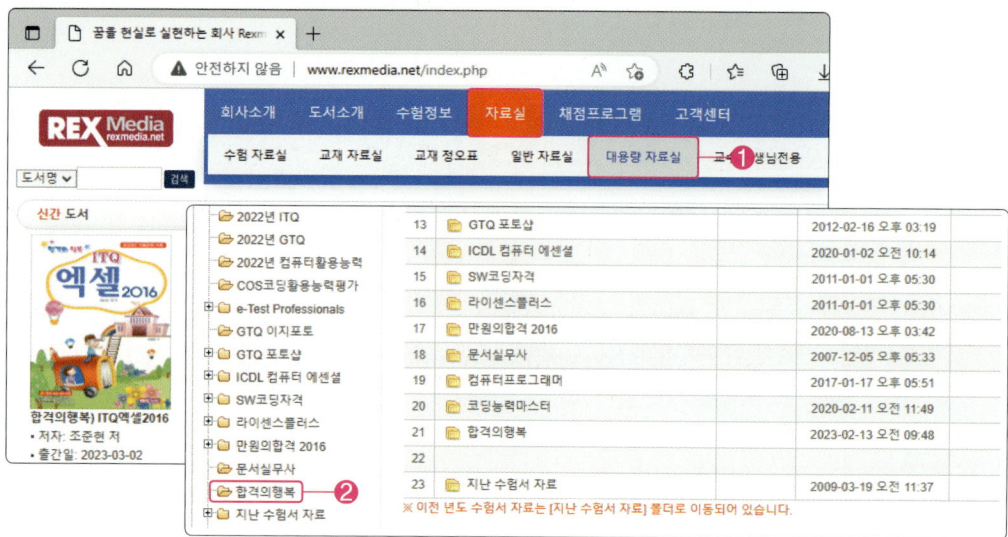

2. 합격의행복 페이지가 표시되면 [(합격의행복) ITQ 파워포인트2016.zip]을 클릭합니다.

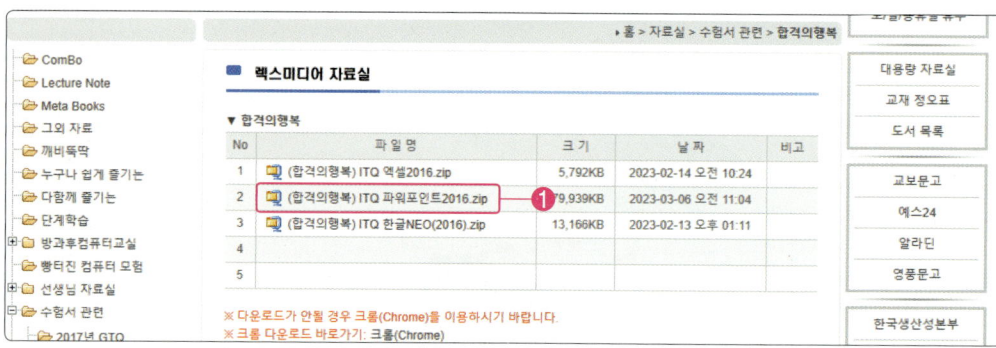

3. 파일 다운로드가 완료되면 [폴더에 표시]를 클릭합니다.

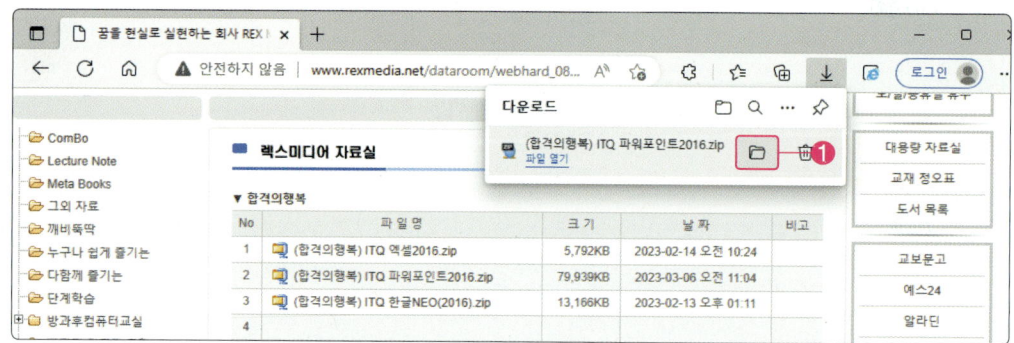

4. 파일 탐색기가 실행되면 파일을 압축 해제한 후 (합격의행복) ITQ 파워포인트2016 자료를 확인합니다.

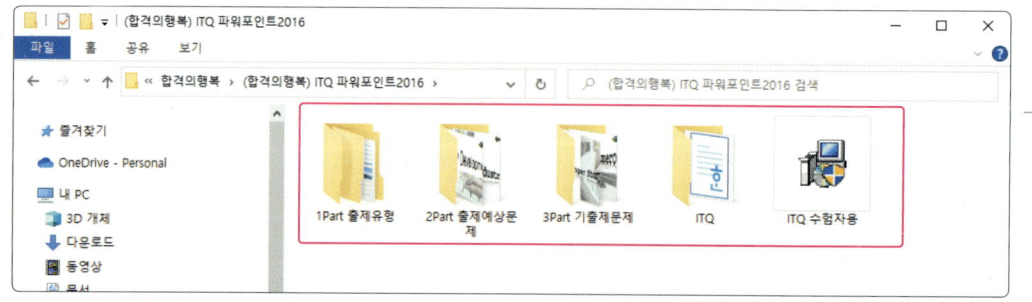

채점프로그램 다운로드 방법

1. 렉스미디어 홈페이지(www.rexmedia.net)에 접속한 후 **[채점프로그램]-[ITQ]를 클릭**합니다. 그런 다음 ITQ 채점프로그램 페이지가 나타나면 **[(합격의행복) ITQ 채점프로그램 [ver x.x.x]]을 클릭**합니다.

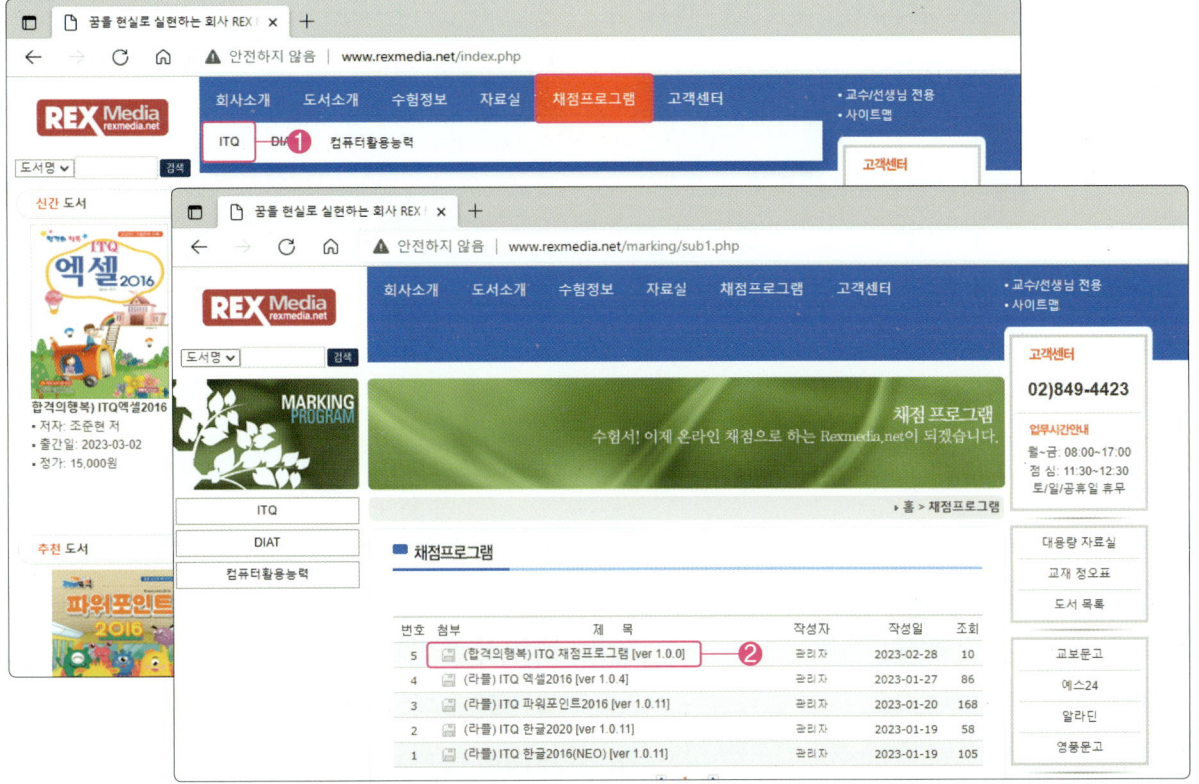

※ 채점 프로그램은 주기적으로 업데이트가 진행됩니다.

2. 채점프로그램 다운로드 및 설치를 완료한 후 채점을 진행합니다.

이 책의 차례

PART 01 출제유형 분석

- Chapter 1 · 수험자 유의사항 및 답안 작성요령 ············ 6
- Chapter 2 · 표지 디자인 ············ 12
- Chapter 3 · 목차 슬라이드 ············ 20
- Chapter 4 · 텍스트/동영상 슬라이드 ············ 33
- Chapter 5 · 표 슬라이드 ············ 38
- Chapter 6 · 차트 슬라이드 ············ 46
- Chapter 7 · 도형 슬라이드 ············ 54

PART 02 출제예상문제

- 제01회 출제예상문제 ············ 62
- 제02회 출제예상문제 ············ 66
- 제03회 출제예상문제 ············ 70
- 제04회 출제예상문제 ············ 74
- 제05회 출제예상문제 ············ 78
- 제06회 출제예상문제 ············ 82
- 제07회 출제예상문제 ············ 86
- 제08회 출제예상문제 ············ 90
- 제09회 출제예상문제 ············ 94
- 제10회 출제예상문제 ············ 98
- 제11회 출제예상문제 ············ 102
- 제12회 출제예상문제 ············ 106
- 제13회 출제예상문제 ············ 110
- 제14회 출제예상문제 ············ 114
- 제15회 출제예상문제 ············ 118
- 제16회 출제예상문제 ············ 122
- 제17회 출제예상문제 ············ 126
- 제18회 출제예상문제 ············ 130

PART 03 기출제문제

- 제01회 기출제문제(2023년 2월 A형) ······ 136
- 제02회 기출제문제(2023년 2월 B형) ······ 140
- 제03회 기출제문제(2023년 2월 C형) ······ 144
- 제04회 기출제문제(2023년 1월 A형) ······ 148
- 제05회 기출제문제(2023년 1월 B형) ······ 152
- 제06회 기출제문제(2023년 1월 C형) ······ 156
- 제07회 기출제문제(2022년 12월 A형) ······ 160
- 제08회 기출제문제(2022년 12월 B형) ······ 164
- 제09회 기출제문제(2022년 12월 C형) ··· 168
- 제10회 기출제문제(2022년 11월 A형) ··· 172
- 제11회 기출제문제(2022년 11월 B형) ··· 176
- 제12회 기출제문제(2022년 11월 C형) ··· 180
- 제13회 기출제문제(2022년 10월 A형) ··· 184
- 제14회 기출제문제(2022년 10월 C형) ··· 188
- 제15회 기출제문제(2022년 9월 A형) ······ 192
- 제16회 기출제문제(2022년 9월 B형) ······ 196
- 제17회 기출제문제(2022년 9월 C형) ······ 200
- 제18회 기출제문제(2022년 8월 A형) ······ 204

ITQ Powerpoint 2016

PART 01
출제유형 분석

Chapter 1 수험자 유의사항 및 답안 작성요령
Chapter 2 표지 디자인
Chapter 3 목차 슬라이드
Chapter 4 텍스트/동영상 슬라이드
Chapter 5 표 슬라이드
Chapter 6 차트 슬라이드
Chapter 7 도형 슬라이드

Chapter 01 수험자 유의사항 및 답안 작성요령

ITQ 파워포인트 시험에서는 파워포인트를 실행한 후 수험자 유의사항과 답안 작성요령에 따라 답안 작성을 준비한 다음 답안을 작성하며 답안은 KOAS 수험자용 프로그램을 사용하여 감독위원 PC로 전송합니다. 따라서 KOAS 수험자용 프로그램을 사용하는 방법과 수험자 유의사항과 답안 작성요령에 따라 답안 작성을 준비하는 방법 등에 대해 알고 있어야 합니다.

수험자 유의사항

- 수험자는 문제지를 받는 즉시 문제지와 **수험표상의 시험과목(프로그램)이 동일한지 반드시 확인**하여야 합니다.
- 파일명은 본인의 "수험번호-성명"으로 입력하여 답안폴더(내 PC\문서\ITQ)에 하나의 파일로 저장해야 하며, 답안문서 파일명이 "수험번호-성명"과 일치하지 않거나, 답안파일을 전송하지 않아 미제출로 처리될 경우 실격 처리합니다(예:12345678-홍길동.pptx).
- 답안 작성을 마치면 파일을 저장하고, '답안 전송' 버튼을 선택하여 감독위원 PC로 답안을 전송하십시오. 수험생 정보와 저장한 파일명이 다를 경우 전송되지 않으므로 주의하시기 바랍니다.
- 답안 작성 중에도 **주기적으로 저장하고, '답안 전송'**하여야 문제 발생을 줄일 수 있습니다. 작업한 내용을 저장하지 않고 전송할 경우 이전에 저장된 내용이 전송되오니 이점 유의하시기 바랍니다.
- 답안문서는 지정된 경로 외의 다른 보조기억장치에 저장하는 경우, 지정된 시험 시간 외에 작성된 파일을 활용할 경우, 기타 통신수단(이메일, 메신저, 네트워크 등)을 이용하여 타인에게 전달 또는 외부 반출하는 경우는 부정 처리합니다.
- 시험 중 부주의 또는 고의로 시스템을 파손한 경우는 수험자가 변상해야 하며, 〈수험자 유의사항〉에 기재된 방법대로 이행하지 않아 생기는 불이익은 수험생 당사자의 책임임을 알려 드립니다.
- 문제의 조건은 MS오피스 2016 버전으로 설정되어 있으니 유의하시기 바랍니다.
- 시험을 완료한 수험자는 답안파일이 전송되었는지 확인한 후 감독위원의 지시에 따라 문제지를 제출하고 퇴실합니다.

답안 작성요령

- 온라인 답안 작성 절차
  수험자 등록 ⇒ 시험 시작 ⇒ 답안파일 저장 ⇒ 답안 전송 ⇒ 시험 종료
- 슬라이드의 크기는 A4 Paper로 설정하여 작성합니다.
- 슬라이드의 총 개수는 6개로 구성되어 있으며 슬라이드 1부터 순서대로 작업하고 반드시 문제와 세부 조건대로 합니다.
- 별도의 지시사항이 없는 경우 출력형태를 참조하여 글꼴색은 검정 또는 흰색으로 작성하고, 기타사항은 전체적인 균형을 고려하여 작성합니다.
- 슬라이드 도형 및 개체에 출력형태와 다른 스타일(그림자, 외곽선 등)을 적용했을 경우 감점처리 됩니다.
- 슬라이드 번호를 작성합니다(슬라이드 1에는 생략).
- 2~6번 슬라이드 제목 도형과 하단 로고는 슬라이드 마스터를 이용하여 출력형태와 동일하게 작성합니다(슬라이드 1에는 생략).
- 문제와 세부조건, 세부조건 번호 ◯ (점선원)는 입력하지 않습니다.
- 각 개체의 위치는 오른쪽의 슬라이드와 동일하게 구성합니다.
- 그림 삽입 문제의 경우 반드시 「내 PC\문서\ITQ\Picture」폴더에서 정확한 파일을 선택하여 삽입하십시오.
- 각 슬라이드를 각각의 파일로 작업해서 저장할 경우 실격 처리됩니다.

작업순서요약

① 수험자 정보를 입력합니다.
② 답안 작성을 준비합니다.
③ 답안을 저장하고 KOAS 수험자용 프로그램을 이용하여 답안을 전송합니다.

STEP 01

수험자 등록하기

01 KOAS 수험자용 프로그램을 실행하기 위해 바탕화면에서 KOAS 수험자용 아이콘을 더블클릭합니다.

02 〔수험자 등록〕 대화상자가 나타나면 수험자와 수험번호를 입력한 후 수험과목(한글파워포인트)을 선택한 다음 〔확인〕을 클릭합니다.

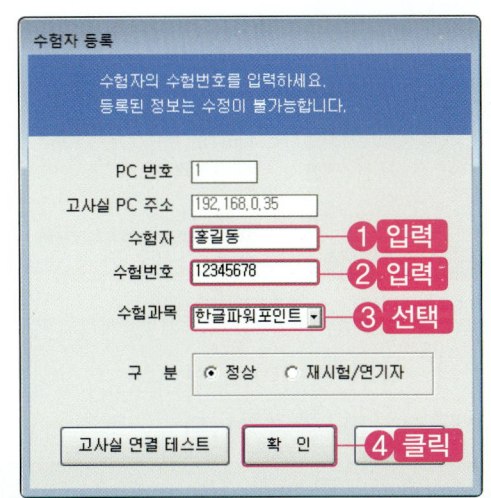

> 실제 시험에서는 수험번호(본인의 수험번호)만 입력합니다.

03 수험번호와 구분이 맞는지 묻는 대화상자가 나타나면 수험번호와 구분을 확인한 후 〔예〕를 클릭합니다.

04 〔수험자 정보〕 대화상자가 나타나면 수험번호, 성명, 수험과목, 좌석번호, 답안 폴더를 확인한 후 〔확인〕을 클릭합니다.

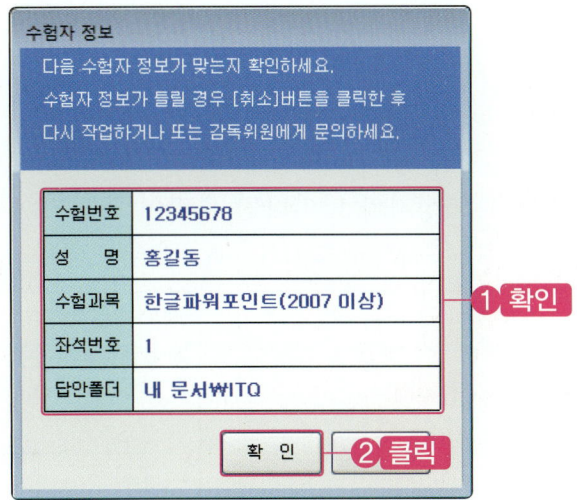

05 컴퓨터가 잠금 상태가 되면 〔확인〕을 클릭합니다.

- 시험에서는 감독위원이 시험을 시작할 때까지 대기합니다.
- 시험이 시작되면 바탕 화면 오른쪽 위에 KOAS 수험자용 프로그램이 나타납니다.

답안 작성 준비하기

01 파워포인트를 실행하기 위해 〔시작(■)〕을 클릭한 후 앱 뷰에서 〔PowerPoint(P)〕을 클릭합니다.

02 파워포인트 시작 화면이 나타나면 〔새 프레젠테이션〕을 클릭합니다.

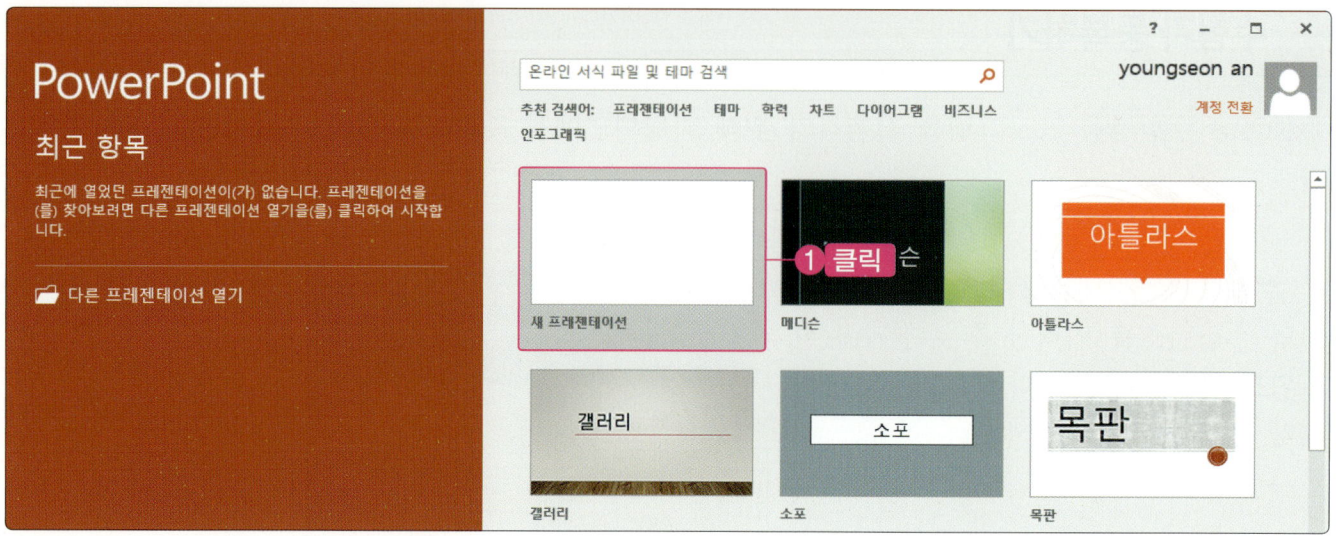

03 파워포인트 화면이 나타나면 슬라이드 크기를 지정하기 위해 〔디자인〕 탭을 클릭한 후 〔슬라이드 크기〕-〔사용자 지정 슬라이드 크기〕를 클릭합니다.

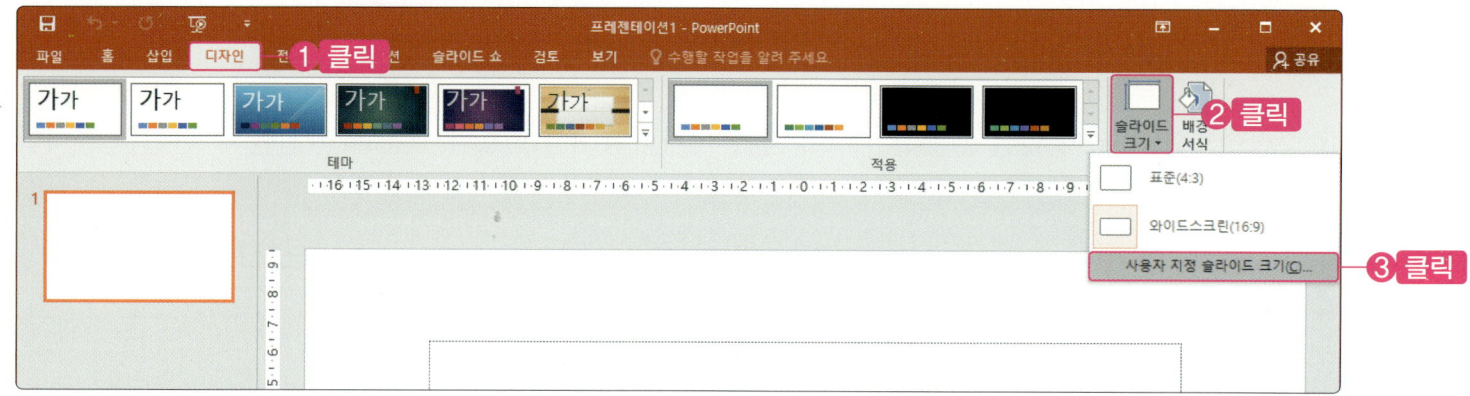

04 〔슬라이드 크기〕 대화상자가 나타나면 슬라이드 크기(A4 용지(210×297mm))를 선택한 후 〔확인〕 단추를 클릭합니다. 그런다음 〔Microsoft PowerPoint〕 대화상자가 나타나면 〔맞춤 확인〕을 클릭합니다.

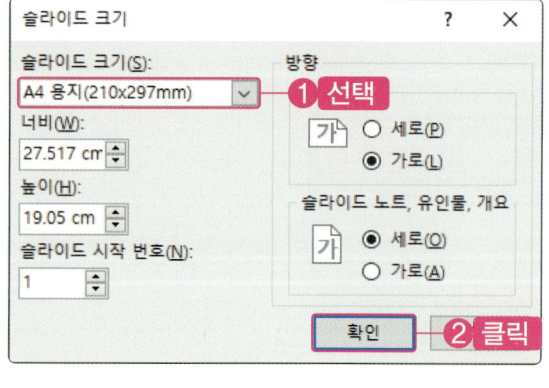 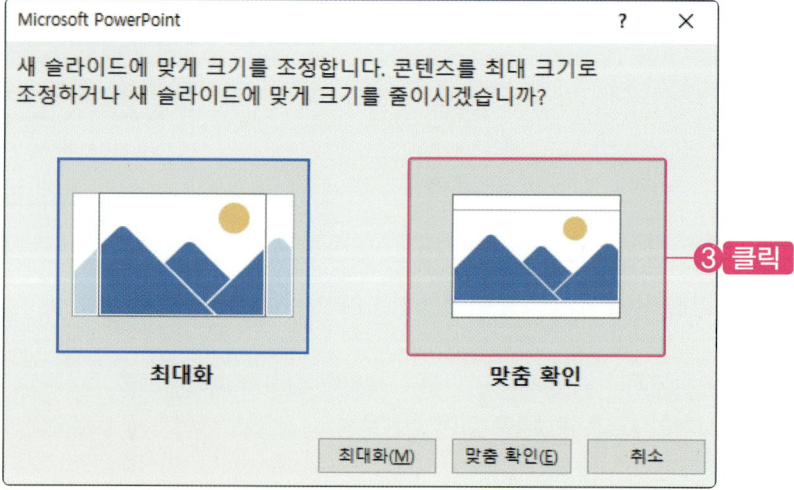

05 표지 슬라이드에 표시된 제목 및 부제목 개체틀을 삭제하기 위해 Ctrl+A를 눌러 모두 선택한 후 Delete를 눌러 삭제합니다.

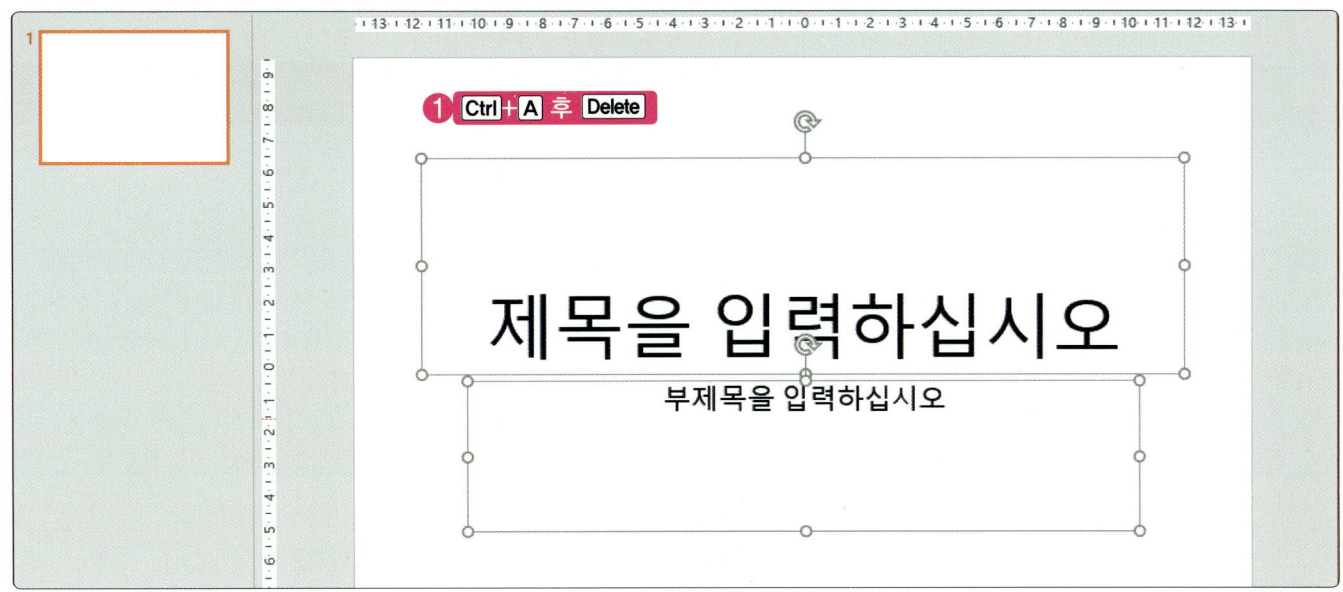

06 새로운 슬라이드를 삽입하기 위해 〔홈〕 탭-〔슬라이드〕 그룹에서 〔새 슬라이드〕의 〔목록〕 단추를 클릭한 후 〔제목 및 내용〕을 클릭합니다.

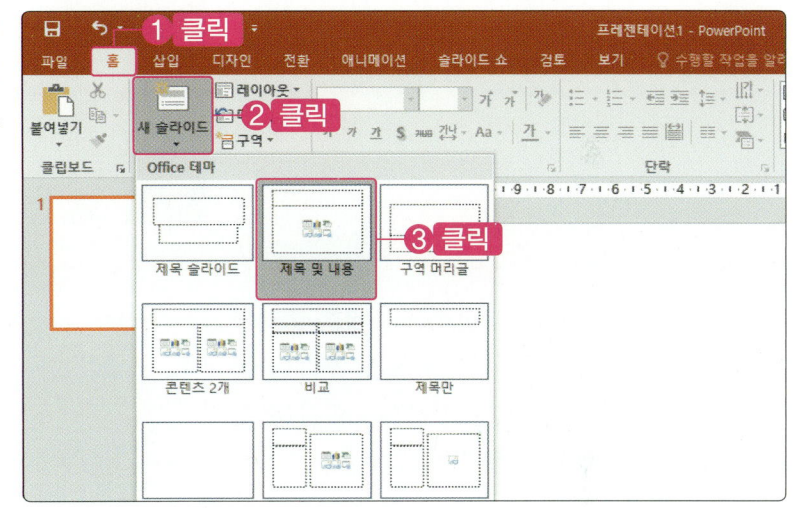

07 같은 방법으로 다음과 같이 모두 6개의 슬라이드를 작성합니다.

〔슬라이드 1〕 표지 디자인

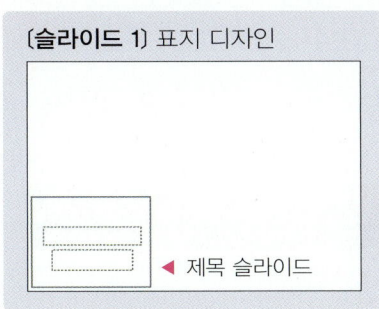
◀ 제목 슬라이드

〔슬라이드 2〕 목차 슬라이드

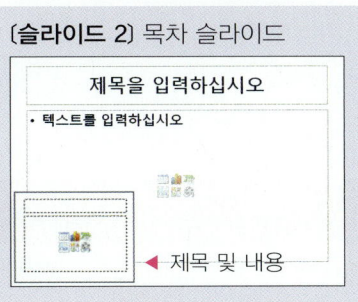
◀ 제목 및 내용

〔슬라이드 3〕 텍스트/동영상 슬라이드

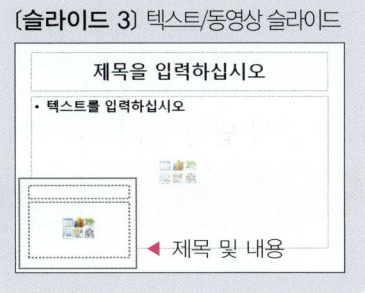
◀ 제목 및 내용

〔슬라이드 4〕 표 슬라이드

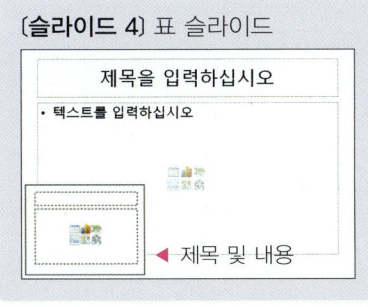
◀ 제목 및 내용

〔슬라이드 5〕 차트 슬라이드

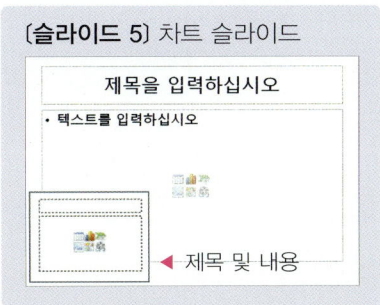
◀ 제목 및 내용

〔슬라이드 6〕 도형 슬라이드

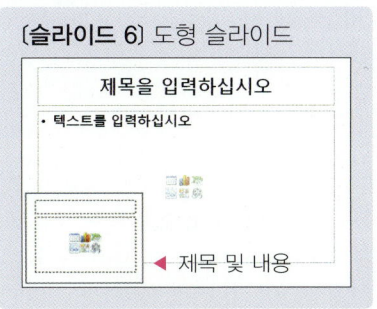
◀ 제목 및 내용

STEP 03

답안 저장하고 전송하기

01 답안을 저장하기 위해 [파일] 탭을 클릭한 후 [다른 이름으로 저장]을 클릭합니다.

> 빠른 실행 도구 모음에서 [저장(🖫)]을 클릭하거나 Ctrl+S를 눌러 답안을 저장할 수도 있습니다.

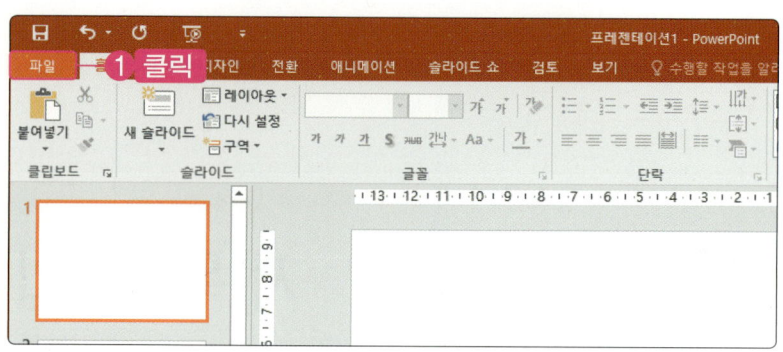

02 [다른 이름으로 저장] 탭을 클릭한 후 [찾아보기]를 클릭합니다.

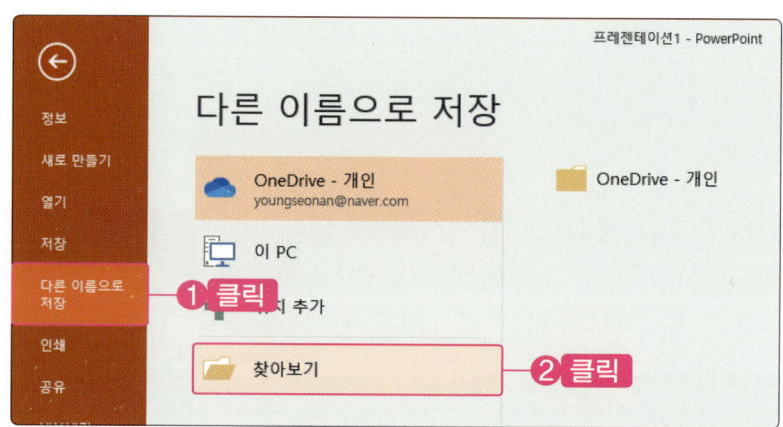

03 [다른 이름으로 저장하기] 대화상자가 나타나면 저장위치(내 PC₩문서₩ITQ)를 선택한 후 파일 이름(12345678-홍길동)을 입력한 다음 [저장]을 클릭합니다.

> 시험에서는 본인의 수험번호와 성명을 조합하여 '수험번호-성명' 형식의 파일 이름을 입력합니다.

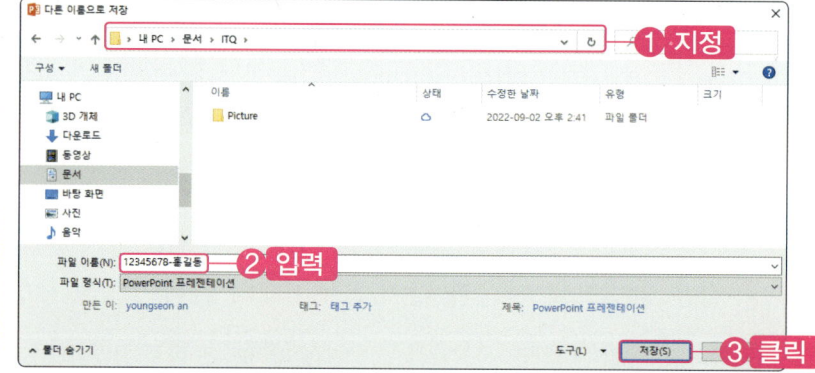

04 다음과 같이 답안이 저장됩니다.

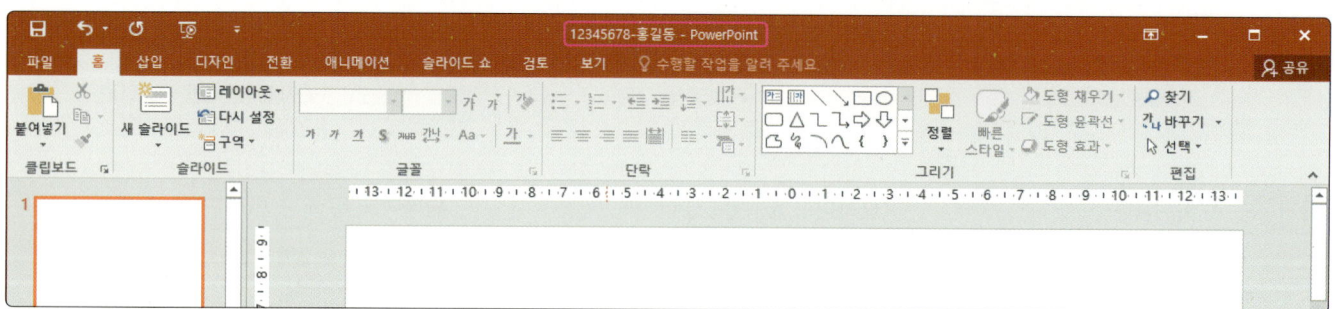

> 시험에서 위치나 파일 이름을 잘못 지정하여 답안을 저장한 경우에는 [파일] 탭에서 [다른 이름으로 저장하기]를 클릭해 답안을 다시 저장한 후 잘못 저장한 답안을 삭제합니다.

05 답안을 전송하기 위해 KOAS 수험자용 프로그램에서 [답안 전송]을 클릭합니다.

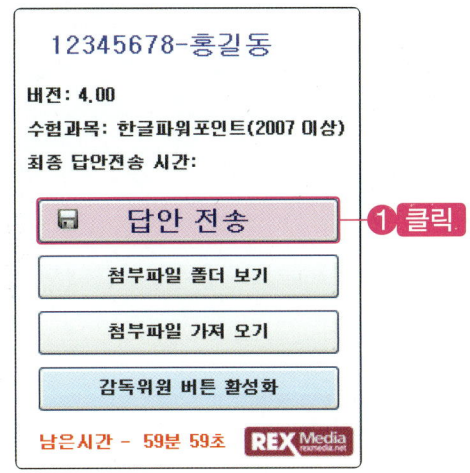

- 답안을 작성하는 도중에 주기적으로 [파일] 탭에서 [저장하기]를 클릭하거나 Alt+S를 눌러 답안을 저장한 후 감독위원 PC로 전송해 두면 오류가 발생한 경우, 전송된 답안을 불러와서 복구할 수 있습니다. 전송된 답안은 KOAS 수험자용 프로그램에서 [답안 가져오기] 단추를 클릭하여 불러오므로 오류가 발생한 경우, 감독위원에게 문의합니다.
- [첨부파일 폴더 보기] 단추를 클릭하면 답안을 작성할 때 사용할 그림이 있는지 확인할 수 있습니다.

06 지금 전송할 것인지 묻는 대화상자가 나타나면 [예]를 클릭합니다.

07 [답안전송] 대화상자가 나타나면 파일 목록(12345678-홍길동.pptx)과 존재(있음)를 확인한 후 [답안전송]을 클릭합니다.

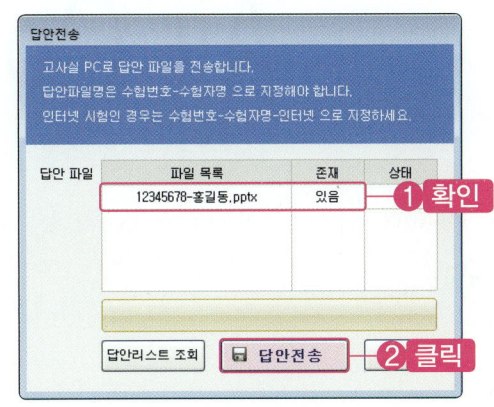

08 답안파일 전송을 성공하였다는 메시지가 나타나면 [확인]을 클릭합니다.

09 [답안전송] 대화상자가 다시 나타나면 [상태]에 '성공'이 표시되는지 확인한 후 [닫기]를 클릭합니다.

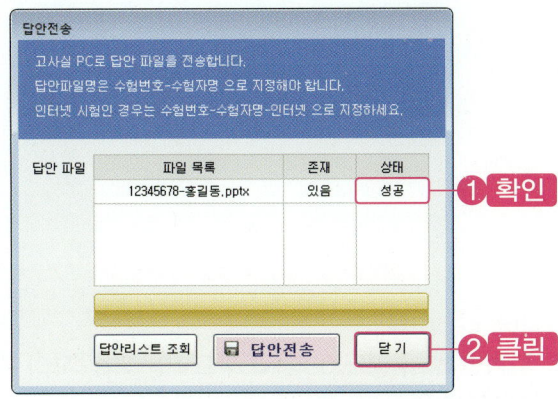

Chapter 02 표지 디자인

표지 디자인 슬라이드에는 그림 삽입, 워드아트(WordArt), 도형 편집 등이 출제됩니다. 도형에 그림을 채우고 부드러운 효과 및 투명도를 지정하는 방법과 워드아트의 경우 동일한 모양을 빠르게 찾을 수 있도록 반복해서 연습하는 것이 좋습니다.

[슬라이드 1] ≪표지 디자인≫ (40점)

(1) 표지 디자인 : 도형, 워드아트 및 그림을 이용하여 작성한다.

세부조건

① 도형 편집
- 도형에 그림 채우기 :
「내 PC\문서\ITQ\Picture\
그림1.jpg」, 투명도 50%
- 도형 효과 :
부드러운 가장자리 5포인트

② 워드아트 삽입
- 변환 : 오른쪽 줄이기
- 글꼴 : 굴림, 굵게
- 텍스트 반사 :
1/2 반사, 48pt 오프셋

③ 그림 삽입
- 「내 PC\문서\ITQ\Picture\
로고1.jpg」
- 배경(회색) 투명색으로 설정

작업순서요약

① 도형을 작성합니다.
② 도형에 그림을 지정한 후 투명도(50%)와 부드러운 가장자리 효과(5포인트)를 지정합니다.
③ 워드아트(WordArt)를 삽입한 후 변환(삼각형)과 글꼴(돋움, 굵게), 텍스트 반사(근접 반사, 4 pt 오프셋)를 지정한 다음 크기 및 위치를 조절합니다.
④ 그림을 삽입한 후 크기 및 위치를 조절한 다음 투명한 색을 설정합니다.

도형 작성하기

01 1번 슬라이드를 선택한 후 [삽입] 탭-[일러스트레이션] 그룹에서 [도형]을 클릭한 다음 [직사각형(□)]을 클릭합니다.

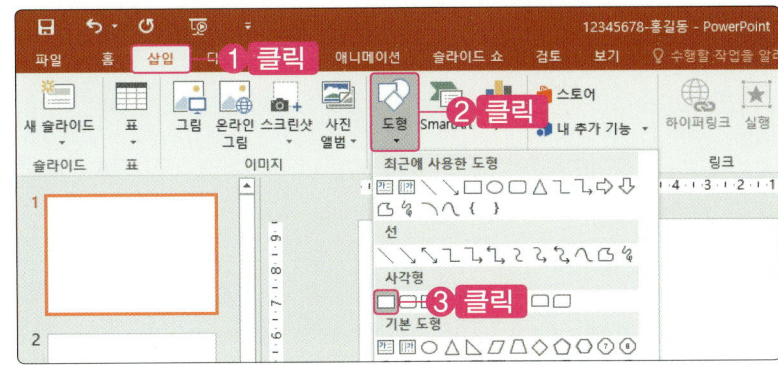

02 마우스 포인터 모양이 + 모양으로 변경되면 드래그하여 도형을 작성합니다.

도형 스타일 지정하기

01 [그리기 도구] 정황 탭-[서식] 탭-[도형 스타일] 그룹에서 [도형 채우기]를 클릭한 후 [그림]을 클릭합니다.

02 〔그림 삽입〕 화면이 나타나면 〔파일에서〕를 클릭합니다.

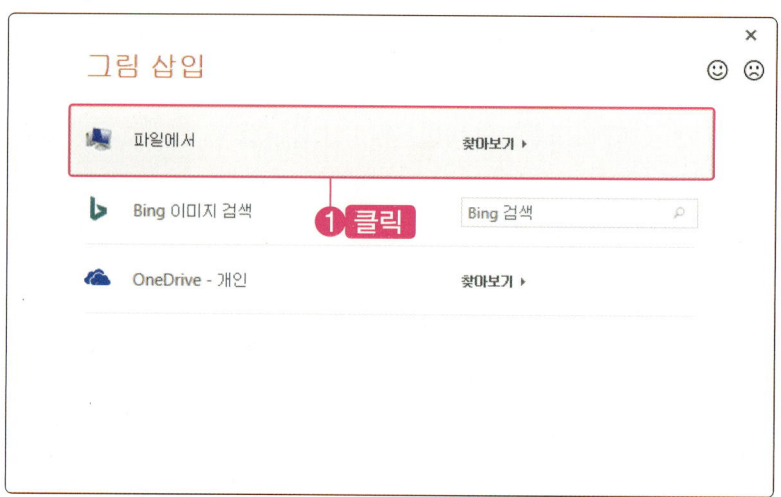

03 〔그림 삽입〕 대화상자가 나타나면 위치(내 PC₩문서₩ITQ₩Picture)를 선택한 후 파일(그림1.jpg)을 선택한 다음 〔삽입〕을 클릭합니다.

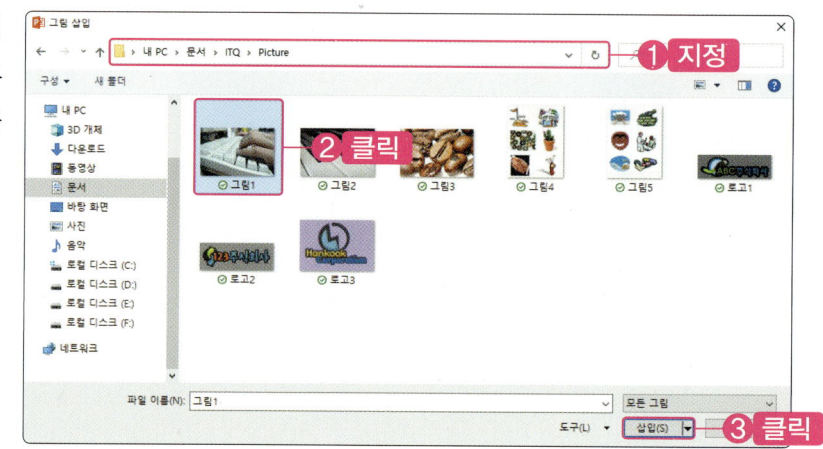

04 도형에 그림이 삽입되면 〔그림 도구〕 정황 탭-〔서식〕 탭-〔그림 스타일〕 그룹의 〔그림 서식(🔽)〕을 클릭합니다.

05 〔그림 서식〕 작업 창이 나타나면 〔채우기 및 선(🔲)〕을 클릭한 후 〔채우기〕를 클릭한 다음 투명도(50)를 입력하고 〔닫기(✖)〕를 클릭합니다.

06 〔그림 도구〕 정황 탭-〔서식〕 탭에서 〔그림 효과〕를 클릭한 후 〔부드러운 가장자리〕-〔5 포인트〕를 클릭합니다.

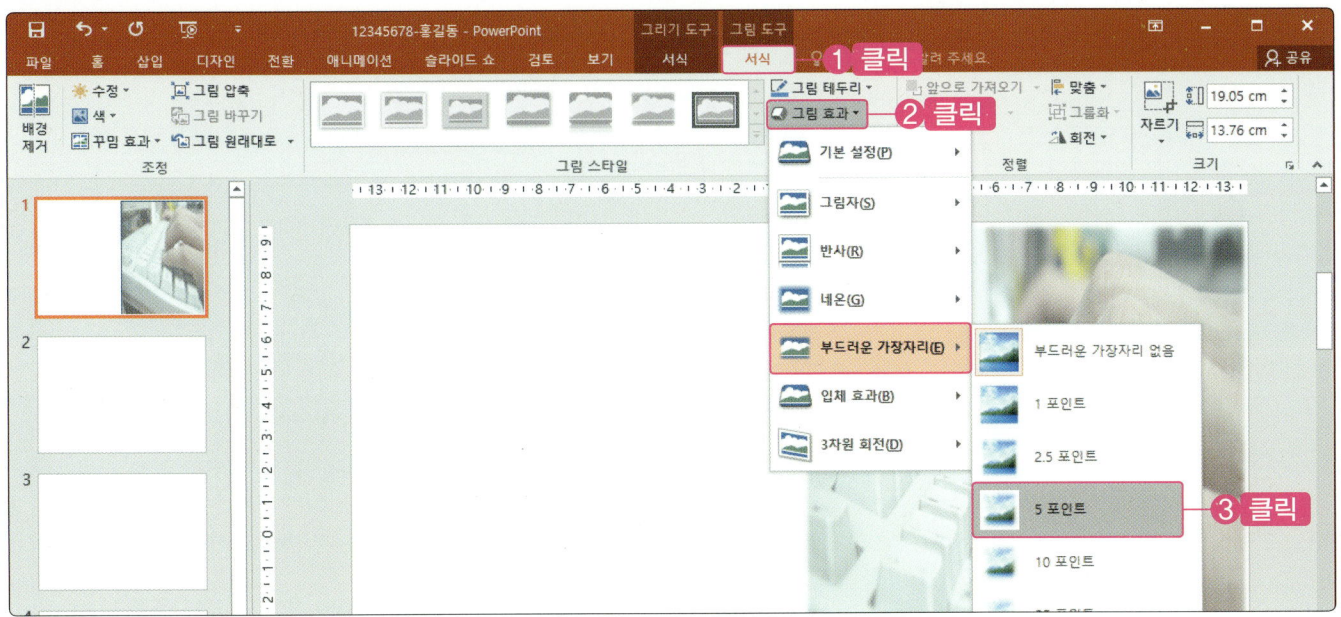

STEP 03

워드아트(WordArt) 작성하기

01 〔삽입〕 탭-〔텍스트〕 그룹에서 〔WordArt〕를 클릭한 후 〔채우기 - 검정, 텍스트 색 1, 그림자(**A**)〕를 클릭합니다.

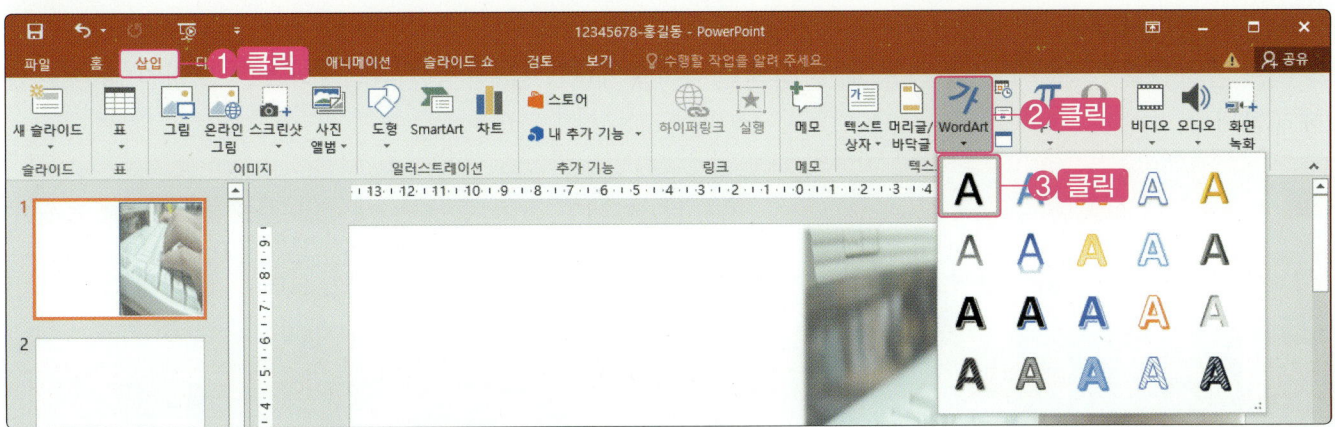

02 워드아트(WordArt)가 삽입되면 텍스트(Air Conditioner)를 입력합니다.

03 텍스트 상자를 선택한 후 [그리기 도구] 정황 탭-[서식] 탭-[WordArt 스타일] 그룹에서 [텍스트 효과( )]를 클릭한 다음 [변환]-[오른쪽 줄이기(abcde)]을 클릭합니다.

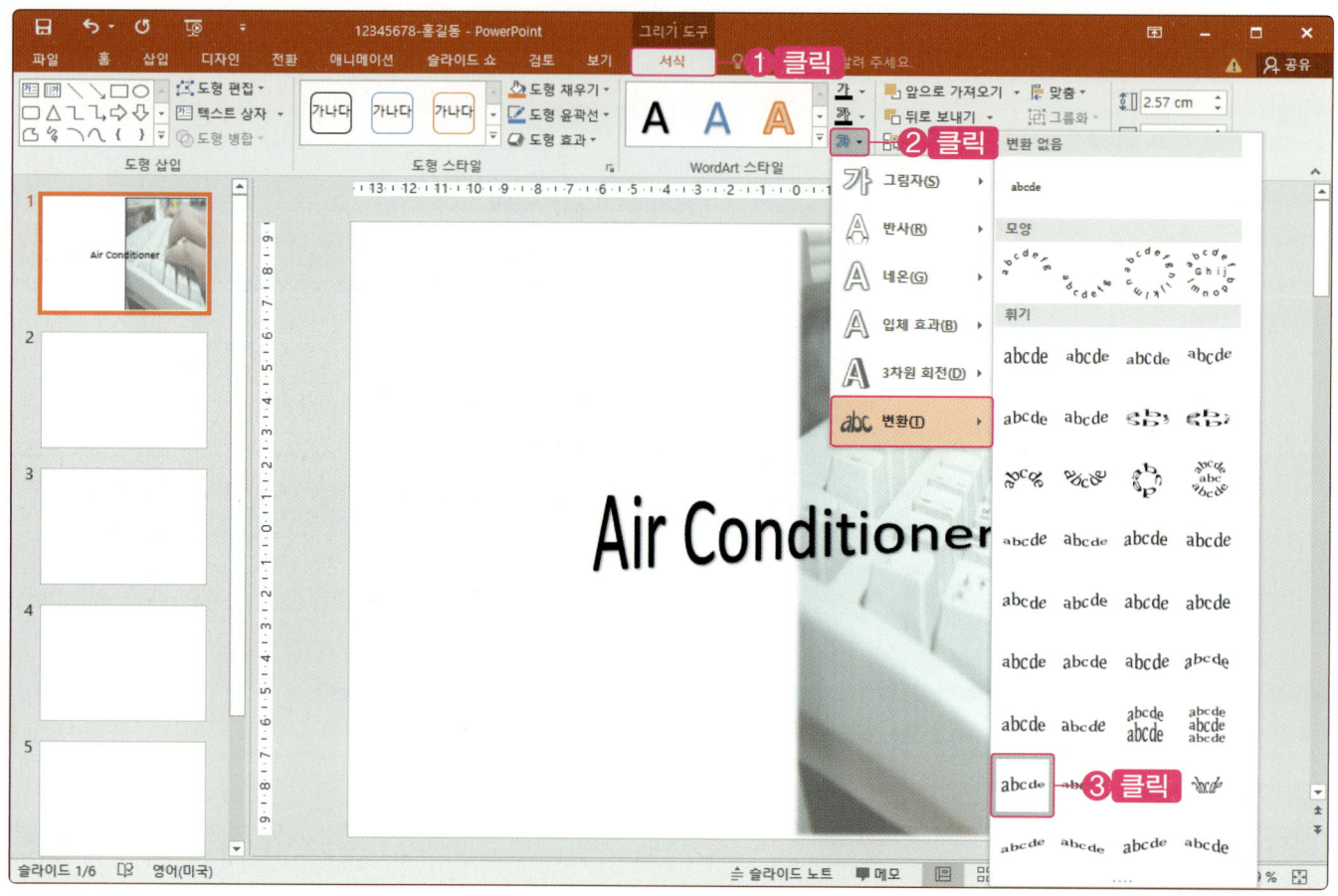

04 [홈] 탭-[글꼴] 그룹에서 글꼴(굴림)을 선택한 후 [굵게( )]를 선택한 다음 [텍스트 그림자( )]를 선택해제합니다.

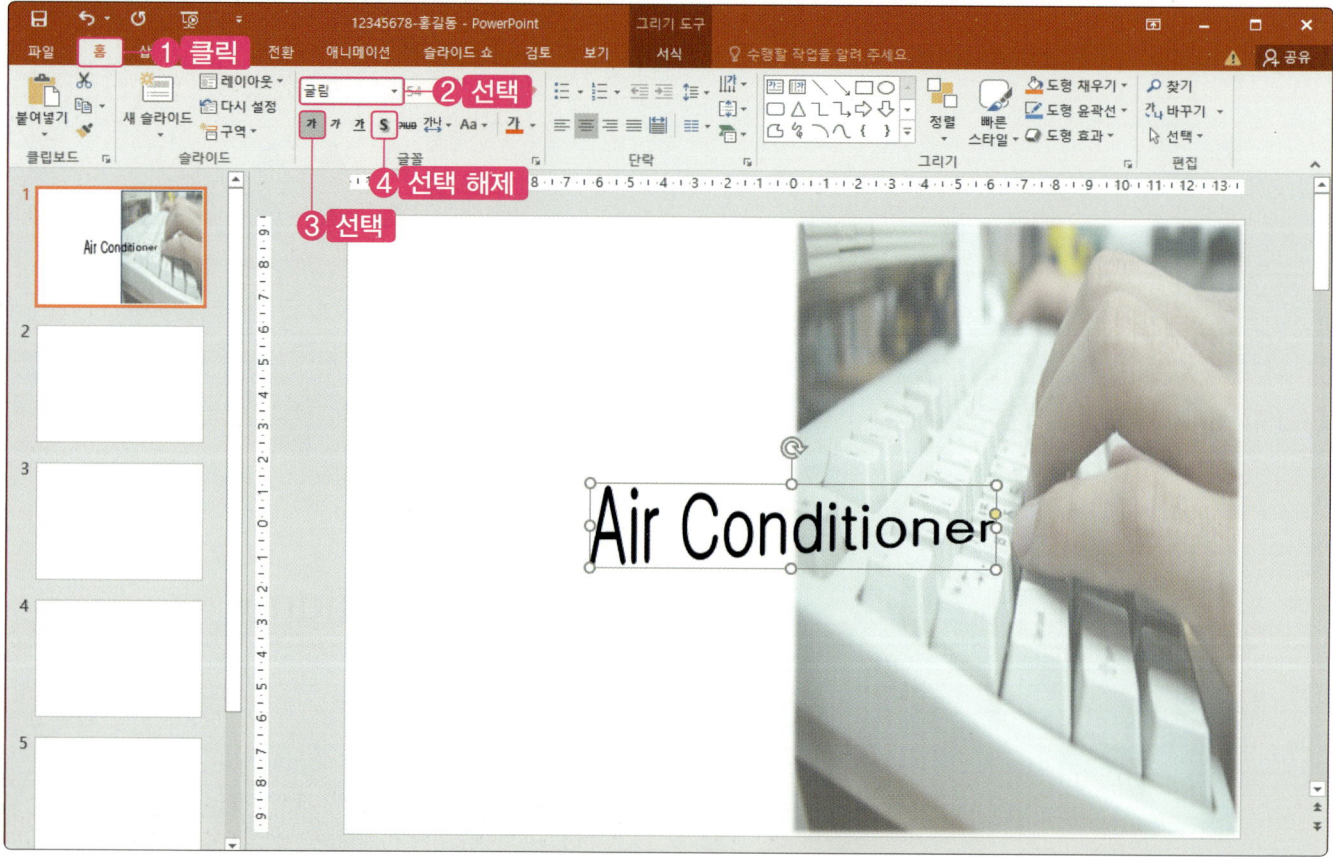

05 〔그리기 도구〕 정황 탭-〔서식〕 탭-〔WordArt 스타일〕 그룹에서 〔텍스트 효과〕를 클릭한 후 〔반사〕-〔1/2 반사, 8 pt 오프셋(A)〕을 클릭합니다.

06 워드아트(WordArt) 텍스트 상자의 크기 및 위치를 조절합니다.

STEP **04**

그림 삽입하기

01 〔삽입〕 탭-〔이미지〕 그룹에서 〔그림〕을 클릭합니다.

02 · 표지 디자인

02 [그림 삽입] 대화상자가 나타나면 위치(내 PC₩문서₩ITQ₩Picture)를 선택한 후 파일(로고1.jpg)을 선택한 다음 [삽입]을 클릭합니다.

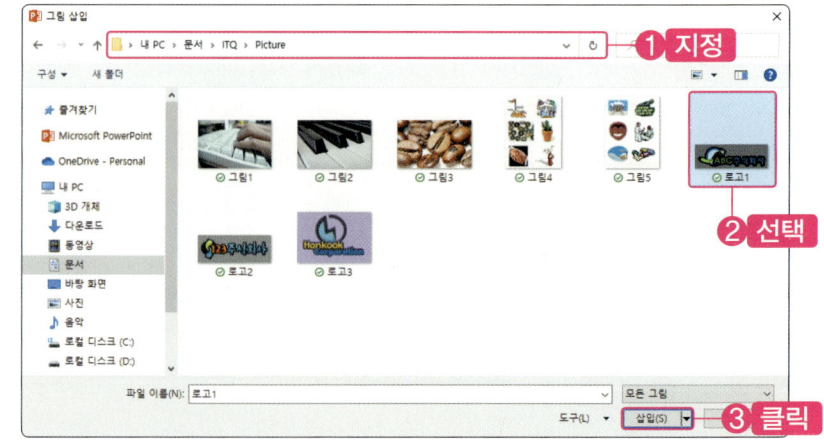

03 삽입된 그림을 드래그하여 위치를 이동한 후 크기를 조절합니다.

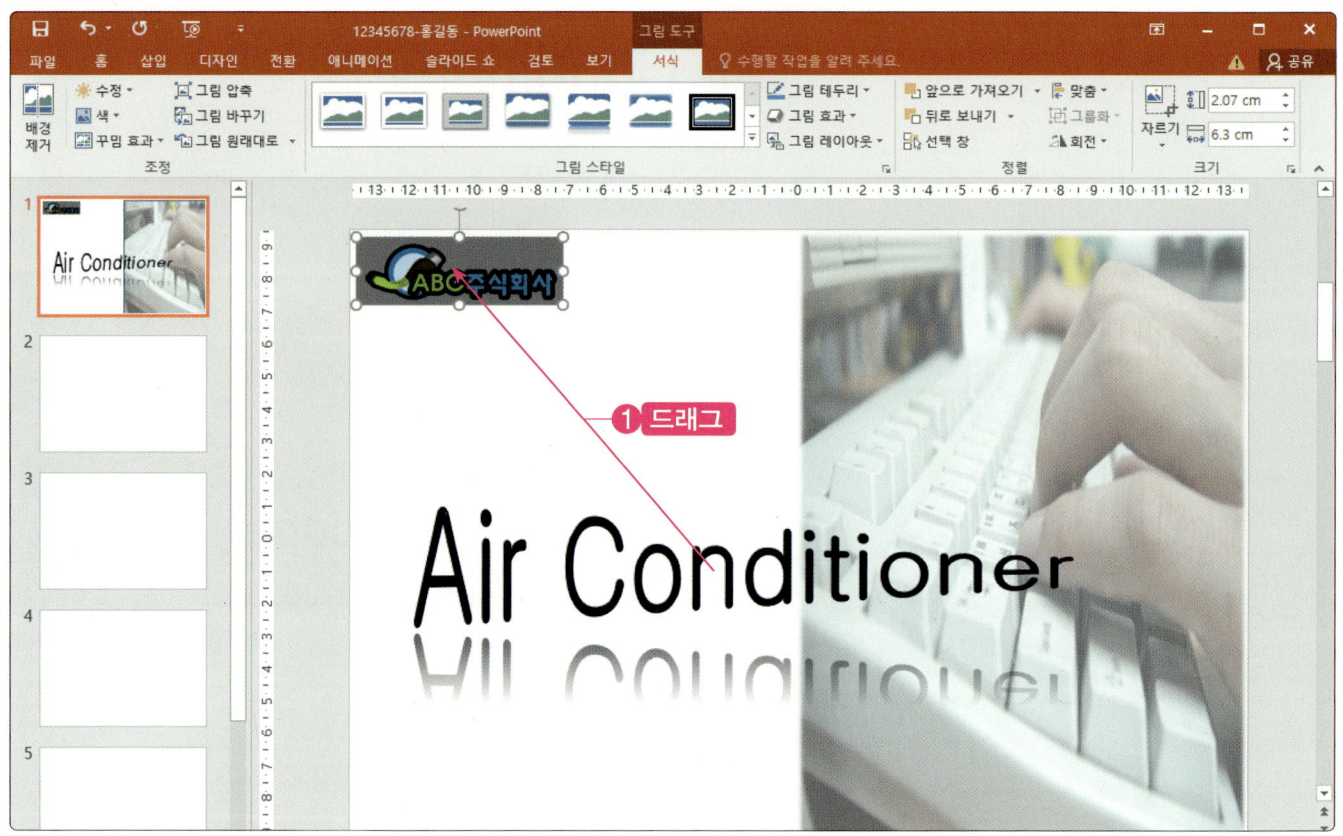

04 [그림 도구] 정황 탭-[서식] 탭-[조정] 그룹에서 [색]을 클릭한 후 [투명한 색 설정]을 클릭합니다.

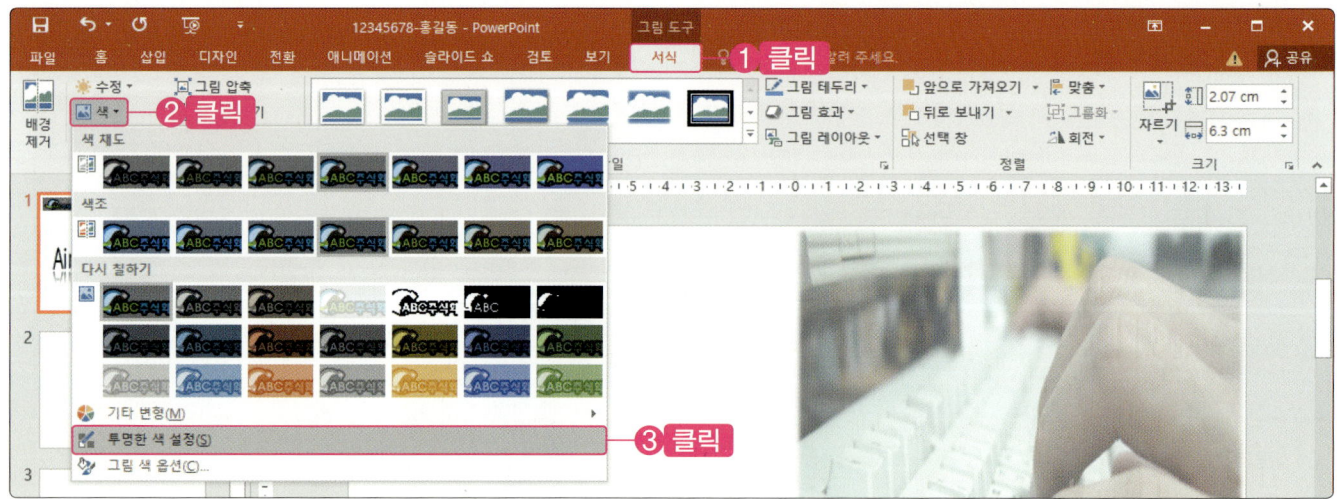

05 마우스 포인터 모양이 ⌦ 모양으로 변경되면 그림의 회색 부분을 클릭하여 배경을 투명하게 수정합니다.

06 표지 디자인 슬라이드 작성이 완료되면 빠른 실행 도구 모음에서 [저장(🖫)]을 클릭합니다.

[파일] 탭-[저장]을 클릭하거나 Ctrl+S를 눌러 답안을 저장할 수도 있습니다.

Chapter 03 목차 슬라이드

목차 슬라이드에서는 슬라이드 마스터 작성 및 다양한 도형을 삽입하고 하이퍼링크 등을 설정하는 방법 및 그림을 삽입하고 자르는 기능을 알고 있어야 합니다. 특히 슬라이드 마스터의 개념을 이해하고 있어야 문제를 쉽게 해결할 수 있습니다.

[전체 구성]

(2) 슬라이드 마스터 : 2~6슬라이드의 제목, 하단 로고, 슬라이드 번호는 슬라이드 마스터를 이용하여 작성한다.
 - 제목 글꼴(돋움, 40pt, 흰색), 가운데 맞춤, 도형(선 없음)
 - 하단 로고(「내 PC\문서\ITQ\Picture\로고1.jpg」, 배경(회색) 투명색으로 설정)

[슬라이드 2] ≪목차 슬라이드≫   (60점)

(1) 출력형태와 같이 도형을 이용하여 목차를 작성한다(글꼴 : 돋움, 24pt).
(2) 도형 : 선 없음

세부조건

① 텍스트에 하이퍼링크 적용
  → '슬라이드 5'

② 그림 삽입
 -「내 PC\문서\ITQ\Picture\로고4.jpg」
 - 자르기 기능 이용

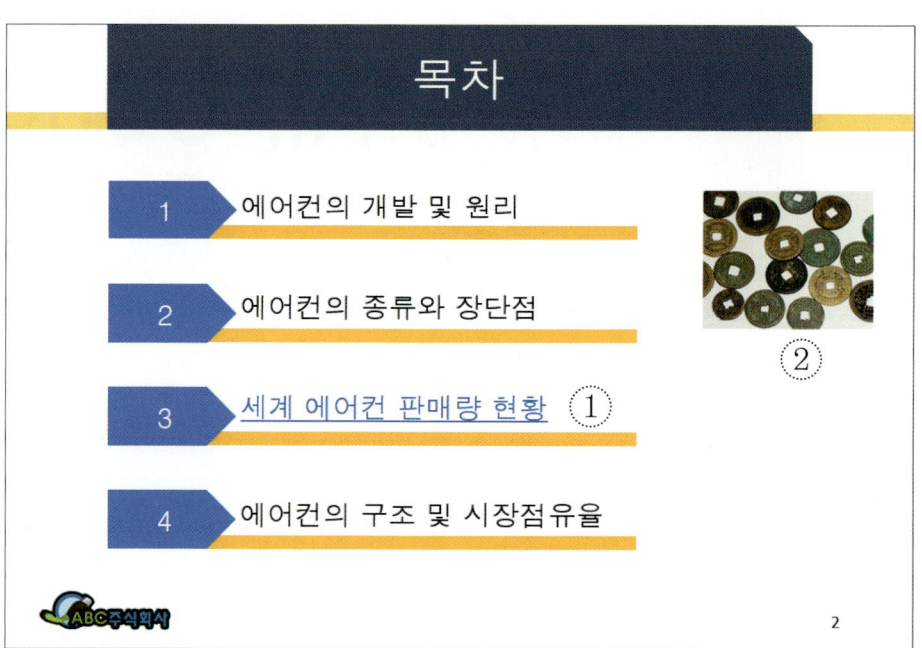

작업순서요약

① 슬라이드 마스터를 이용하여 슬라이드 제목, 하단 로고, 슬라이드 번호 등을 작성합니다.
② [머리글/바닥글] 대화상자에서 [슬라이드 번호]와 [제목 슬라이드에는 표시 안 함]을 선택합니다.
③ 목차 도형을 작성한 후 복사한 다음 내용을 수정합니다.
④ [하이퍼링크 삽입] 대화상자에서 연결 대상 슬라이드 제목을 선택합니다.
⑤ 그림을 삽입한 후 자르기 기능을 이용하여 사용할 부분만 남도록 자릅니다.

슬라이드 마스터 작성하기

01 2번 슬라이드를 선택한 후 내용 개체를 선택한 다음 Delete 를 눌러 삭제합니다.

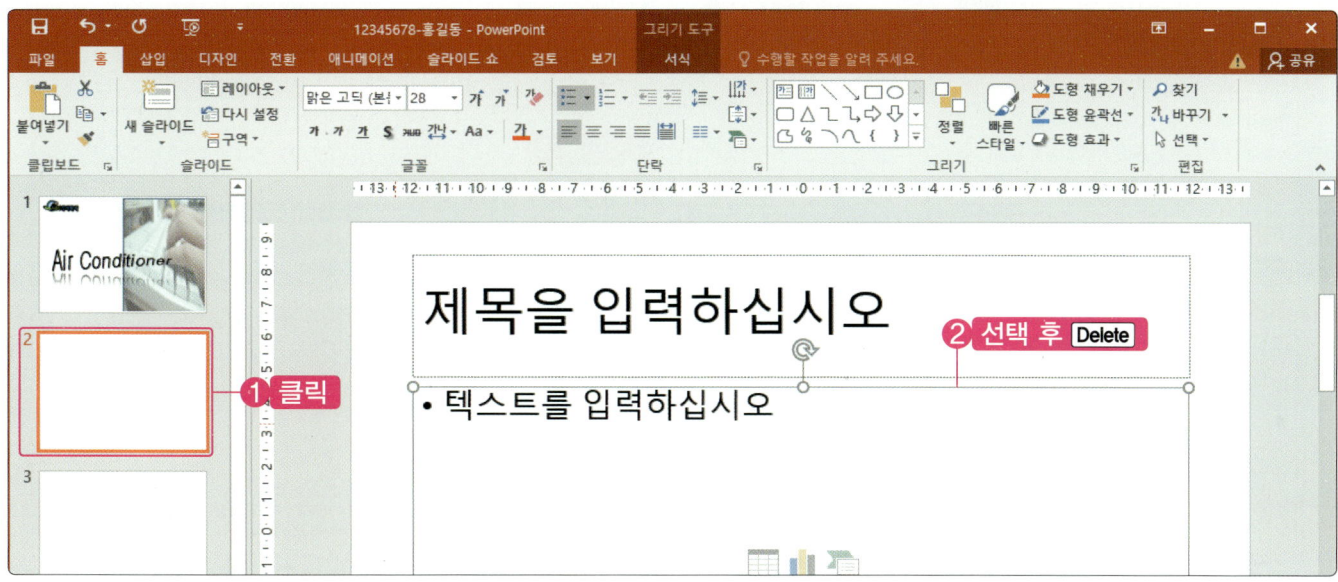

02 마스터를 작성하기 위해 [보기] 탭-[마스터 보기] 그룹에서 [슬라이드 마스터]를 클릭합니다.

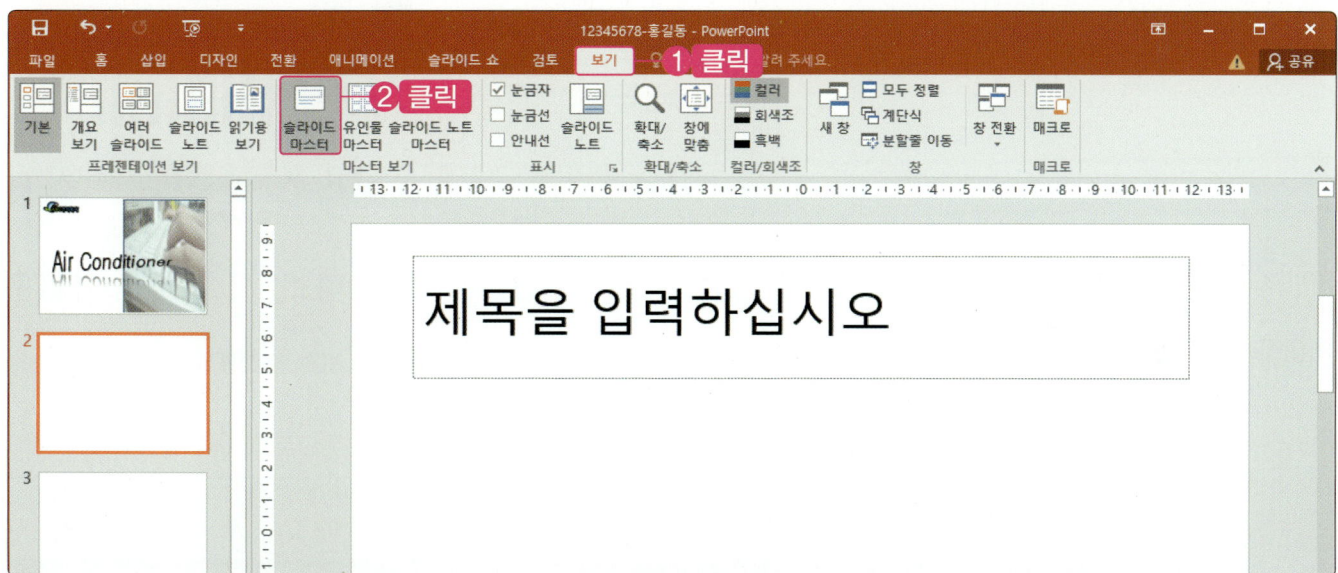

03 슬라이드 마스터 편집 화면이 나타나면 [삽입] 탭-[일러스트레이션] 그룹에서 [도형]을 클릭한 후 [직사각형(□)]을 클릭합니다.

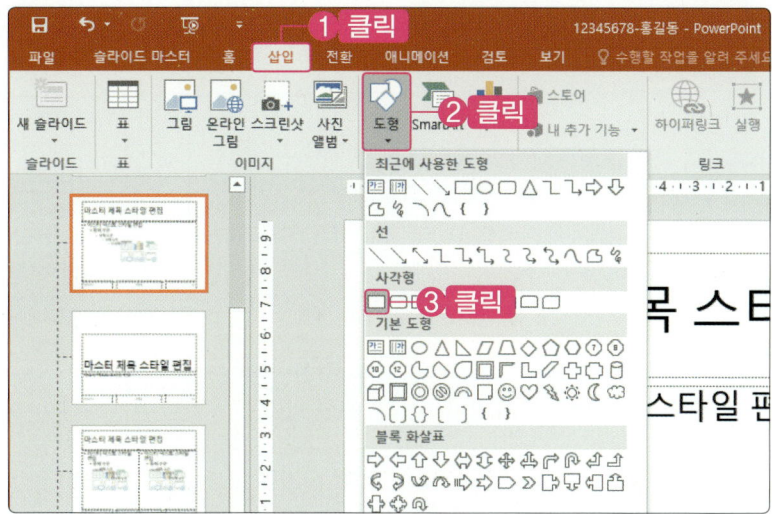

04 마우스 포인터 모양이 + 모양으로 변경되면 드래그하여 도형을 작성합니다.

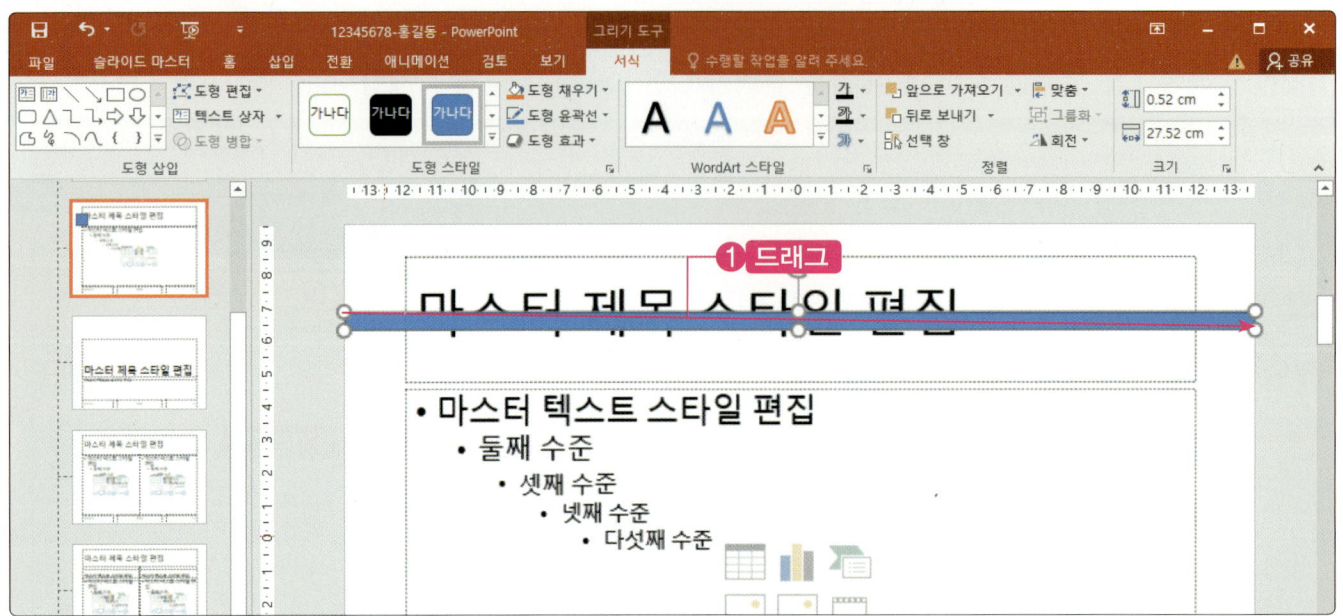

05 도형이 삽입되면 〔그리기 도구〕 정황 탭-〔서식〕 탭-〔도형 스타일〕 그룹에서 〔도형 윤곽선〕을 클릭한 후 〔윤곽선 없음〕을 클릭합니다.

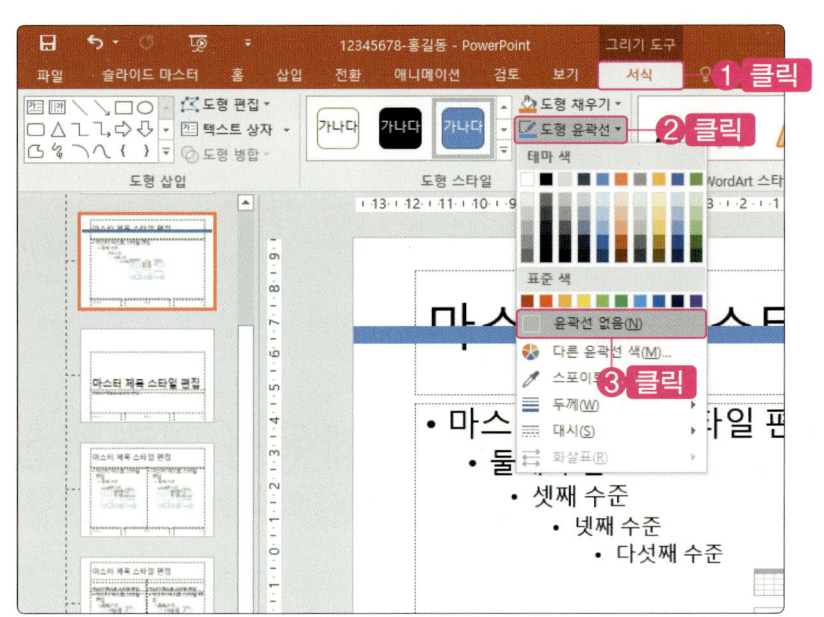

06 〔그리기 도구〕 정황 탭-〔서식〕 탭-〔도형 스타일〕 그룹에서 〔도형 채우기〕를 클릭한 후 임의의 색을 지정합니다.

채우기 색은 수험자가 임의의 색을 지정하며 채우기 색을 변경하지 않아도 감점되지 않습니다.

07 슬라이드 마스터 편집 화면이 나타나면 〔삽입〕 탭-〔일러스트레이션〕 그룹에서 〔도형〕을 클릭한 후 〔한쪽 모서리가 잘린 사각형(□)〕을 클릭합니다.

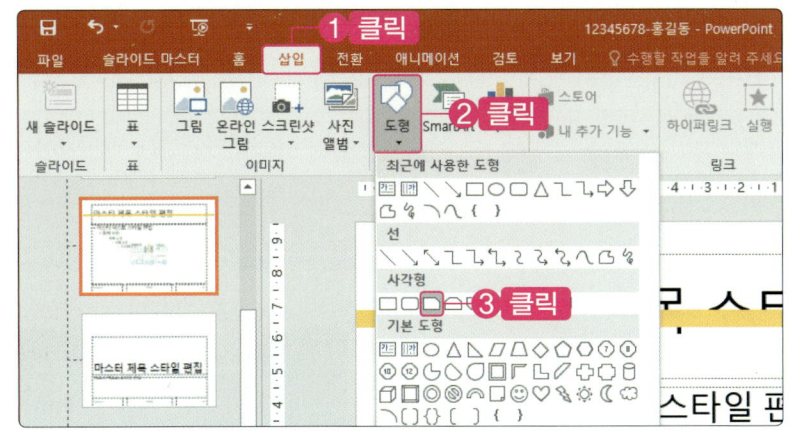

08 마우스 포인터 모양이 + 모양으로 변경되면 드래그하여 도형을 작성합니다.

09 도형이 삽입되면 〔그리기 도구〕 정황 탭-〔서식〕 탭-〔도형 스타일〕 그룹에서 〔도형 윤곽선〕을 클릭한 후 〔윤곽선 없음〕을 클릭합니다.

10 〔그리기 도구〕 정황 탭-〔서식〕 탭-〔도형 스타일〕 그룹에서 〔도형 채우기〕를 클릭한 후 임의의 색을 지정합니다.

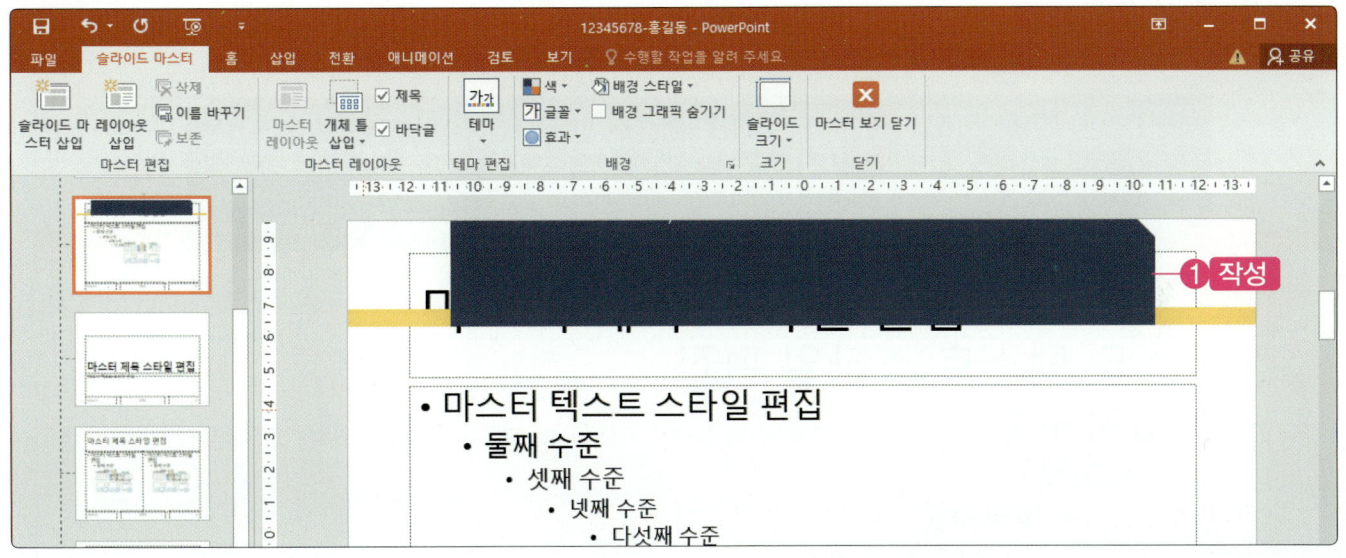

11 제목 개체틀을 선택한 후 바로가기 메뉴의 〔맨 앞으로 가져오기〕-〔맨 앞으로 가져오기〕를 클릭합니다.

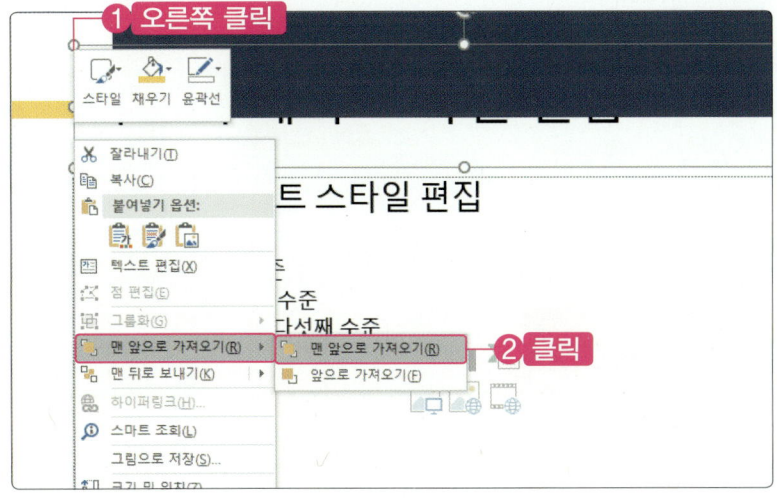

12 다음과 같이 제목 개체틀의 크기 및 위치를 조절한 후 [홈] 탭-[글꼴] 그룹에서 글꼴(돋움)과 글꼴 크기(40), 글꼴 색(흰색, 배경 1)을 선택한 다음 [가운데 정렬(≡)]을 선택합니다.

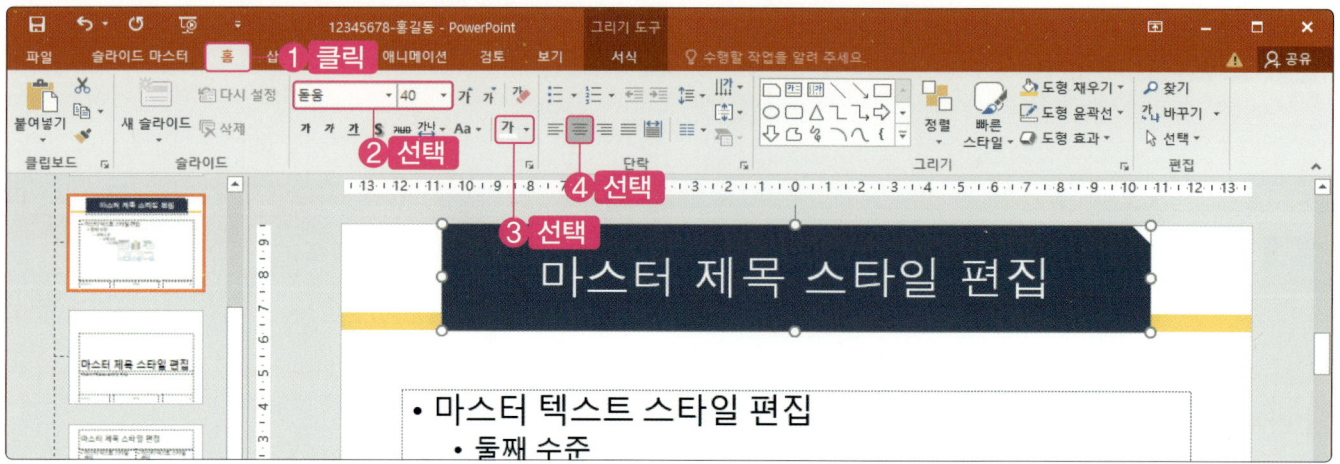

13 [삽입] 탭-[이미지] 그룹에서 [그림]을 클릭합니다.

14 [그림 삽입] 대화상자가 나타나면 위치(내 PC₩문서₩ITQ₩Picture)를 선택한 후 파일(로고1.jpg)을 선택한 다음 [삽입]을 클릭합니다.

15 삽입된 그림을 드래그하여 위치를 이동한 후 크기를 조절합니다.

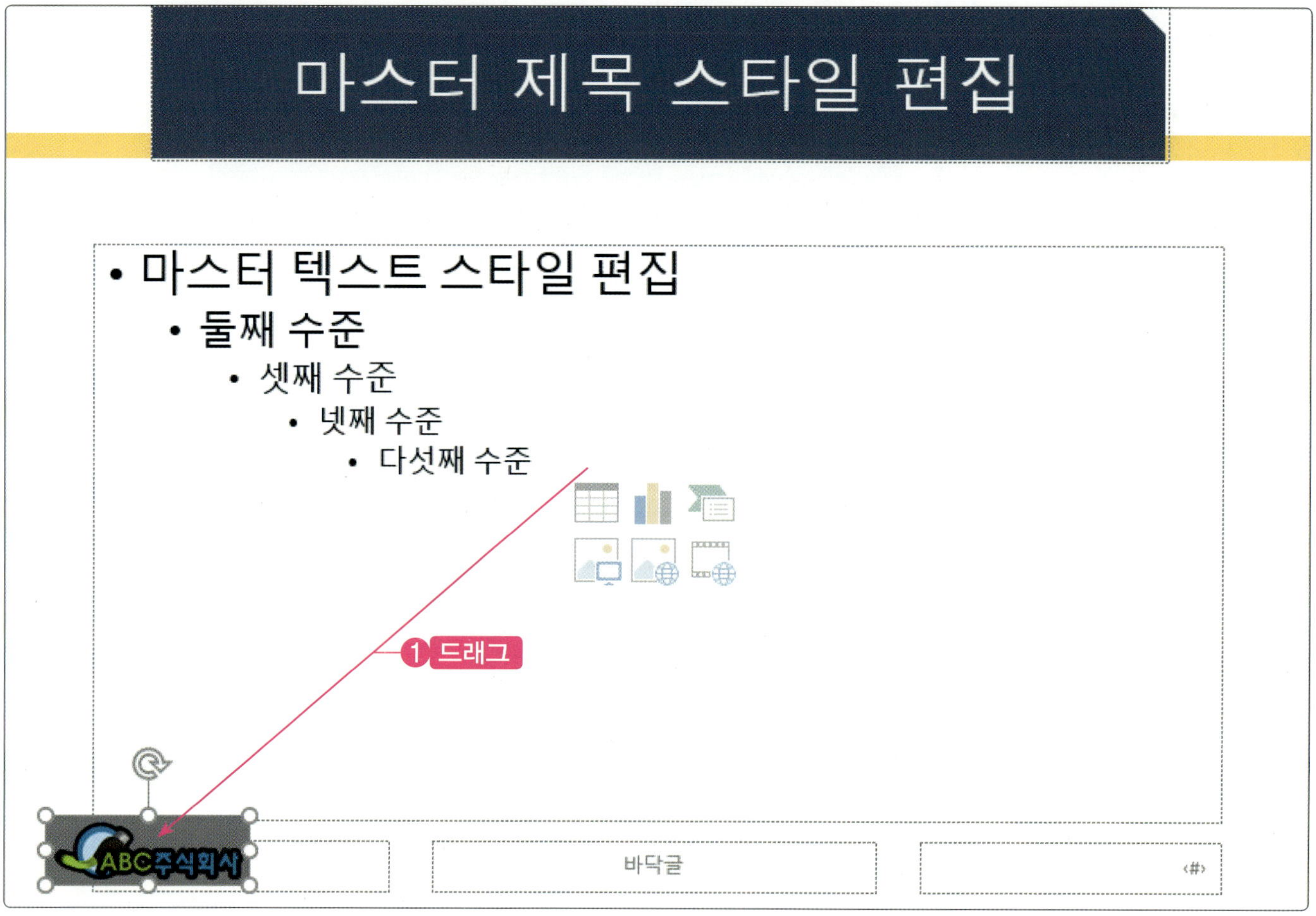

16 〔그림 도구〕 정황 탭-〔서식〕 탭-〔조정〕 그룹에서 〔색〕을 클릭한 후 〔투명한 색 설정〕을 클릭합니다.

17 마우스 포인터 모양이 모양으로 변경되면 그림의 회색 부분을 클릭하여 배경을 투명하게 수정합니다.

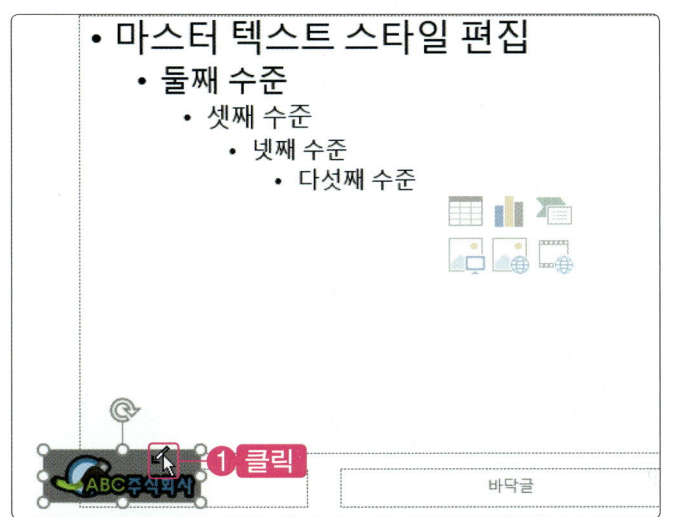 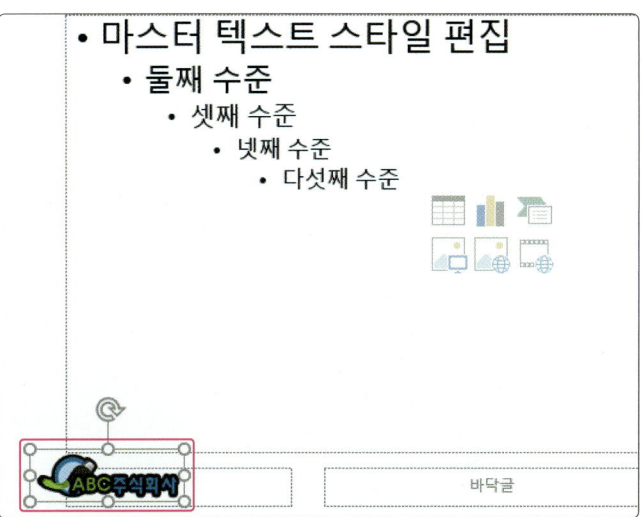

18 〔슬라이드 마스터〕 탭-〔닫기〕 그룹에서 〔마스터 보기 닫기〕를 클릭합니다.

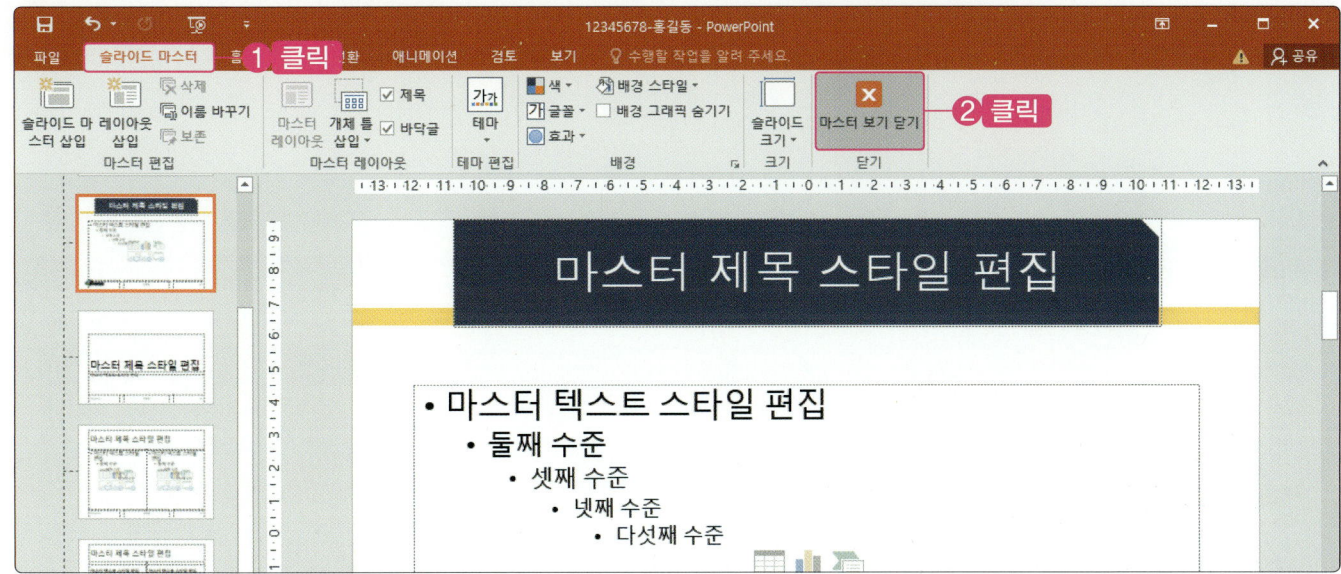

03 · 목차 슬라이드 25

19 〔삽입〕 탭-〔텍스트〕 그룹에서 〔머리글/바닥글(📄)〕을 클릭합니다.

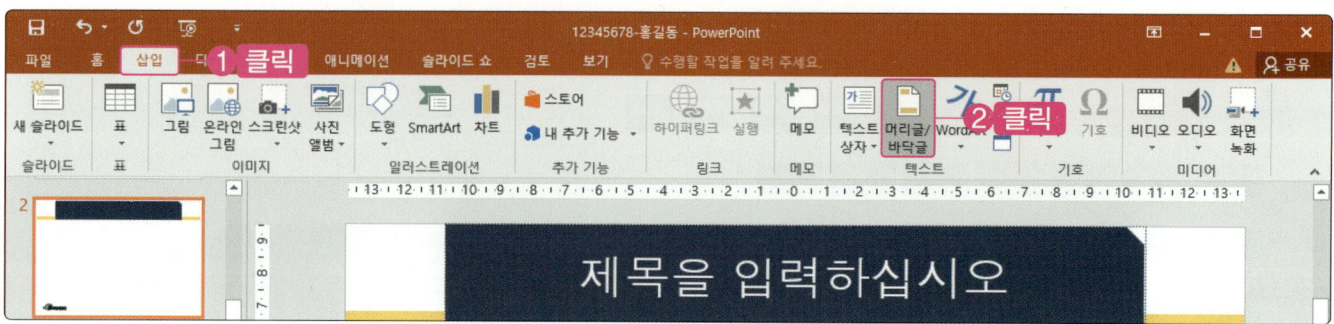

20 〔머리글/바닥글〕 대화상자가 나타나면 〔슬라이드〕 탭에서 〔슬라이드 번호〕를 선택한 후 〔제목 슬라이드에는 표시 안 함〕을 선택한 다음 〔모두 적용〕 단추를 클릭합니다.

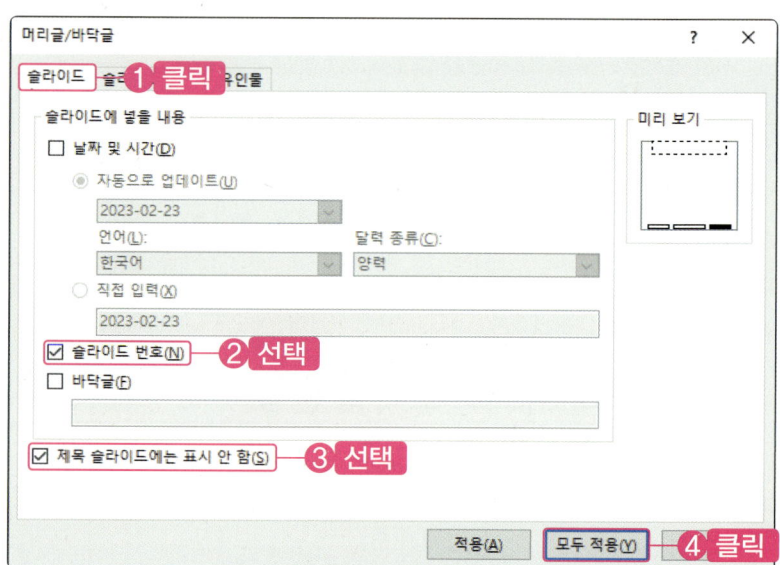

〔제목 슬라이드에는 표시 안 함〕을 선택하지 않으면 제목 슬라이드에도 슬라이드 번호가 표시됩니다.

21 제목 개체 틀을 클릭한 후 제목(목차)을 입력합니다.

도형 작성하기

01 〔삽입〕 탭-〔일러스트레이션〕 그룹에서 〔도형〕을 클릭한 후 〔직사각형(▭)〕을 클릭합니다.

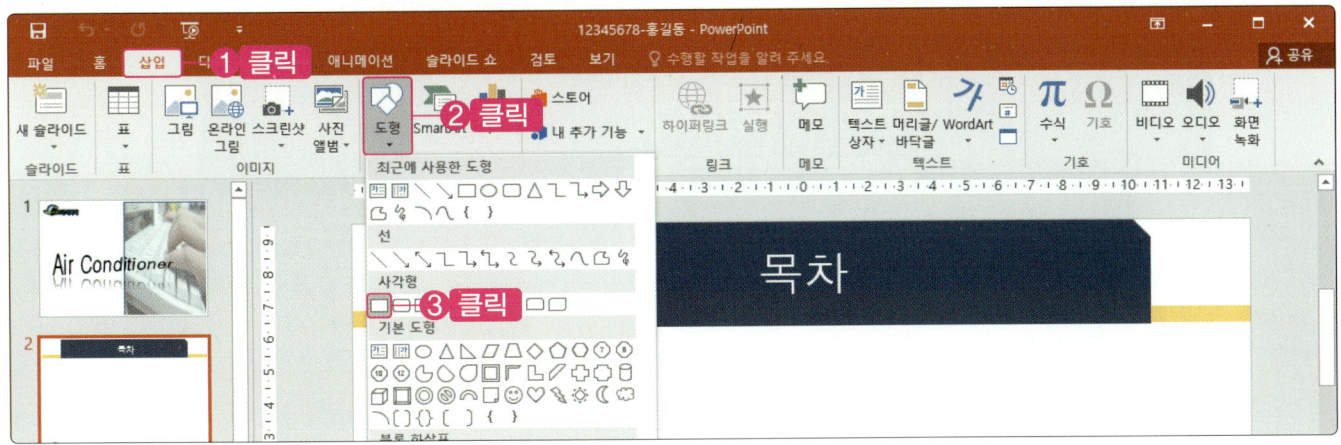

02 마우스 포인터 모양이 + 모양으로 변경되면 드래그하여 도형을 작성합니다.

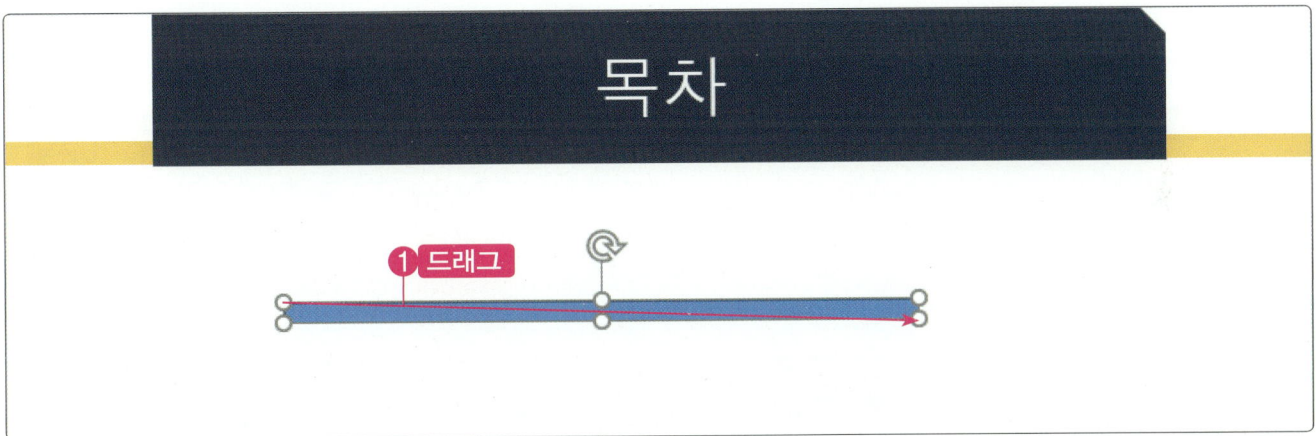

03 도형이 삽입되면 〔그리기 도구〕 정황 탭-〔서식〕 탭-〔도형 스타일〕 그룹에서 〔도형 윤곽선〕을 클릭한 후 〔윤곽선 없음〕을 클릭합니다.

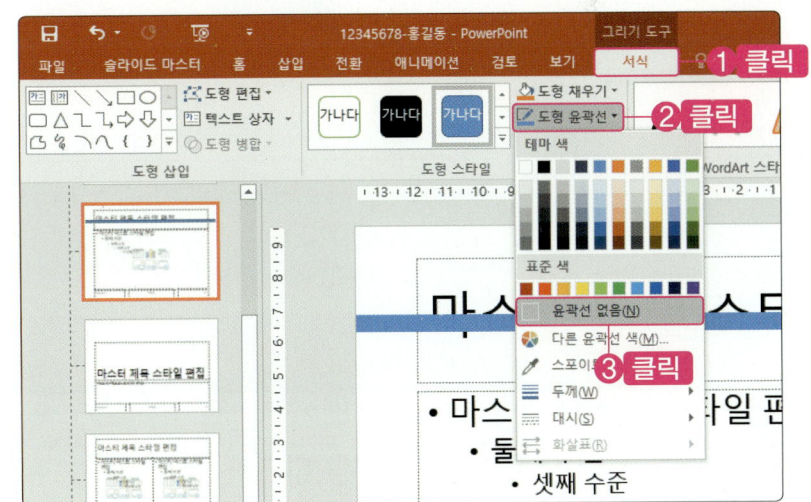

04 〔그리기 도구〕 정황 탭-〔서식〕 탭-〔도형 스타일〕 그룹에서 〔도형 채우기〕를 클릭한 후 임의의 색을 지정합니다.

> 채우기 색은 수험자가 임의의 색을 지정하며 채우기 색을 변경하지 않아도 감점되지 않습니다.

05 〔삽입〕 탭-〔일러스트레이션〕 그룹에서 〔도형〕을 클릭한 후 〔오각형(⌂)〕을 클릭합니다.

06 마우스 포인터 모양이 + 모양으로 변경되면 드래그하여 도형을 작성합니다.

07 도형에 숫자를 입력한 후 도형을 선택한 다음 〔홈〕 탭-〔글꼴〕 그룹에서 글꼴(돋움)을 선택하고 글꼴 크기(24)를 선택합니다.

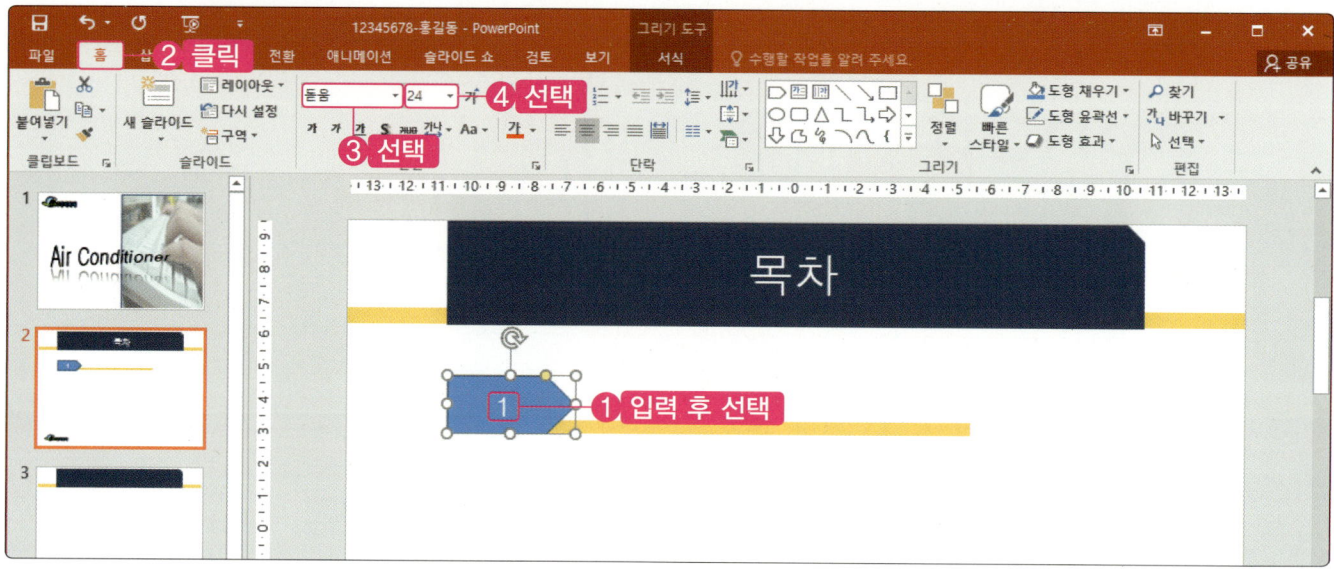

한글 자음 특수문자

자음	특수문자
ㄱ	공백 ! ' , . / : ; ? ^ _ ` |
ㄴ	" ( ) [ ] { } ' ' " " ( ) 〈 〉 《 》 「 」 『
ㄷ	+ - < = > ± × ÷ ≠ ≤ ≥ ∞ ∴
ㄹ	$ % ₩ F ′ ″ ℃ Å ¢ £ ¥ ¤ °F
ㅁ	# & * @ § ※ ☆ ★ ○ ● ◎ ◇ ◆
ㅂ	─ │ ┌ ┐ ┘ └ ├ ┬ ┤ ┴ ┼ ━ ┃
ㅅ	㉠ ㉡ ㉢ ㉣ ㉤ ㉥ ㉦ ㉧ ㉨ ㉩ ㉪ ㉫ ㉬

자음	특수문자
ㅇ	ⓐ ⓑ ⓒ ⓓ ⓔ ⓕ ⓖ ⓗ ⓘ ⓙ ⓚ ⓛ ⓜ
ㅈ	0 1 2 3 4 ⅰ ⅱ ⅲ ⅳ Ⅰ Ⅱ Ⅲ Ⅳ
ㅊ	½ ⅓ ⅔ ¼ ¾ ⅛ ⅜ ⅝ ⅞ ¹ ² ³ ⁴ ⁿ
ㅋ	ㄱ ㄲ ㄳ ㄴ ㄵ ㄶ ㄷ ㄸ ㄹ ㄺ ㄻ ㄼ ㄽ
ㅌ	ㄾ ㄿ ㅀ ㅁ ㅂ ㅃ ㅄ ㅅ ㅆ ㅇ ㅉ ㅊ ㅋ
ㅍ	A B C D E F G H I J K L M N O P Q
ㅎ	Α Β Γ Δ Ε Ζ Η Θ Ι Κ Λ Μ Ν

08 〔삽입〕 탭-〔텍스트〕 그룹에서 〔텍스트 상자( )〕를 클릭합니다.

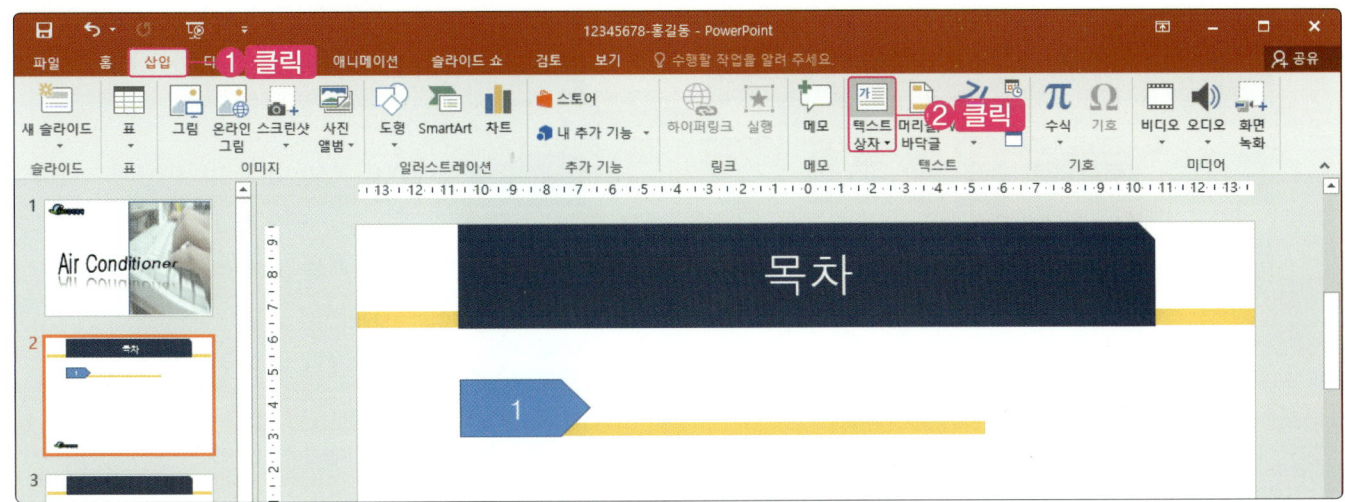

09 마우스 포인터 모양이 ↓ 모양으로 변경되면 드래그하여 텍스트 상자를 삽입한 후 '에어컨의 개발 및 원리'를 입력합니다.

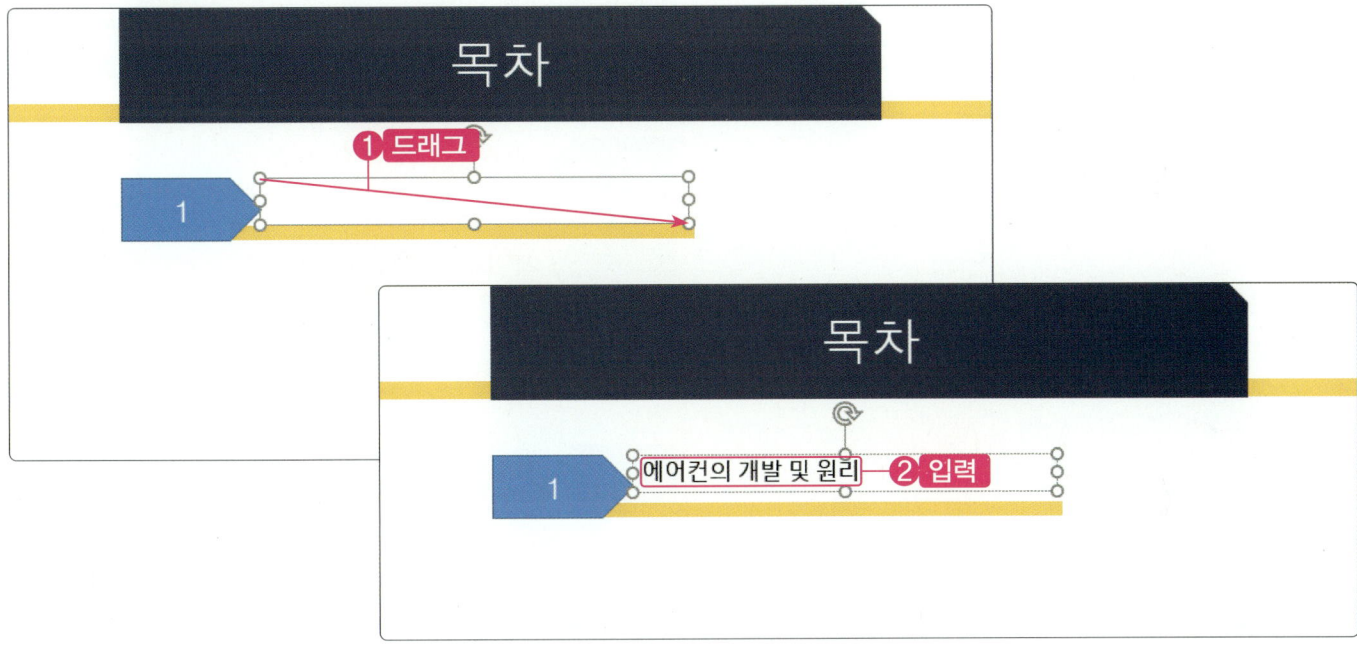

10 텍스트 상자를 선택한 후 〔홈〕 탭-〔글꼴〕 그룹에서 글꼴(돋움)을 선택한 다음 글꼴 크기(24)를 선택합니다.

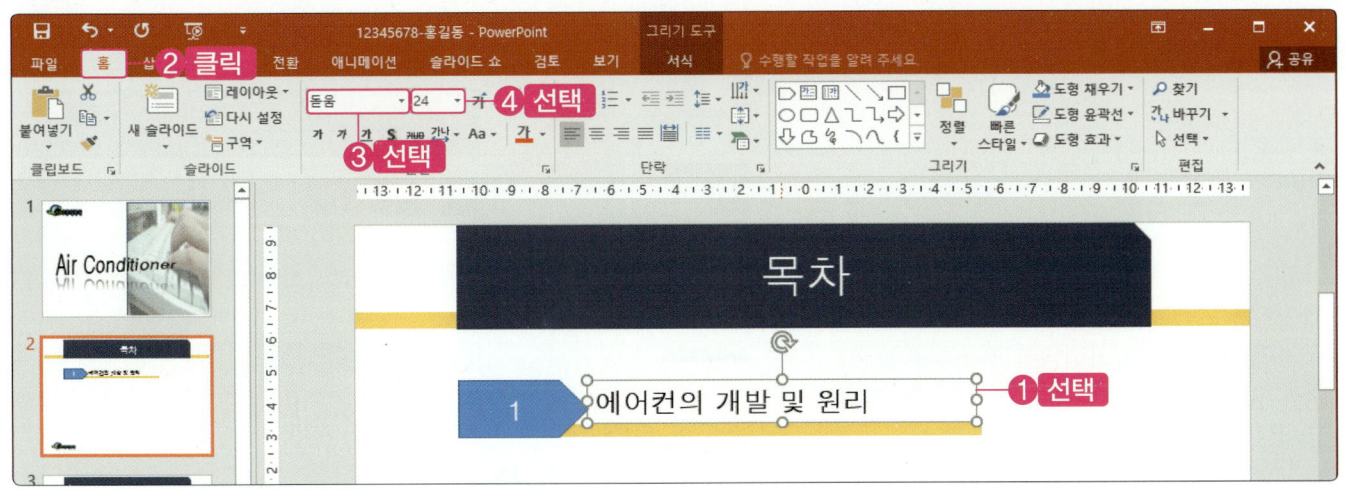

03 · 목차 슬라이드 29

11 두개의 도형과 텍스트 상자를 선택한 후 Ctrl+Shift를 누른 상태에서 드래그하여 도형을 복사합니다.

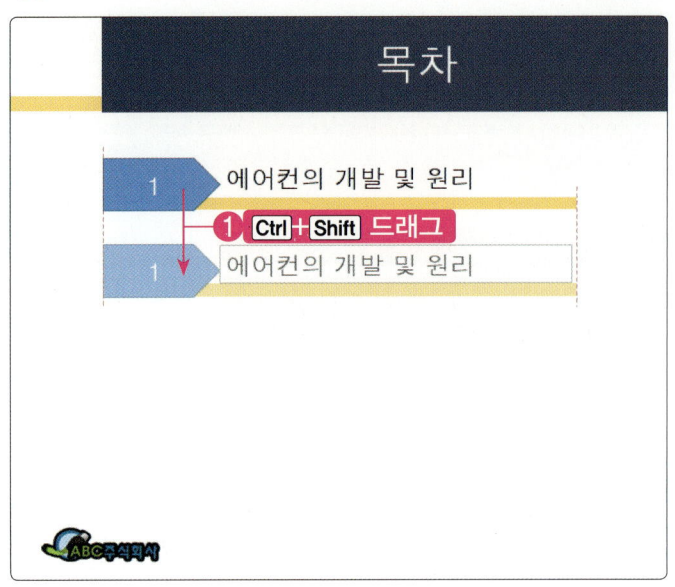 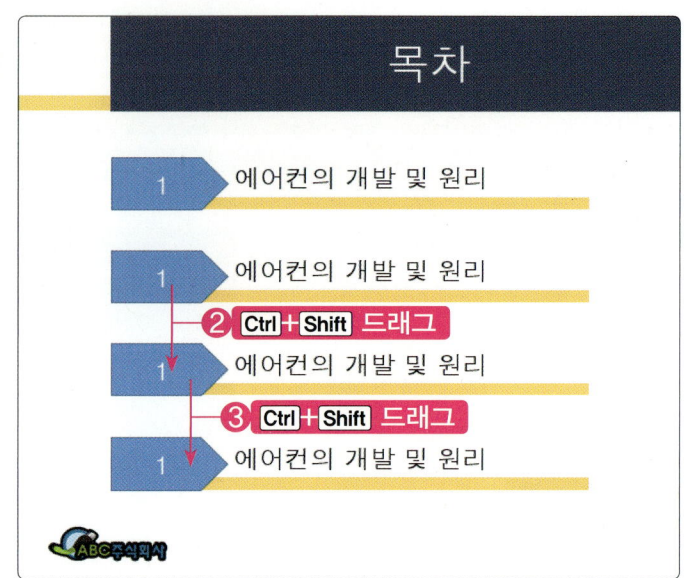

12 다음과 같이 텍스트 상자의 내용을 수정합니다.

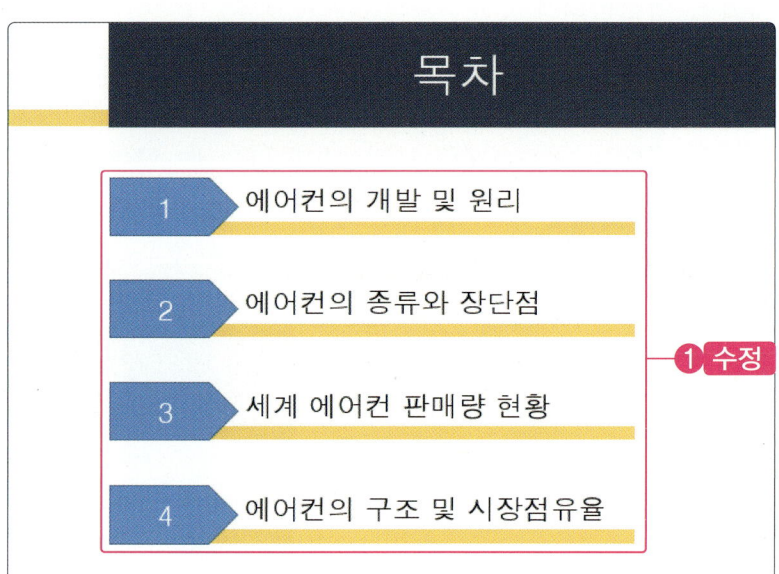

STEP 03

하이퍼링크 지정하기

01 텍스트를 드래그하여 블록으로 설정한 후 [삽입] 탭-[링크] 그룹에서 [하이퍼링크(🌐)]를 클릭합니다.

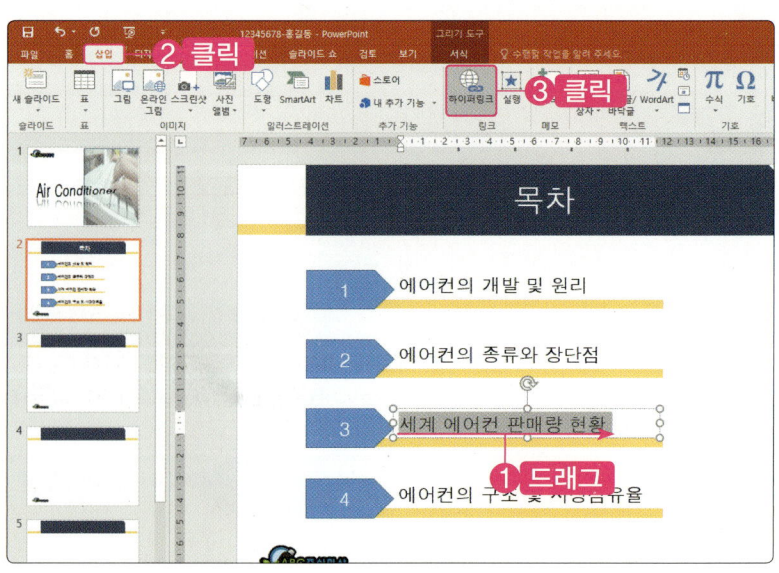

> 텍스트를 드래그하여 블록으로 설정한 후 바로가기 메뉴의 [하이퍼링크]를 클릭하거나 Ctrl+K를 눌러 [하이퍼링크 삽입] 대화상자를 표시할 수 있습니다.

02 〔하이퍼링크 삽입〕 대화상자가 나타나면 연결 대상(현재 문서)을 선택한 후 이 문서에서 위치(5. 슬라이드 5)를 선택한 다음 〔확인〕을 클릭합니다.

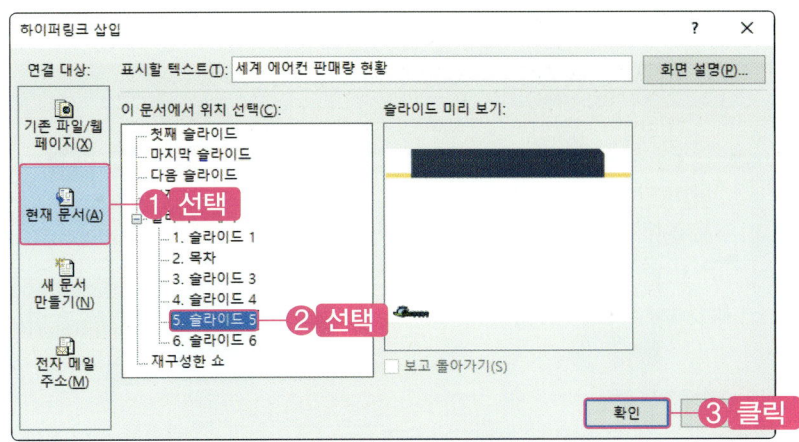

> 6개의 슬라이드를 미리 만들지 않으면 하이퍼링크를 적용할 수 없으므로 반드시 6개의 슬라이드를 미리 작성해 두어야 합니다.

03 블록으로 설정한 텍스트에 하이퍼링크가 적용되면 밑줄이 표시됩니다.

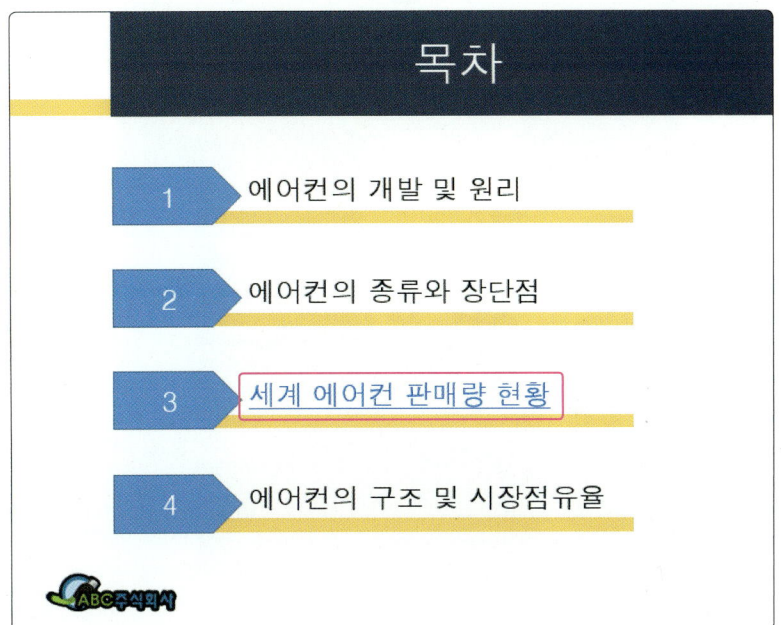

> 하이퍼링크를 제거하기 위해서는 하이퍼링크가 적용된 텍스트에서 바로가기 메뉴의 〔하이퍼링크 제거〕를 클릭하면 하이퍼링크를 제거할 수 있습니다.

STEP 04 그림 삽입하기

01 〔삽입〕 탭-〔이미지〕 그룹에서 〔그림〕을 클릭합니다.

02 〔그림 삽입〕 대화상자가 나타나면 위치(내 PC\문서\ITQ\Picture)를 선택한 후 파일(그림4.jpg)을 선택한 다음 〔삽입〕을 클릭합니다.

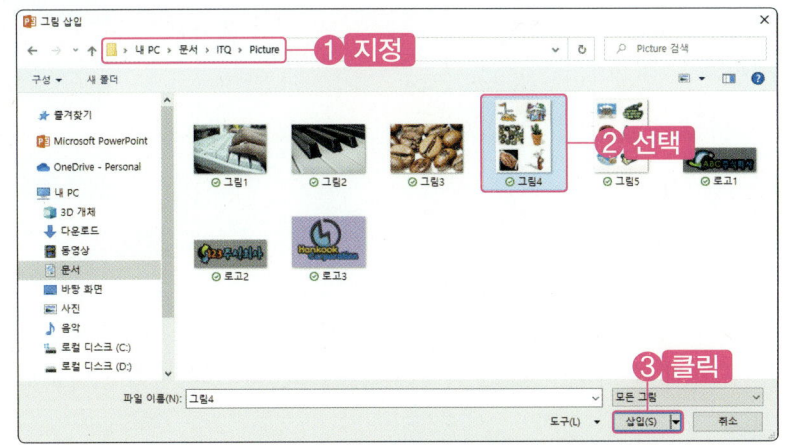

03 그림이 삽입되면 [그림 도구] 정황 탭-[서식] 탭-[크기] 그룹에서 [자르기(   )]를 클릭합니다.

04 그림 모서리의 모양이 ┛ 모양으로 변경되면 그림의 모서리 부분을 드래그하여 자를 부분을 지정한 후 Esc를 눌러 자르기 기능을 해제합니다.

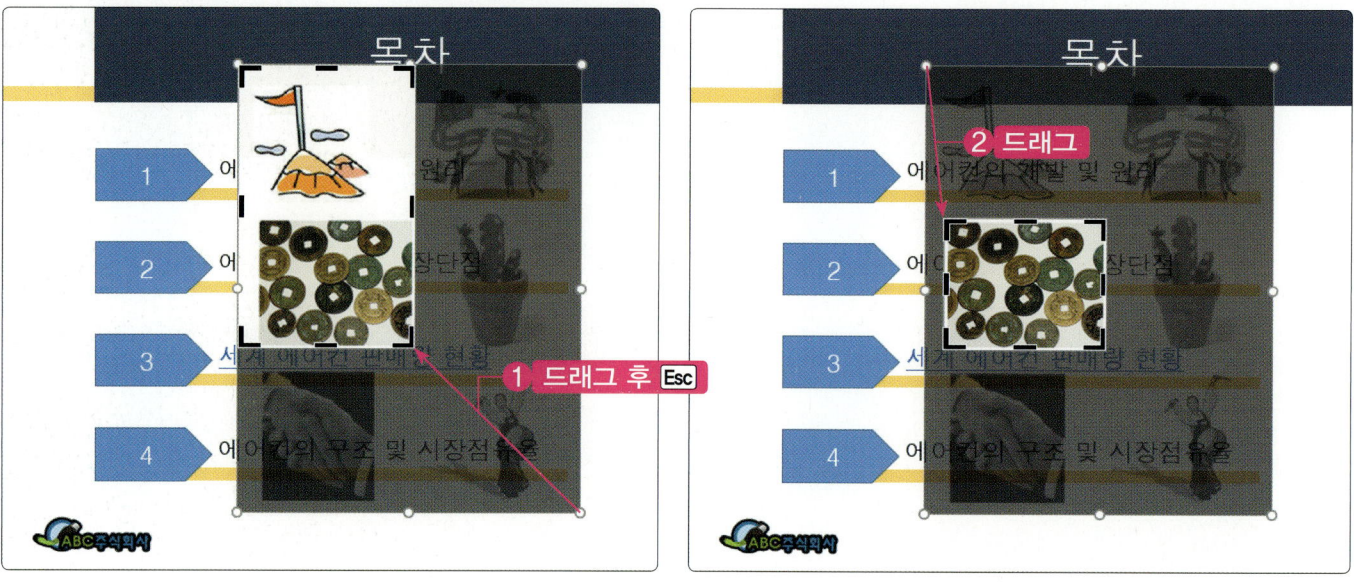

05 그림을 드래그하여 위치를 이동한 후 크기를 조절합니다.

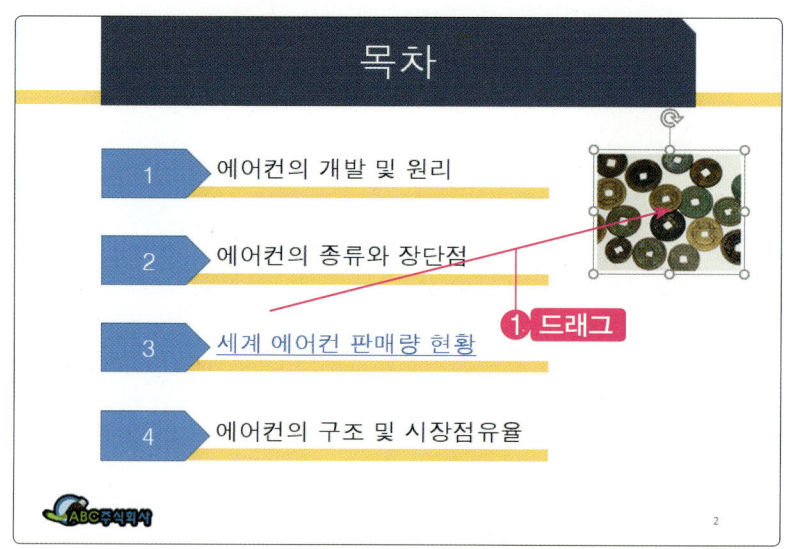

06 목차 슬라이드 작성이 완료되면 빠른 실행 도구 모음에서 [저장(   )]을 클릭합니다.

[파일] 탭-[저장]을 클릭하거나 Ctrl+S를 눌러 답안을 저장할 수도 있습니다.

Chapter 04 텍스트/동영상 슬라이드

텍스트/동영상 슬라이드에서는 글머리 기호와 텍스트 상자의 배치 방법 등이 출제되며, 동영상 파일을 삽입하는 방법에 대해 알고 있어야 합니다. 텍스트 개체 틀의 경우 출제 방식에 따라 배치 방법이 다르므로 다양한 형태의 배치 방법을 연습하는 것이 좋습니다.

[슬라이드 3] ≪텍스트/동영상 슬라이드≫ (60점)

(1) 텍스트 작성 : 글머리 기호 사용(◆, ✓)
  ◆문단(굴림, 24pt, 굵게, 줄간격 : 1.5줄), ✓문단(굴림, 20pt, 줄간격 : 1.5줄)

세부조건

① 동영상 삽입 :
 - 「내 PC₩문서₩ITQ₩Picture₩동영상.wmv」
 - 자동실행, 반복재생 설정

작업순서요약

① 텍스트를 입력한 후 글머리 기호를 지정합니다.
② 텍스트에 글꼴 및 단락을 지정합니다.
③ 동영상을 삽입한 후 자동 실행 및 반복 재생을 선택합니다.

STEP 01
텍스트 입력 및 글머리 기호 지정하기

 Chapter04.pptx

01 3번 슬라이드를 선택한 후 슬라이드 제목(1. 에어컨의 개발 및 원리)을 입력합니다. 그런다음 텍스트 상자를 클릭한 후 "The principle of air conditioning"를 입력합니다.

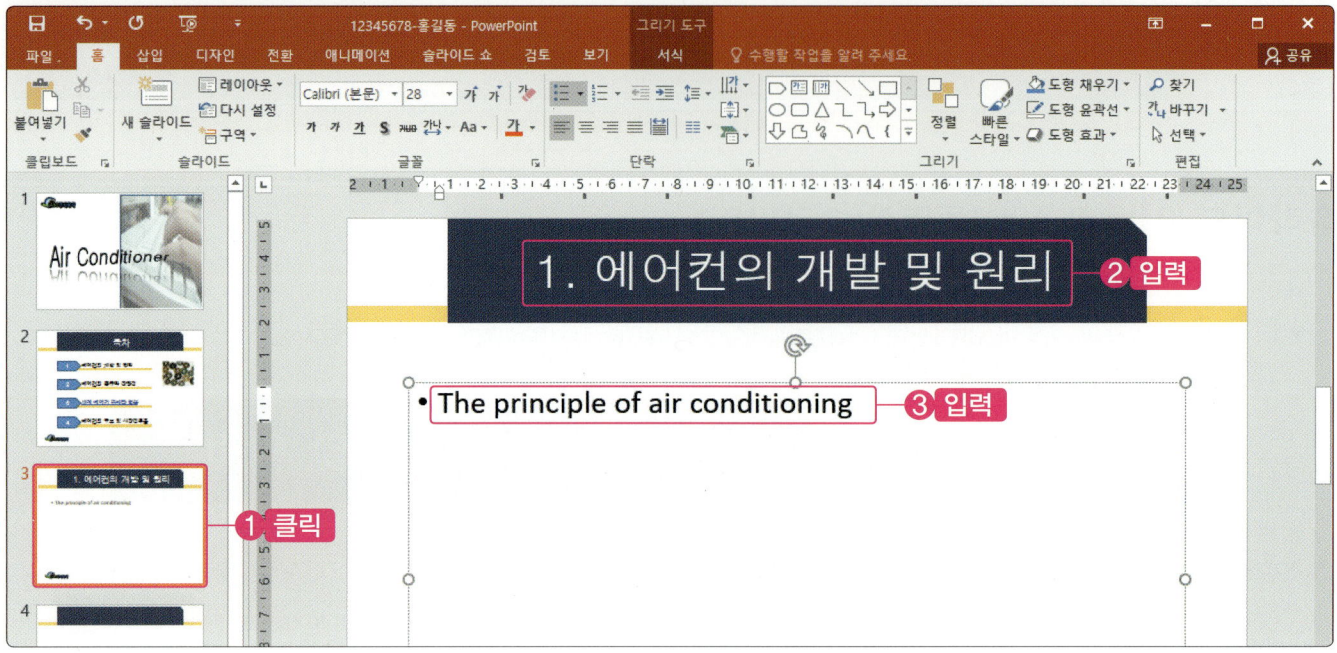

02 Enter를 눌러 문단을 강제개행한 후 Tab을 눌러 글머리 기호 수준을 한 단계 내린 다음 텍스트를 입력합니다.

- 목록 수준 늘림 : [홈] 탭-[단락] 그룹에서 [목록 수준 늘림] 또는 Tab
- 목록 수준 줄임 : [홈] 탭-[단락] 그룹에서 [목록 수준 줄임] 또는 Shift+Tab

03 글머리 기호를 변경하기 위해 첫 번째 단락에 커서를 위치한 후 [홈] 탭-[단락] 그룹에서 [글머리 기호]의 [목록] 단추를 클릭한 다음 [속이 찬 다이아몬드형 글머리 기호]를 클릭합니다.

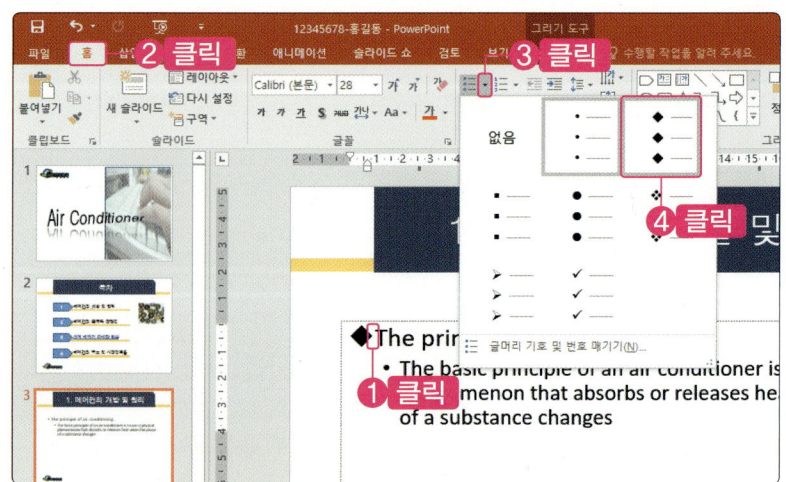

04 두 번째 단락에 커서를 위치한 후 [홈] 탭-[단락] 그룹에서 [글머리 기호]의 [목록(▾)] 단추를 클릭한 다음 [대조표 글머리 기호(✓)]를 클릭합니다.

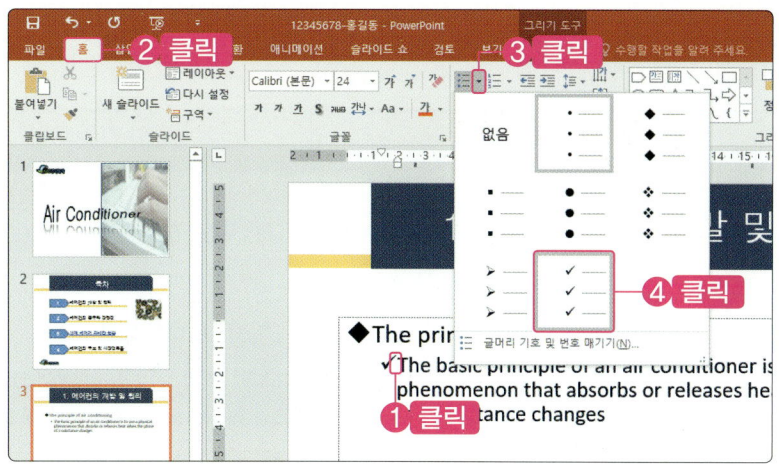

STEP **02**

문단 서식 지정하기

01 첫 번째 단락을 드래그하여 블록으로 설정한 후 [홈] 탭-[글꼴] 그룹에서 글꼴(굴림)과 글꼴 크기(24), [굵게(가)]를 선택합니다.

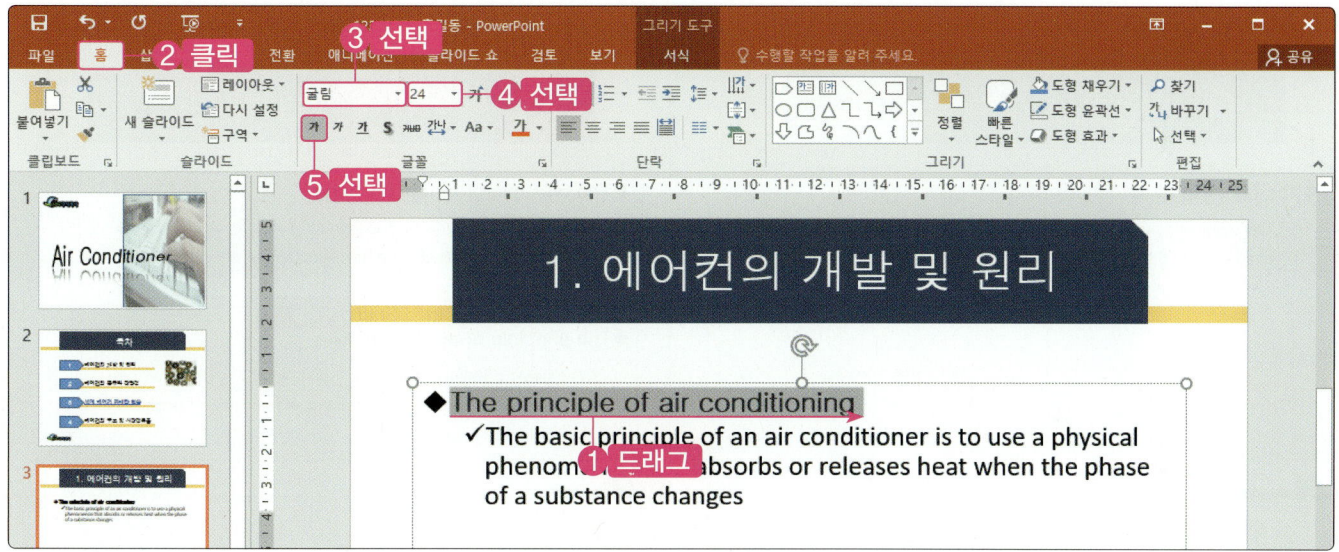

02 두 번째 단락을 드래그하여 블록으로 설정한 후 [홈] 탭-[글꼴] 그룹에서 글꼴(굴림)과 글꼴 크기(20)를 선택합니다.

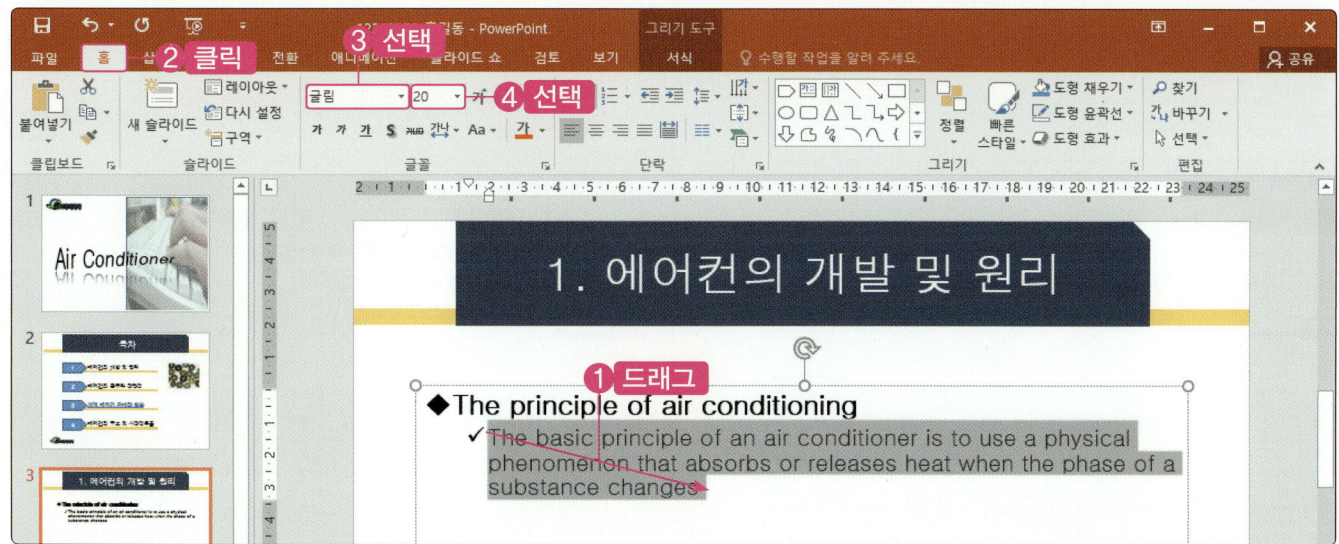

03 텍스트 전체를 드래그하여 블록으로 설정한 후 [홈] 탭-[단락] 그룹에서 [줄 간격(≡▾)]을 클릭한 다음 [1.5]를 클릭합니다.

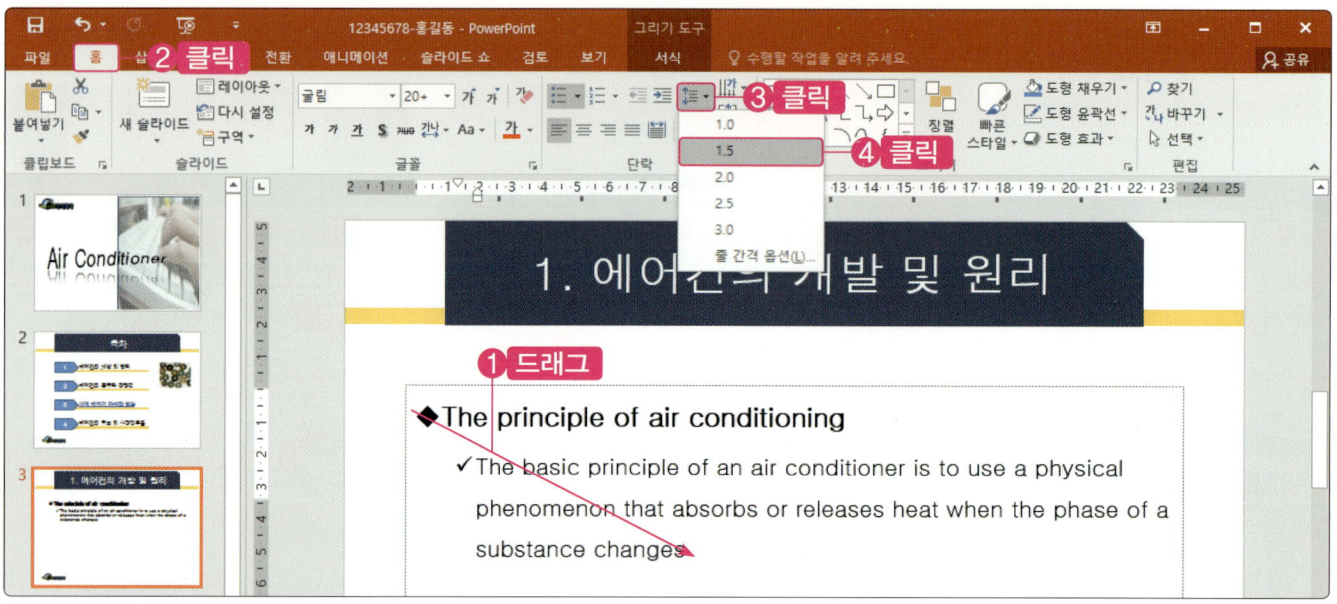

04 텍스트 상자의 크기 및 위치를 조절한 후 Ctrl+Shift를 누른 상태에서 아래로 드래그하여 복사합니다.

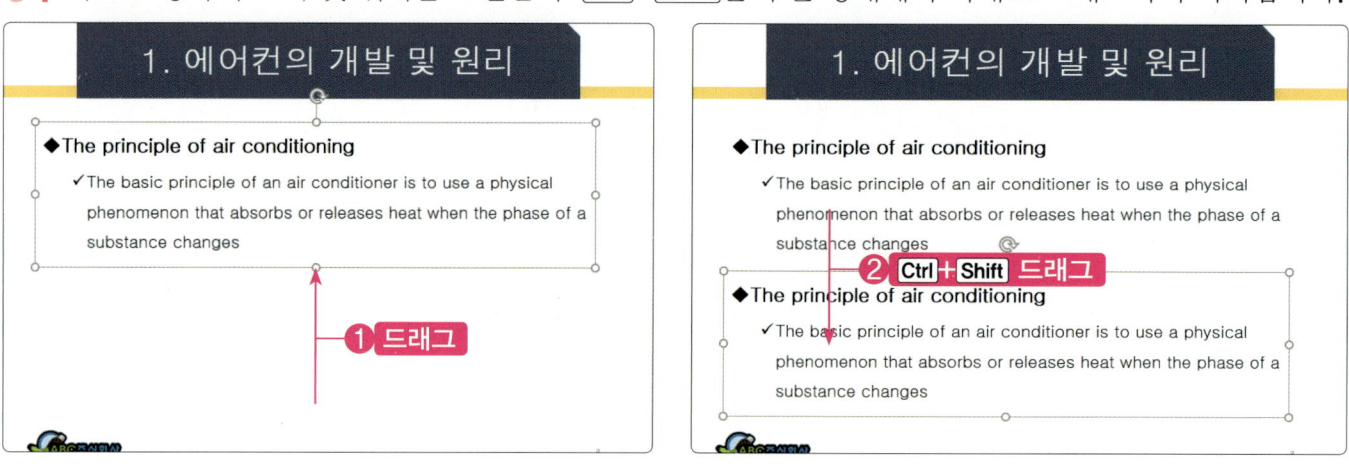

05 텍스트를 수정한 후 텍스트 상자의 크기를 조절합니다.

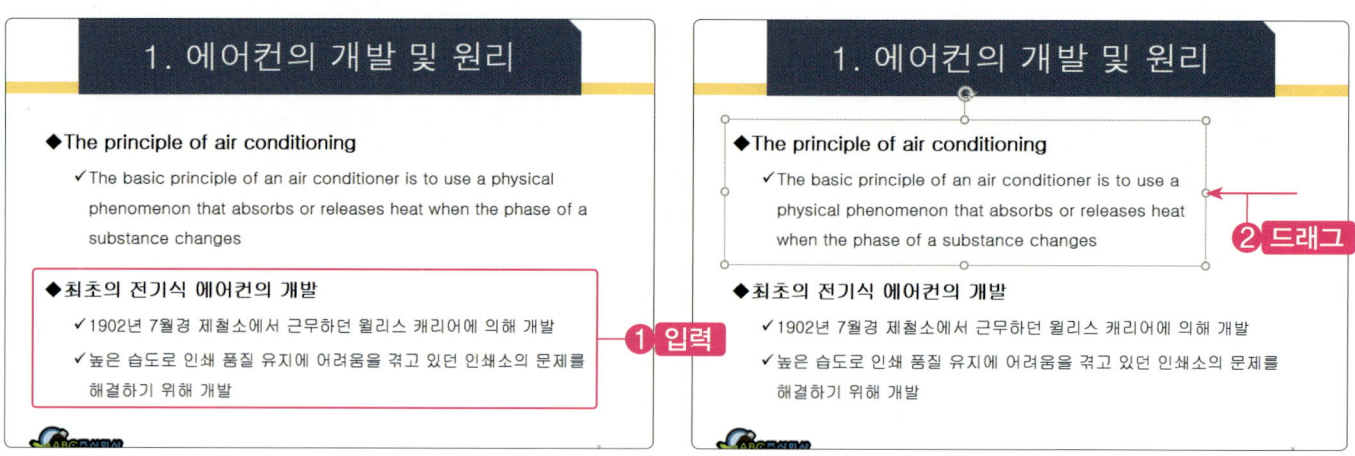

텍스트 상자 크기를 조절할 때 글꼴 크기가 변경되면 텍스트 상자의 바로가기 메뉴에서 [도형 서식]을 클릭한 후 [도형 서식] 설정 화면이 나타나면 [텍스트 옵션] 탭에서 [텍스트 상자]를 클릭한 다음 [자동 맞춤 안 함]을 선택하고 [닫기]를 클릭한 후 크기를 조절하면 글꼴 크기가 변경되지 않습니다.

동영상 삽입하기

01 [삽입] 탭-[미디어] 그룹에서 [비디오]를 클릭한 후 [내 PC의 비디오]를 클릭합니다.

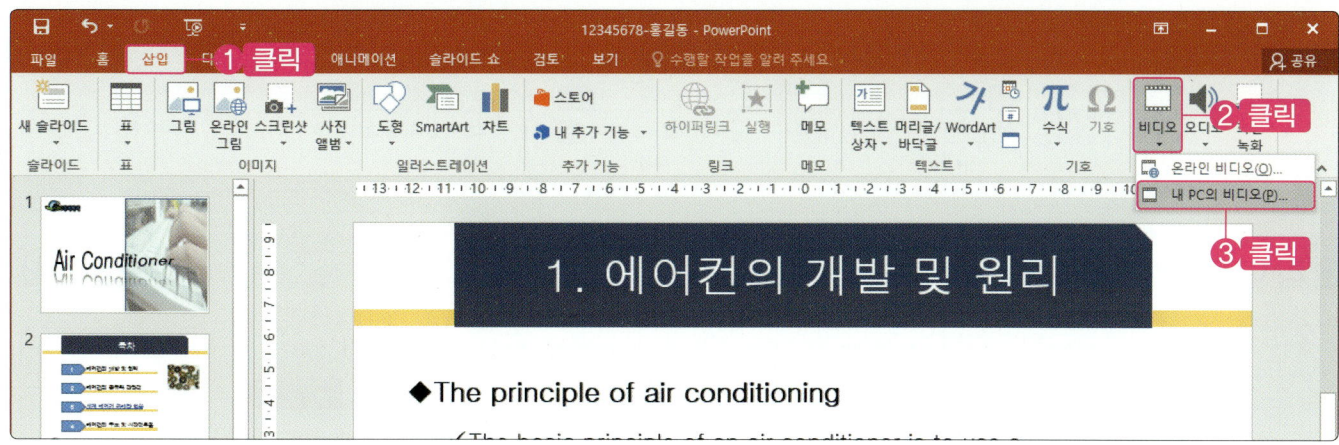

02 [비디오 삽입] 대화상자가 나타나면 위치(내 PC₩문서₩ITQ₩Picture)를 선택한 후 파일(동영상.wmv)을 선택한 다음 [삽입] 단추를 클릭합니다.

03 동영상이 삽입되면 위치를 조절한 후 [비디오 도구] 정황 탭-[재생] 탭-[비디오 옵션] 그룹에서 [자동 실행]을 선택한 다음 [반복 재생]을 선택합니다.

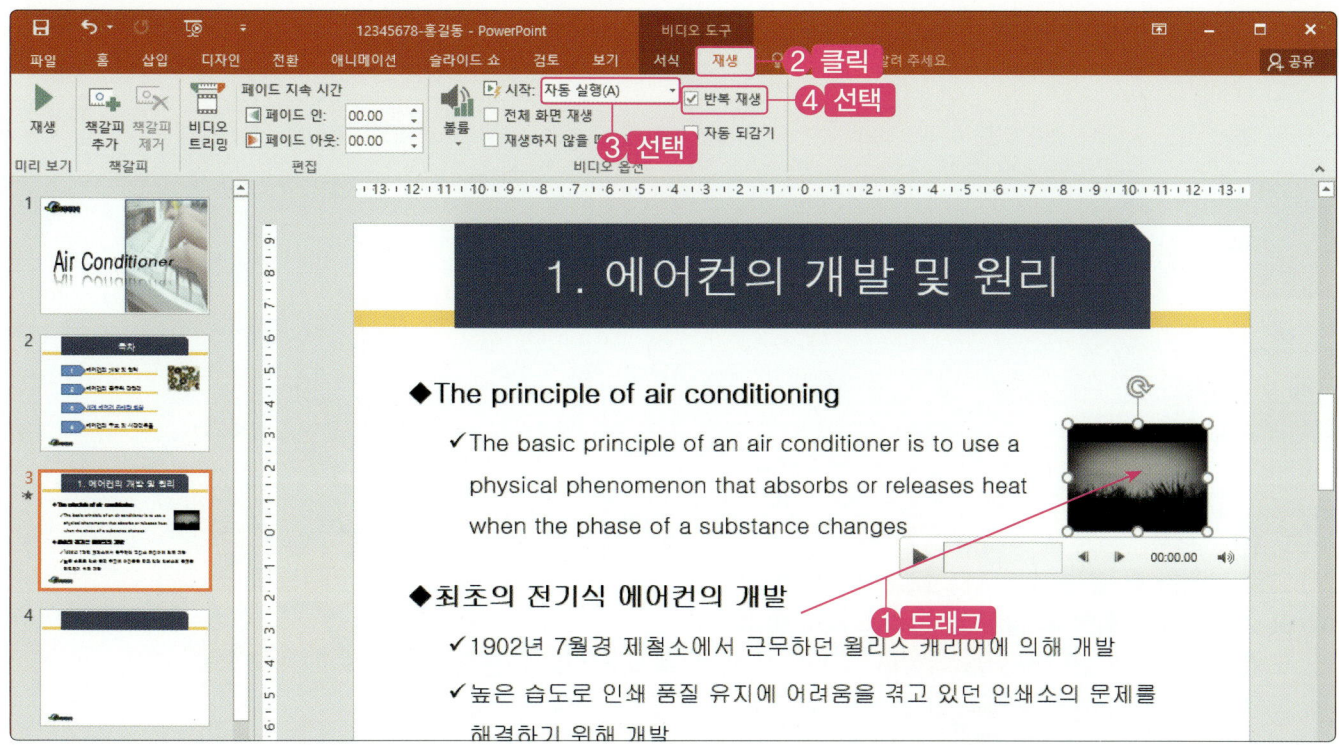

Chapter 05 표 슬라이드

표 슬라이드는 표를 삽입하고 여러가지 효과를 지정하는 방법과 도형을 이용하여 표의 행/열에 제목을 작성하는 문제가 출제됩니다. 도형은 하나 이상의 도형을 겹쳐 새로운 모양으로 만드는 방법이 사용되므로 어떤 도형을 이용하는지 자주 연습해야 합니다.

[슬라이드 4] ≪표 슬라이드≫ (80점)

(1) 도형과 표 작성 기능을 이용하여 슬라이드를 작성한다(글꼴 : 돋움, 18pt).

세부조건

① 상단 도형 :
   2개의 도형의 조합으로 작성

② 좌측 도형 :
   그라데이션 효과(선형 아래쪽)

③ 표 스타일 :
   테마 스타일 1 - 강조 5

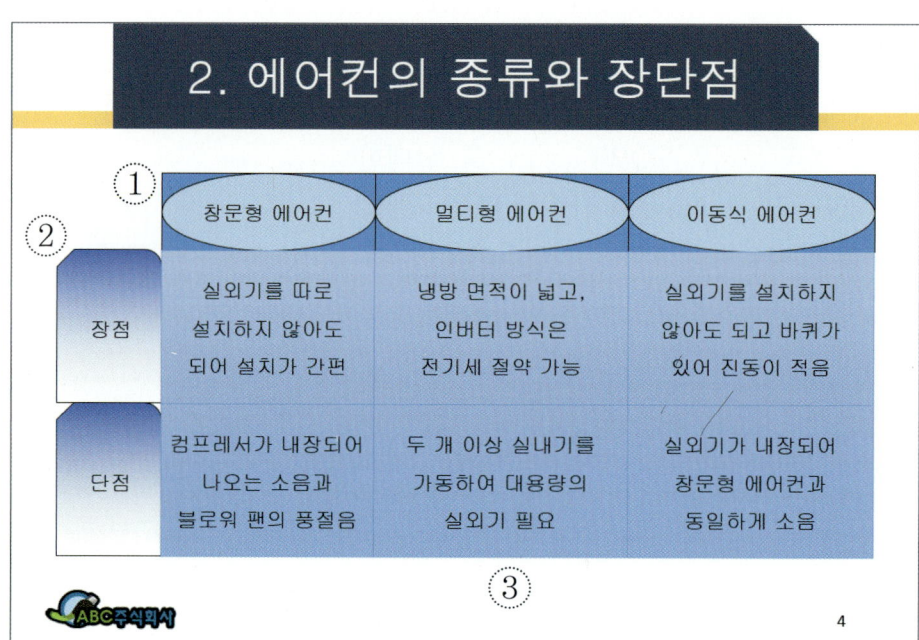

작업순서요약

① 표를 작성한 후 표 크기 및 내용을 입력합니다.
② 표 스타일을 지정한 후 글꼴 및 단락을 지정합니다.
③ 도형을 이용하여 상단 도형을 작성한 후 채우기 색 및 글꼴 서식을 지정합니다.
④ 도형을 이용하여 좌측 도형을 작성한 후 그라데이션 및 글꼴 서식을 지정합니다.

표 작성하기

01 4번 슬라이드를 선택한 후 슬라이드 제목(2. 에어컨의 종류와 장단점)을 입력한 다음 텍스트 상자의 〔표 삽입(▦)〕 아이콘을 클릭합니다.

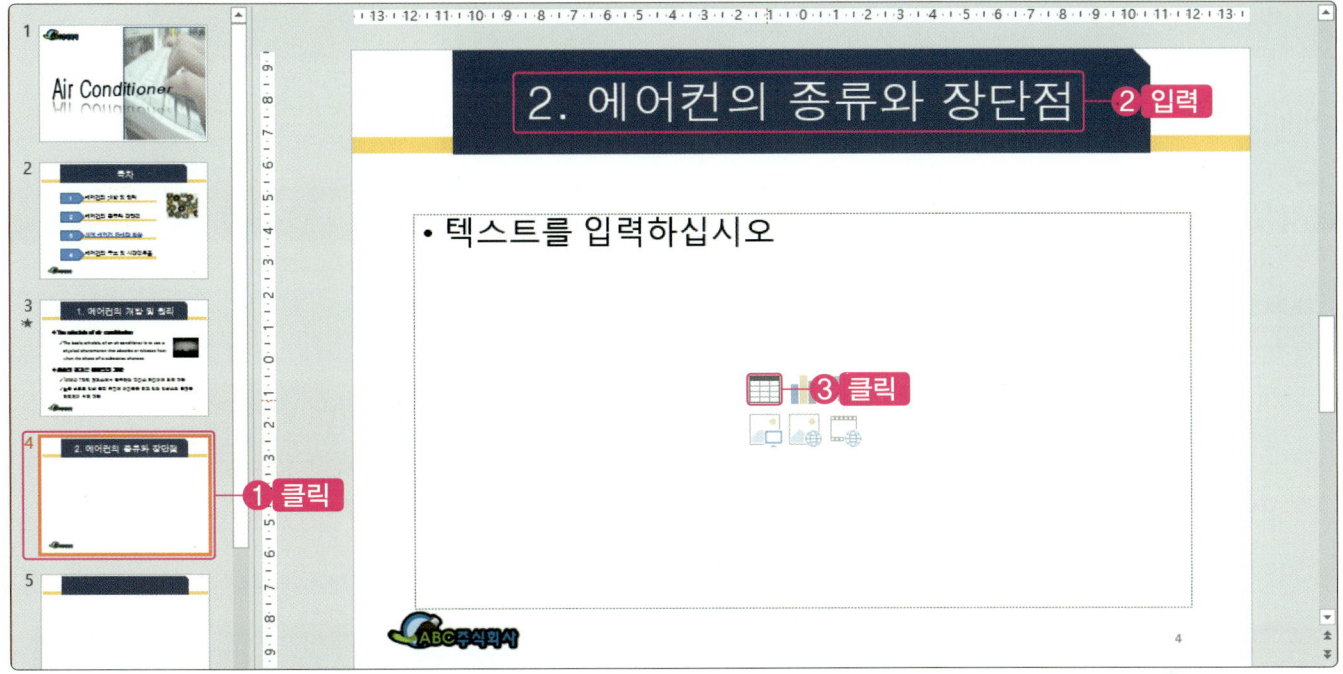

02 〔표 삽입〕 대화상자가 나타나면 열 개수(3)와 행 개수(2)를 입력한 후 〔확인〕을 클릭합니다.

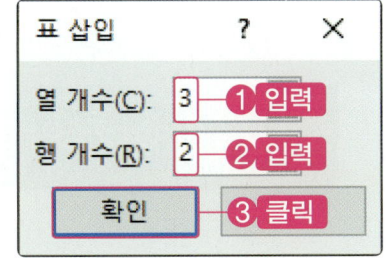

03 표가 삽입되면 위치 및 크기를 조절한 후 내용을 입력합니다.

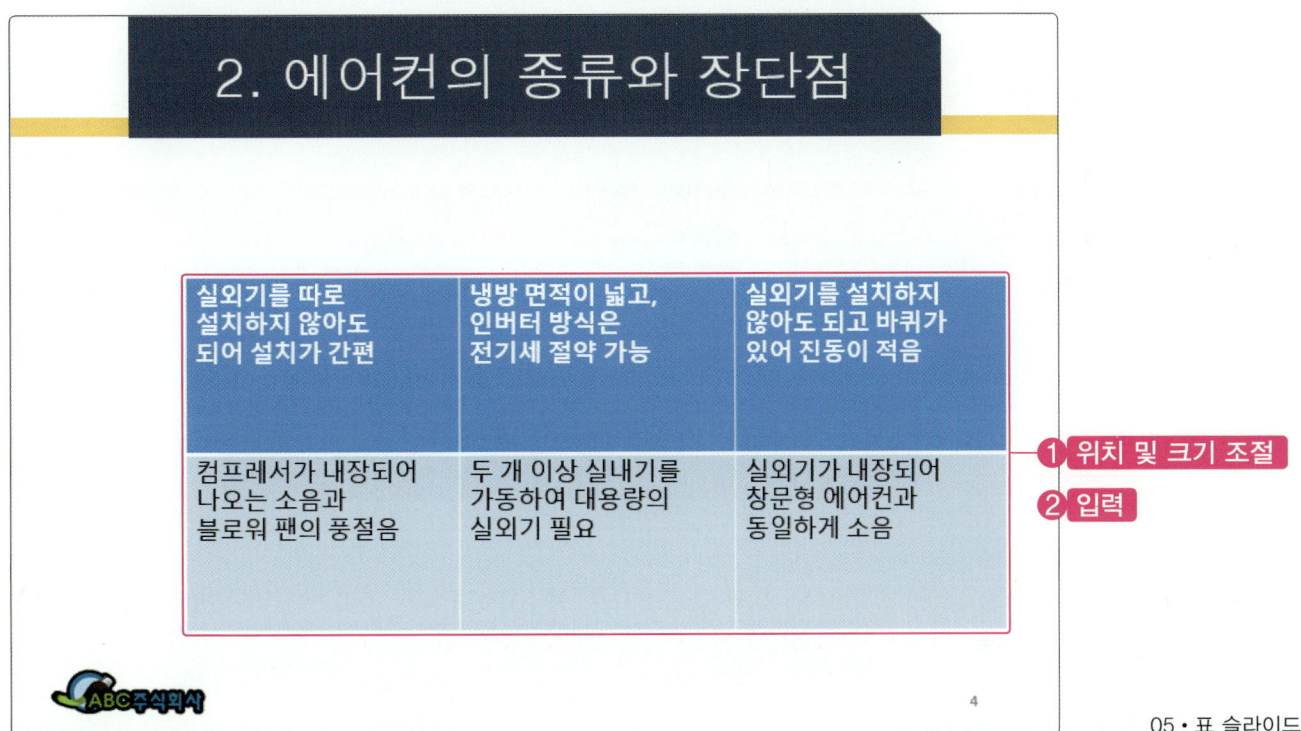

표 스타일 지정하기

01 표를 선택한 후 [표 도구] 정황 탭-[디자인] 탭-[표 스타일] 그룹에서 [자세히(▼)]를 클릭한 다음 [테마 스타일 1 - 강조 5(▦)]을 클릭합니다.

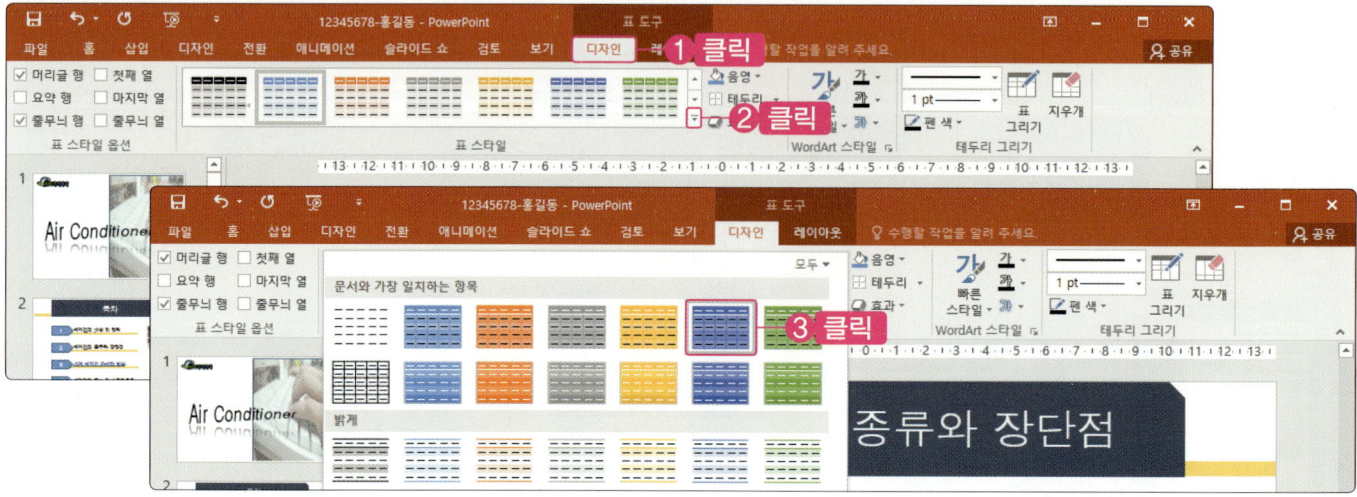

02 [표 도구] 정황 탭-[디자인] 탭-[표 스타일 옵션] 그룹에서 [머리글 행]과 [줄무늬 행]을 선택 해제합니다.

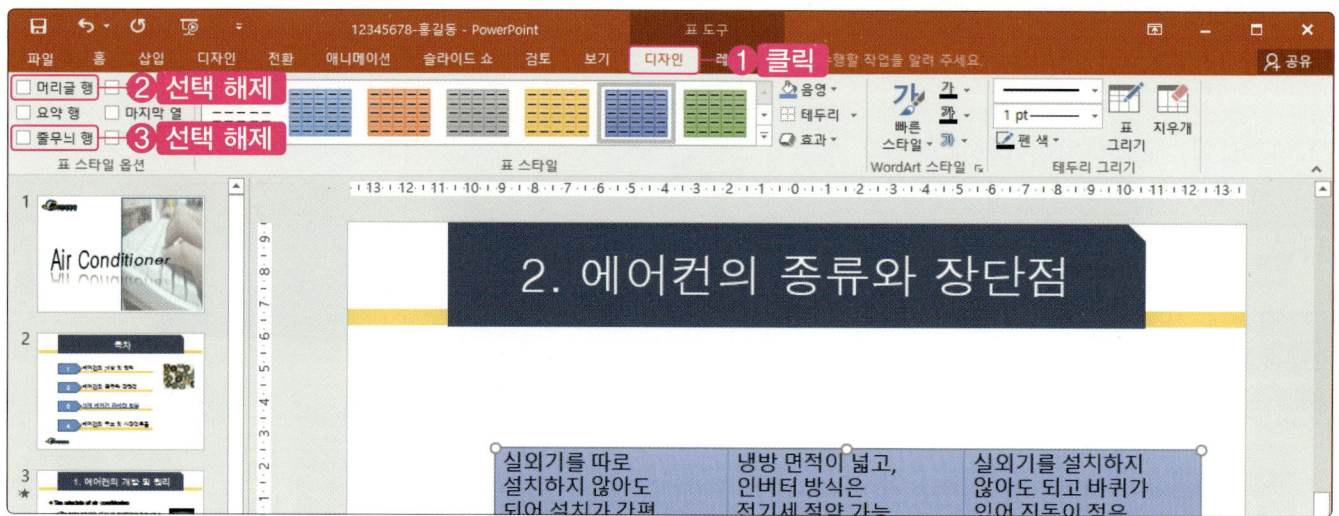

03 [홈] 탭-[글꼴] 그룹에서 글꼴(굴림)과 글꼴 크기(18)를 선택한 후 [단락] 그룹에서 [가운데 맞춤(≡)]을 선택합니다.

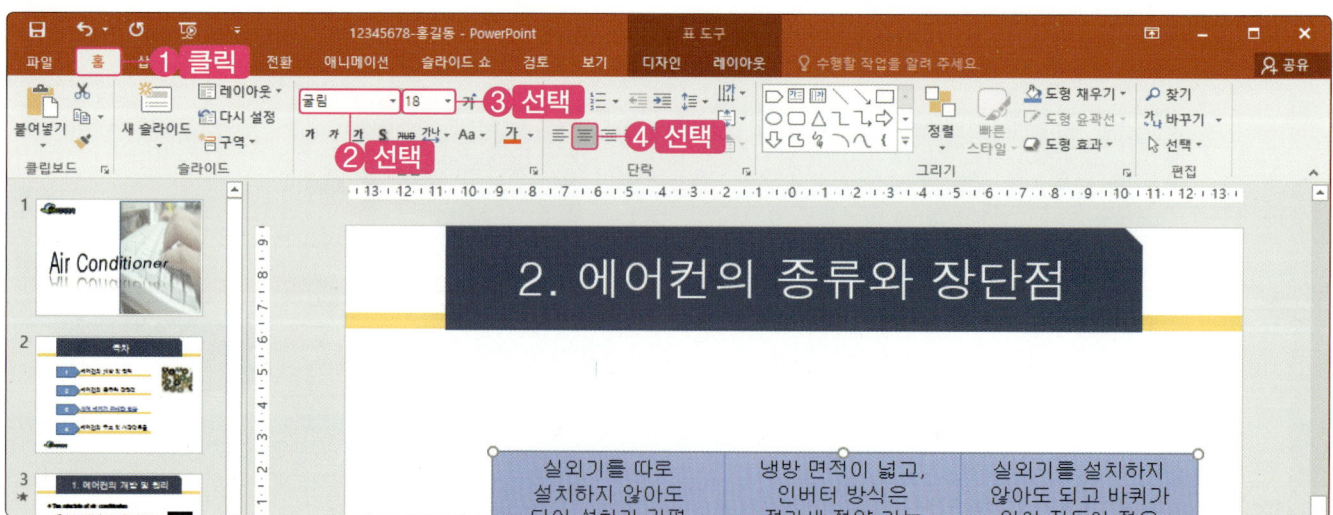

04 〔홈〕 탭-〔단락〕 그룹에서 〔텍스트 맞춤〕을 클릭한 다음 〔중간〕을 클릭합니다.

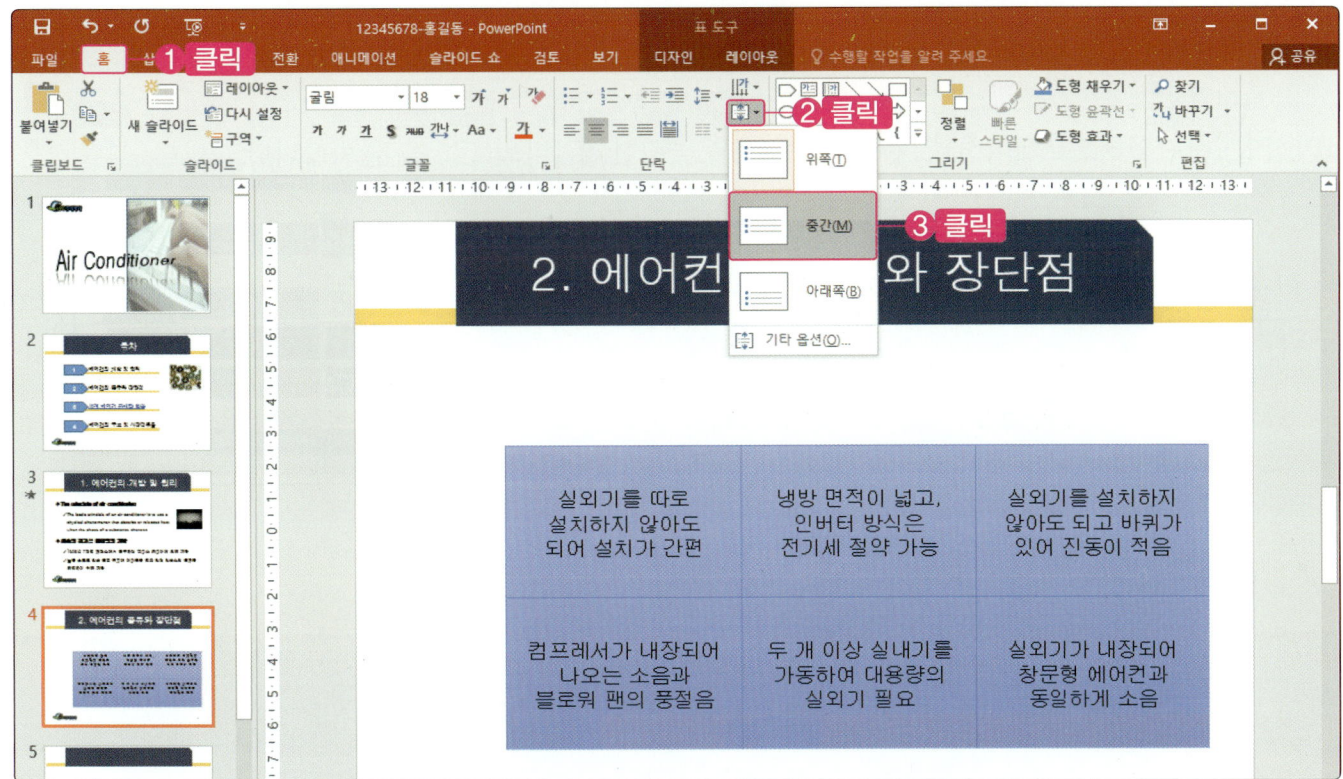

STEP 03

상단 도형 작성하기

01 〔삽입〕 탭-〔일러스트레이션〕 그룹에서 〔도형〕을 클릭한 후 〔직사각형(□)〕을 클릭합니다.

02 마우스 포인터 모양이 + 모양으로 변경되면 드래그하여 도형을 작성합니다.

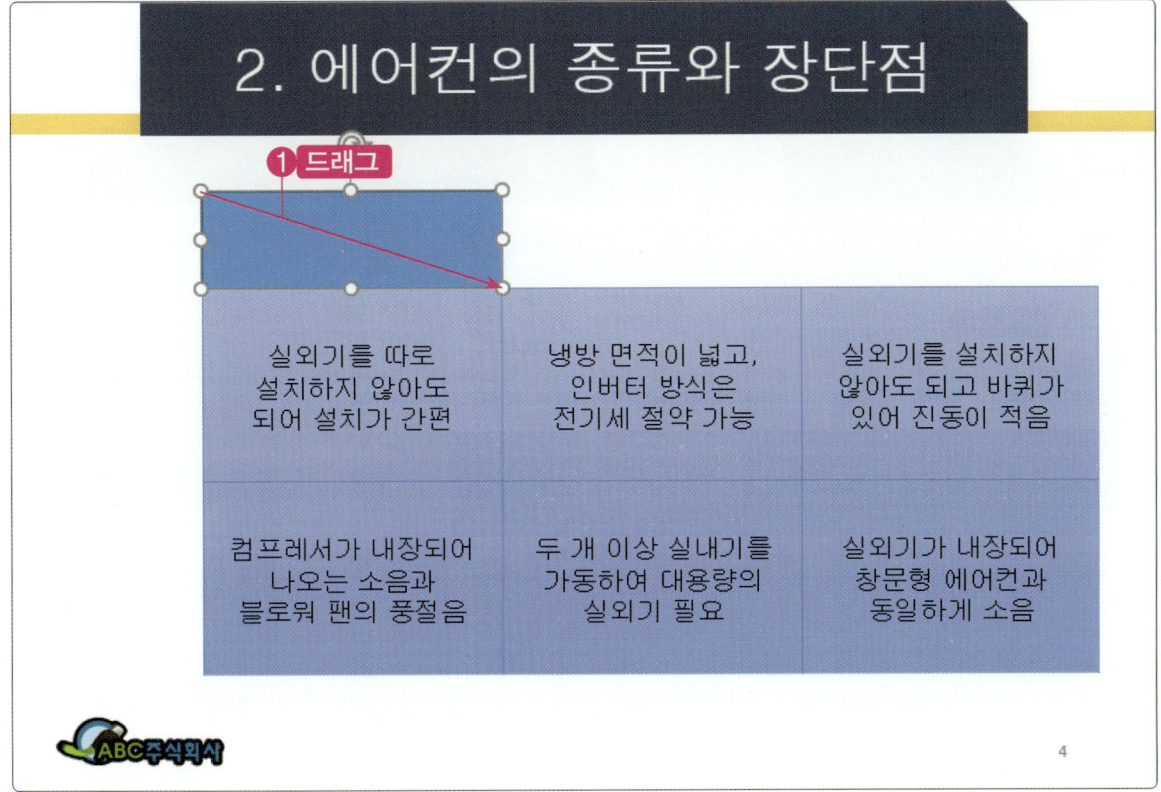

03 〔그리기 도구〕 정황 탭-〔서식〕 탭-〔도형 스타일〕 그룹에서 〔도형 채우기〕를 클릭한 후 임의의 색을 지정합니다.

04 〔삽입〕 탭-〔일러스트레이션〕 그룹에서 〔도형〕을 클릭한 후 〔타원(○)〕을 클릭합니다.

05 마우스 포인터 모양이 + 모양으로 변경되면 드래그하여 도형을 작성합니다.

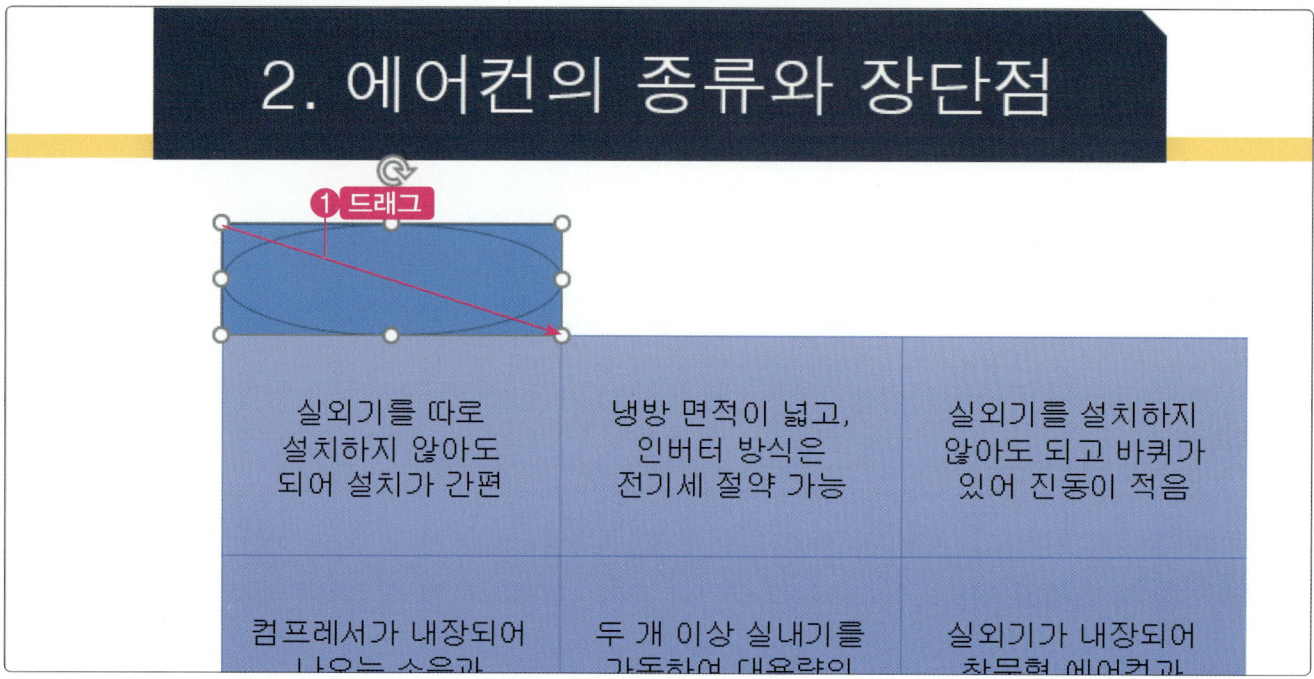

06 〔그리기 도구〕 정황 탭-〔서식〕 탭-〔도형 스타일〕 그룹에서 〔도형 채우기〕를 클릭한 후 임의의 색을 지정합니다.

07 상단 도형을 드래그하여 선택한 후 Ctrl과 Shift를 누른 상태에서 드래그하여 도형을 복사합니다.

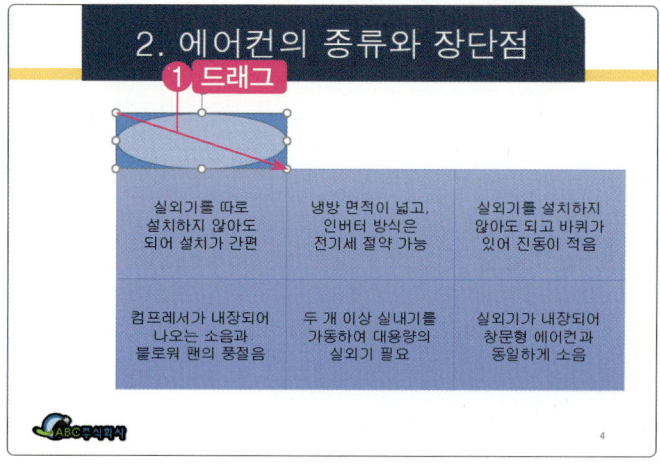
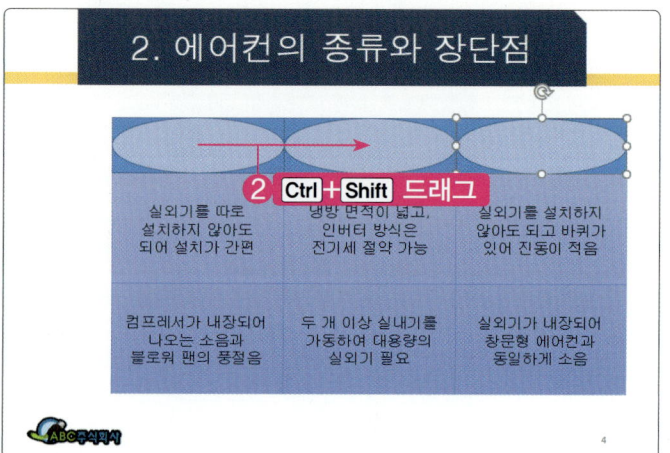

- **하나의 도형 선택하기** : 도형에 마우스 포인트를 가져가 마우스 포인터 모양으로 변경되면 클릭합니다.
- **여러개의 도형 선택하기** : 도형 보다 넓게 범위를 지정하여 도형을 선택하거나 도형을 선택한 후 이나 를 누른 상태에서 다른 도형들을 선택합니다.

08 〔타원(○)〕 도형을 각각 선택한 후 내용을 입력합니다.

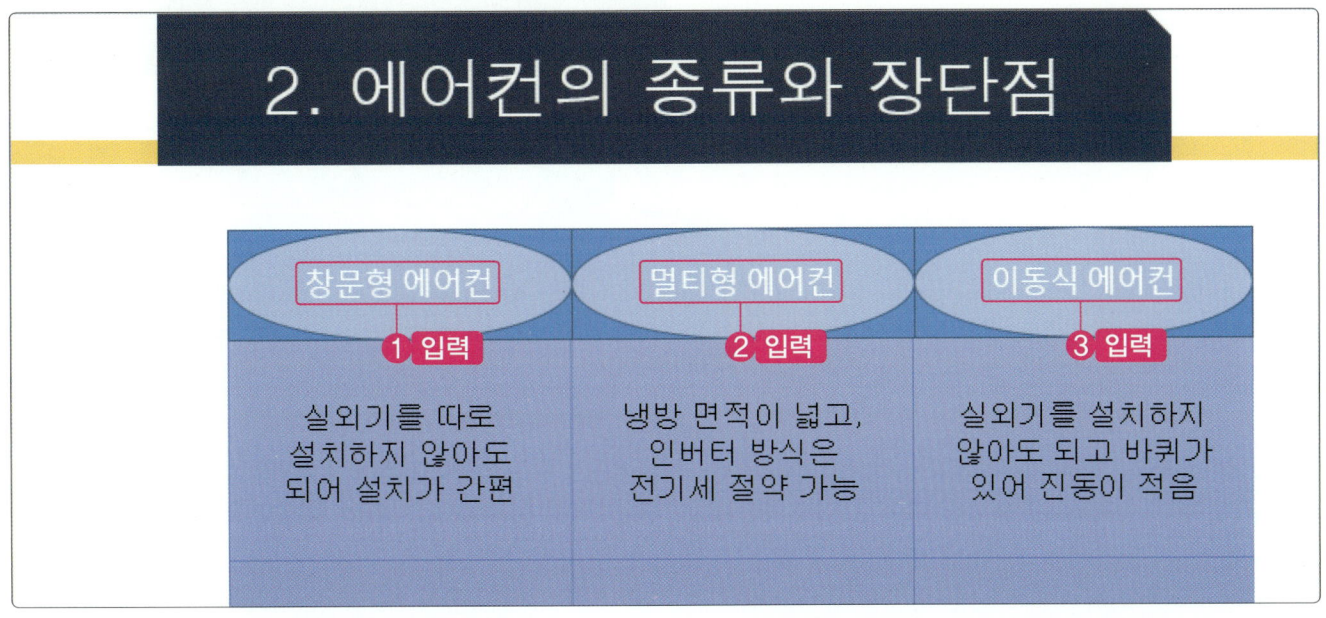

09 〔홈〕 탭-〔글꼴〕 그룹에서 글꼴(굴림)과 글꼴 크기(18), 글꼴 색(검정, 텍스트 1)을 선택합니다.

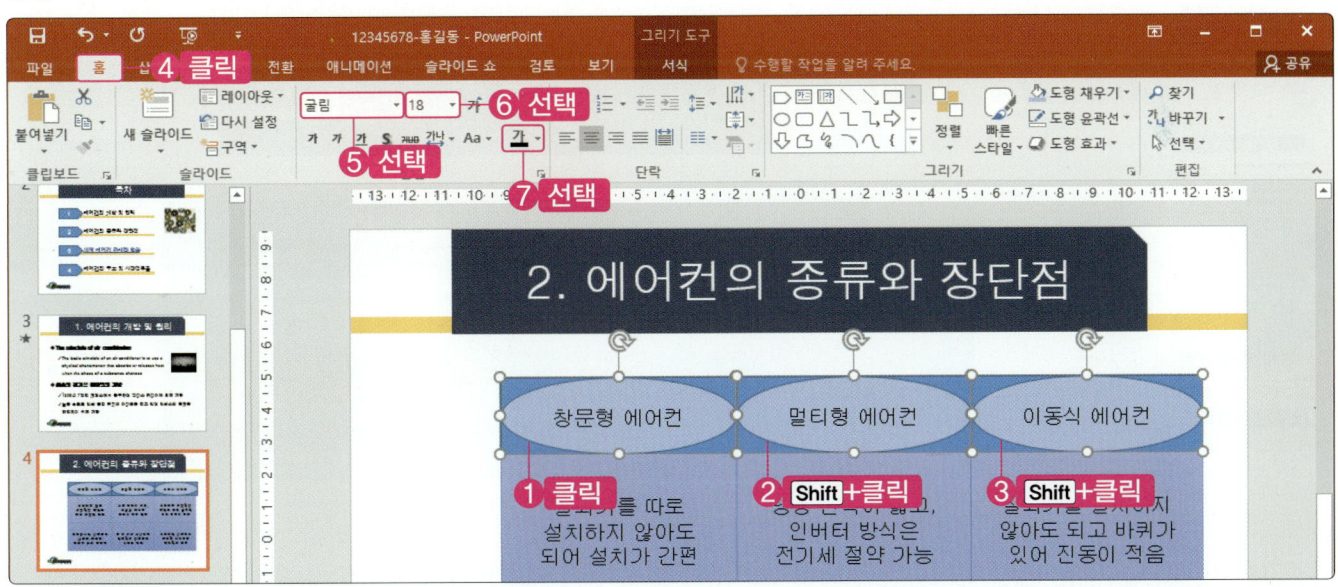

STEP **04**

좌측 도형 작성하기

01 〔삽입〕 탭-〔일러스트레이션〕 그룹에서 〔도형〕을 클릭한 후 〔한쪽 모서리는 잘리고 다른 쪽 모서리는 둥근 사각형(◻)〕을 클릭합니다.

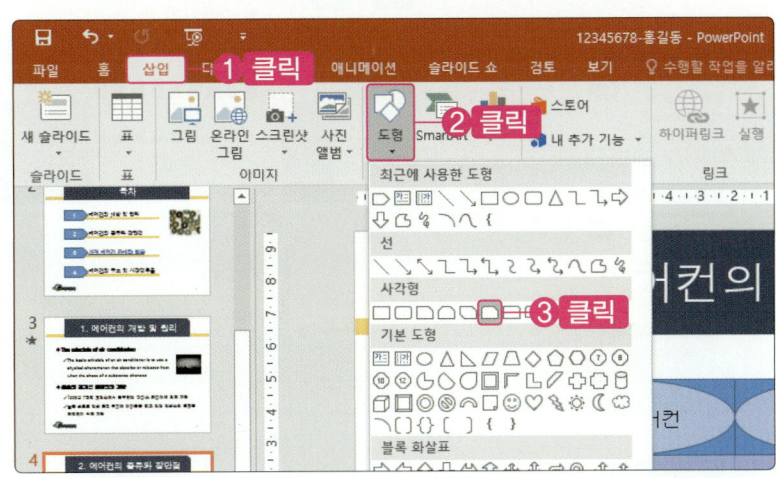

02 마우스 포인터 모양이 + 모양으로 변경되면 드래그하여 도형을 작성합니다.

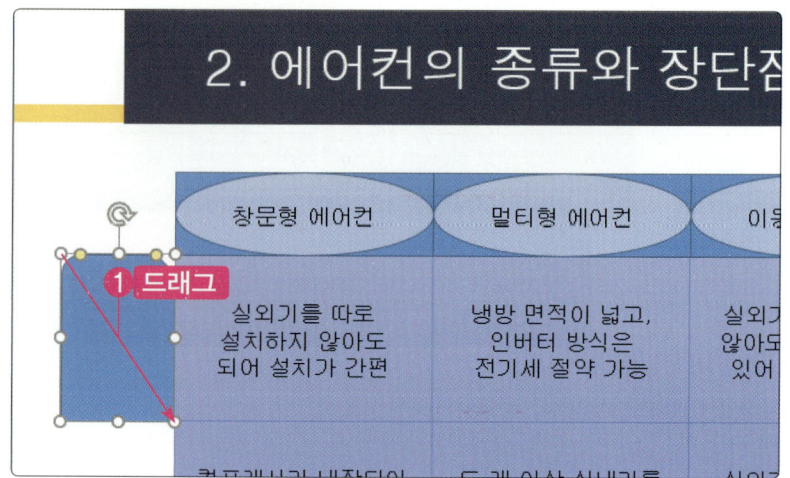

03 [그리기 도구] 정황 탭-[서식] 탭-[정렬] 그룹에서 [회전]을 클릭한 후 [좌우 대칭]을 클릭합니다.

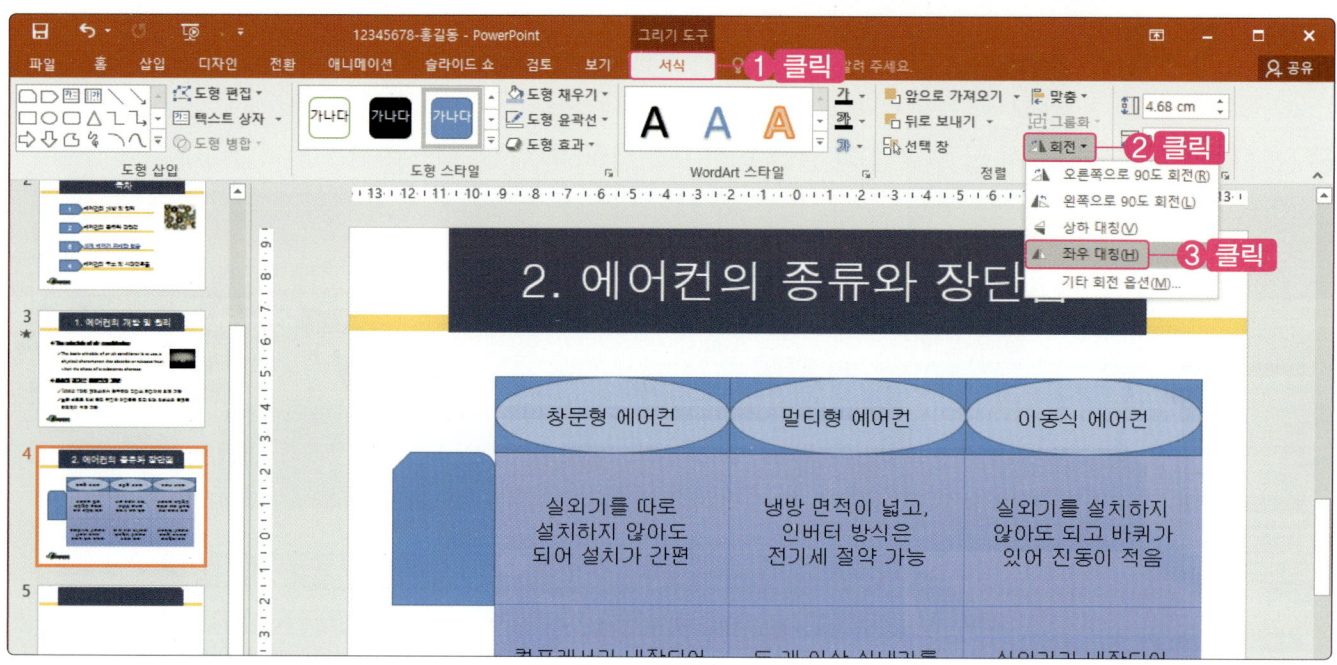

04 [그리기 도구] 정황 탭-[서식] 탭-[도형 스타일] 그룹에서 [도형 채우기]를 클릭한 후 [그라데이션]-[선형 아래쪽(■)]을 클릭합니다.

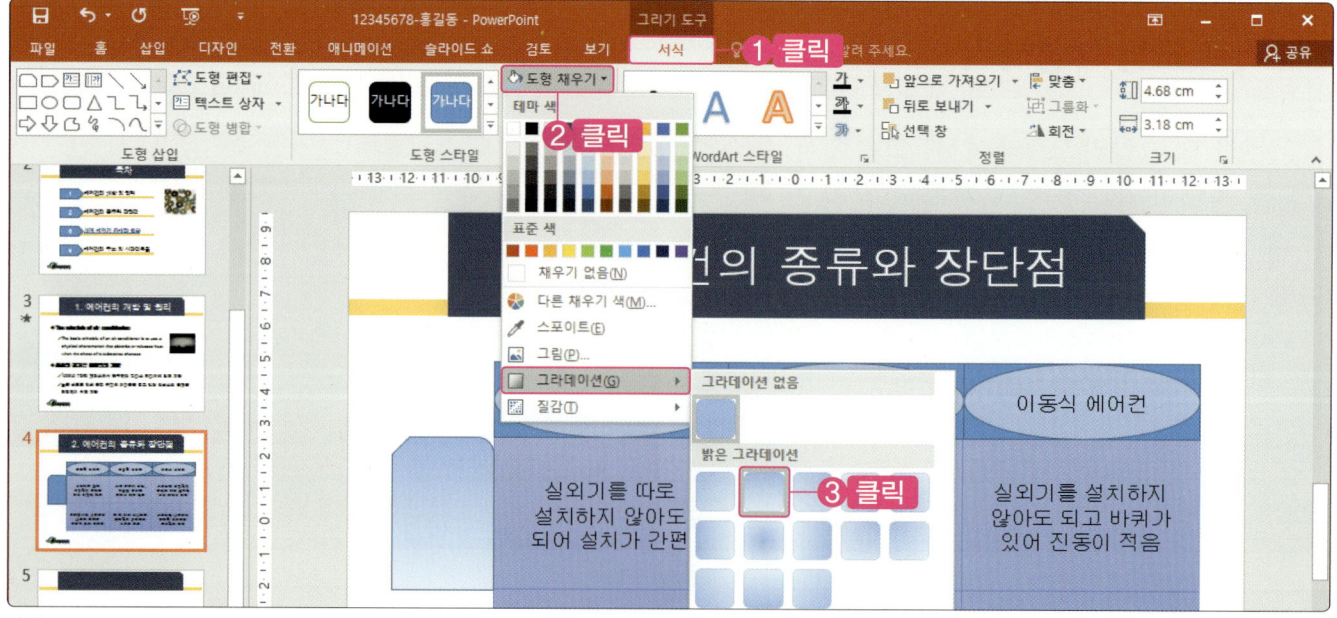

05 좌측 도형을 선택한 후 Ctrl과 Shift를 누른 상태에서 드래그하여 도형을 복사합니다.

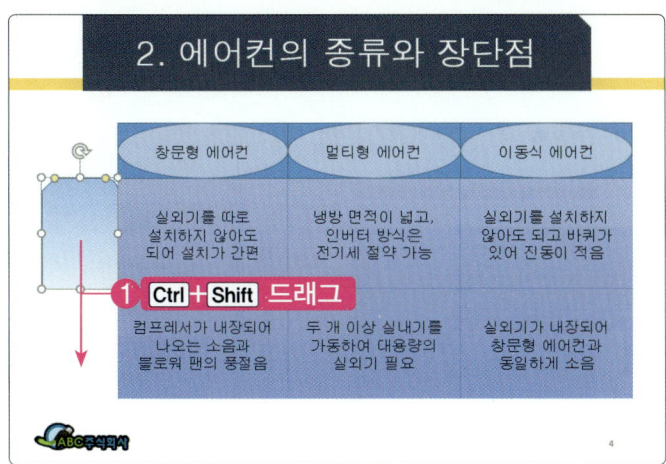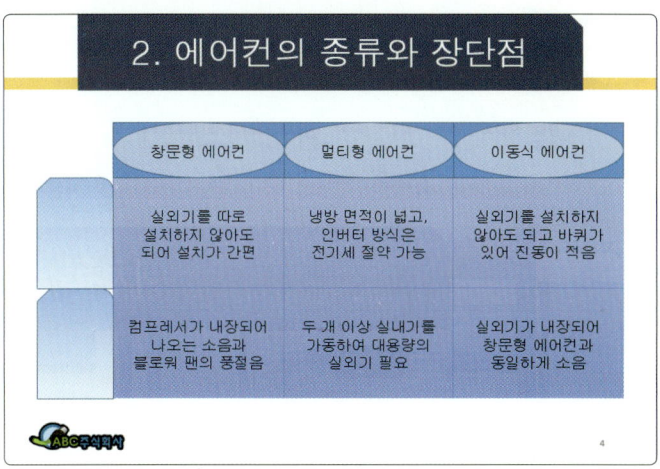

06 도형에 내용을 입력한 후 도형을 선택한 다음 [홈] 탭-[글꼴] 그룹에서 글꼴(굴림)과 글꼴 크기(18), 글꼴 색(검정, 텍스트 1)을 선택합니다.

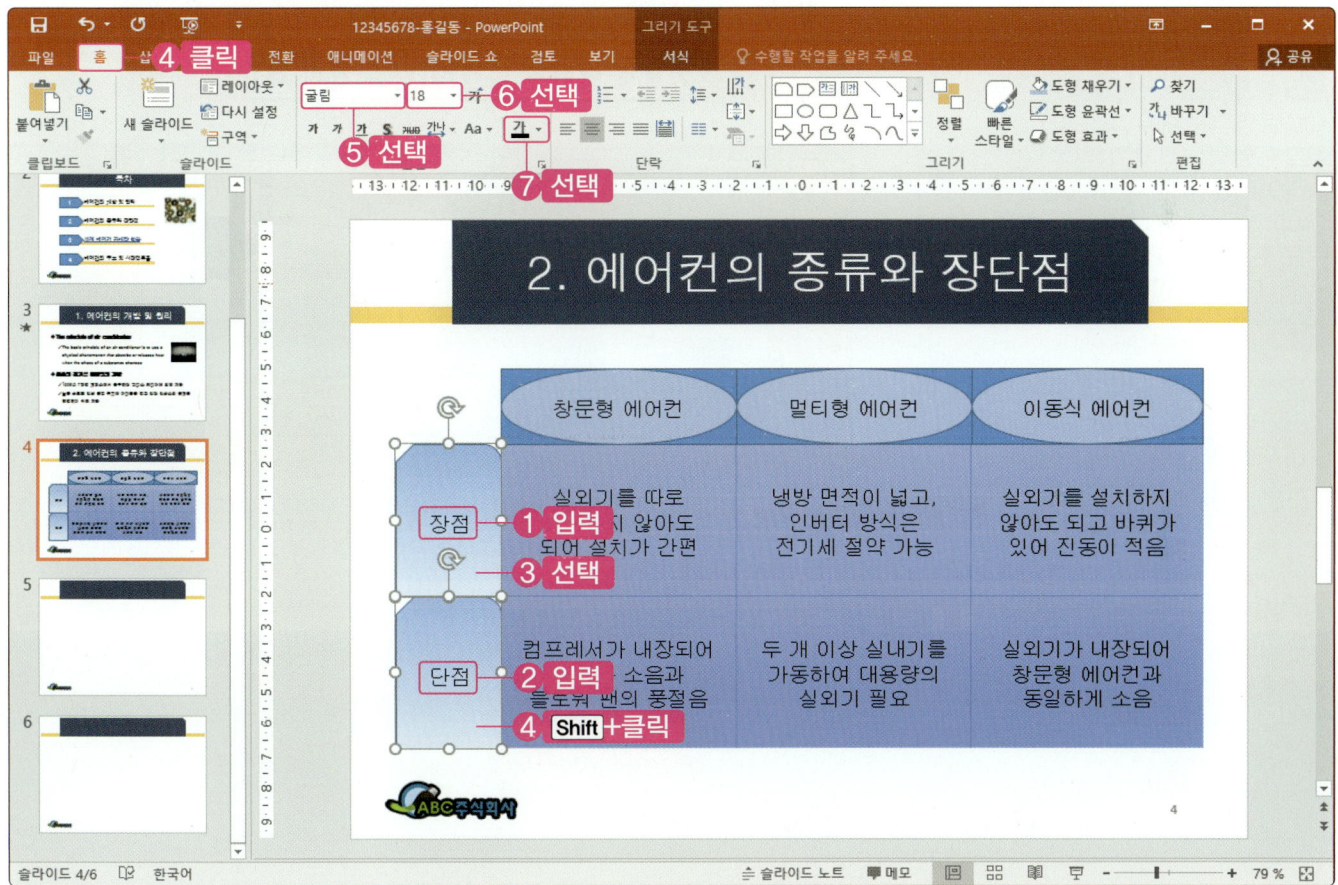

07 표 슬라이드 작성이 완료되면 빠른 실행 도구 모음에서 [저장(🖫)]을 클릭합니다.

[파일] 탭-[저장]을 클릭하거나 Ctrl+S를 눌러 답안을 저장할 수도 있습니다.

Chapter 06 차트 슬라이드

차트 슬라이드에서는 차트의 종류와 특징에 따라 세부적인 사항을 변경하는 문제가 출제됩니다. 그러므로 다양한 차트를 작성해보고 세부사항을 변경하는 연습을 해야 합니다. 또한 조건에 제시되지 않은 축 서식이나 범례 모양, 위치 등은 문제와 동일하게 구성하여 연습하는 것이 좋습니다.

[슬라이드 5] ≪차트 슬라이드≫   (100점)

(1) 차트 작성 기능을 이용하여 슬라이드를 작성한다.
(2) 차트 : 종류(묶은 세로 막대형), 글꼴(돋움, 16pt), 외곽선

세부조건

※ 차트설명
- 차트제목 : 궁서, 24pt, 굵게, 채우기(흰색), 테두리, 그림자(오프셋 아래쪽)
- 차트영역 : 채우기(노랑) 그림영역 : 채우기(흰색)
- 데이터 서식 : 수출 계열을 표식이 있는 꺾은선형으로 변경 후 보조축으로 지정
- 값 표시 : 2022년의 내수 계열만

① 도형 편집
- 스타일 : 미세효과 - 파랑, 강조 1
- 글꼴 : 굴림, 18pt

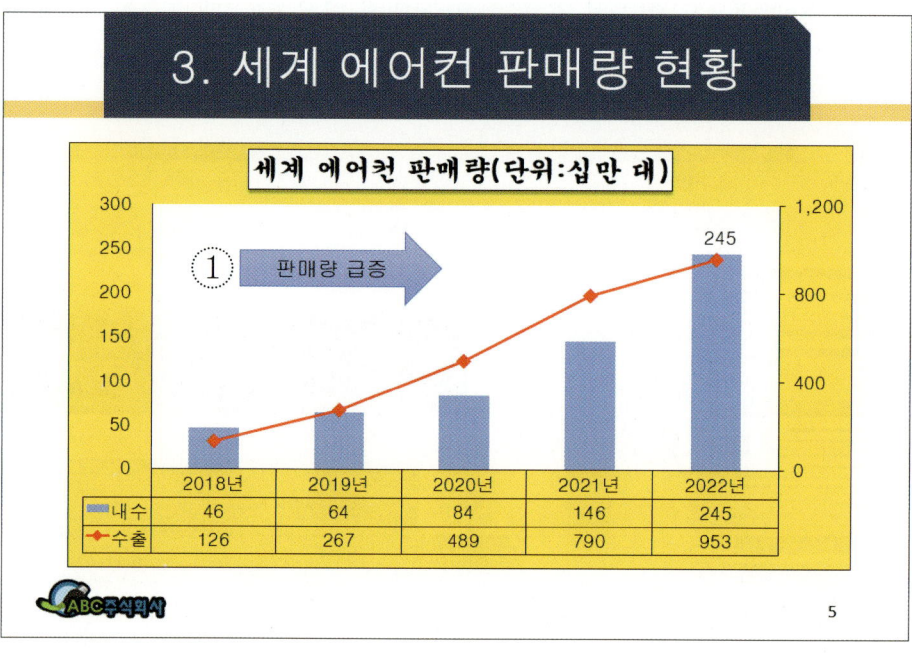

작업순서요약

① [차트 삽입] 대화상자를 이용하여 콤보 차트를 작성한 후 데이터를 입력합니다.
② 차트의 행/열을 전환한 후 제목을 작성한 다음 차트 레이아웃(범례, 데이터 테이블, 눈금선, 데이터 레이블)등을 지정합니다.
③ 차트의 글꼴 및 채우기 색, 도형 윤곽선, 그림자 등을 지정합니다.
④ 차트 축 서식을 지정합니다.
⑤ 차트에 도형을 작성한 후 도형 스타일을 지정한 다음 글꼴을 지정합니다.

STEP 01

차트 작성하기

Chapter06.pptx

01 5번 슬라이드를 선택한 후 슬라이드 제목(3. 세계 에어컨 판매량 현황)을 입력한 다음 텍스트 상자의 [차트 삽입] 아이콘을 클릭합니다.

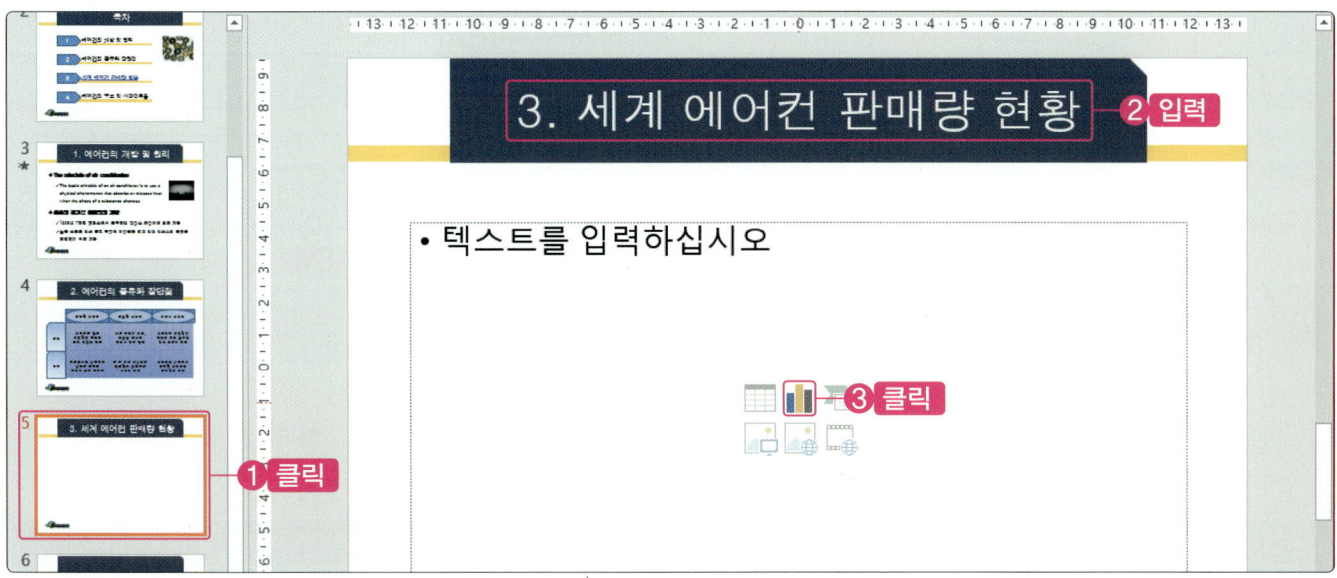

02 [차트 삽입] 대화상자가 나타나면 [모든 차트]-[콤보]를 클릭한 후 [사용자 지정 조합]을 클릭합니다. 그런다음 계열2의 [목록] 단추를 클릭한 후 [표식이 있는 꺾은선형]을 클릭합니다.

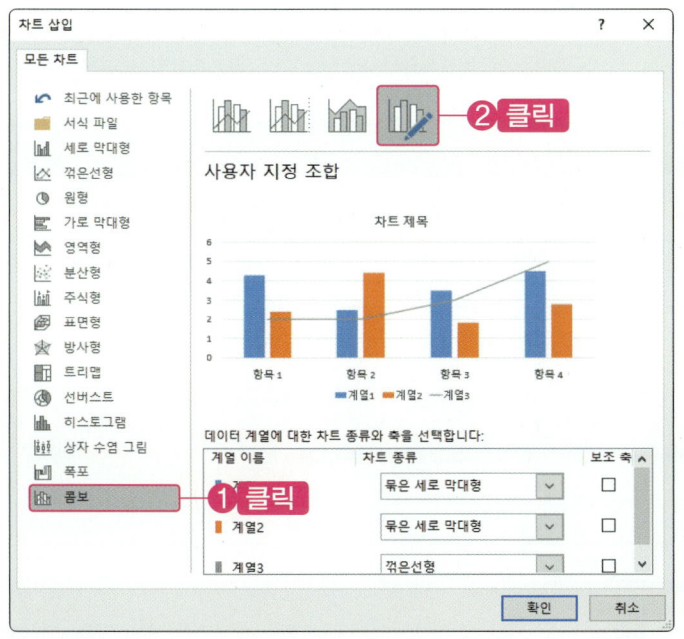 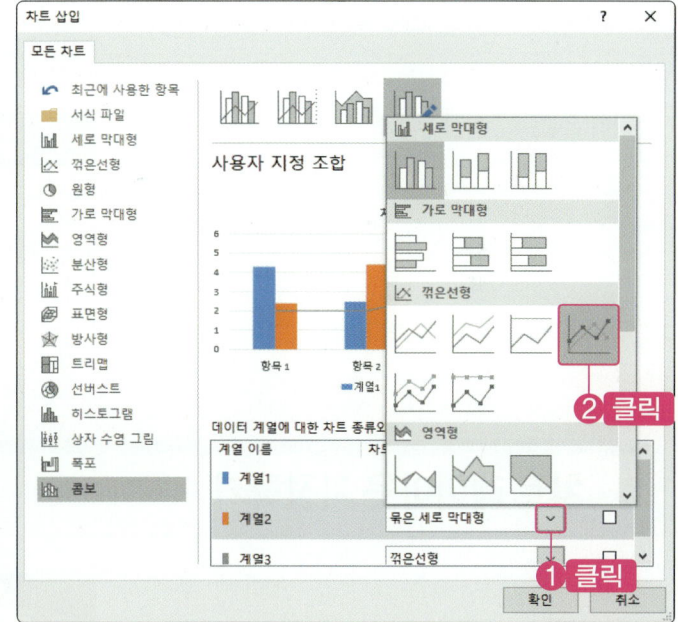

03 계열2의 보조 축을 선택한 후 [확인]을 클릭합니다.

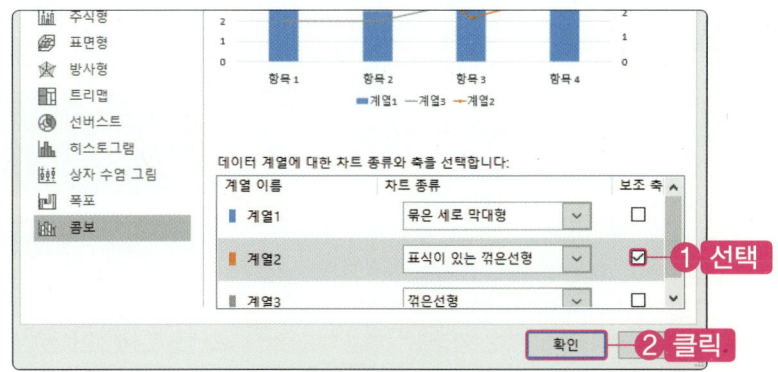

06 · 차트 슬라이드 **47**

04 (Microsoft PowerPoint 차트) 프로그램이 실행되면 4~5행을 드래그하여 선택합니다. 그런다음 4~5행이 선택되면 바로가기 메뉴의 (삭제)를 클릭합니다.

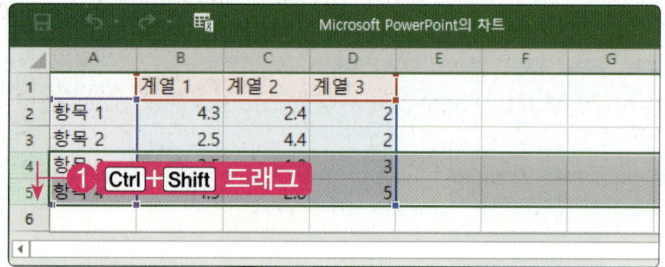 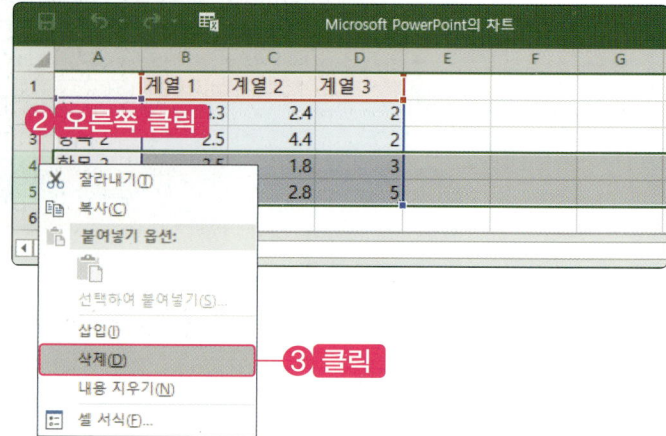

05 행이 삭제되면 부분에 마우스를 위치시킨 후 모양으로 변경되면 드래그하여 차트 데이터 범위를 지정합니다.

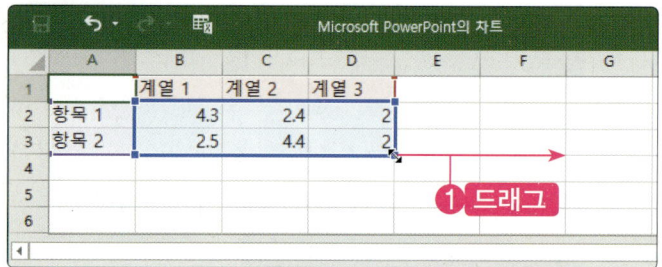 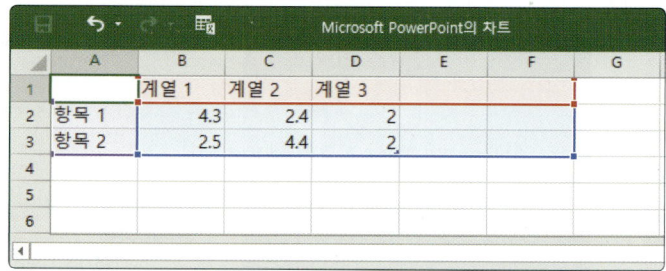

06 다음과 같이 데이터를 입력합니다.

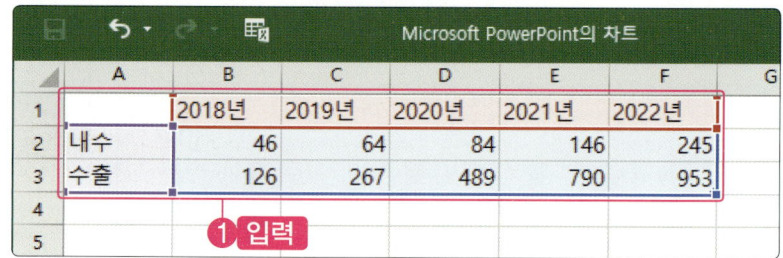

STEP 02

차트 레이아웃 지정하기

01 파워포인트 프로그램을 선택한 후 (차트 도구) 정황 탭-(디자인) 탭-(데이터) 그룹에서 (행/열 전환())을 클릭합니다.

- Microsoft PowerPoint의 차트 프로그램을 종료하면 (행/열 전환)이 비활성화되어 사용할 수 없습니다.
- Microsoft PowerPoint의 차트 프로그램을 종료한 경우 (차트 도구) 정황 탭-(디자인) 탭-(데이터) 그룹에서 (데이터 편집)을 클릭하여 Microsoft PowerPoint의 차트 프로그램을 실행합니다.

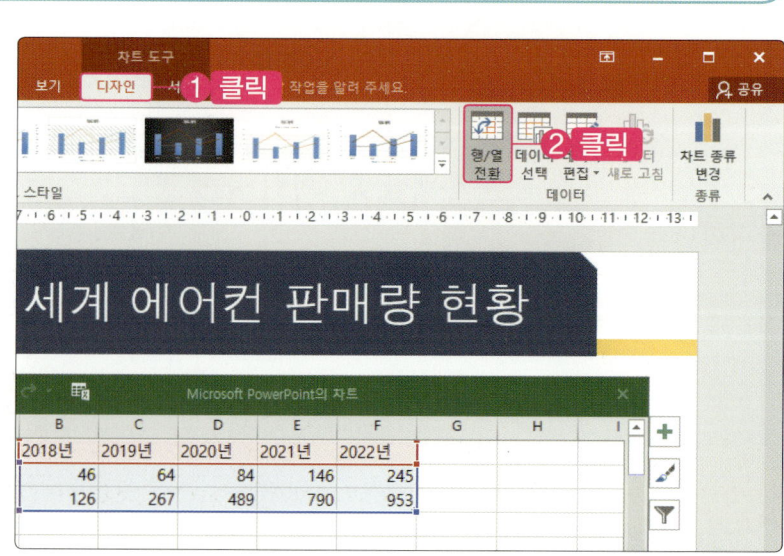

02 차트의 행/열이 전환되면 〔닫기〕를 눌러 Microsoft PowerPoint의 차트 프로그램을 닫습니다.

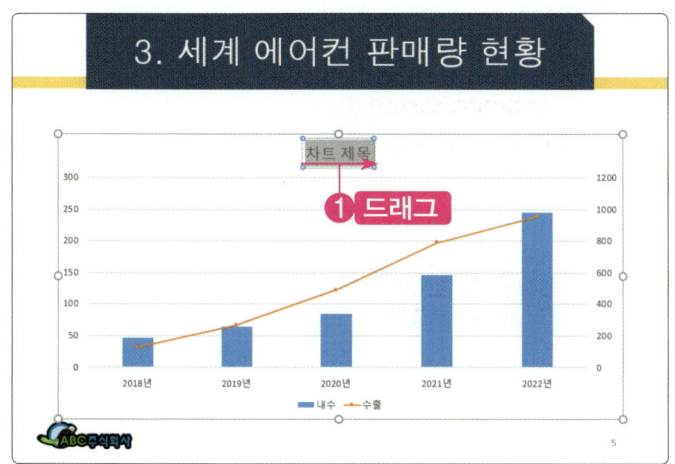

03 차트 제목을 드래그하여 블록으로 설정한 후 차트 제목(세계 에어컨 판매량(단위 : 십만 대))을 입력합니다.

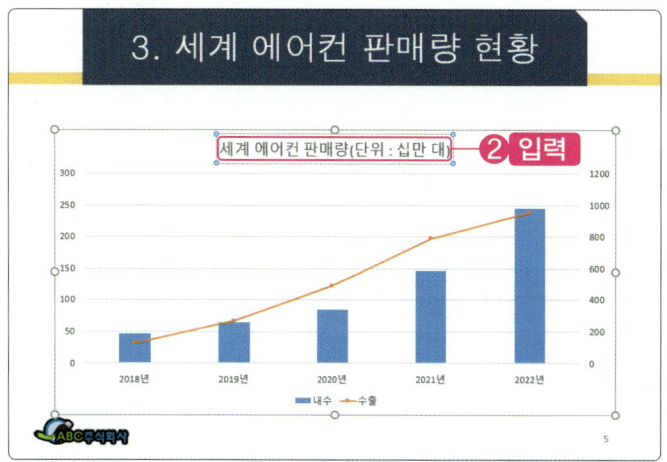

04 차트를 선택한 후 〔차트 도구〕 정황 탭-〔디자인〕 탭-〔차트 레이아웃〕 그룹에서 〔차트 요소 추가〕를 클릭한 다음 〔범례〕-〔없음〕을 클릭합니다.

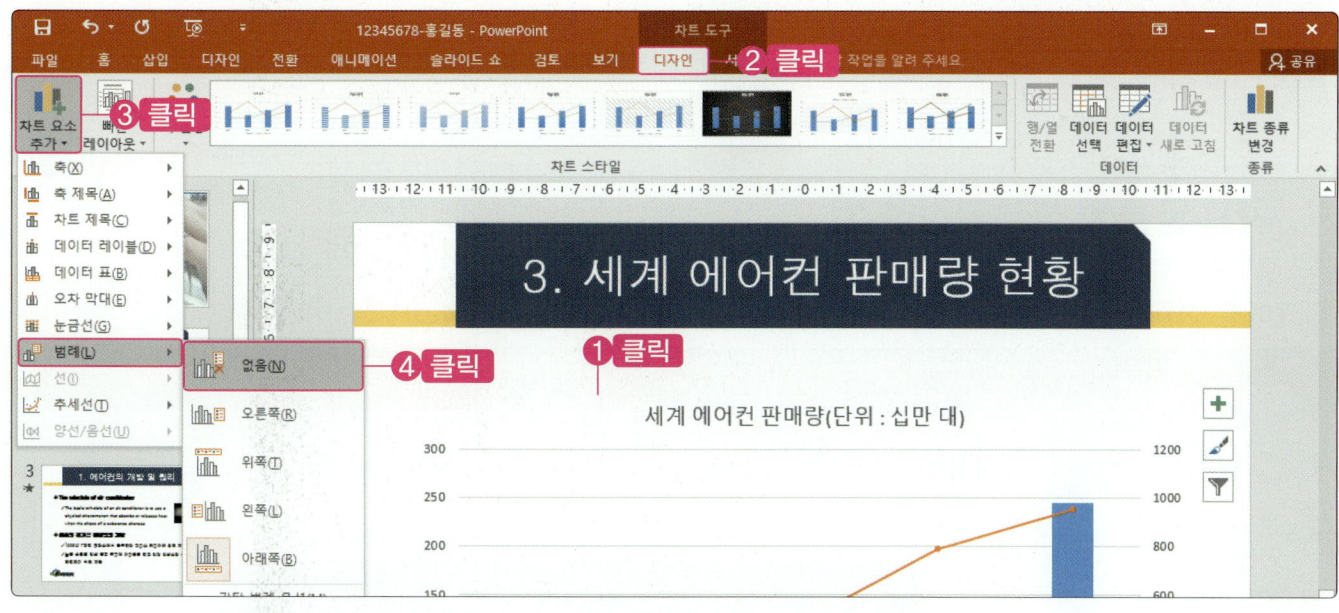

05 〔차트 도구〕 정황 탭-〔디자인〕 탭-〔차트 레이아웃〕 그룹에서 〔차트 요소 추가〕를 클릭한 다음 〔데이터 표〕-〔범례 표지 포함〕을 클릭합니다.

06 〔차트 도구〕 정황 탭-〔디자인〕 탭-〔차트 레이아웃〕 그룹에서 〔차트 요소 추가〕를 클릭한 다음 〔눈금선〕-〔기본 주 가로〕를 클릭하여 선택 해제합니다.

07 데이터 레이블을 지정하기 위해 '내수' 계열을 클릭한 후 다시 '2022년의 내수' 계열을 클릭합니다.

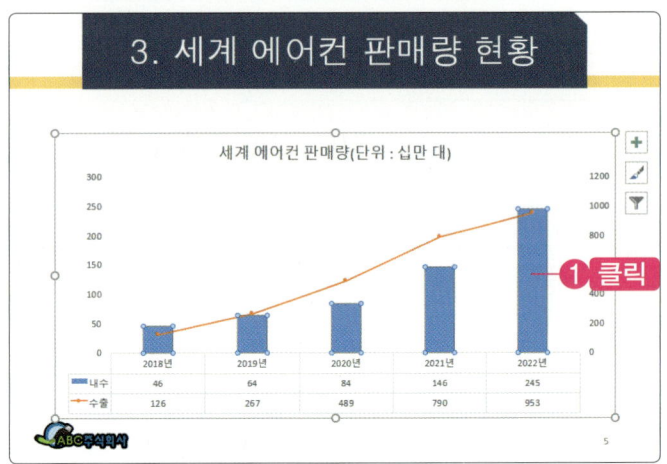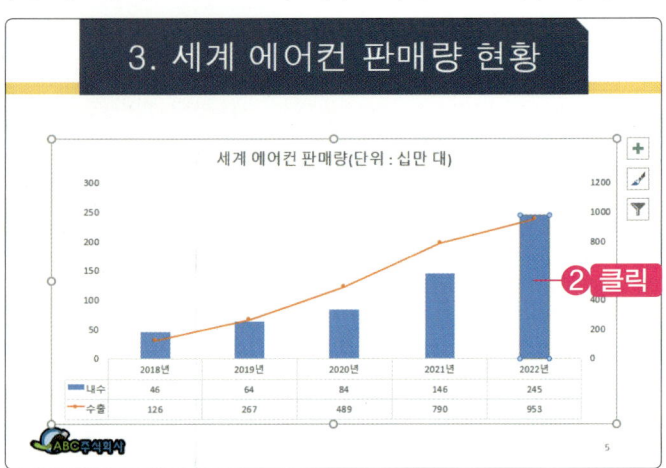

08 [차트 도구] 정황 탭-[디자인] 탭-[차트 레이아웃] 그룹에서 [차트 요소 추가]를 클릭한 후 [데이터 레이블]-[바깥쪽 끝에]를 클릭합니다. 그런다음 차트의 크기 및 위치를 조절합니다.

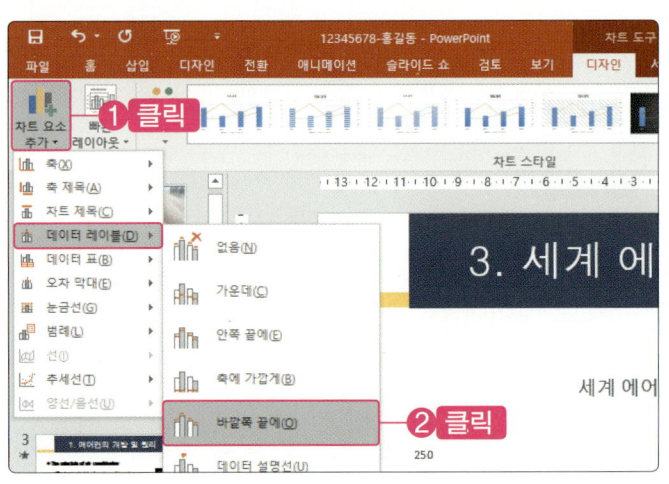

STEP **03**

차트 글꼴 및 색상 지정하기

01 차트를 선택한 후 [홈] 탭-[글꼴] 그룹에서 글꼴(돋움)과 글꼴 크기(16)를 선택합니다.

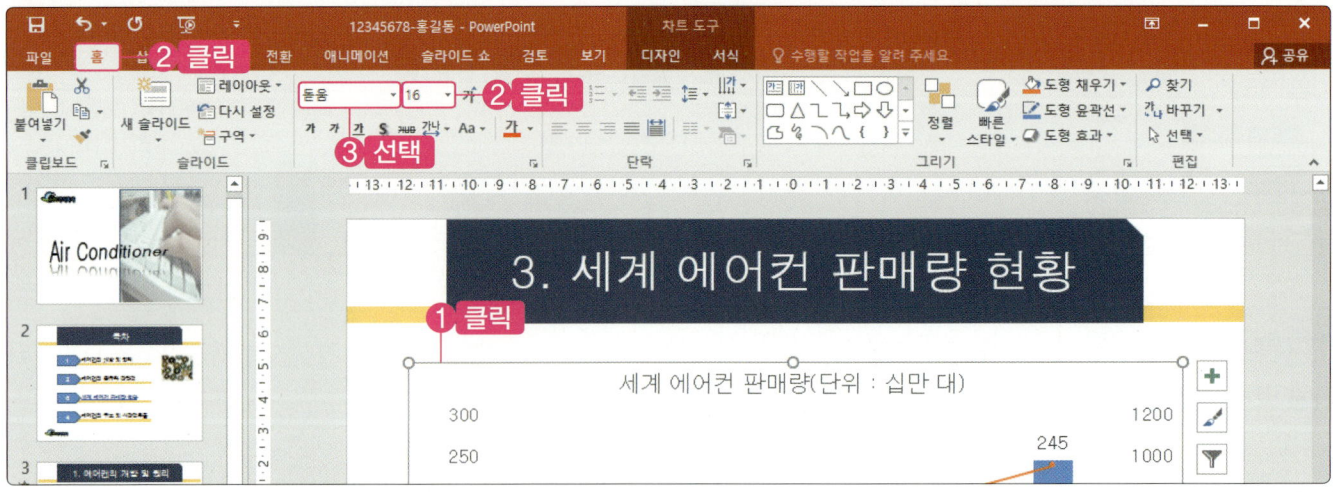

02 차트 제목을 선택한 후 [홈] 탭-[글꼴] 그룹에서 글꼴(궁서)과 글꼴 크기(24), [굵게(**가**)]를 선택합니다.

03 〔차트 도구〕 정황 탭-〔서식〕 탭-〔도형 스타일〕 그룹에서 〔도형 채우기〕를 클릭한 후 〔흰색, 배경 1〕을 클릭합니다. 그런다음 〔도형 윤곽선〕을 클릭한 후 〔검정, 텍스트 1〕을 클릭합니다.

04 〔차트 도구〕 정황 탭-〔서식〕 탭-〔도형 스타일〕 그룹에서 〔도형 효과〕를 클릭한 후 〔그림자〕-〔오프셋 아래쪽(￭)〕을 클릭합니다.

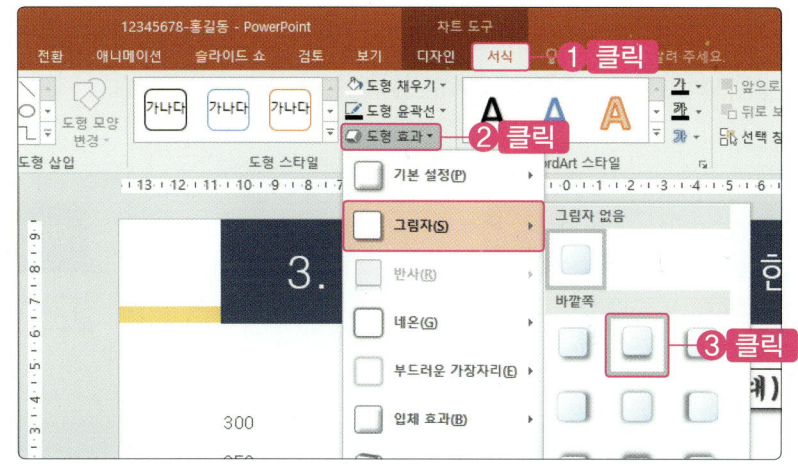

05 차트를 선택한 후 〔차트 도구〕 정황 탭-〔서식〕 탭-〔도형 스타일〕 그룹에서 〔도형 채우기〕를 클릭한 다음 〔노랑〕을 클릭합니다. 그런다음 〔도형 윤곽선〕을 클릭한 후 〔검정, 텍스트 1〕을 클릭합니다.

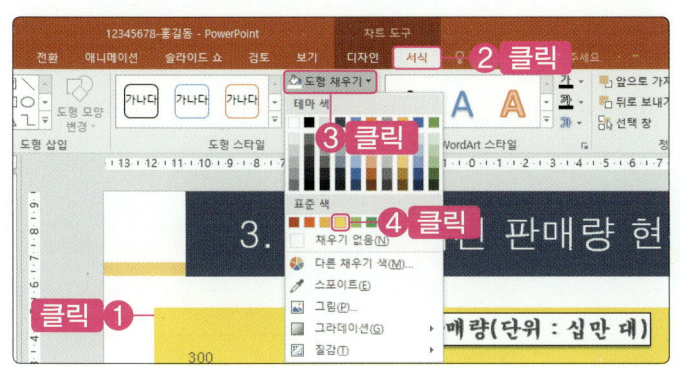 

06 그림 영역을 선택한 후 〔차트 도구〕 정황 탭-〔서식〕 탭-〔도형 스타일〕 그룹에서 〔도형 채우기〕를 클릭한 다음 〔흰색, 배경 1〕을 클릭합니다.

STEP 04

차트 축 서식 지정하기

01 〔보조 세로 (값) 축〕을 클릭한 후 바로가기 메뉴의 〔축 서식〕을 클릭합니다.

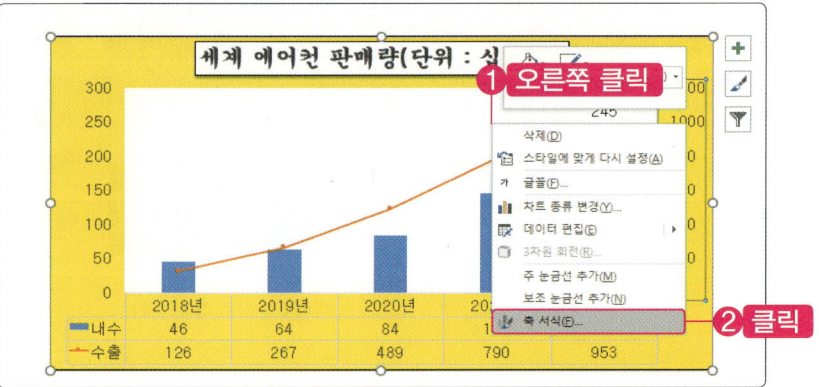

〔세로 (값) 축〕과 〔보조 세로 (값) 축〕은 세부 지시사항이 없으므로 수험자가 출력형태를 보고 판단하여 지정합니다.

02 〔축 서식〕 설정 화면이 나타나면 주 단위(400)을 입력한 후 〔눈금〕을 클릭한 다음 〔눈금〕 설정 화면이 나타나면 주 눈금(바깥쪽)을 선택한 후 〔닫기〕를 클릭합니다.

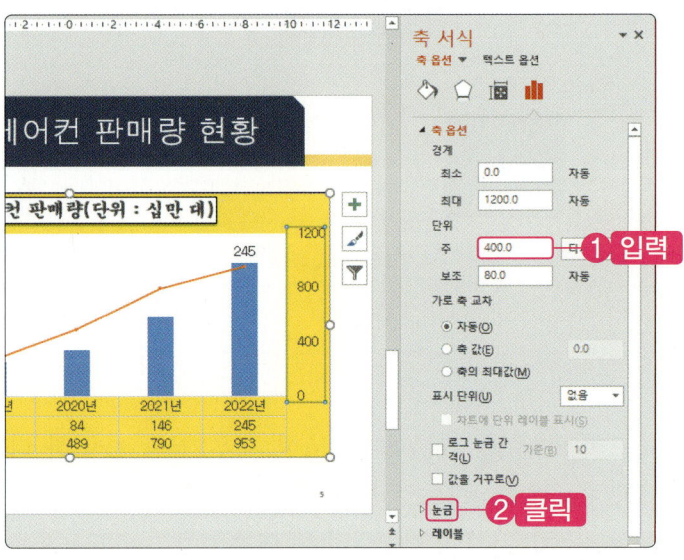 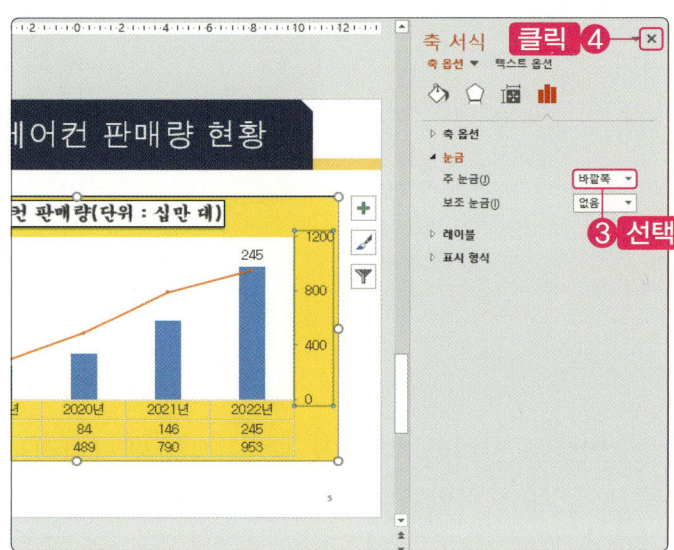

눈금이 표시되지 않을 경우 〔없음〕을 선택한 후 다시 〔바깥쪽〕을 선택합니다.

STEP 05

도형 작성하기

01 〔삽입〕 탭-〔일러스트레이션〕 그룹에서 〔도형〕을 클릭한 후 〔오른쪽 화살표(⇨)〕를 클릭합니다.

02 마우스 포인터 모양이 + 모양으로 변경되면 드래그하여 도형을 작성합니다.

03 〔그리기 도구〕 정황 탭-〔서식〕 탭-〔도형 스타일〕 그룹에서 〔자세히〕를 클릭한 후 〔미세효과 – 파랑, 강조 1〕을 클릭합니다.

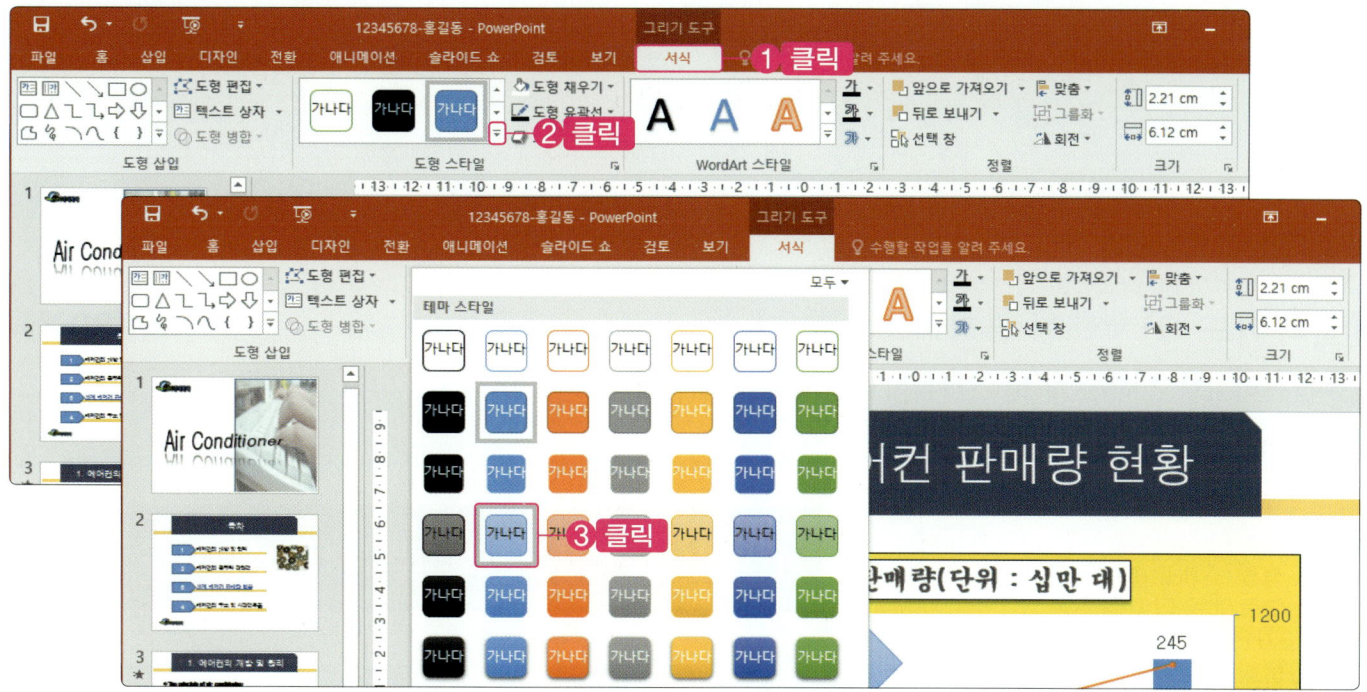

04 도형에 "판매량 급증"을 입력한 후 텍스트를 드래그하여 블록으로 설정한 다음 〔홈〕 탭-〔글꼴〕 그룹에서 글꼴(굴림), 글꼴 크기(18)를 선택합니다.

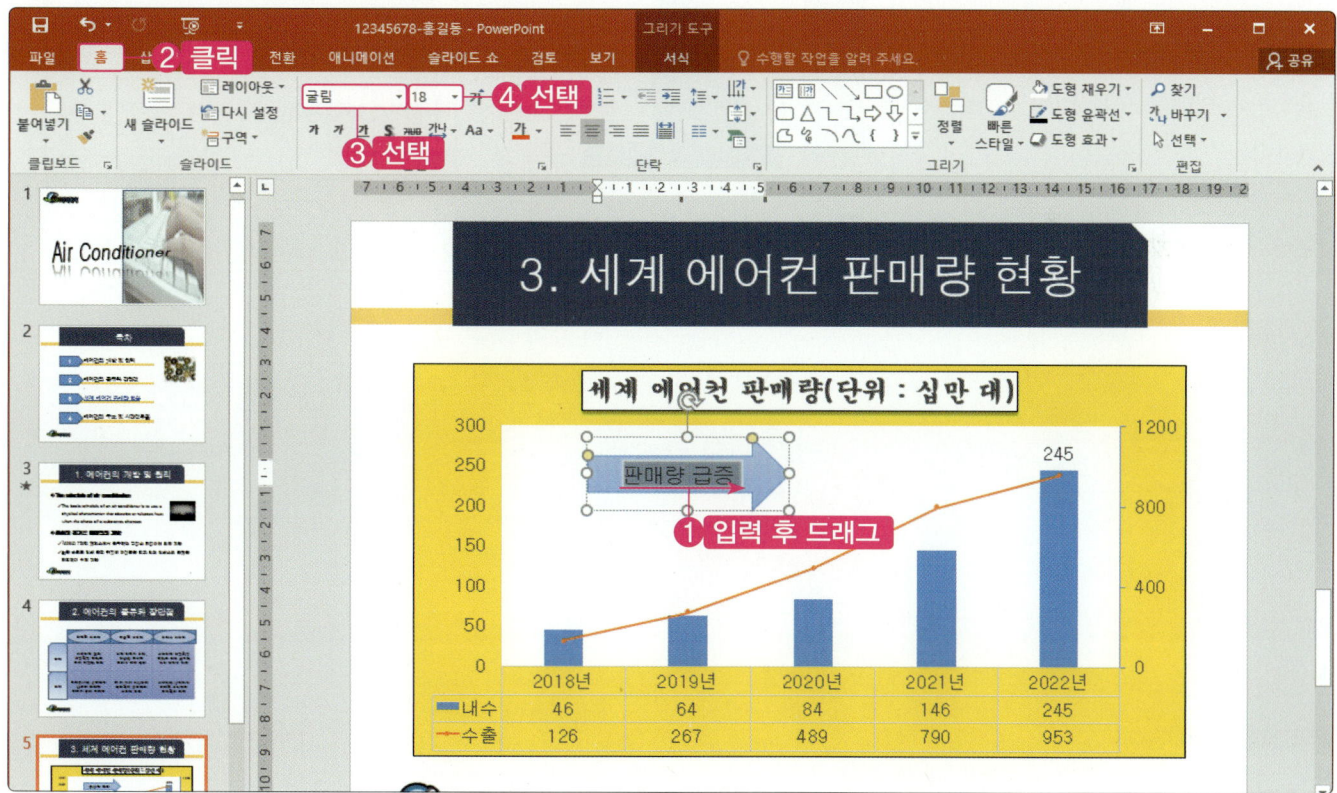

05 목차 슬라이드 작성이 완료되면 빠른 실행 도구 모음에서 〔저장〕을 클릭합니다.

〔파일〕 탭-〔저장〕을 클릭하거나 Ctrl+S를 눌러 답안을 저장할 수도 있습니다.

Chapter 07 도형 슬라이드

도형 슬라이드에서는 앞에서 배운 다양한 기능을 이용하여 도형을 삽입하고 수정하는 방법과 스마트아트(SmartArt)를 이용하여 도식화하고 개체의 그룹 지정 및 애니메이션 효과를 지정하는 문제가 출제됩니다.

[슬라이드 6] ≪도형 슬라이드≫ (80점)

(1) 슬라이드와 같이 도형 및 스마트아트를 배치한다(글꼴 : 굴림, 18pt).
(2) 애니메이션 순서 : ① ⇒ ②

세부조건

① 도형및 스마트아트 편집
 - 스마트아트 디자인
  : 3차원 만화, 3차원 경사
 - 그룹화 후 애니메이션 효과
  : 바운드

② 도형 편집
 - 그룹화 후 애니메이션 효과
  : 나누기(가로 바깥쪽으로)

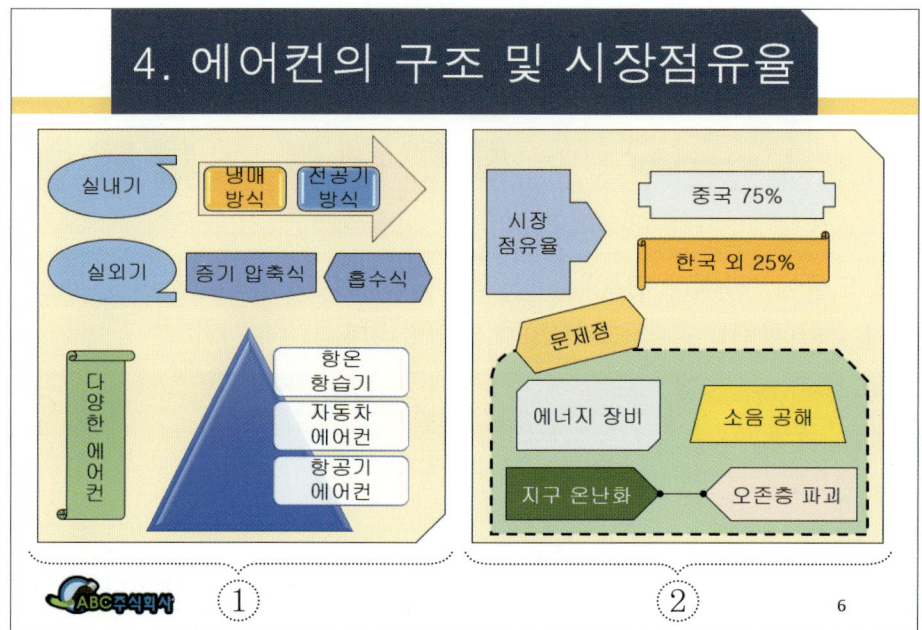

작업순서요약

① 도형을 작성한 후 채우기 색 및 글꼴을 지정합니다.
② 스마트아트(SmartArt)를 삽입한 후 SmartArt 스타일을 지정한 다음 글꼴을 지정합니다.
③ 도형을 그룹화한 후 애니메이션을 지정합니다.

도형 작성하기

01 6번 슬라이드를 선택한 후 슬라이드 제목(4. 에어컨의 구조 및 시장점유율)을 입력한 다음 텍스트 상자를 선택하고 Delete 를 눌러 삭제합니다.

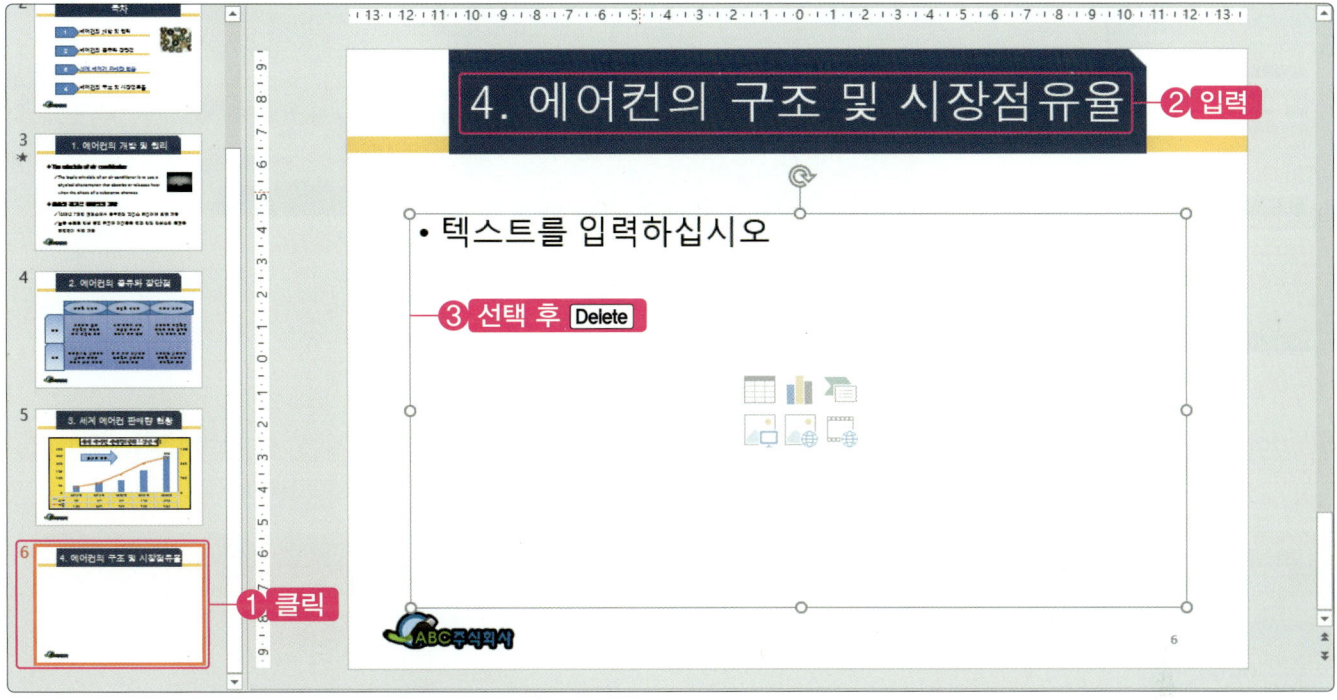

02 1번 슬라이드를 선택한 후 〔삽입〕 탭-〔일러스트레이션〕 그룹에서 〔도형〕을 클릭한 다음 〔한쪽 모서리가 잘린 사각형(◰)〕을 클릭합니다.

03 마우스 포인터 모양이 + 모양으로 변경되면 드래그하여 도형을 작성합니다.

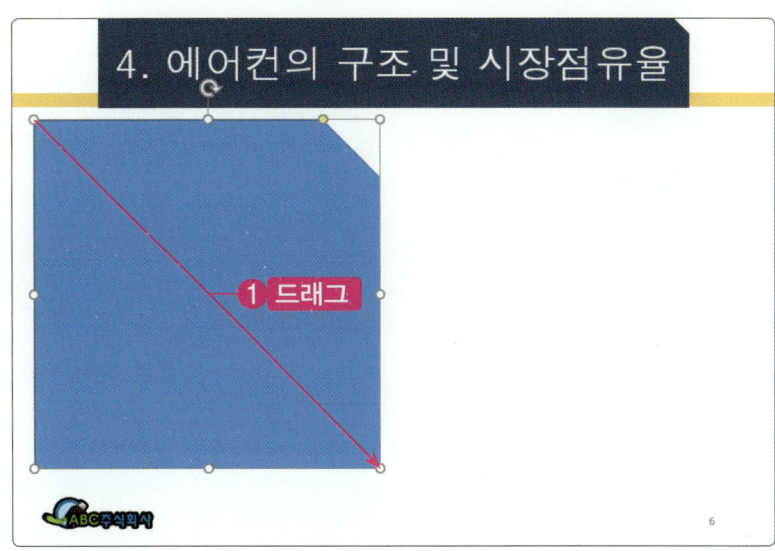

04 〔그리기 도구〕 정황 탭-〔서식〕 탭-〔도형 스타일〕 그룹에서 〔도형 채우기〕를 클릭한 후 임의의 색을 지정합니다.

> 채우기 색은 수험자가 임의의 색을 지정하며 채우기 색을 변경하지 않아도 감점되지 않습니다.

07 · 도형 슬라이드 55

05 〔그리기 도구〕정황 탭-〔서식〕탭-〔도형 스타일〕그룹에서 〔회전〕을 클릭한 후 〔상하 대칭〕을 클릭합니다.

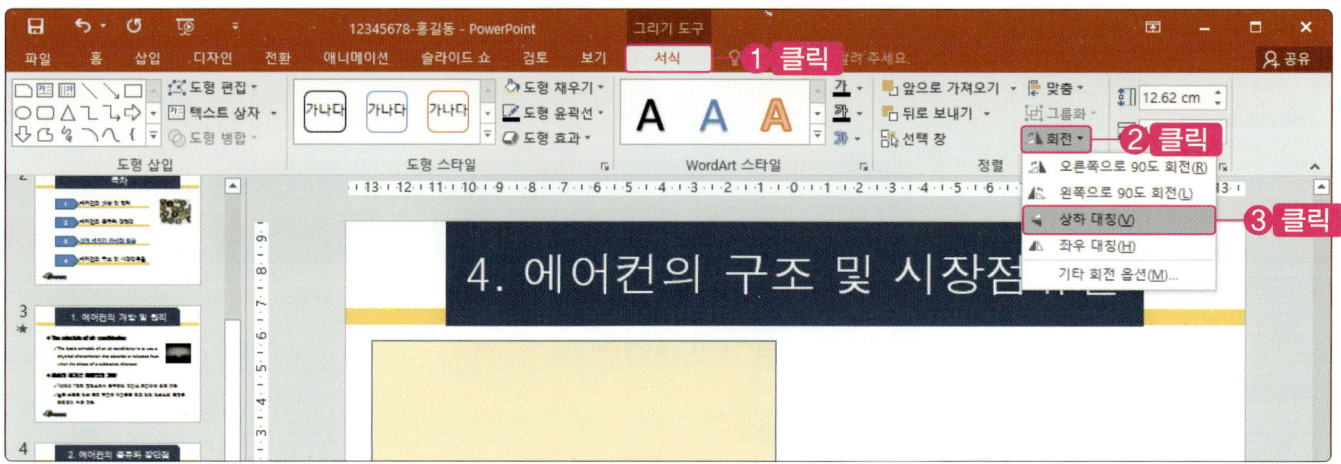

06 같은 방법으로 도형을 작성합니다. 그런다음 텍스트를 입력한 후 도형 전체를 선택한 다음 〔홈〕 탭-〔글꼴〕그룹에서 글꼴(굴림)과 글꼴 크기(18), 글꼴 색을 선택합니다.

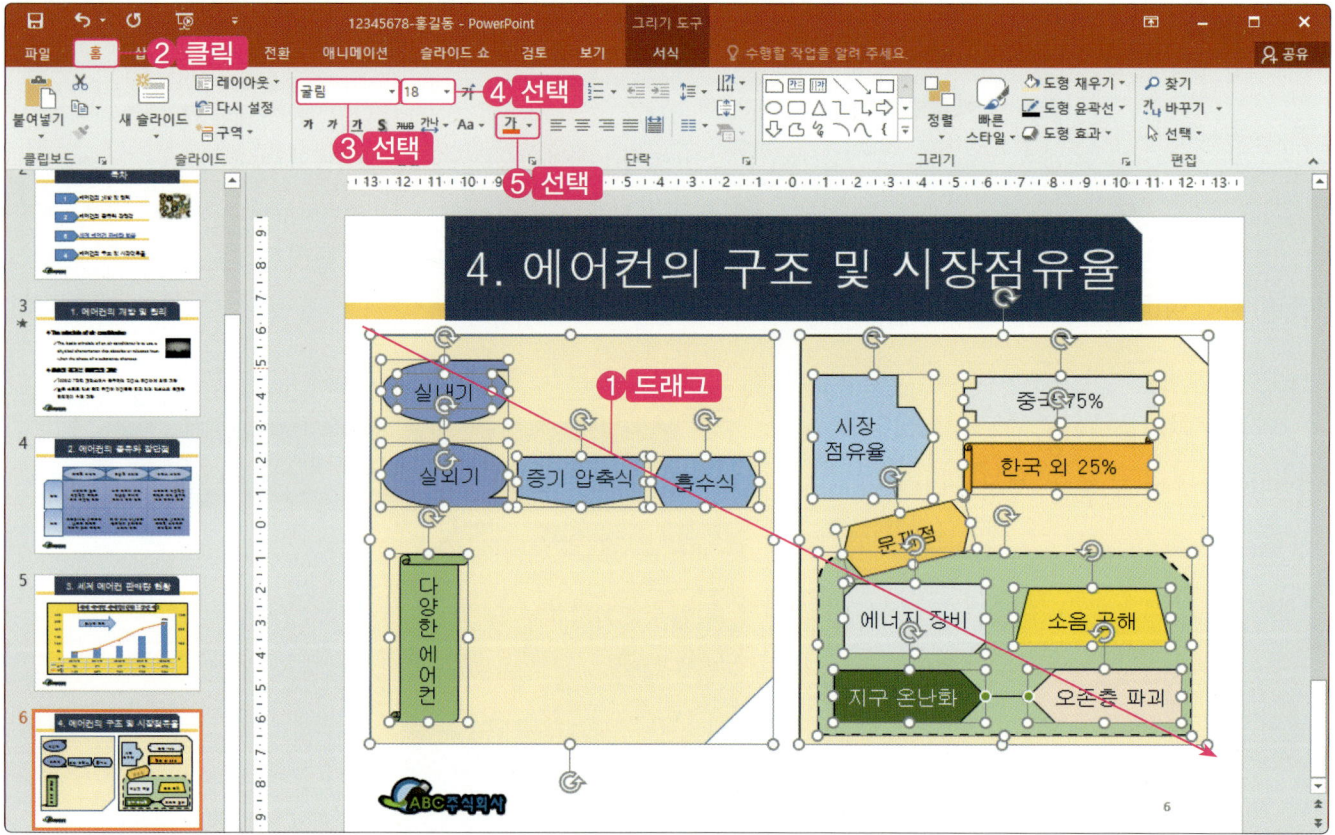

- 도형을 회전할 경우 도형에 텍스트를 입력하면 같이 회전되는 경우가 있습니다. 이럴 경우 텍스트 상자를 삽입한 후 텍스트를 입력하면 됩니다. (**예**) 실내기)
- 오른쪽 도형의 윤곽선은 파선, 두께는 2¼pt를 지정합니다.

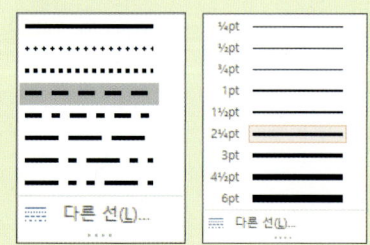

스마트아트(SmartArt) 작성하기

01 〔삽입〕 탭-〔일러스트레이션〕 그룹에서 〔SmartArt〕를 클릭합니다.

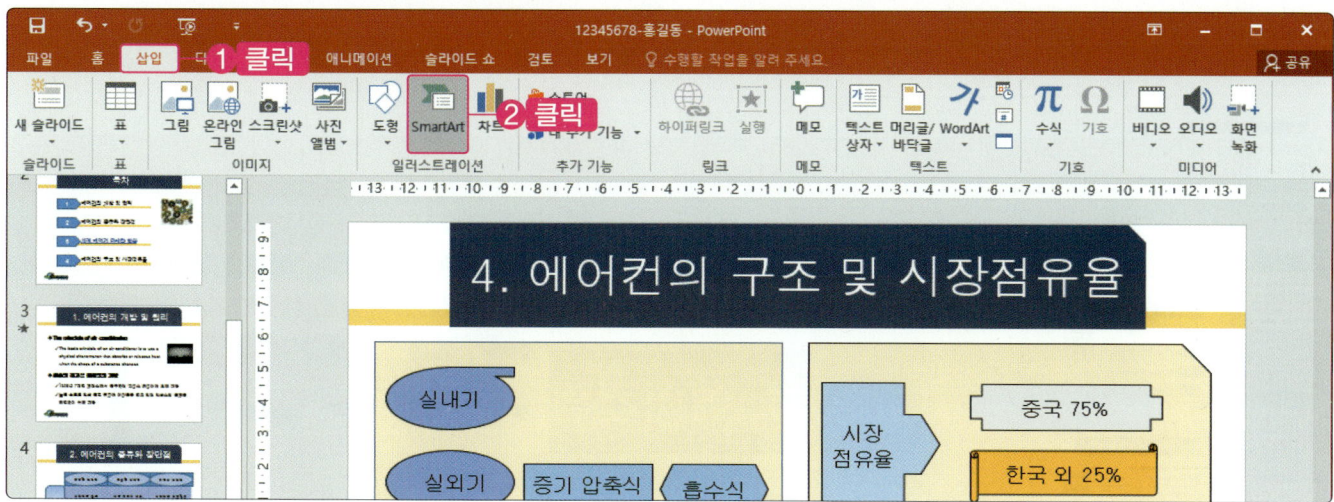

02 〔SmartArt 그래픽 선택〕 대화상자가 나타나면 〔프로세스형〕을 클릭한 후 〔연속 블록 프로세스형(　)〕을 클릭한 다음 〔확인〕 단추를 클릭합니다.

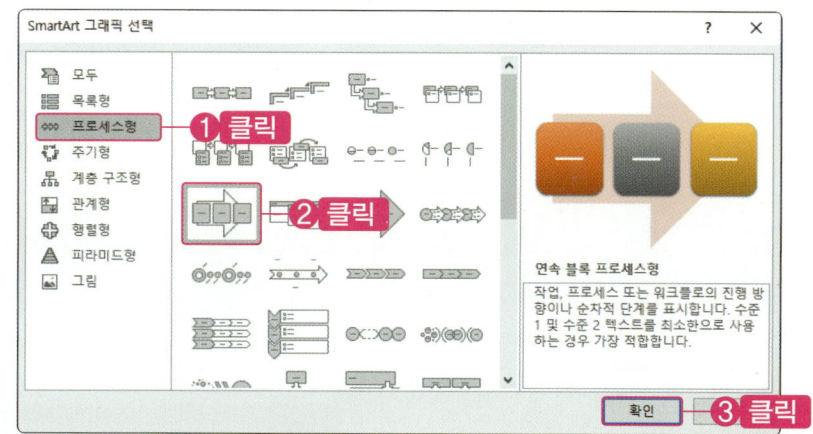

03 텍스트 입력 창 또는 도형에 내용을 입력합니다.

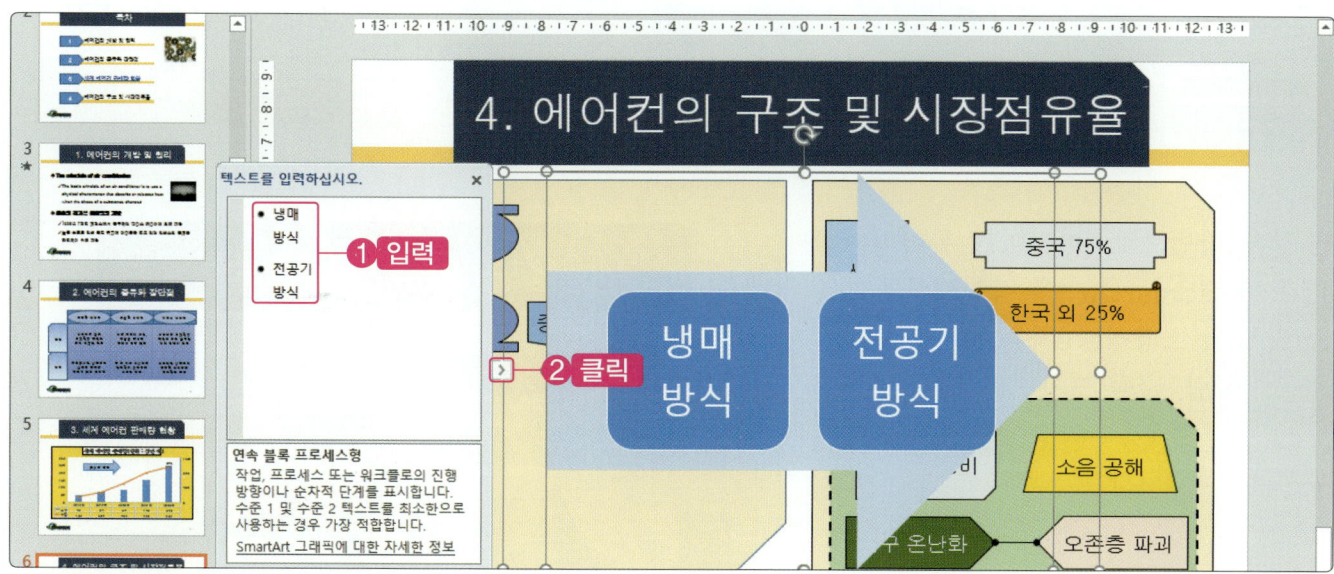

- 필요 없는 도형은 입력 창 또는 도형을 선택한 후 Delete 를 눌러 삭제합니다.
- 입력 창에서 줄 바꿈을 하려면 Shift + Enter 를 누릅니다.

04 크기 및 위치를 조절한 후 [SmartArt 도구] 정황 탭-[디자인] 탭-[SmartArt 스타일] 그룹에서 [자세히(▼)]를 클릭한 다음 [만화(▦)]를 클릭합니다.

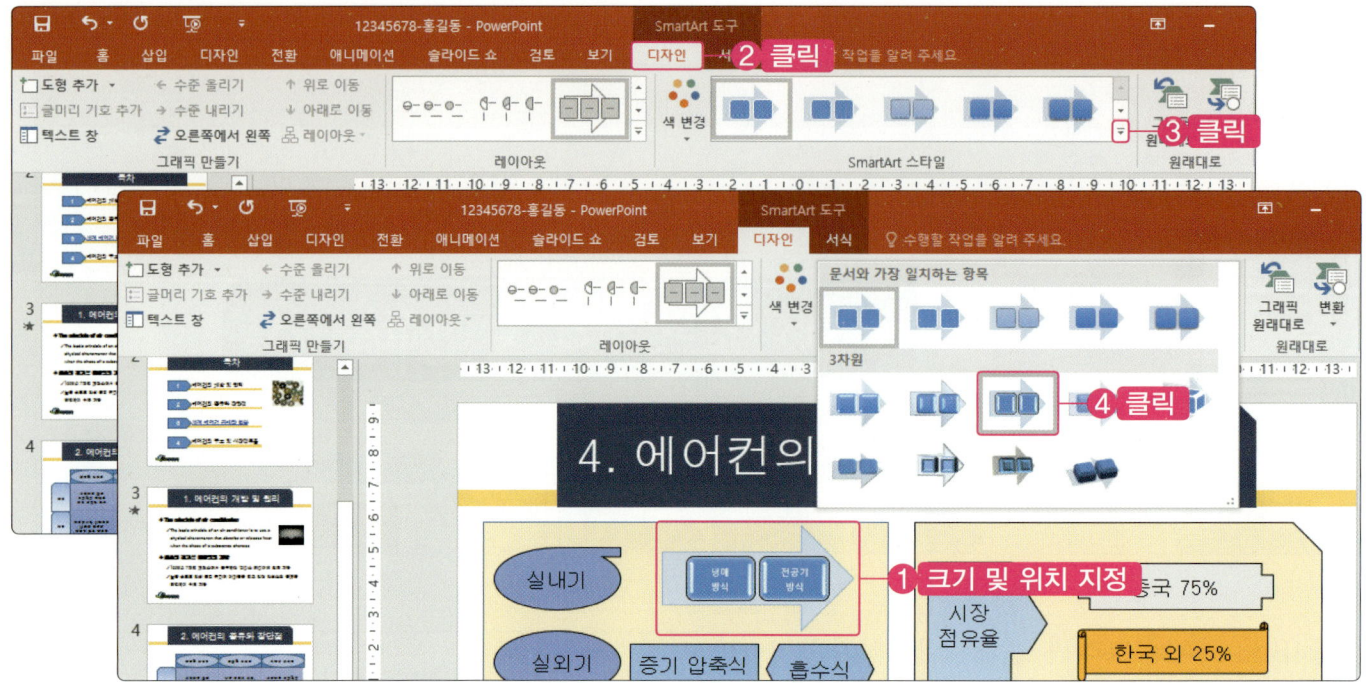

05 [홈] 탭-[글꼴] 그룹에서 글꼴(굴림)과 글꼴 크기(18), 글꼴 색(검정, 텍스트 1)을 선택합니다.

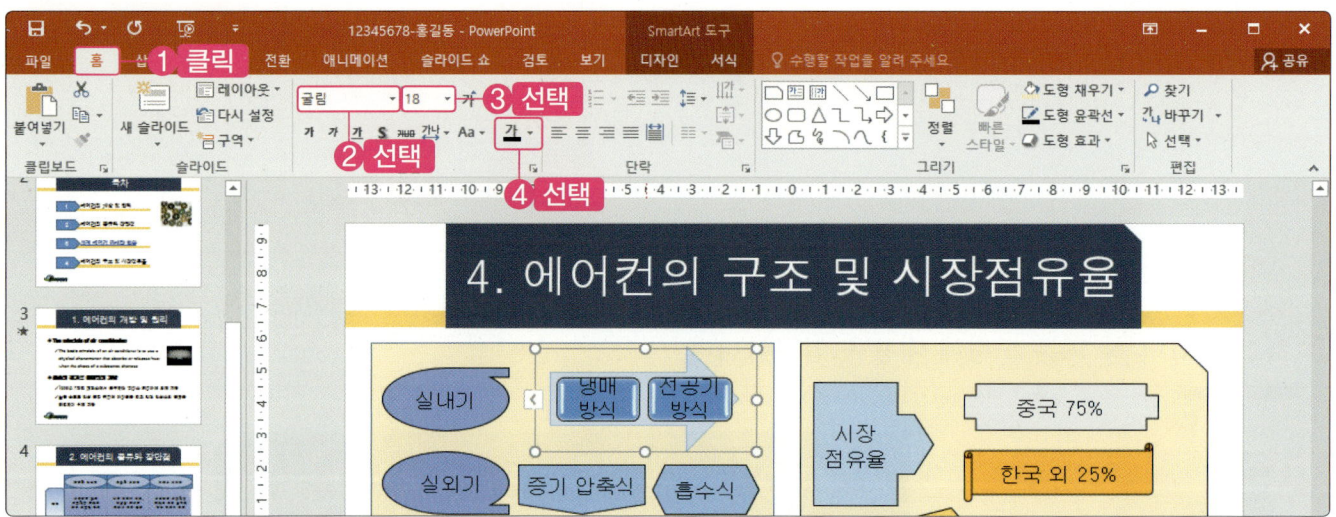

06 같은 방법으로 [피라미드 목록형(▦)] 스마트 아트(SmartArt)를 작성합니다.
- SmartArt 스타일 : 3차원 경사
- 글꼴 : 굴림, 글꼴 크기 : 18pt

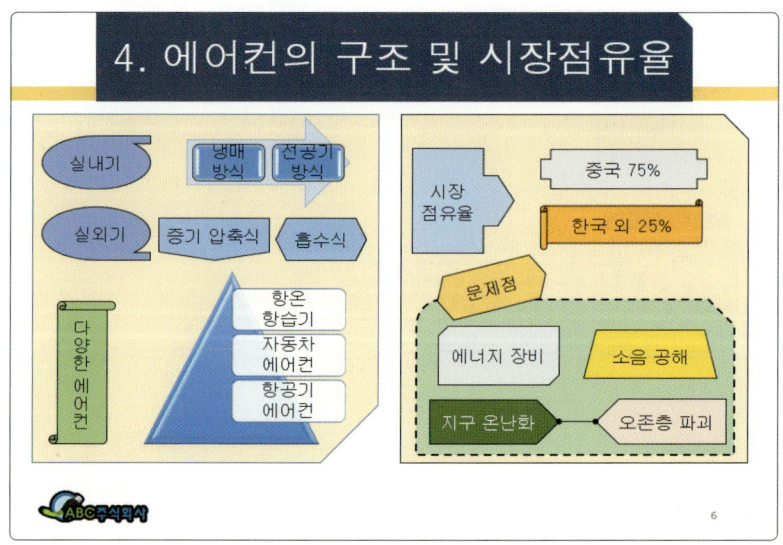

애니메이션 지정하기

01 왼쪽 도형 부분을 드래그하여 도형을 선택한 후 바로가기 메뉴의 [그룹화]-[그룹]을 클릭합니다.

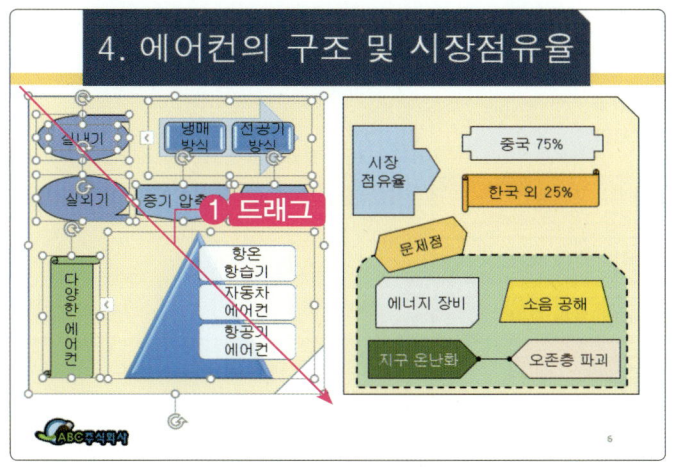 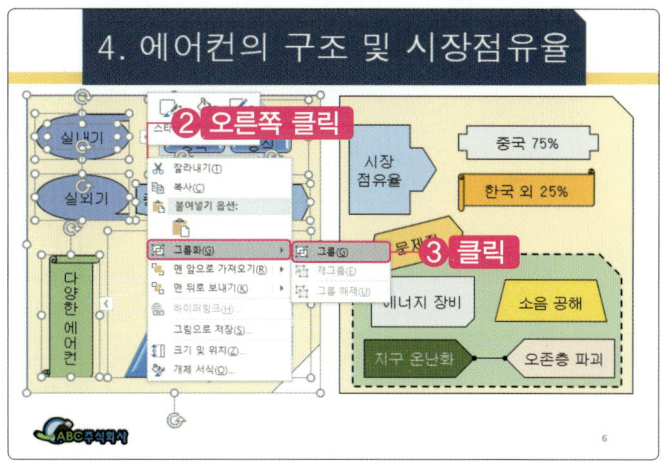

02 그룹이 지정되면 [애니메이션] 탭-[애니메이션] 그룹에서 [자세히(▼)]를 클릭한 후 [바운드]를 클릭합니다.

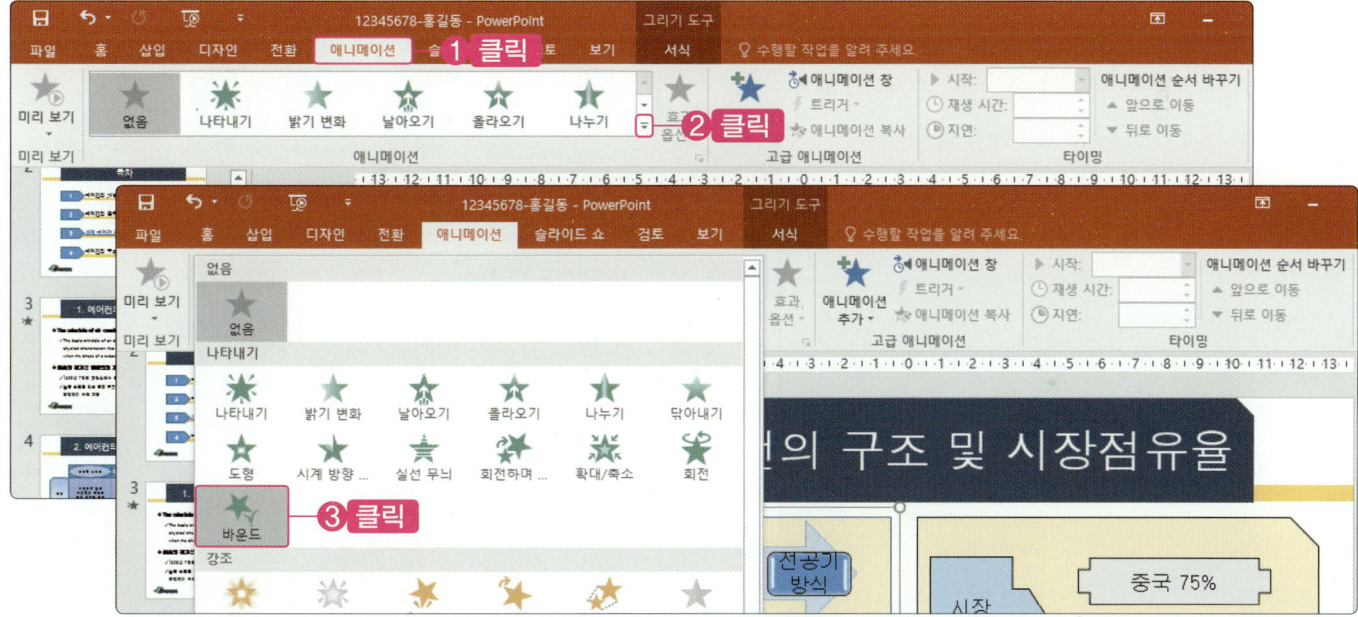

03 같은 방법으로 ②번 도형을 그룹화한 후 애니메이션을 지정합니다.
- 애니메이션 : 나누기(가로 바깥쪽으로)

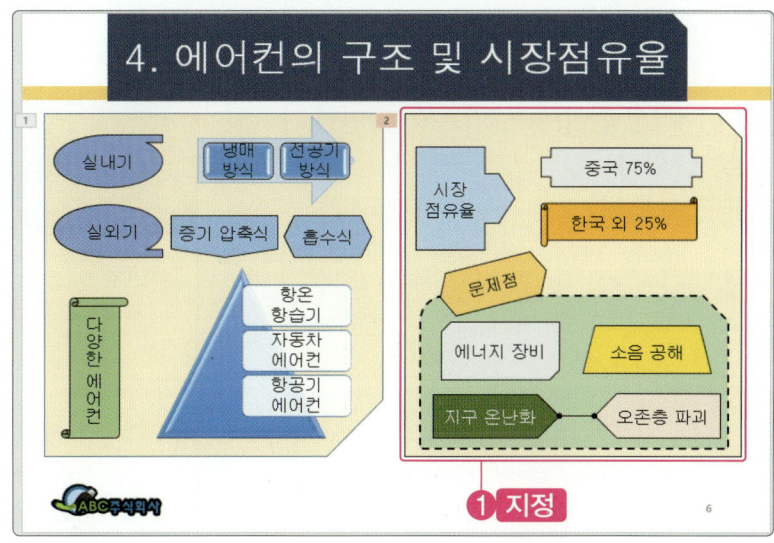

04 모든 작성이 완료되면 답안을 저장하기 위해 〔파일〕 탭을 클릭한 후 〔저장하기〕를 클릭합니다.

05 답안을 전송하기 위해 KOAS 수험자용 프로그램에서 〔답안 전송〕을 클릭합니다.

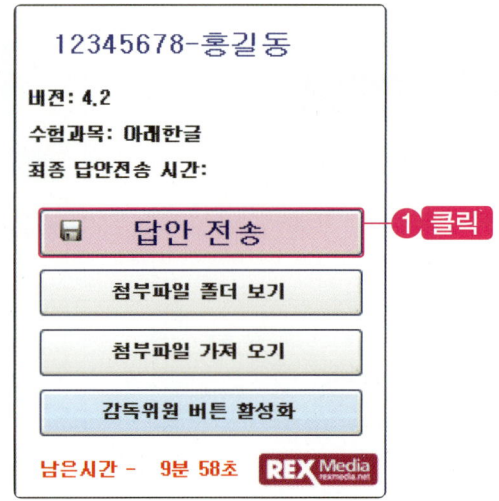

06 지금 전송할 것인지 묻는 대화상자가 나타나면 〔예〕를 클릭합니다.

07 〔답안전송〕 대화상자가 나타나면 파일 목록(12345678-홍길동.hwp)과 존재(있음)를 확인한 후 〔답안전송〕을 클릭합니다.

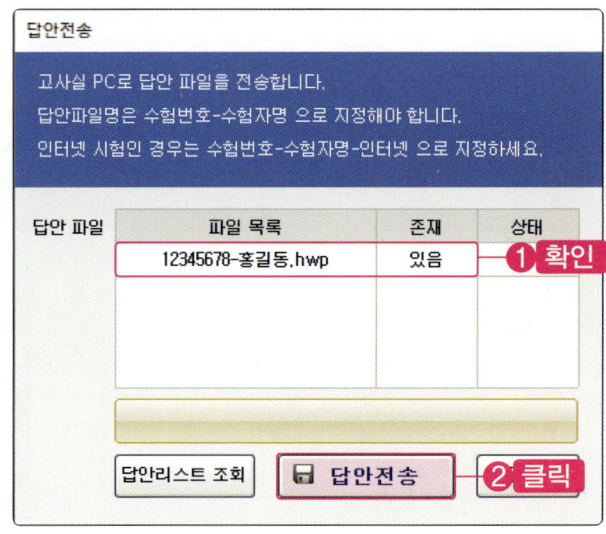

08 답안파일 전송을 성공하였다는 메시지가 나타나면 〔확인〕을 클릭합니다.

09 〔답안전송〕 대화상자가 다시 나타나면 〔상태〕에 '성공'이 표시되는지 확인한 후 〔닫기〕를 클릭합니다.

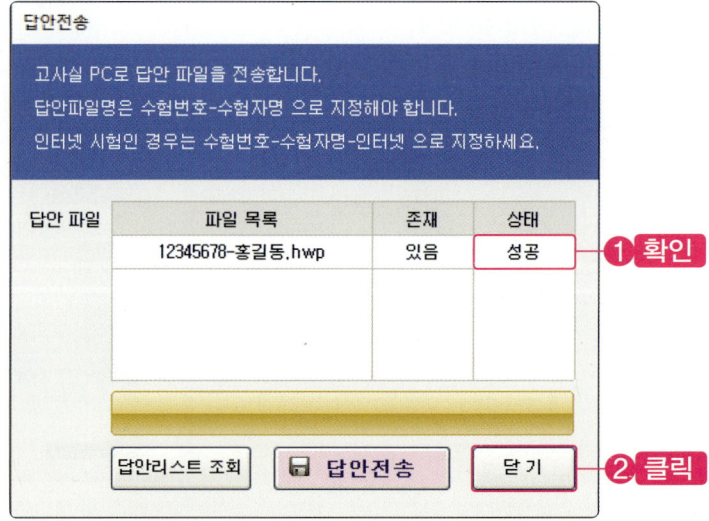

ITQ Powerpoint 2016

PART 02
출제예상문제

제01회 출제예상문제	**제10회** 출제예상문제
제02회 출제예상문제	**제11회** 출제예상문제
제03회 출제예상문제	**제12회** 출제예상문제
제04회 출제예상문제	**제13회** 출제예상문제
제05회 출제예상문제	**제14회** 출제예상문제
제06회 출제예상문제	**제15회** 출제예상문제
제07회 출제예상문제	**제16회** 출제예상문제
제08회 출제예상문제	**제17회** 출제예상문제
제09회 출제예상문제	**제18회** 출제예상문제

제01회 정보기술자격(ITQ) 출제예상문제

과목	코드	문제유형	시험시간	수험번호	성명
한글파워포인트	1142	A	60분		

수험자 유의사항

- 수험자는 문제지를 받는 즉시 문제지와 **수험표상의 시험과목(프로그램)이 동일한지 반드시 확인**하여야 합니다.
- 파일명은 본인의 "수험번호-성명"으로 입력하여 답안폴더(내 PC₩문서₩ITQ)에 하나의 파일로 저장해야 하며, 답안문서 파일명이 "수험번호-성명"과 일치하지 않거나, 답안파일을 전송하지 않아 미제출로 처리될 경우 실격 처리합니다(예:12345678-홍길동.pptx).
- 답안 작성을 마치면 파일을 저장하고, '답안 전송' 버튼을 선택하여 감독위원 PC로 답안을 전송하십시오. 수험생 정보와 저장한 파일명이 다를 경우 전송되지 않으므로 주의하시기 바랍니다.
- 답안 작성 중에도 **주기적으로 저장하고, '답안 전송'**하여야 문제 발생을 줄일 수 있습니다. 작업한 내용을 저장하지 않고 전송할 경우 이전에 저장된 내용이 전송되오니 이점 유의하시기 바랍니다.
- 답안문서는 지정된 경로 외의 다른 보조기억장치에 저장하는 경우, 지정된 시험 시간 외에 작성된 파일을 활용할 경우, 기타 통신수단(이메일, 메신저, 네트워크 등)을 이용하여 타인에게 전달 또는 외부 반출하는 경우는 부정 처리합니다.
- 시험 중 부주의 또는 고의로 시스템을 파손한 경우는 수험자가 변상해야 하며, 〈수험자 유의사항〉에 기재된 방법대로 이행하지 않아 생기는 불이익은 수험생 당사자의 책임임을 알려 드립니다.
- 문제의 조건은 MS오피스 2016 버전으로 설정되어 있으니 유의하시기 바랍니다.
- 시험을 완료한 수험자는 답안파일이 전송되었는지 확인한 후 감독위원의 지시에 따라 문제지를 제출하고 퇴실합니다.

답안 작성요령

- 온라인 답안 작성 절차
  수험자 등록 ⇒ 시험 시작 ⇒ 답안파일 저장 ⇒ 답안 전송 ⇒ 시험 종료
- 슬라이드의 크기는 A4 Paper로 설정하여 작성합니다.
- 슬라이드의 총 개수는 6개로 구성되어 있으며 슬라이드 1부터 순서대로 작업하고 반드시 문제와 세부 조건대로 합니다.
- 별도의 지시사항이 없는 경우 출력형태를 참조하여 글꼴색은 검정 또는 흰색으로 작성하고, 기타사항은 전체적인 균형을 고려하여 작성합니다.
- 슬라이드 도형 및 개체에 출력형태와 다른 스타일(그림자, 외곽선 등)을 적용했을 경우 감점처리 됩니다.
- 슬라이드 번호를 작성합니다(슬라이드 1에는 생략).
- 2~6번 슬라이드 제목 도형과 하단 로고는 슬라이드 마스터를 이용하여 출력형태와 동일하게 작성합니다(슬라이드 1에는 생략).
- 문제와 세부조건, 세부조건 번호 ○(점선원)는 입력하지 않습니다.
- 각 개체의 위치는 오른쪽의 슬라이드와 동일하게 구성합니다.
- 그림 삽입 문제의 경우 반드시 「내 PC₩문서₩ITQ₩Picture」 폴더에서 정확한 파일을 선택하여 삽입하십시오.
- 각 슬라이드를 각각의 파일로 작업해서 저장할 경우 실격 처리됩니다.

kpc 한국생산성본부

[전체구성] (60점)

(1) 슬라이드 크기 및 순서 : 크기를 A4 용지로 설정하고 슬라이드 순서에 맞게 작성한다.
(2) 슬라이드 마스터 : 2~6슬라이드의 제목, 하단 로고, 슬라이드 번호는 슬라이드 마스터를 이용하여 작성한다.
– 제목 글꼴(돋움, 40pt, 흰색), 가운데 맞춤, 도형(선 없음)
– 하단 로고(「내 PC₩문서₩ITQ₩Picture₩로고1.jpg」, 배경(회색) 투명색으로 설정)

[슬라이드 1] ≪표지 디자인≫ (40점)

(1) 표지 디자인 : 도형, 워드아트 및 그림을 이용하여 작성한다.

세부조건

① 도형 편집
  - 도형에 그림 채우기 :
    「내 PC₩문서₩ITQ₩Picture₩
    그림1.jpg」, 투명도 50%
  - 도형 효과 :
    부드러운 가장자리 5포인트

② 워드아트 삽입
  - 변환 : 오른쪽 줄이기
  - 글꼴 : 굴림, 굵게
  - 텍스트 반사 :
    1/2 반사, 8pt 오프셋

③ 그림 삽입
  - 「내 PC₩문서₩ITQ₩Picture₩
    로고1.jpg」
  - 배경(회색) 투명색으로 설정

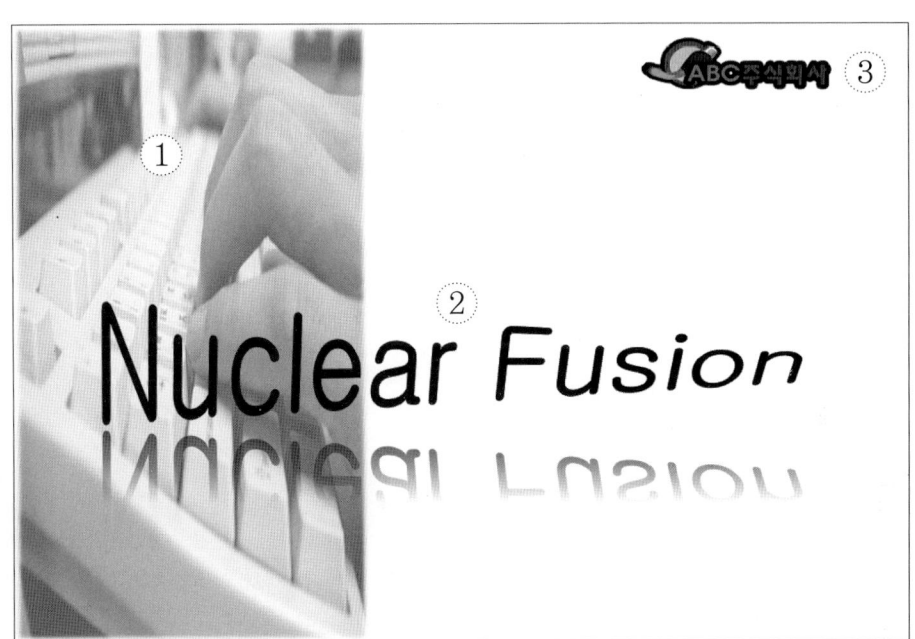

[슬라이드 2] ≪목차 슬라이드≫ (60점)

(1) 출력형태와 같이 도형을 이용하여 목차를 작성한다(글꼴 : 돋움, 24pt).
(2) 도형 : 선 없음

세부조건

① 텍스트에 하이퍼링크 적용
  -> '슬라이드 5'

② 그림 삽입
  - 「내 PC₩문서₩ITQ₩Picture₩
    그림4.jpg」
  - 자르기 기능 이용

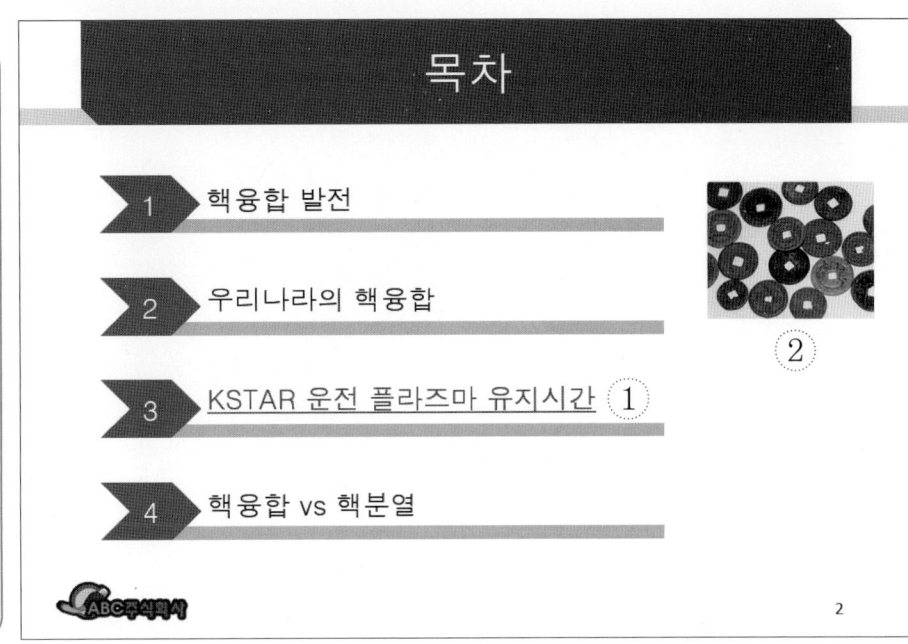

[슬라이드 3] ≪텍스트/동영상 슬라이드≫   (60점)

(1) 텍스트 작성 : 글머리 기호 사용(◆, ✓)
  ◆문단(굴림, 24pt, 굵게, 줄간격 : 1.5줄), ✓문단(굴림, 20pt, 줄간격 : 1.5줄)

세부조건

① 동영상 삽입 :
  - 「내 PC\문서\ITQ\Picture\동영상.wmv」
  - 자동실행, 반복재생 설정

1. 핵융합 발전

◆ What is Plasma?
  ✓ Plasma is one of the four basic states of matter and can be artificially generated by heating neutral gases or by strong electromagnetic fields

◆ 핵융합 발전
  ✓ 핵융합 발전의 핵융합로는 에너지 특성 및 구조상 폭발 불가
  ✓ 지구온난화 가스 배출이 없는 친환경 발전 에너지
  ✓ 고준위 방사성 폐기물이 발생하지 않는 미래 에너지

[슬라이드 4] ≪표 슬라이드≫   (80점)

(1) 도형과 표 작성 기능을 이용하여 슬라이드를 작성한다(글꼴 : 굴림, 18pt).

세부조건

① 상단 도형 :
  2개 도형의 조합으로 작성

② 좌측 도형 :
  그라데이션 효과(선형 아래쪽)

③ 표 스타일 :
  테마 스타일 1 - 강조 5

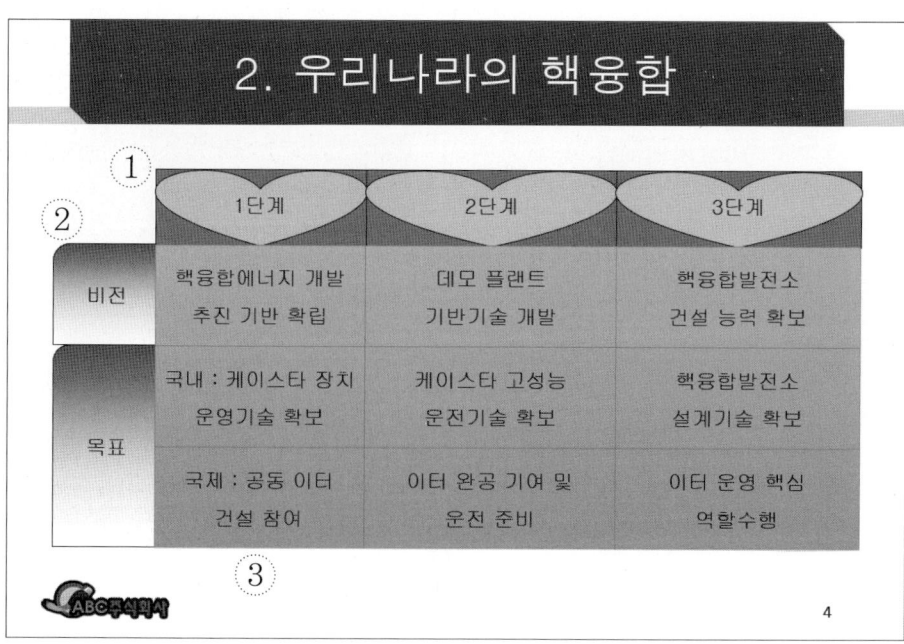

[슬라이드 5] ≪차트 슬라이드≫ (100점)

(1) 차트 작성 기능을 이용하여 슬라이드를 작성한다.
(2) 차트 : 종류(묶은 세로 막대형), 글꼴(돋움, 16pt), 외곽선

세부조건

※ 차트설명
- 차트제목 : 궁서, 24pt, 굵게, 채우기(흰색), 테두리, 그림자(오프셋 아래쪽)
- 차트영역 : 채우기(노랑)
  그림영역 : 채우기(흰색)
- 데이터 서식 : 유지시간(초) 계열을 표식이 있는 꺾은선형으로 변경 후 보조축으로 지정
- 값 표시 : 2020년의 유지시간(초) 계열만

① 도형 삽입
  - 스타일 : 미세효과 – 파랑,

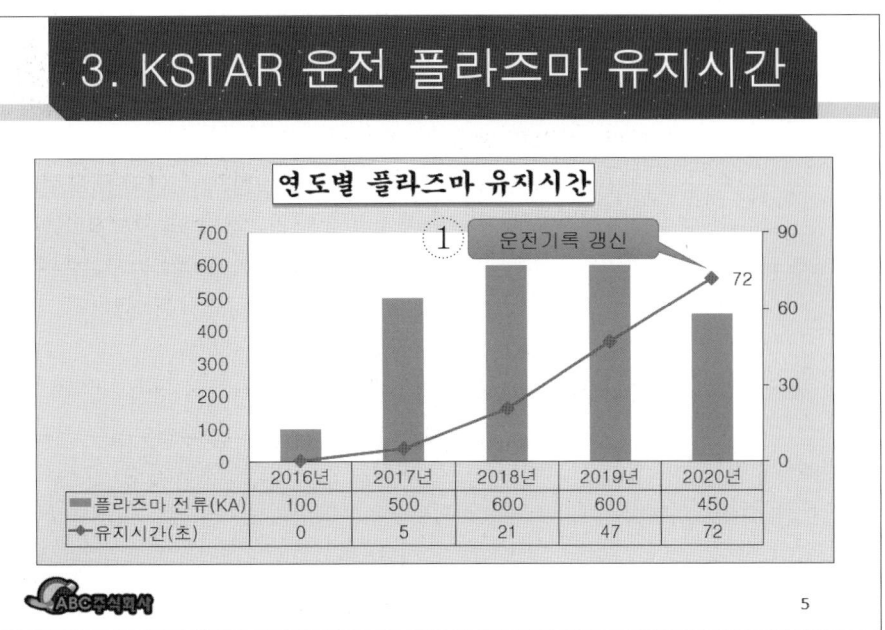

[슬라이드 6] ≪도형 슬라이드≫ (100점)

(1) 슬라이드와 같이 도형 및 스마트아트를 배치한다(글꼴 : 굴림, 18pt).
(2) 애니메이션 순서 : ① ⇒ ②

세부조건

① 도형 및 스마트아트 편집
  - 스마트아트 디자인
    : 3차원 경사,
    3차원 만화
  - 그룹화 후 애니메이션 효과
    : 바운드

② 도형 편집
  - 그룹화 후 애니메이션 효과
    : 나누기(가로 바깥쪽으로)

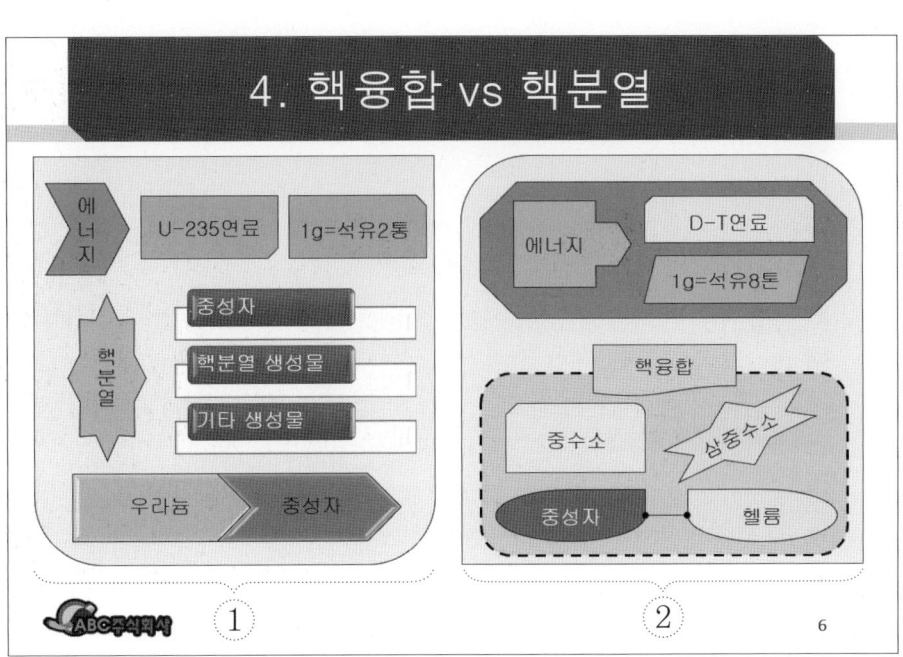

제02회 정보기술자격(ITQ) 출제예상문제

과목	코드	문제유형	시험시간	수험번호	성명
한글파워포인트	1142	B	60분		

수험자 유의사항

- 수험자는 문제지를 받는 즉시 문제지와 **수험표상의 시험과목(프로그램)이 동일한지 반드시 확인**하여야 합니다.
- 파일명은 본인의 "수험번호-성명"으로 입력하여 답안폴더(내 PC\문서\ITQ)에 하나의 파일로 저장해야 하며, 답안문서 파일명이 "수험번호-성명"과 일치하지 않거나, 답안파일을 전송하지 않아 미제출로 처리될 경우 실격 처리합니다(예:12345678-홍길동.pptx).
- 답안 작성을 마치면 파일을 저장하고, '답안 전송' 버튼을 선택하여 감독위원 PC로 답안을 전송하십시오. 수험생 정보와 저장한 파일명이 다를 경우 전송되지 않으므로 주의하시기 바랍니다.
- 답안 작성 중에도 **주기적으로 저장하고, '답안 전송'**하여야 문제 발생을 줄일 수 있습니다. 작업한 내용을 저장하지 않고 전송할 경우 이전에 저장된 내용이 전송되오니 이점 유의하시기 바랍니다.
- 답안문서는 지정된 경로 외의 다른 보조기억장치에 저장하는 경우, 지정된 시험 시간 외에 작성된 파일을 활용할 경우, 기타 통신수단(이메일, 메신저, 네트워크 등)을 이용하여 타인에게 전달 또는 외부 반출하는 경우는 부정 처리합니다.
- 시험 중 부주의 또는 고의로 시스템을 파손한 경우는 수험자가 변상해야 하며, 〈수험자 유의사항〉에 기재된 방법대로 이행하지 않아 생기는 불이익은 수험생 당사자의 책임임을 알려 드립니다.
- 문제의 조건은 MS오피스 2016 버전으로 설정되어 있으니 유의하시기 바랍니다.
- 시험을 완료한 수험자는 답안파일이 전송되었는지 확인한 후 감독위원의 지시에 따라 문제지를 제출하고 퇴실합니다.

답안 작성요령

- 온라인 답안 작성 절차.
  수험자 등록 ⇒ 시험 시작 ⇒ 답안파일 저장 ⇒ 답안 전송 ⇒ 시험 종료
- 슬라이드의 크기는 A4 Paper로 설정하여 작성합니다.
- 슬라이드의 총 개수는 6개로 구성되어 있으며 슬라이드 1부터 순서대로 작업하고 반드시 문제와 세부 조건대로 합니다.
- 별도의 지시사항이 없는 경우 출력형태를 참조하여 글꼴색은 검정 또는 흰색으로 작성하고, 기타사항은 전체적인 균형을 고려하여 작성합니다.
- 슬라이드 도형 및 개체에 출력형태와 다른 스타일(그림자, 외곽선 등)을 적용했을 경우 감점처리 됩니다.
- 슬라이드 번호를 작성합니다(슬라이드 1에는 생략).
- 2~6번 슬라이드 제목 도형과 하단 로고는 슬라이드 마스터를 이용하여 출력형태와 동일하게 작성합니다(슬라이드 1에는 생략).
- 문제와 세부조건, 세부조건 번호 ◌(점선원)는 입력하지 않습니다.
- 각 개체의 위치는 오른쪽의 슬라이드와 동일하게 구성합니다.
- 그림 삽입 문제의 경우 반드시 「내 PC\문서\ITQ\Picture」 폴더에서 정확한 파일을 선택하여 삽입하십시오.
- 각 슬라이드를 각각의 파일로 작업해서 저장할 경우 실격 처리됩니다.

[전체구성] (60점)

(1) 슬라이드 크기 및 순서 : 크기를 A4 용지로 설정하고 슬라이드 순서에 맞게 작성한다.
(2) 슬라이드 마스터 : 2~6슬라이드의 제목, 하단 로고, 슬라이드 번호는 슬라이드 마스터를 이용하여 작성한다.
- 제목 글꼴(돋움, 40pt, 흰색), 가운데 맞춤, 도형(선 없음)
- 하단 로고(「내 PC₩문서₩ITQ₩Picture₩로고1.jpg」, 배경(회색) 투명색으로 설정)

[슬라이드 1] ≪표지 디자인≫ (40점)

(1) 표지 디자인 : 도형, 워드아트 및 그림을 이용하여 작성한다.

세부조건

① 도형 편집
  - 도형에 그림 채우기 :
    「내 PC₩문서₩ITQ₩Picture₩
    그림1.jpg」, 투명도 50%
  - 도형 효과 :
    부드러운 가장자리 5포인트

② 워드아트 삽입
  - 변환 : 오른쪽 줄이기
  - 글꼴 : 굴림, 굵게
  - 텍스트 반사 :
    1/2 반사, 8pt 오프셋

③ 그림 삽입
  - 「내 PC₩문서₩ITQ₩Picture₩
    로고1.jpg」
  - 배경(회색) 투명색으로 설정

[슬라이드 2] ≪목차 슬라이드≫ (60점)

(1) 출력형태와 같이 도형을 이용하여 목차를 작성한다(글꼴 : 돋움, 24pt).
(2) 도형 : 선 없음

세부조건

① 텍스트에 하이퍼링크 적용
  -> '슬라이드 5'

② 그림 삽입
  - 「내 PC₩문서₩ITQ₩Picture₩
    그림4.jpg」
  - 자르기 기능 이용

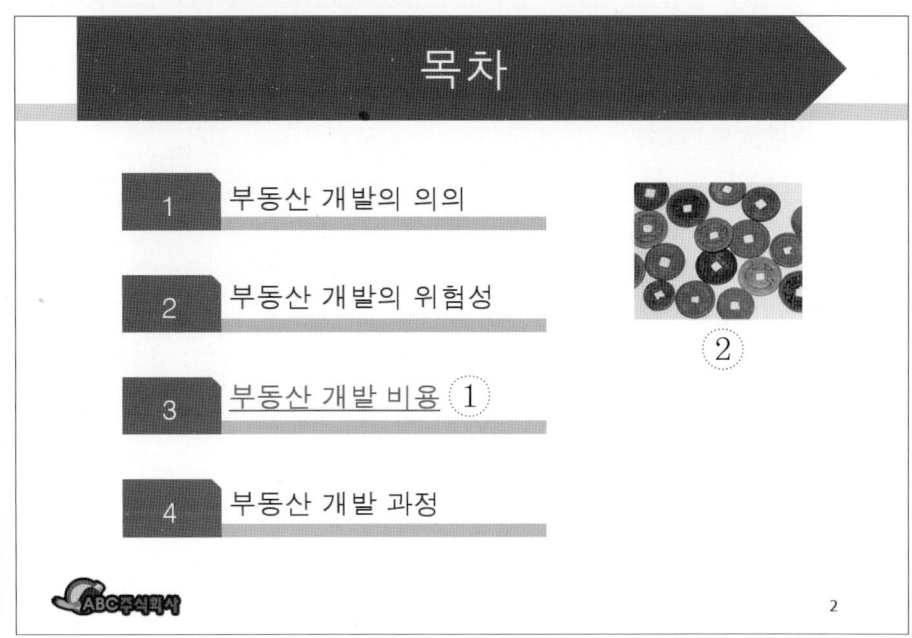

[슬라이드 3] ≪텍스트/동영상 슬라이드≫ (60점)

(1) 텍스트 작성 : 글머리 기호 사용(◆, ✓)
  ◆문단(굴림, 24pt, 굵게, 줄간격 : 1.5줄), ✓문단(굴림, 20pt, 줄간격 : 1.5줄)

세부조건

① 동영상 삽입 :
  - 「내 PC₩문서₩ITQ₩Picture₩동영상.wmv」
  - 자동실행, 반복재생 설정

1. 부동산 개발의 의의

◆ Real Property Developer
  ✓ A real estate developer is an individual or business responsible for the financing, building, marketing, and management of any real estate development project

◆ 부동산 개발의 의의
  ✓ 부동산 개발은 토지에 노동, 자본을 결합하여 토지에 개량물을 생산하거나 토지를 개량하는 활동
  ✓ 공공시설 등을 정비하며 토지의 권리구획도에 적합하도록 변경

[슬라이드 4] ≪표 슬라이드≫ (80점)

(1) 도형과 표 작성 기능을 이용하여 슬라이드를 작성한다(글꼴 : 굴림, 18pt).

세부조건

① 상단 도형 :
  2개 도형의 조합으로 작성

② 좌측 도형 :
  그라데이션 효과(선형 아래쪽)

③ 표 스타일 :
  테마 스타일 1 - 강조 5

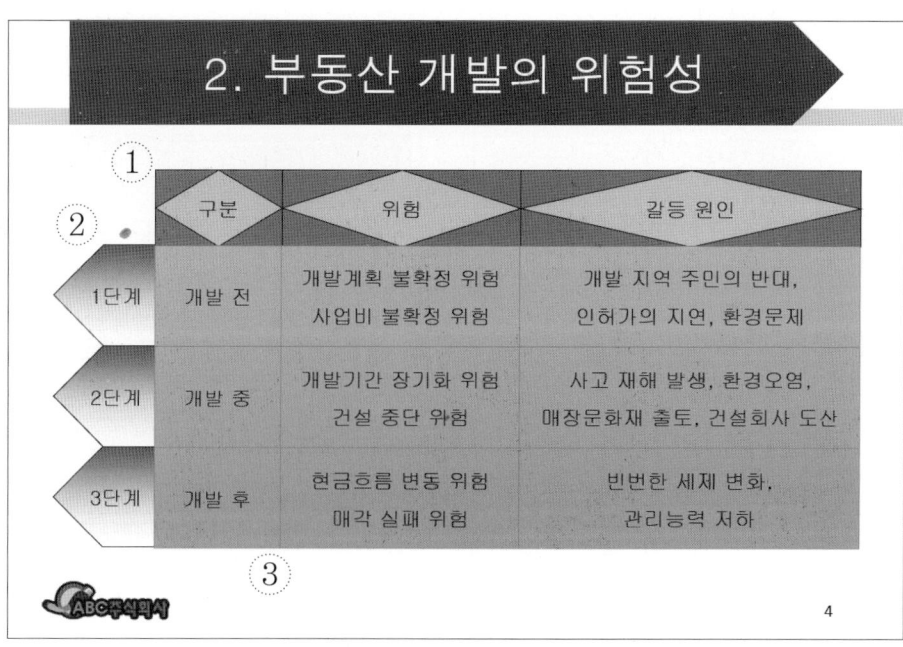

[슬라이드 5] ≪차트 슬라이드≫   (100점)

(1) 차트 작성 기능을 이용하여 슬라이드를 작성한다.
(2) 차트 : 종류(묶은 세로 막대형), 글꼴(돋움, 16pt), 외곽선

세부조건

※ 차트설명
- 차트제목 : 궁서, 24pt, 굵게, 채우기(흰색), 테두리, 그림자(오프셋 아래쪽)
- 차트영역 : 채우기(노랑)
  그림영역 : 채우기(흰색)
- 데이터 서식 : 대안2 계열을 표식이 있는 꺾은선형으로 변경후 보조축으로 지정
- 값 표시 : 토지취득비의 대안1 계열만

① 도형 삽입
- 스타일 : 미세효과 - 파랑, 강조1
- 글꼴 : 굴림, 18pt

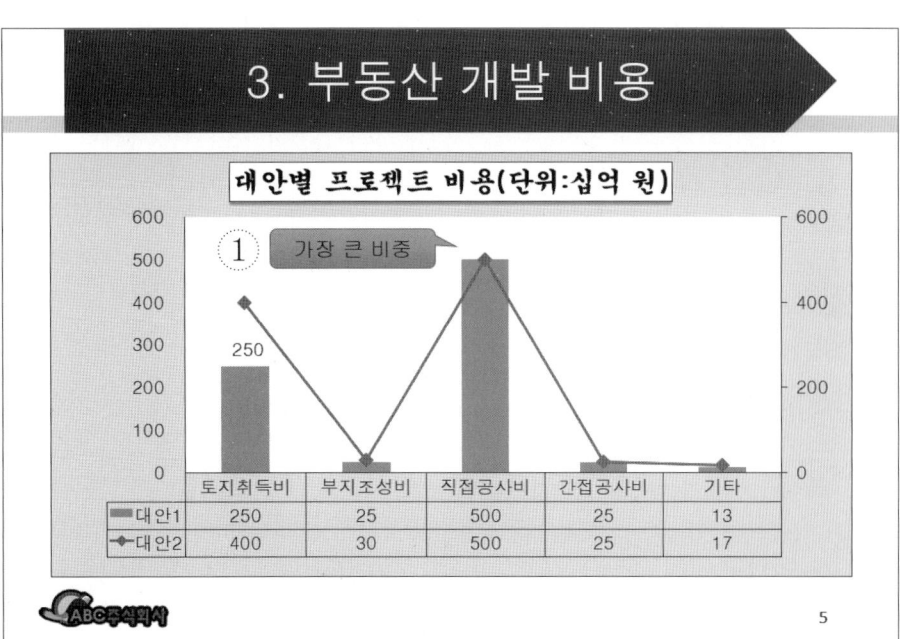

[슬라이드 6] ≪도형 슬라이드≫   (100점)

(1) 슬라이드와 같이 도형 및 스마트아트를 배치한다(글꼴 : 굴림, 18pt).
(2) 애니메이션 순서 : ① ⇒ ②

세부조건

① 도형 및 스마트아트 편집
- 스마트아트 디자인
  : 3차원 경사,
  3차원 만화
- 그룹화 후 애니메이션 효과
  : 바운드

② 도형 편집
- 그룹화 후 애니메이션 효과
  : 나누기(가로 바깥쪽으로)

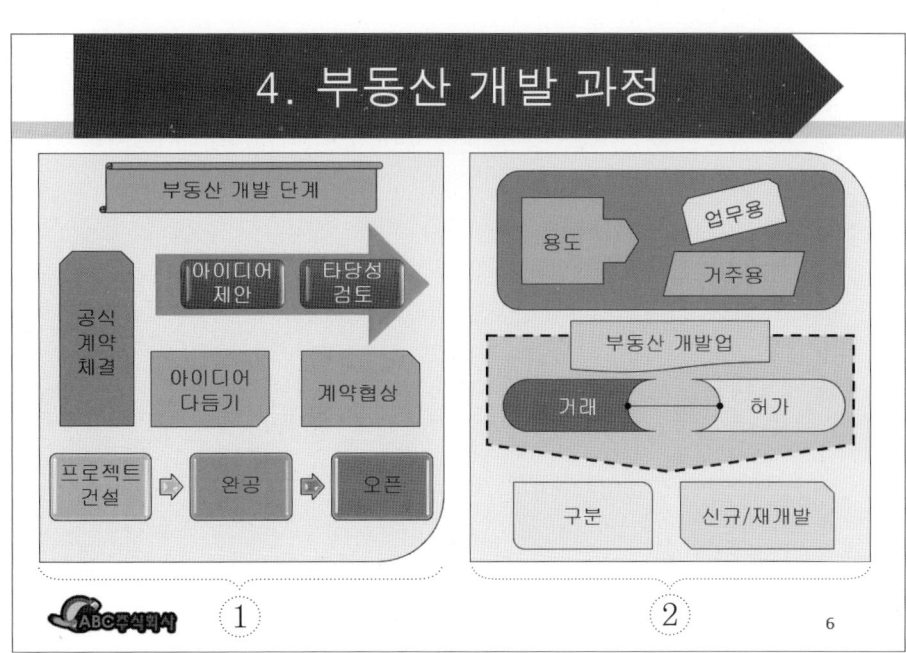

제 03 회 정보기술자격(ITQ) 출제예상문제

과목	코드	문제유형	시험시간	수험번호	성명
한글파워포인트	1142	C	60분		

수험자 유의사항

- 수험자는 문제지를 받는 즉시 문제지와 **수험표상의 시험과목(프로그램)이 동일한지 반드시 확인**하여야 합니다.
- 파일명은 본인의 "수험번호-성명"으로 입력하여 답안폴더(내 PC\문서\ITQ)에 하나의 파일로 저장해야 하며, 답안문서 파일명이 "수험번호-성명"과 일치하지 않거나, 답안파일을 전송하지 않아 미제출로 처리될 경우 실격 처리합니다(예:12345678-홍길동.pptx).
- 답안 작성을 마치면 파일을 저장하고, '답안 전송' 버튼을 선택하여 감독위원 PC로 답안을 전송하십시오. 수험생 정보와 저장한 파일명이 다를 경우 전송되지 않으므로 주의하시기 바랍니다.
- 답안 작성 중에도 **주기적으로 저장하고, '답안 전송'**하여야 문제 발생을 줄일 수 있습니다. 작업한 내용을 저장하지 않고 전송할 경우 이전에 저장된 내용이 전송되오니 이점 유의하시기 바랍니다.
- 답안문서는 지정된 경로 외의 다른 보조기억장치에 저장하는 경우, 지정된 시험 시간 외에 작성된 파일을 활용할 경우, 기타 통신수단(이메일, 메신저, 네트워크 등)을 이용하여 타인에게 전달 또는 외부 반출하는 경우는 부정 처리합니다.
- 시험 중 부주의 또는 고의로 시스템을 파손한 경우는 수험자가 변상해야 하며, 〈수험자 유의사항〉에 기재된 방법대로 이행하지 않아 생기는 불이익은 수험생 당사자의 책임임을 알려 드립니다.
- 문제의 조건은 MS오피스 2016 버전으로 설정되어 있으니 유의하시기 바랍니다.
- 시험을 완료한 수험자는 답안파일이 전송되었는지 확인한 후 감독위원의 지시에 따라 문제지를 제출하고 퇴실합니다.

답안 작성요령

- 온라인 답안 작성 절차
  수험자 등록 ⇒ 시험 시작 ⇒ 답안파일 저장 ⇒ 답안 전송 ⇒ 시험 종료
- 슬라이드의 크기는 A4 Paper로 설정하여 작성합니다.
- 슬라이드의 총 개수는 6개로 구성되어 있으며 슬라이드 1부터 순서대로 작업하고 반드시 문제와 세부 조건대로 합니다.
- 별도의 지시사항이 없는 경우 출력형태를 참조하여 글꼴색은 검정 또는 흰색으로 작성하고, 기타사항은 전체적인 균형을 고려하여 작성합니다.
- 슬라이드 도형 및 개체에 출력형태와 다른 스타일(그림자, 외곽선 등)을 적용했을 경우 감점처리 됩니다.
- 슬라이드 번호를 작성합니다(슬라이드 1에는 생략).
- 2~6번 슬라이드 제목 도형과 하단 로고는 슬라이드 마스터를 이용하여 출력형태와 동일하게 작성합니다(슬라이드 1에는 생략).
- 문제와 세부조건, 세부조건 번호 ○(점선원)는 입력하지 않습니다.
- 각 개체의 위치는 오른쪽의 슬라이드와 동일하게 구성합니다.
- 그림 삽입 문제의 경우 반드시 「내 PC\문서\ITQ\Picture」 폴더에서 정확한 파일을 선택하여 삽입하십시오.
- 각 슬라이드를 각각의 파일로 작업해서 저장할 경우 실격 처리됩니다.

kpc 한국생산성본부

[전체구성] (60점)

펫케어 글로벌 산업 현황

(1) 슬라이드 크기 및 순서 : 크기를 A4 용지로 설정하고 슬라이드 순서에 맞게 작성한다.
(2) 슬라이드 마스터 : 2~6슬라이드의 제목, 하단 로고, 슬라이드 번호는 슬라이드 마스터를 이용하여 작성한다.
- 제목 글꼴(돋움, 40pt, 흰색), 가운데 맞춤, 도형(선 없음)
- 하단 로고(「내 PC₩문서₩ITQ₩Picture₩로고2.jpg」, 배경(회색) 투명색으로 설정)

[슬라이드 1] 《표지 디자인》 (40점)

(1) 표지 디자인 : 도형, 워드아트 및 그림을 이용하여 작성한다.

세부조건

① 도형 편집
  - 도형에 그림 채우기 :
    「내 PC₩문서₩ITQ₩Picture₩
    그림1.jpg」, 투명도 50%
  - 도형 효과 :
    부드러운 가장자리 5포인트

② 워드아트 삽입
  - 변환 : 삼각형
  - 글꼴 : 궁서, 굵게
  - 텍스트 반사
    : 근접 반사, 4 pt 오프셋

③ 그림 삽입
  - 「내 PC₩문서₩ITQ₩Picture₩
    로고2.jpg」
  - 배경(회색) 투명색으로 설정

[슬라이드 2] 《목차 슬라이드》 (60점)

(1) 출력형태와 같이 도형을 이용하여 목차를 작성한다(글꼴 : 돋움, 24pt).
(2) 도형 : 선 없음

세부조건

① 텍스트에 하이퍼링크 적용
  -> '슬라이드 5'

② 그림 삽입
  - 「내 PC₩문서₩ITQ₩Picture₩
    그림5.jpg」
  - 자르기 기능 이용

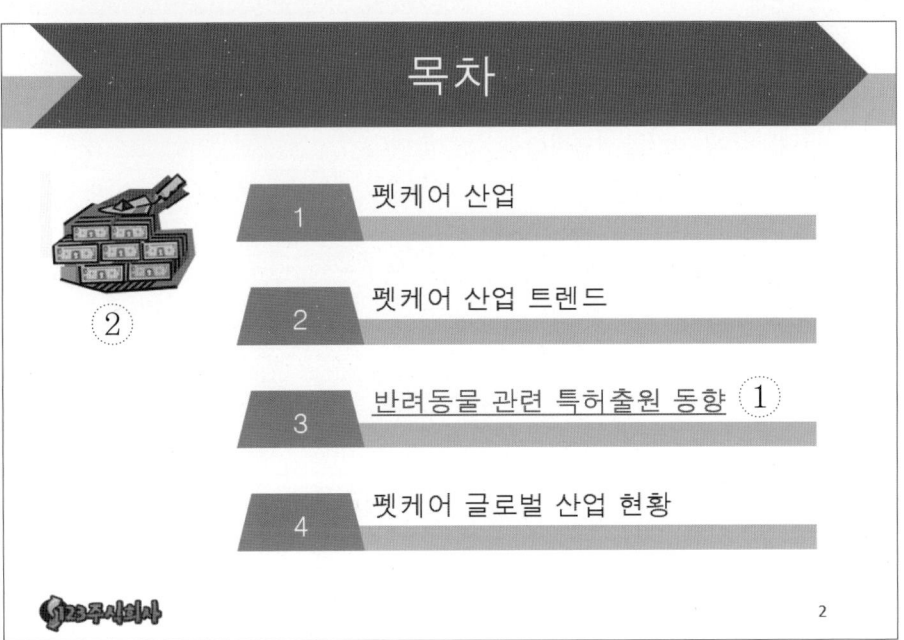

[슬라이드 3] ≪텍스트/동영상 슬라이드≫   (60점)

(1) 텍스트 작성 : 글머리 기호 사용(➤, ■)
➤문단(굴림, 24pt, 굵게, 줄간격 : 1.5줄), ■문단(굴림, 20pt, 줄간격 : 1.5줄)

세부조건

① 동영상 삽입 :
 - 「내 PC₩문서₩ITQ₩Picture₩동영상.wmv」
 - 자동실행, 반복재생 설정

1. 펫케어 산업

➤ **Pet Care Industry**
 ■ As a culture that treats companion animals like family spreads, the quantitative and qualitative growth of the pet care industry is expected to accelerate

➤ **펫케어 산업**
 ■ 펫케어 산업이 국내외 소비시장의 신성장동력으로 부상
 ■ 반려동물을 가족처럼 생각하는 문화가 확산되면서 펫케어 산업의 성장은 더욱 가속화될 전망

[슬라이드 4] ≪표 슬라이드≫   (80점)

(1) 도형과 표 작성 기능을 이용하여 슬라이드를 작성한다(글꼴 : 굴림, 18pt).

세부조건

① 상단 도형 :
 2개 도형의 조합으로 작성

② 좌측 도형 :
 그라데이션 효과(선형 아래쪽)

③ 표 스타일 :
 테마 스타일 1 - 강조 4

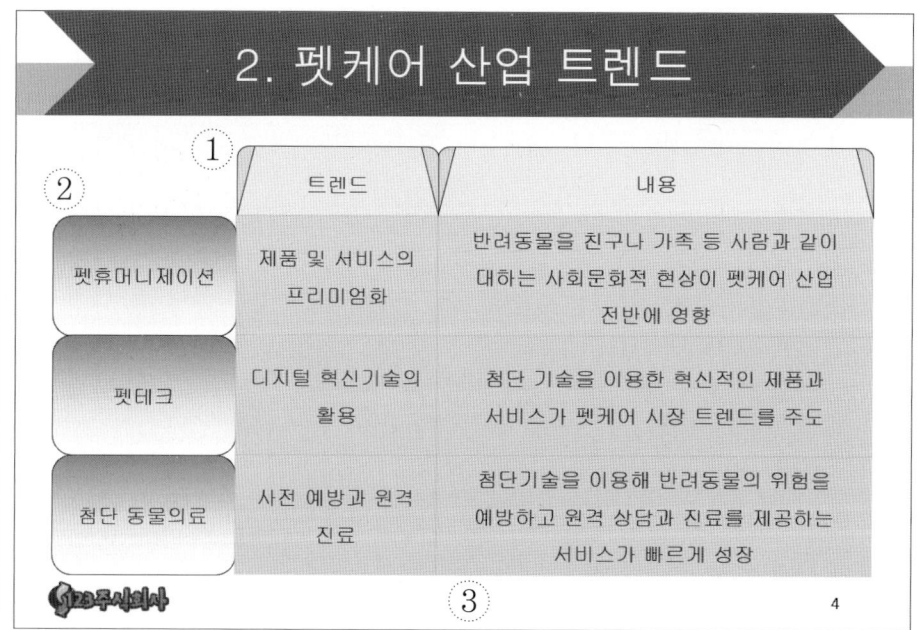

[슬라이드 5] ≪차트 슬라이드≫ (100점)

(1) 차트 작성 기능을 이용하여 슬라이드를 작성한다.
(2) 차트 : 종류(묶은 세로 막대형), 글꼴(돋움, 16pt), 외곽선

세부조건

※ 차트설명
- 차트제목 : 굴림, 24pt, 굵게, 채우기(흰색), 테두리, 그림자(오프셋 오른쪽)
- 차트영역 : 채우기(노랑) 그림영역 : 채우기(흰색)
- 데이터 서식 : IoT접목 출원건수 계열을 표식이 있는 꺾은선형으로 변경 후 보조축으로 지정
- 값 표시 : 2018년의 출원건수 계열만

① 도형 삽입
- 스타일 : 미세효과 – 파랑, 강조 1
- 글꼴 : 굴림, 18pt

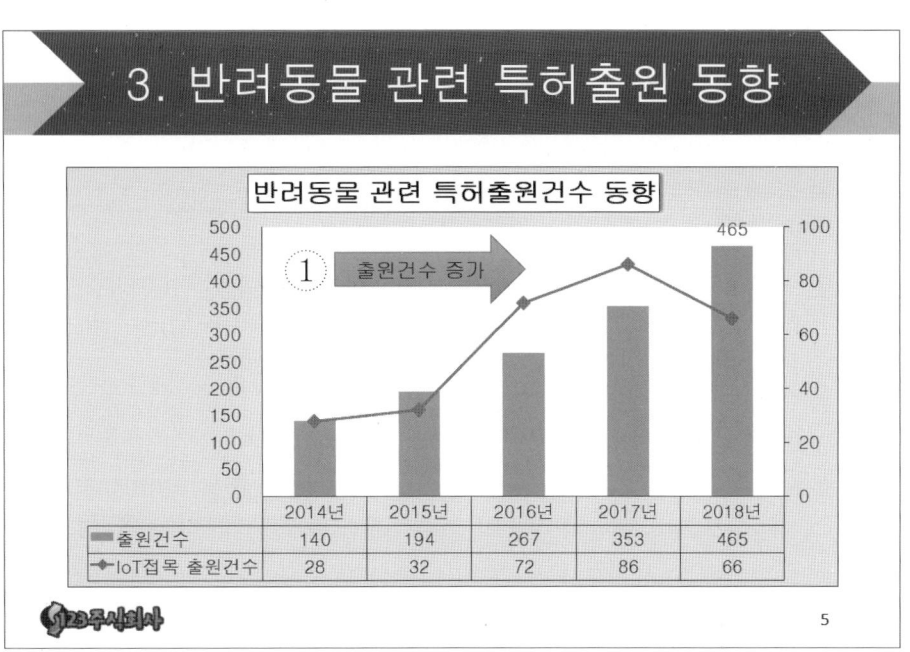

[슬라이드 6] ≪도형 슬라이드≫ (100점)

(1) 슬라이드와 같이 도형 및 스마트아트를 배치한다(글꼴 : 돋움, 18pt).
(2) 애니메이션 순서 : ① ⇒ ②

세부조건

① 도형 및 스마트아트 편집
- 스마트아트 디자인 : 3차원 만화, 3차원 경사
- 그룹화 후 애니메이션 효과 : 날아오기(왼쪽에서)

② 도형 편집
- 그룹화 후 애니메이션 효과 : 바운드

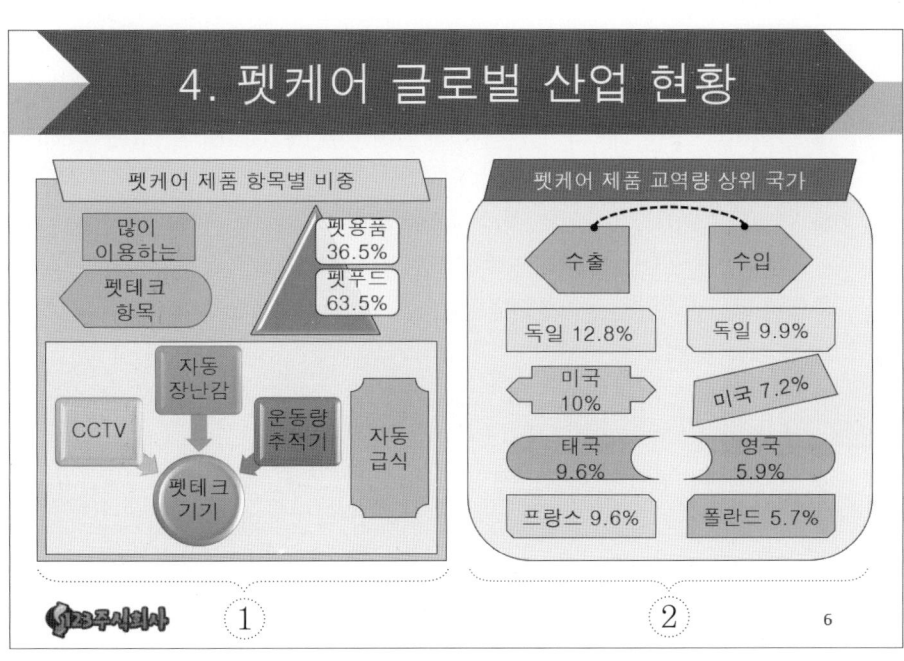

제 04 회 정보기술자격(ITQ) 출제예상문제

과목	코드	문제유형	시험시간	수험번호	성명
한글파워포인트	1142	D	60분		

수험자 유의사항

- 수험자는 문제지를 받는 즉시 문제지와 **수험표상의 시험과목(프로그램)이 동일한지 반드시 확인**하여야 합니다.
- 파일명은 본인의 "수험번호-성명"으로 입력하여 답안폴더(내 PC\문서\ITQ)에 하나의 파일로 저장해야 하며, 답안문서 파일명이 "수험번호-성명"과 일치하지 않거나, 답안파일을 전송하지 않아 미제출로 처리될 경우 실격 처리합니다(예:12345678-홍길동.pptx).
- 답안 작성을 마치면 파일을 저장하고, '답안 전송' 버튼을 선택하여 감독위원 PC로 답안을 전송하십시오. 수험생 정보와 저장한 파일명이 다를 경우 전송되지 않으므로 주의하시기 바랍니다.
- 답안 작성 중에도 **주기적으로 저장하고, '답안 전송'**하여야 문제 발생을 줄일 수 있습니다. 작업한 내용을 저장하지 않고 전송할 경우 이전에 저장된 내용이 전송되오니 이점 유의하시기 바랍니다.
- 답안문서는 지정된 경로 외의 다른 보조기억장치에 저장하는 경우, 지정된 시험 시간 외에 작성된 파일을 활용할 경우, 기타 통신수단(이메일, 메신저, 네트워크 등)을 이용하여 타인에게 전달 또는 외부 반출하는 경우는 부정 처리합니다.
- 시험 중 부주의 또는 고의로 시스템을 파손한 경우는 수험자가 변상해야 하며, 〈수험자 유의사항〉에 기재된 방법대로 이행하지 않아 생기는 불이익은 수험생 당사자의 책임임을 알려 드립니다.
- 문제의 조건은 MS오피스 2016 버전으로 설정되어 있으니 유의하시기 바랍니다.
- 시험을 완료한 수험자는 답안파일이 전송되었는지 확인한 후 감독위원의 지시에 따라 문제지를 제출하고 퇴실합니다.

답안 작성요령

- 온라인 답안 작성 절차
  수험자 등록 ⇒ 시험 시작 ⇒ 답안파일 저장 ⇒ 답안 전송 ⇒ 시험 종료
- 슬라이드의 크기는 A4 Paper로 설정하여 작성합니다.
- 슬라이드의 총 개수는 6개로 구성되어 있으며 슬라이드 1부터 순서대로 작업하고 반드시 문제와 세부 조건대로 합니다.
- 별도의 지시사항이 없는 경우 출력형태를 참조하여 글꼴색은 검정 또는 흰색으로 작성하고, 기타사항은 전체적인 균형을 고려하여 작성합니다.
- 슬라이드 도형 및 개체에 출력형태와 다른 스타일(그림자, 외곽선 등)을 적용했을 경우 감점처리 됩니다.
- 슬라이드 번호를 작성합니다(슬라이드 1에는 생략).
- 2~6번 슬라이드 제목 도형과 하단 로고는 슬라이드 마스터를 이용하여 출력형태와 동일하게 작성합니다 (슬라이드 1에는 생략).
- 문제와 세부조건, 세부조건 번호 ◯(점선원)는 입력하지 않습니다.
- 각 개체의 위치는 오른쪽의 슬라이드와 동일하게 구성합니다.
- 그림 삽입 문제의 경우 반드시 「내 PC\문서\ITQ\Picture」 폴더에서 정확한 파일을 선택하여 삽입 하십시오.
- 각 슬라이드를 각각의 파일로 작업해서 저장할 경우 실격 처리됩니다.

[전체구성] (60점)

(1) 슬라이드 크기 및 순서 : 크기를 A4 용지로 설정하고 슬라이드 순서에 맞게 작성한다.
(2) 슬라이드 마스터 : 2~6슬라이드의 제목, 하단 로고, 슬라이드 번호는 슬라이드 마스터를 이용하여 작성한다.
- 제목 글꼴(돋움, 40pt, 흰색), 가운데 맞춤, 도형(선 없음)
- 하단 로고(「내 PC\문서\ITQ\Picture\로고3.jpg」, 배경(보라색) 투명색으로 설정)

[슬라이드 1] ≪표지 디자인≫ (40점)

(1) 표지 디자인 : 도형, 워드아트 및 그림을 이용하여 작성한다.

세부조건

① 도형 편집
  - 도형에 그림 채우기 :
    「내 PC\문서\ITQ\Picture\그림3.jpg」, 투명도 50%
  - 도형 효과 :
    부드러운 가장자리 5포인트

② 워드아트 삽입
  - 변환 : 중지
  - 글꼴 : 궁서, 굵게
  - 텍스트 반사 : 1/2 반사, 터치

③ 그림 삽입
  - 「내 PC\문서\ITQ\Picture\로고3.jpg」
  - 배경(보라색) 투명색으로 설정

[슬라이드 2] ≪목차 슬라이드≫ (60점)

(1) 출력형태와 같이 도형을 이용하여 목차를 작성한다(글꼴 : 돋움, 24pt).
(2) 도형 : 선 없음

세부조건

① 텍스트에 하이퍼링크 적용
  -> '슬라이드 5'

② 그림 삽입
  - 「내 PC\문서\ITQ\Picture\그림4.jpg」
  - 자르기 기능 이용

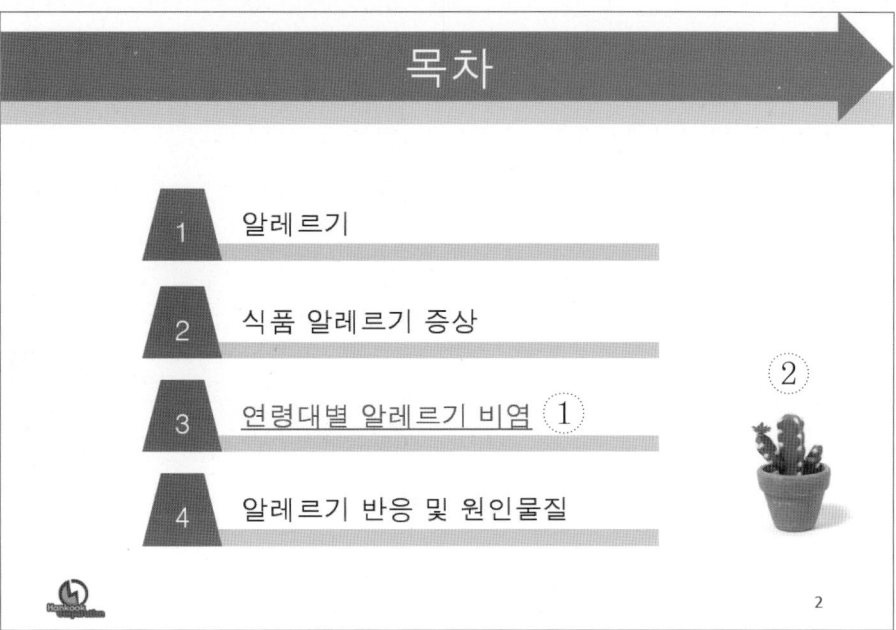

[슬라이드 3] ≪텍스트/동영상 슬라이드≫ (60점)

(1) 텍스트 작성 : 글머리 기호 사용(➢, ✓)
➢문단(굴림, 24pt, 굵게, 줄간격 : 1.5줄), ✓문단(굴림, 20pt, 줄간격 : 1.5줄)

세부조건

① 동영상 삽입 :
- 「내 PC₩문서₩ITQ₩ Picture₩ 동영상.wmv」
- 자동실행, 반복재생 설정

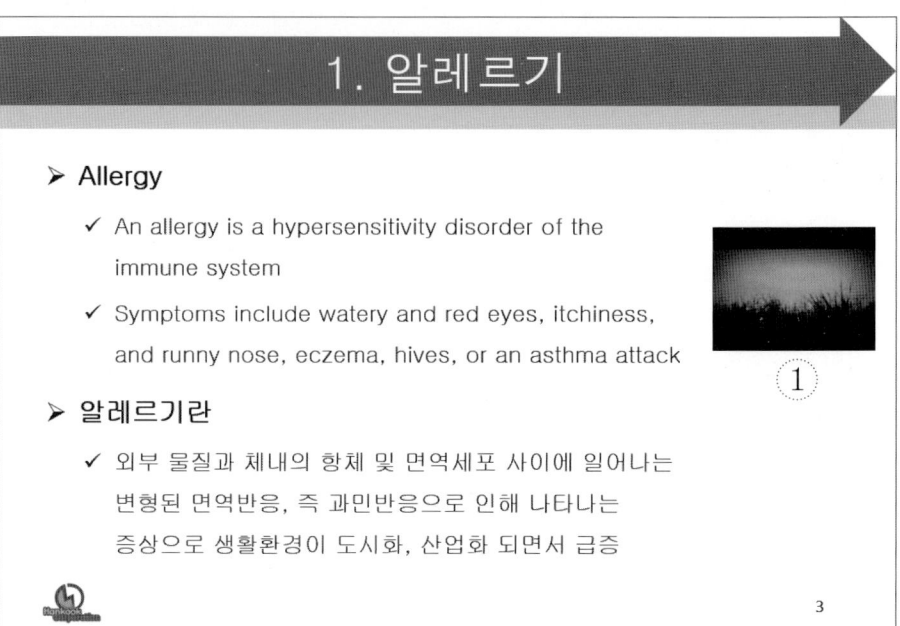

[슬라이드 4] ≪표 슬라이드≫ (80점)

(1) 도형과 표 작성 기능을 이용하여 슬라이드를 작성한다(글꼴 : 굴림, 18pt).

세부조건

① 상단 도형 :
2개 도형의 조합으로 작성

② 좌측 도형 :
그라데이션 효과(선형 아래쪽)

③ 표 스타일 :
테마 스타일 1 - 강조 2

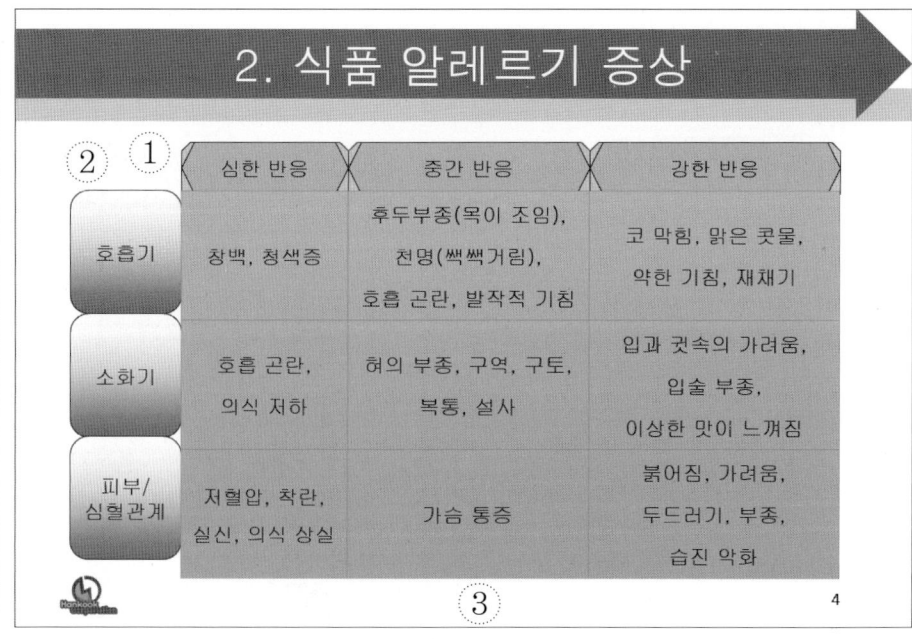

[슬라이드 5]　≪차트 슬라이드≫　　(100점)

(1) 차트 작성 기능을 이용하여 슬라이드를 작성한다.
(2) 차트 : 종류(묶은 세로 막대형), 글꼴(돋움, 16pt), 외곽선

세부조건

※ 차트설명
- 차트제목 : 궁서, 24pt, 굵게, 채우기(흰색), 테두리, 그림자(오프셋 아래쪽)
- 차트영역 : 채우기(노랑)
  그림영역 : 채우기(흰색)
- 데이터 서식 : 여성을 표식이 있는 꺾은선형으로 변경 후 보조축으로 지정
- 값 표시 : 40대의 남성 계열만

① 도형 삽입
  - 스타일 :
    미세효과 – 파랑, 강조1
  - 글꼴 : 굴림, 18pt

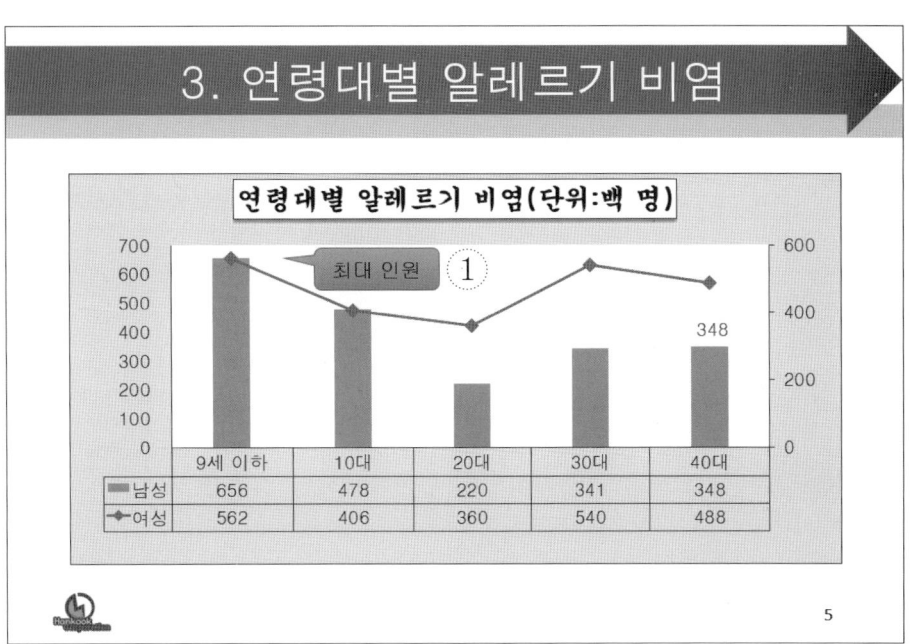

[슬라이드 6]　≪도형 슬라이드≫　　(100점)

(1) 슬라이드와 같이 도형 및 스마트아트를 배치한다(글꼴 : 돋움, 18pt).
(2) 애니메이션 순서 : ① ⇒ ②

세부조건

① 도형 및 스마트아트 편집
  - 스마트아트 디자인
    : 3차원 광택 처리,
    3차원 만화
  - 그룹화 후 애니메이션 효과
    : 실선 무늬(세로)

② 도형 편집
  - 그룹화 후 애니메이션

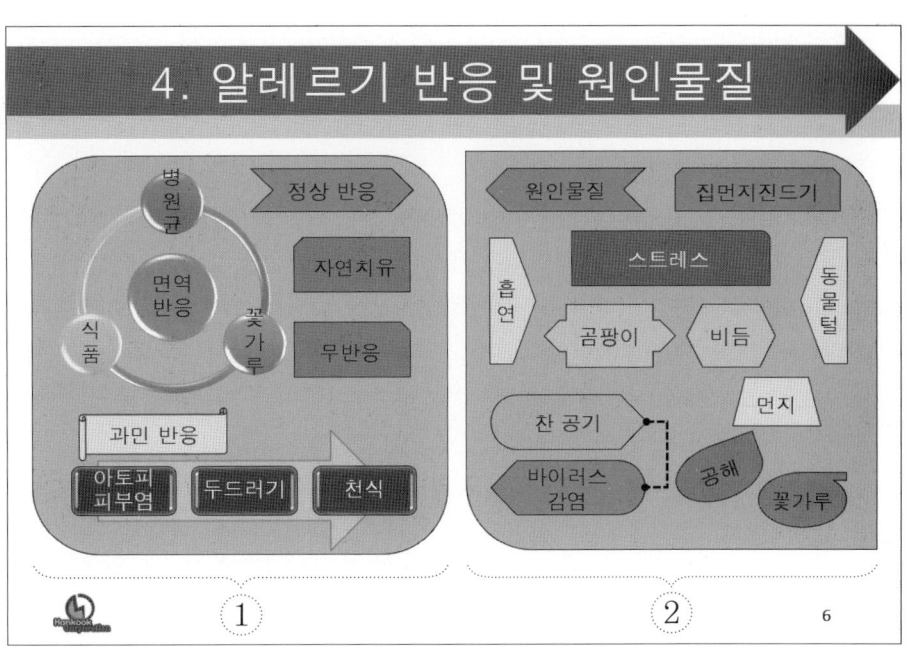

제 05 회 정보기술자격(ITQ) 출제예상문제

과목	코드	문제유형	시험시간	수험번호	성명
한글파워포인트	1142	E	60분		

수험자 유의사항

- 수험자는 문제지를 받는 즉시 문제지와 **수험표상의 시험과목(프로그램)이 동일한지 반드시 확인**하여야 합니다.
- 파일명은 본인의 "수험번호-성명"으로 입력하여 답안폴더(내 PC\문서\ITQ)에 하나의 파일로 저장해야 하며, 답안문서 파일명이 "수험번호-성명"과 일치하지 않거나, 답안파일을 전송하지 않아 미제출로 처리될 경우 실격 처리합니다(예:12345678-홍길동.pptx).
- 답안 작성을 마치면 파일을 저장하고, '답안 전송' 버튼을 선택하여 감독위원 PC로 답안을 전송하십시오. 수험생 정보와 저장한 파일명이 다를 경우 전송되지 않으므로 주의하시기 바랍니다.
- 답안 작성 중에도 **주기적으로 저장하고, '답안 전송'**하여야 문제 발생을 줄일 수 있습니다. 작업한 내용을 저장하지 않고 전송할 경우 이전에 저장된 내용이 전송되오니 이점 유의하시기 바랍니다.
- 답안문서는 지정된 경로 외의 다른 보조기억장치에 저장하는 경우, 지정된 시험 시간 외에 작성된 파일을 활용할 경우, 기타 통신수단(이메일, 메신저, 네트워크 등)을 이용하여 타인에게 전달 또는 외부 반출하는 경우는 부정 처리합니다.
- 시험 중 부주의 또는 고의로 시스템을 파손한 경우는 수험자가 변상해야 하며, 〈수험자 유의사항〉에 기재된 방법대로 이행하지 않아 생기는 불이익은 수험생 당사자의 책임임을 알려 드립니다.
- 문제의 조건은 MS오피스 2016 버전으로 설정되어 있으니 유의하시기 바랍니다.
- 시험을 완료한 수험자는 답안파일이 전송되었는지 확인한 후 감독위원의 지시에 따라 문제지를 제출하고 퇴실합니다.

답안 작성요령

- 온라인 답안 작성 절차
  수험자 등록 ⇒ 시험 시작 ⇒ 답안파일 저장 ⇒ 답안 전송 ⇒ 시험 종료
- 슬라이드의 크기는 A4 Paper로 설정하여 작성합니다.
- 슬라이드의 총 개수는 6개로 구성되어 있으며 슬라이드 1부터 순서대로 작업하고 반드시 문제와 세부 조건대로 합니다.
- 별도의 지시사항이 없는 경우 출력형태를 참조하여 글꼴색은 검정 또는 흰색으로 작성하고, 기타사항은 전체적인 균형을 고려하여 작성합니다.
- 슬라이드 도형 및 개체에 출력형태와 다른 스타일(그림자, 외곽선 등)을 적용했을 경우 감점처리 됩니다.
- 슬라이드 번호를 작성합니다(슬라이드 1에는 생략).
- 2~6번 슬라이드 제목 도형과 하단 로고는 슬라이드 마스터를 이용하여 출력형태와 동일하게 작성합니다(슬라이드 1에는 생략).
- 문제와 세부조건, 세부조건 번호 ◌(점선원)는 입력하지 않습니다.
- 각 개체의 위치는 오른쪽의 슬라이드와 동일하게 구성합니다.
- 그림 삽입 문제의 경우 반드시 「내 PC\문서\ITQ\Picture」 폴더에서 정확한 파일을 선택하여 삽입하십시오.
- 각 슬라이드를 각각의 파일로 작업해서 저장할 경우 실격 처리됩니다.

kpc 한국생산성본부

[전체구성] (60점)

(1) 슬라이드 크기 및 순서 : 크기를 A4 용지로 설정하고 슬라이드 순서에 맞게 작성한다.
(2) 슬라이드 마스터 : 2~6슬라이드의 제목, 하단 로고, 슬라이드 번호는 슬라이드 마스터를 이용하여 작성한다.
- 제목 글꼴(맑은 고딕, 40pt, 흰색), 가운데 맞춤, 도형(선 없음)
- 하단 로고(「내 PC₩문서₩ITQ₩Picture₩로고1.jpg」, 배경(회색) 투명색으로 설정)

[슬라이드 1] ≪표지 디자인≫ (40점)

(1) 표지 디자인 : 도형, 워드아트 및 그림을 이용하여 작성한다.

세부조건

① 도형 편집
 - 도형에 그림 채우기:
  「내 PC₩문서₩ITQ₩Picture₩
  그림1.jpg」, 투명도 50%
 - 도형 효과 :
  부드러운 가장자리 5포인트

② 워드아트 삽입
 - 변환 : 삼각형
 - 글꼴 : 돋움, 굵게
 - 텍스트 반사 : 근접 반사, 터치

③ 그림 삽입
 - 「내 PC₩문서₩ITQ₩Picture₩
  로고1.jpg」
 - 배경(회색) 투명색으로 설정

[슬라이드 2] ≪목차 슬라이드≫ (60점)

(1) 출력형태와 같이 도형을 이용하여 목차를 작성한다(글꼴 : 굴림, 24pt).
(2) 도형 : 선 없음

세부조건

① 텍스트에 하이퍼링크 적용
 -> '슬라이드 6'

② 그림 삽입
 - 「내 PC₩문서₩ITQ₩Picture₩
  그림4.jpg」
 - 자르기 기능 이용

[슬라이드 3] ≪텍스트/동영상 슬라이드≫ (60점)

(1) 텍스트 작성 : 글머리 기호 사용(❖, ■)
❖문단(굴림, 24pt, 굵게, 줄간격 : 1.5줄), ■문단(굴림, 20pt, 줄간격 : 1.5줄)

세부조건

① 동영상 삽입 :
- 「내 PC\문서\ITQ\Picture\ 동영상.wmv」
- 자동실행, 반복재생 설정

1. 농업박물관 소개

❖ **The Agricultural Museum**
■ The Agricultural Museum currently houses approximately 5,000 agricultural artifacts through continuous excavation and preservation efforts

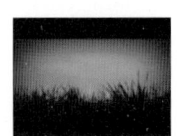

❖ **농업박물관 소개**
■ 선사시대부터 현대에 이르기까지의 농업발달사를 시대순으로 전시
■ 옛 농촌 들판 풍경과 농가 주택, 전통 장터의 모습을 통하여 조상들의 삶을 조명

[슬라이드 4] ≪표 슬라이드≫ (80점)

(1) 도형과 표 작성 기능을 이용하여 슬라이드를 작성한다(글꼴 : 돋움, 18pt).

세부조건

① 상단 도형 :
  2개 도형의 조합으로 작성

② 좌측 도형 :
  그라데이션 효과(선형 아래쪽)

③ 표 스타일 :
  테마 스타일 1 - 강조 6

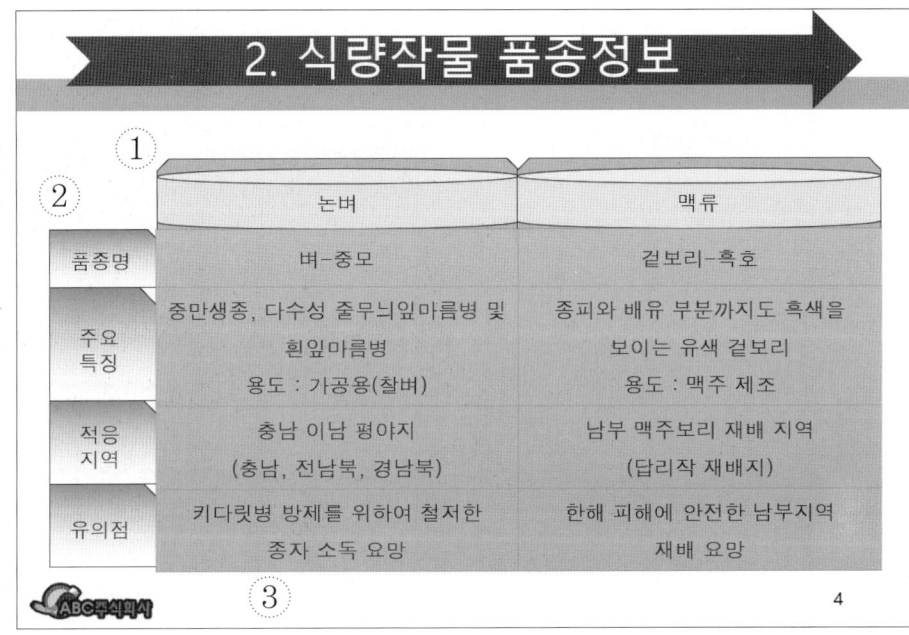

2. 식량작물 품종정보

	논벼	맥류
품종명	벼-중모	겉보리-흑호
주요 특징	중만생종, 다수성 줄무늬잎마름병 및 흰잎마름병 용도 : 가공용(찰벼)	종피와 배유 부분까지도 흑색을 보이는 유색 겉보리 용도 : 맥주 제조
적응 지역	충남 이남 평야지 (충남, 전남북, 경남북)	남부 맥주보리 재배 지역 (답리작 재배지)
유의점	키다릿병 방제를 위하여 철저한 종자 소독 요망	한해 피해에 안전한 남부지역 재배 요망

[슬라이드 5]   ≪차트 슬라이드≫   (100점)

(1) 차트 작성 기능을 이용하여 슬라이드를 작성한다.
(2) 차트 : 종류(묶은 세로 막대형), 글꼴(돋움, 16pt), 외곽선

세부조건

※ 차트설명
- 차트제목 : 궁서, 24pt, 굵게, 채우기(흰색), 테두리, 그림자(오프셋 오른쪽)
- 차트영역 : 채우기(노랑)
  그림영역 : 채우기(흰색)
- 데이터 서식 : 귀농가구주수(남) 계열을 표식이 있는 꺾은선형으로 변경 후 보조축으로 지정
- 값 표시 : 경상도의 귀농가구주수(여) 계열만
① 도형 삽입
  - 스타일 : 미세효과 - 파랑, 강조1
  - 글꼴 : 굴림, 18pt

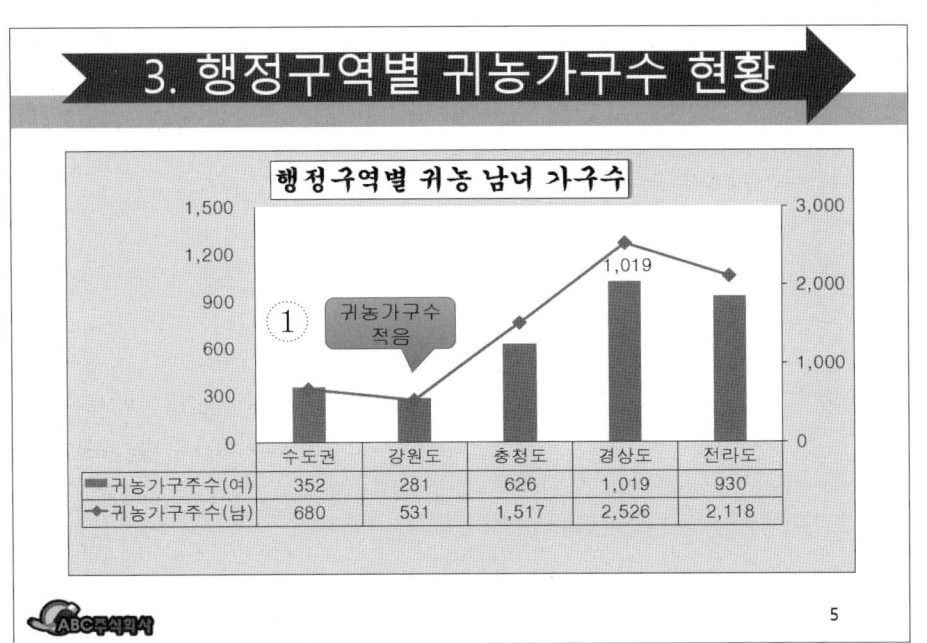

[슬라이드 6]   ≪도형 슬라이드≫   (100점)

(1) 슬라이드와 같이 도형 및 스마트아트를 배치한다(글꼴 : 굴림, 18pt).
(2) 애니메이션 순서 : ① ⇒ ②

세부조건

① 도형 및 스마트아트 편집
  - 스마트아트 디자인
    : 3차원 벽돌,
    3차원 광택 처리
  - 그룹화 후 애니메이션 효과
    : 나타내기

② 도형 편집
  - 그룹화 후 애니메이션 효과
    : 닦아내기(오른쪽에서)

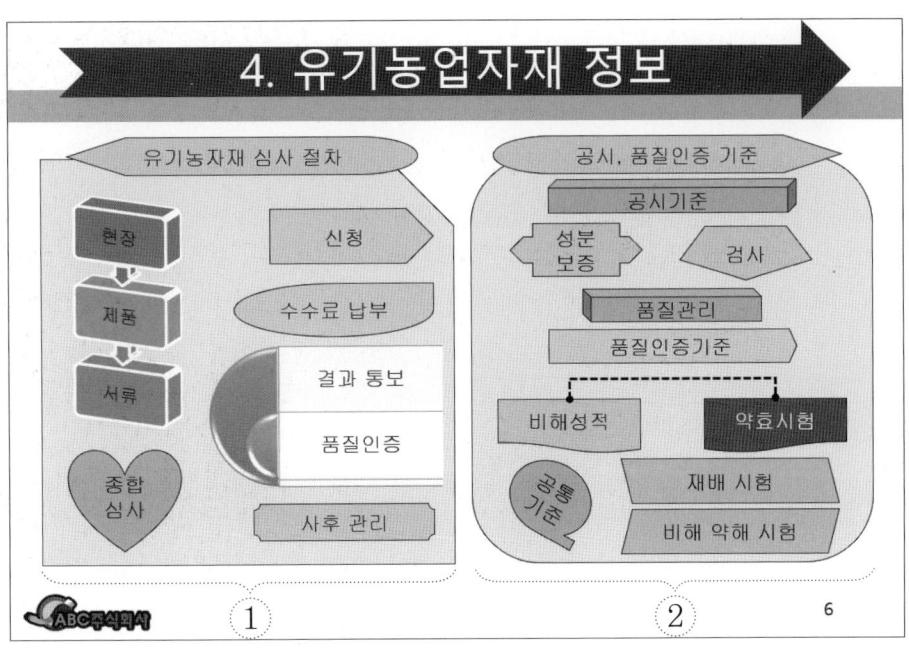

제 06 회 정보기술자격(ITQ) 출제예상문제

과목	코드	문제유형	시험시간	수험번호	성명
한글파워포인트	1142	A	60분		

수험자 유의사항

- 수험자는 문제지를 받는 즉시 문제지와 **수험표상의 시험과목(프로그램)이 동일한지 반드시 확인**하여야 합니다.
- 파일명은 본인의 "수험번호-성명"으로 입력하여 답안폴더(내 PC₩문서₩ITQ)에 하나의 파일로 저장해야 하며, 답안문서 파일명이 "수험번호-성명"과 일치하지 않거나, 답안파일을 전송하지 않아 미제출로 처리될 경우 실격 처리합니다(예:12345678-홍길동.pptx).
- 답안 작성을 마치면 파일을 저장하고, '답안 전송' 버튼을 선택하여 감독위원 PC로 답안을 전송하십시오. 수험생 정보와 저장한 파일명이 다를 경우 전송되지 않으므로 주의하시기 바랍니다.
- 답안 작성 중에도 **주기적으로 저장하고, '답안 전송'**하여야 문제 발생을 줄일 수 있습니다. 작업한 내용을 저장하지 않고 전송할 경우 이전에 저장된 내용이 전송되오니 이점 유의하시기 바랍니다.
- 답안문서는 지정된 경로 외의 다른 보조기억장치에 저장하는 경우, 지정된 시험 시간 외에 작성된 파일을 활용할 경우, 기타 통신수단(이메일, 메신저, 네트워크 등)을 이용하여 타인에게 전달 또는 외부 반출하는 경우는 부정 처리합니다.
- 시험 중 부주의 또는 고의로 시스템을 파손한 경우는 수험자가 변상해야 하며, 〈수험자 유의사항〉에 기재된 방법대로 이행하지 않아 생기는 불이익은 수험생 당사자의 책임임을 알려 드립니다.
- 문제의 조건은 MS오피스 2016 버전으로 설정되어 있으니 유의하시기 바랍니다.
- 시험을 완료한 수험자는 답안파일이 전송되었는지 확인한 후 감독위원의 지시에 따라 문제지를 제출하고 퇴실합니다.

답안 작성요령

- 온라인 답안 작성 절차
  수험자 등록 ⇒ 시험 시작 ⇒ 답안파일 저장 ⇒ 답안 전송 ⇒ 시험 종료
- 슬라이드의 크기는 A4 Paper로 설정하여 작성합니다.
- 슬라이드의 총 개수는 6개로 구성되어 있으며 슬라이드 1부터 순서대로 작업하고 반드시 문제와 세부조건대로 합니다.
- 별도의 지시사항이 없는 경우 출력형태를 참조하여 글꼴색은 검정 또는 흰색으로 작성하고, 기타사항은 전체적인 균형을 고려하여 작성합니다.
- 슬라이드 도형 및 개체에 출력형태와 다른 스타일(그림자, 외곽선 등)을 적용했을 경우 감점처리 됩니다.
- 슬라이드 번호를 작성합니다(슬라이드 1에는 생략).
- 2~6번 슬라이드 제목 도형과 하단 로고는 슬라이드 마스터를 이용하여 출력형태와 동일하게 작성합니다(슬라이드 1에는 생략).
- 문제와 세부조건, 세부조건 번호 ◯(점선원)는 입력하지 않습니다.
- 각 개체의 위치는 오른쪽의 슬라이드와 동일하게 구성합니다.
- 그림 삽입 문제의 경우 반드시「내 PC₩문서₩ITQ₩Picture」폴더에서 정확한 파일을 선택하여 삽입하십시오.
- 각 슬라이드를 각각의 파일로 작업해서 저장할 경우 실격 처리됩니다.

[전체구성] (60점)

(1) 슬라이드 크기 및 순서 : 크기를 A4 용지로 설정하고 슬라이드 순서에 맞게 작성한다.
(2) 슬라이드 마스터 : 2~6슬라이드의 제목, 하단 로고, 슬라이드 번호는 슬라이드 마스터를 이용하여 작성한다.
- 제목 글꼴(돋움, 40pt, 흰색), 가운데 맞춤, 도형(선 없음)
- 하단 로고(「내 PC₩문서₩ITQ₩Picture₩로고2.jpg」, 배경(회색) 투명색으로 설정)

[슬라이드 1] ≪표지 디자인≫ (40점)

(1) 표지 디자인 : 도형, 워드아트 및 그림을 이용하여 작성한다.

세부조건

① 도형 편집
  - 도형에 그림 채우기 :
    「내 PC₩문서₩ITQ₩Picture₩그림2.jpg」, 투명도 50%
  - 도형 효과 :
    부드러운 가장자리 5포인트

② 워드아트 삽입
  - 변환 : 갈매기형 수장
  - 글꼴 : 돋움, 굵게
  - 텍스트 반사 :
    근접 반사, 터치

③ 그림 삽입
  - 「내 PC₩문서₩ITQ₩Picture₩로고2.jpg」
  - 배경(회색) 투명색으로 설정

[슬라이드 2] ≪목차 슬라이드≫ (60점)

(1) 출력형태와 같이 도형을 이용하여 목차를 작성한다(글꼴 : 굴림, 24pt).
(2) 도형 : 선 없음

세부조건

① 텍스트에 하이퍼링크 적용
  -> '슬라이드 5'

② 그림 삽입
  - 「내 PC₩문서₩ITQ₩Picture₩그림4.jpg」
  - 자르기 기능 이용

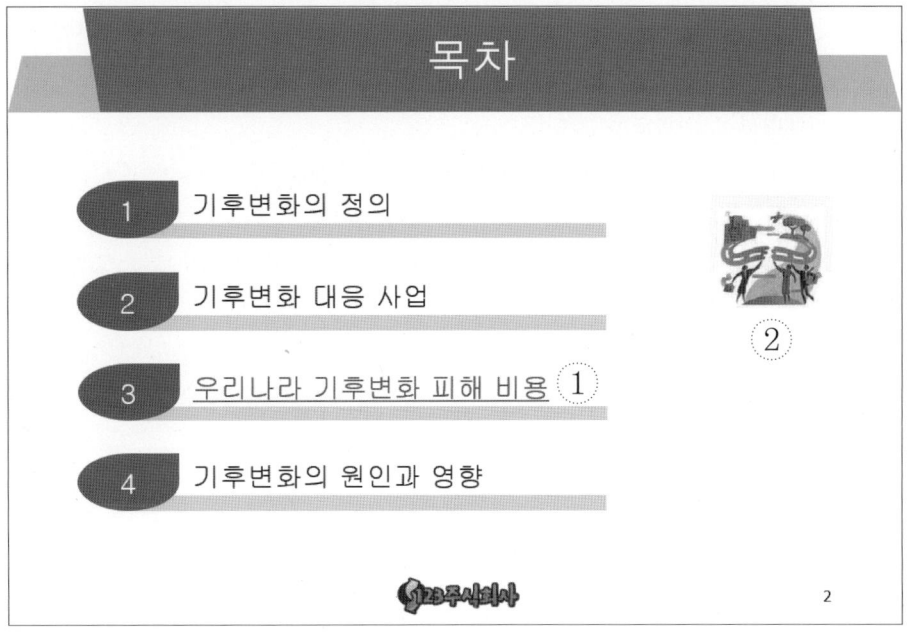

[슬라이드 3] ≪텍스트/동영상 슬라이드≫   (60점)

(1) 텍스트 작성 : 글머리 기호 사용(◆, ■)
◆문단(굴림, 24pt, 굵게, 줄간격 : 1.5줄), ■문단(굴림, 20pt, 줄간격 : 1.5줄)

세부조건

① 동영상 삽입 :
 - 「내 PC\문서\ITQ\Picture\동영상.wmv」
 - 자동실행, 반복재생 설정

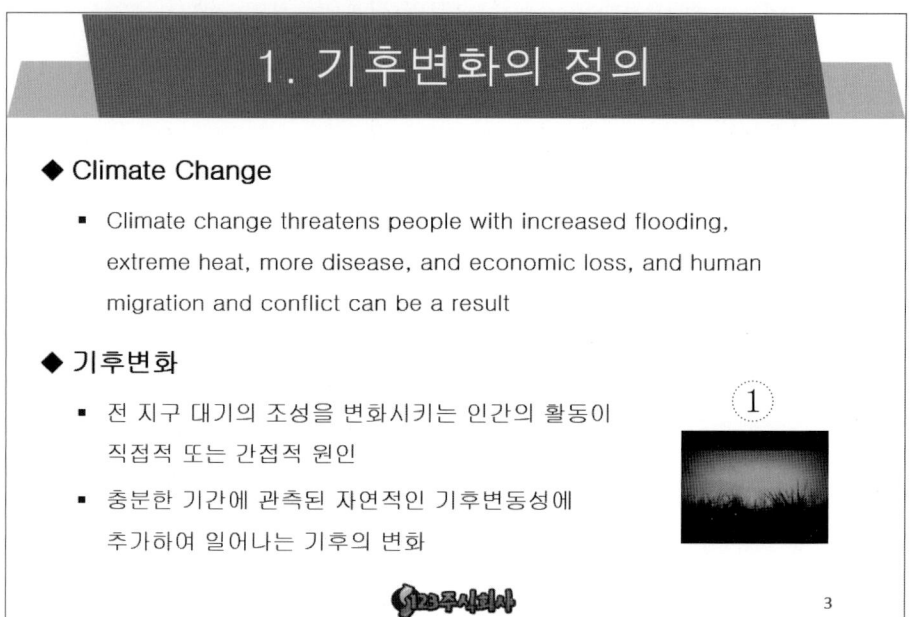

[슬라이드 4] ≪표 슬라이드≫   (80점)

(1) 도형과 표 작성 기능을 이용하여 슬라이드를 작성한다(글꼴 : 돋움, 18pt).

세부조건

① 상단 도형 :
  2개 도형의 조합으로 작성

② 좌측 도형 :
  그라데이션 효과(선형 아래쪽)

③ 표 스타일 :
  테마 스타일 1 - 강조 2

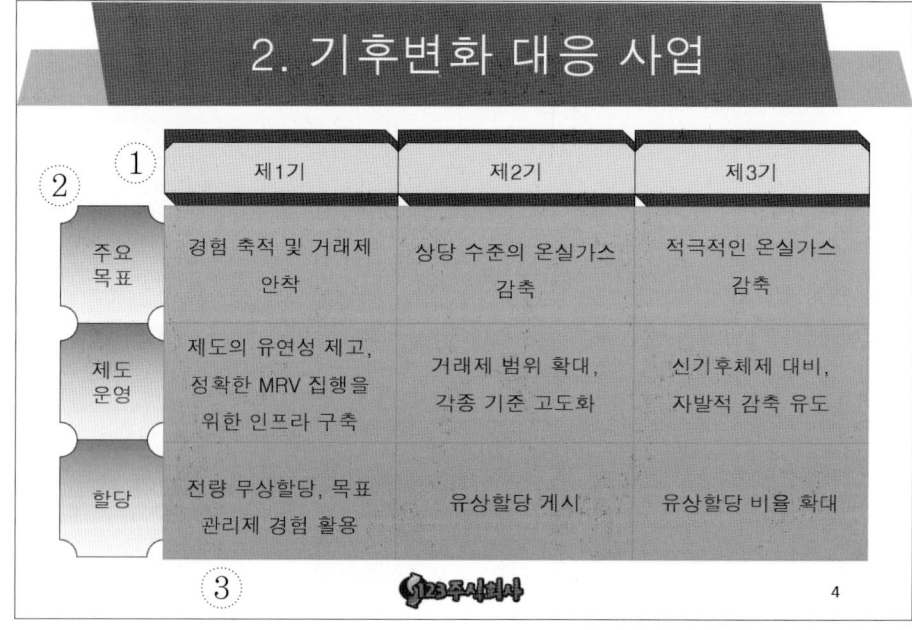

[슬라이드 5]   ≪차트 슬라이드≫   (100점)

(1) 차트 작성 기능을 이용하여 슬라이드를 작성한다.
(2) 차트 : 종류(묶은 세로 막대형), 글꼴(돋움, 16pt), 외곽선

세부조건

※ 차트설명
- 차트제목 : 궁서, 24pt, 굵게, 채우기(흰색), 테두리, 그림자(오프셋 오른쪽)
- 차트영역 : 채우기(노랑) 그림영역 : 채우기(흰색)
- 데이터 서식 : 탄소중립(1.5도) 계열을 표식이 있는 꺾은선형으로 변경 후 보조축으로 지정
- 값 표시 : 2075년의 무대응 계열만

① 도형 삽입
   - 스타일 :
      미세효과 - 파랑, 강조1
   - 글꼴 : 굴림, 18pt

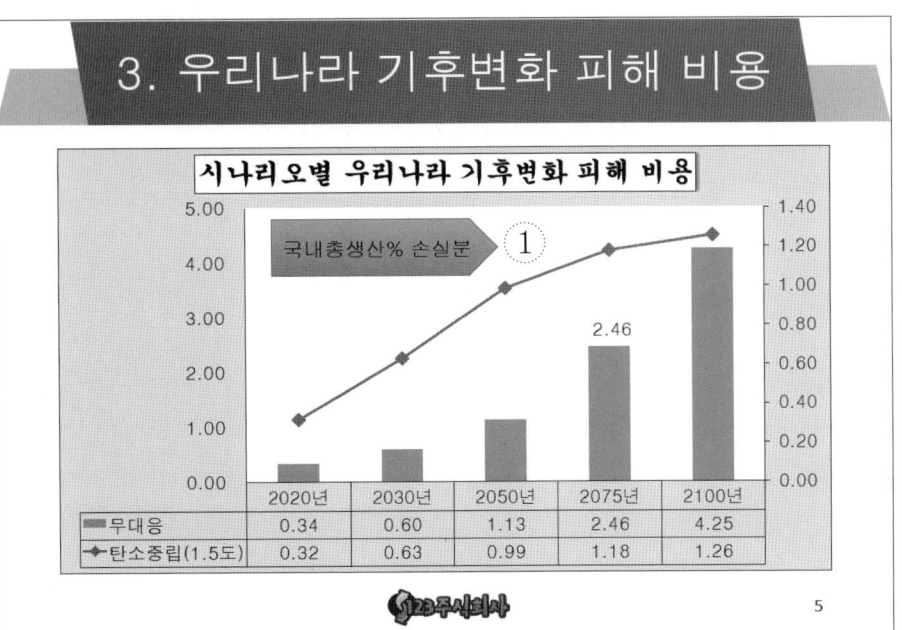

[슬라이드 6]   ≪도형 슬라이드≫   (100점)

(1) 슬라이드와 같이 도형 및 스마트아트를 배치한다(글꼴 : 굴림, 18pt).
(2) 애니메이션 순서 : ① ⇒ ②

세부조건

① 도형 및 스마트아트 편집
   - 스마트아트 디자인
      : 3차원 광택 처리,
        3차원 만화
   - 그룹화 후 애니메이션 효과
      : 바운드

② 도형 편집
   - 그룹화 후 애니메이션

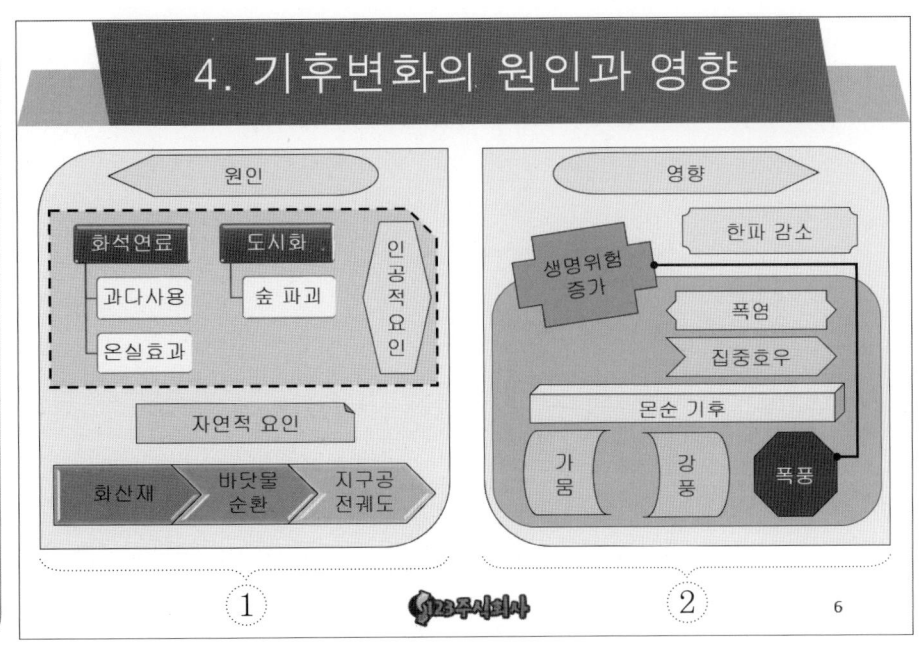

제07회 정보기술자격(ITQ) 출제예상문제

과목	코드	문제유형	시험시간	수험번호	성명
한글파워포인트	1142	B	60분		

수험자 유의사항

- 수험자는 문제지를 받는 즉시 문제지와 **수험표상의 시험과목(프로그램)이 동일한지 반드시 확인**하여야 합니다.
- 파일명은 본인의 "수험번호-성명"으로 입력하여 답안폴더(내 PC₩문서₩ITQ)에 하나의 파일로 저장해야 하며, 답안문서 파일명이 "수험번호-성명"과 일치하지 않거나, 답안파일을 전송하지 않아 미제출로 처리될 경우 실격 처리합니다(예:12345678-홍길동.pptx).
- 답안 작성을 마치면 파일을 저장하고, '답안 전송' 버튼을 선택하여 감독위원 PC로 답안을 전송하십시오. 수험생 정보와 저장한 파일명이 다를 경우 전송되지 않으므로 주의하시기 바랍니다.
- 답안 작성 중에도 **주기적으로 저장하고, '답안 전송'**하여야 문제 발생을 줄일 수 있습니다. 작업한 내용을 저장하지 않고 전송할 경우 이전에 저장된 내용이 전송되오니 이점 유의하시기 바랍니다.
- 답안문서는 지정된 경로 외의 다른 보조기억장치에 저장하는 경우, 지정된 시험 시간 외에 작성된 파일을 활용할 경우, 기타 통신수단(이메일, 메신저, 네트워크 등)을 이용하여 타인에게 전달 또는 외부 반출하는 경우는 부정 처리합니다.
- 시험 중 부주의 또는 고의로 시스템을 파손한 경우는 수험자가 변상해야 하며, 〈수험자 유의사항〉에 기재된 방법대로 이행하지 않아 생기는 불이익은 수험생 당사자의 책임임을 알려 드립니다.
- 문제의 조건은 MS오피스 2016 버전으로 설정되어 있으니 유의하시기 바랍니다.
- 시험을 완료한 수험자는 답안파일이 전송되었는지 확인한 후 감독위원의 지시에 따라 문제지를 제출하고 퇴실합니다.

답안 작성요령

- 온라인 답안 작성 절차
  수험자 등록 ⇒ 시험 시작 ⇒ 답안파일 저장 ⇒ 답안 전송 ⇒ 시험 종료
- 슬라이드의 크기는 A4 Paper로 설정하여 작성합니다.
- 슬라이드의 총 개수는 6개로 구성되어 있으며 슬라이드 1부터 순서대로 작업하고 반드시 문제와 세부 조건대로 합니다.
- 별도의 지시사항이 없는 경우 출력형태를 참조하여 글꼴색은 검정 또는 흰색으로 작성하고, 기타사항은 전체적인 균형을 고려하여 작성합니다.
- 슬라이드 도형 및 개체에 출력형태와 다른 스타일(그림자, 외곽선 등)을 적용했을 경우 감점처리 됩니다.
- 슬라이드 번호를 작성합니다(슬라이드 1에는 생략).
- 2~6번 슬라이드 제목 도형과 하단 로고는 슬라이드 마스터를 이용하여 출력형태와 동일하게 작성합니다 (슬라이드 1에는 생략).
- 문제와 세부조건, 세부조건 번호 ○(점선원)는 입력하지 않습니다.
- 각 개체의 위치는 오른쪽의 슬라이드와 동일하게 구성합니다.
- 그림 삽입 문제의 경우 반드시 「내 PC₩문서₩ITQ₩Picture」 폴더에서 정확한 파일을 선택하여 삽입하십시오.
- 각 슬라이드를 각각의 파일로 작업해서 저장할 경우 실격 처리됩니다.

[전체구성] (60점)

(1) 슬라이드 크기 및 순서 : 크기를 A4 용지로 설정하고 슬라이드 순서에 맞게 작성한다.
(2) 슬라이드 마스터 : 2~6슬라이드의 제목, 하단 로고, 슬라이드 번호는 슬라이드 마스터를 이용하여 작성한다.
- 제목 글꼴(돋움, 40pt, 흰색), 가운데 맞춤, 도형(선 없음)
- 하단 로고(「내 PC₩문서₩ITQ₩Picture₩로고2.jpg」, 배경(회색) 투명색으로 설정)

[슬라이드 1] ≪표지 디자인≫ (40점)

(1) 표지 디자인 : 도형, 워드아트 및 그림을 이용하여 작성한다.

세부조건

① 도형 편집
- 도형에 그림 채우기 :
  「내 PC₩문서₩ITQ₩Picture₩그림2.jpg」, 투명도 50%
- 도형 효과 :
  부드러운 가장자리 5포인트

② 워드아트 삽입
- 변환 : 갈매기형 수장
- 글꼴 : 돋움, 굵게
- 텍스트 반사 :
  근접 반사, 터치

③ 그림 삽입
- 「내 PC₩문서₩ITQ₩Picture₩로고2.jpg」
- 배경(회색) 투명색으로 설정

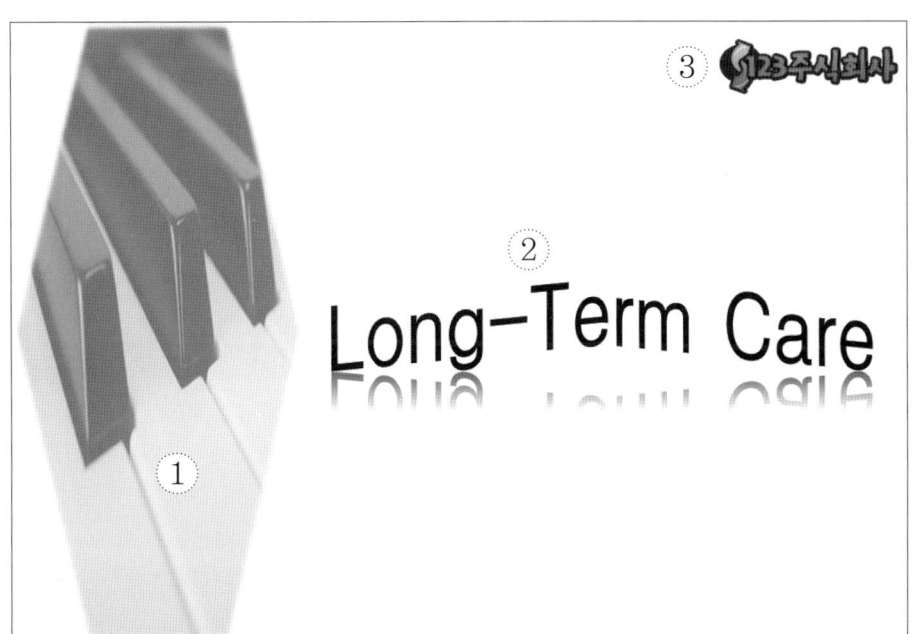

[슬라이드 2] ≪목차 슬라이드≫ (60점)

(1) 출력형태와 같이 도형을 이용하여 목차를 작성한다(글꼴 : 굴림, 24pt).
(2) 도형 : 선 없음

세부조건

① 텍스트에 하이퍼링크 적용
  -> '슬라이드 5'

② 그림 삽입
- 「내 PC₩문서₩ITQ₩Picture₩그림4.jpg」
- 자르기 기능 이용

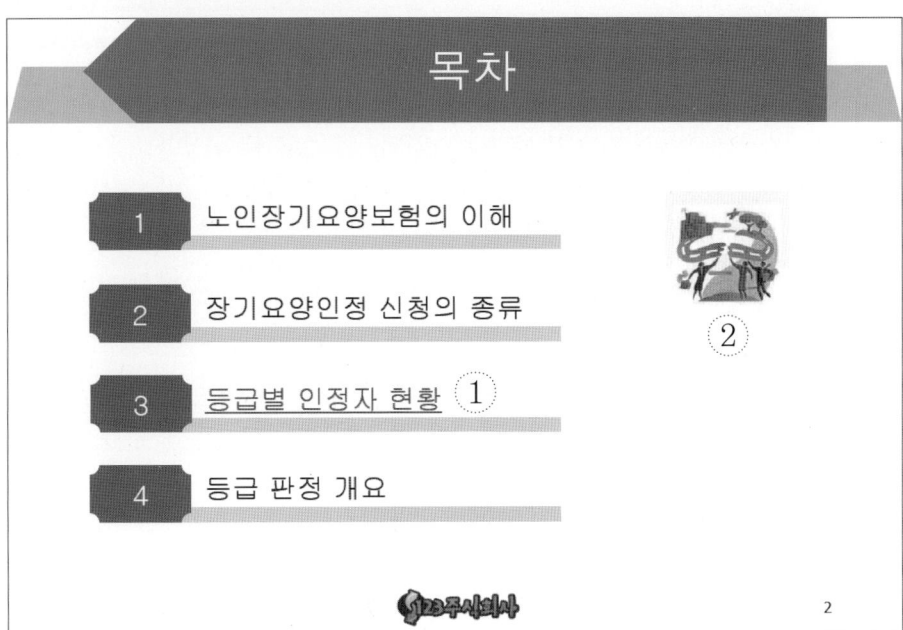

[슬라이드 3] ≪텍스트/동영상 슬라이드≫ (60점)

(1) 텍스트 작성 : 글머리 기호 사용(◆, ■)
◆문단(굴림, 24pt, 굵게, 줄간격 : 1.5줄), ■문단(굴림, 20pt, 줄간격 : 1.5줄)

세부조건

① 동영상 삽입 :
 - 「내 PC₩문서₩ITQ₩Picture₩동영상.wmv」
 - 자동실행, 반복재생 설정

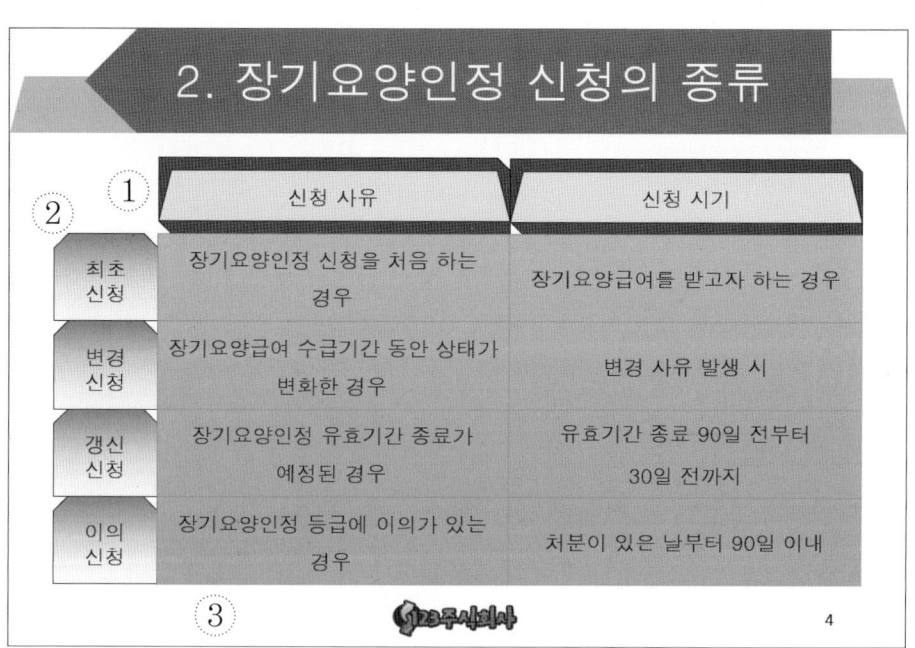

[슬라이드 4] ≪표 슬라이드≫ (80점)

(1) 도형과 표 작성 기능을 이용하여 슬라이드를 작성한다(글꼴 : 돋움, 18pt).

세부조건

① 상단 도형 :
 2개 도형의 조합으로 작성

② 좌측 도형 :
 그라데이션 효과(선형 아래쪽)

③ 표 스타일 :
 테마 스타일 1 - 강조 2

[슬라이드 5] ≪차트 슬라이드≫ (100점)

(1) 차트 작성 기능을 이용하여 슬라이드를 작성한다.
(2) 차트 : 종류(묶은 세로 막대형), 글꼴(돋움, 16pt), 외곽선

세부조건

※ 차트설명
- 차트제목 : 궁서, 24pt, 굵게, 채우기(흰색), 테두리, 그림자(오프셋 오른쪽)
- 차트영역 : 채우기(노랑) 그림영역 : 채우기(흰색)
- 데이터 서식 : 감경 계열을 표식이 있는 꺾은선형으로 변경 후 보조축으로 지정
- 값 표시 : 5등급의 일반 계열만

① 도형 삽입
 - 스타일 :
  미세효과 – 파랑, 강조1

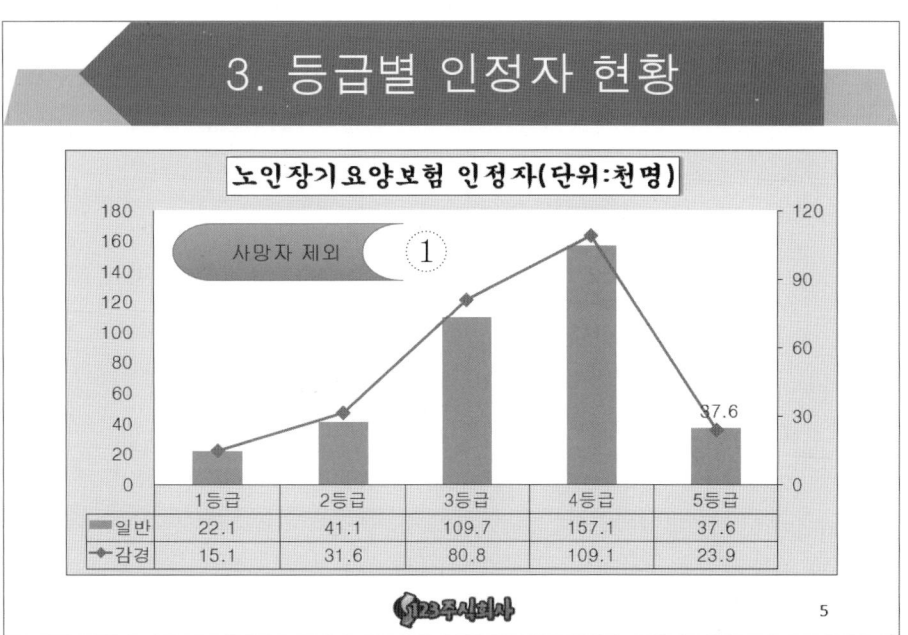

[슬라이드 6] ≪도형 슬라이드≫ (100점)

(1) 슬라이드와 같이 도형 및 스마트아트를 배치한다(글꼴 : 굴림, 18pt).
(2) 애니메이션 순서 : ① ⇒ ②

세부조건

① 도형 및 스마트아트 편집
 - 스마트아트 디자인
  : 3차원 만화,
   3차원 광택 처리
 - 그룹화 후 애니메이션 효과
  : 바운드

② 도형 편집
 - 그룹화 후 애니메이션 효과
  : 실선 무늬(세로)

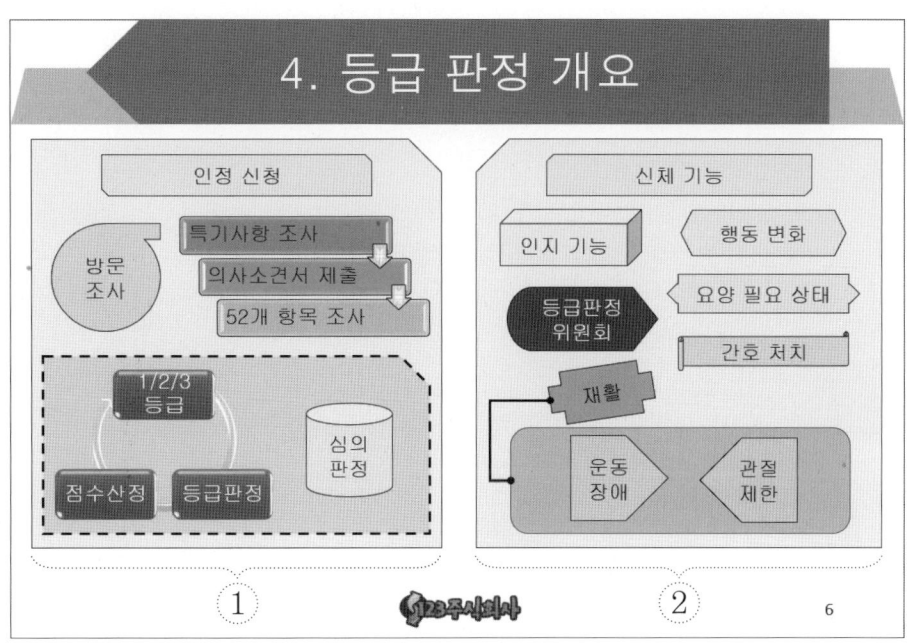

제 08 회 정보기술자격(ITQ) 출제예상문제

과목	코드	문제유형	시험시간	수험번호	성명
한글파워포인트	1142	C	60분		

수험자 유의사항

- 수험자는 문제지를 받는 즉시 문제지와 **수험표상의 시험과목(프로그램)이 동일한지 반드시 확인**하여야 합니다.
- 파일명은 본인의 "수험번호-성명"으로 입력하여 답안폴더(내 PC\문서\ITQ)에 하나의 파일로 저장해야 하며, 답안문서 파일명이 "수험번호-성명"과 일치하지 않거나, 답안파일을 전송하지 않아 미제출로 처리될 경우 실격 처리합니다(예:12345678-홍길동.pptx).
- 답안 작성을 마치면 파일을 저장하고, '답안 전송' 버튼을 선택하여 감독위원 PC로 답안을 전송하십시오. 수험생 정보와 저장한 파일명이 다를 경우 전송되지 않으므로 주의하시기 바랍니다.
- 답안 작성 중에도 **주기적으로 저장하고, '답안 전송'**하여야 문제 발생을 줄일 수 있습니다. 작업한 내용을 저장하지 않고 전송할 경우 이전에 저장된 내용이 전송되오니 이점 유의하시기 바랍니다.
- 답안문서는 지정된 경로 외의 다른 보조기억장치에 저장하는 경우, 지정된 시험 시간 외에 작성된 파일을 활용할 경우, 기타 통신수단(이메일, 메신저, 네트워크 등)을 이용하여 타인에게 전달 또는 외부 반출하는 경우는 부정 처리합니다.
- 시험 중 부주의 또는 고의로 시스템을 파손한 경우는 수험자가 변상해야 하며, 〈수험자 유의사항〉에 기재된 방법대로 이행하지 않아 생기는 불이익은 수험생 당사자의 책임임을 알려 드립니다.
- 문제의 조건은 MS오피스 2016 버전으로 설정되어 있으니 유의하시기 바랍니다.
- 시험을 완료한 수험자는 답안파일이 전송되었는지 확인한 후 감독위원의 지시에 따라 문제지를 제출하고 퇴실합니다.

답안 작성요령

- 온라인 답안 작성 절차
  수험자 등록 ⇒ 시험 시작 ⇒ 답안파일 저장 ⇒ 답안 전송 ⇒ 시험 종료
- 슬라이드의 크기는 A4 Paper로 설정하여 작성합니다.
- 슬라이드의 총 개수는 6개로 구성되어 있으며 슬라이드 1부터 순서대로 작업하고 반드시 문제와 세부 조건대로 합니다.
- 별도의 지시사항이 없는 경우 출력형태를 참조하여 글꼴색은 검정 또는 흰색으로 작성하고, 기타사항은 전체적인 균형을 고려하여 작성합니다.
- 슬라이드 도형 및 개체에 출력형태와 다른 스타일(그림자, 외곽선 등)을 적용했을 경우 감점처리 됩니다.
- 슬라이드 번호를 작성합니다(슬라이드 1에는 생략).
- 2~6번 슬라이드 제목 도형과 하단 로고는 슬라이드 마스터를 이용하여 출력형태와 동일하게 작성합니다(슬라이드 1에는 생략).
- 문제와 세부조건, 세부조건 번호 ◌(점선원)는 입력하지 않습니다.
- 각 개체의 위치는 오른쪽의 슬라이드와 동일하게 구성합니다.
- 그림 삽입 문제의 경우 반드시 「내 PC\문서\ITQ\Picture」 폴더에서 정확한 파일을 선택하여 삽입하십시오.
- 각 슬라이드를 각각의 파일로 작업해서 저장할 경우 실격 처리됩니다.

kpc 한국생산성본부

[전체구성] (60점)

(1) 슬라이드 크기 및 순서 : 크기를 A4 용지로 설정하고 슬라이드 순서에 맞게 작성한다.
(2) 슬라이드 마스터 : 2~6슬라이드의 제목, 하단 로고, 슬라이드 번호는 슬라이드 마스터를 이용하여 작성한다.
- 제목 글꼴(돋움, 40pt, 흰색), 가운데 맞춤, 도형(선 없음)
- 하단 로고(「내 PC₩문서₩ITQ₩Picture₩로고2.jpg」, 배경(회색) 투명색으로 설정)

[슬라이드 1] ≪표지 디자인≫ (40점)

(1) 표지 디자인 : 도형, 워드아트 및 그림을 이용하여 작성한다.

세부조건

① 도형 편집
  - 도형에 그림 채우기 :
    「내 PC₩문서₩ITQ₩Picture₩
    그림2.jpg」, 투명도 50%
  - 도형 효과 :
    부드러운 가장자리 5포인트

② 워드아트 삽입
  - 변환 : 갈매기형 수장
  - 글꼴 : 돋움, 굵게
  - 텍스트 반사 :
    근접 반사, 터치

③ 그림 삽입
  - 「내 PC₩문서₩ITQ₩Picture₩
    로고2.jpg」
  - 배경(회색) 투명색으로 설정

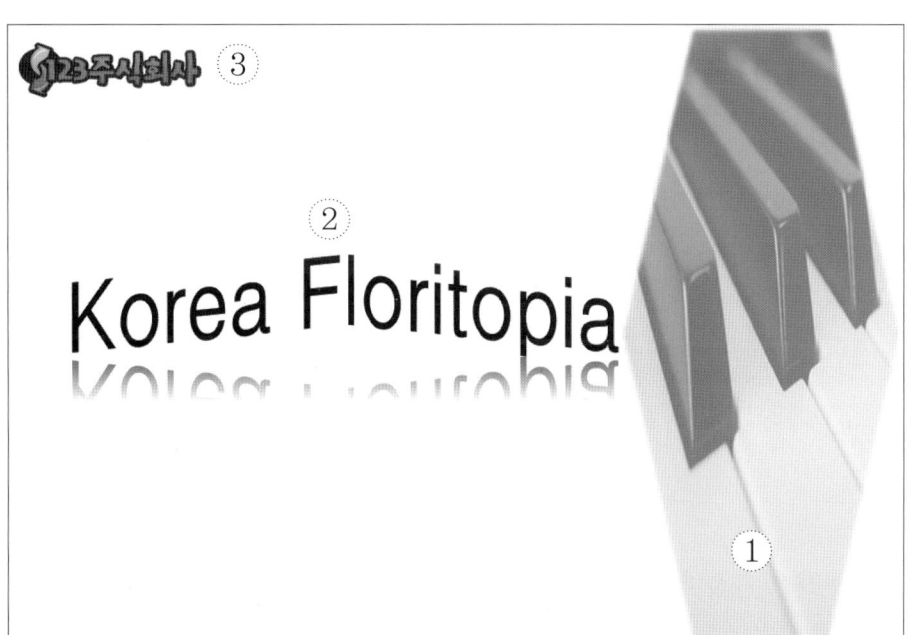

[슬라이드 2] ≪목차 슬라이드≫ (60점)

(1) 출력형태와 같이 도형을 이용하여 목차를 작성한다(글꼴 : 굴림, 24pt).
(2) 도형 : 선 없음

세부조건

① 텍스트에 하이퍼링크 적용
  -> '슬라이드 5'

② 그림 삽입
  - 「내 PC₩문서₩ITQ₩Picture₩
    그림4.jpg」
  - 자르기 기능 이용

[슬라이드 3] ≪텍스트/동영상 슬라이드≫ (60점)

(1) 텍스트 작성 : 글머리 기호 사용(◆, ■)
◆문단(굴림, 24pt, 굵게, 줄간격 : 1.5줄), ■문단(굴림, 20pt, 줄간격 : 1.5줄)

세부조건

① 동영상 삽입 :
- 「내 PC₩문서₩ITQ₩Picture₩동영상.wmv」
- 자동실행, 반복재생 설정

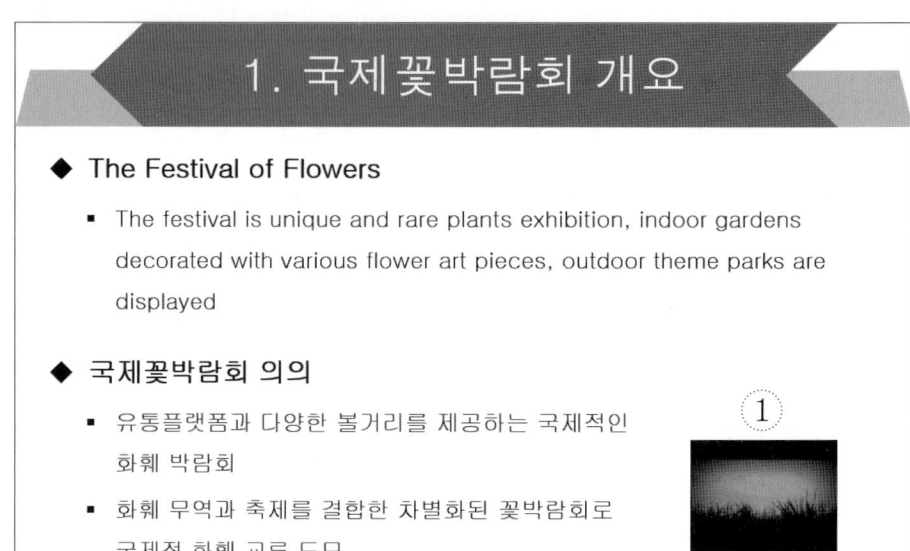

[슬라이드 4] ≪표 슬라이드≫ (80점)

(1) 도형과 표 작성 기능을 이용하여 슬라이드를 작성한다(글꼴 : 돋움, 18pt).

세부조건

① 상단 도형 :
  2개 도형의 조합으로 작성

② 좌측 도형 :
  그라데이션 효과(선형 아래쪽)

③ 표 스타일 :
  테마 스타일 1 - 강조 2

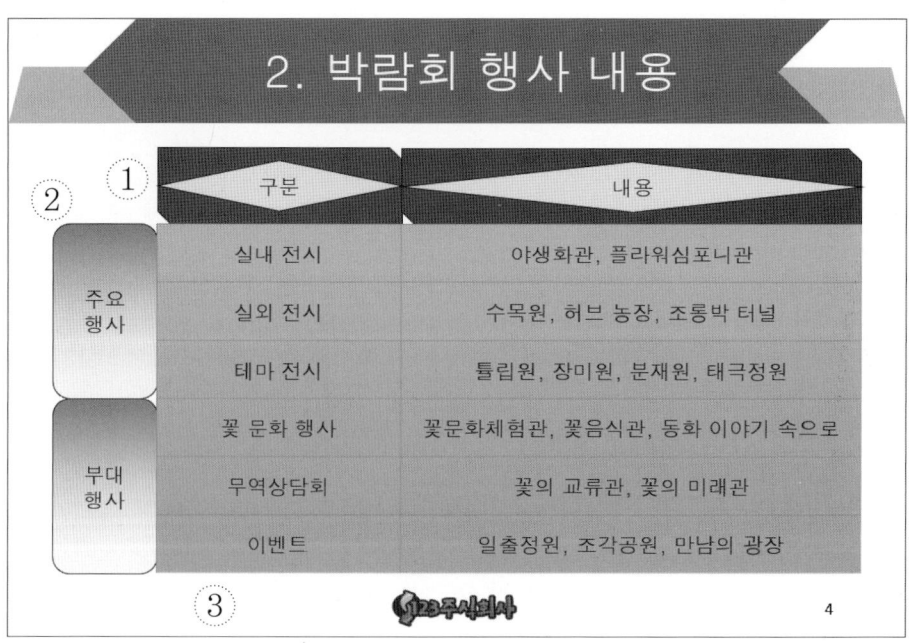

[슬라이드 5] ≪차트 슬라이드≫   (100점)

(1) 차트 작성 기능을 이용하여 슬라이드를 작성한다.
(2) 차트 : 종류(묶은 세로 막대형), 글꼴(돋움, 16pt), 외곽선

세부조건

※ 차트설명
- 차트제목 : 궁서, 24pt, 굵게, 채우기(흰색), 테두리, 그림자(오프셋 오른쪽)
- 차트영역 : 채우기(노랑)
  그림영역 : 채우기(흰색)
- 데이터 서식 : 2020년 계열을 표식이 있는 꺾은선형으로 변경 후 보조축으로 지정
- 값 표시 : 외국인의 2019년 계열만

① 도형 삽입
  - 스타일 :
    미세효과 – 파랑, 강조1
  - 글꼴 : 굴림, 18pt

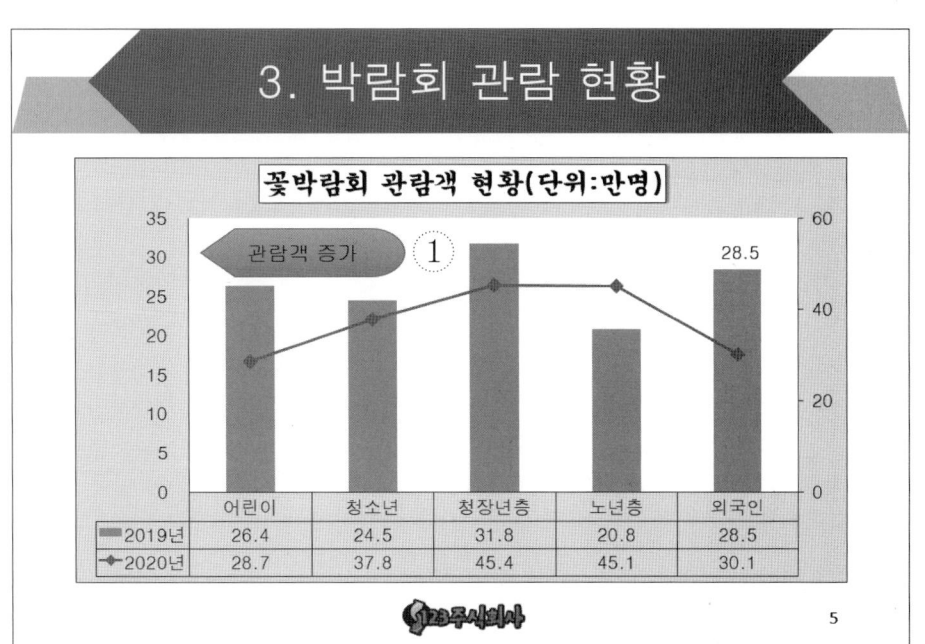

[슬라이드 6] ≪도형 슬라이드≫   (100점)

(1) 슬라이드와 같이 도형 및 스마트아트를 배치한다(글꼴 : 굴림, 18pt).
(2) 애니메이션 순서 : ① ⇒ ②

세부조건

① 도형 및 스마트아트 편집
  - 스마트아트 디자인
    : 3차원 만화,
    3차원 광택 처리
  - 그룹화 후 애니메이션 효과
    : 바운드

② 도형 편집
  - 그룹화 후 애니메이션 효과
    : 실선 무늬(세로)

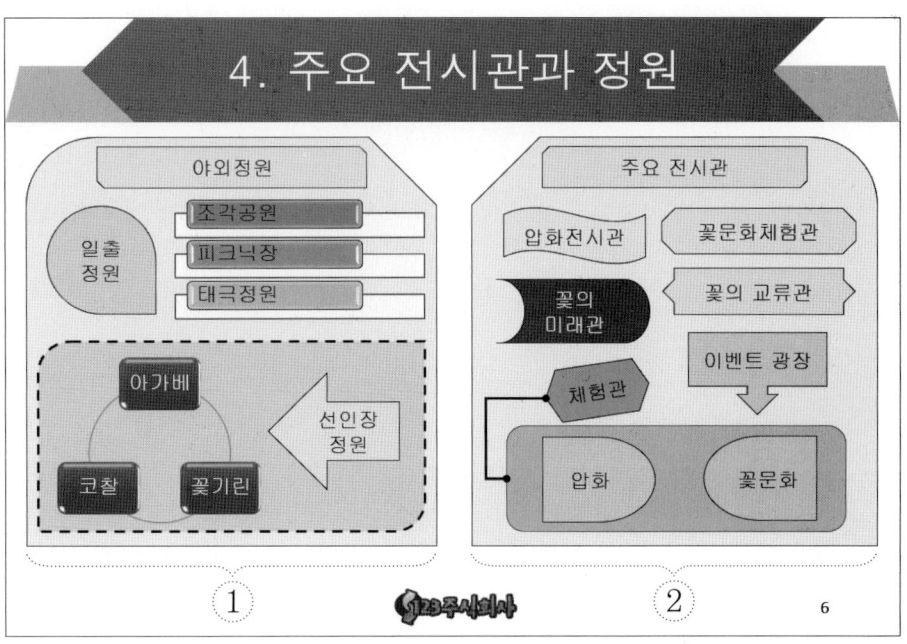

제 09 회 정보기술자격(ITQ) 출제예상문제

과목	코드	문제유형	시험시간	수험번호	성명
한글파워포인트	1142	D	60분		

수험자 유의사항

- 수험자는 문제지를 받는 즉시 문제지와 **수험표상의 시험과목(프로그램)이 동일한지 반드시 확인**하여야 합니다.
- 파일명은 본인의 "수험번호-성명"으로 입력하여 답안폴더(내 PC₩문서₩ITQ)에 하나의 파일로 저장해야 하며, 답안문서 파일명이 "수험번호-성명"과 일치하지 않거나, 답안파일을 전송하지 않아 미제출로 처리될 경우 실격 처리합니다(예:12345678-홍길동.pptx).
- 답안 작성을 마치면 파일을 저장하고, '답안 전송' 버튼을 선택하여 감독위원 PC로 답안을 전송하십시오. 수험생 정보와 저장한 파일명이 다를 경우 전송되지 않으므로 주의하시기 바랍니다.
- 답안 작성 중에도 **주기적으로 저장하고, '답안 전송'**하여야 문제 발생을 줄일 수 있습니다. 작업한 내용을 저장하지 않고 전송할 경우 이전에 저장된 내용이 전송되오니 이점 유의하시기 바랍니다.
- 답안문서는 지정된 경로 외의 다른 보조기억장치에 저장하는 경우, 지정된 시험 시간 외에 작성된 파일을 활용할 경우, 기타 통신수단(이메일, 메신저, 네트워크 등)을 이용하여 타인에게 전달 또는 외부 반출하는 경우는 부정 처리합니다.
- 시험 중 부주의 또는 고의로 시스템을 파손한 경우는 수험자가 변상해야 하며, 〈수험자 유의사항〉에 기재된 방법대로 이행하지 않아 생기는 불이익은 수험생 당사자의 책임임을 알려 드립니다.
- 문제의 조건은 MS오피스 2016 버전으로 설정되어 있으니 유의하시기 바랍니다.
- 시험을 완료한 수험자는 답안파일이 전송되었는지 확인한 후 감독위원의 지시에 따라 문제지를 제출하고 퇴실합니다.

답안 작성요령

- 온라인 답안 작성 절차
  수험자 등록 ⇒ 시험 시작 ⇒ 답안파일 저장 ⇒ 답안 전송 ⇒ 시험 종료
- 슬라이드의 크기는 A4 Paper로 설정하여 작성합니다.
- 슬라이드의 총 개수는 6개로 구성되어 있으며 슬라이드 1부터 순서대로 작업하고 반드시 문제와 세부 조건대로 합니다.
- 별도의 지시사항이 없는 경우 출력형태를 참조하여 글꼴색은 검정 또는 흰색으로 작성하고, 기타사항은 전체적인 균형을 고려하여 작성합니다.
- 슬라이드 도형 및 개체에 출력형태와 다른 스타일(그림자, 외곽선 등)을 적용했을 경우 감점처리 됩니다.
- 슬라이드 번호를 작성합니다(슬라이드 1에는 생략).
- 2~6번 슬라이드 제목 도형과 하단 로고는 슬라이드 마스터를 이용하여 출력형태와 동일하게 작성합니다 (슬라이드 1에는 생략).
- 문제와 세부조건, 세부조건 번호 ◌(점선원)는 입력하지 않습니다.
- 각 개체의 위치는 오른쪽의 슬라이드와 동일하게 구성합니다.
- 그림 삽입 문제의 경우 반드시 「내 PC₩문서₩ITQ₩Picture」 폴더에서 정확한 파일을 선택하여 삽입하십시오.
- 각 슬라이드를 각각의 파일로 작업해서 저장할 경우 실격 처리됩니다.

kpc 한국생산성본부

[전체구성] (60점)

(1) 슬라이드 크기 및 순서 : 크기를 A4 용지로 설정하고 슬라이드 순서에 맞게 작성한다.
(2) 슬라이드 마스터 : 2~6슬라이드의 제목, 하단 로고, 슬라이드 번호는 슬라이드 마스터를 이용하여 작성한다.
- 제목 글꼴(궁서, 40pt, 흰색), 가운데 맞춤, 도형(선 없음)
- 하단 로고(「내 PC\문서\ITQ\Picture\로고1.jpg」, 배경(회색) 투명색으로 설정)

[슬라이드 1] ≪표지 디자인≫ (40점)

(1) 표지 디자인 : 도형, 워드아트 및 그림을 이용하여 작성한다.

세부조건

① 도형 편집
- 도형에 그림 채우기 :
  「내 PC\문서\ITQ\Picture\
  그림2.jpg」, 투명도 50%
- 도형 효과 :
  부드러운 가장자리 5포인트

② 워드아트 삽입
- 변환 : 위로 기울기
- 글꼴 : 궁서, 굵게
- 텍스트 반사 :
  근접 반사, 터치

③ 그림 삽입
- 「내 PC\문서\ITQ\Picture\
  로고1.jpg」
- 배경(회색) 투명색으로 설정

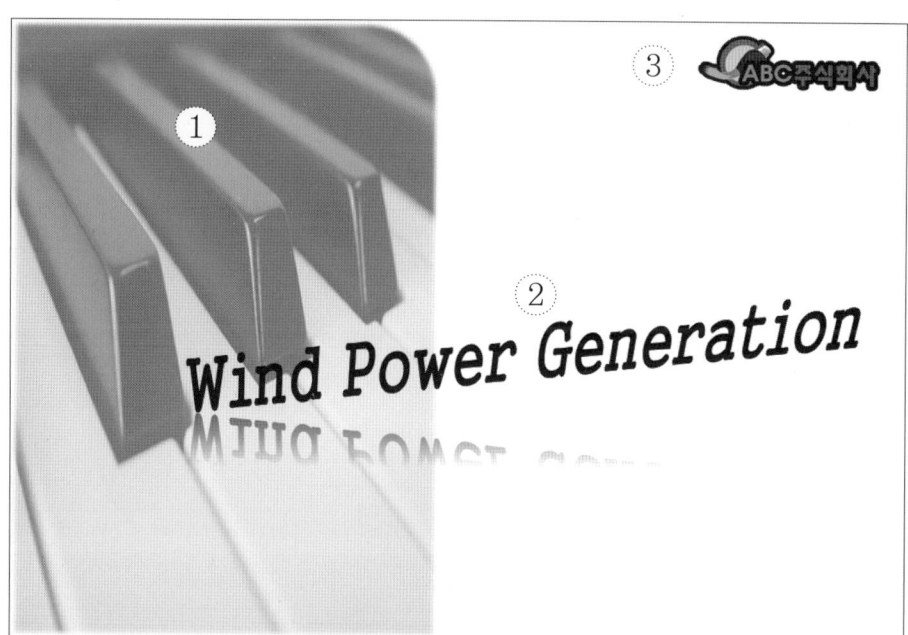

[슬라이드 2] ≪목차 슬라이드≫ (60점)

(1) 출력형태와 같이 도형을 이용하여 목차를 작성한다(글꼴 : 맑은 고딕, 24pt).
(2) 도형 : 선 없음

세부조건

① 텍스트에 하이퍼링크 적용
  -> '슬라이드 3'

② 그림 삽입
- 「내 PC\문서\ITQ\Picture\
  그림4.jpg」
- 자르기 기능 이용

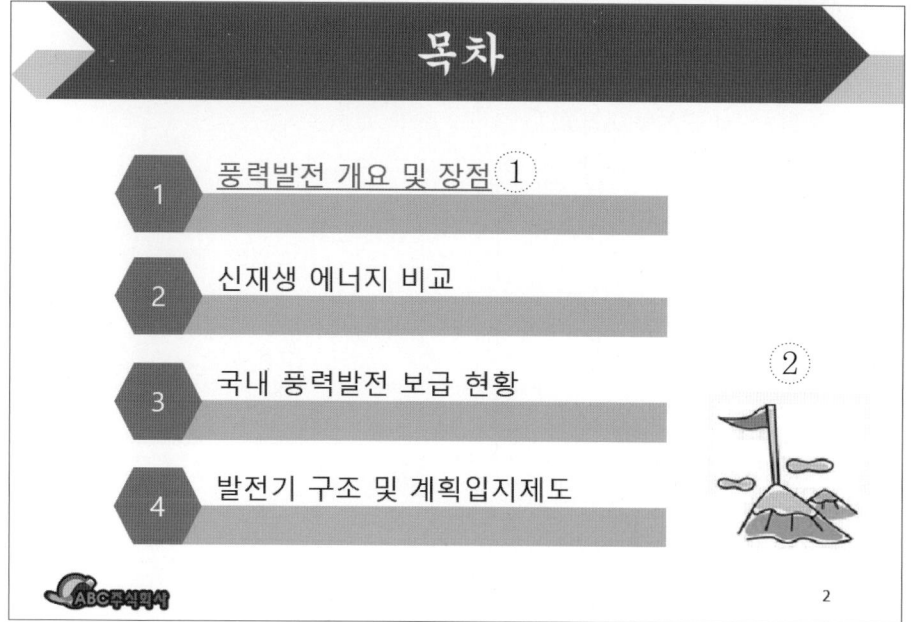

[슬라이드 3]   ≪텍스트/동영상 슬라이드≫   (60점)

(1) 텍스트 작성 : 글머리 기호 사용(➤, ■)
  ➤문단(굴림, 24pt, 굵게, 줄간격 : 1.5줄), ■문단(굴림, 20pt, 줄간격 : 1.5줄)

세부조건

① 동영상 삽입 :
  - 「내 PC₩문서₩ITQ₩Picture₩ 동영상.wmv」
  - 자동실행, 반복재생 설정

1. 풍력발전 개요 및 장점

➤ Wind Energy
  ■ Experts are predicting that wind power will play a key role in implementing a 'low-carbon economy' as an eco-friendly, clean source of energy

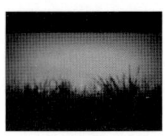

➤ 풍력발전 개요
  ■ 풍력 발전기는 바람의 에너지를 전기 에너지로 바꿔주는 장치
  ■ 풍력 발전기의 날개를 회전시켜 이때 생긴 날개의 회전력으로 전기를 생산함

[슬라이드 4]   ≪표 슬라이드≫   (80점)

(1) 도형과 표 작성 기능을 이용하여 슬라이드를 작성한다(글꼴 : 돋움, 18pt).

세부조건

① 상단 도형 :
  2개 도형의 조합으로 작성

② 좌측 도형 :
  그라데이션 효과(선형 아래쪽)

③ 표 스타일 :
  테마 스타일 1 - 강조6

2. 신재생 에너지 비교

	이용 기술	시스템 구성	설치 사례
풍력	바람 에너지를 변환시켜 전기를 생산	운동량 변환 장치 동력 전달, 변환 장치 제어 장치	영덕 풍력발전 단지 군산 풍력발전 단지
태양광	빛 에너지를 변환시켜 전기를 생산	태양전지 모듈 축전지, 전력변환 장치	솔라 태양광발전소
태양열	건물의 냉난방 및 급탕 등에 활용	태양열 집열 기술 시스템 제어, 설계 기술	실버홈 노인 요양원

[슬라이드 5] ≪차트 슬라이드≫   (100점)

(1) 차트 작성 기능을 이용하여 슬라이드를 작성한다.
(2) 차트 : 종류(묶은 세로 막대형), 글꼴(돋움, 16pt), 외곽선

세부조건

※ 차트설명
- 차트제목 : 굴림, 24pt, 굵게, 채우기(흰색), 테두리, 그림자(오프셋 아래쪽)
- 차트영역 : 채우기(노랑) 그림영역 : 채우기(흰색)
- 데이터 서식 : 신규단지수 계열을 표식이 있는 꺾은선형으로 변경 후 보조축으로 지정
- 값 표시 : 2020년의 신규설비 용량 계열만

① 도형 삽입
  - 스타일 :
    미세 효과 – 파랑, 강조1

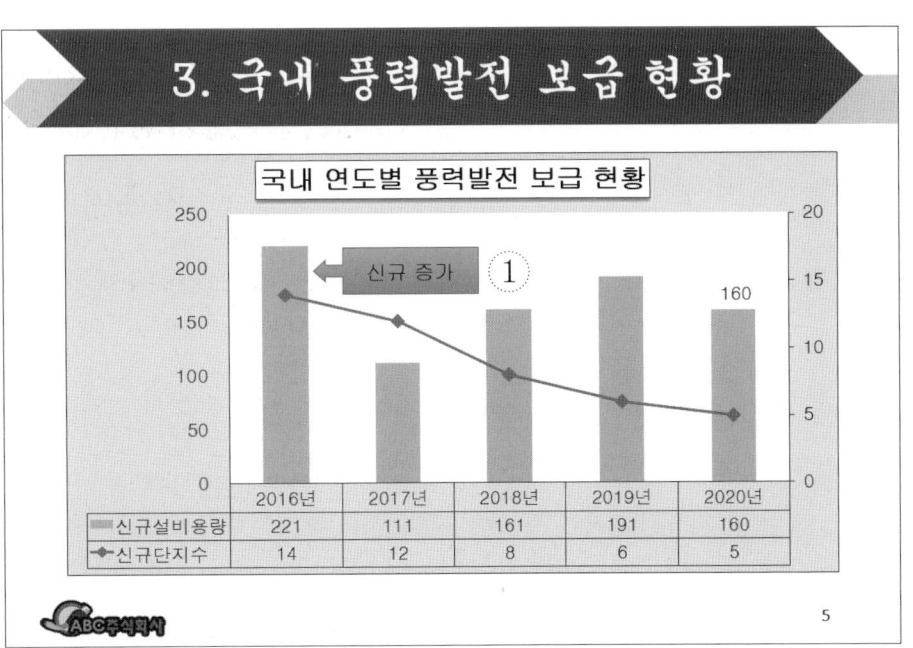

[슬라이드 6] ≪도형 슬라이드≫   (100점)

(1) 슬라이드와 같이 도형 및 스마트아트를 배치한다(글꼴 : 굴림, 18pt).
(2) 애니메이션 순서 : ① ⇒ ②

세부조건

① 도형 및 스마트아트 편집
  - 스마트아트 디자인
    : 3차원 경사,
      3차원 만화
  - 그룹화 후 애니메이션 효과
    : 회전
② 도형 편집
  - 그룹화 후 애니메이션 효과
    : 닦아내기(왼쪽에서)

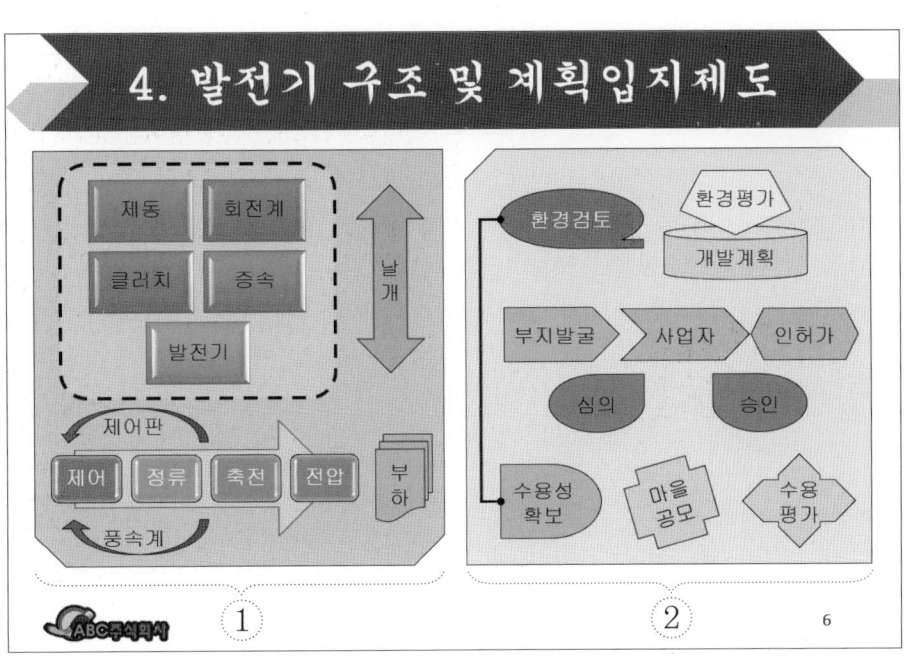

제10회 정보기술자격(ITQ) 출제예상문제

과목	코드	문제유형	시험시간	수험번호	성명
한글파워포인트	1142	E	60분		

수험자 유의사항

- 수험자는 문제지를 받는 즉시 문제지와 **수험표상의 시험과목(프로그램)이 동일한지 반드시 확인**하여야 합니다.
- 파일명은 본인의 "수험번호-성명"으로 입력하여 답안폴더(내 PC₩문서₩ITQ)에 하나의 파일로 저장해야 하며, 답안문서 파일명이 "수험번호-성명"과 일치하지 않거나, 답안파일을 전송하지 않아 미제출로 처리될 경우 실격 처리합니다(예:12345678-홍길동.pptx).
- 답안 작성을 마치면 파일을 저장하고, '답안 전송' 버튼을 선택하여 감독위원 PC로 답안을 전송하십시오. 수험생 정보와 저장한 파일명이 다를 경우 전송되지 않으므로 주의하시기 바랍니다.
- 답안 작성 중에도 **주기적으로 저장하고, '답안 전송'**하여야 문제 발생을 줄일 수 있습니다. 작업한 내용을 저장하지 않고 전송할 경우 이전에 저장된 내용이 전송되오니 이점 유의하시기 바랍니다.
- 답안문서는 지정된 경로 외의 다른 보조기억장치에 저장하는 경우, 지정된 시험 시간 외에 작성된 파일을 활용할 경우, 기타 통신수단(이메일, 메신저, 네트워크 등)을 이용하여 타인에게 전달 또는 외부 반출하는 경우는 부정 처리합니다.
- 시험 중 부주의 또는 고의로 시스템을 파손한 경우는 수험자가 변상해야 하며, 〈수험자 유의사항〉에 기재된 방법대로 이행하지 않아 생기는 불이익은 수험생 당사자의 책임임을 알려 드립니다.
- 문제의 조건은 MS오피스 2016 버전으로 설정되어 있으니 유의하시기 바랍니다.
- 시험을 완료한 수험자는 답안파일이 전송되었는지 확인한 후 감독위원의 지시에 따라 문제지를 제출하고 퇴실합니다.

답안 작성요령

- 온라인 답안 작성 절차
  수험자 등록 ⇒ 시험 시작 ⇒ 답안파일 저장 ⇒ 답안 전송 ⇒ 시험 종료
- 슬라이드의 크기는 A4 Paper로 설정하여 작성합니다.
- 슬라이드의 총 개수는 6개로 구성되어 있으며 슬라이드 1부터 순서대로 작업하고 반드시 문제와 세부 조건대로 합니다.
- 별도의 지시사항이 없는 경우 출력형태를 참조하여 글꼴색은 검정 또는 흰색으로 작성하고, 기타사항은 전체적인 균형을 고려하여 작성합니다.
- 슬라이드 도형 및 개체에 출력형태와 다른 스타일(그림자, 외곽선 등)을 적용했을 경우 감점처리 됩니다.
- 슬라이드 번호를 작성합니다(슬라이드 1에는 생략).
- 2~6번 슬라이드 제목 도형과 하단 로고는 슬라이드 마스터를 이용하여 출력형태와 동일하게 작성합니다(슬라이드 1에는 생략).
- 문제와 세부조건, 세부조건 번호 ◌(점선원)는 입력하지 않습니다.
- 각 개체의 위치는 오른쪽의 슬라이드와 동일하게 구성합니다.
- 그림 삽입 문제의 경우 반드시 「내 PC₩문서₩ITQ₩Picture」 폴더에서 정확한 파일을 선택하여 삽입하십시오.
- 각 슬라이드를 각각의 파일로 작업해서 저장할 경우 실격 처리됩니다.

[전체구성] (60점)

(1) 슬라이드 크기 및 순서 : 크기를 A4 용지로 설정하고 슬라이드 순서에 맞게 작성한다.
(2) 슬라이드 마스터 : 2~6슬라이드의 제목, 하단 로고, 슬라이드 번호는 슬라이드 마스터를 이용하여 작성한다.
- 제목 글꼴(돋움, 40pt, 흰색), 가운데 맞춤, 도형(선 없음)
- 하단 로고(「내 PC₩문서₩ITQ₩Picture₩로고1.jpg」, 배경(회색) 투명색으로 설정)

[슬라이드 1] ≪표지 디자인≫ (40점)

(1) 표지 디자인 : 도형, 워드아트 및 그림을 이용하여 작성한다.

세부조건

① 도형 편집
 - 도형에 그림 채우기 :
  「내 PC₩문서₩ITQ₩Picture₩
  그림2.jpg」, 투명도 50%
 - 도형 효과 :
  부드러운 가장자리 5포인트

② 워드아트 삽입
 - 변환 : 위로 기울기
 - 글꼴 : 돋움, 굵게
 - 텍스트 반사 :
  근접 반사, 터치

③ 그림 삽입
 - 「내 PC₩문서₩ITQ₩Picture₩
  로고1.jpg」
 - 배경(회색) 투명색으로 설정

[슬라이드 2] ≪목차 슬라이드≫ (60점)

(1) 출력형태와 같이 도형을 이용하여 목차를 작성한다(글꼴 : 굴림, 24pt).
(2) 도형 : 선 없음

세부조건

① 텍스트에 하이퍼링크 적용
  -> '슬라이드 6'

② 그림 삽입
 - 「내 PC₩문서₩ITQ₩Picture₩
  그림4.jpg」
 - 자르기 기능 이용

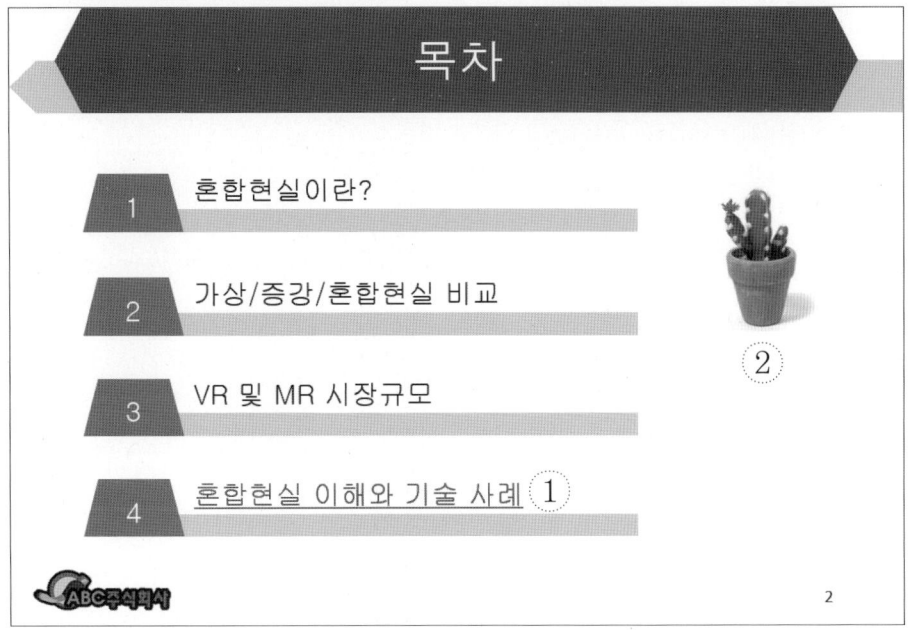

[슬라이드 3] ≪텍스트/동영상 슬라이드≫   (60점)

(1) 텍스트 작성 : 글머리 기호 사용(❖, ■)
  ❖문단(굴림, 24pt, 굵게, 줄간격 : 1.5줄), ■문단(굴림, 20pt, 줄간격 : 1.5줄)

세부조건

① 동영상 삽입 :
  - 「내 PC\문서\ITQ\Picture\
    동영상.wmv」
  - 자동실행, 반복재생 설정

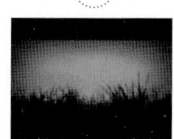

[슬라이드 4] ≪표 슬라이드≫   (80점)

(1) 도형과 표 작성 기능을 이용하여 슬라이드를 작성한다(글꼴 : 돋움, 18pt).

세부조건

① 상단 도형 :
  2개 도형의 조합으로 작성

② 좌측 도형 :
  그라데이션 효과(선형 아래쪽)

③ 표 스타일 :
  테마 스타일 1 - 강조2

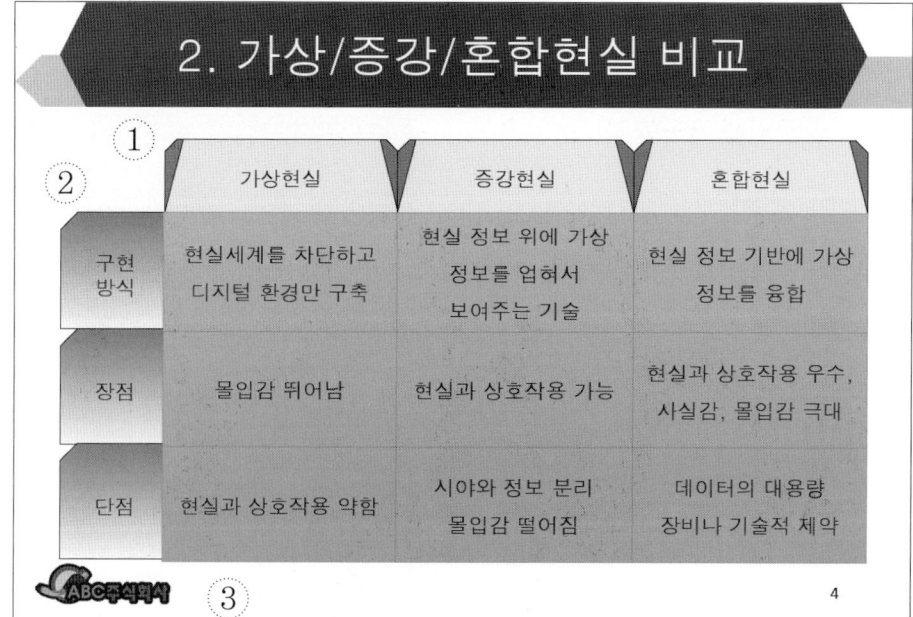

[슬라이드 5] ≪차트 슬라이드≫ (100점)

(1) 차트 작성 기능을 이용하여 슬라이드를 작성한다.
(2) 차트 : 종류(묶은 세로 막대형), 글꼴(돋움, 16pt), 외곽선

세부조건

※ 차트설명
- 차트제목 : 궁서, 24pt, 굵게, 채우기(흰색), 테두리, 그림자(오프셋 오른쪽)
- 차트영역 : 채우기(노랑) 그림영역 : 채우기(흰색)
- 데이터 서식 : MR 계열을 표식이 있는 꺾은선형으로 변경 후 보조축으로 지정
- 값 표시 : 2018년의 MR 계열만

① 도형 삽입
- 스타일 :
   미세효과 - 파랑, 강조1
- 글꼴 : 굴림, 18pt

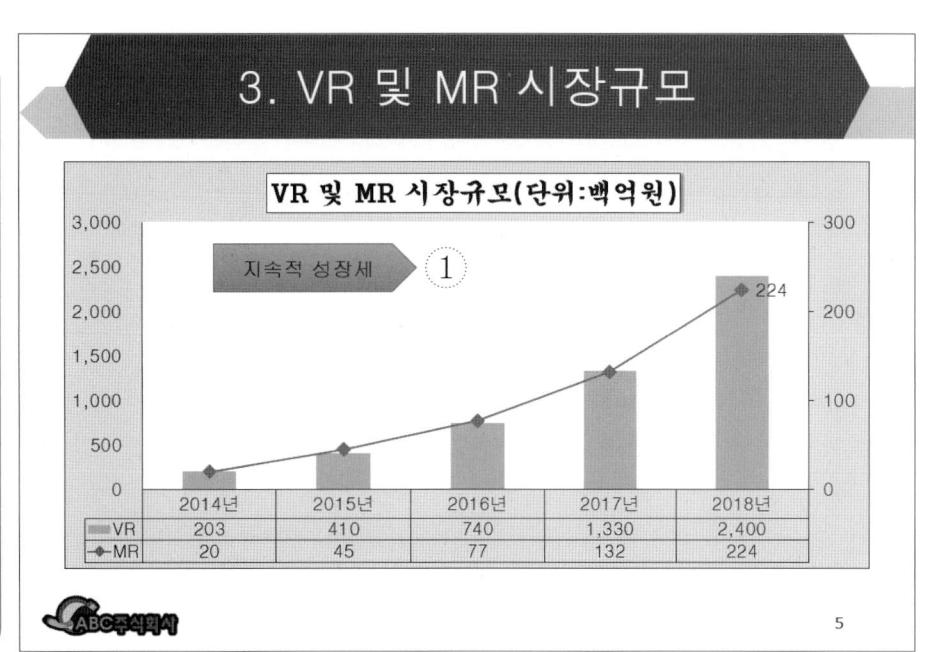

[슬라이드 6] ≪도형 슬라이드≫ (100점)

(1) 슬라이드와 같이 도형 및 스마트아트를 배치한다(글꼴 : 굴림, 18pt).
(2) 애니메이션 순서 : ① ⇒ ②

세부조건

① 도형 및 스마트아트 편집
- 스마트아트 디자인
  : 3차원 광택 처리,
    3차원 만화
- 그룹화 후 애니메이션 효과
  : 날아오기(왼쪽에서)

② 도형 편집
- 그룹화 후 애니메이션 효과
  : 바운드

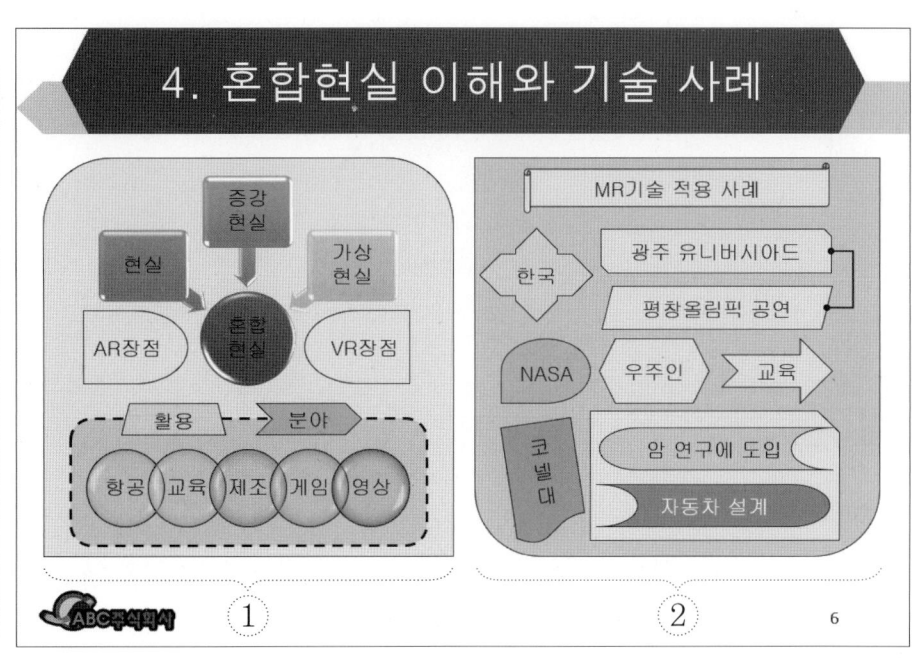

제11회 정보기술자격(ITQ) 출제예상문제

과목	코드	문제유형	시험시간	수험번호	성명
한글파워포인트	1142	A	60분		

수험자 유의사항

- 수험자는 문제지를 받는 즉시 문제지와 **수험표상의 시험과목(프로그램)이 동일한지 반드시 확인**하여야 합니다.
- 파일명은 본인의 "수험번호-성명"으로 입력하여 답안폴더(내 PC₩문서₩ITQ)에 하나의 파일로 저장해야 하며, 답안문서 파일명이 "수험번호-성명"과 일치하지 않거나, 답안파일을 전송하지 않아 미제출로 처리될 경우 실격 처리합니다(예:12345678-홍길동.pptx).
- 답안 작성을 마치면 파일을 저장하고, '답안 전송' 버튼을 선택하여 감독위원 PC로 답안을 전송하십시오. 수험생 정보와 저장한 파일명이 다를 경우 전송되지 않으므로 주의하시기 바랍니다.
- 답안 작성 중에도 **주기적으로 저장하고, '답안 전송'**하여야 문제 발생을 줄일 수 있습니다. 작업한 내용을 저장하지 않고 전송할 경우 이전에 저장된 내용이 전송되오니 이점 유의하시기 바랍니다.
- 답안문서는 지정된 경로 외의 다른 보조기억장치에 저장하는 경우, 지정된 시험 시간 외에 작성된 파일을 활용할 경우, 기타 통신수단(이메일, 메신저, 네트워크 등)을 이용하여 타인에게 전달 또는 외부 반출하는 경우는 부정 처리합니다.
- 시험 중 부주의 또는 고의로 시스템을 파손한 경우는 수험자가 변상해야 하며, 〈수험자 유의사항〉에 기재된 방법대로 이행하지 않아 생기는 불이익은 수험생 당사자의 책임임을 알려 드립니다.
- 문제의 조건은 MS오피스 2016 버전으로 설정되어 있으니 유의하시기 바랍니다.
- 시험을 완료한 수험자는 답안파일이 전송되었는지 확인한 후 감독위원의 지시에 따라 문제지를 제출하고 퇴실합니다.

답안 작성요령

- 온라인 답안 작성 절차
  수험자 등록 ⇒ 시험 시작 ⇒ 답안파일 저장 ⇒ 답안 전송 ⇒ 시험 종료
- 슬라이드의 크기는 A4 Paper로 설정하여 작성합니다.
- 슬라이드의 총 개수는 6개로 구성되어 있으며 슬라이드 1부터 순서대로 작업하고 반드시 문제와 세부조건대로 합니다.
- 별도의 지시사항이 없는 경우 출력형태를 참조하여 글꼴색은 검정 또는 흰색으로 작성하고, 기타사항은 전체적인 균형을 고려하여 작성합니다.
- 슬라이드 도형 및 개체에 출력형태와 다른 스타일(그림자, 외곽선 등)을 적용했을 경우 감점처리 됩니다.
- 슬라이드 번호를 작성합니다(슬라이드 1에는 생략).
- 2~6번 슬라이드 제목 도형과 하단 로고는 슬라이드 마스터를 이용하여 출력형태와 동일하게 작성합니다(슬라이드 1에는 생략).
- 문제와 세부조건, 세부조건 번호 ○(점선원)는 입력하지 않습니다.
- 각 개체의 위치는 오른쪽의 슬라이드와 동일하게 구성합니다.
- 그림 삽입 문제의 경우 반드시「내 PC₩문서₩ITQ₩Picture」폴더에서 정확한 파일을 선택하여 삽입하십시오.
- 각 슬라이드를 각각의 파일로 작업해서 저장할 경우 실격 처리됩니다.

[전체구성] (60점)

(1) 슬라이드 크기 및 순서 : 크기를 A4 용지로 설정하고 슬라이드 순서에 맞게 작성한다.
(2) 슬라이드 마스터 : 2~6슬라이드의 제목, 하단 로고, 슬라이드 번호는 슬라이드 마스터를 이용하여 작성한다.
- 제목 글꼴(돋움, 40pt, 흰색), 가운데 맞춤, 도형(선 없음)
- 하단 로고(「내 PC₩문서₩ITQ₩Picture₩로고1.jpg」, 배경(회색) 투명색으로 설정)

[슬라이드 1] ≪표지 디자인≫ (40점)

(1) 표지 디자인 : 도형, 워드아트 및 그림을 이용하여 작성한다.

세부조건

① 도형 편집
  - 도형에 그림 채우기 :
    「내 PC₩문서₩ITQ₩Picture₩
    그림2.jpg」, 투명도 50%
  - 도형 효과 :
    부드러운 가장자리 5포인트

② 워드아트 삽입
  - 변환 : 삼각형
  - 글꼴 : 돋움, 굵게
  - 텍스트 반사 :
    근접 반사, 터치

③ 그림 삽입
  - 「내 PC₩문서₩ITQ₩Picture₩
    로고1.jpg」
  - 배경(회색) 투명색으로 설정

[슬라이드 2] ≪목차 슬라이드≫ (60점)

(1) 출력형태와 같이 도형을 이용하여 목차를 작성한다(글꼴 : 굴림, 24pt).
(2) 도형 : 선 없음

세부조건

① 텍스트에 하이퍼링크 적용
  -> '슬라이드 6'

② 그림 삽입
  - 「내 PC₩문서₩ITQ₩Picture₩
    그림4.jpg」
  - 자르기 기능 이용

[슬라이드 3] ≪텍스트/동영상 슬라이드≫ (60점)

(1) 텍스트 작성 : 글머리 기호 사용(◆, ➢)
- ◆문단(굴림, 24pt, 굵게, 줄간격 : 1.5줄), ➢문단(굴림, 20pt, 줄간격 : 1.5줄)

세부조건

① 동영상 삽입 :
 - 「내 PC₩문서₩ITQ₩Picture₩동영상.wmv」
 - 자동실행, 반복재생 설정

1. 뷰티 박람회

◆ Beauty Expo
 ➢ Beauty Expo is celebrating its 14th anniversary as the leading beauty industry exhibition in Korea attended by more than 1,000 exhibitors annually

◆ 뷰티 박람회
 ➢ 37개국 1,285명의 해외 초청 바이어가 참석
 ➢ 국내외 인플루언서 초청, 온라인 플랫폼 활용하여 참가기업 온라인 시장 판로 개척에 기여

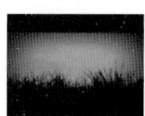

[슬라이드 4] ≪표 슬라이드≫ (80점)

(1) 도형과 표 작성 기능을 이용하여 슬라이드를 작성한다(글꼴 : 돋움, 18pt).

세부조건

① 상단 도형 :
 2개 도형의 조합으로 작성

② 좌측 도형 :
 그라데이션 효과(선형 아래쪽)

③ 표 스타일 :
 테마 스타일 1 - 강조2

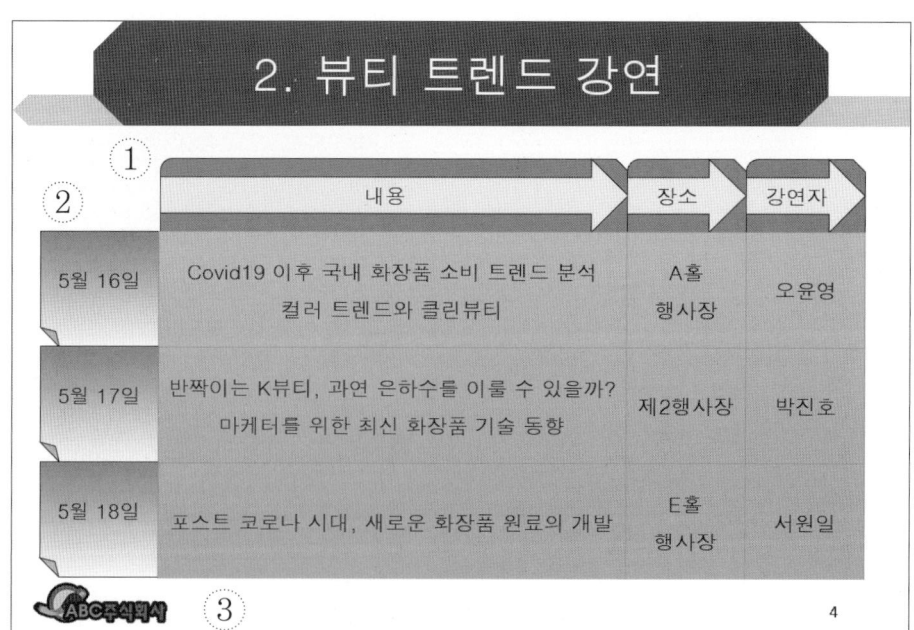

[슬라이드 5] ≪차트 슬라이드≫   (100점)

(1) 차트 작성 기능을 이용하여 슬라이드를 작성한다.
(2) 차트 : 종류(묶은 세로 막대형), 글꼴(돋움, 16pt), 외곽선

세부조건

※ 차트설명
- 차트제목 : 궁서, 24pt, 굵게, 채우기(흰색), 테두리, 그림자(오프셋 위쪽)
- 차트영역 : 채우기(노랑) 그림영역 : 채우기(흰색)
- 데이터 서식 : 수입 계열을 표식이 있는 꺾은선형으로 변경 후 보조축으로 지정
- 값 표시 : 2014년의 수출 계열만

① 도형 삽입
- 스타일 :
  미세효과 - 파랑, 강조1
- 글꼴 : 굴림, 18pt

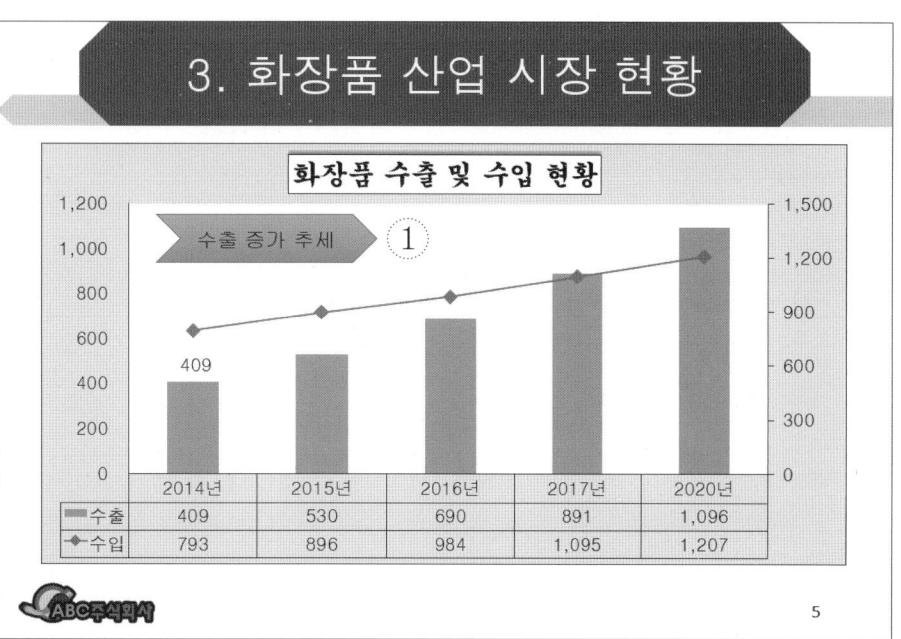

[슬라이드 6] ≪도형 슬라이드≫   (100점)

(1) 슬라이드와 같이 도형 및 스마트아트를 배치한다(글꼴 : 굴림, 18pt).
(2) 애니메이션 순서 : ① ⇒ ②

세부조건

① 도형 및 스마트아트 편집
- 스마트아트 디자인
  : 3차원 만화,
  3차원 벽돌
- 그룹화 후 애니메이션 효과
  : 날아오기(왼쪽에서)

② 도형 편집
- 그룹화 후 애니메이션 효과
  : 바운드

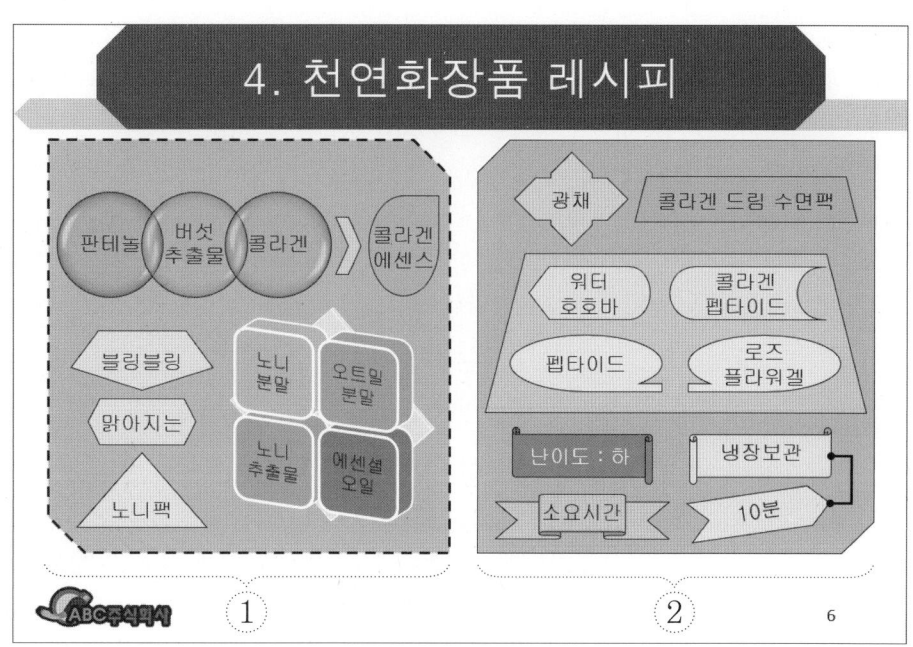

제12회 정보기술자격(ITQ) 출제예상문제

과목	코드	문제유형	시험시간	수험번호	성명
한글파워포인트	1142	B	60분		

수험자 유의사항

- 수험자는 문제지를 받는 즉시 문제지와 **수험표상의 시험과목(프로그램)이 동일한지 반드시 확인**하여야 합니다.
- 파일명은 본인의 "수험번호-성명"으로 입력하여 답안폴더(내 PC₩문서₩ITQ)에 하나의 파일로 저장해야 하며, 답안문서 파일명이 "수험번호-성명"과 일치하지 않거나, 답안파일을 전송하지 않아 미제출로 처리될 경우 실격 처리합니다(예:12345678-홍길동.pptx).
- 답안 작성을 마치면 파일을 저장하고, '답안 전송' 버튼을 선택하여 감독위원 PC로 답안을 전송하십시오. 수험생 정보와 저장한 파일명이 다를 경우 전송되지 않으므로 주의하시기 바랍니다.
- 답안 작성 중에도 **주기적으로 저장하고, '답안 전송'**하여야 문제 발생을 줄일 수 있습니다. 작업한 내용을 저장하지 않고 전송할 경우 이전에 저장된 내용이 전송되오니 이점 유의하시기 바랍니다.
- 답안문서는 지정된 경로 외의 다른 보조기억장치에 저장하는 경우, 지정된 시험 시간 외에 작성된 파일을 활용할 경우, 기타 통신수단(이메일, 메신저, 네트워크 등)을 이용하여 타인에게 전달 또는 외부 반출하는 경우는 부정 처리합니다.
- 시험 중 부주의 또는 고의로 시스템을 파손한 경우는 수험자가 변상해야 하며, 〈수험자 유의사항〉에 기재된 방법대로 이행하지 않아 생기는 불이익은 수험생 당사자의 책임임을 알려 드립니다.
- 문제의 조건은 MS오피스 2016 버전으로 설정되어 있으니 유의하시기 바랍니다.
- 시험을 완료한 수험자는 답안파일이 전송되었는지 확인한 후 감독위원의 지시에 따라 문제지를 제출하고 퇴실합니다.

답안 작성요령

- 온라인 답안 작성 절차
  수험자 등록 ⇒ 시험 시작 ⇒ 답안파일 저장 ⇒ 답안 전송 ⇒ 시험 종료
- 슬라이드의 크기는 A4 Paper로 설정하여 작성합니다.
- 슬라이드의 총 개수는 6개로 구성되어 있으며 슬라이드 1부터 순서대로 작업하고 반드시 문제와 세부조건대로 합니다.
- 별도의 지시사항이 없는 경우 출력형태를 참조하여 글꼴색은 검정 또는 흰색으로 작성하고, 기타사항은 전체적인 균형을 고려하여 작성합니다.
- 슬라이드 도형 및 개체에 출력형태와 다른 스타일(그림자, 외곽선 등)을 적용했을 경우 감점처리 됩니다.
- 슬라이드 번호를 작성합니다(슬라이드 1에는 생략).
- 2~6번 슬라이드 제목 도형과 하단 로고는 슬라이드 마스터를 이용하여 출력형태와 동일하게 작성합니다(슬라이드 1에는 생략).
- 문제와 세부조건, 세부조건 번호 ◯(점선원)는 입력하지 않습니다.
- 각 개체의 위치는 오른쪽의 슬라이드와 동일하게 구성합니다.
- 그림 삽입 문제의 경우 반드시 「내 PC₩문서₩ITQ₩Picture」 폴더에서 정확한 파일을 선택하여 삽입하십시오.
- 각 슬라이드를 각각의 파일로 작업해서 저장할 경우 실격 처리됩니다.

[전체구성] (60점)

(1) 슬라이드 크기 및 순서 : 크기를 A4 용지로 설정하고 슬라이드 순서에 맞게 작성한다.
(2) 슬라이드 마스터 : 2~6슬라이드의 제목, 하단 로고, 슬라이드 번호는 슬라이드 마스터를 이용하여 작성한다.
- 제목 글꼴(굴림, 40pt, 흰색), 가운데 맞춤, 도형(선 없음)
- 하단 로고(「내 PC₩문서₩ITQ₩Picture₩로고1.jpg」, 배경(회색) 투명색으로 설정)

[슬라이드 1] ≪표지 디자인≫ (40점)

(1) 표지 디자인 : 도형, 워드아트 및 그림을 이용하여 작성한다.

세부조건
① 도형 편집
  - 도형에 그림 채우기 :
    「내 PC₩문서₩ITQ₩Picture₩
    그림1.jpg」, 투명도 50%
  - 도형 효과 :
    부드러운 가장자리 5포인트
② 워드아트 삽입
  - 변환 : 역갈매기형 수장
  - 글꼴 : 돋움, 굵게
  - 텍스트 반사 :
    근접 반사, 8pt 오프셋
③ 그림 삽입
  - 「내 PC₩문서₩ITQ₩Picture₩
    로고1.jpg」
  - 배경(회색) 투명색으로 설정

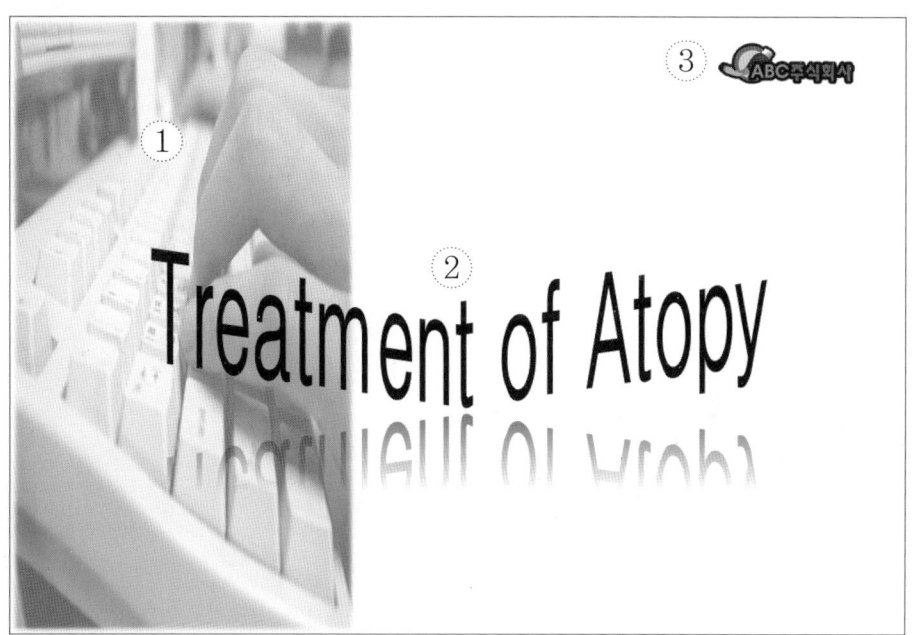

[슬라이드 2] ≪목차 슬라이드≫ (60점)

(1) 출력형태와 같이 도형을 이용하여 목차를 작성한다(글꼴 : 돋움, 24pt).
(2) 도형 : 선 없음

세부조건
① 텍스트에 하이퍼링크 적용
  -> '슬라이드 4'
② 그림 삽입
  - 「내 PC₩문서₩ITQ₩Picture₩
    그림5.jpg」
  - 자르기 기능 이용

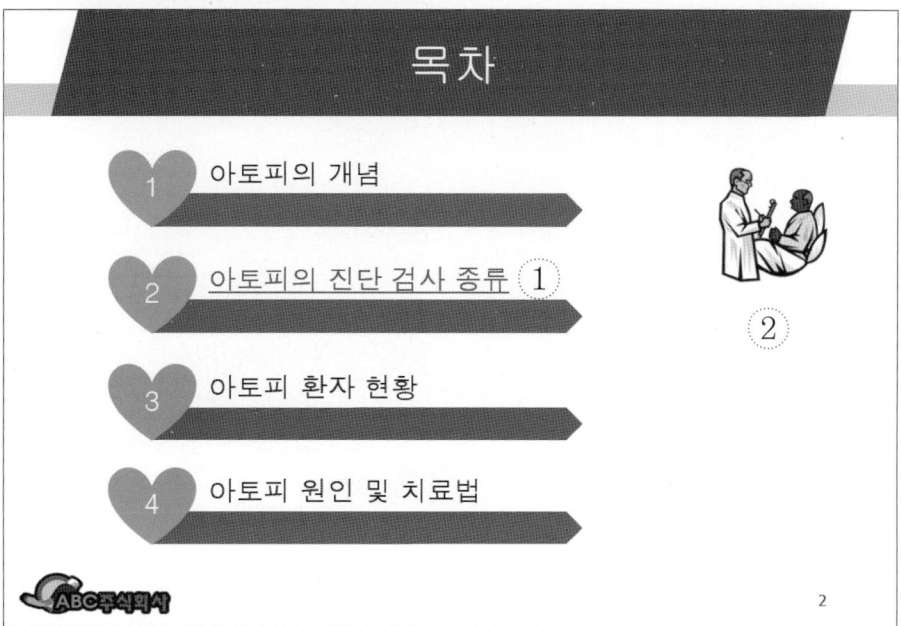

[슬라이드 3] ≪텍스트/동영상 슬라이드≫ (60점)

(1) 텍스트 작성 : 글머리 기호 사용(❖, ■)
  ❖문단(굴림, 24pt, 굵게, 줄간격 : 1.5줄), ■문단(굴림, 20pt, 줄간격 : 1.5줄)

세부조건

① 동영상 삽입 :
 - 「내 PC₩문서₩ITQ₩Picture₩동영상.wmv」
 - 자동실행, 반복재생 설정

1. 아토피의 개념

❖ Atopic dermatitis
 ■ Atopic dermatitis results in itchy, red, swollen, cracked skin and clear fluid may come from the affected areas, which often thickens over time

❖ 아토피의 개념
 ■ 아토피 또는 아토피 증후군은 알레르기 항원에 대한 직접 접촉없이 신체가 극도로 민감해지는 알레르기 반응
 ■ 아토피의 증상으로는 아토피 피부염, 알레르기성 결막염, 알레르기성 비염, 천식이 있음

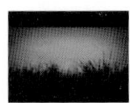

[슬라이드 4] ≪표 슬라이드≫ (80점)

(1) 도형과 표 작성 기능을 이용하여 슬라이드를 작성한다(글꼴 : 돋움, 18pt).

세부조건

① 상단 도형 :
  2개 도형의 조합으로 작성

② 좌측 도형 :
  그라데이션 효과(선형 아래쪽)

③ 표 스타일 :
  테마 스타일 1 - 강조5

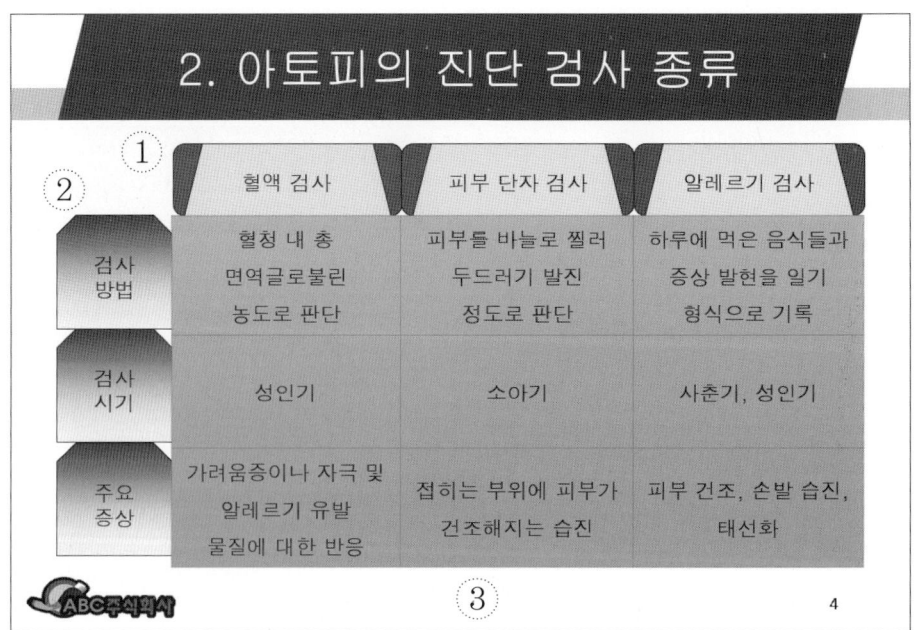

[슬라이드 5] ≪차트 슬라이드≫   (100점)

(1) 차트 작성 기능을 이용하여 슬라이드를 작성한다.
(2) 차트 : 종류(묶은 세로 막대형), 글꼴(돋움, 16pt), 외곽선

세부조건

※ 차트설명
- 차트제목 : 궁서, 24pt, 굵게, 채우기(흰색), 테두리, 그림자(오프셋 왼쪽)
- 차트영역 : 채우기(노랑) 그림영역 : 채우기(흰색)
- 데이터 서식 : 사춘기 계열을 표식이 있는 꺾은선형으로 변경 후 보조축으로 지정
- 값 표시 : 2019년의 소아기 계열만

① 도형 삽입
 - 스타일 :
    미세효과 – 파랑, 강조1
 - 글꼴 : 굴림, 18pt

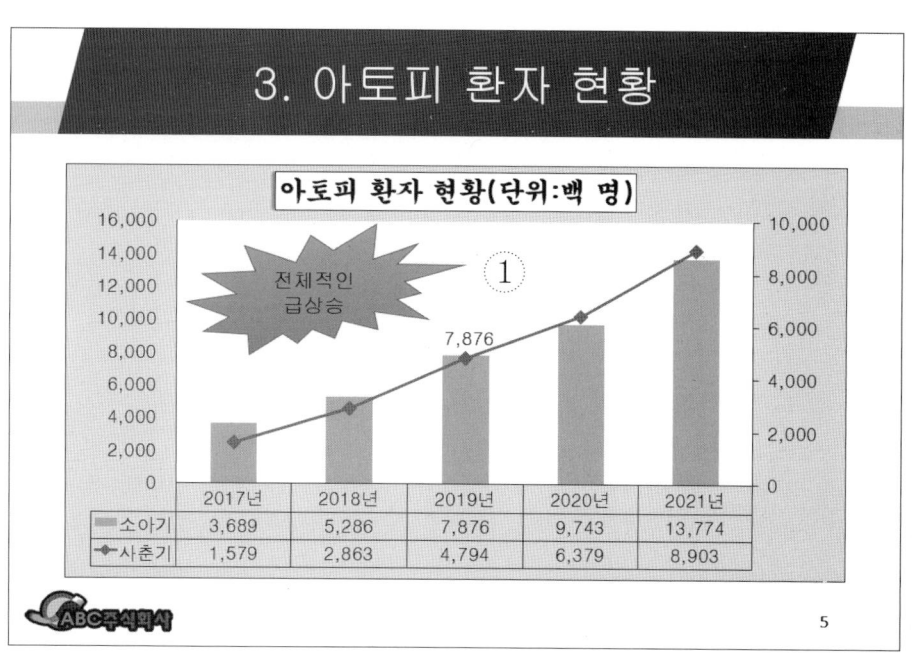

[슬라이드 6] ≪도형 슬라이드≫   (100점)

(1) 슬라이드와 같이 도형 및 스마트아트를 배치한다(글꼴 : 돋움, 18pt).
(2) 애니메이션 순서 : ① ⇒ ②

세부조건

① 도형 및 스마트아트 편집
 - 스마트아트 디자인
   : 3차원 만화,
     3차원 벽돌
 - 그룹화 후 애니메이션 효과
   : 밝기 변화

② 도형 편집
 - 그룹화 후 애니메이션 효과
   : 닦아내기(오른쪽에서)

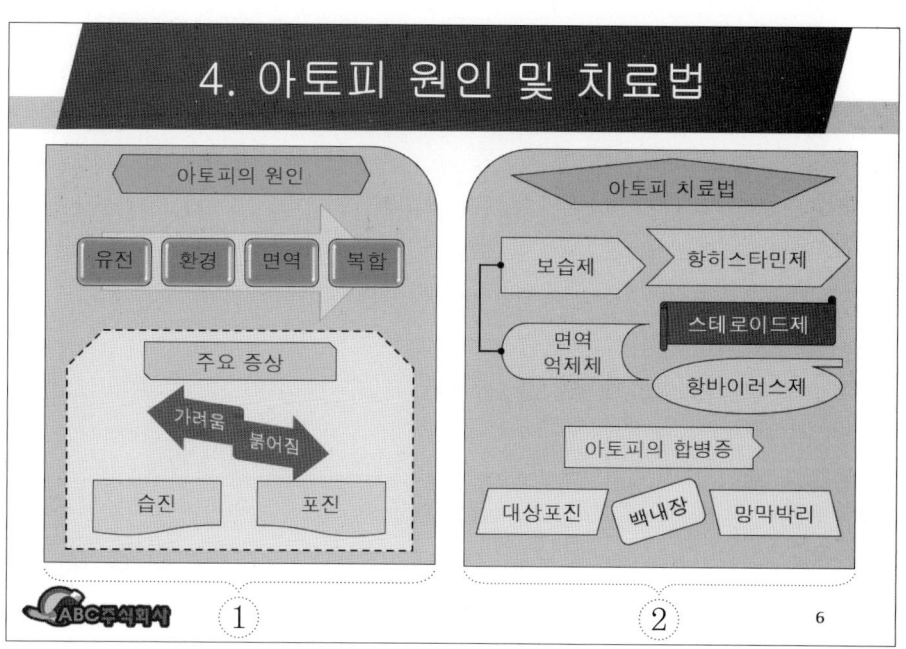

제13회 정보기술자격(ITQ) 출제예상문제

과목	코드	문제유형	시험시간	수험번호	성명
한글파워포인트	1142	C	60분		

수험자 유의사항

- 수험자는 문제지를 받는 즉시 문제지와 **수험표상의 시험과목(프로그램)이 동일한지 반드시 확인**하여야 합니다.
- 파일명은 본인의 "수험번호-성명"으로 입력하여 답안폴더(내 PC\문서\ITQ)에 하나의 파일로 저장해야 하며, 답안문서 파일명이 "수험번호-성명"과 일치하지 않거나, 답안파일을 전송하지 않아 미제출로 처리될 경우 실격 처리합니다(예:12345678-홍길동.pptx).
- 답안 작성을 마치면 파일을 저장하고, '답안 전송' 버튼을 선택하여 감독위원 PC로 답안을 전송하십시오. 수험생 정보와 저장한 파일명이 다를 경우 전송되지 않으므로 주의하시기 바랍니다.
- 답안 작성 중에도 **주기적으로 저장하고, '답안 전송'**하여야 문제 발생을 줄일 수 있습니다. 작업한 내용을 저장하지 않고 전송할 경우 이전에 저장된 내용이 전송되오니 이점 유의하시기 바랍니다.
- 답안문서는 지정된 경로 외의 다른 보조기억장치에 저장하는 경우, 지정된 시험 시간 외에 작성된 파일을 활용할 경우, 기타 통신수단(이메일, 메신저, 네트워크 등)을 이용하여 타인에게 전달 또는 외부 반출하는 경우는 부정 처리합니다.
- 시험 중 부주의 또는 고의로 시스템을 파손한 경우는 수험자가 변상해야 하며, 〈수험자 유의사항〉에 기재된 방법대로 이행하지 않아 생기는 불이익은 수험생 당사자의 책임임을 알려 드립니다.
- 문제의 조건은 MS오피스 2016 버전으로 설정되어 있으니 유의하시기 바랍니다.
- 시험을 완료한 수험자는 답안파일이 전송되었는지 확인한 후 감독위원의 지시에 따라 문제지를 제출하고 퇴실합니다.

답안 작성요령

- 온라인 답안 작성 절차
  수험자 등록 ⇒ 시험 시작 ⇒ 답안파일 저장 ⇒ 답안 전송 ⇒ 시험 종료
- 슬라이드의 크기는 A4 Paper로 설정하여 작성합니다.
- 슬라이드의 총 개수는 6개로 구성되어 있으며 슬라이드 1부터 순서대로 작업하고 반드시 문제와 세부 조건대로 합니다.
- 별도의 지시사항이 없는 경우 출력형태를 참조하여 글꼴색은 검정 또는 흰색으로 작성하고, 기타사항은 전체적인 균형을 고려하여 작성합니다.
- 슬라이드 도형 및 개체에 출력형태와 다른 스타일(그림자, 외곽선 등)을 적용했을 경우 감점처리 됩니다.
- 슬라이드 번호를 작성합니다(슬라이드 1에는 생략).
- 2~6번 슬라이드 제목 도형과 하단 로고는 슬라이드 마스터를 이용하여 출력형태와 동일하게 작성합니다 (슬라이드 1에는 생략).
- 문제와 세부조건, 세부조건 번호 ◯(점선원)는 입력하지 않습니다.
- 각 개체의 위치는 오른쪽의 슬라이드와 동일하게 구성합니다.
- 그림 삽입 문제의 경우 반드시 「내 PC\문서\ITQ\Picture」 폴더에서 정확한 파일을 선택하여 삽입하십시오.
- 각 슬라이드를 각각의 파일로 작업해서 저장할 경우 실격 처리됩니다.

[전체구성] (60점)

(1) 슬라이드 크기 및 순서 : 크기를 A4 용지로 설정하고 슬라이드 순서에 맞게 작성한다.
(2) 슬라이드 마스터 : 2~6슬라이드의 제목, 하단 로고, 슬라이드 번호는 슬라이드 마스터를 이용하여 작성한다.
- 제목 글꼴(굴림, 40pt, 흰색), 가운데 맞춤, 도형(선 없음)
- 하단 로고(「내 PC₩문서₩ITQ₩Picture₩로고1.jpg」, 배경(회색) 투명색으로 설정)

[슬라이드 1] ≪표지 디자인≫ (40점)

(1) 표지 디자인 : 도형, 워드아트 및 그림을 이용하여 작성한다.

세부조건

① 도형 편집
 - 도형에 그림 채우기 :
  「내 PC₩문서₩ITQ₩Picture₩
  그림1.jpg」, 투명도 50%
 - 도형 효과 :
  부드러운 가장자리 5포인트

② 워드아트 삽입
 - 변환 : 역갈매기형 수장
 - 글꼴 : 돋움, 굵게
 - 텍스트 반사 :
  근접 반사, 8pt 오프셋

③ 그림 삽입
 -「내 PC₩문서₩ITQ₩Picture₩
  로고1.jpg」
 - 배경(회색) 투명색으로 설정

[슬라이드 2] ≪목차 슬라이드≫ (60점)

(1) 출력형태와 같이 도형을 이용하여 목차를 작성한다(글꼴 : 돋움, 24pt).
(2) 도형 : 선 없음

세부조건

① 텍스트에 하이퍼링크 적용
  -> '슬라이드 4'

② 그림 삽입
 -「내 PC₩문서₩ITQ₩Picture₩
  그림5.jpg」
 - 자르기 기능 이용

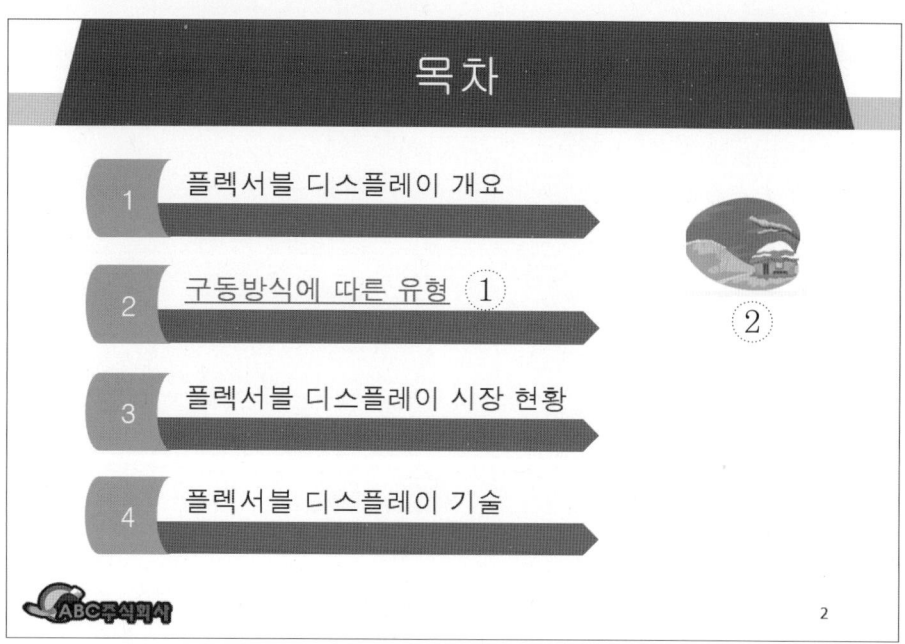

[슬라이드 3] ≪텍스트/동영상 슬라이드≫ (60점)

(1) 텍스트 작성 : 글머리 기호 사용(❖, ■)
❖문단(굴림, 24pt, 굵게, 줄간격 : 1.5줄), ■문단(굴림, 20pt, 줄간격 : 1.5줄)

세부조건

① 동영상 삽입 :
- 「내 PC\문서\ITQ\Picture\ 동영상.wmv」
- 자동실행, 반복재생 설정

1. 플렉서블 디스플레이 개요

❖ Flexible Display
- An electronic visual display which is flexible in nature as opposed to the more prevalent flat screen displays used in most electronics devices

❖ 플렉서블 디스플레이
- 형태의 변형을 통해 공간 활용성을 높일 수 있으며 얇고 가벼우며 깨지지 않는 장점이 있음
- 디스플레이 시장을 다변화 시키고 사물인터넷 등의 연계를 통해 새로운 시장을 창출할 것으로 기대됨

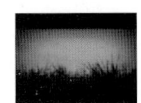

[슬라이드 4] ≪표 슬라이드≫ (80점)

(1) 도형과 표 작성 기능을 이용하여 슬라이드를 작성한다(글꼴 : 돋움, 18pt).

세부조건

① 상단 도형 :
2개 도형의 조합으로 작성

② 좌측 도형 :
그라데이션 효과(선형 아래쪽)

③ 표 스타일 :
테마 스타일 1 - 강조5

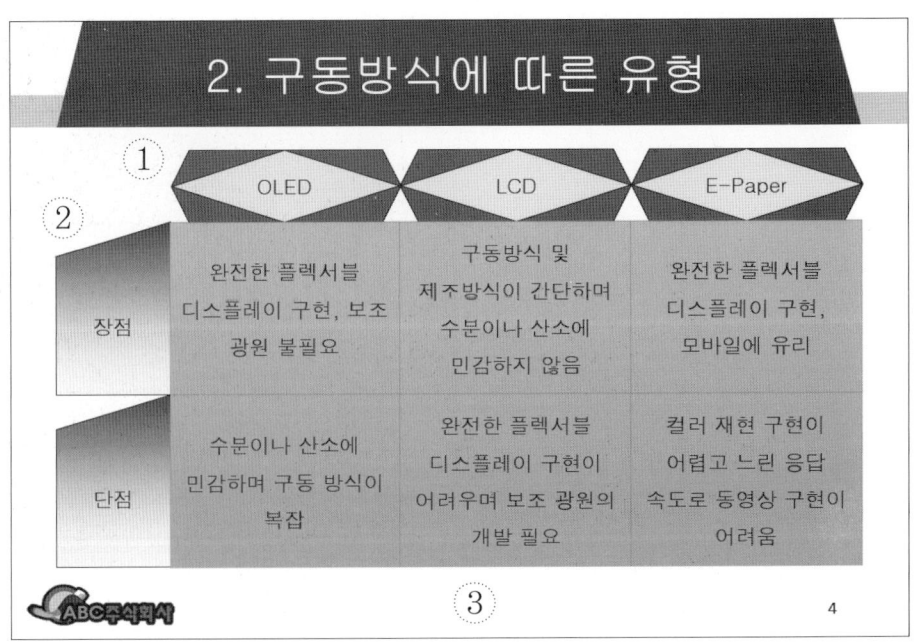

[슬라이드 5] ≪차트 슬라이드≫ (100점)

(1) 차트 작성 기능을 이용하여 슬라이드를 작성한다.
(2) 차트 : 종류(묶은 세로 막대형), 글꼴(돋움, 16pt), 외곽선

세부조건

※ 차트설명
- 차트제목 : 궁서, 24pt, 굵게, 채우기(흰색), 테두리, 그림자(오프셋 왼쪽)
- 차트영역 : 채우기(노랑)
  그림영역 : 채우기(흰색)
- 데이터 서식 : 출하량(백만 대) 계열을 표식이 있는 꺾은선형으로 변경 후 보조축으로 지정
- 값 표시 : 2020년의 매출액(백만 달러) 계열만

① 도형 삽입
  - 스타일 :
    미세효과 – 파랑, 강조1
  - 글꼴 : 굴림, 18pt

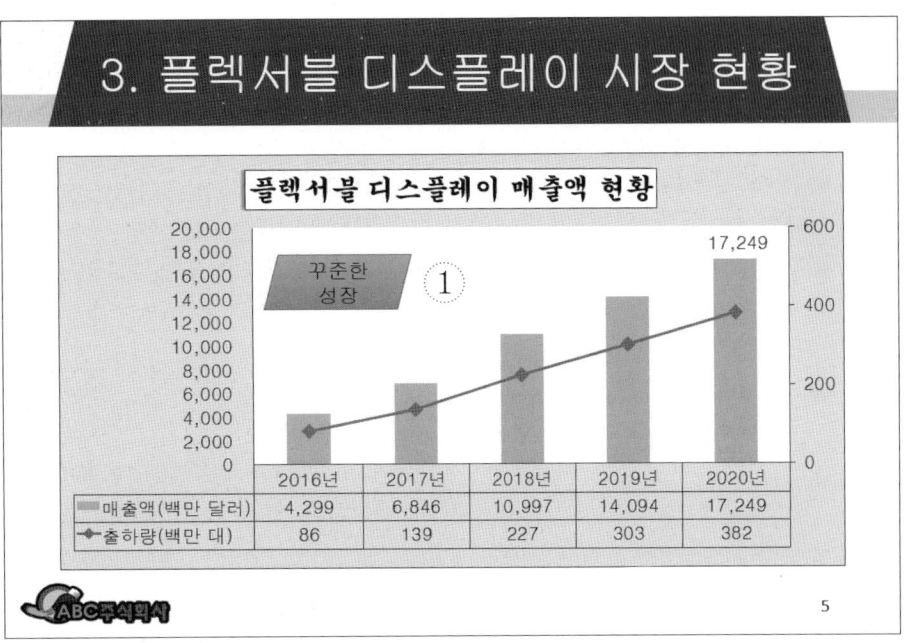

[슬라이드 6] ≪도형 슬라이드≫ (100점)

(1) 슬라이드와 같이 도형 및 스마트아트를 배치한다(글꼴 : 돋움, 18pt).
(2) 애니메이션 순서 : ① ⇒ ②

세부조건

① 도형 및 스마트아트 편집
  - 스마트아트 디자인
    : 3차원 경사,
      3차원 만화
  - 그룹화 후 애니메이션 효과
    : 밝기 변화

② 도형 편집
  - 그룹화 후 애니메이션 효과
    : 닦아내기(오른쪽에서)

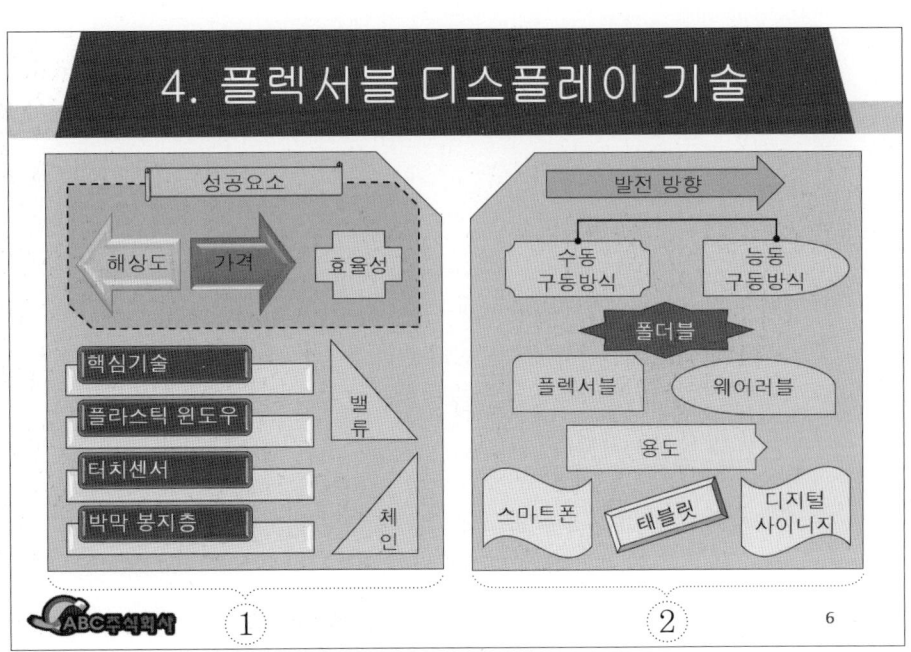

제14회 정보기술자격(ITQ) 출제예상문제

과목	코드	문제유형	시험시간	수험번호	성명
한글파워포인트	1142	D	60분		

수험자 유의사항

- 수험자는 문제지를 받는 즉시 문제지와 **수험표상의 시험과목(프로그램)이 동일한지 반드시 확인**하여야 합니다.
- 파일명은 본인의 "수험번호-성명"으로 입력하여 답안폴더(내 PC\문서\ITQ)에 하나의 파일로 저장해야 하며, 답안문서 파일명이 "수험번호-성명"과 일치하지 않거나, 답안파일을 전송하지 않아 미제출로 처리될 경우 실격 처리합니다(예:12345678-홍길동.pptx).
- 답안 작성을 마치면 파일을 저장하고, '답안 전송' 버튼을 선택하여 감독위원 PC로 답안을 전송하십시오. 수험생 정보와 저장한 파일명이 다를 경우 전송되지 않으므로 주의하시기 바랍니다.
- 답안 작성 중에도 **주기적으로 저장하고, '답안 전송'**하여야 문제 발생을 줄일 수 있습니다. 작업한 내용을 저장하지 않고 전송할 경우 이전에 저장된 내용이 전송되오니 이점 유의하시기 바랍니다.
- 답안문서는 지정된 경로 외의 다른 보조기억장치에 저장하는 경우, 지정된 시험 시간 외에 작성된 파일을 활용할 경우, 기타 통신수단(이메일, 메신저, 네트워크 등)을 이용하여 타인에게 전달 또는 외부 반출하는 경우는 부정 처리합니다.
- 시험 중 부주의 또는 고의로 시스템을 파손한 경우는 수험자가 변상해야 하며, 〈수험자 유의사항〉에 기재된 방법대로 이행하지 않아 생기는 불이익은 수험생 당사자의 책임임을 알려 드립니다.
- 문제의 조건은 MS오피스 2016 버전으로 설정되어 있으니 유의하시기 바랍니다.
- 시험을 완료한 수험자는 답안파일이 전송되었는지 확인한 후 감독위원의 지시에 따라 문제지를 제출하고 퇴실합니다.

답안 작성요령

- 온라인 답안 작성 절차
  수험자 등록 ⇒ 시험 시작 ⇒ 답안파일 저장 ⇒ 답안 전송 ⇒ 시험 종료
- 슬라이드의 크기는 A4 Paper로 설정하여 작성합니다.
- 슬라이드의 총 개수는 6개로 구성되어 있으며 슬라이드 1부터 순서대로 작업하고 반드시 문제와 세부 조건대로 합니다.
- 별도의 지시사항이 없는 경우 출력형태를 참조하여 글꼴색은 검정 또는 흰색으로 작성하고, 기타사항은 전체적인 균형을 고려하여 작성합니다.
- 슬라이드 도형 및 개체에 출력형태와 다른 스타일(그림자, 외곽선 등)을 적용했을 경우 감점처리 됩니다.
- 슬라이드 번호를 작성합니다(슬라이드 1에는 생략).
- 2~6번 슬라이드 제목 도형과 하단 로고는 슬라이드 마스터를 이용하여 출력형태와 동일하게 작성합니다(슬라이드 1에는 생략).
- 문제와 세부조건, 세부조건 번호 ◌(점선원)는 입력하지 않습니다.
- 각 개체의 위치는 오른쪽의 슬라이드와 동일하게 구성합니다.
- 그림 삽입 문제의 경우 반드시 「내 PC\문서\ITQ\Picture」 폴더에서 정확한 파일을 선택하여 삽입하십시오.
- 각 슬라이드를 각각의 파일로 작업해서 저장할 경우 실격 처리됩니다.

kpc 한국생산성본부

[전체구성] (60점)

(1) 슬라이드 크기 및 순서 : 크기를 A4 용지로 설정하고 슬라이드 순서에 맞게 작성한다.
(2) 슬라이드 마스터 : 2~6슬라이드의 제목, 하단 로고, 슬라이드 번호는 슬라이드 마스터를 이용하여 작성한다.
- 제목 글꼴(굴림, 40pt, 흰색), 가운데 맞춤, 도형(선 없음)
- 하단 로고(「내 PC₩문서₩ITQ₩Picture₩로고1.jpg」, 배경(회색) 투명색으로 설정)

[슬라이드 1] ≪표지 디자인≫ (40점)

(1) 표지 디자인 : 도형, 워드아트 및 그림을 이용하여 작성한다.

세부조건

① 도형 편집
- 도형에 그림 채우기 :
  「내 PC₩문서₩ITQ₩Picture₩그림1.jpg」, 투명도 50%
- 도형 효과 :
  부드러운 가장자리 5포인트

② 워드아트 삽입
- 변환 : 역갈매기형 수장
- 글꼴 : 돋움, 굵게
- 텍스트 반사 :
  근접 반사, 8pt 오프셋

③ 그림 삽입
- 「내 PC₩문서₩ITQ₩Picture₩로고1.jpg」
- 배경(회색) 투명색으로 설정

[슬라이드 2] ≪목차 슬라이드≫ (60점)

(1) 출력형태와 같이 도형을 이용하여 목차를 작성한다(글꼴 : 돋움, 24pt).
(2) 도형 : 선 없음

세부조건

① 텍스트에 하이퍼링크 적용
  -> '슬라이드 4'

② 그림 삽입
- 「내 PC₩문서₩ITQ₩Picture₩그림5.jpg」
- 자르기 기능 이용

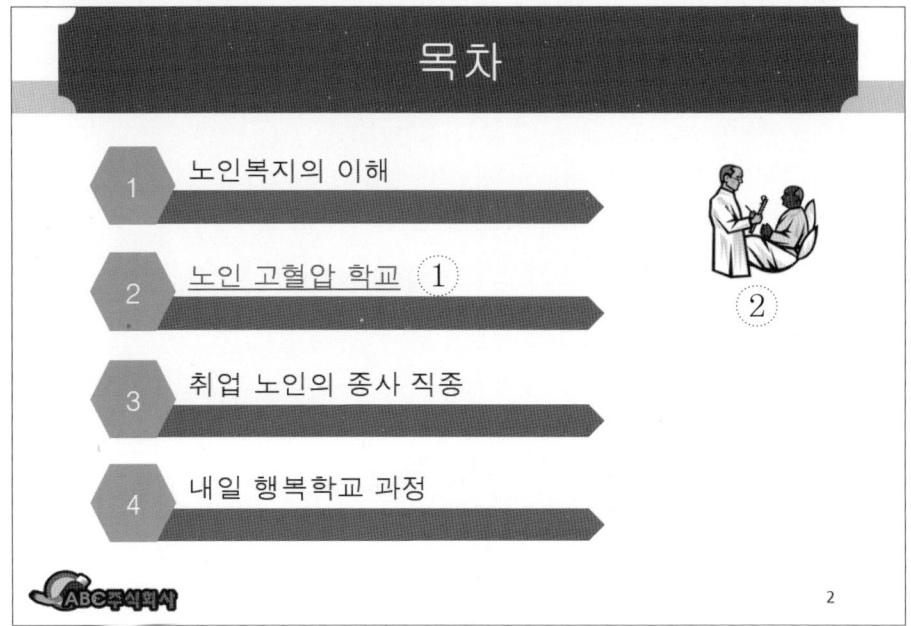

[슬라이드 3] ≪텍스트/동영상 슬라이드≫ (60점)

(1) 텍스트 작성 : 글머리 기호 사용(❖, ■)
    ❖문단(굴림, 24pt, 굵게, 줄간격 : 1.5줄), ■문단(굴림, 20pt, 줄간격 : 1.5줄)

세부조건

① 동영상 삽입 :
  - 「내 PC₩문서₩ITQ₩Picture₩동영상.wmv」
  - 자동실행, 반복재생 설정

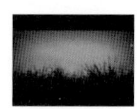

1. 노인복지의 이해

❖ Aged Man Welfare Services
  ■ Aged Man Welfare Services include friendly visiting, home delivery of hot meals, nurse visitation, and reduced cost medical supplies

❖ 노인복지
  ■ 노인의 안정적이며 주체적이고 행복한 삶을 도모하기 위한 사회적 욕구를 국가 또는 사회가 보장해주는 제도 및 실천
  ■ 은퇴 이후의 취업 설계, 기술과 경험을 사회에 환원할 수 있는 일자리에 대한 직무 교육 등이 필요함

[슬라이드 4] ≪표 슬라이드≫ (80점)

(1) 도형과 표 작성 기능을 이용하여 슬라이드를 작성한다(글꼴 : 돋움, 18pt).

세부조건

① 상단 도형 :
  2개 도형의 조합으로 작성

② 좌측 도형 :
  그라데이션 효과(선형 아래쪽)

③ 표 스타일 :
  테마 스타일 1 - 강조5

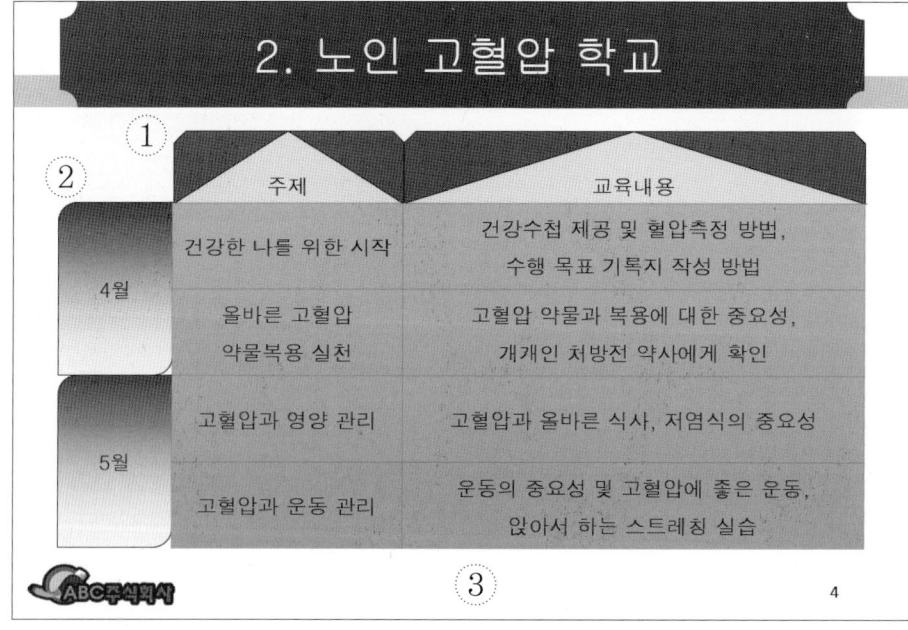

2. 노인 고혈압 학교

	주제	교육내용
4월	건강한 나를 위한 시작	건강수첩 제공 및 혈압측정 방법, 수행 목표 기록지 작성 방법
4월	올바른 고혈압 약물복용 실천	고혈압 약물과 복용에 대한 중요성, 개개인 처방전 약사에게 확인
5월	고혈압과 영양 관리	고혈압과 올바른 식사, 저염식의 중요성
5월	고혈압과 운동 관리	운동의 중요성 및 고혈압에 좋은 운동, 앉아서 하는 스트레칭 실습

[슬라이드 5] ≪차트 슬라이드≫   (100점)

(1) 차트 작성 기능을 이용하여 슬라이드를 작성한다.
(2) 차트 : 종류(묶은 세로 막대형), 글꼴(돋움, 16pt), 외곽선

세부조건

※ 차트설명
- 차트제목 : 궁서, 24pt, 굵게, 채우기(흰색), 테두리, 그림자(오프셋 왼쪽)
- 차트영역 : 채우기(노랑) 그림영역 : 채우기(흰색)
- 데이터 서식 : 서비스/판매종사자 계열을 표식이 있는 꺾은선형으로 변경 후 보조축으로 지정
- 값 표시 : 2020년의 단순노무종사자 계열만

① 도형 삽입
- 스타일 : 미세효과 – 파랑, 강조1
- 글꼴 : 굴림, 18pt

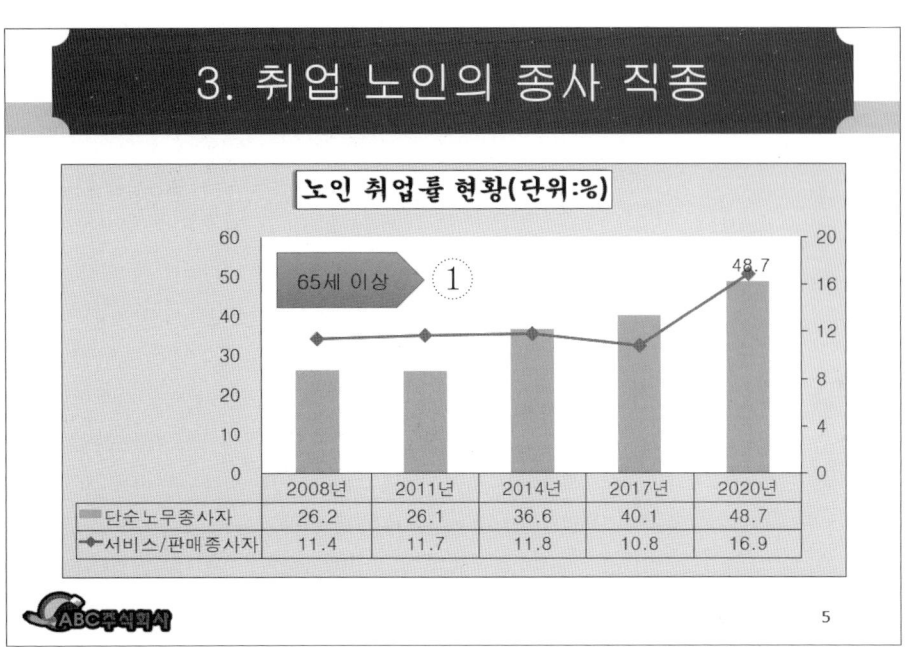

[슬라이드 6] ≪도형 슬라이드≫   (100점)

(1) 슬라이드와 같이 도형 및 스마트아트를 배치한다(글꼴 : 돋움, 18pt).
(2) 애니메이션 순서 : ① ⇒ ②

세부조건

① 도형 및 스마트아트 편집
- 스마트아트 디자인 : 3차원 만화, 3차원 벽돌
- 그룹화 후 애니메이션 효과 : 밝기 변화

② 도형 편집
- 그룹화 후 애니메이션 효과 : 닦아내기(오른쪽에서)

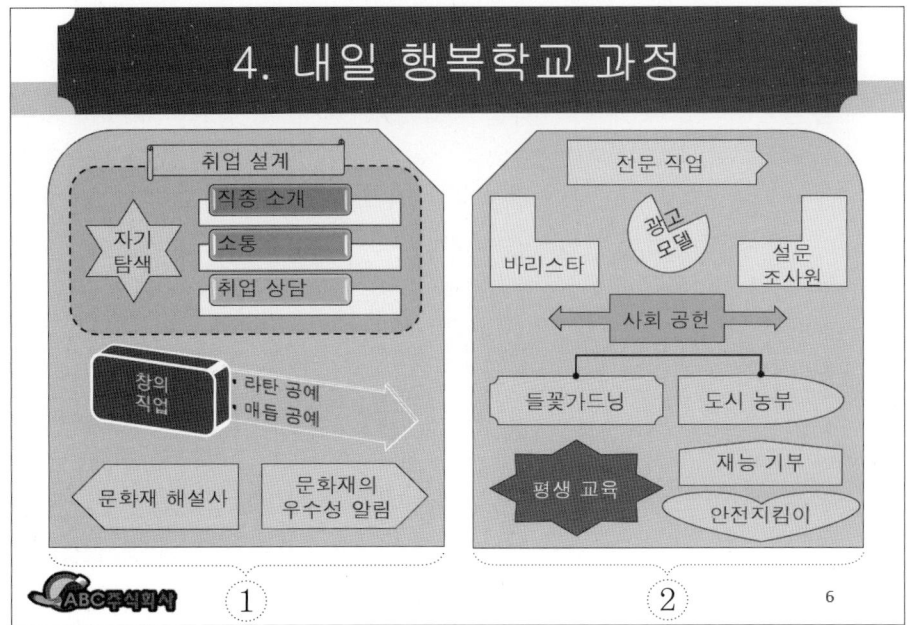

117

제 15 회 정보기술자격(ITQ) 출제예상문제

과목	코드	문제유형	시험시간	수험번호	성명
한글파워포인트	1142	E	60분		

수험자 유의사항

- 수험자는 문제지를 받는 즉시 문제지와 **수험표상의 시험과목(프로그램)이 동일한지 반드시 확인**하여야 합니다.
- 파일명은 본인의 "수험번호-성명"으로 입력하여 답안폴더(내 PC₩문서₩ITQ)에 하나의 파일로 저장해야 하며, 답안문서 파일명이 "수험번호-성명"과 일치하지 않거나, 답안파일을 전송하지 않아 미제출로 처리될 경우 실격 처리합니다(예:12345678-홍길동.pptx).
- 답안 작성을 마치면 파일을 저장하고, '답안 전송' 버튼을 선택하여 감독위원 PC로 답안을 전송하십시오. 수험생 정보와 저장한 파일명이 다를 경우 전송되지 않으므로 주의하시기 바랍니다.
- 답안 작성 중에도 **주기적으로 저장하고, '답안 전송'**하여야 문제 발생을 줄일 수 있습니다. 작업한 내용을 저장하지 않고 전송할 경우 이전에 저장된 내용이 전송되오니 이점 유의하시기 바랍니다.
- 답안문서는 지정된 경로 외의 다른 보조기억장치에 저장하는 경우, 지정된 시험 시간 외에 작성된 파일을 활용할 경우, 기타 통신수단(이메일, 메신저, 네트워크 등)을 이용하여 타인에게 전달 또는 외부 반출하는 경우는 부정 처리합니다.
- 시험 중 부주의 또는 고의로 시스템을 파손한 경우는 수험자가 변상해야 하며, 〈수험자 유의사항〉에 기재된 방법대로 이행하지 않아 생기는 불이익은 수험생 당사자의 책임임을 알려 드립니다.
- 문제의 조건은 MS오피스 2016 버전으로 설정되어 있으니 유의하시기 바랍니다.
- 시험을 완료한 수험자는 답안파일이 전송되었는지 확인한 후 감독위원의 지시에 따라 문제지를 제출하고 퇴실합니다.

답안 작성요령

- 온라인 답안 작성 절차
  수험자 등록 ⇒ 시험 시작 ⇒ 답안파일 저장 ⇒ 답안 전송 ⇒ 시험 종료
- 슬라이드의 크기는 A4 Paper로 설정하여 작성합니다.
- 슬라이드의 총 개수는 6개로 구성되어 있으며 슬라이드 1부터 순서대로 작업하고 반드시 문제와 세부조건대로 합니다.
- 별도의 지시사항이 없는 경우 출력형태를 참조하여 글꼴색은 검정 또는 흰색으로 작성하고, 기타사항은 전체적인 균형을 고려하여 작성합니다.
- 슬라이드 도형 및 개체에 출력형태와 다른 스타일(그림자, 외곽선 등)을 적용했을 경우 감점처리 됩니다.
- 슬라이드 번호를 작성합니다(슬라이드 1에는 생략).
- 2~6번 슬라이드 제목 도형과 하단 로고는 슬라이드 마스터를 이용하여 출력형태와 동일하게 작성합니다(슬라이드 1에는 생략).
- 문제와 세부조건, 세부조건 번호 ○(점선원)는 입력하지 않습니다.
- 각 개체의 위치는 오른쪽의 슬라이드와 동일하게 구성합니다.
- 그림 삽입 문제의 경우 반드시「내 PC₩문서₩ITQ₩Picture」폴더에서 정확한 파일을 선택하여 삽입하십시오.
- 각 슬라이드를 각각의 파일로 작업해서 저장할 경우 실격 처리됩니다.

[전체구성] (60점)

(1) 슬라이드 크기 및 순서 : 크기를 A4 용지로 설정하고 슬라이드 순서에 맞게 작성한다.
(2) 슬라이드 마스터 : 2~6슬라이드의 제목, 하단 로고, 슬라이드 번호는 슬라이드 마스터를 이용하여 작성한다.
- 제목 글꼴(돋움, 40pt, 흰색), 가운데 맞춤, 도형(선 없음)
- 하단 로고(「내 PC₩문서₩ITQ₩Picture₩로고2.jpg」, 배경(회색) 투명색으로 설정)

[슬라이드 1]   ≪표지 디자인≫ (40점)

(1) 표지 디자인 : 도형, 워드아트 및 그림을 이용하여 작성한다.

세부조건

① 도형 편집
- 도형에 그림 채우기 :
  「내 PC₩문서₩ITQ₩Picture₩그림3.jpg」, 투명도 50%
- 도형 효과 :
  부드러운 가장자리 5포인트

② 워드아트 삽입
- 변환 : 역삼각형
- 글꼴 : 돋움, 굵게
- 텍스트 반사 :
  근접 반사, 4pt 오프셋

③ 그림 삽입
- 「내 PC₩문서₩ITQ₩Picture₩로고2.jpg」
- 배경(회색) 투명색으로 설정

[슬라이드 2]   ≪목차 슬라이드≫ (60점)

(1) 출력형태와 같이 도형을 이용하여 목차를 작성한다(글꼴 : 굴림, 24pt).
(2) 도형 : 선 없음

세부조건

① 텍스트에 하이퍼링크 적용
  -> '슬라이드 6'

② 그림 삽입
- 「내 PC₩문서₩ITQ₩Picture₩그림4.jpg」
- 자르기 기능 이용

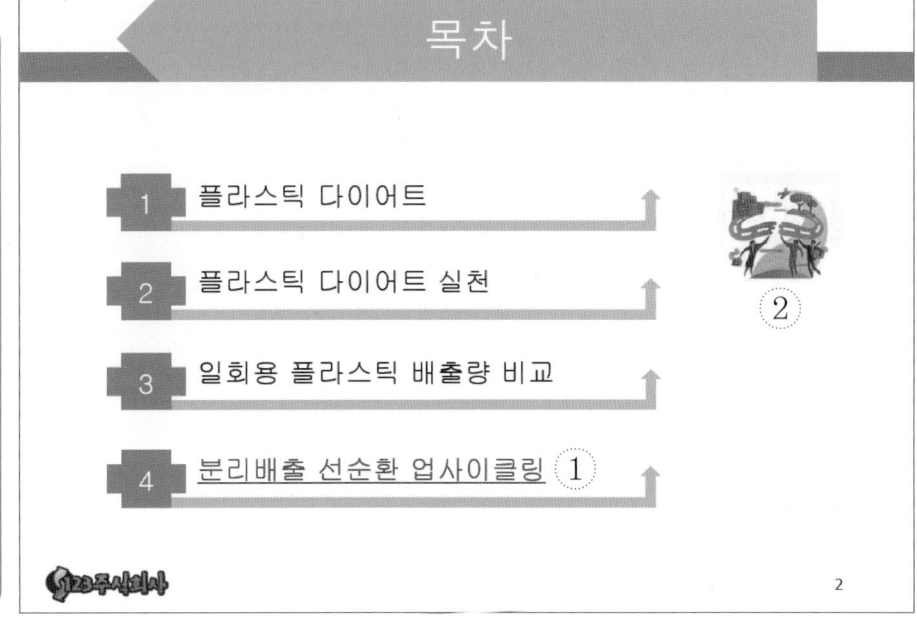

[슬라이드 3] ≪텍스트/동영상 슬라이드≫ (60점)

(1) 텍스트 작성 : 글머리 기호 사용(➢, ✓)
➢문단(굴림, 24pt, 굵게, 줄간격 : 1.5줄), ✓문단(굴림, 20pt, 줄간격 : 1.5줄)

세부조건

① 동영상 삽입 :
- 「내 PC₩문서₩ITQ₩Picture₩동영상.wmv」
- 자동실행, 반복재생 설정

1. 플라스틱 다이어트

➢ Plastic diet
  ✓ The way we use and dispose of plastics must change for the sake of not just the environment but also our economy

➢ 탄소중립 선언
  ✓ 지구 온난화로 폭염, 폭우, 폭설, 태풍, 산불 등 이상기후 현상으로 전 세계는 전례 없는 기후 위기에 처함
  ✓ 우리 정부는 국제사회와 함께 기후변화에 적극 대응하기 위하여 '2050년 탄소중립'을 선언함

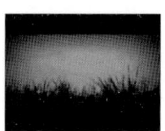

[슬라이드 4] ≪표 슬라이드≫ (80점)

(1) 도형과 표 작성 기능을 이용하여 슬라이드를 작성한다(글꼴 : 돋움, 18pt).

세부조건

① 상단 도형 :
   2개 도형의 조합으로 작성

② 좌측 도형 :
   그라데이션 효과(선형 아래쪽)

③ 표 스타일 :
   테마 스타일 1 - 강조6

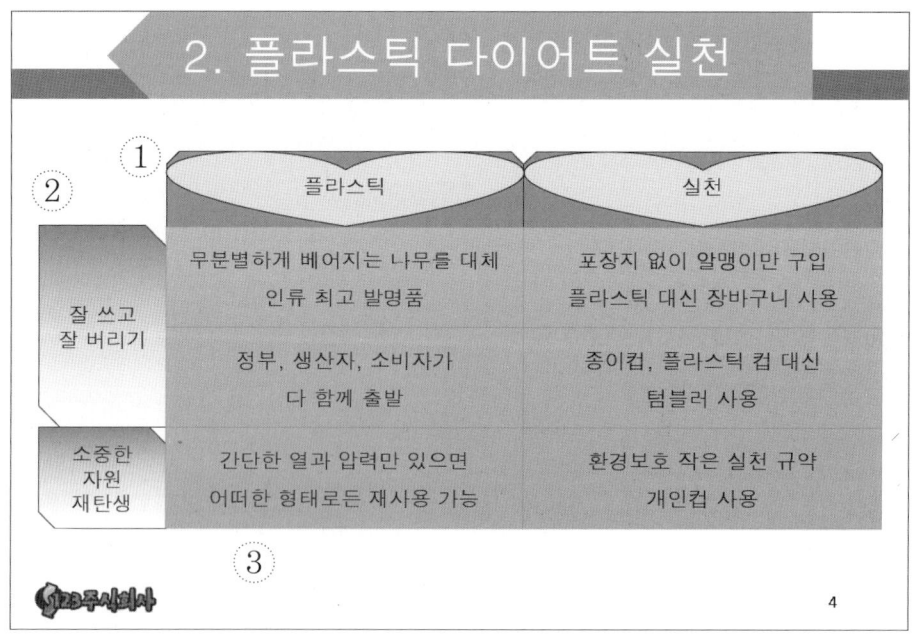

[슬라이드 5] ≪차트 슬라이드≫ (100점)

(1) 차트 작성 기능을 이용하여 슬라이드를 작성한다.
(2) 차트 : 종류(묶은 세로 막대형), 글꼴(돋움, 16pt), 외곽선

세부조건

※ 차트설명
- 차트제목 : 궁서, 24pt, 굵게, 채우기(흰색), 테두리, 그림자(오프셋 오른쪽)
- 차트영역 : 채우기(노랑)
  그림영역 : 채우기(흰색)
- 데이터 서식 : 다인 가구 계열을 표식이 있는 꺾은선형으로 변경 후 보조축으로 지정
- 값 표시 : 비닐봉지의 1인 가구 계열만

① 도형 삽입
  - 스타일 :
     미세효과 – 파랑, 강조1
  - 글꼴 : 굴림, 18pt

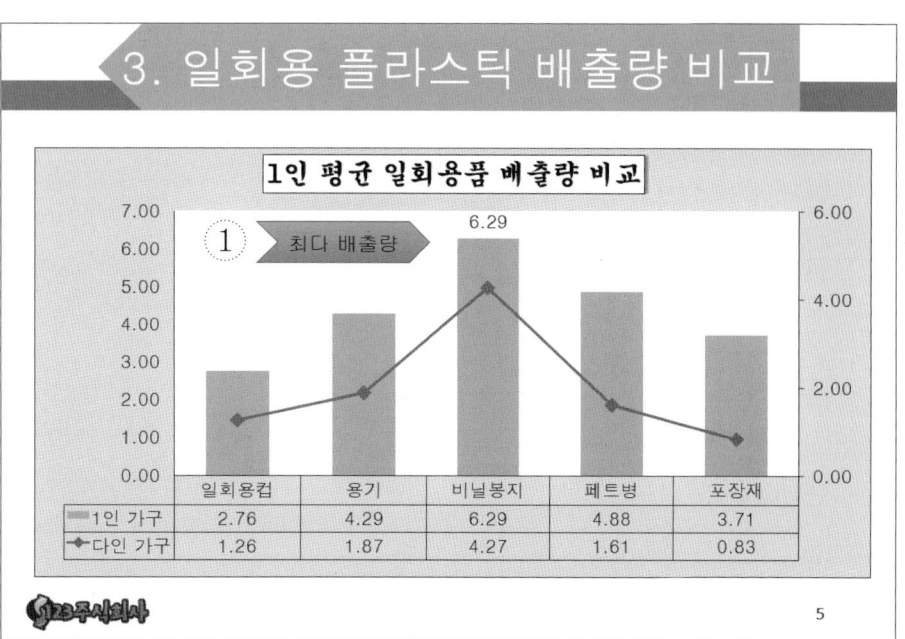

[슬라이드 6] ≪도형 슬라이드≫ (100점)

(1) 슬라이드와 같이 도형 및 스마트아트를 배치한다(글꼴 : 굴림, 18pt).
(2) 애니메이션 순서 : ① ⇒ ②

세부조건

① 도형 및 스마트아트 편집
  - 스마트아트 디자인
    : 3차원 만화,
      3차원 경사
  - 그룹화 후 애니메이션 효과
    : 닦아내기(위에서)

② 도형 편집
  - 그룹화 후 애니메이션 효과
    : 바운드

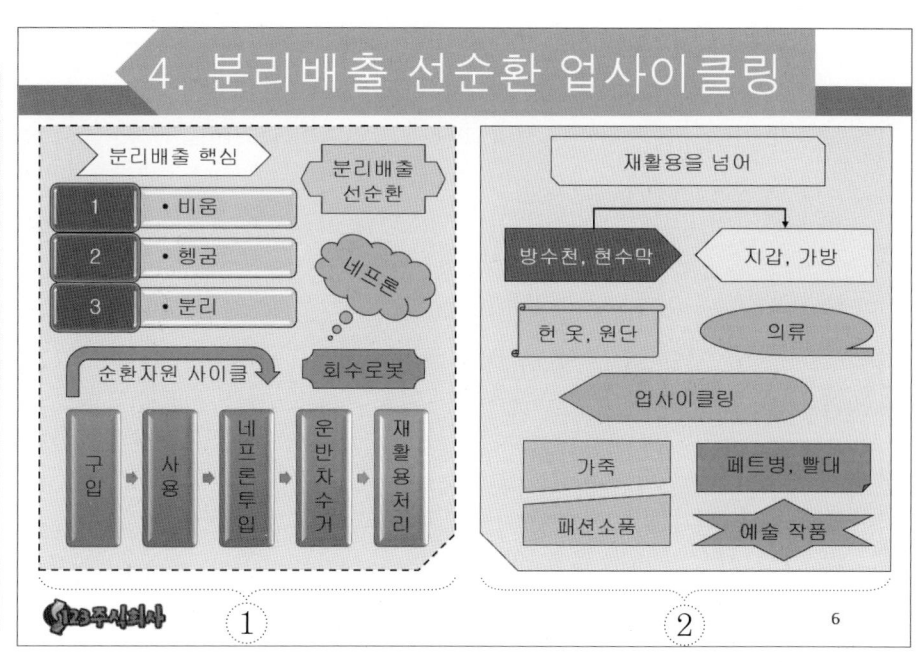

제16회 정보기술자격(ITQ) 출제예상문제

과목	코드	문제유형	시험시간	수험번호	성명
한글파워포인트	1142	A	60분		

수험자 유의사항

- 수험자는 문제지를 받는 즉시 문제지와 **수험표상의 시험과목(프로그램)이 동일한지 반드시 확인**하여야 합니다.
- 파일명은 본인의 "수험번호-성명"으로 입력하여 답안폴더(내 PC\문서\ITQ)에 하나의 파일로 저장해야 하며, 답안문서 파일명이 "수험번호-성명"과 일치하지 않거나, 답안파일을 전송하지 않아 미제출로 처리될 경우 실격 처리합니다(예:12345678-홍길동.pptx).
- 답안 작성을 마치면 파일을 저장하고, '답안 전송' 버튼을 선택하여 감독위원 PC로 답안을 전송하십시오. 수험생 정보와 저장한 파일명이 다를 경우 전송되지 않으므로 주의하시기 바랍니다.
- 답안 작성 중에도 **주기적으로 저장하고, '답안 전송'**하여야 문제 발생을 줄일 수 있습니다. 작업한 내용을 저장하지 않고 전송할 경우 이전에 저장된 내용이 전송되오니 이점 유의하시기 바랍니다.
- 답안문서는 지정된 경로 외의 다른 보조기억장치에 저장하는 경우, 지정된 시험 시간 외에 작성된 파일을 활용할 경우, 기타 통신수단(이메일, 메신저, 네트워크 등)을 이용하여 타인에게 전달 또는 외부 반출하는 경우는 부정 처리합니다.
- 시험 중 부주의 또는 고의로 시스템을 파손한 경우는 수험자가 변상해야 하며, 〈수험자 유의사항〉에 기재된 방법대로 이행하지 않아 생기는 불이익은 수험생 당사자의 책임임을 알려 드립니다.
- 문제의 조건은 MS오피스 2016 버전으로 설정되어 있으니 유의하시기 바랍니다.
- 시험을 완료한 수험자는 답안파일이 전송되었는지 확인한 후 감독위원의 지시에 따라 문제지를 제출하고 퇴실합니다.

답안 작성요령

- 온라인 답안 작성 절차
  수험자 등록 ⇒ 시험 시작 ⇒ 답안파일 저장 ⇒ 답안 전송 ⇒ 시험 종료
- 슬라이드의 크기는 A4 Paper로 설정하여 작성합니다.
- 슬라이드의 총 개수는 6개로 구성되어 있으며 슬라이드 1부터 순서대로 작업하고 반드시 문제와 세부조건대로 합니다.
- 별도의 지시사항이 없는 경우 출력형태를 참조하여 글꼴색은 검정 또는 흰색으로 작성하고, 기타사항은 전체적인 균형을 고려하여 작성합니다.
- 슬라이드 도형 및 개체에 출력형태와 다른 스타일(그림자, 외곽선 등)을 적용했을 경우 감점처리 됩니다.
- 슬라이드 번호를 작성합니다(슬라이드 1에는 생략).
- 2~6번 슬라이드 제목 도형과 하단 로고는 슬라이드 마스터를 이용하여 출력형태와 동일하게 작성합니다(슬라이드 1에는 생략).
- 문제와 세부조건, 세부조건 번호 ◌(점선원)는 입력하지 않습니다.
- 각 개체의 위치는 오른쪽의 슬라이드와 동일하게 구성합니다.
- 그림 삽입 문제의 경우 반드시 「내 PC\문서\ITQ\Picture」 폴더에서 정확한 파일을 선택하여 삽입하십시오.
- 각 슬라이드를 각각의 파일로 작업해서 저장할 경우 실격 처리됩니다.

[전체구성] (60점)

(1) 슬라이드 크기 및 순서 : 크기를 A4 용지로 설정하고 슬라이드 순서에 맞게 작성한다.
(2) 슬라이드 마스터 : 2~6슬라이드의 제목, 하단 로고, 슬라이드 번호는 슬라이드 마스터를 이용하여 작성한다.
- 제목 글꼴(돋움, 40pt, 흰색), 가운데 맞춤, 도형(선 없음)
- 하단 로고(「내 PC₩문서₩ITQ₩Picture₩로고2.jpg」, 배경(회색) 투명색으로 설정)

[슬라이드 1] ≪표지 디자인≫ (40점)

(1) 표지 디자인 : 도형, 워드아트 및 그림을 이용하여 작성한다.

세부조건

① 도형 편집
 - 도형에 그림 채우기 :
  「내 PC₩문서₩ITQ₩Picture₩
  그림3.jpg」, 투명도 50%
 - 도형 효과 :
  부드러운 가장자리 5포인트

② 워드아트 삽입
 - 변환 : 역삼각형
 - 글꼴 : 돋움, 굵게
 - 텍스트 반사 :
  근접 반사, 4pt 오프셋

③ 그림 삽입
 - 「내 PC₩문서₩ITQ₩Picture₩
  로고2.jpg」
 - 배경(회색) 투명색으로 설정

[슬라이드 2] ≪목차 슬라이드≫ (60점)

(1) 출력형태와 같이 도형을 이용하여 목차를 작성한다(글꼴 : 굴림, 24pt).
(2) 도형 : 선 없음

세부조건

① 텍스트에 하이퍼링크 적용
  -> '슬라이드 6'

② 그림 삽입
 - 「내 PC₩문서₩ITQ₩Picture₩
  그림4.jpg」
 - 자르기 기능 이용

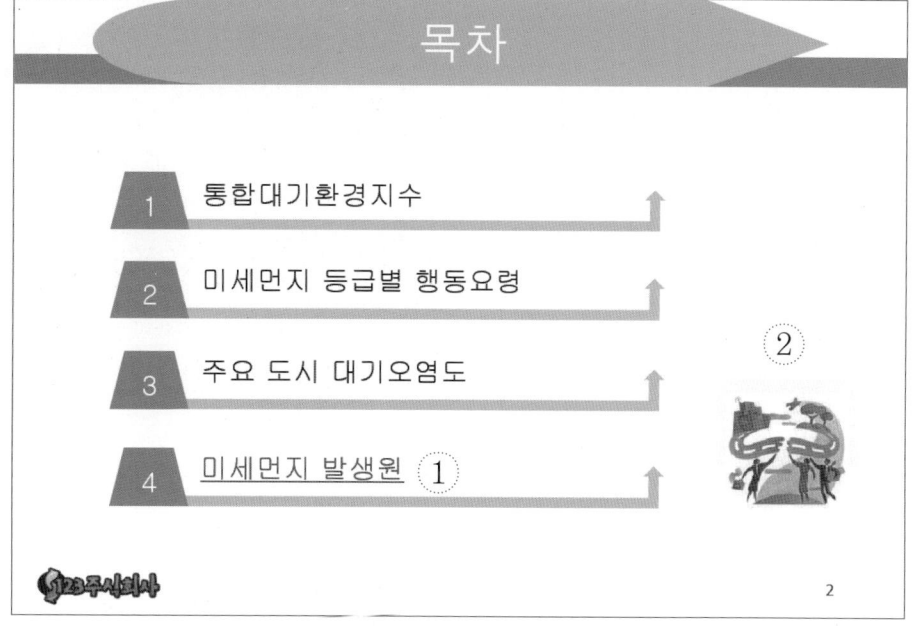

[슬라이드 3] ≪텍스트/동영상 슬라이드≫   (60점)

(1) 텍스트 작성 : 글머리 기호 사용(➢, ✓)
  ➢문단(굴림, 24pt, 굵게, 줄간격 : 1.5줄), ✓문단(굴림, 20pt, 줄간격 : 1.5줄)

세부조건

① 동영상 삽입 :
 - 「내 PC\문서\ITQ\Picture\동영상.wmv」
 - 자동실행, 반복재생 설정

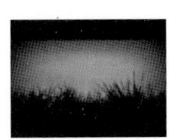

[슬라이드 4] ≪표 슬라이드≫   (80점)

(1) 도형과 표 작성 기능을 이용하여 슬라이드를 작성한다(글꼴 : 돋움, 18pt).

세부조건

① 상단 도형 :
  2개 도형의 조합으로 작성

② 좌측 도형 :
  그라데이션 효과(선형 아래쪽)

③ 표 스타일 :
  테마 스타일 1 - 강조6

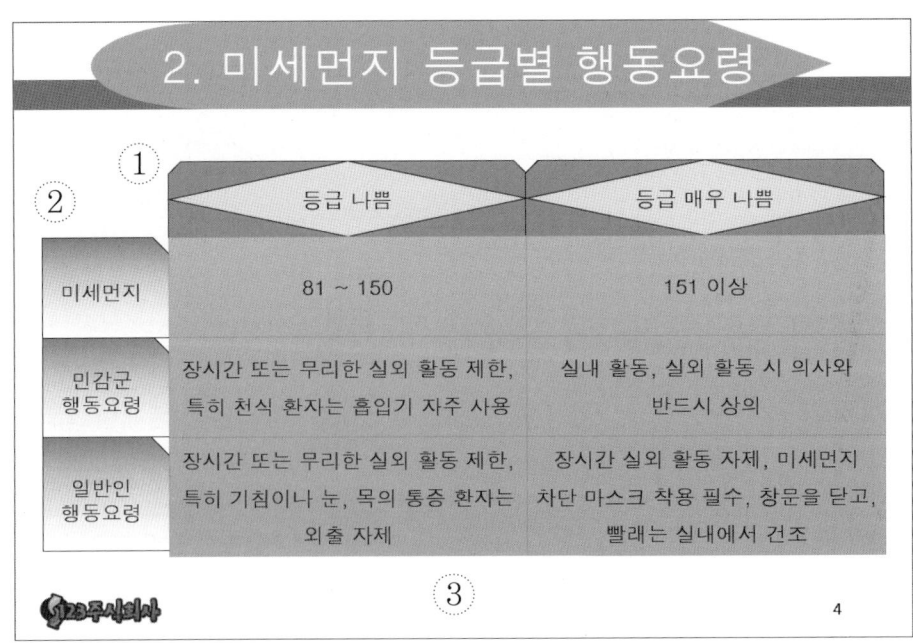

[슬라이드 5] ≪차트 슬라이드≫   (100점)

(1) 차트 작성 기능을 이용하여 슬라이드를 작성한다.
(2) 차트 : 종류(묶은 세로 막대형), 글꼴(돋움, 16pt), 외곽선

세부조건

※ 차트설명
- 차트제목 : 궁서, 24pt, 굵게, 채우기(흰색), 테두리, 그림자(오프셋 오른쪽)
- 차트영역 : 채우기(노랑)
  그림영역 : 채우기(흰색)
- 데이터 서식 : 2020년 계열을 표식이 있는 꺾은선형으로 변경 후 보조축으로 지정
- 값 표시 : 서울의 2019년 계열만

① 도형 삽입
  - 스타일 :
    미세효과 – 파랑, 강조1
  - 글꼴 : 굴림, 18pt

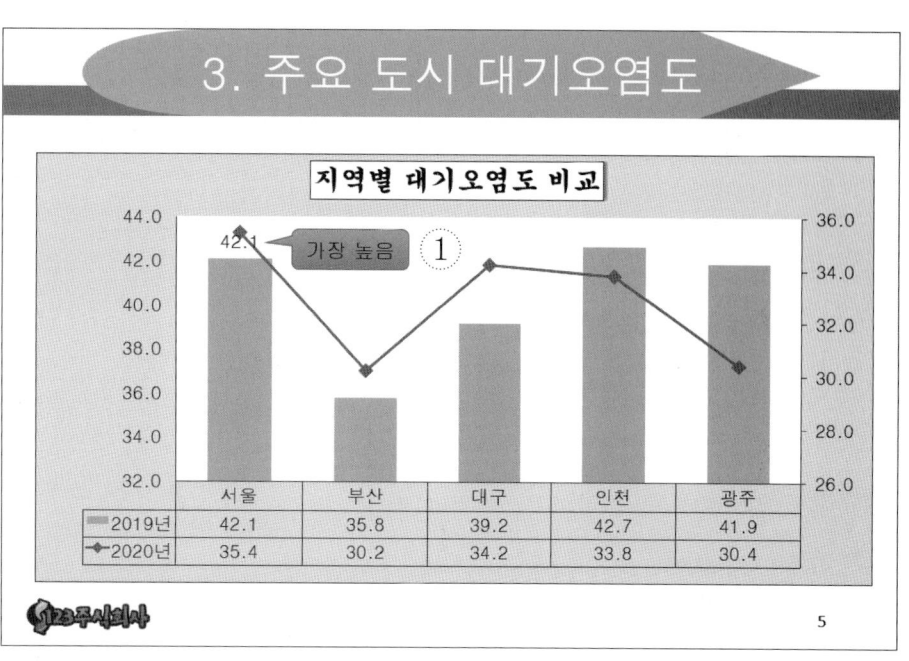

[슬라이드 6] ≪도형 슬라이드≫   (100점)

(1) 슬라이드와 같이 도형 및 스마트아트를 배치한다(글꼴 : 굴림, 18pt).
(2) 애니메이션 순서 : ① ⇒ ②

세부조건

① 도형 편집
  - 그룹화 후 애니메이션 효과
    : 닦아내기(위에서)

② 도형 및 스마트아트 편집
  - 스마트아트 디자인
    : 3차원 만화,
    3차원 경사
  - 그룹화 후 애니메이션 효과
    : 바운드

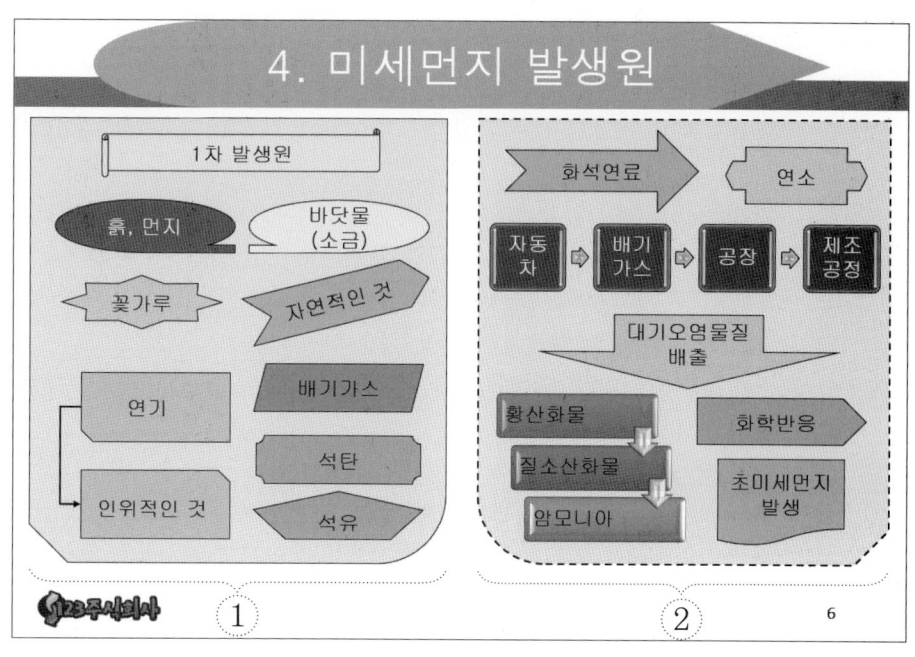

제17회 정보기술자격(ITQ) 출제예상문제

과목	코드	문제유형	시험시간	수험번호	성명
한글파워포인트	1142	B	60분		

수험자 유의사항

- 수험자는 문제지를 받는 즉시 문제지와 **수험표상의 시험과목(프로그램)이 동일한지 반드시 확인**하여야 합니다.
- 파일명은 본인의 "수험번호-성명"으로 입력하여 답안폴더(내 PC₩문서₩ITQ)에 하나의 파일로 저장해야 하며, 답안문서 파일명이 "수험번호-성명"과 일치하지 않거나, 답안파일을 전송하지 않아 미제출로 처리될 경우 실격 처리합니다(예:12345678-홍길동.pptx).
- 답안 작성을 마치면 파일을 저장하고, '답안 전송' 버튼을 선택하여 감독위원 PC로 답안을 전송하십시오. 수험생 정보와 저장한 파일명이 다를 경우 전송되지 않으므로 주의하시기 바랍니다.
- 답안 작성 중에도 **주기적으로 저장하고, '답안 전송'**하여야 문제 발생을 줄일 수 있습니다. 작업한 내용을 저장하지 않고 전송할 경우 이전에 저장된 내용이 전송되오니 이점 유의하시기 바랍니다.
- 답안문서는 지정된 경로 외의 다른 보조기억장치에 저장하는 경우, 지정된 시험 시간 외에 작성된 파일을 활용할 경우, 기타 통신수단(이메일, 메신저, 네트워크 등)을 이용하여 타인에게 전달 또는 외부 반출하는 경우는 부정 처리합니다.
- 시험 중 부주의 또는 고의로 시스템을 파손한 경우는 수험자가 변상해야 하며, 〈수험자 유의사항〉에 기재된 방법대로 이행하지 않아 생기는 불이익은 수험생 당사자의 책임임을 알려 드립니다.
- 문제의 조건은 MS오피스 2016 버전으로 설정되어 있으니 유의하시기 바랍니다.
- 시험을 완료한 수험자는 답안파일이 전송되었는지 확인한 후 감독위원의 지시에 따라 문제지를 제출하고 퇴실합니다.

답안 작성요령

- 온라인 답안 작성 절차
  수험자 등록 ⇒ 시험 시작 ⇒ 답안파일 저장 ⇒ 답안 전송 ⇒ 시험 종료
- 슬라이드의 크기는 A4 Paper로 설정하여 작성합니다.
- 슬라이드의 총 개수는 6개로 구성되어 있으며 슬라이드 1부터 순서대로 작업하고 반드시 문제와 세부조건대로 합니다.
- 별도의 지시사항이 없는 경우 출력형태를 참조하여 글꼴색은 검정 또는 흰색으로 작성하고, 기타사항은 전체적인 균형을 고려하여 작성합니다.
- 슬라이드 도형 및 개체에 출력형태와 다른 스타일(그림자, 외곽선 등)을 적용했을 경우 감점처리 됩니다.
- 슬라이드 번호를 작성합니다(슬라이드 1에는 생략).
- 2~6번 슬라이드 제목 도형과 하단 로고는 슬라이드 마스터를 이용하여 출력형태와 동일하게 작성합니다(슬라이드 1에는 생략).
- 문제와 세부조건, 세부조건 번호 ◯(점선원)는 입력하지 않습니다.
- 각 개체의 위치는 오른쪽의 슬라이드와 동일하게 구성합니다.
- 그림 삽입 문제의 경우 반드시 「내 PC₩문서₩ITQ₩Picture」 폴더에서 정확한 파일을 선택하여 삽입하십시오.
- 각 슬라이드를 각각의 파일로 작업해서 저장할 경우 실격 처리됩니다.

[전체구성] (60점)

(1) 슬라이드 크기 및 순서 : 크기를 A4 용지로 설정하고 슬라이드 순서에 맞게 작성한다.
(2) 슬라이드 마스터 : 2~6슬라이드의 제목, 하단 로고, 슬라이드 번호는 슬라이드 마스터를 이용하여 작성한다.
- 제목 글꼴(돋움, 40pt, 흰색), 가운데 맞춤, 도형(선 없음)
- 하단 로고「내 PC₩문서₩ITQ₩Picture₩로고2.jpg」, 배경(회색) 투명색으로 설정)

[슬라이드 1] ≪표지 디자인≫ (40점)

(1) 표지 디자인 : 도형, 워드아트 및 그림을 이용하여 작성한다.

세부조건

① 도형 편집
- 도형에 그림 채우기 :
「내 PC₩문서₩ITQ₩Picture₩그림3.jpg」, 투명도 50%
- 도형 효과 :
부드러운 가장자리 5포인트

② 워드아트 삽입
- 변환 : 역삼각형
- 글꼴 : 돋움, 굵게
- 텍스트 반사 :
근접 반사, 4pt 오프셋

③ 그림 삽입
-「내 PC₩문서₩ITQ₩Picture₩로고2.jpg」
- 배경(회색) 투명색으로 설정

[슬라이드 2] ≪목차 슬라이드≫ (60점)

(1) 출력형태와 같이 도형을 이용하여 목차를 작성한다(글꼴 : 굴림, 24pt).
(2) 도형 : 선 없음

세부조건

① 텍스트에 하이퍼링크 적용
-> '슬라이드 6'

② 그림 삽입
-「내 PC₩문서₩ITQ₩Picture₩그림4.jpg」
- 자르기 기능 이용

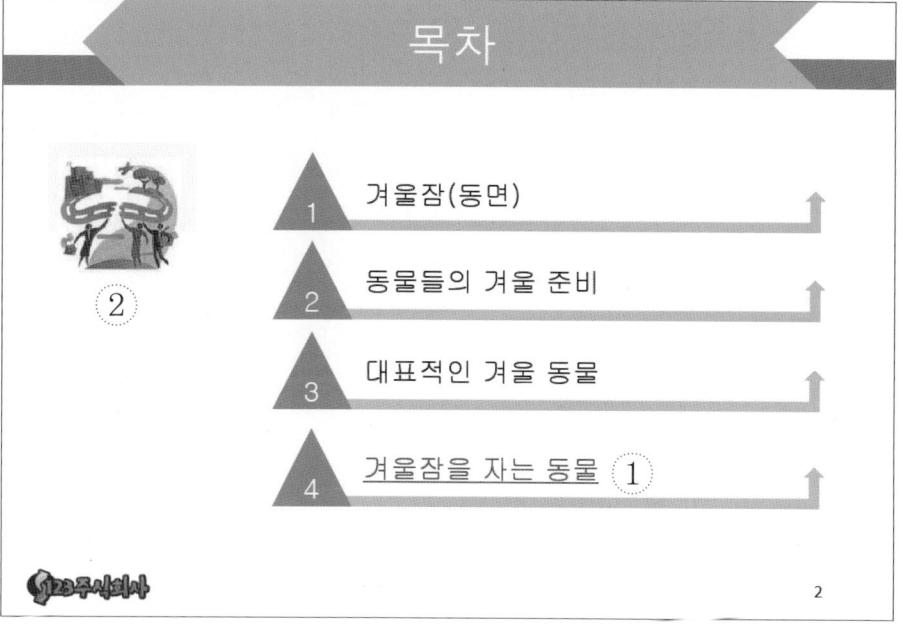

[슬라이드 3] ≪텍스트/동영상 슬라이드≫   (60점)

(1) 텍스트 작성 : 글머리 기호 사용(❖, ✓)
  ❖문단(굴림, 24pt, 굵게, 줄간격 : 1.5줄), ✓문단(굴림, 20pt, 줄간격 : 1.5줄)

세부조건

① 동영상 삽입 :
  - 「내 PC₩문서₩ITQ₩Picture₩
    동영상.wmv」
  - 자동실행, 반복재생 설정

1. 겨울잠(동면)

❖ **Winter Sleep**
  ✓ Winter sleep is a state of reduced activity of animals during the more hostile environmental conditions of winter

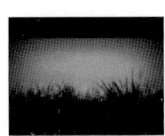

❖ **겨울잠(동면)**
  ✓ 먹이가 없는 겨울에 동물들이 활동과 생활을 거의 중지한 일정한 상태로 땅속 따위에서 겨울을 지내는 현상
  ✓ 겨울잠에 들기 전 멜라토닌의 분비량, 갑상선 호르몬, 심박수 등을 조절하는 뇌하수체 호르몬 등의 변화가 생김

[슬라이드 4] ≪표 슬라이드≫   (80점)

(1) 도형과 표 작성 기능을 이용하여 슬라이드를 작성한다(글꼴 : 돋움, 18pt).

세부조건

① 상단 도형 :
   2개 도형의 조합으로 작성

② 좌측 도형 :
   그라데이션 효과(선형 아래쪽)

③ 표 스타일 :
   테마 스타일 1 - 강조6

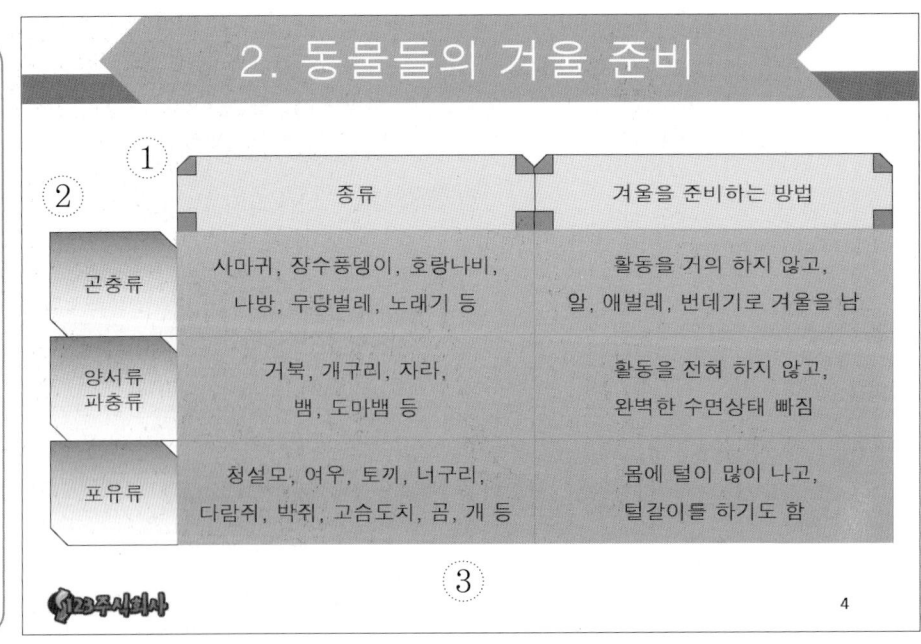

[슬라이드 5] ≪차트 슬라이드≫ (100점)

(1) 차트 작성 기능을 이용하여 슬라이드를 작성한다.
(2) 차트 : 종류(묶은 세로 막대형), 글꼴(돋움, 16pt), 외곽선

세부조건

※ 차트설명
- 차트제목 : 궁서, 24pt, 굵게, 채우기(흰색), 테두리, 그림자(오프셋 오른쪽)
- 차트영역 : 채우기(노랑) 그림영역 : 채우기(흰색)
- 데이터 서식 : 몸무게(kg) 계열을 표식이 있는 꺾은선형으로 변경 후 보조축으로 지정
- 값 표시 : 북극여우의 크기(m) 계열만

① 도형 삽입
- 스타일 :
  미세효과 – 파랑, 강조1

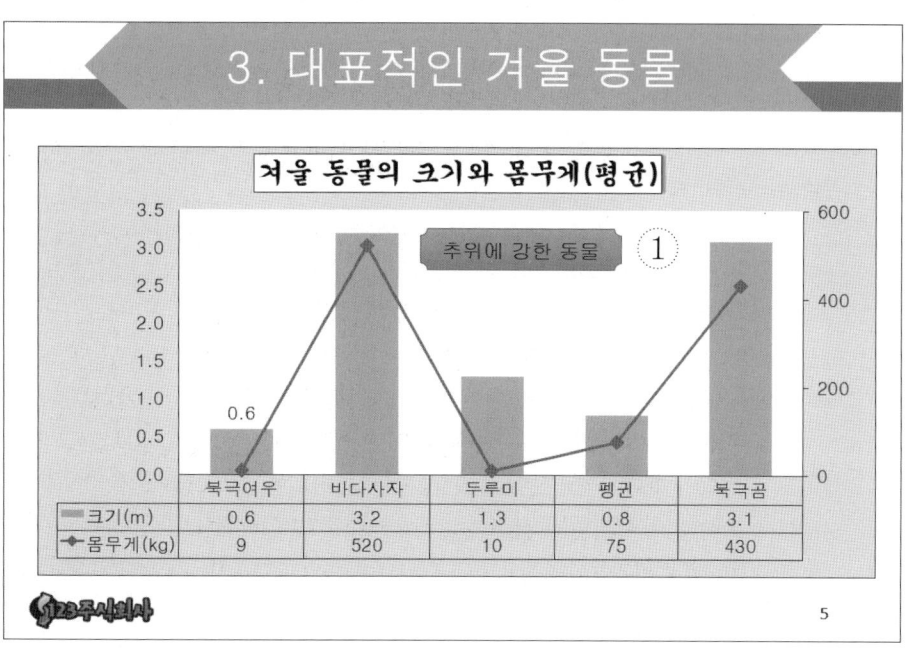

[슬라이드 6] ≪도형 슬라이드≫ (100점)

(1) 슬라이드와 같이 도형 및 스마트아트를 배치한다(글꼴 : 굴림, 18pt).
(2) 애니메이션 순서 : ① ⇒ ②

세부조건

① 도형 및 스마트아트 편집
- 스마트아트 디자인
  : 3차원 만화,
  3차원 경사
- 그룹화 후 애니메이션 효과
  : 닦아내기(위에서)

② 도형 편집
- 그룹화 후 애니메이션 효과
  : 바운드

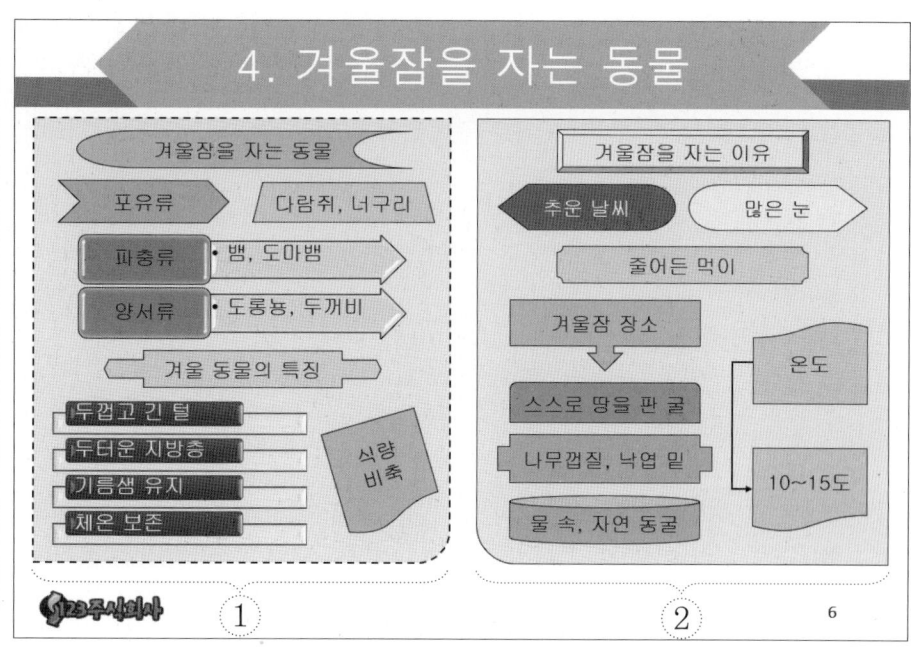

제 18 회 정보기술자격(ITQ) 출제예상문제

과목	코드	문제유형	시험시간	수험번호	성명
한글파워포인트	1142	C	60분		

수험자 유의사항

- 수험자는 문제지를 받는 즉시 문제지와 **수험표상의 시험과목(프로그램)이 동일한지 반드시 확인**하여야 합니다.
- 파일명은 본인의 "수험번호-성명"으로 입력하여 답안폴더(내 PC₩문서₩ITQ)에 하나의 파일로 저장해야 하며, 답안문서 파일명이 "수험번호-성명"과 일치하지 않거나, 답안파일을 전송하지 않아 미제출로 처리될 경우 실격 처리합니다(예:12345678-홍길동.pptx).
- 답안 작성을 마치면 파일을 저장하고, '답안 전송' 버튼을 선택하여 감독위원 PC로 답안을 전송하십시오. 수험생 정보와 저장한 파일명이 다를 경우 전송되지 않으므로 주의하시기 바랍니다.
- 답안 작성 중에도 **주기적으로 저장하고, '답안 전송'**하여야 문제 발생을 줄일 수 있습니다. 작업한 내용을 저장하지 않고 전송할 경우 이전에 저장된 내용이 전송되오니 이점 유의하시기 바랍니다.
- 답안문서는 지정된 경로 외의 다른 보조기억장치에 저장하는 경우, 지정된 시험 시간 외에 작성된 파일을 활용할 경우, 기타 통신수단(이메일, 메신저, 네트워크 등)을 이용하여 타인에게 전달 또는 외부 반출하는 경우는 부정 처리합니다.
- 시험 중 부주의 또는 고의로 시스템을 파손한 경우는 수험자가 변상해야 하며, 〈수험자 유의사항〉에 기재된 방법대로 이행하지 않아 생기는 불이익은 수험생 당사자의 책임임을 알려 드립니다.
- 문제의 조건은 MS오피스 2016 버전으로 설정되어 있으니 유의하시기 바랍니다.
- 시험을 완료한 수험자는 답안파일이 전송되었는지 확인한 후 감독위원의 지시에 따라 문제지를 제출하고 퇴실합니다.

답안 작성요령

- 온라인 답안 작성 절차
  수험자 등록 ⇒ 시험 시작 ⇒ 답안파일 저장 ⇒ 답안 전송 ⇒ 시험 종료
- 슬라이드의 크기는 A4 Paper로 설정하여 작성합니다.
- 슬라이드의 총 개수는 6개로 구성되어 있으며 슬라이드 1부터 순서대로 작업하고 반드시 문제와 세부 조건대로 합니다.
- 별도의 지시사항이 없는 경우 출력형태를 참조하여 글꼴색은 검정 또는 흰색으로 작성하고, 기타사항은 전체적인 균형을 고려하여 작성합니다.
- 슬라이드 도형 및 개체에 출력형태와 다른 스타일(그림자, 외곽선 등)을 적용했을 경우 감점처리 됩니다.
- 슬라이드 번호를 작성합니다(슬라이드 1에는 생략).
- 2~6번 슬라이드 제목 도형과 하단 로고는 슬라이드 마스터를 이용하여 출력형태와 동일하게 작성합니다(슬라이드 1에는 생략).
- 문제와 세부조건, 세부조건 번호 ◌(점선원)는 입력하지 않습니다.
- 각 개체의 위치는 오른쪽의 슬라이드와 동일하게 구성합니다.
- 그림 삽입 문제의 경우 반드시 「내 PC₩문서₩ITQ₩Picture」 폴더에서 정확한 파일을 선택하여 삽입하십시오.
- 각 슬라이드를 각각의 파일로 작업해서 저장할 경우 실격 처리됩니다.

kpc 한국생산성본부

[전체구성]　　　　　　　　　　　　　　　　　　　　　　　　　　　　(60점)

(1) 슬라이드 크기 및 순서 : 크기를 A4 용지로 설정하고 슬라이드 순서에 맞게 작성한다.
(2) 슬라이드 마스터 : 2~6슬라이드의 제목, 하단 로고, 슬라이드 번호는 슬라이드 마스터를 이용하여 작성한다.
- 제목 글꼴(굴림, 40pt, 흰색), 가운데 맞춤, 도형(선 없음)
- 하단 로고(「내 PC₩문서₩ITQ₩Picture₩로고2.jpg」, 배경(회색) 투명색으로 설정)

[슬라이드 1]　《표지 디자인》　　　　　　　　　　　　　　　　　(40점)

(1) 표지 디자인 : 도형, 워드아트 및 그림을 이용하여 작성한다.

세부조건

① 도형 편집
- 도형에 그림 채우기 :
  「내 PC₩문서₩ITQ₩Picture₩
  그림1.jpg」, 투명도 50%
- 도형 효과 :
  부드러운 가장자리 5포인트

② 워드아트 삽입
- 변환 : 삼각형
- 글꼴 : 돋움, 굵게
- 텍스트 반사 :
  근접 반사, 4pt 오프셋

③ 그림 삽입
- 「내 PC₩문서₩ITQ₩Picture₩
  로고2.jpg」
- 배경(회색) 투명색으로 설정

[슬라이드 2]　《목차 슬라이드》　　　　　　　　　　　　　　　　(60점)

(1) 출력형태와 같이 도형을 이용하여 목차를 작성한다(글꼴 : 굴림, 24pt).
(2) 도형 : 선 없음

세부조건

① 텍스트에 하이퍼링크 적용
　-> '슬라이드 6'

② 그림 삽입
- 「내 PC₩문서₩ITQ₩Picture₩
  그림5.jpg」
- 자르기 기능 이용

[슬라이드 3] ≪텍스트/동영상 슬라이드≫ (60점)

(1) 텍스트 작성 : 글머리 기호 사용(➢, ■)
➢문단(돋움, 24pt, 굵게, 줄간격 : 1.5줄), ■문단(돋움, 20pt, 줄간격 : 1.5줄)

세부조건

① 동영상 삽입 :
- 「내 PC₩문서₩ITQ₩Picture₩동영상.wmv」
- 자동실행, 반복재생 설정

1. NFT란?

➢ **Non-fungible Token**
- NFT is a unit of data stored on a digital ledger, called a blockchain, that certifies a digital asset to be unique and therefore not interchangeable

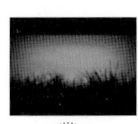

➢ **NFT**
- NFT란 대체 불가능 토큰으로써, 토큰마다 고유의 값을 가지고 있어 A 토큰을 B 토큰으로 대체할 수 없는 토큰
- 각 토큰이 서로 다른 가치를 가지고 있는 고유한 자산을 의미

[슬라이드 4] ≪표 슬라이드≫ (80점)

(1) 도형과 표 작성 기능을 이용하여 슬라이드를 작성한다(글꼴 : 굴림, 18pt).

세부조건

① 상단 도형 :
2개 도형의 조합으로 작성

② 좌측 도형 :
그라데이션 효과(선형 아래쪽)

③ 표 스타일 :
테마 스타일 1 – 강조 5

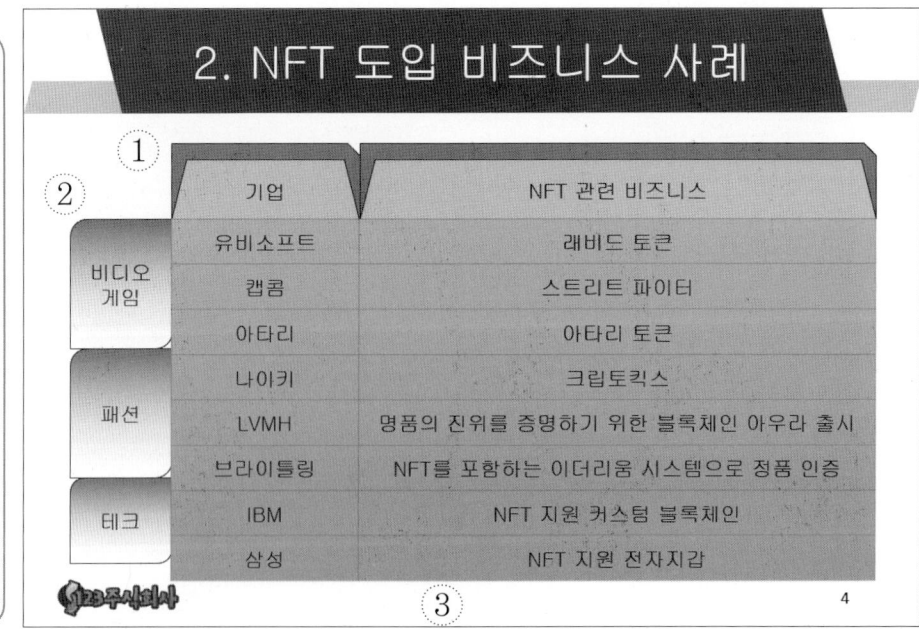

[슬라이드 5] ≪차트 슬라이드≫ (100점)

(1) 차트 작성 기능을 이용하여 슬라이드를 작성한다.
(2) 차트 : 종류(묶은 세로 막대형), 글꼴(돋움, 16pt), 외곽선

세부조건

※ 차트설명
- 차트제목 : 궁서, 24pt, 굵게, 채우기(흰색), 테두리, 그림자(오프셋 오른쪽)
- 차트영역 : 채우기(노랑) 그림영역 : 채우기(흰색)
- 데이터 서식 : 증가율(%) 계열을 표식이 있는 꺾은선형으로 변경 후 보조축으로 지정
- 값 표시 : 2021년의 NFT 시장 규모 계열만

① 도형 삽입
 - 스타일 :
   미세효과 – 파랑, 강조1
 - 글꼴 : 굴림, 18pt

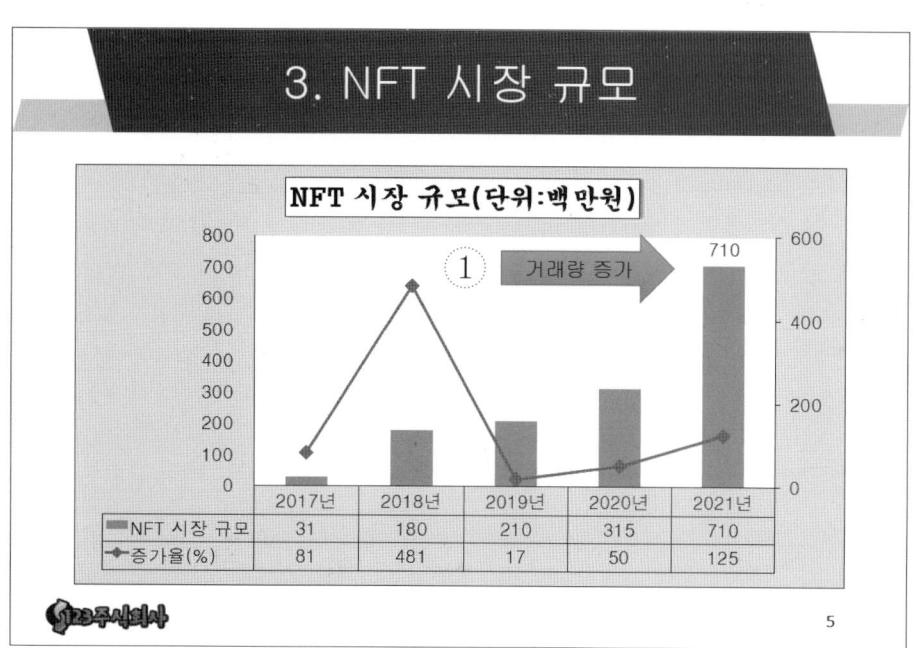

[슬라이드 6] ≪도형 슬라이드≫ (100점)

(1) 슬라이드와 같이 도형 및 스마트아트를 배치한다(글꼴 : 돋움, 18pt).
(2) 애니메이션 순서 : ① ⇒ ②

세부조건

① 도형 및 스마트아트 편집
 - 스마트아트 디자인
   : 3차원 벽돌,
   3차원 경사
 - 그룹화 후 애니메이션 효과
   : 바운드

② 도형 편집
 - 그룹화 후 애니메이션 효과
   : 닦아내기(오른쪽에서)

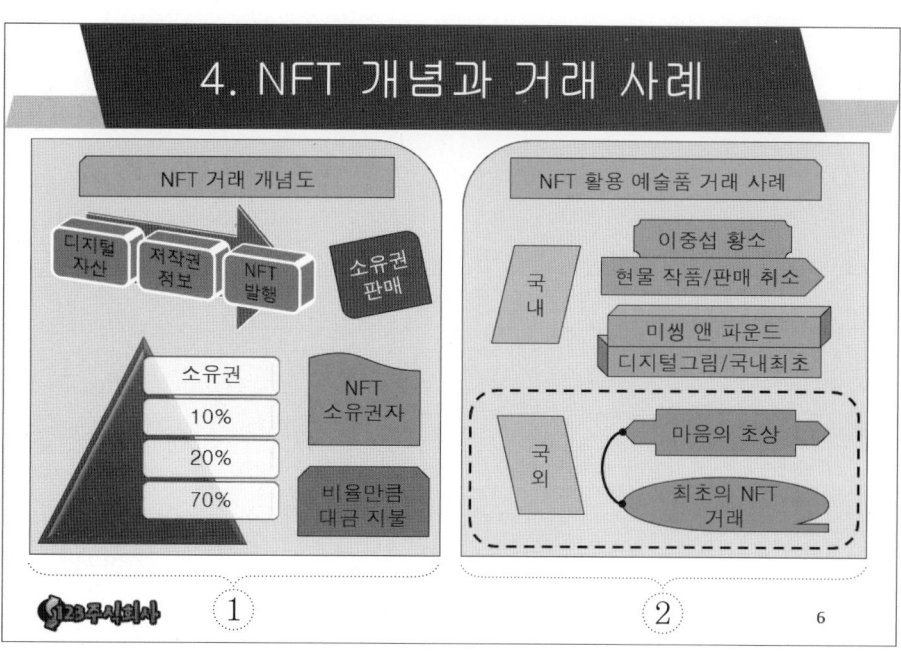

MEMO

ITQ Powerpoint 2016

PART 03
기출제문제

제01회 기출제문제   **제10회** 기출제문제
제02회 기출제문제   **제11회** 기출제문제
제03회 기출제문제   **제12회** 기출제문제
제04회 기출제문제   **제13회** 기출제문제
제05회 기출제문제   **제14회** 기출제문제
제06회 기출제문제   **제15회** 기출제문제
제07회 기출제문제   **제16회** 기출제문제
제08회 기출제문제   **제17회** 기출제문제
제09회 기출제문제   **제18회** 기출제문제

제 01 회 정보기술자격(ITQ) 기출제문제 MS오피스

과목	코드	문제유형	시험시간	수험번호	성명
한글파워포인트	1142	A	60분		

수험자 유의사항

- 수험자는 문제지를 받는 즉시 문제지와 **수험표상의 시험과목(프로그램)이 동일한지 반드시 확인**하여야 합니다.
- 파일명은 본인의 "수험번호-성명"으로 입력하여 답안폴더(내 PC₩문서₩ITQ)에 하나의 파일로 저장해야 하며, 답안문서 파일명이 "수험번호-성명"과 일치하지 않거나, 답안파일을 전송하지 않아 미제출로 처리될 경우 실격 처리합니다(예:12345678-홍길동.pptx).
- 답안 작성을 마치면 파일을 저장하고, '답안 전송' 버튼을 선택하여 감독위원 PC로 답안을 전송하십시오. 수험생 정보와 저장한 파일명이 다를 경우 전송되지 않으므로 주의하시기 바랍니다.
- 답안 작성 중에도 **주기적으로 저장하고, '답안 전송'**하여야 문제 발생을 줄일 수 있습니다. 작업한 내용을 저장하지 않고 전송할 경우 이전에 저장된 내용이 전송되오니 이점 유의하시기 바랍니다.
- 답안문서는 지정된 경로 외의 다른 보조기억장치에 저장하는 경우, 지정된 시험 시간 외에 작성된 파일을 활용할 경우, 기타 통신수단(이메일, 메신저, 네트워크 등)을 이용하여 타인에게 전달 또는 외부 반출하는 경우는 부정 처리합니다.
- 시험 중 부주의 또는 고의로 시스템을 파손한 경우는 수험자가 변상해야 하며, 〈수험자 유의사항〉에 기재된 방법대로 이행하지 않아 생기는 불이익은 수험생 당사자의 책임임을 알려 드립니다.
- 문제의 조건은 MS오피스 2016 버전으로 설정되어 있으니 유의하시기 바랍니다.
- 시험을 완료한 수험자는 답안파일이 전송되었는지 확인한 후 감독위원의 지시에 따라 문제지를 제출하고 퇴실합니다.

답안 작성요령

- 온라인 답안 작성 절차
  수험자 등록 ⇒ 시험 시작 ⇒ 답안파일 저장 ⇒ 답안 전송 ⇒ 시험 종료
- 슬라이드의 크기는 A4 Paper로 설정하여 작성합니다.
- 슬라이드의 총 개수는 6개로 구성되어 있으며 슬라이드 1부터 순서대로 작업하고 반드시 문제와 세부 조건대로 합니다.
- 별도의 지시사항이 없는 경우 출력형태를 참조하여 글꼴색은 검정 또는 흰색으로 작성하고, 기타사항은 전체적인 균형을 고려하여 작성합니다.
- 슬라이드 도형 및 개체에 출력형태와 다른 스타일(그림자, 외곽선 등)을 적용했을 경우 감점처리 됩니다.
- 슬라이드 번호를 작성합니다(슬라이드 1에는 생략).
- 2~6번 슬라이드 제목 도형과 하단 로고는 슬라이드 마스터를 이용하여 출력형태와 동일하게 작성합니다(슬라이드 1에는 생략).
- 문제와 세부조건, 세부조건 번호 ○(점선원)는 입력하지 않습니다.
- 각 개체의 위치는 오른쪽의 슬라이드와 동일하게 구성합니다.
- 그림 삽입 문제의 경우 반드시 「내 PC₩문서₩ITQ₩Picture」 폴더에서 정확한 파일을 선택하여 삽입하십시오.
- 각 슬라이드를 각각의 파일로 작업해서 저장할 경우 실격 처리됩니다.

kpc 한국생산성본부

[전체구성] (60점)

(1) 슬라이드 크기 및 순서 : 크기를 A4 용지로 설정하고 슬라이드 순서에 맞게 작성한다.
(2) 슬라이드 마스터 : 2~6슬라이드의 제목, 하단 로고, 슬라이드 번호는 슬라이드 마스터를 이용하여 작성한다.
- 제목 글꼴(돋움, 40pt, 흰색), 가운데 맞춤, 도형(선 없음)
- 하단 로고(「내 PC₩문서₩ITQ₩Picture₩로고2.jpg」, 배경(회색) 투명색으로 설정)

[슬라이드 1] ≪표지 디자인≫ (40점)

(1) 표지 디자인 : 도형, 워드아트 및 그림을 이용하여 작성한다.

세부조건

① 도형 편집
- 도형에 그림 채우기 :
  「내 PC₩문서₩ITQ₩Picture₩그림1.jpg」, 투명도 50%
- 도형 효과 :
  부드러운 가장자리 5포인트

② 워드아트 삽입
- 변환 : 삼각형
- 글꼴 : 돋움, 굵게
- 텍스트 반사 :
  근접 반사, 4 pt 오프셋

③ 그림 삽입
- 「내 PC₩문서₩ITQ₩Picture₩로고2.jpg」
- 배경(회색) 투명색으로 설정

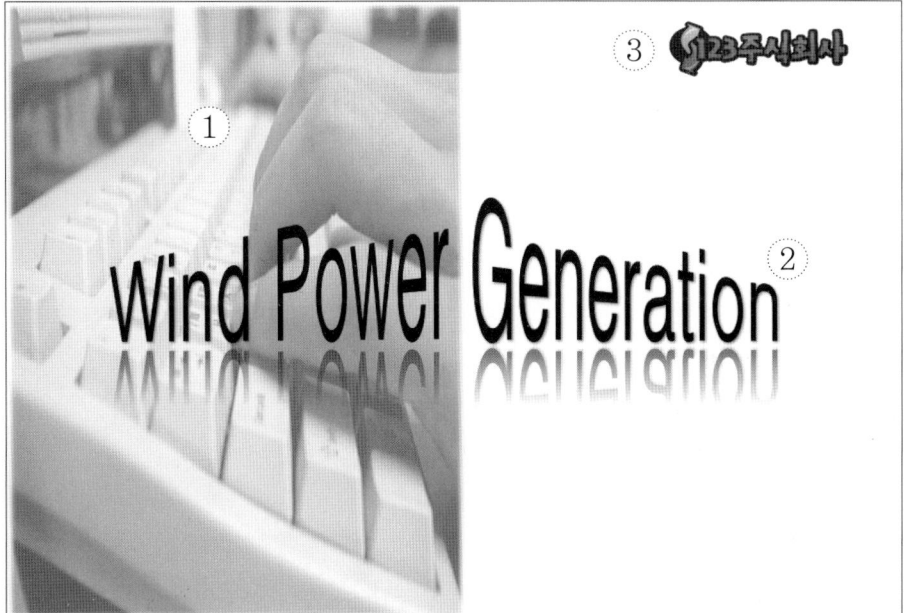

[슬라이드 2] ≪목차 슬라이드≫ (60점)

(1) 출력형태와 같이 도형을 이용하여 목차를 작성한다(글꼴 : 굴림, 24pt).
(2) 도형 : 선 없음

세부조건

① 텍스트에 하이퍼링크 적용
  -> '슬라이드 6'

② 그림 삽입
- 「내 PC₩문서₩ITQ₩Picture₩그림4.jpg」
- 자르기 기능 이용

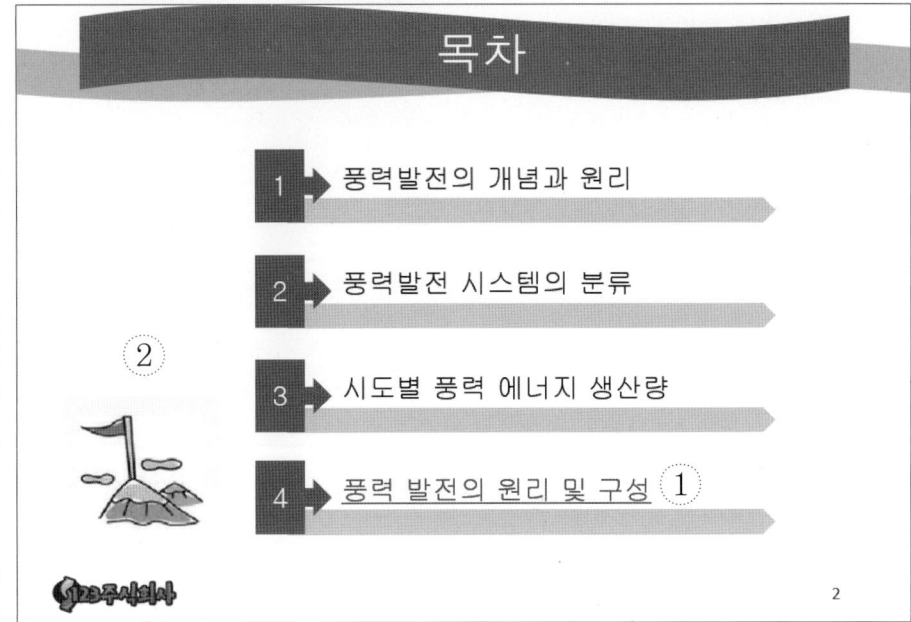

[슬라이드 3] ≪텍스트/동영상 슬라이드≫   (60점)

(1) 텍스트 작성 : 글머리 기호 사용❖, ✓)
  ❖문단(굴림, 24pt, 굵게, 줄간격 : 1.5줄), ✓문단(굴림, 20pt, 줄간격 : 1.5줄)

세부조건

① 동영상 삽입 :
  - 「내 PC₩문서₩ITQ₩Picture₩동영상.wmv」
  - 자동실행, 반복재생 설정

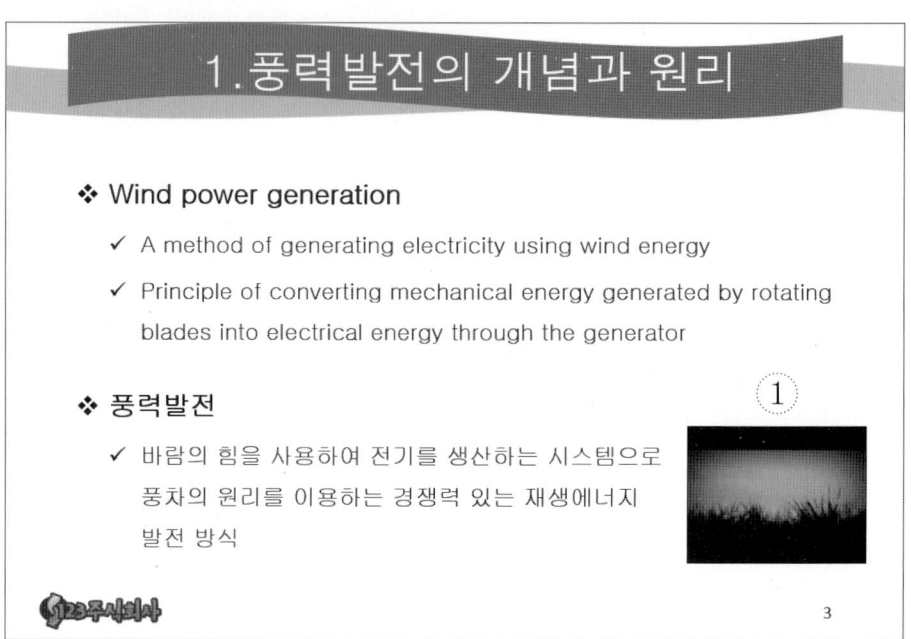

[슬라이드 4] ≪표 슬라이드≫   (80점)

(1) 도형과 표 작성 기능을 이용하여 슬라이드를 작성한다(글꼴 : 돋움, 18pt).

세부조건

① 상단 도형 :
  2개 도형의 조합으로 작성

② 좌측 도형 :
  그라데이션 효과(선형 아래쪽)

③ 표 스타일 :
  테마 스타일 1 - 강조 1

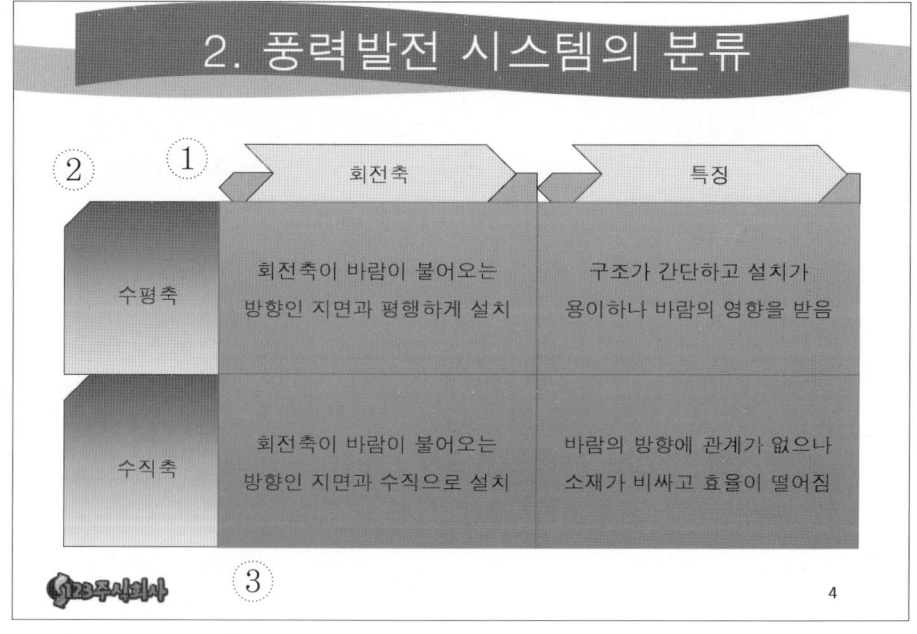

[슬라이드 5] ≪차트 슬라이드≫   (100점)

(1) 차트 작성 기능을 이용하여 슬라이드를 작성한다.
(2) 차트 : 종류(묶은 세로 막대형), 글꼴(돋움, 16pt), 외곽선

세부조건

※ 차트설명
- 차트제목 : 궁서, 24pt, 굵게, 채우기(흰색), 테두리, 그림자(오프셋 오른쪽)
- 차트영역 : 채우기(노랑) 그림영역 : 채우기(흰색)
- 데이터 서식 : 자가용 계열을 표식이 있는 꺾은선형으로 변경 후 보조축으로 지정
- 값 표시 : 경북의 사업용 계열만

① 도형 삽입
- 스타일 :
  미세효과 – 파랑, 강조1
- 글꼴 : 굴림, 18pt

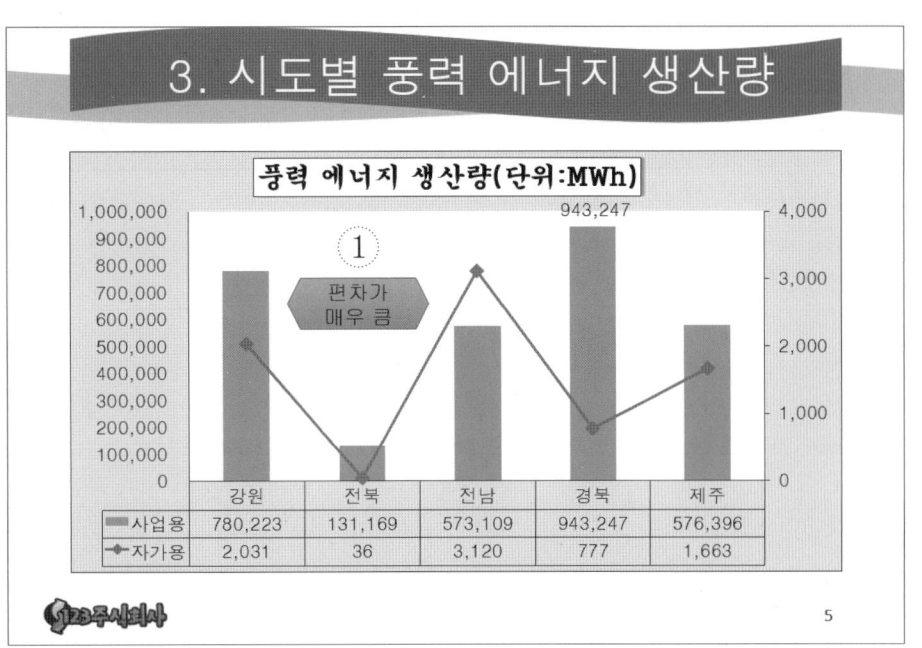

[슬라이드 6] ≪도형 슬라이드≫   (100점)

(1) 슬라이드와 같이 도형 및 스마트아트를 배치한다(글꼴 : 굴림, 18pt).
(2) 애니메이션 순서 : ① ⇒ ②

세부조건

① 도형 및 스마트아트 편집
- 스마트아트 디자인
  : 3차원 광택 처리,
  3차원 만화
- 그룹화 후 애니메이션 효과
  : 닦아내기(위에서)

② 도형 편집
- 그룹화 후 애니메이션 효과
  : 바운드

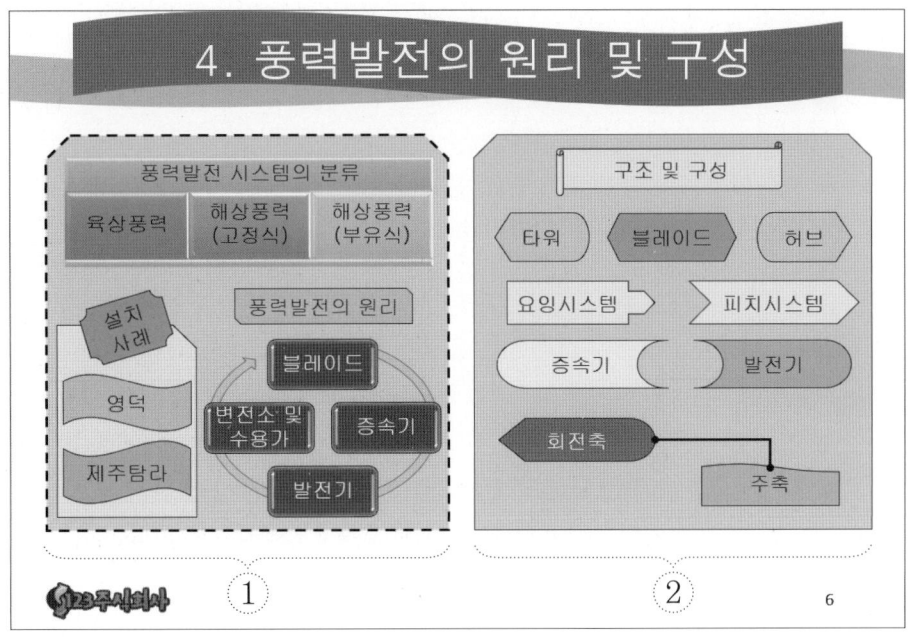

제02회 정보기술자격(ITQ) 기출제문제 [MS오피스]

과목	코드	문제유형	시험시간	수험번호	성명
한글파워포인트	1142	B	60분		

수험자 유의사항

- 수험자는 문제지를 받는 즉시 문제지와 **수험표상의 시험과목(프로그램)이 동일한지 반드시 확인**하여야 합니다.
- 파일명은 본인의 "수험번호-성명"으로 입력하여 답안폴더(내 PC₩문서₩ITQ)에 하나의 파일로 저장해야 하며, 답안문서 파일명이 "수험번호-성명"과 일치하지 않거나, 답안파일을 전송하지 않아 미제출로 처리될 경우 실격 처리합니다(예:12345678-홍길동.pptx).
- 답안 작성을 마치면 파일을 저장하고, '답안 전송' 버튼을 선택하여 감독위원 PC로 답안을 전송하십시오. 수험생 정보와 저장한 파일명이 다를 경우 전송되지 않으므로 주의하시기 바랍니다.
- 답안 작성 중에도 **주기적으로 저장하고, '답안 전송'**하여야 문제 발생을 줄일 수 있습니다. 작업한 내용을 저장하지 않고 전송할 경우 이전에 저장된 내용이 전송되오니 이점 유의하시기 바랍니다.
- 답안문서는 지정된 경로 외의 다른 보조기억장치에 저장하는 경우, 지정된 시험 시간 외에 작성된 파일을 활용할 경우, 기타 통신수단(이메일, 메신저, 네트워크 등)을 이용하여 타인에게 전달 또는 외부 반출하는 경우는 부정 처리합니다.
- 시험 중 부주의 또는 고의로 시스템을 파손한 경우는 수험자가 변상해야 하며, 〈수험자 유의사항〉에 기재된 방법대로 이행하지 않아 생기는 불이익은 수험생 당사자의 책임임을 알려 드립니다.
- 문제의 조건은 MS오피스 2016 버전으로 설정되어 있으니 유의하시기 바랍니다.
- 시험을 완료한 수험자는 답안파일이 전송되었는지 확인한 후 감독위원의 지시에 따라 문제지를 제출하고 퇴실합니다.

답안 작성요령

- 온라인 답안 작성 절차
  수험자 등록 ⇒ 시험 시작 ⇒ 답안파일 저장 ⇒ 답안 전송 ⇒ 시험 종료
- 슬라이드의 크기는 A4 Paper로 설정하여 작성합니다.
- 슬라이드의 총 개수는 6개로 구성되어 있으며 슬라이드 1부터 순서대로 작업하고 반드시 문제와 세부 조건대로 합니다.
- 별도의 지시사항이 없는 경우 출력형태를 참조하여 글꼴색은 검정 또는 흰색으로 작성하고, 기타사항은 전체적인 균형을 고려하여 작성합니다.
- 슬라이드 도형 및 개체에 출력형태와 다른 스타일(그림자, 외곽선 등)을 적용했을 경우 감점처리 됩니다.
- 슬라이드 번호를 작성합니다(슬라이드 1에는 생략).
- 2~6번 슬라이드 제목 도형과 하단 로고는 슬라이드 마스터를 이용하여 출력형태와 동일하게 작성합니다(슬라이드 1에는 생략).
- 문제와 세부조건, 세부조건 번호 ○(점선원)는 입력하지 않습니다.
- 각 개체의 위치는 오른쪽의 슬라이드와 동일하게 구성합니다.
- 그림 삽입 문제의 경우 반드시 「내 PC₩문서₩ITQ₩Picture」 폴더에서 정확한 파일을 선택하여 삽입하십시오.
- 각 슬라이드를 각각의 파일로 작업해서 저장할 경우 실격 처리됩니다.

[전체구성]   (60점)

(1) 슬라이드 크기 및 순서 : 크기를 A4 용지로 설정하고 슬라이드 순서에 맞게 작성한다.
(2) 슬라이드 마스터 : 2~6슬라이드의 제목, 하단 로고, 슬라이드 번호는 슬라이드 마스터를 이용하여 작성한다.
- 제목 글꼴(돋움, 40pt, 흰색), 가운데 맞춤, 도형(선 없음)
- 하단 로고(「내 PC₩문서₩ITQ₩Picture₩로고1.jpg」, 배경(회색) 투명색으로 설정)

[슬라이드 1] ≪표지 디자인≫   (40점)

(1) 표지 디자인 : 도형, 워드아트 및 그림을 이용하여 작성한다.

세부조건

① 도형 편집
- 도형에 그림 채우기 :
「내 PC₩문서₩ITQ₩Picture₩그림1.jpg」, 투명도 50%
- 도형 효과 :
부드러운 가장자리 5포인트

② 워드아트 삽입
- 변환 : 위쪽 수축
- 글꼴 : 궁서, 굵게
- 텍스트 반사 :
근접 반사, 터치

③ 그림 삽입
-「내 PC₩문서₩ITQ₩Picture₩로고1.jpg」
- 배경(회색) 투명색으로 설정

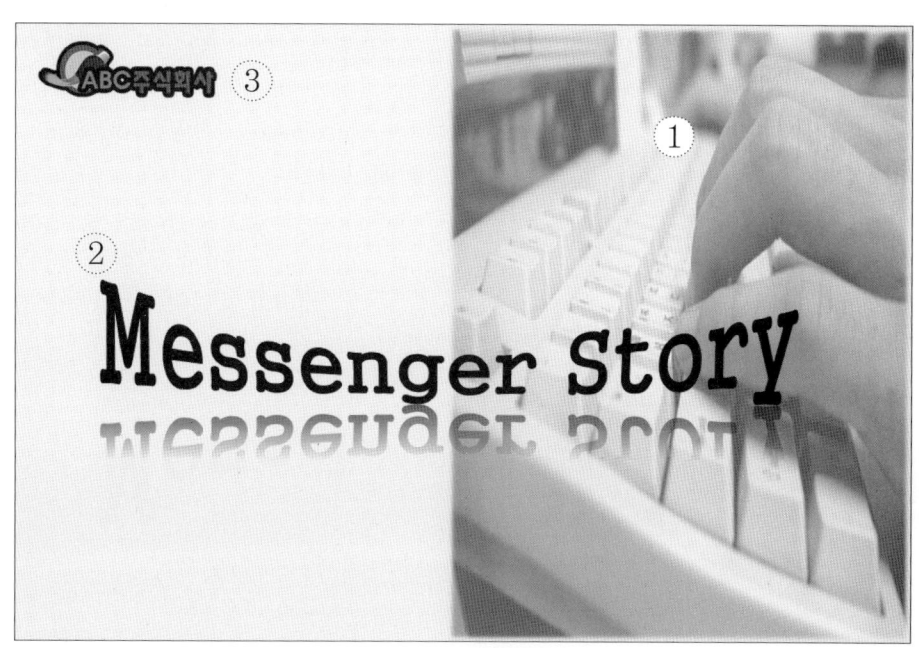

[슬라이드 2] ≪목차 슬라이드≫   (60점)

(1) 출력형태와 같이 도형을 이용하여 목차를 작성한다(글꼴 : 굴림, 24pt).
(2) 도형 : 선 없음

세부조건

① 텍스트에 하이퍼링크 적용
-> '슬라이드 4'

② 그림 삽입
-「내 PC₩문서₩ITQ₩Picture₩그림5.jpg」
- 자르기 기능 이용

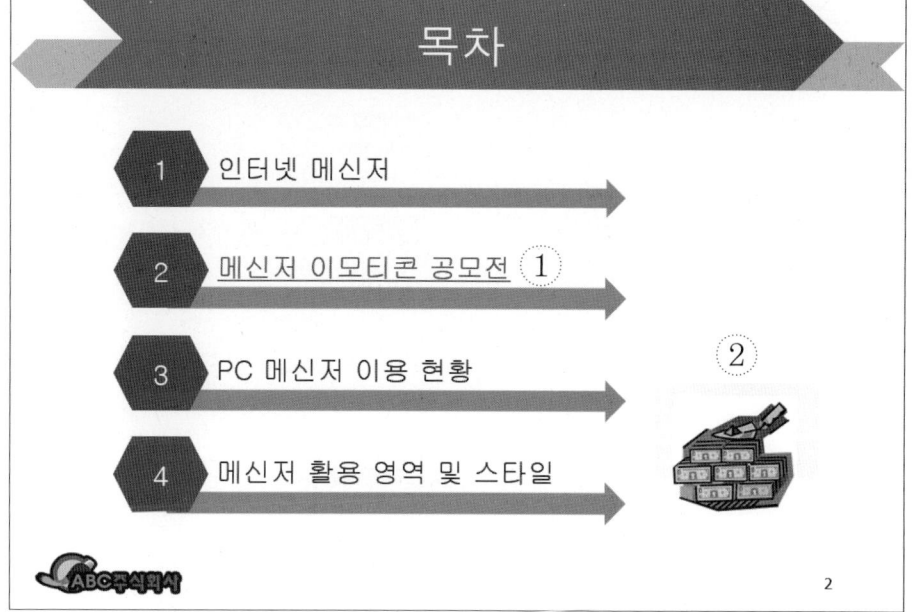

[슬라이드 3] ≪텍스트/동영상 슬라이드≫   (60점)

(1) 텍스트 작성 : 글머리 기호 사용(◆, ✓)
  ◆문단(굴림, 24pt, 굵게, 줄간격 : 1.5줄), ✓문단(굴림, 20pt, 줄간격 : 1.5줄)

세부조건

① 동영상 삽입 :
   - 「내 PC\문서\ITQ\Picture\동영상.wmv」
   - 자동실행, 반복재생 설정

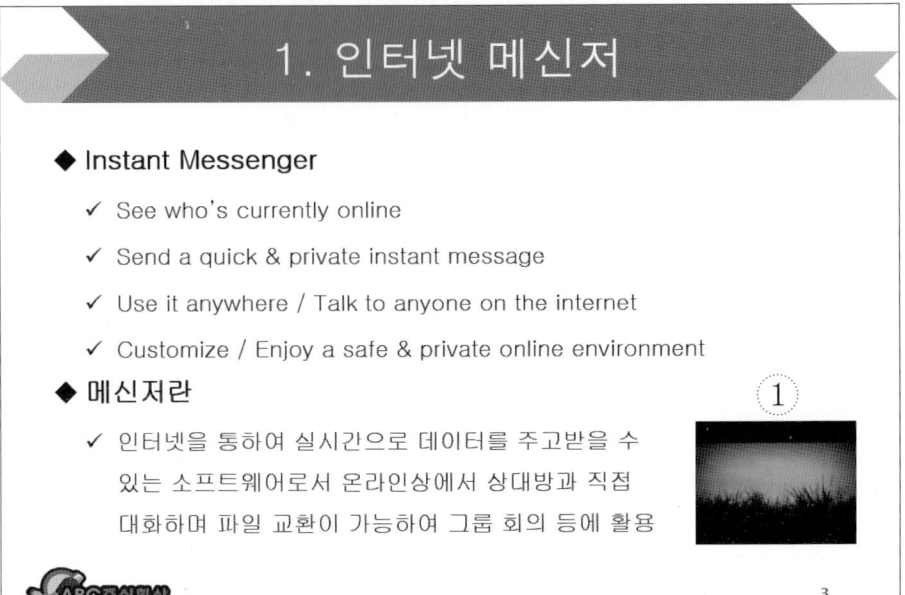

[슬라이드 4] ≪표 슬라이드≫   (80점)

(1) 도형과 표 작성 기능을 이용하여 슬라이드를 작성한다(글꼴 : 돋움, 18pt).

세부조건

① 상단 도형 :
   2개 도형의 조합으로 작성

② 좌측 도형 :
   그라데이션 효과(선형 아래쪽)

③ 표 스타일 :
   테마 스타일 1 - 강조 6

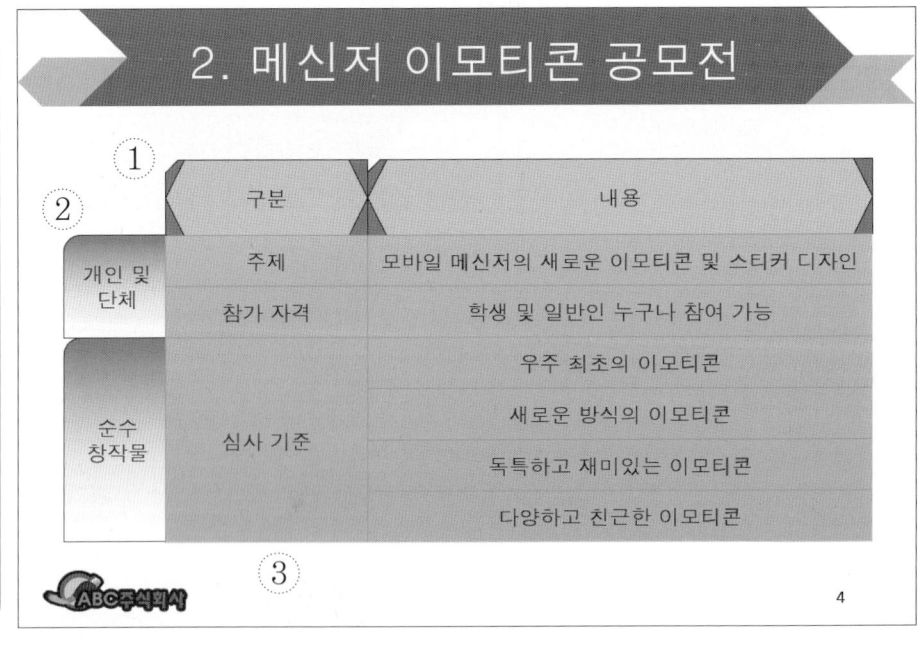

[슬라이드 5] ≪차트 슬라이드≫ (100점)

(1) 차트 작성 기능을 이용하여 슬라이드를 작성한다.
(2) 차트 : 종류(묶은 세로 막대형), 글꼴(돋움, 16pt), 외곽선

세부조건

※ 차트설명
- 차트제목 : 궁서, 24pt, 굵게, 채우기(흰색), 테두리, 그림자(오프셋 왼쪽)
- 차트영역 : 채우기(노랑) 그림영역 : 채우기(흰색)
- 데이터 서식 : 레이첼온 계열을 표시이 있는 꺾은선형으로 변경 후 보조축으로 지정
- 값 표시 : 2018년의 라인톡 계열만

① 도형 삽입
 - 스타일 :
   미세효과 – 파랑, 강조1
 - 글꼴 : 굴림, 18pt

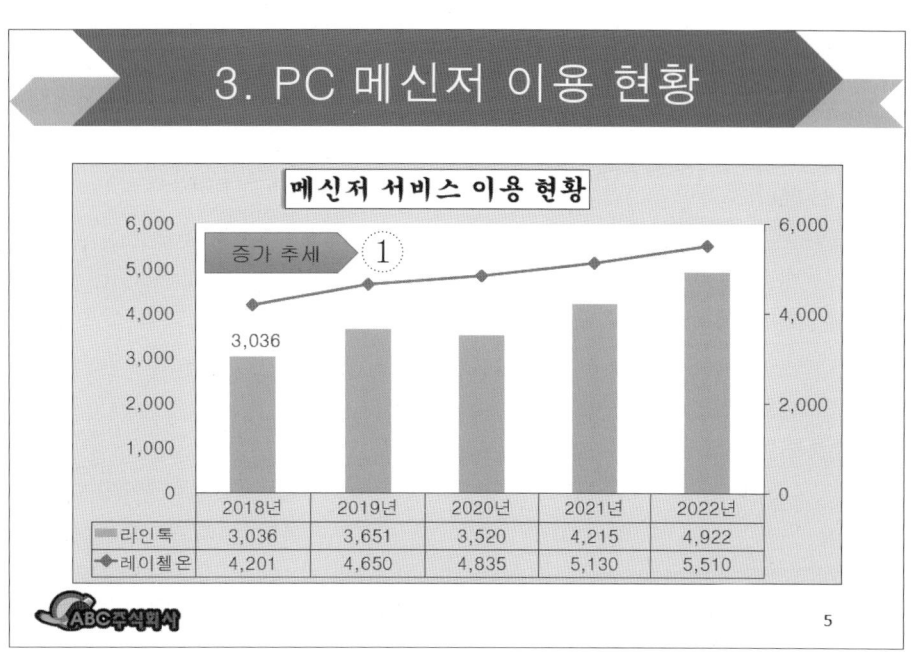

[슬라이드 6] ≪도형 슬라이드≫ (100점)

(1) 슬라이드와 같이 도형 및 스마트아트를 배치한다(글꼴 : 굴림, 18pt).
(2) 애니메이션 순서 : ① ⇒ ②

세부조건

① 도형 및 스마트아트 편집
 - 스마트아트 디자인
   : 3차원 벽돌,
   3차원 만화
 - 그룹화 후 애니메이션 효과
   : 닦아내기(위에서)

② 도형 편집
 - 그룹화 후 애니메이션 효과
   : 나타내기

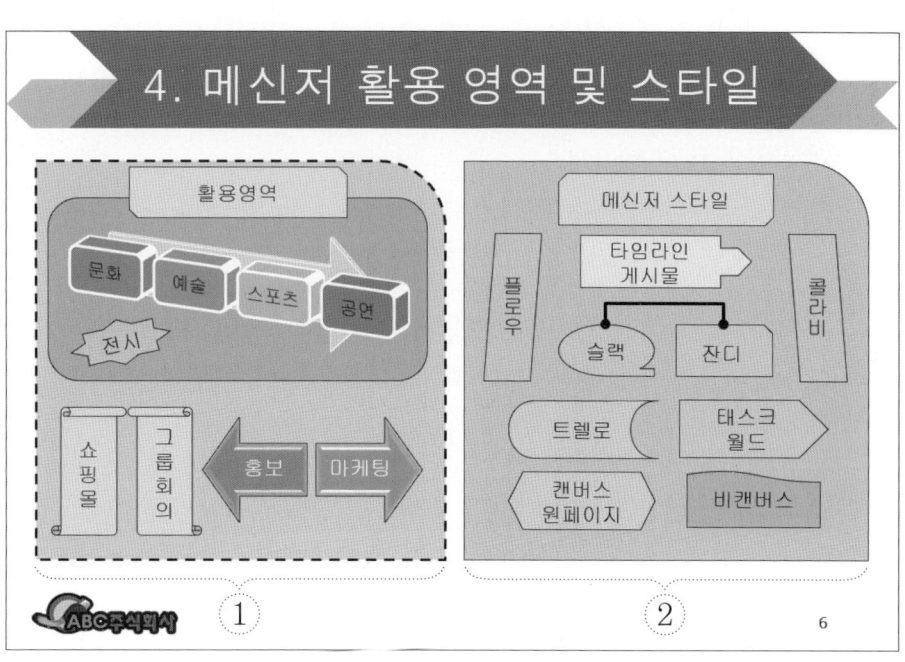

제03회 정보기술자격(ITQ) 기출제문제

MS오피스

과목	코드	문제유형	시험시간	수험번호	성명
한글파워포인트	1142	C	60분		

수험자 유의사항

- 수험자는 문제지를 받는 즉시 문제지와 **수험표상의 시험과목(프로그램)이 동일한지 반드시 확인**하여야 합니다.
- 파일명은 본인의 "수험번호-성명"으로 입력하여 답안폴더(내 PC₩문서₩ITQ)에 하나의 파일로 저장해야 하며, 답안문서 파일명이 "수험번호-성명"과 일치하지 않거나, 답안파일을 전송하지 않아 미제출로 처리될 경우 실격 처리합니다(예:12345678-홍길동.pptx).
- 답안 작성을 마치면 파일을 저장하고, '답안 전송' 버튼을 선택하여 감독위원 PC로 답안을 전송하십시오. 수험생 정보와 저장한 파일명이 다를 경우 전송되지 않으므로 주의하시기 바랍니다.
- 답안 작성 중에도 **주기적으로 저장하고, '답안 전송'**하여야 문제 발생을 줄일 수 있습니다. 작업한 내용을 저장하지 않고 전송할 경우 이전에 저장된 내용이 전송되오니 이점 유의하시기 바랍니다.
- 답안문서는 지정된 경로 외의 다른 보조기억장치에 저장하는 경우, 지정된 시험 시간 외에 작성된 파일을 활용할 경우, 기타 통신수단(이메일, 메신저, 네트워크 등)을 이용하여 타인에게 전달 또는 외부 반출하는 경우는 부정 처리합니다.
- 시험 중 부주의 또는 고의로 시스템을 파손한 경우는 수험자가 변상해야 하며, 〈수험자 유의사항〉에 기재된 방법대로 이행하지 않아 생기는 불이익은 수험생 당사자의 책임임을 알려 드립니다.
- 문제의 조건은 MS오피스 2016 버전으로 설정되어 있으니 유의하시기 바랍니다.
- 시험을 완료한 수험자는 답안파일이 전송되었는지 확인한 후 감독위원의 지시에 따라 문제지를 제출하고 퇴실합니다.

답안 작성요령

- 온라인 답안 작성 절차
  수험자 등록 ⇒ 시험 시작 ⇒ 답안파일 저장 ⇒ 답안 전송 ⇒ 시험 종료
- 슬라이드의 크기는 A4 Paper로 설정하여 작성합니다.
- 슬라이드의 총 개수는 6개로 구성되어 있으며 슬라이드 1부터 순서대로 작업하고 반드시 문제와 세부 조건대로 합니다.
- 별도의 지시사항이 없는 경우 출력형태를 참조하여 글꼴색은 검정 또는 흰색으로 작성하고, 기타사항은 전체적인 균형을 고려하여 작성합니다.
- 슬라이드 도형 및 개체에 출력형태와 다른 스타일(그림자, 외곽선 등)을 적용했을 경우 감점처리 됩니다.
- 슬라이드 번호를 작성합니다(슬라이드 1에는 생략).
- 2~6번 슬라이드 제목 도형과 하단 로고는 슬라이드 마스터를 이용하여 출력형태와 동일하게 작성합니다(슬라이드 1에는 생략).
- 문제와 세부조건, 세부조건 번호 ◯(점선원)는 입력하지 않습니다.
- 각 개체의 위치는 오른쪽의 슬라이드와 동일하게 구성합니다.
- 그림 삽입 문제의 경우 반드시 「내 PC₩문서₩ITQ₩Picture」 폴더에서 정확한 파일을 선택하여 삽입하십시오.
- 각 슬라이드를 각각의 파일로 작업해서 저장할 경우 실격 처리됩니다.

kpc 한국생산성본부

[전체구성] (60점)

(1) 슬라이드 크기 및 순서 : 크기를 A4 용지로 설정하고 슬라이드 순서에 맞게 작성한다.
(2) 슬라이드 마스터 : 2~6슬라이드의 제목, 하단 로고, 슬라이드 번호는 슬라이드 마스터를 이용하여 작성한다.
- 제목 글꼴(돋움, 40pt, 흰색), 가운데 맞춤, 도형(선 없음)
- 하단 로고(「내 PC\문서\ITQ\Picture\로고1.jpg」, 배경(회색) 투명색으로 설정)

[슬라이드 1] ≪표지 디자인≫ (40점)

(1) 표지 디자인 : 도형, 워드아트 및 그림을 이용하여 작성한다.

세부조건

① 도형 편집
- 도형에 그림 채우기 :
  「내 PC\문서\ITQ\Picture\그림2.jpg」, 투명도 50%
- 도형 효과 :
  부드러운 가장자리 5포인트

② 워드아트 삽입
- 변환 : 위쪽 수축
- 글꼴 : 궁서, 굵게
- 텍스트 반사 :
  근접 반사, 터치

③ 그림 삽입
- 「내 PC\문서\ITQ\Picture\로고1.jpg」
- 배경(회색) 투명색으로 설정

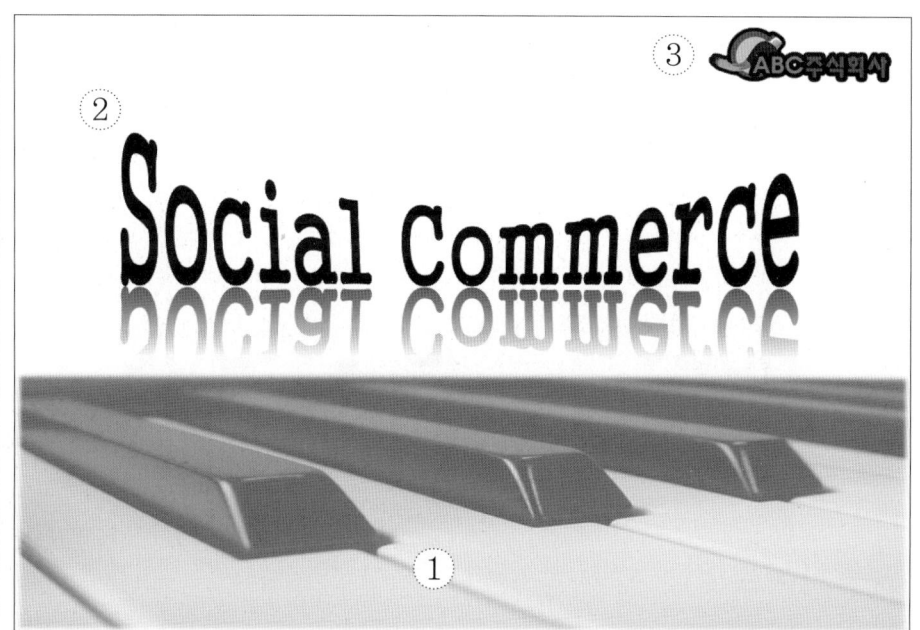

[슬라이드 2] ≪목차 슬라이드≫ (60점)

(1) 출력형태와 같이 도형을 이용하여 목차를 작성한다(글꼴 : 굴림, 24pt).
(2) 도형 : 선 없음

세부조건

① 텍스트에 하이퍼링크 적용
  -> '슬라이드 4'

② 그림 삽입
- 「내 PC\문서\ITQ\Picture\그림4.jpg」
- 자르기 기능 이용

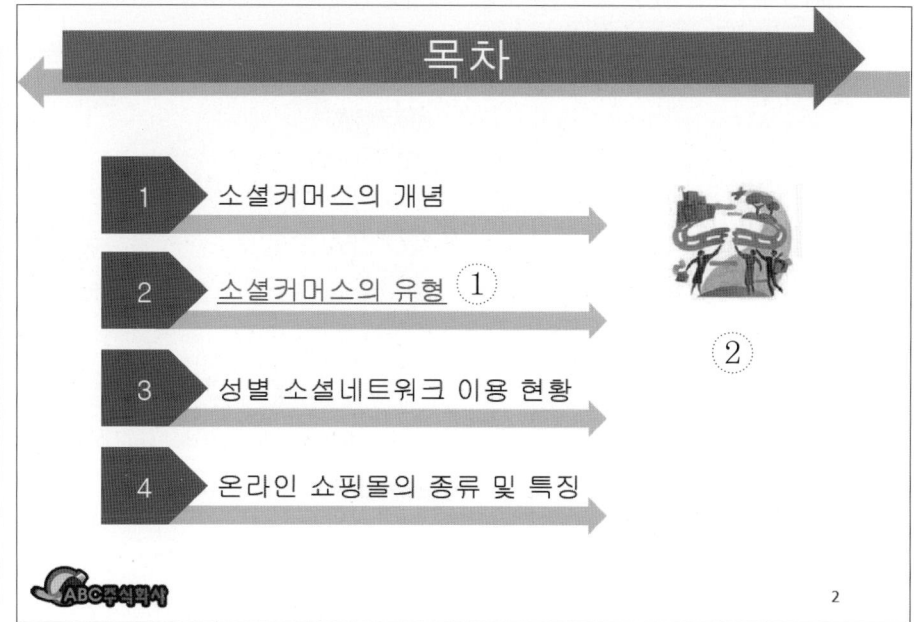

[슬라이드 3] ≪텍스트/동영상 슬라이드≫   (60점)

(1) 텍스트 작성 : 글머리 기호 사용(❖, ✓)
❖문단(굴림, 24pt, 굵게, 줄간격 : 1.5줄), ✓문단(굴림, 20pt, 줄간격 : 1.5줄)

세부조건

① 동영상 삽입 :
- 「내 PC₩문서₩ITQ₩Picture₩동영상.wmv」
- 자동실행, 반복재생 설정

[슬라이드 4] ≪표 슬라이드≫   (80점)

(1) 도형과 표 작성 기능을 이용하여 슬라이드를 작성한다(글꼴 : 돋움, 18pt).

세부조건

① 상단 도형 :
   2개 도형의 조합으로 작성

② 좌측 도형 :
   그라데이션 효과(선형 아래쪽)

③ 표 스타일 :
   테마 스타일 1 - 강조 6

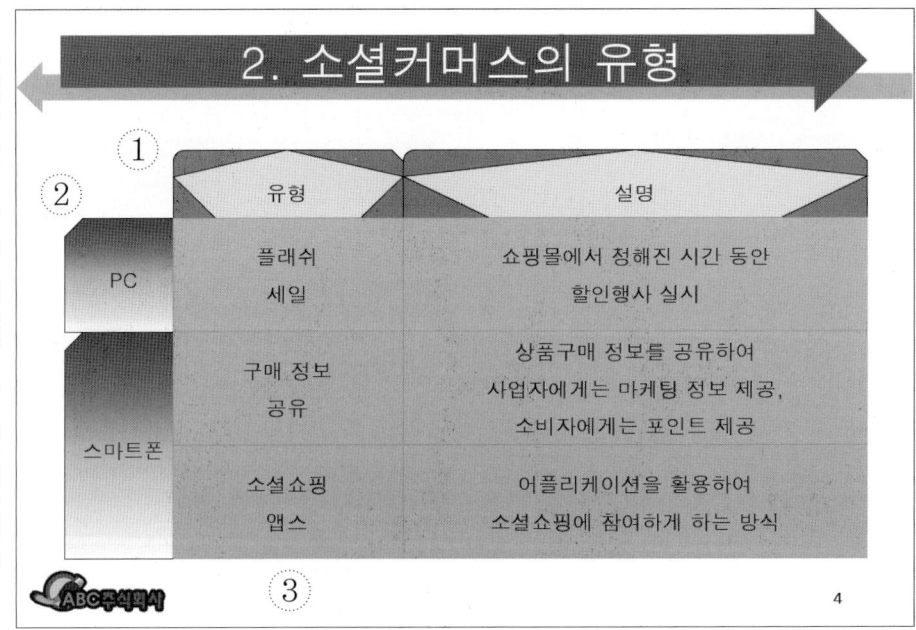

[슬라이드 5] ≪차트 슬라이드≫   (100점)

(1) 차트 작성 기능을 이용하여 슬라이드를 작성한다.
(2) 차트 : 종류(묶은 세로 막대형), 글꼴(돋움, 16pt), 외곽선

세부조건

※ 차트설명
- 차트제목 : 궁서, 24pt, 굵게, 채우기(흰색), 테두리, 그림자(오프셋 오른쪽)
- 차트영역 : 채우기(노랑) 그림영역 : 채우기(흰색)
- 데이터 서식 : 여성 계열을 표식이 있는 꺾은선형으로 변경 후 보조축으로 지정
- 값 표시 : 인스타그램의 남성 계열만

① 도형 삽입
- 스타일 :
  미세효과 - 파랑, 강조1
- 글꼴 : 굴림, 18pt

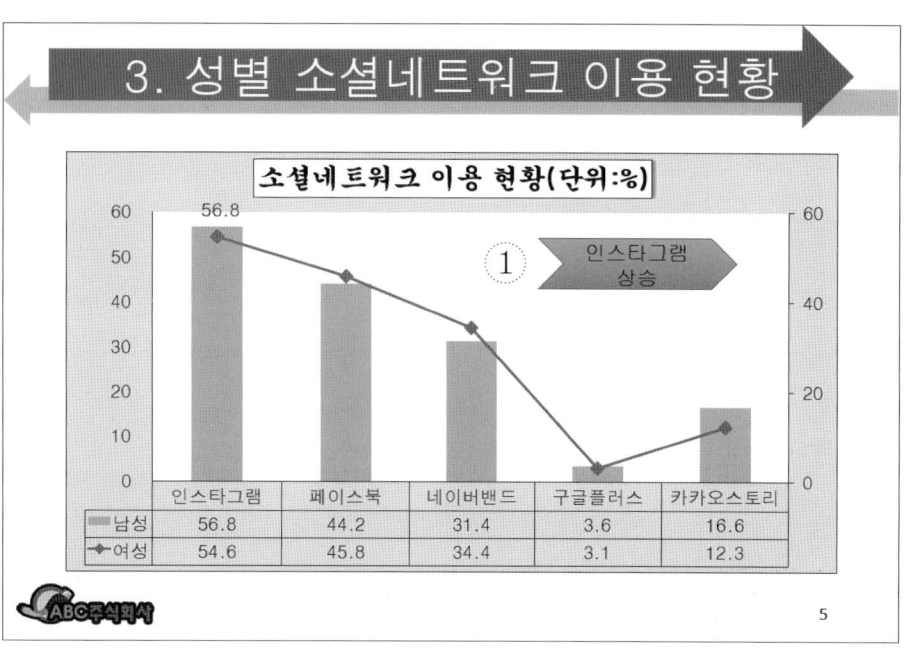

[슬라이드 6] ≪도형 슬라이드≫   (100점)

(1) 슬라이드와 같이 도형 및 스마트아트를 배치한다(글꼴 : 굴림, 18pt).
(2) 애니메이션 순서 : ① ⇒ ②

세부조건

① 도형 편집
- 그룹화 후 애니메이션 효과
  : 닦아내기(위에서)

② 도형 및 스마트아트 편집
- 스마트아트 디자인
  : 3차원 만화,
  3차원 경사
- 그룹화 후 애니메이션 효과
  : 나타내기

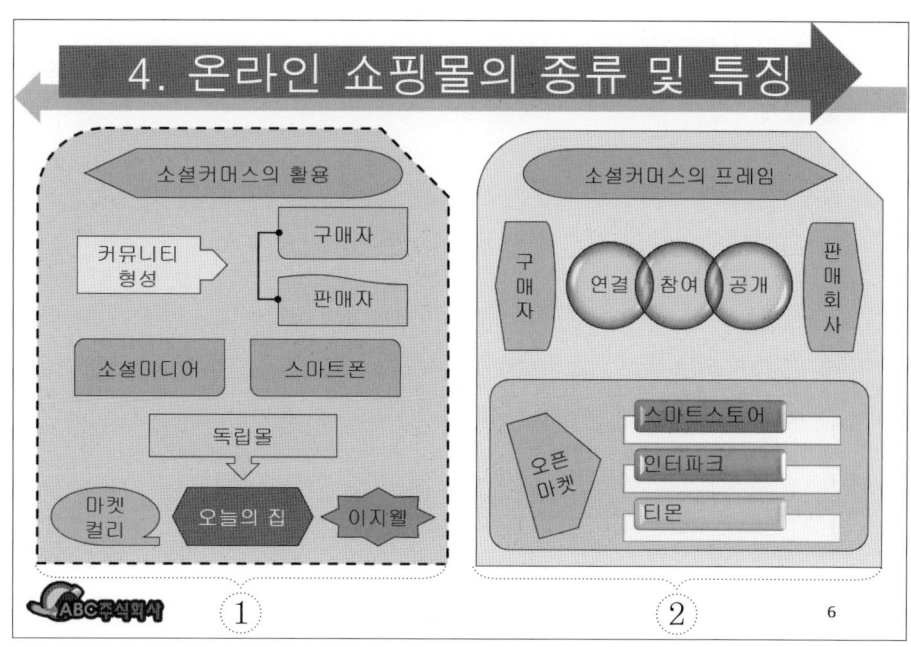

제04회 정보기술자격(ITQ) 기출제문제

MS오피스

과목	코드	문제유형	시험시간	수험번호	성명
한글파워포인트	1142	D	60분		

수험자 유의사항

- 수험자는 문제지를 받는 즉시 문제지와 **수험표상의 시험과목(프로그램)이 동일한지 반드시 확인**하여야 합니다.
- 파일명은 본인의 "수험번호-성명"으로 입력하여 답안폴더(내 PC₩문서₩ITQ)에 하나의 파일로 저장해야 하며, 답안문서 파일명이 "수험번호-성명"과 일치하지 않거나, 답안파일을 전송하지 않아 미제출로 처리될 경우 실격 처리합니다(예:12345678-홍길동.pptx).
- 답안 작성을 마치면 파일을 저장하고, '답안 전송' 버튼을 선택하여 감독위원 PC로 답안을 전송하십시오. 수험생 정보와 저장한 파일명이 다를 경우 전송되지 않으므로 주의하시기 바랍니다.
- 답안 작성 중에도 **주기적으로 저장하고, '답안 전송'**하여야 문제 발생을 줄일 수 있습니다. 작업한 내용을 저장하지 않고 전송할 경우 이전에 저장된 내용이 전송되오니 이점 유의하시기 바랍니다.
- 답안문서는 지정된 경로 외의 다른 보조기억장치에 저장하는 경우, 지정된 시험 시간 외에 작성된 파일을 활용할 경우, 기타 통신수단(이메일, 메신저, 네트워크 등)을 이용하여 타인에게 전달 또는 외부 반출하는 경우는 부정 처리합니다.
- 시험 중 부주의 또는 고의로 시스템을 파손한 경우는 수험자가 변상해야 하며, 〈수험자 유의사항〉에 기재된 방법대로 이행하지 않아 생기는 불이익은 수험생 당사자의 책임임을 알려 드립니다.
- 문제의 조건은 MS오피스 2016 버전으로 설정되어 있으니 유의하시기 바랍니다.
- 시험을 완료한 수험자는 답안파일이 전송되었는지 확인한 후 감독위원의 지시에 따라 문제지를 제출하고 퇴실합니다.

답안 작성요령

- 온라인 답안 작성 절차
  수험자 등록 ⇒ 시험 시작 ⇒ 답안파일 저장 ⇒ 답안 전송 ⇒ 시험 종료
- 슬라이드의 크기는 A4 Paper로 설정하여 작성합니다.
- 슬라이드의 총 개수는 6개로 구성되어 있으며 슬라이드 1부터 순서대로 작업하고 반드시 문제와 세부조건대로 합니다.
- 별도의 지시사항이 없는 경우 출력형태를 참조하여 글꼴색은 검정 또는 흰색으로 작성하고, 기타사항은 전체적인 균형을 고려하여 작성합니다.
- 슬라이드 도형 및 개체에 출력형태와 다른 스타일(그림자, 외곽선 등)을 적용했을 경우 감점처리 됩니다.
- 슬라이드 번호를 작성합니다(슬라이드 1에는 생략).
- 2~6번 슬라이드 제목 도형과 하단 로고는 슬라이드 마스터를 이용하여 출력형태와 동일하게 작성합니다(슬라이드 1에는 생략).
- 문제와 세부조건, 세부조건 번호 ◌(점선원)는 입력하지 않습니다.
- 각 개체의 위치는 오른쪽의 슬라이드와 동일하게 구성합니다.
- 그림 삽입 문제의 경우 반드시 「내 PC₩문서₩ITQ₩Picture」 폴더에서 정확한 파일을 선택하여 삽입하십시오.
- 각 슬라이드를 각각의 파일로 작업해서 저장할 경우 실격 처리됩니다.

kpc 한국생산성본부

[전체구성] (60점)

(1) 슬라이드 크기 및 순서 : 크기를 A4 용지로 설정하고 슬라이드 순서에 맞게 작성한다.
(2) 슬라이드 마스터 : 2~6슬라이드의 제목, 하단 로고, 슬라이드 번호는 슬라이드 마스터를 이용하여 작성한다.
- 제목 글꼴(굴림, 40pt, 흰색), 가운데 맞춤, 도형(선 없음)
- 하단 로고(「내 PC₩문서₩ITQ₩Picture₩로고1.jpg」, 배경(회색) 투명색으로 설정)

[슬라이드 1] ≪표지 디자인≫ (40점)

(1) 표지 디자인 : 도형, 워드아트 및 그림을 이용하여 작성한다.

세부조건

① 도형 편집
 - 도형에 그림 채우기 :
  「내 PC₩문서₩ITQ₩Picture₩그림1.jpg」, 투명도 50%
 - 도형 효과 :
  부드러운 가장자리 5포인트

② 워드아트 삽입
 - 변환 : 위로 기울기
 - 글꼴 : 돋움, 굵게
 - 텍스트 반사 :
  전체 반사, 터치

③ 그림 삽입
 - 「내 PC₩문서₩ITQ₩Picture₩로고1.jpg」
 - 배경(회색) 투명색으로 설정

[슬라이드 2] ≪목차 슬라이드≫ (60점)

(1) 출력형태와 같이 도형을 이용하여 목차를 작성한다(글꼴 : 굴림, 24pt).
(2) 도형 : 선 없음

세부조건

① 텍스트에 하이퍼링크 적용
 -> '슬라이드 5'

② 그림 삽입
 - 「내 PC₩문서₩ITQ₩Picture₩그림4.jpg」
 - 자르기 기능 이용

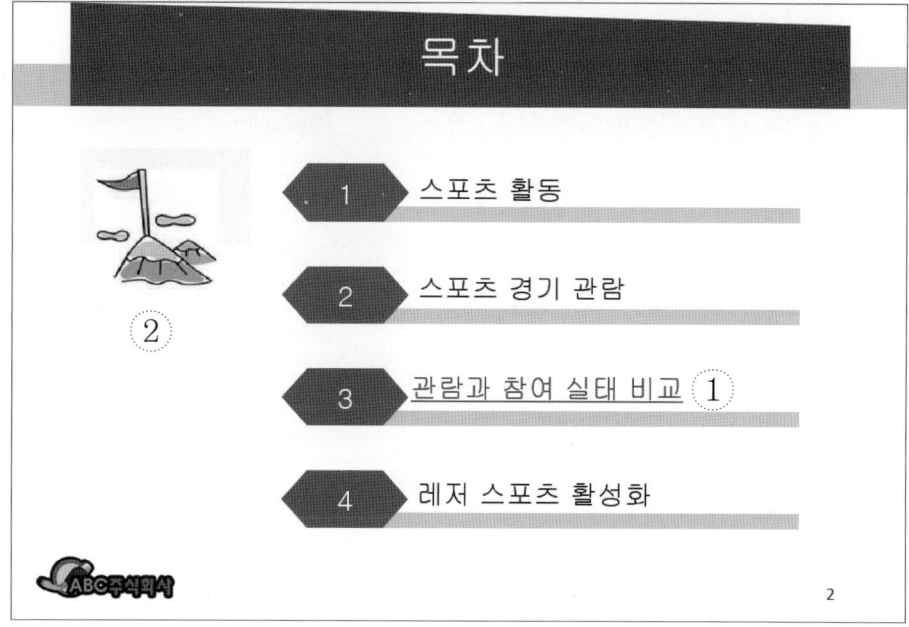

[슬라이드 3] ≪텍스트/동영상 슬라이드≫ (60점)

(1) 텍스트 작성 : 글머리 기호 사용(◆, ✓)
  ◆문단(굴림, 24pt, 굵게, 줄간격 : 1.5줄), ✓문단(굴림, 20pt, 줄간격 : 1.5줄)

세부조건

① 동영상 삽입 :
  - 「내 PC\문서\ITQ\Picture\동영상.wmv」
  - 자동실행, 반복재생 설정

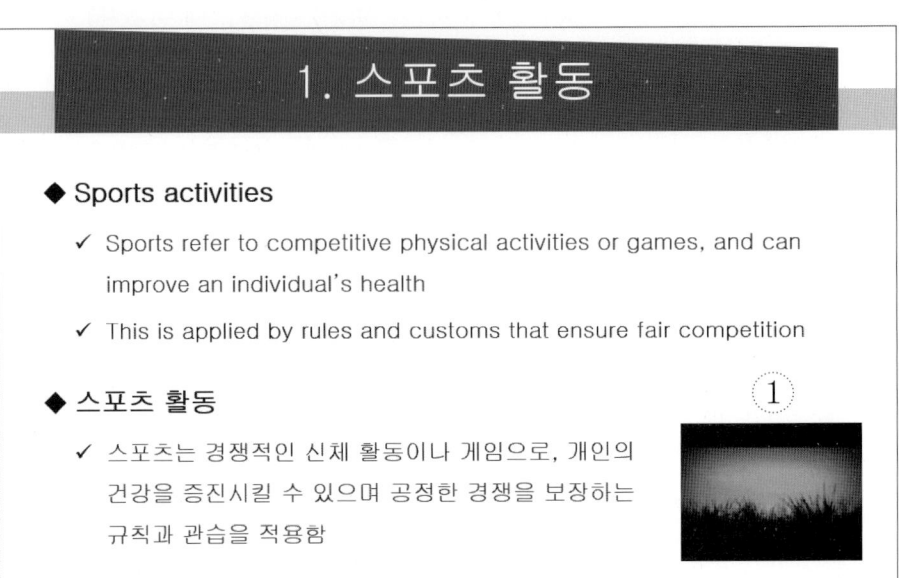

[슬라이드 4] ≪표 슬라이드≫ (80점)

(1) 도형과 표 작성 기능을 이용하여 슬라이드를 작성한다(글꼴 : 돋움, 18pt).

세부조건

① 상단 도형 :
  2개 도형의 조합으로 작성

② 좌측 도형 :
  그라데이션 효과(선형 아래쪽)

③ 표 스타일 :
  테마 스타일 1 - 강조 6

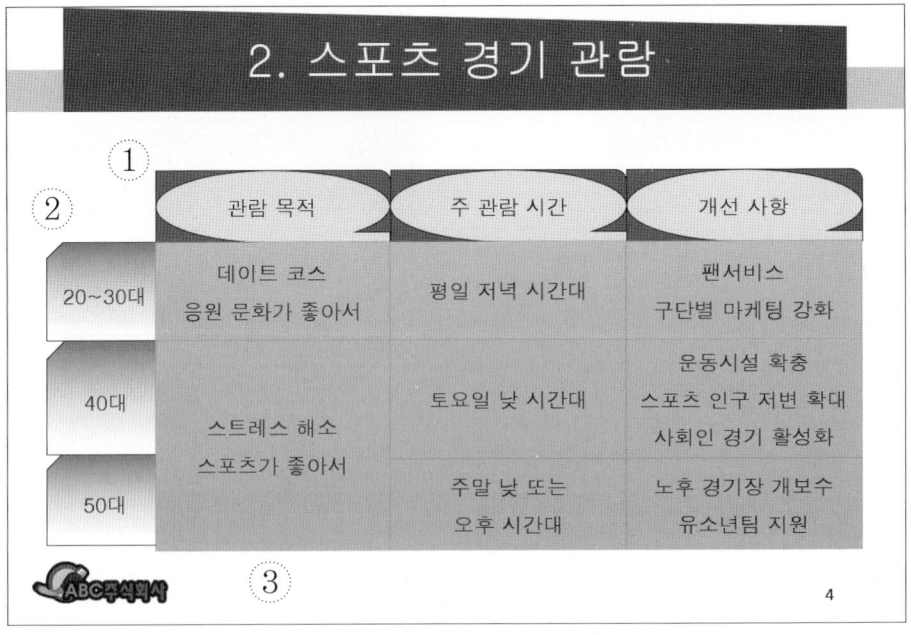

[슬라이드 5] ≪차트 슬라이드≫ (100점)

(1) 차트 작성 기능을 이용하여 슬라이드를 작성한다.
(2) 차트 : 종류(묶은 세로 막대형), 글꼴(굴림, 16pt), 외곽선

세부조건

※ 차트설명
- 차트제목 : 궁서, 24pt, 굵게, 채우기(흰색), 테두리, 그림자(오프셋 아래쪽)
- 차트영역 : 채우기(노랑) 그림영역 : 채우기(흰색)
- 데이터 서식 : 직접 해본 운동 계열을 표식이 있는 꺾은선형으로 변경 후 보조축으로 지정
- 값 표시 : 배드민턴의 직접 해본 운동 계열만

① 도형 삽입
 - 스타일 :
   미세효과 – 파랑, 강조1
 - 글꼴 : 돋움, 18pt

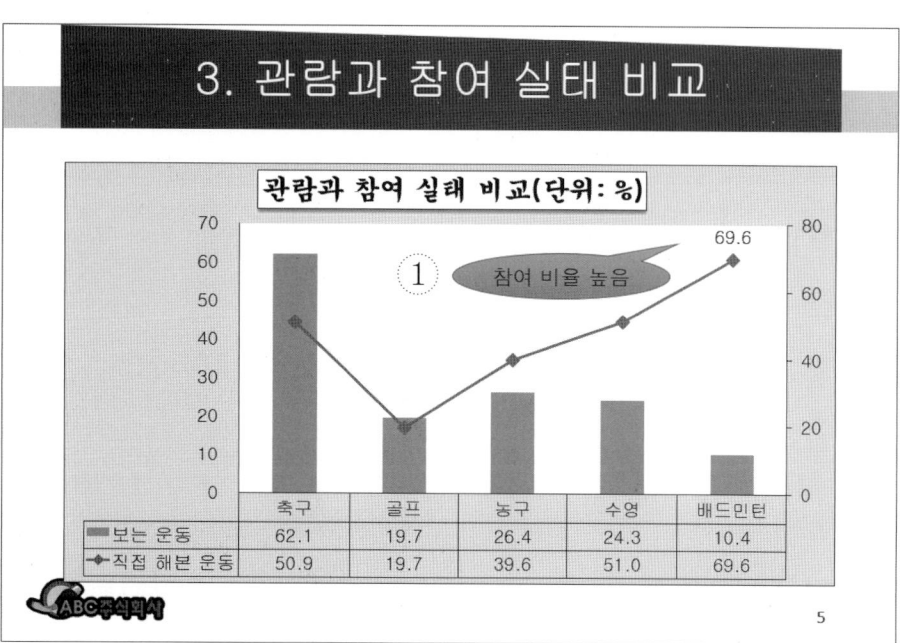

[슬라이드 6] ≪도형 슬라이드≫ (100점)

(1) 슬라이드와 같이 도형 및 스마트아트를 배치한다(글꼴 : 굴림, 18pt).
(2) 애니메이션 순서 : ① ⇒ ②

세부조건

① 도형 및 스마트아트 편집
 - 스마트아트 디자인
   : 3차원 만화,
     3차원 경사
 - 그룹화 후 애니메이션 효과
   : 날아오기(왼쪽에서)

② 도형 편집
 - 그룹화 후 애니메이션 효과
   : 나타내기

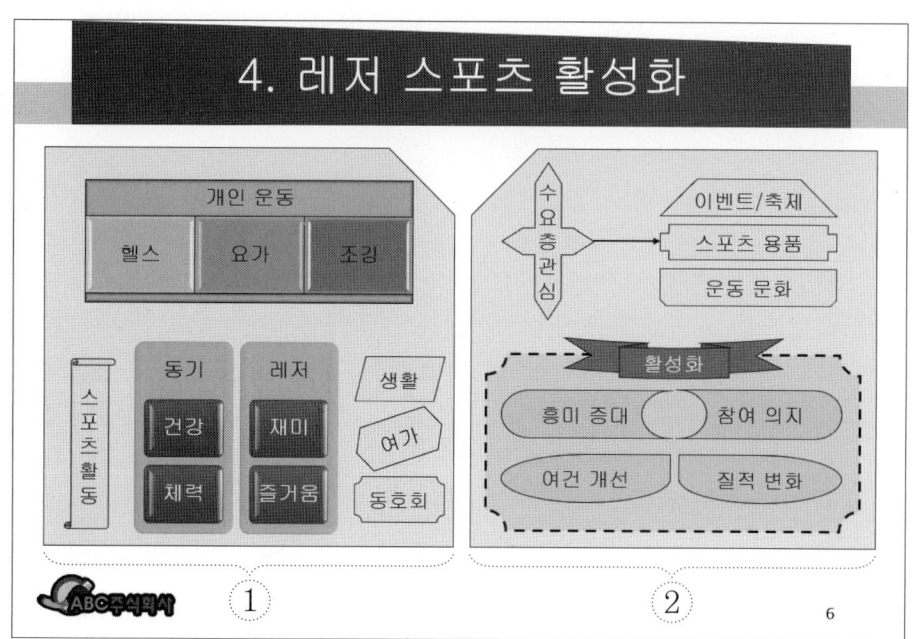

제05회 정보기술자격(ITQ) 기출제문제

MS오피스

과목	코드	문제유형	시험시간	수험번호	성명
한글파워포인트	1142	E	60분		

수험자 유의사항

- 수험자는 문제지를 받는 즉시 문제지와 **수험표상의 시험과목(프로그램)이 동일한지 반드시 확인**하여야 합니다.
- 파일명은 본인의 "수험번호-성명"으로 입력하여 답안폴더(내 PC\문서\ITQ)에 하나의 파일로 저장해야 하며, 답안문서 파일명이 "수험번호-성명"과 일치하지 않거나, 답안파일을 전송하지 않아 미제출로 처리될 경우 실격 처리합니다(예:12345678-홍길동.pptx).
- 답안 작성을 마치면 파일을 저장하고, '답안 전송' 버튼을 선택하여 감독위원 PC로 답안을 전송하십시오. 수험생 정보와 저장한 파일명이 다를 경우 전송되지 않으므로 주의하시기 바랍니다.
- 답안 작성 중에도 **주기적으로 저장하고, '답안 전송'**하여야 문제 발생을 줄일 수 있습니다. 작업한 내용을 저장하지 않고 전송할 경우 이전에 저장된 내용이 전송되오니 이점 유의하시기 바랍니다.
- 답안문서는 지정된 경로 외의 다른 보조기억장치에 저장하는 경우, 지정된 시험 시간 외에 작성된 파일을 활용할 경우, 기타 통신수단(이메일, 메신저, 네트워크 등)을 이용하여 타인에게 전달 또는 외부 반출하는 경우는 부정 처리합니다.
- 시험 중 부주의 또는 고의로 시스템을 파손한 경우는 수험자가 변상해야 하며, 〈수험자 유의사항〉에 기재된 방법대로 이행하지 않아 생기는 불이익은 수험생 당사자의 책임임을 알려 드립니다.
- 문제의 조건은 MS오피스 2016 버전으로 설정되어 있으니 유의하시기 바랍니다.
- 시험을 완료한 수험자는 답안파일이 전송되었는지 확인한 후 감독위원의 지시에 따라 문제지를 제출하고 퇴실합니다.

답안 작성요령

- 온라인 답안 작성 절차
  수험자 등록 ⇒ 시험 시작 ⇒ 답안파일 저장 ⇒ 답안 전송 ⇒ 시험 종료
- 슬라이드의 크기는 A4 Paper로 설정하여 작성합니다.
- 슬라이드의 총 개수는 6개로 구성되어 있으며 슬라이드 1부터 순서대로 작업하고 반드시 문제와 세부조건대로 합니다.
- 별도의 지시사항이 없는 경우 출력형태를 참조하여 글꼴색은 검정 또는 흰색으로 작성하고, 기타사항은 전체적인 균형을 고려하여 작성합니다.
- 슬라이드 도형 및 개체에 출력형태와 다른 스타일(그림자, 외곽선 등)을 적용했을 경우 감점처리 됩니다.
- 슬라이드 번호를 작성합니다(슬라이드 1에는 생략).
- 2~6번 슬라이드 제목 도형과 하단 로고는 슬라이드 마스터를 이용하여 출력형태와 동일하게 작성합니다(슬라이드 1에는 생략).
- 문제와 세부조건, 세부조건 번호 ◯(점선원)는 입력하지 않습니다.
- 각 개체의 위치는 오른쪽의 슬라이드와 동일하게 구성합니다.
- 그림 삽입 문제의 경우 반드시 「내 PC\문서\ITQ\Picture」 폴더에서 정확한 파일을 선택하여 삽입하십시오.
- 각 슬라이드를 각각의 파일로 작업해서 저장할 경우 실격 처리됩니다.

kpc 한국생산성본부

[전체구성] (60점)

(1) 슬라이드 크기 및 순서 : 크기를 A4 용지로 설정하고 슬라이드 순서에 맞게 작성한다.
(2) 슬라이드 마스터 : 2~6슬라이드의 제목, 하단 로고, 슬라이드 번호는 슬라이드 마스터를 이용하여 작성한다.
- 제목 글꼴(돋움, 40pt, 흰색), 가운데 맞춤, 도형(선 없음)
- 하단 로고(「내 PC₩문서₩ITQ₩Picture₩로고2.jpg」, 배경(회색) 투명색으로 설정)

[슬라이드 1] ≪표지 디자인≫ (40점)

(1) 표지 디자인 : 도형, 워드아트 및 그림을 이용하여 작성한다.

세부조건

① 도형 편집
- 도형에 그림 채우기 :
  「내 PC₩문서₩ITQ₩Picture₩그림2.jpg」, 투명도 50%
- 도형 효과 :
  부드러운 가장자리 5포인트

② 워드아트 삽입
- 변환 : 물결2
- 글꼴 : 돋움, 굵게
- 텍스트 반사 :
  전체 반사, 터치

③ 그림 삽입
- 「내 PC₩문서₩ITQ₩Picture₩로고2.jpg」
- 배경(회색) 투명색으로 설정

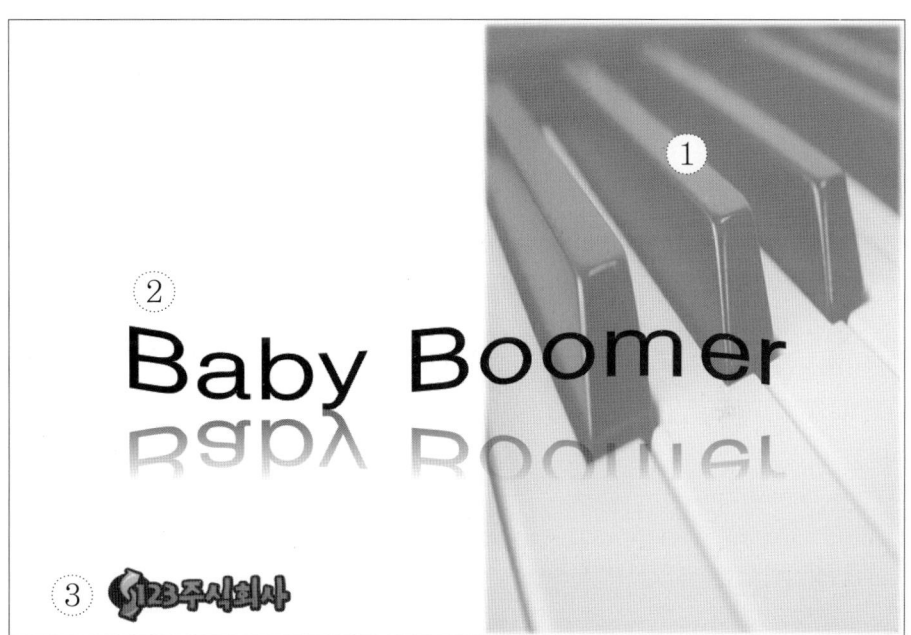

[슬라이드 2] ≪목차 슬라이드≫ (60점)

(1) 출력형태와 같이 도형을 이용하여 목차를 작성한다(글꼴 : 굴림, 24pt).
(2) 도형 : 선 없음

세부조건

① 텍스트에 하이퍼링크 적용
 -> '슬라이드 4'

② 그림 삽입
- 「내 PC₩문서₩ITQ₩Picture₩그림4.jpg」
- 자르기 기능 이용

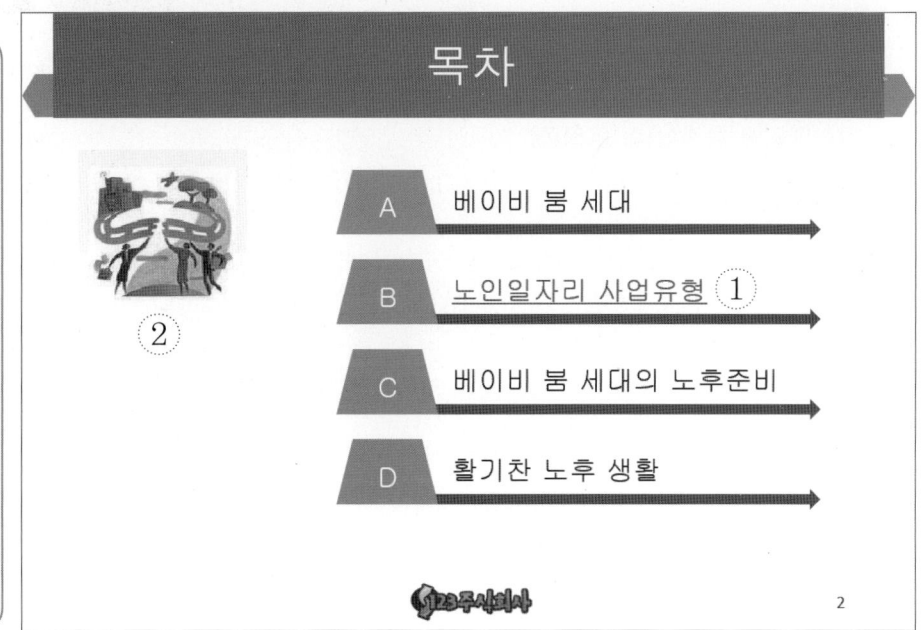

[슬라이드 3] ≪텍스트/동영상 슬라이드≫ (60점)

(1) 텍스트 작성 : 글머리 기호 사용(❖, ✓)
❖문단(굴림, 24pt, 굵게, 줄간격 : 1.5줄), ✓문단(굴림, 20pt, 줄간격 : 1.5줄)

세부조건

① 동영상 삽입 :
- 「내 PC₩문서₩ITQ₩Picture₩동영상.wmv」
- 자동실행, 반복재생 설정

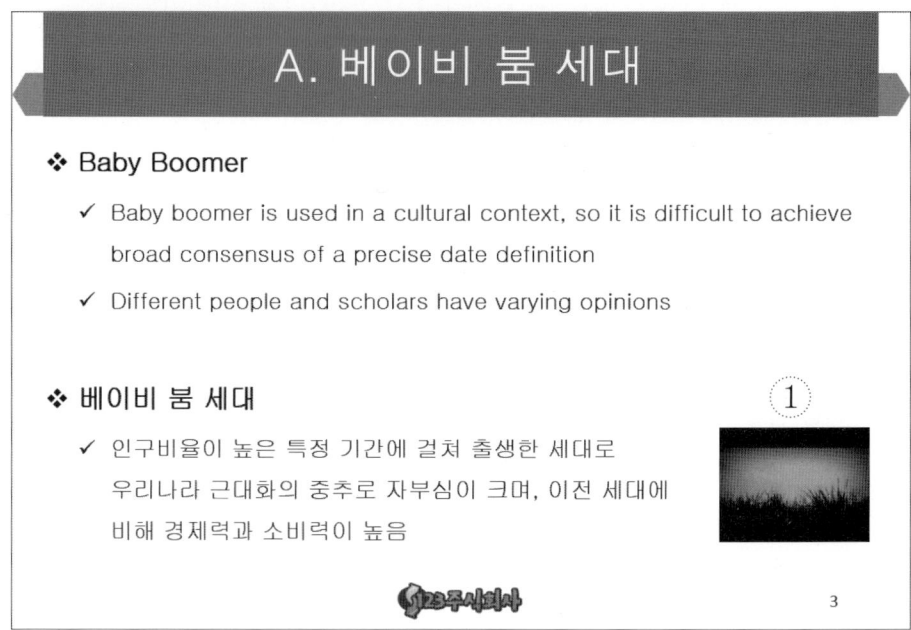

[슬라이드 4] ≪표 슬라이드≫ (80점)

(1) 도형과 표 작성 기능을 이용하여 슬라이드를 작성한다(글꼴 : 돋움, 18pt).

세부조건

① 상단 도형 :
2개 도형의 조합으로 작성

② 좌측 도형 :
그라데이션 효과(선형 아래쪽)

③ 표 스타일 :
테마 스타일 1 - 강조 5

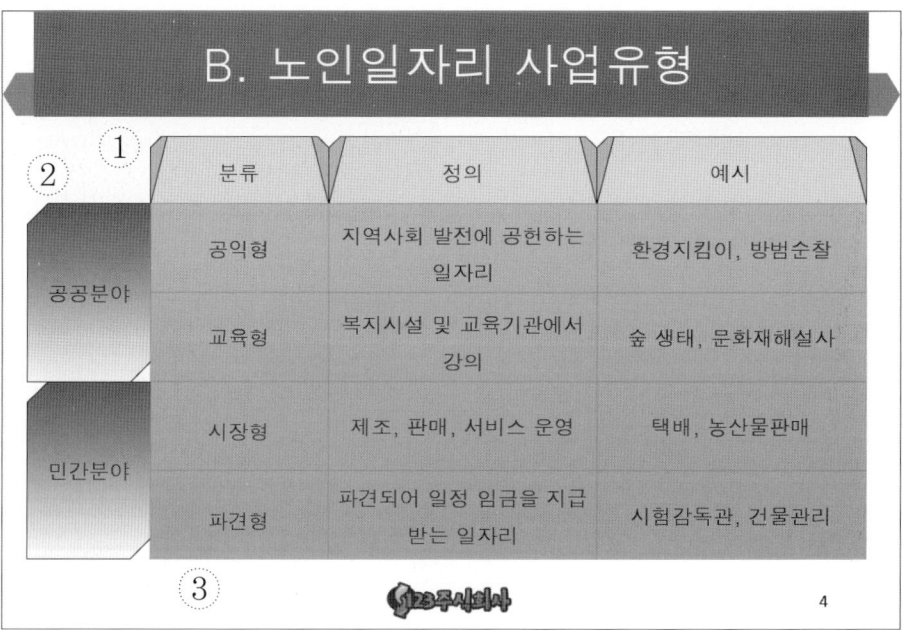

[슬라이드 5] ≪차트 슬라이드≫   (100점)

(1) 차트 작성 기능을 이용하여 슬라이드를 작성한다.
(2) 차트 : 종류(묶은 세로 막대형), 글꼴(돋움, 16pt), 외곽선

세부조건

※ 차트설명
- 차트제목 : 궁서, 24pt, 굵게, 채우기(흰색), 테두리, 그림자(오프셋 왼쪽)
- 차트영역 : 채우기(노랑) 그림영역 : 채우기(흰색)
- 데이터 서식 : 여성 계열을 표식이 있는 꺾은선형으로 변경 후 보조축으로 지정
- 값 표시 : 국민연금의 남성 계열만

① 도형 삽입
 - 스타일 :
   미세효과 – 파랑, 강조1

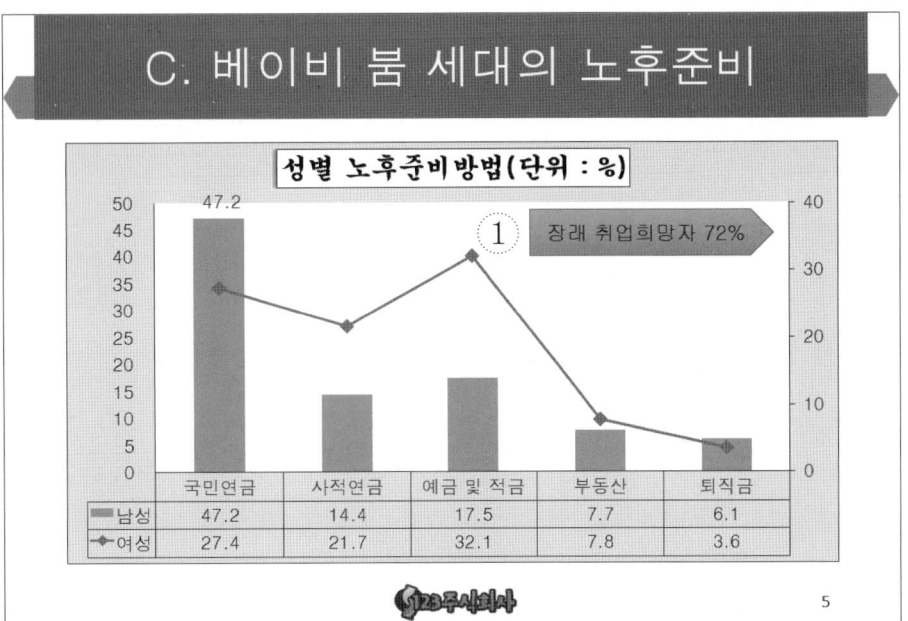

[슬라이드 6] ≪도형 슬라이드≫   (100점)

(1) 슬라이드와 같이 도형 및 스마트아트를 배치한다(글꼴 : 굴림, 18pt).
(2) 애니메이션 순서 : ① ⇒ ②

세부조건

① 도형 및 스마트아트 편집
 - 스마트아트 디자인
   : 3차원 만화,
   3차원 경사
 - 그룹화 후 애니메이션 효과
   : 바운드

② 도형 편집
 - 그룹화 후 애니메이션 효과
   : 실선 무늬(세로)

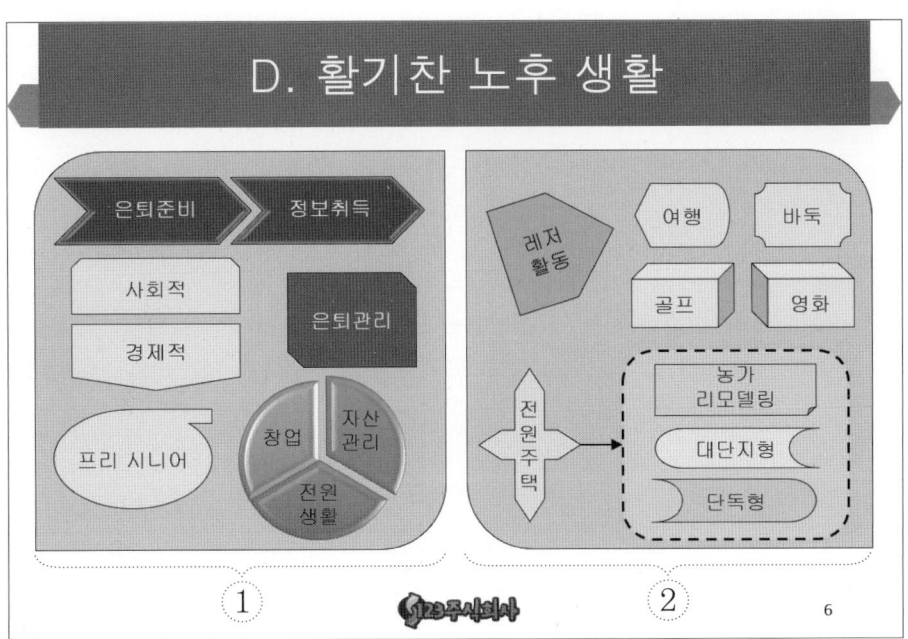

제06회 정보기술자격(ITQ) 기출제문제

MS오피스

과목	코드	문제유형	시험시간	수험번호	성명
한글파워포인트	1142	A	60분		

수험자 유의사항

- 수험자는 문제지를 받는 즉시 문제지와 **수험표상의 시험과목(프로그램)이 동일한지 반드시 확인**하여야 합니다.
- 파일명은 본인의 "수험번호-성명"으로 입력하여 답안폴더(내 PC₩문서₩ITQ)에 하나의 파일로 저장해야 하며, 답안문서 파일명이 "수험번호-성명"과 일치하지 않거나, 답안파일을 전송하지 않아 미제출로 처리될 경우 실격 처리합니다(예:12345678-홍길동.pptx).
- 답안 작성을 마치면 파일을 저장하고, '답안 전송' 버튼을 선택하여 감독위원 PC로 답안을 전송하십시오. 수험생 정보와 저장한 파일명이 다를 경우 전송되지 않으므로 주의하시기 바랍니다.
- 답안 작성 중에도 **주기적으로 저장하고, '답안 전송'**하여야 문제 발생을 줄일 수 있습니다. 작업한 내용을 저장하지 않고 전송할 경우 이전에 저장된 내용이 전송되오니 이점 유의하시기 바랍니다.
- 답안문서는 지정된 경로 외의 다른 보조기억장치에 저장하는 경우, 지정된 시험 시간 외에 작성된 파일을 활용할 경우, 기타 통신수단(이메일, 메신저, 네트워크 등)을 이용하여 타인에게 전달 또는 외부 반출하는 경우는 부정 처리합니다.
- 시험 중 부주의 또는 고의로 시스템을 파손한 경우는 수험자가 변상해야 하며, 〈수험자 유의사항〉에 기재된 방법대로 이행하지 않아 생기는 불이익은 수험생 당사자의 책임임을 알려 드립니다.
- 문제의 조건은 MS오피스 2016 버전으로 설정되어 있으니 유의하시기 바랍니다.
- 시험을 완료한 수험자는 답안파일이 전송되었는지 확인한 후 감독위원의 지시에 따라 문제지를 제출하고 퇴실합니다.

답안 작성요령

- 온라인 답안 작성 절차
  수험자 등록 ⇒ 시험 시작 ⇒ 답안파일 저장 ⇒ 답안 전송 ⇒ 시험 종료
- 슬라이드의 크기는 A4 Paper로 설정하여 작성합니다.
- 슬라이드의 총 개수는 6개로 구성되어 있으며 슬라이드 1부터 순서대로 작업하고 반드시 문제와 세부조건대로 합니다.
- 별도의 지시사항이 없는 경우 출력형태를 참조하여 글꼴색은 검정 또는 흰색으로 작성하고, 기타사항은 전체적인 균형을 고려하여 작성합니다.
- 슬라이드 도형 및 개체에 출력형태와 다른 스타일(그림자, 외곽선 등)을 적용했을 경우 감점처리 됩니다.
- 슬라이드 번호를 작성합니다(슬라이드 1에는 생략).
- 2~6번 슬라이드 제목 도형과 하단 로고는 슬라이드 마스터를 이용하여 출력형태와 동일하게 작성합니다(슬라이드 1에는 생략).
- 문제와 세부조건, 세부조건 번호 ◌(점선원)는 입력하지 않습니다.
- 각 개체의 위치는 오른쪽의 슬라이드와 동일하게 구성합니다.
- 그림 삽입 문제의 경우 반드시 「내 PC₩문서₩ITQ₩Picture」 폴더에서 정확한 파일을 선택하여 삽입하십시오.
- 각 슬라이드를 각각의 파일로 작업해서 저장할 경우 실격 처리됩니다.

kpc 한국생산성본부

[전체구성] (60점)

(1) 슬라이드 크기 및 순서 : 크기를 A4 용지로 설정하고 슬라이드 순서에 맞게 작성한다.
(2) 슬라이드 마스터 : 2~6슬라이드의 제목, 하단 로고, 슬라이드 번호는 슬라이드 마스터를 이용하여 작성한다.
- 제목 글꼴(굴림, 40pt, 흰색), 가운데 맞춤, 도형(선 없음)
- 하단 로고(「내 PC₩문서₩ITQ₩Picture₩로고2.jpg」, 배경(회색) 투명색으로 설정)

[슬라이드 1] ≪표지 디자인≫ (40점)

(1) 표지 디자인 : 도형, 워드아트 및 그림을 이용하여 작성한다.

세부조건

① 도형 편집
- 도형에 그림 채우기 :
 「내 PC₩문서₩ITQ₩Picture₩그림1.jpg」, 투명도 50%
- 도형 효과 :
 부드러운 가장자리 5포인트

② 워드아트 삽입
- 변환 : 삼각형
- 글꼴 : 돋움, 굵게
- 텍스트 반사 :
 근접 반사, 4pt 오프셋

③ 그림 삽입
- 「내 PC₩문서₩ITQ₩Picture₩로고2.jpg」
- 배경(회색) 투명색으로 설정

[슬라이드 2] ≪목차 슬라이드≫ (60점)

(1) 출력형태와 같이 도형을 이용하여 목차를 작성한다(글꼴 : 굴림, 24pt).
(2) 도형 : 선 없음

세부조건

① 텍스트에 하이퍼링크 적용
 -> '슬라이드 6'

② 그림 삽입
- 「내 PC₩문서₩ITQ₩Picture₩그림4.jpg」
- 자르기 기능 이용

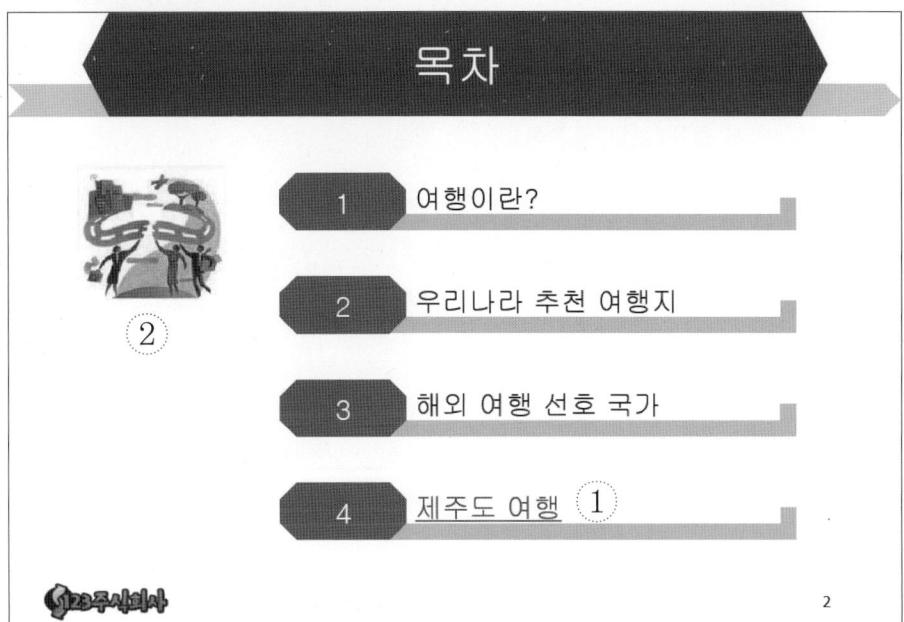

[슬라이드 3] ≪텍스트/동영상 슬라이드≫ (60점)

(1) 텍스트 작성 : 글머리 기호 사용(➢, ■)
➢문단(굴림, 24pt, 굵게, 줄간격 : 1.5줄), ■문단(굴림, 20pt, 줄간격 : 1.5줄)

세부조건

① 동영상 삽입 :
- 「내 PC\문서\ITQ\Picture\동영상.wmv」
- 자동실행, 반복재생 설정

[슬라이드 4] ≪표 슬라이드≫ (80점)

(1) 도형과 표 작성 기능을 이용하여 슬라이드를 작성한다(글꼴 : 굴림, 18pt).

세부조건

① 상단 도형 :
2개 도형의 조합으로 작성

② 좌측 도형 :
그라데이션 효과(선형 아래쪽)

③ 표 스타일 :
테마 스타일 1 - 강조 5

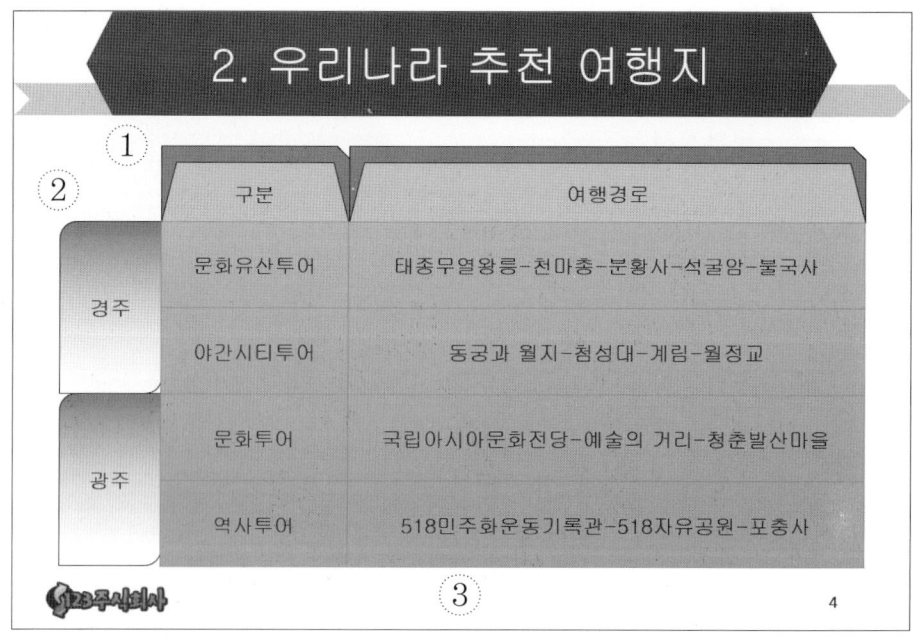

[슬라이드 5] ≪차트 슬라이드≫   (100점)

(1) 차트 작성 기능을 이용하여 슬라이드를 작성한다.
(2) 차트 : 종류(묶은 세로 막대형), 글꼴(돋움, 16pt), 외곽선

세부조건

※ 차트설명
- 차트제목 : 궁서, 24pt, 굵게, 채우기(흰색), 테두리, 그림자(오프셋 오른쪽)
- 차트영역 : 채우기(노랑) 그림영역 : 채우기(흰색)
- 데이터 서식 : 남성 계열을 표식이 있는 꺾은선형으로 변경 후 보조축으로 지정
- 값 표시 : 호주의 여성 계열만

① 도형 삽입
 - 스타일 :
   미세효과 – 파랑, 강조1
 - 글꼴 : 굴림, 18pt

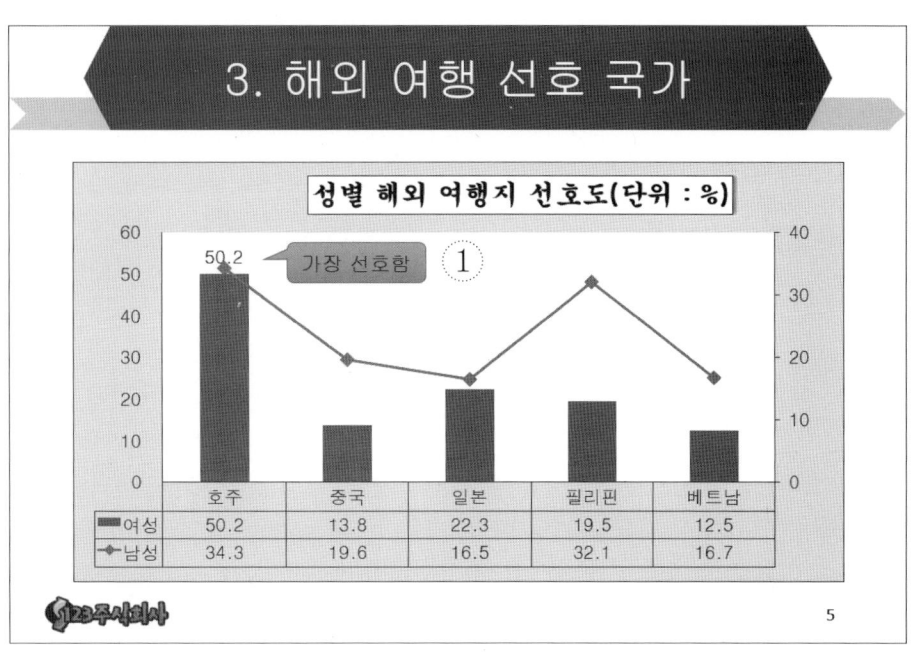

[슬라이드 6] ≪도형 슬라이드≫   (100점)

(1) 슬라이드와 같이 도형 및 스마트아트를 배치한다(글꼴 : 돋움, 18pt).
(2) 애니메이션 순서 : ① ⇒ ②

세부조건

① 도형 및 스마트아트 편집
 - 스마트아트 디자인
   : 3차원 만화,
   3차원 경사
 - 그룹화 후 애니메이션 효과
   : 바운드

② 도형 편집
 - 그룹화 후 애니메이션 효과
   : 닦아내기(오른쪽에서)

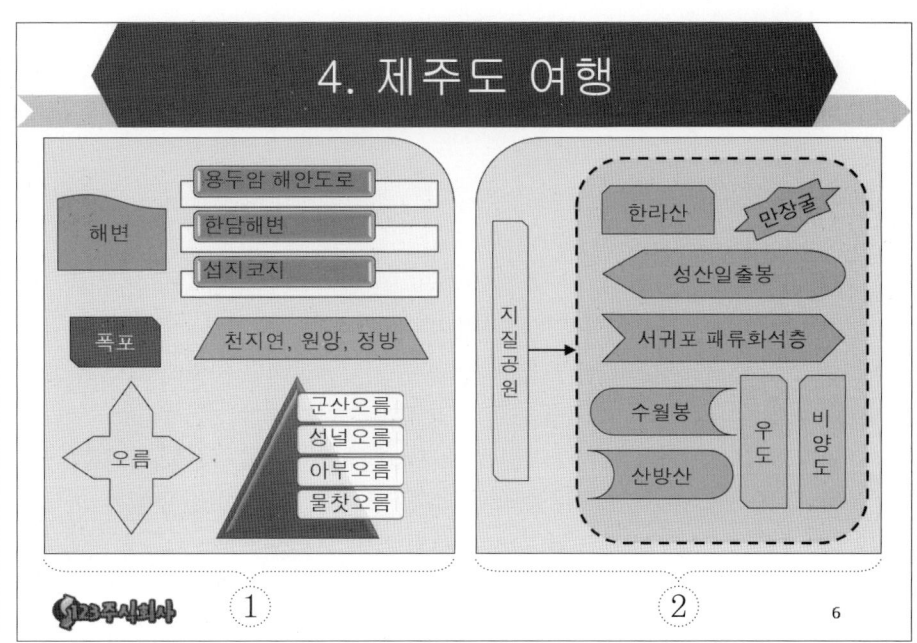

제 07회 정보기술자격(ITQ) 기출제문제   MS오피스

과목	코드	문제유형	시험시간	수험번호	성명
한글파워포인트	1142	B	60분		

수험자 유의사항

- 수험자는 문제지를 받는 즉시 문제지와 **수험표상의 시험과목(프로그램)이 동일한지 반드시 확인**하여야 합니다.
- 파일명은 본인의 "수험번호-성명"으로 입력하여 답안폴더(내 PC₩문서₩ITQ)에 하나의 파일로 저장해야 하며, 답안문서 파일명이 "수험번호-성명"과 일치하지 않거나, 답안파일을 전송하지 않아 미제출로 처리될 경우 실격 처리합니다(예:12345678-홍길동.pptx).
- 답안 작성을 마치면 파일을 저장하고, '답안 전송' 버튼을 선택하여 감독위원 PC로 답안을 전송하십시오. 수험생 정보와 저장한 파일명이 다를 경우 전송되지 않으므로 주의하시기 바랍니다.
- 답안 작성 중에도 **주기적으로 저장하고, '답안 전송'**하여야 문제 발생을 줄일 수 있습니다. 작업한 내용을 저장하지 않고 전송할 경우 이전에 저장된 내용이 전송되오니 이점 유의하시기 바랍니다.
- 답안문서는 지정된 경로 외의 다른 보조기억장치에 저장하는 경우, 지정된 시험 시간 외에 작성된 파일을 활용할 경우, 기타 통신수단(이메일, 메신저, 네트워크 등)을 이용하여 타인에게 전달 또는 외부 반출하는 경우는 부정 처리합니다.
- 시험 중 부주의 또는 고의로 시스템을 파손한 경우는 수험자가 변상해야 하며, 〈수험자 유의사항〉에 기재된 방법대로 이행하지 않아 생기는 불이익은 수험생 당사자의 책임임을 알려 드립니다.
- 문제의 조건은 MS오피스 2016 버전으로 설정되어 있으니 유의하시기 바랍니다.
- 시험을 완료한 수험자는 답안파일이 전송되었는지 확인한 후 감독위원의 지시에 따라 문제지를 제출하고 퇴실합니다.

답안 작성요령

- 온라인 답안 작성 절차
  수험자 등록 ⇒ 시험 시작 ⇒ 답안파일 저장 ⇒ 답안 전송 ⇒ 시험 종료
- 슬라이드의 크기는 A4 Paper로 설정하여 작성합니다.
- 슬라이드의 총 개수는 6개로 구성되어 있으며 슬라이드 1부터 순서대로 작업하고 반드시 문제와 세부 조건대로 합니다.
- 별도의 지시사항이 없는 경우 출력형태를 참조하여 글꼴색은 검정 또는 흰색으로 작성하고, 기타사항은 전체적인 균형을 고려하여 작성합니다.
- 슬라이드 도형 및 개체에 출력형태와 다른 스타일(그림자, 외곽선 등)을 적용했을 경우 감점처리 됩니다.
- 슬라이드 번호를 작성합니다(슬라이드 1에는 생략).
- 2~6번 슬라이드 제목 도형과 하단 로고는 슬라이드 마스터를 이용하여 출력형태와 동일하게 작성합니다(슬라이드 1에는 생략).
- 문제와 세부조건, 세부조건 번호 ◯(점선원)는 입력하지 않습니다.
- 각 개체의 위치는 오른쪽의 슬라이드와 동일하게 구성합니다.
- 그림 삽입 문제의 경우 반드시 「내 PC₩문서₩ITQ₩Picture」 폴더에서 정확한 파일을 선택하여 삽입하십시오.
- 각 슬라이드를 각각의 파일로 작업해서 저장할 경우 실격 처리됩니다.

[전체구성] (60점)

(1) 슬라이드 크기 및 순서 : 크기를 A4 용지로 설정하고 슬라이드 순서에 맞게 작성한다.
(2) 슬라이드 마스터 : 2~6슬라이드의 제목, 하단 로고, 슬라이드 번호는 슬라이드 마스터를 이용하여 작성한다.
- 제목 글꼴(돋움, 40pt, 흰색), 가운데 맞춤, 도형(선 없음)
- 하단 로고(「내 PC₩문서₩ITQ₩Picture₩로고1.jpg」, 배경(회색) 투명색으로 설정)

[슬라이드 1] ≪표지 디자인≫ (40점)

(1) 표지 디자인 : 도형, 워드아트 및 그림을 이용하여 작성한다.

세부조건

① 도형 편집
 - 도형에 그림 채우기 :
  「내 PC₩문서₩ITQ₩Picture₩
  그림1.jpg」, 투명도 50%
 - 도형 효과 :
  부드러운 가장자리 5포인트

② 워드아트 삽입
 - 변환 : 휘어 내려가기
 - 글꼴 : 돋움, 굵게
 - 텍스트 반사 :
  근접 반사, 4pt 오프셋

③ 그림 삽입
 - 「내 PC₩문서₩ITQ₩Picture₩
  로고1.jpg」
 - 배경(회색) 투명색으로 설정

[슬라이드 2] ≪목차 슬라이드≫ (60점)

(1) 출력형태와 같이 도형을 이용하여 목차를 작성한다(글꼴 : 굴림, 24pt).
(2) 도형 : 선 없음

세부조건

① 텍스트에 하이퍼링크 적용
 -> '슬라이드 6'

② 그림 삽입
 - 「내 PC₩문서₩ITQ₩Picture₩
  그림5.jpg」
 - 자르기 기능 이용

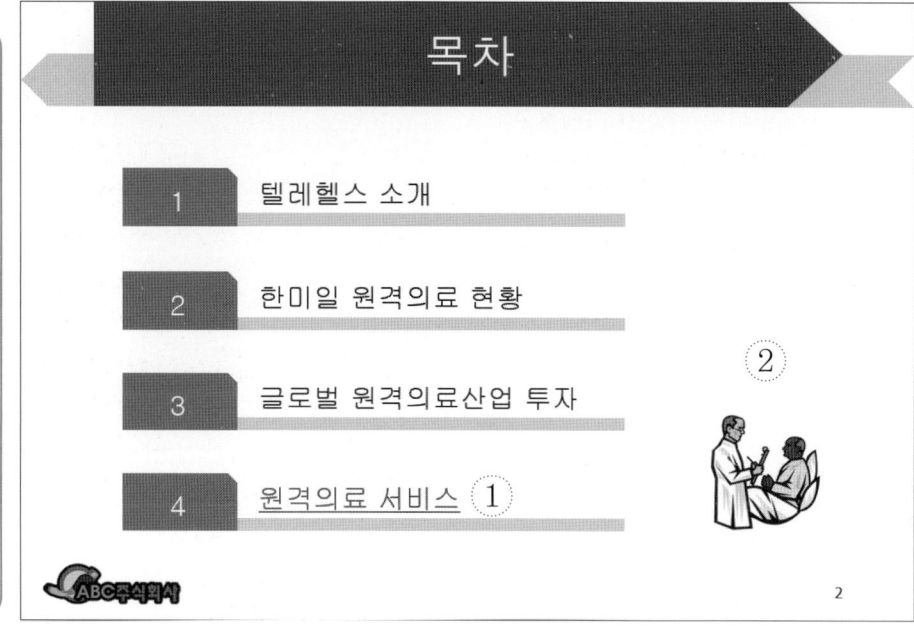

[슬라이드 3] ≪텍스트/동영상 슬라이드≫ (60점)

(1) 텍스트 작성 : 글머리 기호 사용(◆, ➢)
  ◆문단(굴림, 24pt, 굵게, 줄간격 : 1.5줄), ➢문단(굴림, 20pt, 줄간격 : 1.5줄)

세부조건

① 동영상 삽입 :
  - 「내 PC₩문서₩ITQ₩Picture₩동영상.wmv」
  - 자동실행, 반복재생 설정

1. 텔레헬스 소개

◆ Telehealth
  ➢ Telehealth is the distribution of health-related services and information via electronic information and telecommunication technologies

◆ 텔레헬스
  ➢ 통신 기술과 디지털 정보를 활용하여 원격으로 진료
  ➢ 전화, 화상 상담, 온라인 채팅, 스트리밍 미디어 등을 이용하여 진료, 심리 상담, 재활치료 등의 의료 서비스 제공

[슬라이드 4] ≪표 슬라이드≫ (80점)

(1) 도형과 표 작성 기능을 이용하여 슬라이드를 작성한다(글꼴 : 돋움, 18pt).

세부조건

① 상단 도형 :
  2개 도형의 조합으로 작성

② 좌측 도형 :
  그라데이션 효과(선형 아래쪽)

③ 표 스타일 :
  테마 스타일 1 - 강조 2

2. 한미일 원격의료 현황

	서비스 제공자	서비스 대상자	서비스 범위
미국	의사, 간호사, 임상병리사 등	국민의 약 25%	초진 환자 허용
일본	의사	당뇨, 고혈압 환자 등	초진 환자 원칙적 불허
한국	의사(치과의사, 한의사 포함)	도서, 벽지주민, 당뇨, 고혈압 환자 등	재진 환자

[슬라이드 5] ≪차트 슬라이드≫ (100점)

(1) 차트 작성 기능을 이용하여 슬라이드를 작성한다.
(2) 차트 : 종류(묶은 세로 막대형), 글꼴(돋움, 16pt), 외곽선

세부조건

※ 차트설명
- 차트제목 : 궁서, 24pt, 굵게, 채우기(흰색), 테두리, 그림자(오프셋 아래쪽)
- 차트영역 : 채우기(노랑) 그림영역 : 채우기(흰색)
- 데이터 서식 : 투자건수 계열을 표식이 있는 꺾은선형으로 변경 후 보조축으로 지정
- 값 표시 : 2021년의 투자규모 계열만

① 도형 삽입
  - 스타일 :
    미세효과 – 파랑, 강조1
  - 글꼴 : 굴림, 18pt

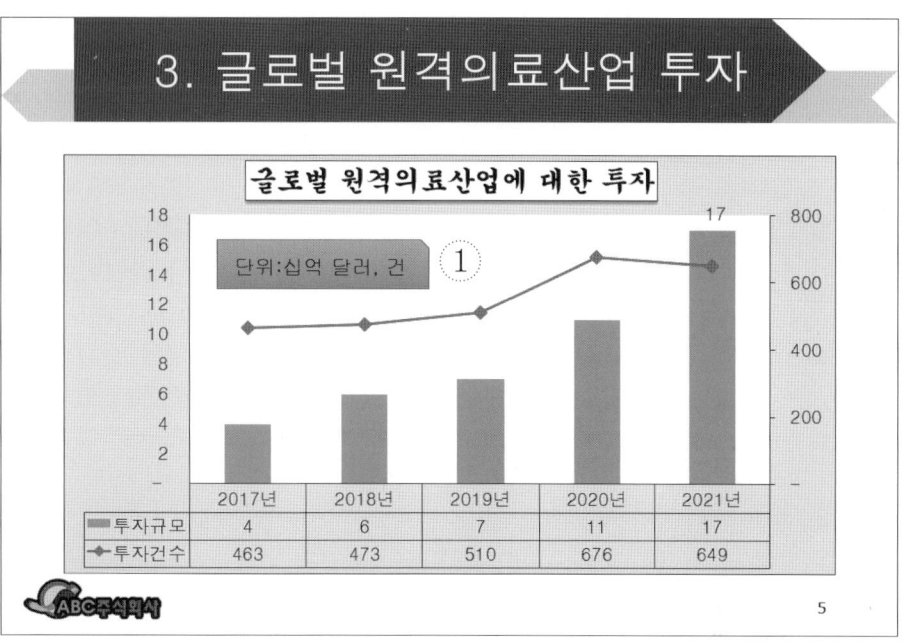

[슬라이드 6] ≪도형 슬라이드≫ (100점)

(1) 슬라이드와 같이 도형 및 스마트아트를 배치한다(글꼴 : 굴림, 18pt).
(2) 애니메이션 순서 : ① ⇒ ②

세부조건

① 도형 및 스마트아트 편집
  - 스마트아트 디자인
    : 3차원 만화,
    3차원 광택 처리
  - 그룹화 후 애니메이션 효과
    : 날아오기(왼쪽에서)

② 도형 편집
  - 그룹화 후 애니메이션 효과
    : 바운드

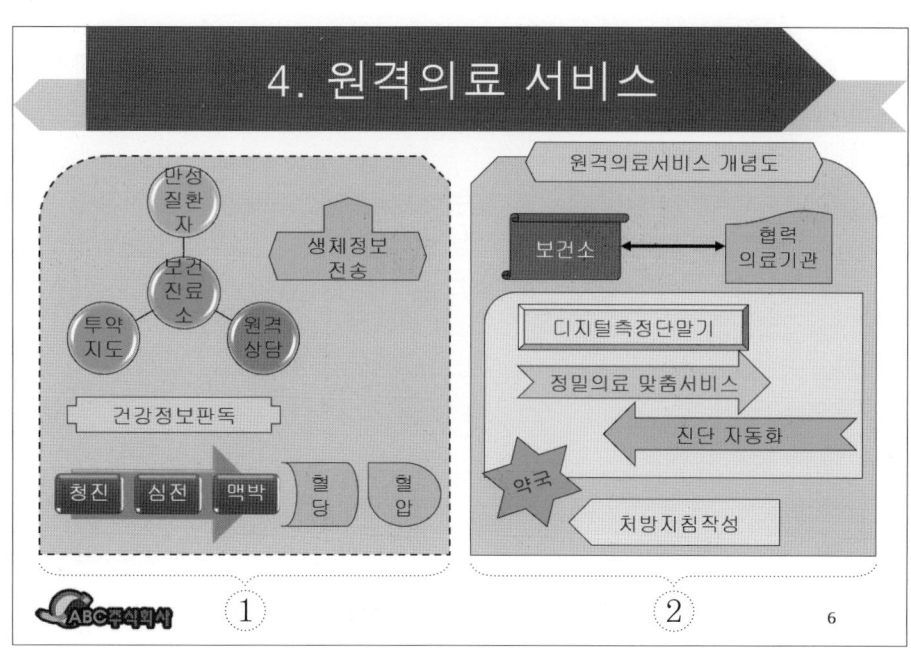

제08회 정보기술자격(ITQ) 기출제문제

MS오피스

과목	코드	문제유형	시험시간	수험번호	성명
한글파워포인트	1142	C	60분		

수험자 유의사항

- 수험자는 문제지를 받는 즉시 문제지와 **수험표상의 시험과목(프로그램)이 동일한지 반드시 확인**하여야 합니다.
- 파일명은 본인의 "수험번호-성명"으로 입력하여 답안폴더(내 PC\문서\ITQ)에 하나의 파일로 저장해야 하며, 답안문서 파일명이 "수험번호-성명"과 일치하지 않거나, 답안파일을 전송하지 않아 미제출로 처리될 경우 실격 처리합니다(예:12345678-홍길동.pptx).
- 답안 작성을 마치면 파일을 저장하고, '답안 전송' 버튼을 선택하여 감독위원 PC로 답안을 전송하십시오. 수험생 정보와 저장한 파일명이 다를 경우 전송되지 않으므로 주의하시기 바랍니다.
- 답안 작성 중에도 **주기적으로 저장하고, '답안 전송'**하여야 문제 발생을 줄일 수 있습니다. 작업한 내용을 저장하지 않고 전송할 경우 이전에 저장된 내용이 전송되오니 이점 유의하시기 바랍니다.
- 답안문서는 지정된 경로 외의 다른 보조기억장치에 저장하는 경우, 지정된 시험 시간 외에 작성된 파일을 활용할 경우, 기타 통신수단(이메일, 메신저, 네트워크 등)을 이용하여 타인에게 전달 또는 외부 반출하는 경우는 부정 처리합니다.
- 시험 중 부주의 또는 고의로 시스템을 파손한 경우는 수험자가 변상해야 하며, 〈수험자 유의사항〉에 기재된 방법대로 이행하지 않아 생기는 불이익은 수험생 당사자의 책임임을 알려 드립니다.
- 문제의 조건은 MS오피스 2016 버전으로 설정되어 있으니 유의하시기 바랍니다.
- 시험을 완료한 수험자는 답안파일이 전송되었는지 확인한 후 감독위원의 지시에 따라 문제지를 제출하고 퇴실합니다.

답안 작성요령

- 온라인 답안 작성 절차
  수험자 등록 ⇒ 시험 시작 ⇒ 답안파일 저장 ⇒ 답안 전송 ⇒ 시험 종료
- 슬라이드의 크기는 A4 Paper로 설정하여 작성합니다.
- 슬라이드의 총 개수는 6개로 구성되어 있으며 슬라이드 1부터 순서대로 작업하고 반드시 문제와 세부조건대로 합니다.
- 별도의 지시사항이 없는 경우 출력형태를 참조하여 글꼴색은 검정 또는 흰색으로 작성하고, 기타사항은 전체적인 균형을 고려하여 작성합니다.
- 슬라이드 도형 및 개체에 출력형태와 다른 스타일(그림자, 외곽선 등)을 적용했을 경우 감점처리 됩니다.
- 슬라이드 번호를 작성합니다(슬라이드 1에는 생략).
- 2~6번 슬라이드 제목 도형과 하단 로고는 슬라이드 마스터를 이용하여 출력형태와 동일하게 작성합니다(슬라이드 1에는 생략).
- 문제와 세부조건, 세부조건 번호 ○(점선원)는 입력하지 않습니다.
- 각 개체의 위치는 오른쪽의 슬라이드와 동일하게 구성합니다.
- 그림 삽입 문제의 경우 반드시 「내 PC\문서\ITQ\Picture」 폴더에서 정확한 파일을 선택하여 삽입하십시오.
- 각 슬라이드를 각각의 파일로 작업해서 저장할 경우 실격 처리됩니다.

[전체구성] (60점)

(1) 슬라이드 크기 및 순서 : 크기를 A4 용지로 설정하고 슬라이드 순서에 맞게 작성한다.
(2) 슬라이드 마스터 : 2~6슬라이드의 제목, 하단 로고, 슬라이드 번호는 슬라이드 마스터를 이용하여 작성한다.
- 제목 글꼴(돋움, 40pt, 흰색), 가운데 맞춤, 도형(선 없음)
- 하단 로고(「내 PC\문서\ITQ\Picture\로고1.jpg」, 배경(회색) 투명색으로 설정)

[슬라이드 1] ≪표지 디자인≫ (40점)

(1) 표지 디자인 : 도형, 워드아트 및 그림을 이용하여 작성한다.

세부조건

① 도형 편집
- 도형에 그림 채우기 :
「내 PC\문서\ITQ\Picture\그림1.jpg」, 투명도 50%
- 도형 효과 :
부드러운 가장자리 5포인트

② 워드아트 삽입
- 변환 : 오른쪽 줄이기
- 글꼴 : 굴림, 굵게
- 텍스트 반사 :
1/2 반사, 8pt 오프셋

③ 그림 삽입
- 「내 PC\문서\ITQ\Picture\로고1.jpg」
- 배경(회색) 투명색으로 설정

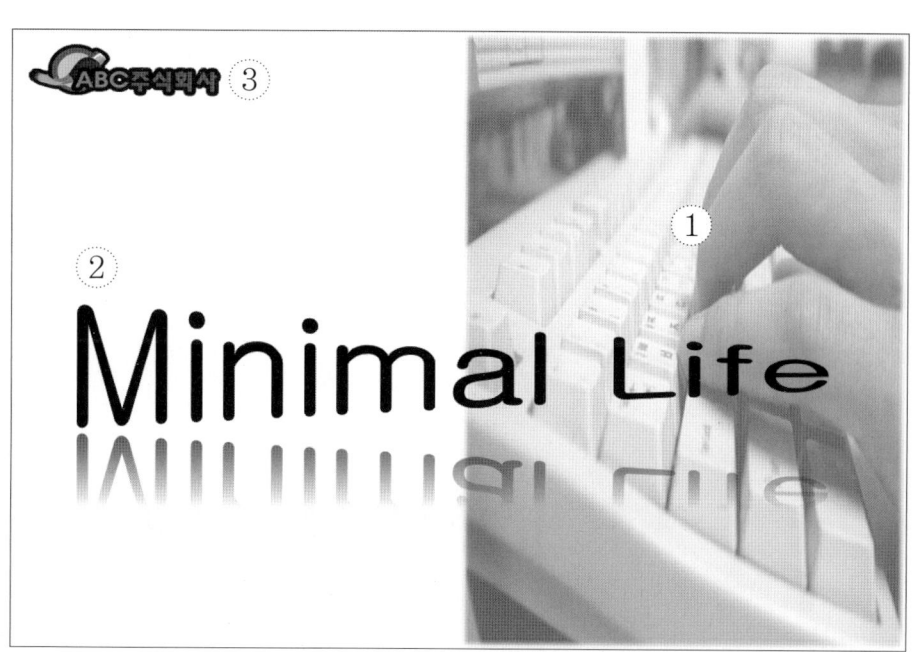

[슬라이드 2] ≪목차 슬라이드≫ (60점)

(1) 출력형태와 같이 도형을 이용하여 목차를 작성한다(글꼴 : 돋움, 24pt).
(2) 도형 : 선 없음

세부조건

① 텍스트에 하이퍼링크 적용
-> '슬라이드 5'

② 그림 삽입
- 「내 PC\문서\ITQ\Picture\그림4.jpg」
- 자르기 기능 이용

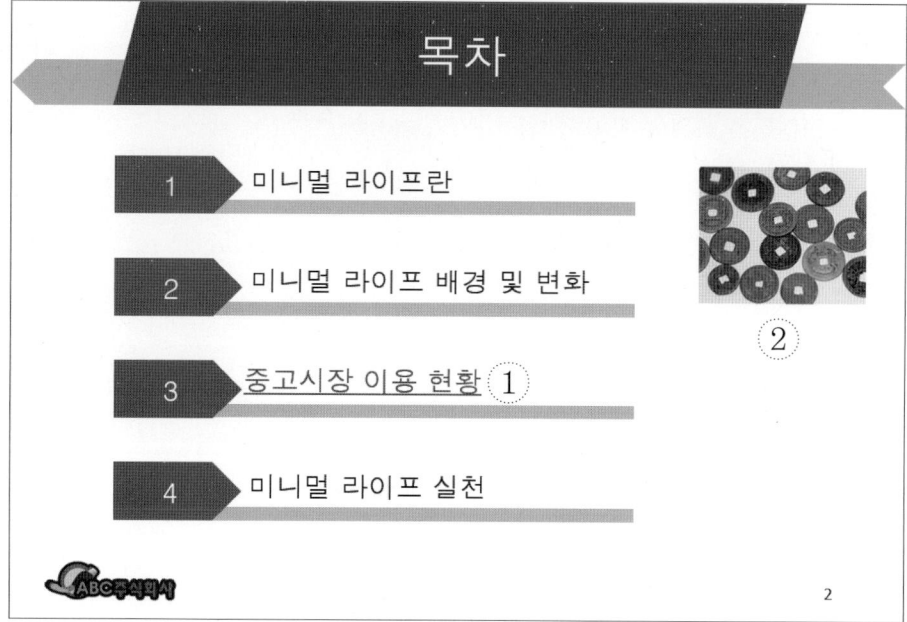

[슬라이드 3] ≪텍스트/동영상 슬라이드≫   (60점)

(1) 텍스트 작성 : 글머리 기호 사용(◆, ✓)
  ◆문단(굴림, 24pt, 굵게, 줄간격 : 1.5줄), ✓문단(굴림, 20pt, 줄간격 : 1.5줄)

세부조건

① 동영상 삽입 :
  - 「내 PC\문서\ITQ\Picture\동영상.wmv」
  - 자동실행, 반복재생 설정

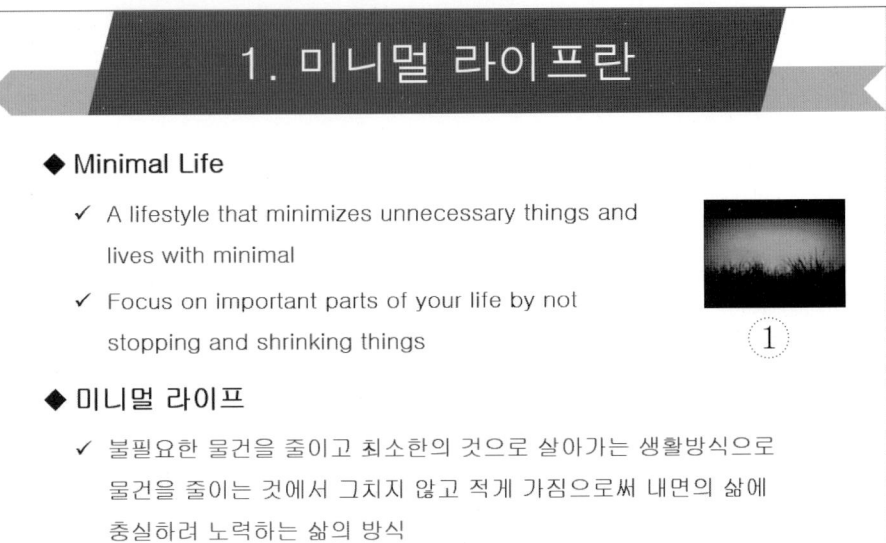

[슬라이드 4] ≪표 슬라이드≫   (80점)

(1) 도형과 표 작성 기능을 이용하여 슬라이드를 작성한다(글꼴 : 굴림, 18pt).

세부조건

① 상단 도형 :
  2개 도형의 조합으로 작성

② 좌측 도형 :
  그라데이션 효과(선형 아래쪽)

③ 표 스타일 :
  테마 스타일 1 - 강조 5

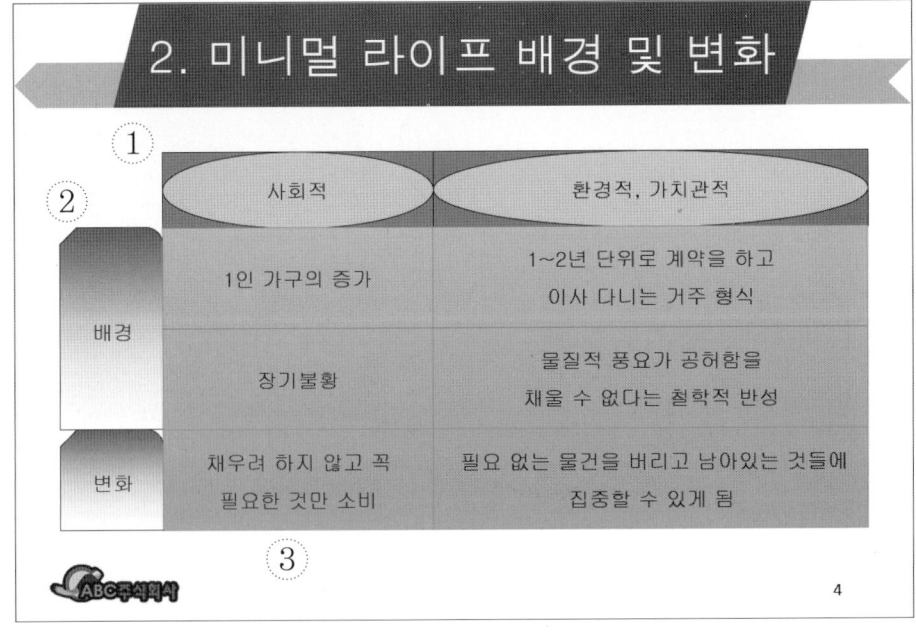

[슬라이드 5] ≪차트 슬라이드≫   (100점)

(1) 차트 작성 기능을 이용하여 슬라이드를 작성한다.
(2) 차트 : 종류(묶은 세로 막대형), 글꼴(돋움, 16pt), 외곽선

세부조건

※ 차트설명
- 차트제목 : 궁서, 24pt, 굵게, 채우기(흰색), 테두리, 그림자(오프셋 아래쪽)
- 차트영역 : 채우기(노랑) 그림영역 : 채우기(흰색)
- 데이터 서식 : 이용고객(십명) 계열을 표식이 있는 꺾은선형으로 변경 후 보조축으로 지정
- 값 표시 : 2020년의 결제금액(천만원) 계열만

① 도형 삽입
 - 스타일 :
   미세효과 – 파랑, 강조1
 - 글꼴 : 굴림, 18pt

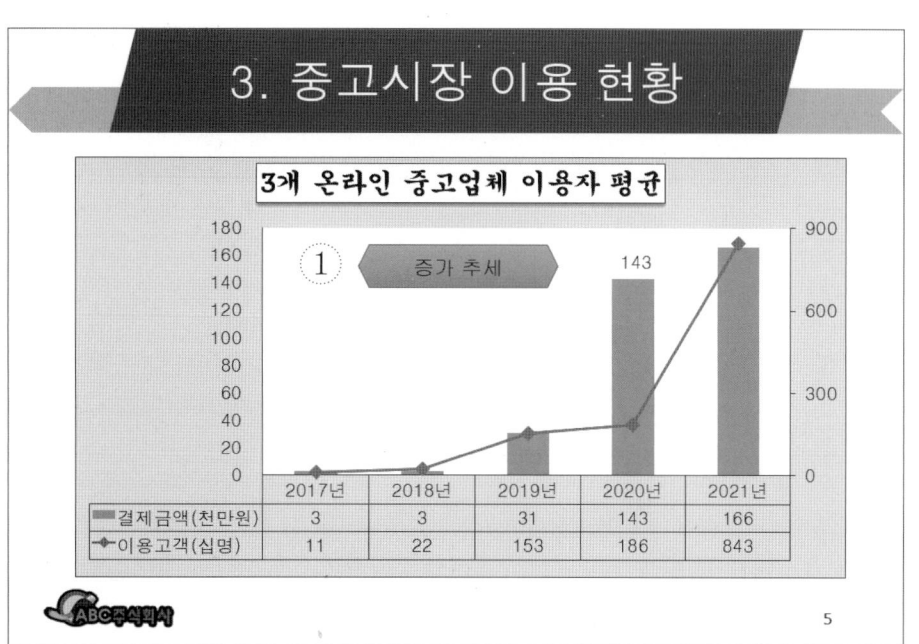

[슬라이드 6] ≪도형 슬라이드≫   (100점)

(1) 슬라이드와 같이 도형 및 스마트아트를 배치한다(글꼴 : 굴림, 18pt).
(2) 애니메이션 순서 : ① ⇒ ②

세부조건

① 도형 및 스마트아트 편집
 - 스마트아트 디자인
   : 3차원 만화,
   3차원 경사
 - 그룹화 후 애니메이션 효과
   : 바운드

② 도형 편집
 - 그룹화 후 애니메이션 효과
   : 나누기(가로 바깥쪽으로)

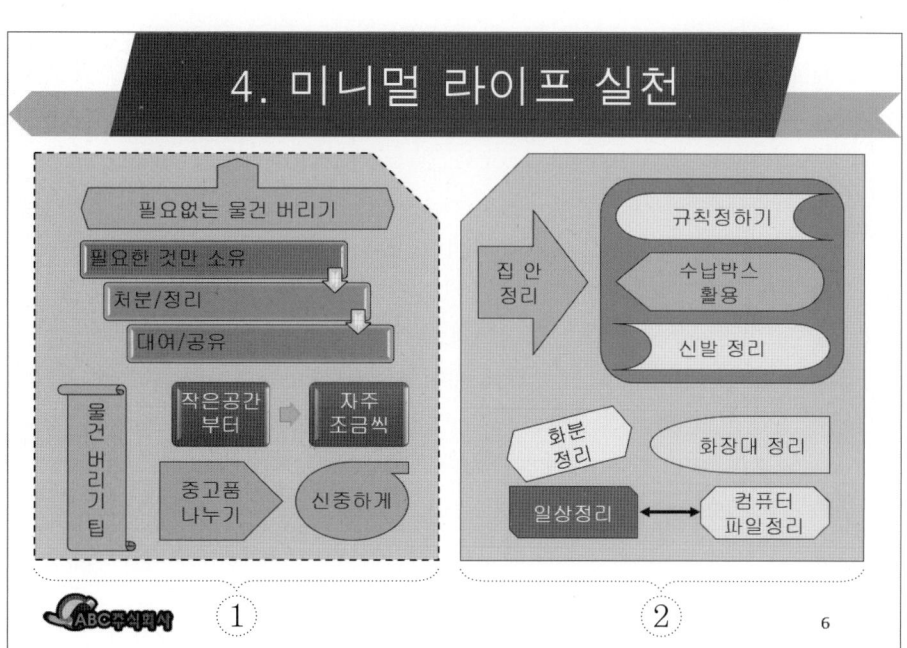

제09회 정보기술자격(ITQ) 기출제문제

MS오피스

과목	코드	문제유형	시험시간	수험번호	성명
한글파워포인트	1142	D	60분		

수험자 유의사항

- 수험자는 문제지를 받는 즉시 문제지와 **수험표상의 시험과목(프로그램)이 동일한지 반드시 확인**하여야 합니다.
- 파일명은 본인의 "수험번호-성명"으로 입력하여 답안폴더(내 PC\문서\ITQ)에 하나의 파일로 저장해야 하며, 답안문서 파일명이 "수험번호-성명"과 일치하지 않거나, 답안파일을 전송하지 않아 미제출로 처리될 경우 실격 처리합니다(예:12345678-홍길동.pptx).
- 답안 작성을 마치면 파일을 저장하고, '답안 전송' 버튼을 선택하여 감독위원 PC로 답안을 전송하십시오. 수험생 정보와 저장한 파일명이 다를 경우 전송되지 않으므로 주의하시기 바랍니다.
- 답안 작성 중에도 **주기적으로 저장하고, '답안 전송'**하여야 문제 발생을 줄일 수 있습니다. 작업한 내용을 저장하지 않고 전송할 경우 이전에 저장된 내용이 전송되오니 이점 유의하시기 바랍니다.
- 답안문서는 지정된 경로 외의 다른 보조기억장치에 저장하는 경우, 지정된 시험 시간 외에 작성된 파일을 활용할 경우, 기타 통신수단(이메일, 메신저, 네트워크 등)을 이용하여 타인에게 전달 또는 외부 반출하는 경우는 부정 처리합니다.
- 시험 중 부주의 또는 고의로 시스템을 파손한 경우는 수험자가 변상해야 하며, 〈수험자 유의사항〉에 기재된 방법대로 이행하지 않아 생기는 불이익은 수험생 당사자의 책임임을 알려 드립니다.
- 문제의 조건은 MS오피스 2016 버전으로 설정되어 있으니 유의하시기 바랍니다.
- 시험을 완료한 수험자는 답안파일이 전송되었는지 확인한 후 감독위원의 지시에 따라 문제지를 제출하고 퇴실합니다.

답안 작성요령

- 온라인 답안 작성 절차
  수험자 등록 ⇒ 시험 시작 ⇒ 답안파일 저장 ⇒ 답안 전송 ⇒ 시험 종료
- 슬라이드의 크기는 A4 Paper로 설정하여 작성합니다.
- 슬라이드의 총 개수는 6개로 구성되어 있으며 슬라이드 1부터 순서대로 작업하고 반드시 문제와 세부 조건대로 합니다.
- 별도의 지시사항이 없는 경우 출력형태를 참조하여 글꼴색은 검정 또는 흰색으로 작성하고, 기타사항은 전체적인 균형을 고려하여 작성합니다.
- 슬라이드 도형 및 개체에 출력형태와 다른 스타일(그림자, 외곽선 등)을 적용했을 경우 감점처리 됩니다.
- 슬라이드 번호를 작성합니다(슬라이드 1에는 생략).
- 2~6번 슬라이드 제목 도형과 하단 로고는 슬라이드 마스터를 이용하여 출력형태와 동일하게 작성합니다(슬라이드 1에는 생략).
- 문제와 세부조건, 세부조건 번호 ◯(점선원)는 입력하지 않습니다.
- 각 개체의 위치는 오른쪽의 슬라이드와 동일하게 구성합니다.
- 그림 삽입 문제의 경우 반드시 「내 PC\문서\ITQ\Picture」 폴더에서 정확한 파일을 선택하여 삽입하십시오.
- 각 슬라이드를 각각의 파일로 작업해서 저장할 경우 실격 처리됩니다.

kpc 한국생산성본부

[전체구성] (60점)

(1) 슬라이드 크기 및 순서 : 크기를 A4 용지로 설정하고 슬라이드 순서에 맞게 작성한다.
(2) 슬라이드 마스터 : 2~6슬라이드의 제목, 하단 로고, 슬라이드 번호는 슬라이드 마스터를 이용하여 작성한다.
- 제목 글꼴(돋움, 40pt, 흰색), 가운데 맞춤, 도형(선 없음)
- 하단 로고(「내 PC₩문서₩ITQ₩Picture₩로고3.jpg」, 배경(연보라) 투명색으로 설정)

[슬라이드 1] ≪표지 디자인≫ (40점)

(1) 표지 디자인 : 도형, 워드아트 및 그림을 이용하여 작성한다.

세부조건

① 도형 편집
- 도형에 그림 채우기 :
  「내 PC₩문서₩ITQ₩Picture₩그림3.jpg」, 투명도 50%
- 도형 효과 :
  부드러운 가장자리 5포인트

② 워드아트 삽입
- 변환 : 중지
- 글꼴 : 맑은고딕, 굵게
- 텍스트 반사 : 근접 반사, 터치

③ 그림 삽입
- 「내 PC₩문서₩ITQ₩Picture₩로고3.jpg」
- 배경(연보라) 투명색으로 설정

[슬라이드 2] ≪목차 슬라이드≫ (60점)

(1) 출력형태와 같이 도형을 이용하여 목차를 작성한다(글꼴 : 돋움, 24pt).
(2) 도형 : 선 없음

세부조건

① 텍스트에 하이퍼링크 적용
 -> '슬라이드 5'

② 그림 삽입
- 「내 PC₩문서₩ITQ₩Picture₩그림4.jpg」
- 자르기 기능 이용

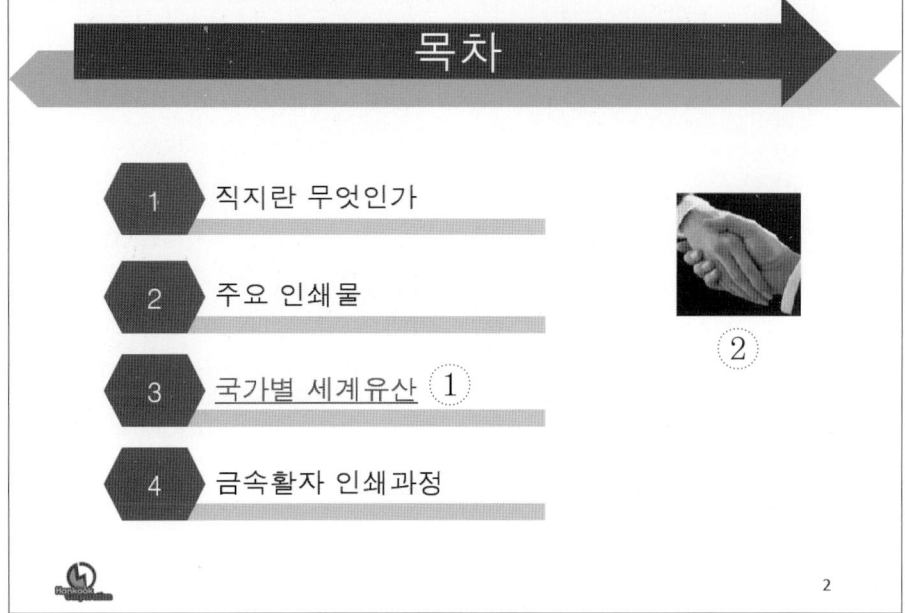

[슬라이드 3] ≪텍스트/동영상 슬라이드≫   (60점)

(1) 텍스트 작성 : 글머리 기호 사용(➢, ✓)
   ➢문단(굴림, 24pt, 굵게, 줄간격 : 1.5줄), ✓문단(굴림, 20pt, 줄간격 : 1.5줄)

세부조건

① 동영상 삽입 :
  - 「내 PC₩문서₩ITQ₩Picture₩동영상.wmv」
  - 자동실행, 반복재생 설정

[슬라이드 4] ≪표 슬라이드≫   (80점)

(1) 도형과 표 작성 기능을 이용하여 슬라이드를 작성한다(글꼴 : 굴림, 18pt).

세부조건

① 상단 도형 :
   2개 도형의 조합으로 작성

② 좌측 도형 :
   그라데이션 효과(선형 아래쪽)

③ 표 스타일 :
   테마 스타일 1 - 강조 2

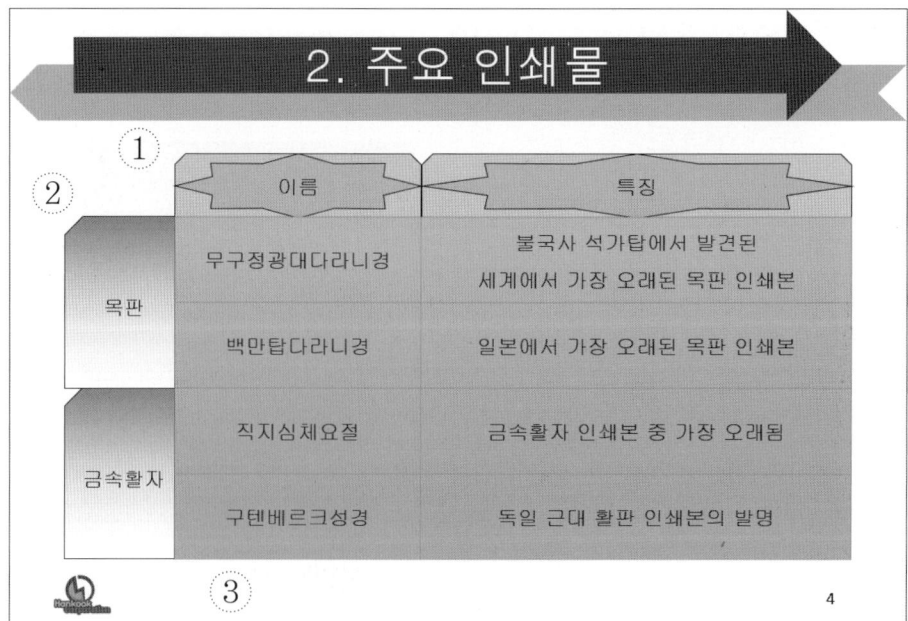

[슬라이드 5] ≪차트 슬라이드≫ (100점)

(1) 차트 작성 기능을 이용하여 슬라이드를 작성한다.
(2) 차트 : 종류(묶은 세로 막대형), 글꼴(돋움, 16pt), 외곽선

세부조건

※ 차트설명
- 차트제목 : 궁서, 24pt, 굵게, 채우기(흰색), 테두리, 그림자(오프셋 아래쪽)
- 차트영역 : 채우기(노랑) 그림영역 : 채우기(흰색)
- 데이터 서식 : 문화유산 계열을 표식이 있는 꺾은선형으로 변경 후 보조축으로 지정
- 값 표시 : 중국의 자연유산 계열만

① 도형 삽입
 - 스타일 :
   미세효과 – 파랑, 강조1
 - 글꼴 : 굴림, 18pt

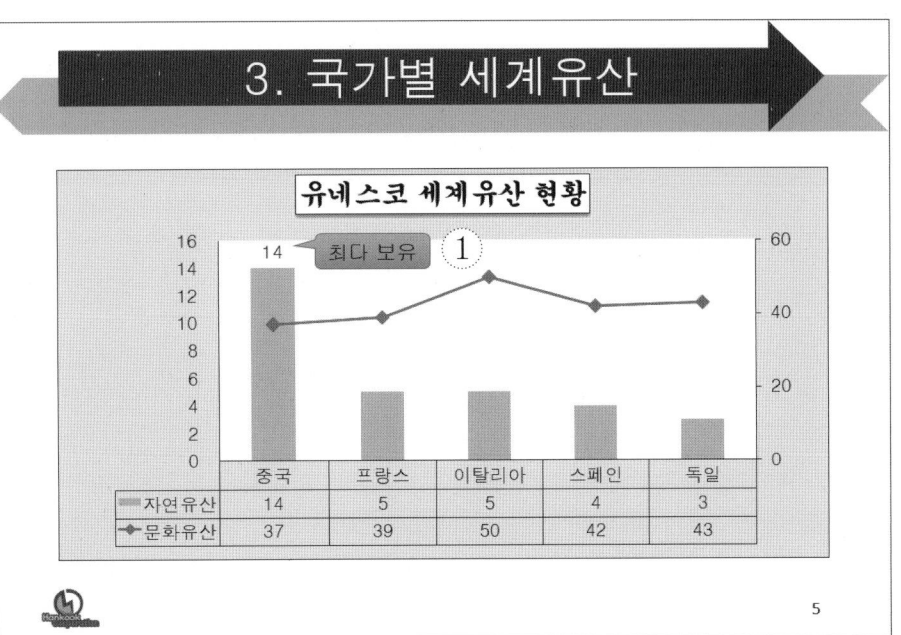

[슬라이드 6] ≪도형 슬라이드≫ (100점)

(1) 슬라이드와 같이 도형 및 스마트아트를 배치한다(글꼴 : 굴림, 18pt).
(2) 애니메이션 순서 : ① ⇒ ②

세부조건

① 도형 및 스마트아트 편집
 - 스마트아트 디자인
   : 3차원 만화,
   3차원 벽돌
 - 그룹화 후 애니메이션 효과
   : 실선무늬(세로)

② 도형 편집
 - 그룹화 후 애니메이션 효과
   : 바운드

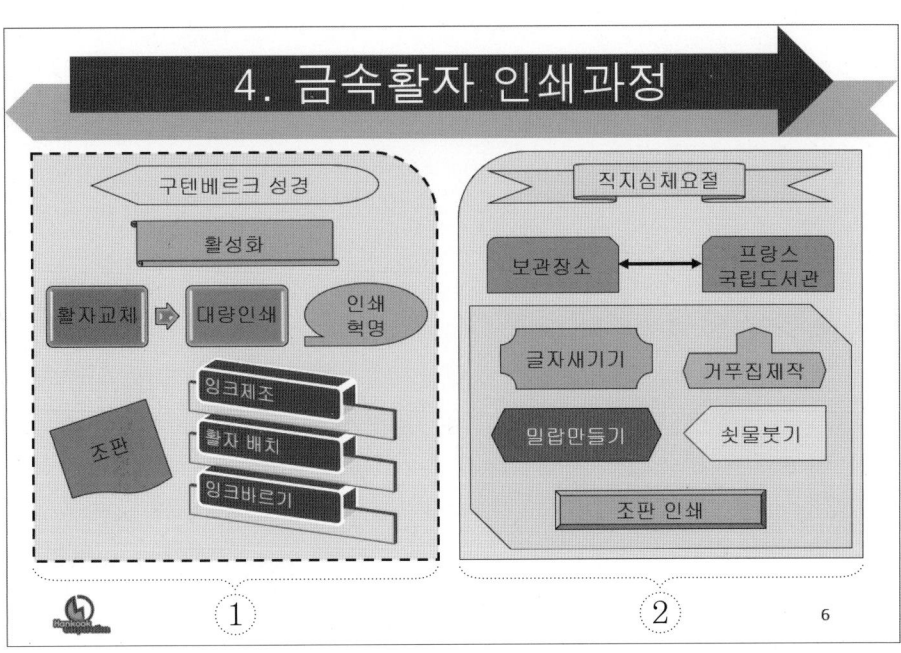

제10회 정보기술자격(ITQ) 기출제문제

MS오피스

과목	코드	문제유형	시험시간	수험번호	성명
한글파워포인트	1142	E	60분		

수험자 유의사항

- 수험자는 문제지를 받는 즉시 문제지와 **수험표상의 시험과목(프로그램)이 동일한지 반드시 확인**하여야 합니다.
- 파일명은 본인의 "수험번호-성명"으로 입력하여 답안폴더(내 PC\문서\ITQ)에 하나의 파일로 저장해야 하며, 답안문서 파일명이 "수험번호-성명"과 일치하지 않거나, 답안파일을 전송하지 않아 미제출로 처리될 경우 실격 처리합니다(예:12345678-홍길동.pptx).
- 답안 작성을 마치면 파일을 저장하고, '답안 전송' 버튼을 선택하여 감독위원 PC로 답안을 전송하십시오. 수험생 정보와 저장한 파일명이 다를 경우 전송되지 않으므로 주의하시기 바랍니다.
- 답안 작성 중에도 **주기적으로 저장하고, '답안 전송'**하여야 문제 발생을 줄일 수 있습니다. 작업한 내용을 저장하지 않고 전송할 경우 이전에 저장된 내용이 전송되오니 이점 유의하시기 바랍니다.
- 답안문서는 지정된 경로 외의 다른 보조기억장치에 저장하는 경우, 지정된 시험 시간 외에 작성된 파일을 활용할 경우, 기타 통신수단(이메일, 메신저, 네트워크 등)을 이용하여 타인에게 전달 또는 외부 반출하는 경우는 부정 처리합니다.
- 시험 중 부주의 또는 고의로 시스템을 파손한 경우는 수험자가 변상해야 하며, 〈수험자 유의사항〉에 기재된 방법대로 이행하지 않아 생기는 불이익은 수험생 당사자의 책임임을 알려 드립니다.
- 문제의 조건은 MS오피스 2016 버전으로 설정되어 있으니 유의하시기 바랍니다.
- 시험을 완료한 수험자는 답안파일이 전송되었는지 확인한 후 감독위원의 지시에 따라 문제지를 제출하고 퇴실합니다.

답안 작성요령

- 온라인 답안 작성 절차
  수험자 등록 ⇒ 시험 시작 ⇒ 답안파일 저장 ⇒ 답안 전송 ⇒ 시험 종료
- 슬라이드의 크기는 A4 Paper로 설정하여 작성합니다.
- 슬라이드의 총 개수는 6개로 구성되어 있으며 슬라이드 1부터 순서대로 작업하고 반드시 문제와 세부조건대로 합니다.
- 별도의 지시사항이 없는 경우 출력형태를 참조하여 글꼴색은 검정 또는 흰색으로 작성하고, 기타사항은 전체적인 균형을 고려하여 작성합니다.
- 슬라이드 도형 및 개체에 출력형태와 다른 스타일(그림자, 외곽선 등)을 적용했을 경우 감점처리 됩니다.
- 슬라이드 번호를 작성합니다(슬라이드 1에는 생략).
- 2~6번 슬라이드 제목 도형과 하단 로고는 슬라이드 마스터를 이용하여 출력형태와 동일하게 작성합니다(슬라이드 1에는 생략).
- 문제와 세부조건, 세부조건 번호 ○(점선원)는 입력하지 않습니다.
- 각 개체의 위치는 오른쪽의 슬라이드와 동일하게 구성합니다.
- 그림 삽입 문제의 경우 반드시 「내 PC\문서\ITQ\Picture」 폴더에서 정확한 파일을 선택하여 삽입하십시오.
- 각 슬라이드를 각각의 파일로 작업해서 저장할 경우 실격 처리됩니다.

kpc 한국생산성본부

[전체구성] (60점)

(1) 슬라이드 크기 및 순서 : 크기를 A4 용지로 설정하고 슬라이드 순서에 맞게 작성한다.
(2) 슬라이드 마스터 : 2~6슬라이드의 제목, 하단 로고, 슬라이드 번호는 슬라이드 마스터를 이용하여 작성한다.
- 제목 글꼴(돋움, 40pt, 흰색), 가운데 맞춤, 도형(선 없음)
- 하단 로고(「내 PC\문서\ITQ\Picture\로고2.jpg」, 배경(회색) 투명색으로 설정)

[슬라이드 1] ≪표지 디자인≫ (40점)

(1) 표지 디자인 : 도형, 워드아트 및 그림을 이용하여 작성한다.

세부조건

① 도형 편집
- 도형에 그림 채우기 :
  「내 PC\문서\ITQ\Picture\
  그림3.jpg」, 투명도 50%
- 도형 효과 :
  부드러운 가장자리 5포인트

② 워드아트 삽입
- 변환 : 물결2
- 글꼴 : 돋움, 굵게
- 텍스트 반사 :
  근접 반사, 4pt 오프셋

③ 그림 삽입
- 「내 PC\문서\ITQ\Picture\
  로고2.jpg」
- 배경(회색) 투명색으로 설정

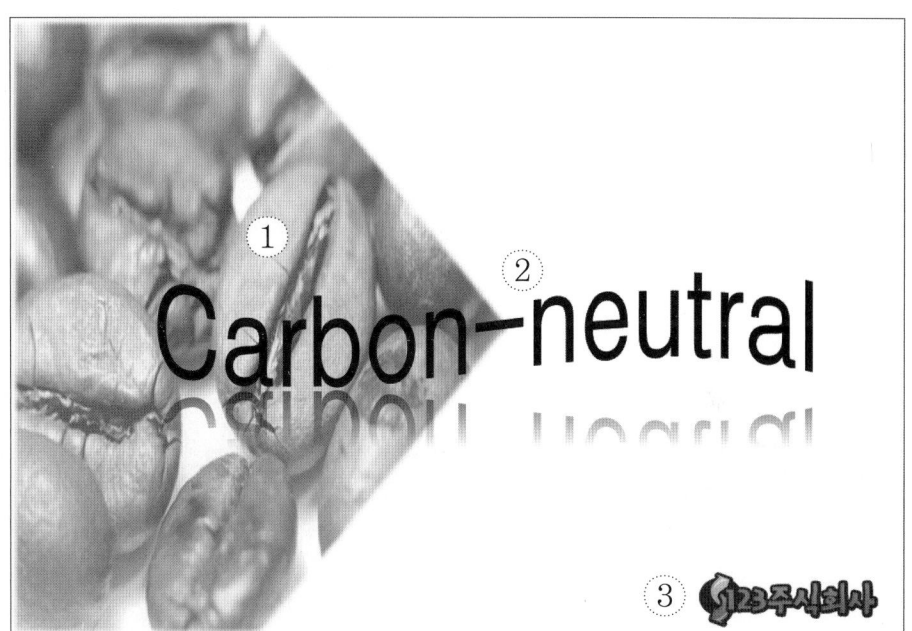

[슬라이드 2] ≪목차 슬라이드≫ (60점)

(1) 출력형태와 같이 도형을 이용하여 목차를 작성한다(글꼴 : 굴림, 24pt).
(2) 도형 : 선 없음

세부조건

① 텍스트에 하이퍼링크 적용
  -> '슬라이드 6'

② 그림 삽입
- 「내 PC\문서\ITQ\Picture\
  그림4.jpg」
- 자르기 기능 이용

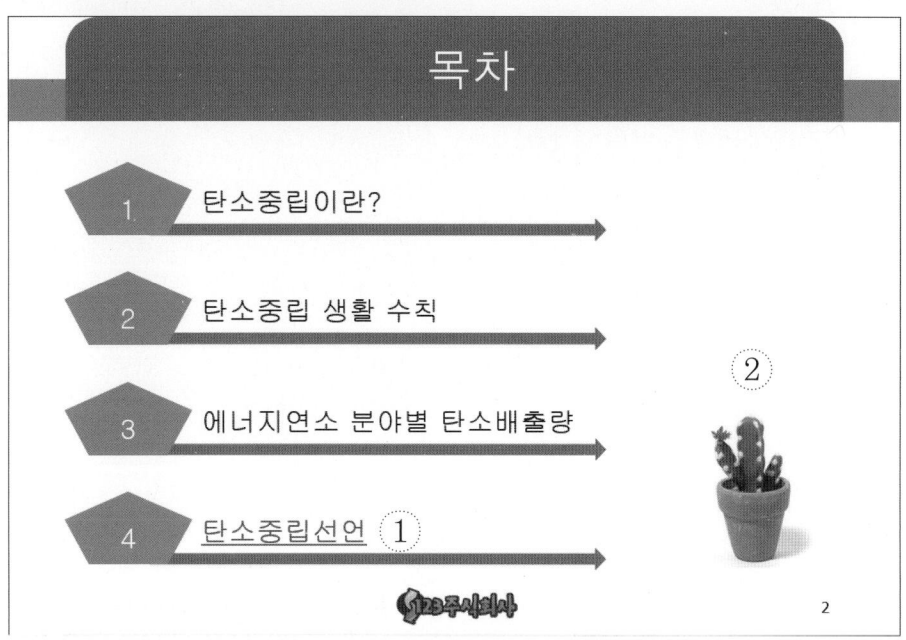

[슬라이드 3] ≪텍스트/동영상 슬라이드≫ (60점)

(1) 텍스트 작성 : 글머리 기호 사용(❖, ■)
  ❖문단(굴림, 24pt, 굵게, 줄간격 : 1.5줄), ■문단(굴림, 20pt, 줄간격 : 1.5줄)

세부조건

① 동영상 삽입 :
  - 「내 PC₩문서₩ITQ₩Picture₩동영상.wmv」
  - 자동실행, 반복재생 설정

1. 탄소중립이란?

❖ **Carbon neutrality**
  ■ Carbon neutrality is a state of net-zero carbon dioxide emissions
  ■ Carbon sinks are any systems that absorb more carbon than they emit, such as forests, soils and oceans

❖ **탄소중립 기본방향**
  ■ 태양광, 풍력, 수력 등 탄소 배출이 없는 에너지원이 에너지 공급 시스템의 중심이 되어야 하며 원료의 재사용, 제품의 지속가능성을 높이는 순환형 경제구조로 전환

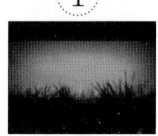

[슬라이드 4] ≪표 슬라이드≫ (80점)

(1) 도형과 표 작성 기능을 이용하여 슬라이드를 작성한다(글꼴 : 돋움, 18pt).

세부조건

① 상단 도형 :
  2개 도형의 조합으로 작성

② 좌측 도형 :
  그라데이션 효과(선형 아래쪽)

③ 표 스타일 :
  테마 스타일 1 - 강조 2

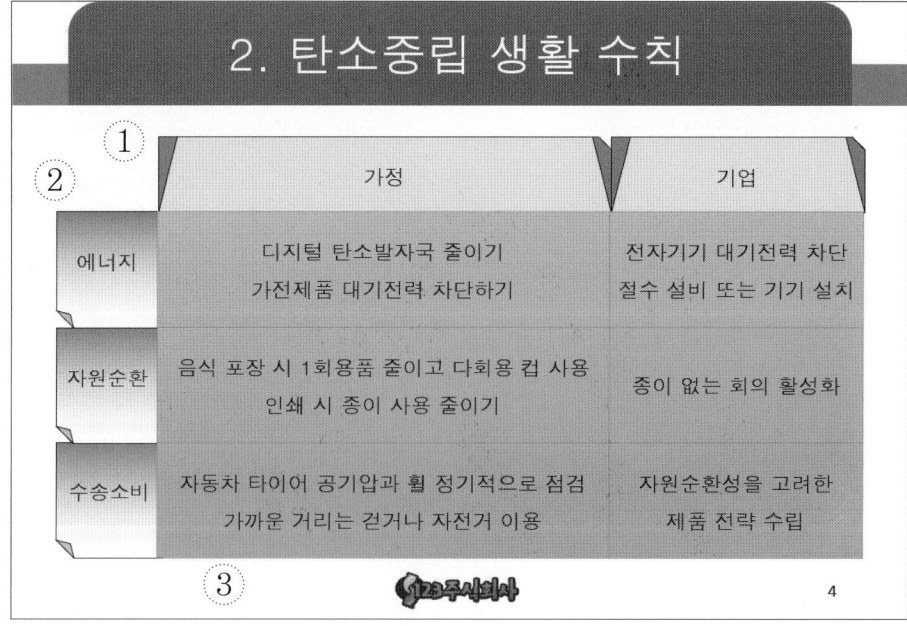

[슬라이드 5] ≪차트 슬라이드≫ (100점)

(1) 차트 작성 기능을 이용하여 슬라이드를 작성한다.
(2) 차트 : 종류(묶은 세로 막대형), 글꼴(돋움, 16pt), 외곽선

세부조건

※ 차트설명
- 차트제목 : 궁서, 24pt, 굵게, 채우기(흰색), 테두리, 그림자(오프셋 오른쪽)
- 차트영역 : 채우기(노랑) 그림영역 : 채우기(흰색)
- 데이터 서식 : 비OECD국가 계열을 표식이 있는 꺾은선형으로 변경 후 보조축으로 지정
- 값 표시 : 기타의 비OECD국가 계열만

① 도형 삽입
 - 스타일 :
   미세효과 – 파랑, 강조1
 - 글꼴 : 굴림, 18pt

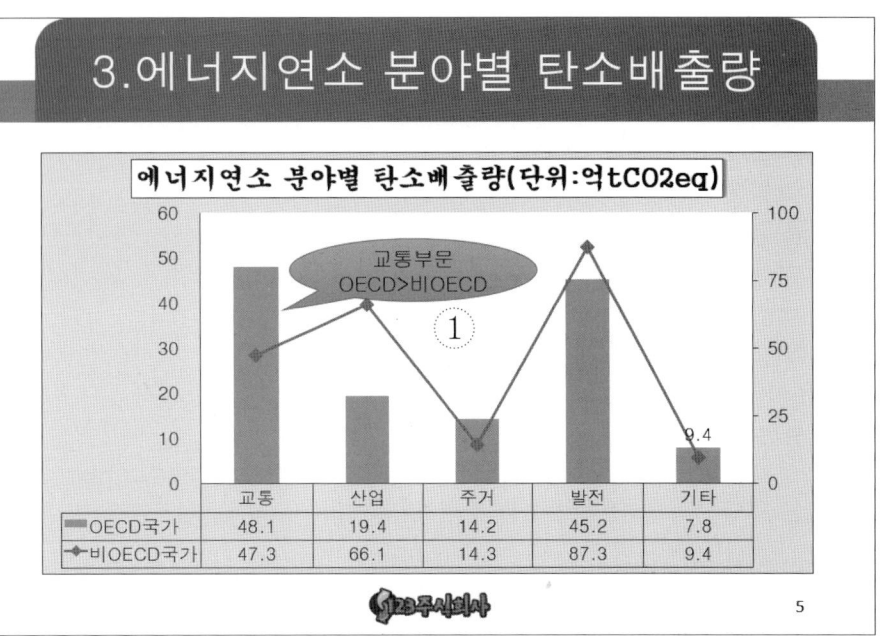

[슬라이드 6] ≪도형 슬라이드≫ (100점)

(1) 슬라이드와 같이 도형 및 스마트아트를 배치한다(글꼴 : 굴림, 18pt).
(2) 애니메이션 순서 : ① ⇒ ②

세부조건

① 도형 및 스마트아트 편집
 - 스마트아트 디자인
   : 강한 효과,
   3차원 경사
 - 그룹화 후 애니메이션 효과
   : 닦아내기(위에서)

② 도형 편집
 - 그룹화 후 애니메이션 효과
   : 바운드

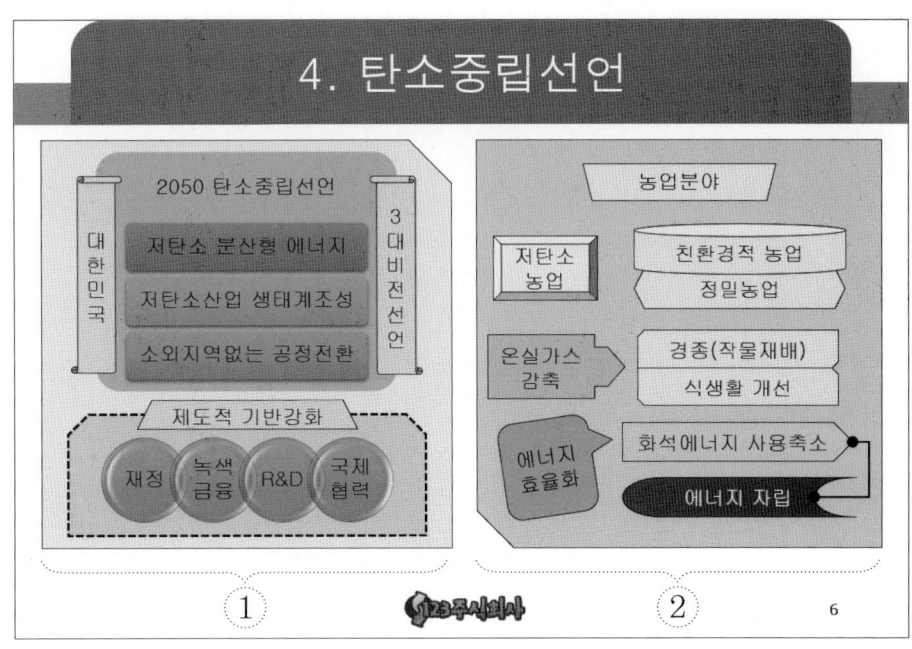

제 11 회 정보기술자격(ITQ) 기출제문제

MS오피스

과목	코드	문제유형	시험시간	수험번호	성명
한글파워포인트	1142	A	60분		

수험자 유의사항

- 수험자는 문제지를 받는 즉시 문제지와 **수험표상의 시험과목(프로그램)이 동일한지 반드시 확인**하여야 합니다.
- 파일명은 본인의 "수험번호-성명"으로 입력하여 답안폴더(내 PC\문서\ITQ)에 하나의 파일로 저장해야 하며, 답안문서 파일명이 "수험번호-성명"과 일치하지 않거나, 답안파일을 전송하지 않아 미제출로 처리될 경우 실격 처리합니다(예:12345678-홍길동.pptx).
- 답안 작성을 마치면 파일을 저장하고, '답안 전송' 버튼을 선택하여 감독위원 PC로 답안을 전송하십시오. 수험생 정보와 저장한 파일명이 다를 경우 전송되지 않으므로 주의하시기 바랍니다.
- 답안 작성 중에도 **주기적으로 저장하고, '답안 전송'**하여야 문제 발생을 줄일 수 있습니다. 작업한 내용을 저장하지 않고 전송할 경우 이전에 저장된 내용이 전송되오니 이점 유의하시기 바랍니다.
- 답안문서는 지정된 경로 외의 다른 보조기억장치에 저장하는 경우, 지정된 시험 시간 외에 작성된 파일을 활용할 경우, 기타 통신수단(이메일, 메신저, 네트워크 등)을 이용하여 타인에게 전달 또는 외부 반출하는 경우는 부정 처리합니다.
- 시험 중 부주의 또는 고의로 시스템을 파손한 경우는 수험자가 변상해야 하며, 〈수험자 유의사항〉에 기재된 방법대로 이행하지 않아 생기는 불이익은 수험생 당사자의 책임임을 알려 드립니다.
- 문제의 조건은 MS오피스 2016 버전으로 설정되어 있으니 유의하시기 바랍니다.
- 시험을 완료한 수험자는 답안파일이 전송되었는지 확인한 후 감독위원의 지시에 따라 문제지를 제출하고 퇴실합니다.

답안 작성요령

- 온라인 답안 작성 절차
  수험자 등록 ⇒ 시험 시작 ⇒ 답안파일 저장 ⇒ 답안 전송 ⇒ 시험 종료
- 슬라이드의 크기는 A4 Paper로 설정하여 작성합니다.
- 슬라이드의 총 개수는 6개로 구성되어 있으며 슬라이드 1부터 순서대로 작업하고 반드시 문제와 세부 조건대로 합니다.
- 별도의 지시사항이 없는 경우 출력형태를 참조하여 글꼴색은 검정 또는 흰색으로 작성하고, 기타사항은 전체적인 균형을 고려하여 작성합니다.
- 슬라이드 도형 및 개체에 출력형태와 다른 스타일(그림자, 외곽선 등)을 적용했을 경우 감점처리 됩니다.
- 슬라이드 번호를 작성합니다(슬라이드 1에는 생략).
- 2~6번 슬라이드 제목 도형과 하단 로고는 슬라이드 마스터를 이용하여 출력형태와 동일하게 작성합니다 (슬라이드 1에는 생략).
- 문제와 세부조건, 세부조건 번호 ○(점선원)는 입력하지 않습니다.
- 각 개체의 위치는 오른쪽의 슬라이드와 동일하게 구성합니다.
- 그림 삽입 문제의 경우 반드시 「내 PC\문서\ITQ\Picture」 폴더에서 정확한 파일을 선택하여 삽입하십시오.
- 각 슬라이드를 각각의 파일로 작업해서 저장할 경우 실격 처리됩니다.

[전체구성] (60점)

(1) 슬라이드 크기 및 순서 : 크기를 A4 용지로 설정하고 슬라이드 순서에 맞게 작성한다.
(2) 슬라이드 마스터 : 2~6슬라이드의 제목, 하단 로고, 슬라이드 번호는 슬라이드 마스터를 이용하여 작성한다.
- 제목 글꼴(돋움, 40pt, 흰색), 가운데 맞춤, 도형(선 없음)
- 하단 로고(「내 PC₩문서₩ITQ₩Picture₩로고1.jpg」, 배경(회색) 투명색으로 설정)

[슬라이드 1] ≪표지 디자인≫ (40점)

(1) 표지 디자인 : 도형, 워드아트 및 그림을 이용하여 작성한다.

세부조건

① 도형 편집
- 도형에 그림 채우기 :
  「내 PC₩문서₩ITQ₩Picture₩
  그림1.jpg」, 투명도 50%
- 도형 효과 :
  부드러운 가장자리 5포인트

② 워드아트 삽입
- 변환 : 삼각형
- 글꼴 : 궁서, 굵게
- 텍스트 반사 :
  전체 반사, 터치

③ 그림 삽입
- 「내 PC₩문서₩ITQ₩Picture₩
  로고1.jpg」
- 배경(회색) 투명색으로 설정

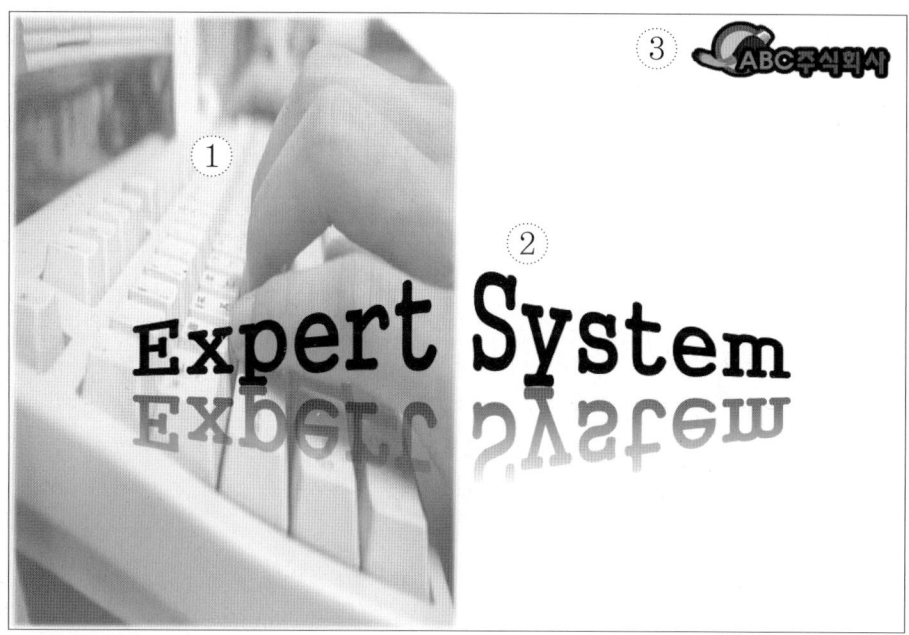

[슬라이드 2] ≪목차 슬라이드≫ (60점)

(1) 출력형태와 같이 도형을 이용하여 목차를 작성한다(글꼴 : 돋움, 24pt).
(2) 도형 : 선 없음

세부조건

① 텍스트에 하이퍼링크 적용
 -> '슬라이드 5'

② 그림 삽입
- 「내 PC₩문서₩ITQ₩Picture₩
  그림4.jpg」
- 자르기 기능 이용

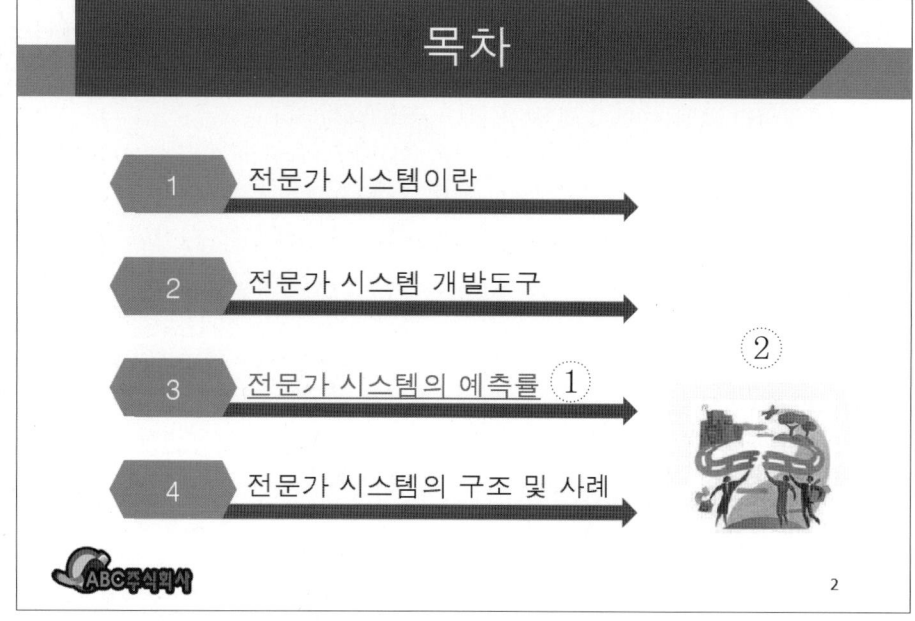

[슬라이드 3] ≪텍스트/동영상 슬라이드≫ (60점)

(1) 텍스트 작성 : 글머리 기호 사용(◆, ➢)
   ◆문단(굴림, 24pt, 굵게, 줄간격 : 1.5줄), ➢문단(굴림, 20pt, 줄간격 : 1.5줄)

세부조건

① 동영상 삽입 :
  - 「내 PC₩문서₩ITQ₩Picture₩동영상.wmv」
  - 자동실행, 반복재생 설정

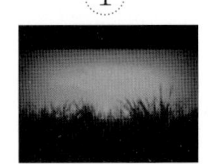

[슬라이드 4] ≪표 슬라이드≫ (80점)

(1) 도형과 표 작성 기능을 이용하여 슬라이드를 작성한다(글꼴 : 돋움, 18pt).

세부조건

① 상단 도형 :
   2개 도형의 조합으로 작성

② 좌측 도형 :
   그라데이션 효과(선형 아래쪽)

③ 표 스타일 :
   테마 스타일 1 - 강조 2

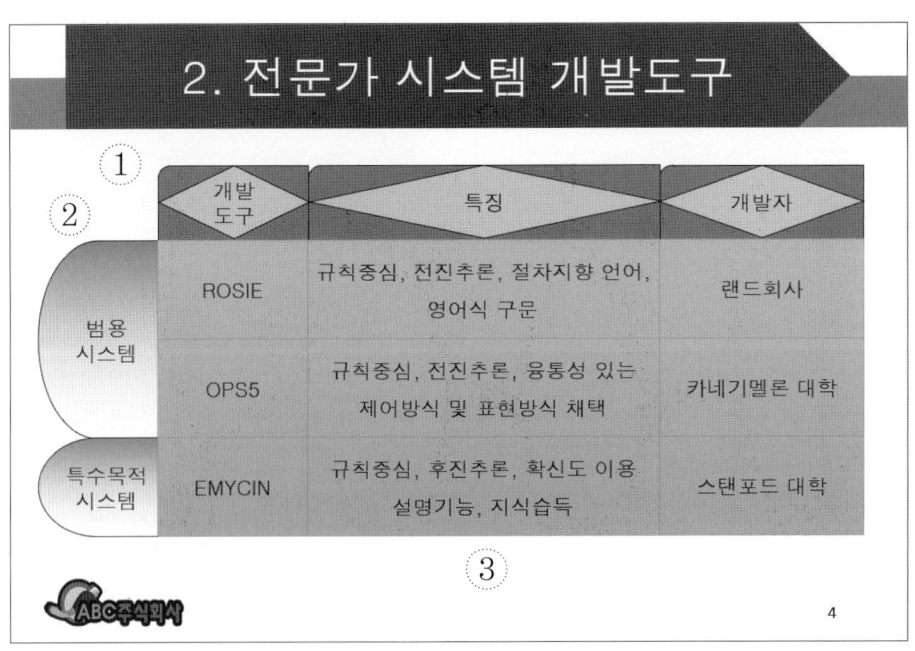

[슬라이드 5] ≪차트 슬라이드≫ (100점)

(1) 차트 작성 기능을 이용하여 슬라이드를 작성한다.
(2) 차트 : 종류(묶은 세로 막대형), 글꼴(돋움, 16pt), 외곽선

세부조건

※ 차트설명
- 차트제목 : 궁서, 24pt, 굵게, 채우기(흰색), 테두리, 그림자(오프셋 왼쪽)
- 차트영역 : 채우기(노랑) 그림영역 : 채우기(흰색)
- 데이터 서식 : 회귀분석 계열을 표식이 있는 꺾은선형으로 변경 후 보조축으로 지정
- 값 표시 : 4회의 신경망 계열만

① 도형 삽입
- 스타일 : 미세효과 - 파랑, 강조1
- 글꼴 : 굴림, 18pt

[슬라이드 6] ≪도형 슬라이드≫ (100점)

(1) 슬라이드와 같이 도형 및 스마트아트를 배치한다(글꼴 : 굴림, 18pt).
(2) 애니메이션 순서 : ① ⇒ ②

세부조건

① 도형 편집
- 그룹화 후 애니메이션 효과 : 나누기(가로 안쪽으로)

② 도형 및 스마트아트 편집
- 스마트아트 디자인 : 3차원 만화, 3차원 경사
- 그룹화 후 애니메이션 효과 : 나타내기

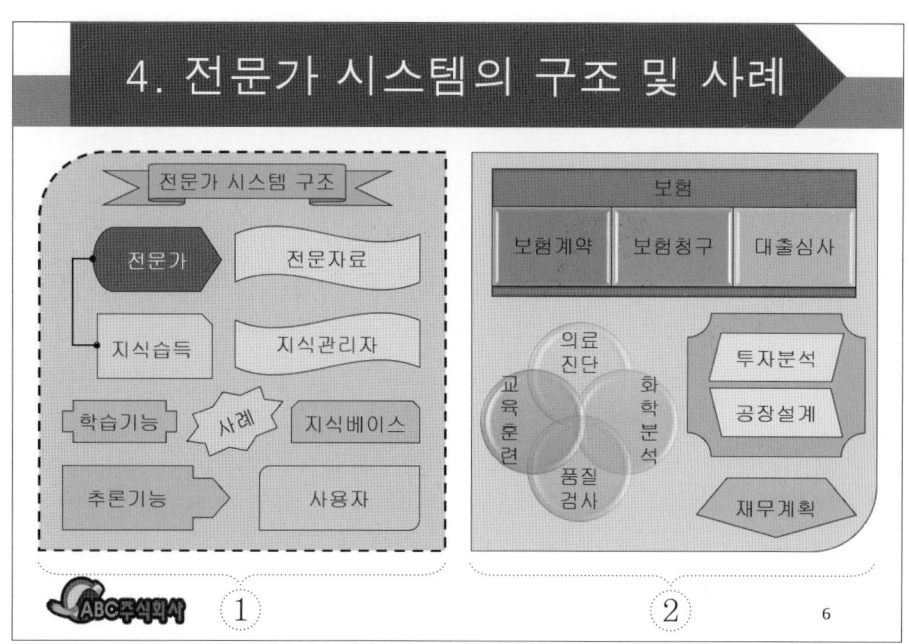

제 12 회 정보기술자격(ITQ) 기출제문제

과목	코드	문제유형	시험시간	수험번호	성명
한글파워포인트	1142	B	60분		

수험자 유의사항

- 수험자는 문제지를 받는 즉시 문제지와 **수험표상의 시험과목(프로그램)이 동일한지 반드시 확인**하여야 합니다.
- 파일명은 본인의 "수험번호-성명"으로 입력하여 답안폴더(내 PC\문서\ITQ)에 하나의 파일로 저장해야 하며, 답안문서 파일명이 "수험번호-성명"과 일치하지 않거나, 답안파일을 전송하지 않아 미제출로 처리될 경우 실격 처리합니다(예:12345678-홍길동.pptx).
- 답안 작성을 마치면 파일을 저장하고, '답안 전송' 버튼을 선택하여 감독위원 PC로 답안을 전송하십시오. 수험생 정보와 저장한 파일명이 다를 경우 전송되지 않으므로 주의하시기 바랍니다.
- 답안 작성 중에도 **주기적으로 저장하고, '답안 전송'**하여야 문제 발생을 줄일 수 있습니다. 작업한 내용을 저장하지 않고 전송할 경우 이전에 저장된 내용이 전송되오니 이점 유의하시기 바랍니다.
- 답안문서는 지정된 경로 외의 다른 보조기억장치에 저장하는 경우, 지정된 시험 시간 외에 작성된 파일을 활용할 경우, 기타 통신수단(이메일, 메신저, 네트워크 등)을 이용하여 타인에게 전달 또는 외부 반출하는 경우는 부정 처리합니다.
- 시험 중 부주의 또는 고의로 시스템을 파손한 경우는 수험자가 변상해야 하며, 〈수험자 유의사항〉에 기재된 방법대로 이행하지 않아 생기는 불이익은 수험생 당사자의 책임임을 알려 드립니다.
- 문제의 조건은 MS오피스 2016 버전으로 설정되어 있으니 유의하시기 바랍니다.
- 시험을 완료한 수험자는 답안파일이 전송되었는지 확인한 후 감독위원의 지시에 따라 문제지를 제출하고 퇴실합니다.

답안 작성요령

- 온라인 답안 작성 절차
  수험자 등록 ⇒ 시험 시작 ⇒ 답안파일 저장 ⇒ 답안 전송 ⇒ 시험 종료
- 슬라이드의 크기는 A4 Paper로 설정하여 작성합니다.
- 슬라이드의 총 개수는 6개로 구성되어 있으며 슬라이드 1부터 순서대로 작업하고 반드시 문제와 세부 조건대로 합니다.
- 별도의 지시사항이 없는 경우 출력형태를 참조하여 글꼴색은 검정 또는 흰색으로 작성하고, 기타사항은 전체적인 균형을 고려하여 작성합니다.
- 슬라이드 도형 및 개체에 출력형태와 다른 스타일(그림자, 외곽선 등)을 적용했을 경우 감점처리 됩니다.
- 슬라이드 번호를 작성합니다(슬라이드 1에는 생략).
- 2~6번 슬라이드 제목 도형과 하단 로고는 슬라이드 마스터를 이용하여 출력형태와 동일하게 작성합니다 (슬라이드 1에는 생략).
- 문제와 세부조건, 세부조건 번호 ◌(점선원)는 입력하지 않습니다.
- 각 개체의 위치는 오른쪽의 슬라이드와 동일하게 구성합니다.
- 그림 삽입 문제의 경우 반드시 「내 PC\문서\ITQ\Picture」 폴더에서 정확한 파일을 선택하여 삽입 하십시오.
- 각 슬라이드를 각각의 파일로 작업해서 저장할 경우 실격 처리됩니다.

[전체구성] (60점)

(1) 슬라이드 크기 및 순서 : 크기를 A4 용지로 설정하고 슬라이드 순서에 맞게 작성한다.
(2) 슬라이드 마스터 : 2~6슬라이드의 제목, 하단 로고, 슬라이드 번호는 슬라이드 마스터를 이용하여 작성한다.
- 제목 글꼴(돋움, 40pt, 흰색), 가운데 맞춤, 도형(선 없음)
- 하단 로고(「내 PC\문서\ITQ\Picture\로고1.jpg」, 배경(회색) 투명색으로 설정)

[슬라이드 1] ≪표지 디자인≫ (40점)

(1) 표지 디자인 : 도형, 워드아트 및 그림을 이용하여 작성한다.

세부조건

① 도형 편집
 - 도형에 그림 채우기 :
  「내 PC\문서\ITQ\Picture\
  그림1.jpg」, 투명도 50%
 - 도형 효과 :
  부드러운 가장자리 5포인트

② 워드아트 삽입
 - 변환 : 위로 기울기
 - 글꼴 : 궁서, 굵게
 - 텍스트 반사 :
  1/2 반사, 터치

③ 그림 삽입
 - 「내 PC\문서\ITQ\Picture\
  로고1.jpg」
 - 배경(회색) 투명색으로 설정

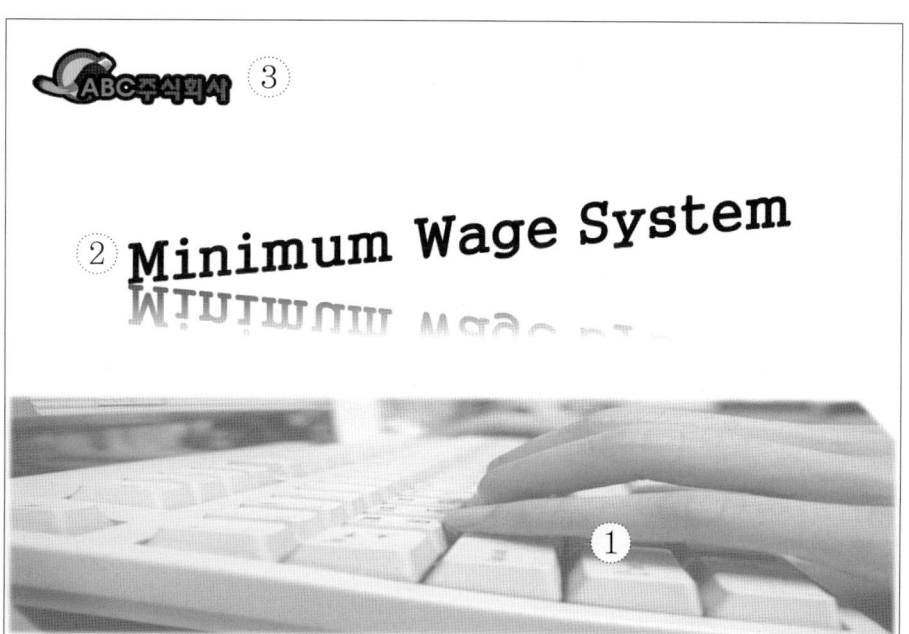

[슬라이드 2] ≪목차 슬라이드≫ (60점)

(1) 출력형태와 같이 도형을 이용하여 목차를 작성한다(글꼴 : 돋움, 24pt).
(2) 도형 : 선 없음

세부조건

① 텍스트에 하이퍼링크 적용
 -> '슬라이드 5'

② 그림 삽입
 - 「내 PC\문서\ITQ\Picture\
  그림4.jpg」
 - 자르기 기능 이용

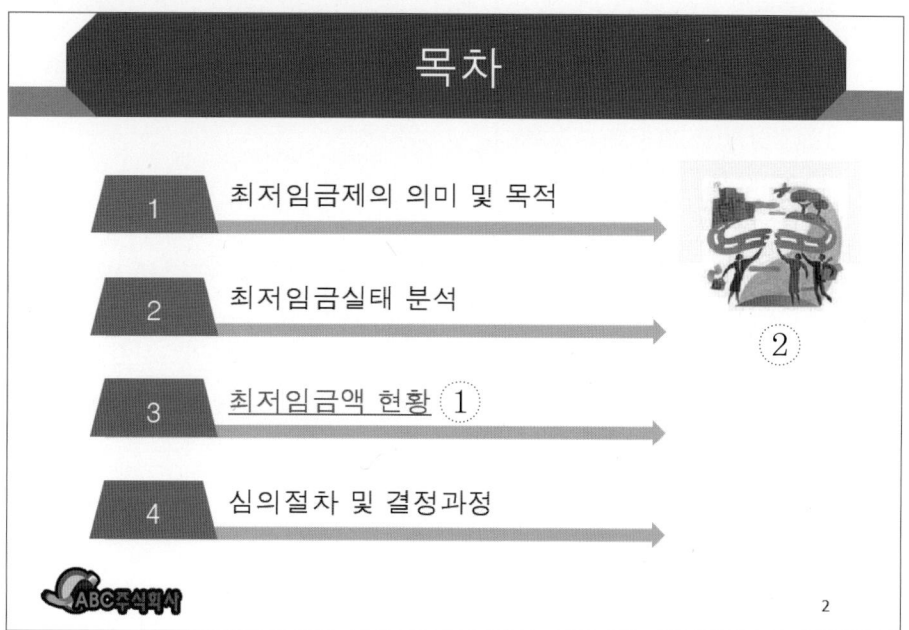

[슬라이드 3] ≪텍스트/동영상 슬라이드≫   (60점)

(1) 텍스트 작성 : 글머리 기호 사용(◆, ➢)
  ◆문단(굴림, 24pt, 굵게, 줄간격 : 1.5줄), ➢문단(굴림, 20pt, 줄간격 : 1.5줄)

세부조건

① 동영상 삽입 :
  - 「내 PC\문서\ITQ\Picture\동영상.wmv」
  - 자동실행, 반복재생 설정

1. 최저임금제의 의미 및 목적

◆ Minimum wage systems
  ➢ The minimum wage system is a wage system that determines wages as part of a social policy by setting up a certain amount of wages and legally banning wages

◆ 최저임금제도의 목적
  ➢ 근로자에 대하여 임금의 최저수준을 보장함으로서 임금격차가 완화되어 근로자의 생활안정과 소득분배 개선
  ➢ 공정한 경쟁을 촉진하고 경영합리화를 기함

[슬라이드 4] ≪표 슬라이드≫   (80점)

(1) 도형과 표 작성 기능을 이용하여 슬라이드를 작성한다(글꼴 : 돋움, 18pt).

세부조건

① 상단 도형 :
  2개 도형의 조합으로 작성

② 좌측 도형 :
  그라데이션 효과(선형 아래쪽)

③ 표 스타일 :
  테마 스타일 1 - 강조 2

2. 최저임금실태 분석

	유사근로자 임금	노동생산성T	소득분배율
분석 내용	임금동향, 최저임금 미만율, 임금상승률 전망 및 현황 최저임금 영향률	물적 노동생산성, 불변 부가가치 노동생산성	최저임금위원회 심의 시 산출하는 소득분배율 지표
활용 방법	조사별 공표자료 정리 분석, 조사별 원자료 가공 분석	조사별 공표자료 정리 분석	조사별 원자료 가공 분석

[슬라이드 5] ≪차트 슬라이드≫   (100점)

(1) 차트 작성 기능을 이용하여 슬라이드를 작성한다.
(2) 차트 : 종류(묶은 세로 막대형), 글꼴(돋움, 16pt), 외곽선

세부조건

※ 차트설명
- 차트제목 : 궁서, 24pt, 굵게, 채우기(흰색), 테두리, 그림자(오프셋 왼쪽)
- 차트영역 : 채우기(노랑)
  그림영역 : 채우기(흰색)
- 데이터 서식 : 인상률 계열을 표식이 있는 꺾은선형으로 변경 후 보조축으로 지정
- 값 표시 : 2022년의 최저임금 계열만

① 도형 삽입
  - 스타일 :
    미세효과 – 파랑, 강조1
  - 글꼴 : 굴림, 18pt

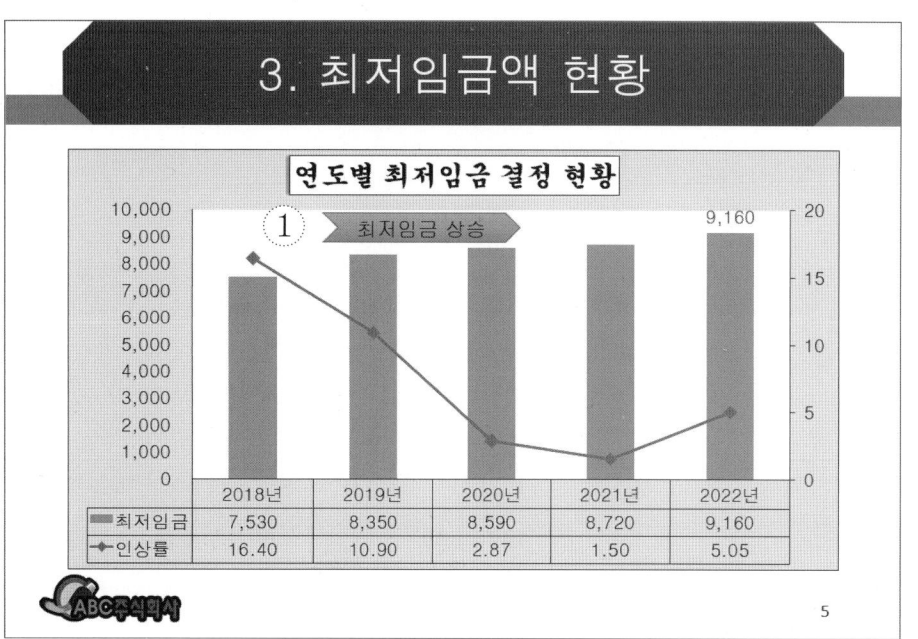

[슬라이드 6] ≪도형 슬라이드≫   (100점)

(1) 슬라이드와 같이 도형 및 스마트아트를 배치한다(글꼴 : 굴림, 18pt).
(2) 애니메이션 순서 : ① ⇒ ②

세부조건

① 도형 및 스마트아트 편집
  - 스마트아트 디자인
    : 3차원 만화,
    3차원 경사
  - 그룹화 후 애니메이션 효과
    : 나누기(가로 안쪽으로)

② 도형 편집
  - 그룹화 후 애니메이션 효과
    : 나타내기

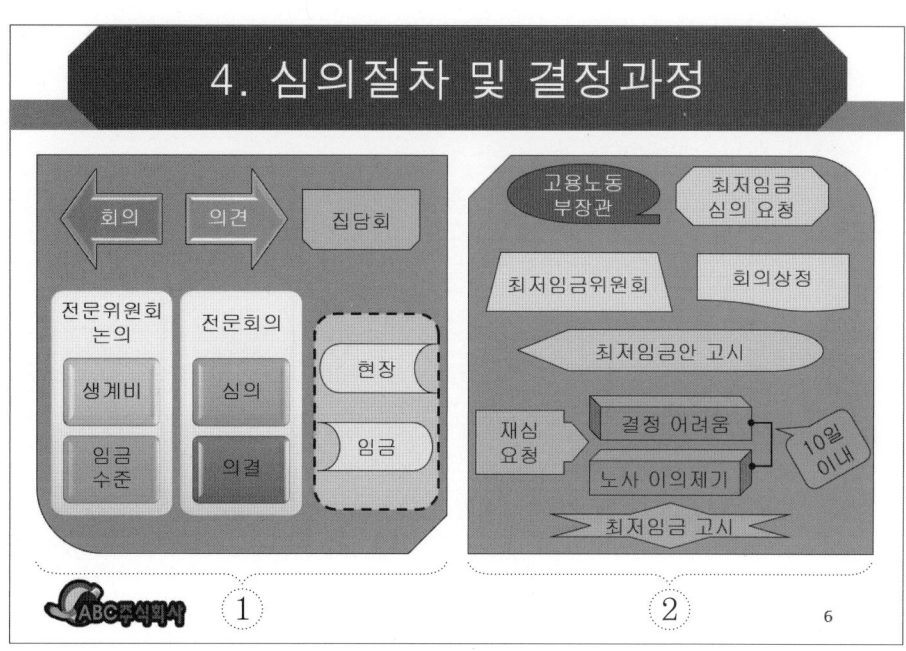

제13회 정보기술자격(ITQ) 기출제문제

MS오피스

과목	코드	문제유형	시험시간	수험번호	성명
한글파워포인트	1142	C	60분		

수험자 유의사항

- 수험자는 문제지를 받는 즉시 문제지와 **수험표상의 시험과목(프로그램)이 동일한지 반드시 확인**하여야 합니다.
- 파일명은 본인의 "수험번호-성명"으로 입력하여 답안폴더(내 PC₩문서₩ITQ)에 하나의 파일로 저장해야 하며, 답안문서 파일명이 "수험번호-성명"과 일치하지 않거나, 답안파일을 전송하지 않아 미제출로 처리될 경우 실격 처리합니다(예:12345678-홍길동.pptx).
- 답안 작성을 마치면 파일을 저장하고, '답안 전송' 버튼을 선택하여 감독위원 PC로 답안을 전송하십시오. 수험생 정보와 저장한 파일명이 다를 경우 전송되지 않으므로 주의하시기 바랍니다.
- 답안 작성 중에도 **주기적으로 저장하고, '답안 전송'**하여야 문제 발생을 줄일 수 있습니다. 작업한 내용을 저장하지 않고 전송할 경우 이전에 저장된 내용이 전송되오니 이점 유의하시기 바랍니다.
- 답안문서는 지정된 경로 외의 다른 보조기억장치에 저장하는 경우, 지정된 시험 시간 외에 작성된 파일을 활용할 경우, 기타 통신수단(이메일, 메신저, 네트워크 등)을 이용하여 타인에게 전달 또는 외부 반출하는 경우는 부정 처리합니다.
- 시험 중 부주의 또는 고의로 시스템을 파손한 경우는 수험자가 변상해야 하며, 〈수험자 유의사항〉에 기재된 방법대로 이행하지 않아 생기는 불이익은 수험생 당사자의 책임임을 알려 드립니다.
- 문제의 조건은 MS오피스 2016 버전으로 설정되어 있으니 유의하시기 바랍니다.
- 시험을 완료한 수험자는 답안파일이 전송되었는지 확인한 후 감독위원의 지시에 따라 문제지를 제출하고 퇴실합니다.

답안 작성요령

- 온라인 답안 작성 절차
  수험자 등록 ⇒ 시험 시작 ⇒ 답안파일 저장 ⇒ 답안 전송 ⇒ 시험 종료
- 슬라이드의 크기는 A4 Paper로 설정하여 작성합니다.
- 슬라이드의 총 개수는 6개로 구성되어 있으며 슬라이드 1부터 순서대로 작업하고 반드시 문제와 세부 조건대로 합니다.
- 별도의 지시사항이 없는 경우 출력형태를 참조하여 글꼴색은 검정 또는 흰색으로 작성하고, 기타사항은 전체적인 균형을 고려하여 작성합니다.
- 슬라이드 도형 및 개체에 출력형태와 다른 스타일(그림자, 외곽선 등)을 적용했을 경우 감점처리 됩니다.
- 슬라이드 번호를 작성합니다(슬라이드 1에는 생략).
- 2~6번 슬라이드 제목 도형과 하단 로고는 슬라이드 마스터를 이용하여 출력형태와 동일하게 작성합니다(슬라이드 1에는 생략).
- 문제와 세부조건, 세부조건 번호 ○(점선원)는 입력하지 않습니다.
- 각 개체의 위치는 오른쪽의 슬라이드와 동일하게 구성합니다.
- 그림 삽입 문제의 경우 반드시 「내 PC₩문서₩ITQ₩Picture」 폴더에서 정확한 파일을 선택하여 삽입하십시오.
- 각 슬라이드를 각각의 파일로 작업해서 저장할 경우 실격 처리됩니다.

kpc 한국생산성본부

[전체구성] (60점)

(1) 슬라이드 크기 및 순서 : 크기를 A4 용지로 설정하고 슬라이드 순서에 맞게 작성한다.
(2) 슬라이드 마스터 : 2~6슬라이드의 제목, 하단 로고, 슬라이드 번호는 슬라이드 마스터를 이용하여 작성한다.
- 제목 글꼴(돋움, 40pt, 흰색), 가운데 맞춤, 도형(선 없음)
- 하단 로고(「내 PC₩문서₩ITQ₩Picture₩로고1.jpg」, 배경(회색) 투명색으로 설정)

[슬라이드 1] ≪표지 디자인≫ (40점)

(1) 표지 디자인 : 도형, 워드아트 및 그림을 이용하여 작성한다.

세부조건

① 도형 편집
- 도형에 그림 채우기 :
  「내 PC₩문서₩ITQ₩Picture₩
  그림2.jpg」, 투명도 50%
- 도형 효과 :
  부드러운 가장자리 5포인트

② 워드아트 삽입
- 변환 : 삼각형
- 글꼴 : 돋움, 굵게
- 텍스트 반사:근접 반사, 터치

③ 그림 삽입
- 「내 PC₩문서₩ITQ₩Picture₩
  로고1.jpg」
- 배경(회색) 투명색으로 설정

[슬라이드 2] ≪목차 슬라이드≫ (60점)

(1) 출력형태와 같이 도형을 이용하여 목차를 작성한다(글꼴 : 굴림, 24pt).
(2) 도형 : 선 없음

세부조건

① 텍스트에 하이퍼링크 적용
 -> '슬라이드 6'

② 그림 삽입
- 「내 PC₩문서₩ITQ₩Picture₩
  그림4.jpg」
- 자르기 기능 이용

[슬라이드 3] ≪텍스트/동영상 슬라이드≫ (60점)

(1) 텍스트 작성 : 글머리 기호 사용(◆, ➢)
◆문단(굴림, 24pt, 굵게, 줄간격 : 1.5줄), ➢문단(굴림, 20pt, 줄간격 : 1.5줄)

세부조건

① 동영상 삽입 :
- 「내 PC₩문서₩ITQ₩Picture₩동영상.wmv」
- 자동실행, 반복재생 설정

1. 탄소 배출량 측정 기준 범위

◆ Scope 3
  ➢ Classified into Scope 1, Scope 2, and Scope 3 according to the measurement range of carbon emitted by a company

◆ 스코프 3
  ➢ 스코프 1 : 탄소 배출 성격과 측정 범위에 따라 생산단계에서 직접 배출
  ➢ 스코프 2 : 동력을 만드는 과정에서 간접 배출
  ➢ 스코프 3 : 물류 및 제품 사용과 폐기과정에서 외부 배출

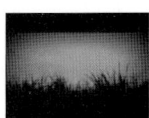

[슬라이드 4] ≪표 슬라이드≫ (80점)

(1) 도형과 표 작성 기능을 이용하여 슬라이드를 작성한다(글꼴 : 돋움, 18pt).

세부조건

① 상단 도형 :
  2개 도형의 조합으로 작성

② 좌측 도형 :
  그라데이션 효과(선형 아래쪽)

③ 표 스타일 :
  테마 스타일 1 - 강조 2

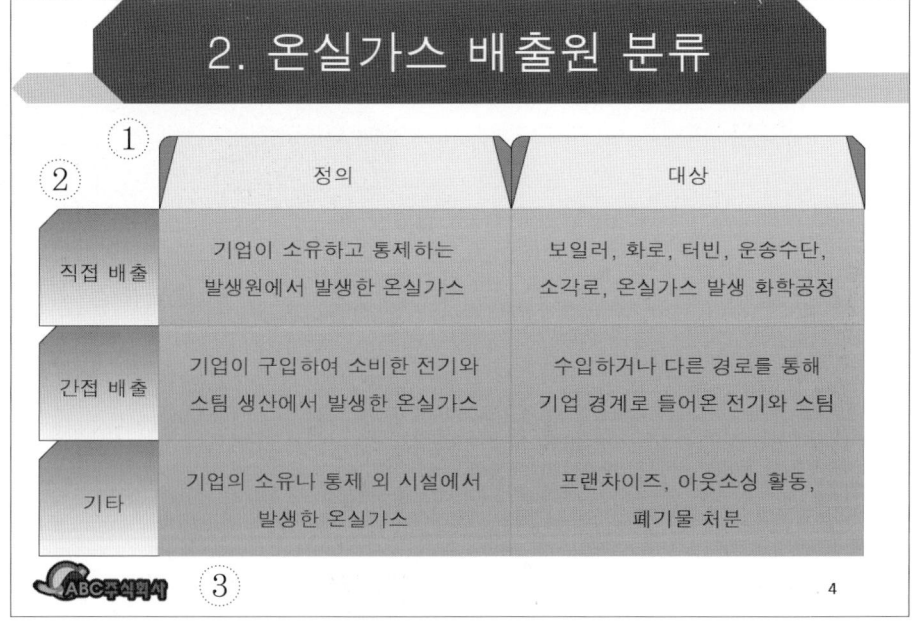

[슬라이드 5] ≪차트 슬라이드≫   (100점)

(1) 차트 작성 기능을 이용하여 슬라이드를 작성한다.
(2) 차트 : 종류(묶은 세로 막대형), 글꼴(돋움, 16pt), 외곽선

세부조건

※ 차트설명
- 차트제목 : 궁서, 24pt, 굵게, 채우기(흰색), 테두리, 그림자(오프셋 아래쪽)
- 차트영역 : 채우기(노랑) 그림영역 : 채우기(흰색)
- 데이터 서식 : 조립/폐차 계열을 표식이 있는 꺾은선형으로 변경 후 보조축으로 지정
- 값 표시 : 수소전기차의 연료생산 계열만

① 도형 삽입
- 스타일 : 미세효과 - 파랑, 강조1
- 글꼴 : 굴림, 18pt

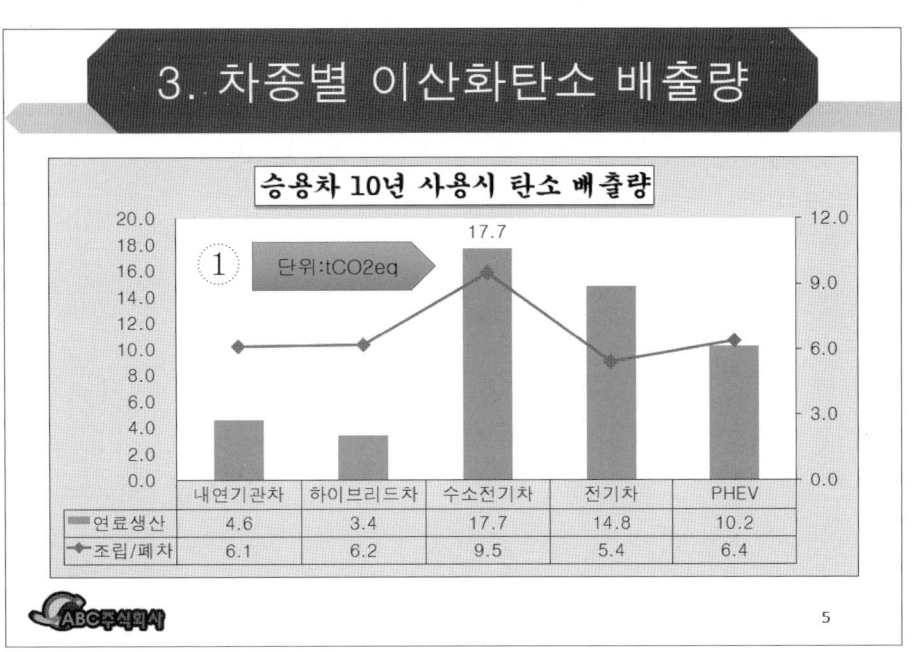

[슬라이드 6] ≪도형 슬라이드≫   (100점)

(1) 슬라이드와 같이 도형 및 스마트아트를 배치한다(글꼴 : 굴림, 18pt).
(2) 애니메이션 순서 : ① ⇒ ②

세부조건

① 도형 및 스마트아트 편집
- 스마트아트 디자인 : 3차원 경사, 3차원 만화
- 그룹화 후 애니메이션 효과 : 날아오기(왼쪽에서)

② 도형 편집
- 그룹화 후 애니메이션 효과 : 바운드

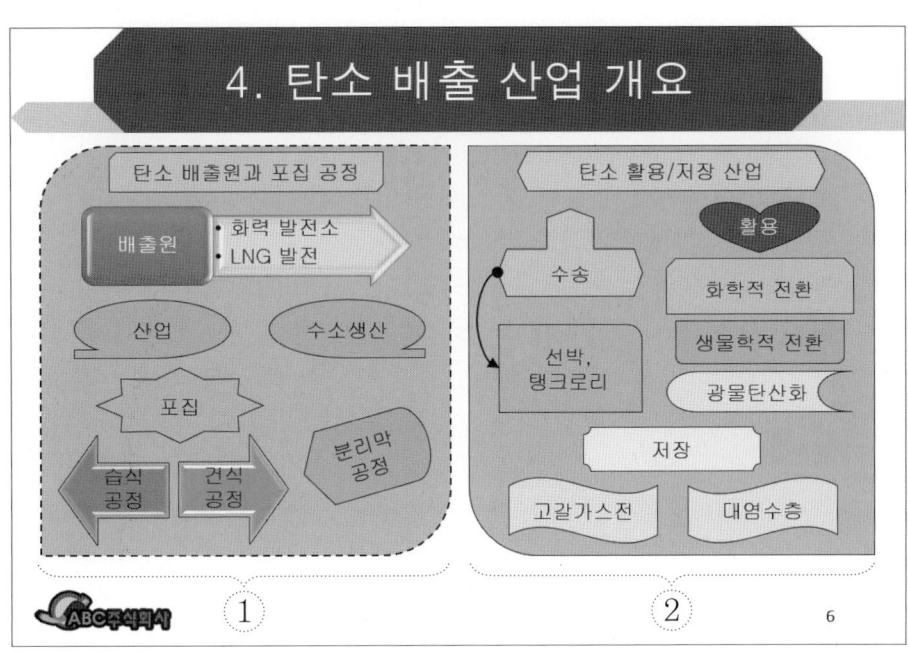

제14회 정보기술자격(ITQ) 기출문제

과목	코드	문제유형	시험시간	수험번호	성명
한글파워포인트	1142	D	60분		

수험자 유의사항

- 수험자는 문제지를 받는 즉시 문제지와 **수험표상의 시험과목(프로그램)이 동일한지 반드시 확인**하여야 합니다.
- 파일명은 본인의 "수험번호-성명"으로 입력하여 답안폴더(내 PC\문서\ITQ)에 하나의 파일로 저장해야 하며, 답안문서 파일명이 "수험번호-성명"과 일치하지 않거나, 답안파일을 전송하지 않아 미제출로 처리될 경우 실격 처리합니다(예:12345678-홍길동.pptx).
- 답안 작성을 마치면 파일을 저장하고, '답안 전송' 버튼을 선택하여 감독위원 PC로 답안을 전송하십시오. 수험생 정보와 저장한 파일명이 다를 경우 전송되지 않으므로 주의하시기 바랍니다.
- 답안 작성 중에도 **주기적으로 저장하고, '답안 전송'**하여야 문제 발생을 줄일 수 있습니다. 작업한 내용을 저장하지 않고 전송할 경우 이전에 저장된 내용이 전송되오니 이점 유의하시기 바랍니다.
- 답안문서는 지정된 경로 외의 다른 보조기억장치에 저장하는 경우, 지정된 시험 시간 외에 작성된 파일을 활용할 경우, 기타 통신수단(이메일, 메신저, 네트워크 등)을 이용하여 타인에게 전달 또는 외부 반출하는 경우는 부정 처리합니다.
- 시험 중 부주의 또는 고의로 시스템을 파손한 경우는 수험자가 변상해야 하며, 〈수험자 유의사항〉에 기재된 방법대로 이행하지 않아 생기는 불이익은 수험생 당사자의 책임임을 알려 드립니다.
- 문제의 조건은 MS오피스 2016 버전으로 설정되어 있으니 유의하시기 바랍니다.
- 시험을 완료한 수험자는 답안파일이 전송되었는지 확인한 후 감독위원의 지시에 따라 문제지를 제출하고 퇴실합니다.

답안 작성요령

- 온라인 답안 작성 절차
  수험자 등록 ⇒ 시험 시작 ⇒ 답안파일 저장 ⇒ 답안 전송 ⇒ 시험 종료
- 슬라이드의 크기는 A4 Paper로 설정하여 작성합니다.
- 슬라이드의 총 개수는 6개로 구성되어 있으며 슬라이드 1부터 순서대로 작업하고 반드시 문제와 세부 조건대로 합니다.
- 별도의 지시사항이 없는 경우 출력형태를 참조하여 글꼴색은 검정 또는 흰색으로 작성하고, 기타사항은 전체적인 균형을 고려하여 작성합니다.
- 슬라이드 도형 및 개체에 출력형태와 다른 스타일(그림자, 외곽선 등)을 적용했을 경우 감점처리 됩니다.
- 슬라이드 번호를 작성합니다(슬라이드 1에는 생략).
- 2~6번 슬라이드 제목 도형과 하단 로고는 슬라이드 마스터를 이용하여 출력형태와 동일하게 작성합니다(슬라이드 1에는 생략).
- 문제와 세부조건, 세부조건 번호 ○(점선원)는 입력하지 않습니다.
- 각 개체의 위치는 오른쪽의 슬라이드와 동일하게 구성합니다.
- 그림 삽입 문제의 경우 반드시 「내 PC\문서\ITQ\Picture」 폴더에서 정확한 파일을 선택하여 삽입하십시오.
- 각 슬라이드를 각각의 파일로 작업해서 저장할 경우 실격 처리됩니다.

[전체구성] (60점)

(1) 슬라이드 크기 및 순서 : 크기를 A4 용지로 설정하고 슬라이드 순서에 맞게 작성한다.
(2) 슬라이드 마스터 : 2~6슬라이드의 제목, 하단 로고, 슬라이드 번호는 슬라이드 마스터를 이용하여 작성한다.
- 제목 글꼴(돋움, 40pt, 흰색), 가운데 맞춤, 도형(선 없음)
- 하단 로고(「내 PC\문서\ITQ\Picture\로고2.jpg」, 배경(회색) 투명색으로 설정)

[슬라이드 1] ≪표지 디자인≫ (40점)

(1) 표지 디자인 : 도형, 워드아트 및 그림을 이용하여 작성한다.

세부조건

① 도형 편집
- 도형에 그림 채우기 :
  「내 PC\문서\ITQ\Picture\
  그림2.jpg」, 투명도 50%
- 도형 효과 :
  부드러운 가장자리 5포인트

② 워드아트 삽입
- 변환 : 물결2
- 글꼴 : 돋움, 굵게
- 텍스트 반사 :
  전체 반사, 터치

③ 그림 삽입
- 「내 PC\문서\ITQ\Picture\
  로고2.jpg」
- 배경(회색) 투명색으로 설정

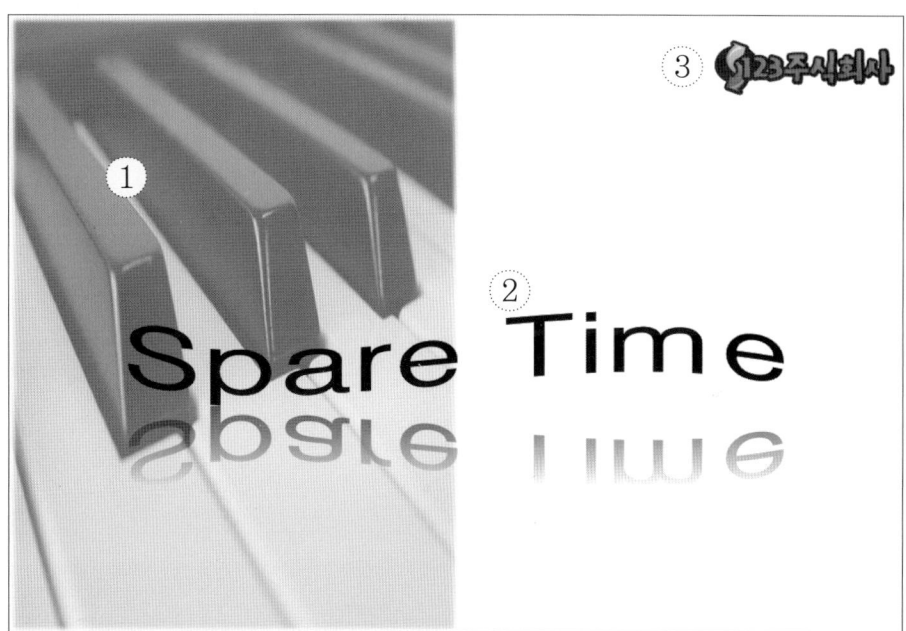

[슬라이드 2] ≪목차 슬라이드≫ (60점)

(1) 출력형태와 같이 도형을 이용하여 목차를 작성한다(글꼴 : 굴림, 24pt).
(2) 도형 : 선 없음

세부조건

① 텍스트에 하이퍼링크 적용
  -> '슬라이드 4'

② 그림 삽입
- 「내 PC\문서\ITQ\Picture\
  그림4.jpg」
- 자르기 기능 이용

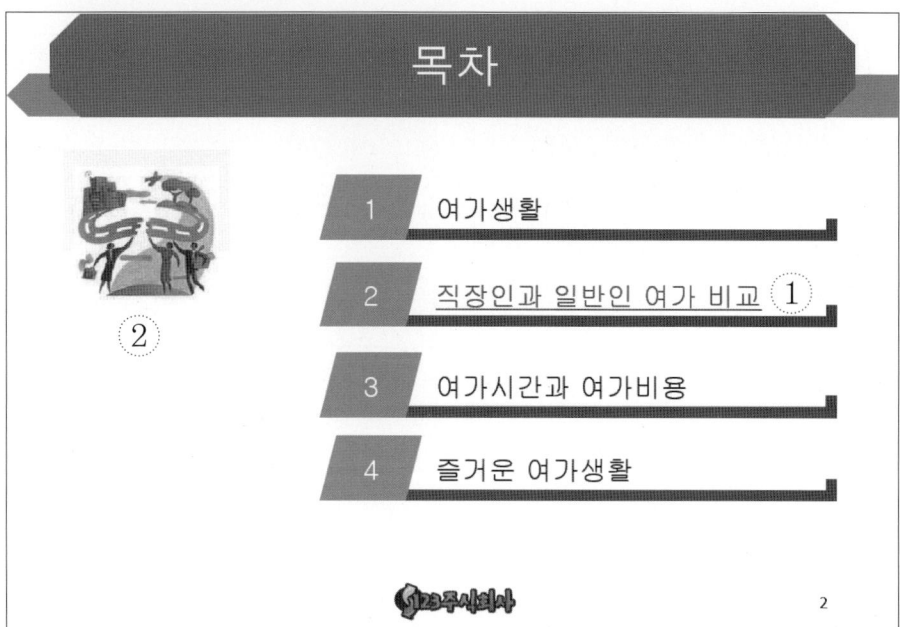

[슬라이드 3]   ≪텍스트/동영상 슬라이드≫   (60점)

(1) 텍스트 작성 : 글머리 기호 사용(❖, ✓)
  ❖문단(굴림, 24pt, 굵게, 줄간격 : 1.5줄), ✓문단(굴림, 20pt, 줄간격 : 1.5줄)

세부조건

① 동영상 삽입 :
  - 「내 PC₩문서₩ITQ₩Picture₩동영상.wmv」
  - 자동실행, 반복재생 설정

1. 여가생활

❖ Spare time
  ✓ This is time spent away from work and education, as well as necessary activities such as eating and sleeping

❖ 여가생활
  ✓ 개인의 선택권이 보장되는 시간적 활동
  ✓ 직업상의 일이나 집안일, 이동, 교육 등의 의무시간과 수면, 식사 등의 필수시간에서 자유로운 선택적인 시간을 보내는 생활

[슬라이드 4]   ≪표 슬라이드≫   (80점)

(1) 도형과 표 작성 기능을 이용하여 슬라이드를 작성한다(글꼴 : 돋움, 18pt).

세부조건

① 상단 도형 :
  2개 도형의 조합으로 작성

② 좌측 도형 :
  그라데이션 효과(선형 아래쪽)

③ 표 스타일 :
  테마 스타일 1 - 강조6

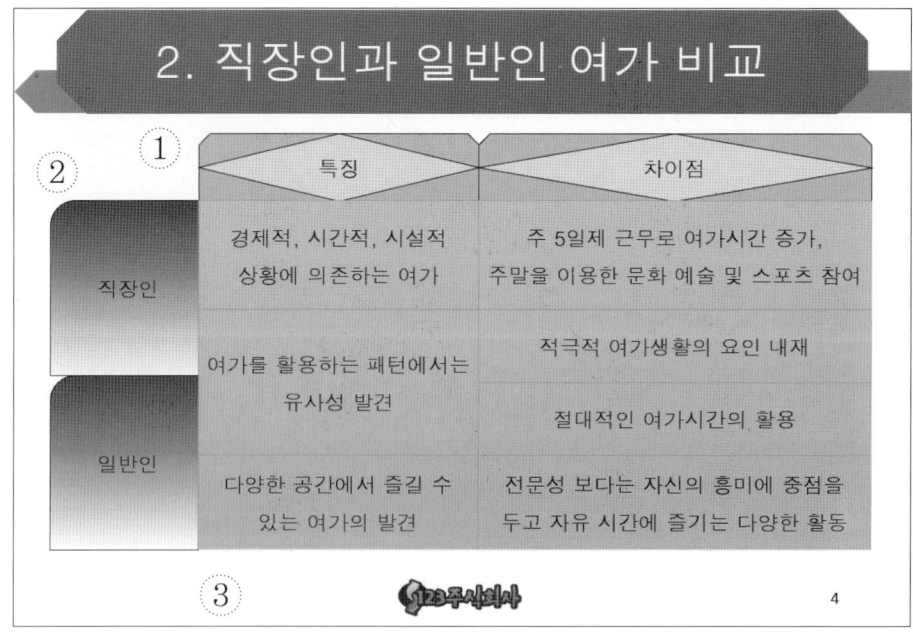

190 Powerpoint 2016

[슬라이드 5] ≪차트 슬라이드≫   (100점)

(1) 차트 작성 기능을 이용하여 슬라이드를 작성한다.
(2) 차트 : 종류(묶은 세로 막대형), 글꼴(돋움, 16pt), 외곽선

세부조건

※ 차트설명
- 차트제목 : 궁서, 24pt, 굵게,
  채우기(흰색), 테두리,
  그림자(오프셋 왼쪽)
- 차트영역 : 채우기(노랑)
  그림영역 : 채우기(흰색)
- 데이터 서식 : 여가비용(월평균) 계열을 표식이 있는 꺾은선형으로 변경 후 보조축으로 지정
- 값 표시 : 2017년의
  여가시간(휴일평균) 계열만

① 도형 삽입
- 스타일 :
  미세효과 - 파랑, 강조1
- 글꼴 : 굴림, 18pt

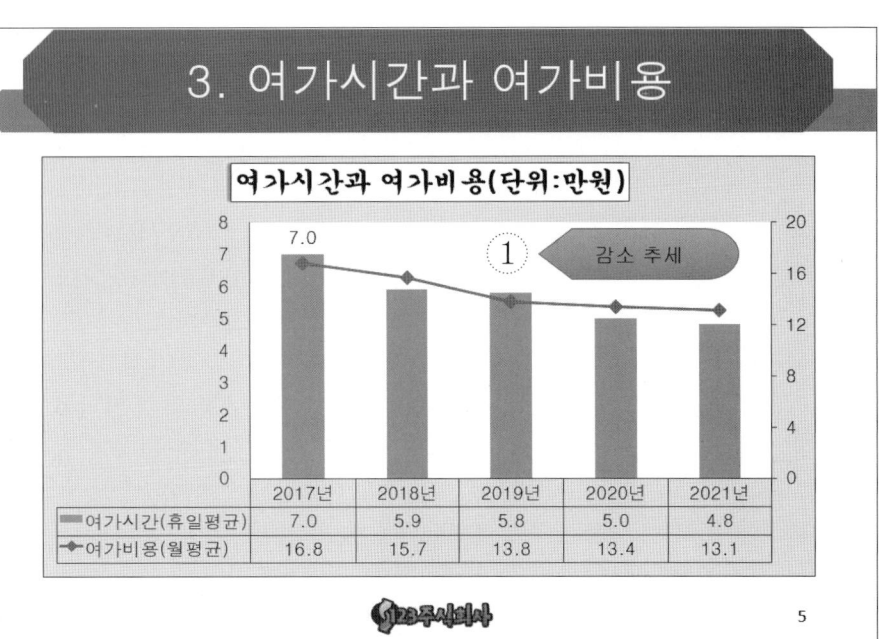

[슬라이드 6] ≪도형 슬라이드≫   (100점)

(1) 슬라이드와 같이 도형 및 스마트아트를 배치한다(글꼴 : 굴림, 18pt).
(2) 애니메이션 순서 : ① ⇒ ②

세부조건

① 도형 및 스마트아트 편집
- 스마트아트 디자인
  : 3차원 만화,
  3차원 경사
- 그룹화 후 애니메이션 효과
  : 바운드

② 도형 편집
- 그룹화 후 애니메이션 효과
  : 실선 무늬(세로)

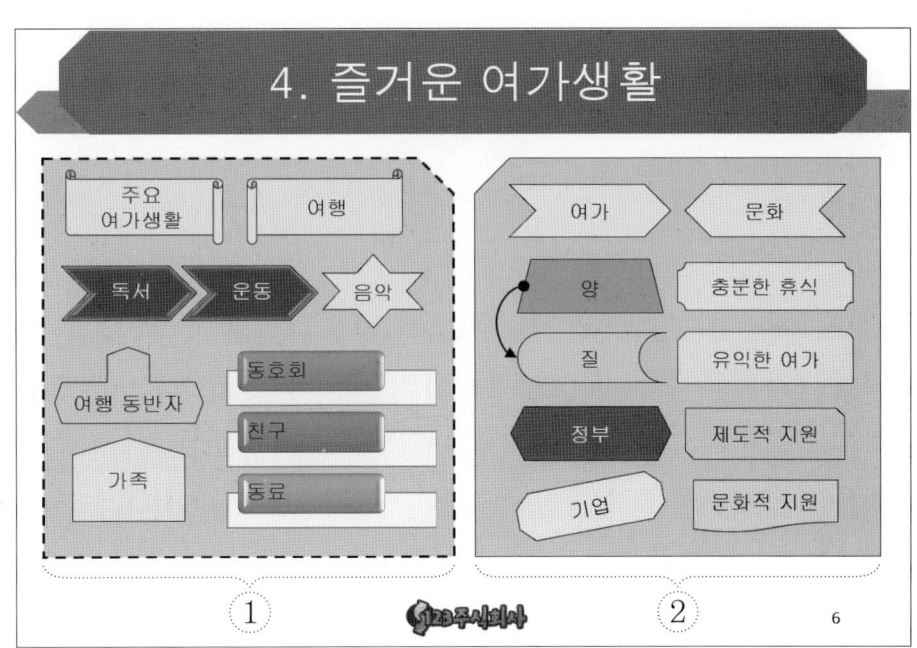

제15회 정보기술자격(ITQ) 기출문제

MS오피스

과목	코드	문제유형	시험시간	수험번호	성명
한글파워포인트	1142	E	60분		

수험자 유의사항

- 수험자는 문제지를 받는 즉시 문제지와 **수험표상의 시험과목(프로그램)이 동일한지 반드시 확인**하여야 합니다.
- 파일명은 본인의 "수험번호-성명"으로 입력하여 답안폴더(내 PC₩문서₩ITQ)에 하나의 파일로 저장해야 하며, 답안문서 파일명이 "수험번호-성명"과 일치하지 않거나, 답안파일을 전송하지 않아 미제출로 처리될 경우 실격 처리합니다(예:12345678-홍길동.pptx).
- 답안 작성을 마치면 파일을 저장하고, '답안 전송' 버튼을 선택하여 감독위원 PC로 답안을 전송하십시오. 수험생 정보와 저장한 파일명이 다를 경우 전송되지 않으므로 주의하시기 바랍니다.
- 답안 작성 중에도 **주기적으로 저장하고, '답안 전송'**하여야 문제 발생을 줄일 수 있습니다. 작업한 내용을 저장하지 않고 전송할 경우 이전에 저장된 내용이 전송되오니 이점 유의하시기 바랍니다.
- 답안문서는 지정된 경로 외의 다른 보조기억장치에 저장하는 경우, 지정된 시험 시간 외에 작성된 파일을 활용할 경우, 기타 통신수단(이메일, 메신저, 네트워크 등)을 이용하여 타인에게 전달 또는 외부 반출하는 경우는 부정 처리합니다.
- 시험 중 부주의 또는 고의로 시스템을 파손한 경우는 수험자가 변상해야 하며, 〈수험자 유의사항〉에 기재된 방법대로 이행하지 않아 생기는 불이익은 수험생 당사자의 책임임을 알려 드립니다.
- 문제의 조건은 MS오피스 2016 버전으로 설정되어 있으니 유의하시기 바랍니다.
- 시험을 완료한 수험자는 답안파일이 전송되었는지 확인한 후 감독위원의 지시에 따라 문제지를 제출하고 퇴실합니다.

답안 작성요령

- 온라인 답안 작성 절차
  수험자 등록 ⇒ 시험 시작 ⇒ 답안파일 저장 ⇒ 답안 전송 ⇒ 시험 종료
- 슬라이드의 크기는 A4 Paper로 설정하여 작성합니다.
- 슬라이드의 총 개수는 6개로 구성되어 있으며 슬라이드 1부터 순서대로 작업하고 반드시 문제와 세부 조건대로 합니다.
- 별도의 지시사항이 없는 경우 출력형태를 참조하여 글꼴색은 검정 또는 흰색으로 작성하고, 기타사항은 전체적인 균형을 고려하여 작성합니다.
- 슬라이드 도형 및 개체에 출력형태와 다른 스타일(그림자, 외곽선 등)을 적용했을 경우 감점처리 됩니다.
- 슬라이드 번호를 작성합니다(슬라이드 1에는 생략).
- 2~6번 슬라이드 제목 도형과 하단 로고는 슬라이드 마스터를 이용하여 출력형태와 동일하게 작성합니다(슬라이드 1에는 생략).
- 문제와 세부조건, 세부조건 번호 ○(점선원)는 입력하지 않습니다.
- 각 개체의 위치는 오른쪽의 슬라이드와 동일하게 구성합니다.
- 그림 삽입 문제의 경우 반드시 「내 PC₩문서₩ITQ₩Picture」 폴더에서 정확한 파일을 선택하여 삽입하십시오.
- 각 슬라이드를 각각의 파일로 작업해서 저장할 경우 실격 처리됩니다.

kpc 한국생산성본부

[전체구성] (60점)

(1) 슬라이드 크기 및 순서 : 크기를 A4 용지로 설정하고 슬라이드 순서에 맞게 작성한다.
(2) 슬라이드 마스터 : 2~6슬라이드의 제목, 하단 로고, 슬라이드 번호는 슬라이드 마스터를 이용하여 작성한다.
- 제목 글꼴(돋움, 40pt, 흰색), 가운데 맞춤, 도형(선 없음)
- 하단 로고(「내 PC₩문서₩ITQ₩Picture₩로고2.jpg」, 배경(회색) 투명색으로 설정)

[슬라이드 1] ≪표지 디자인≫ (40점)

(1) 표지 디자인 : 도형, 워드아트 및 그림을 이용하여 작성한다.

세부조건

① 도형 편집
- 도형에 그림 채우기 :
  「내 PC₩문서₩ITQ₩Picture₩그림2.jpg」, 투명도 50%
- 도형 효과 :
  부드러운 가장자리 5포인트

② 워드아트 삽입
- 변환 : 물결2
- 글꼴 : 돋움, 굵게
- 텍스트 반사 :
  전체 반사, 터치

③ 그림 삽입
- 「내 PC₩문서₩ITQ₩Picture₩로고2.jpg」
- 배경(회색) 투명색으로 설정

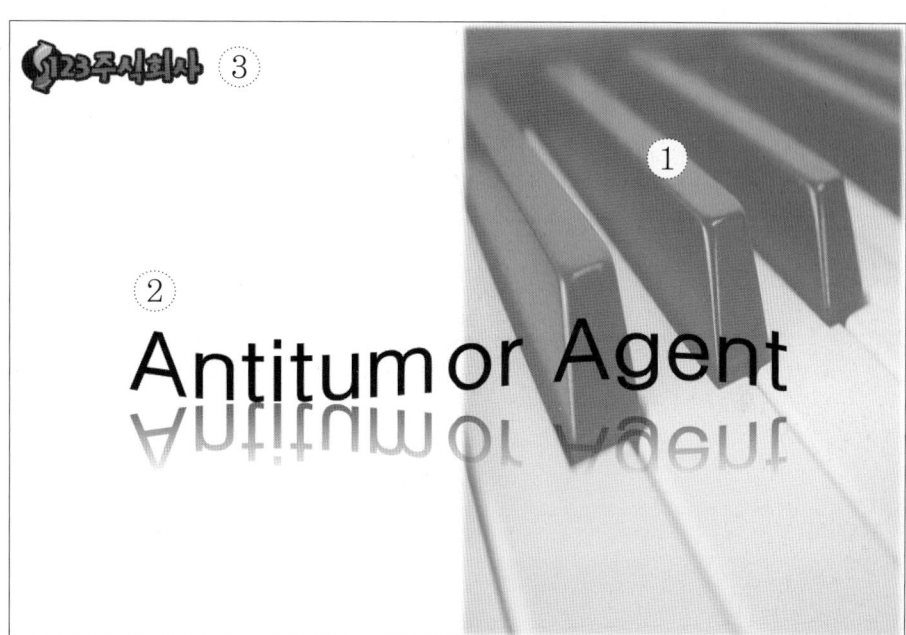

[슬라이드 2] ≪목차 슬라이드≫ (60점)

(1) 출력형태와 같이 도형을 이용하여 목차를 작성한다(글꼴 : 굴림, 24pt).
(2) 도형 : 선 없음

세부조건

① 텍스트에 하이퍼링크 적용
  -> '슬라이드 4'

② 그림 삽입
- 「내 PC₩문서₩ITQ₩Picture₩그림4.jpg」
- 자르기 기능 이용

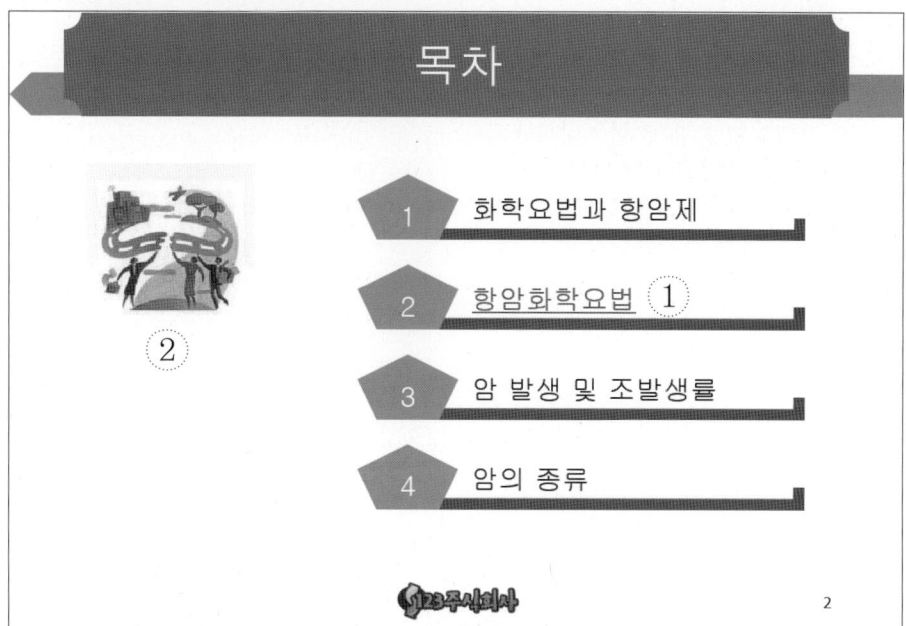

[슬라이드 3] ≪텍스트/동영상 슬라이드≫   (60점)

(1) 텍스트 작성 : 글머리 기호 사용(❖, ✓)
    ❖문단(굴림, 24pt, 굵게, 줄간격 : 1.5줄), ✓문단(굴림, 20pt, 줄간격 : 1.5줄)

세부조건

① 동영상 삽입 :
  - 「내 PC₩문서₩ITQ₩Picture₩동영상.wmv」
  - 자동실행, 반복재생 설정

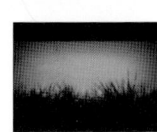

[슬라이드 4] ≪표 슬라이드≫   (80점)

(1) 도형과 표 작성 기능을 이용하여 슬라이드를 작성한다(글꼴 : 돋움, 18pt).

세부조건

① 상단 도형 :
   2개 도형의 조합으로 작성

② 좌측 도형 :
   그라데이션 효과(선형 아래쪽)

③ 표 스타일 :
   테마 스타일 1 - 강조 5

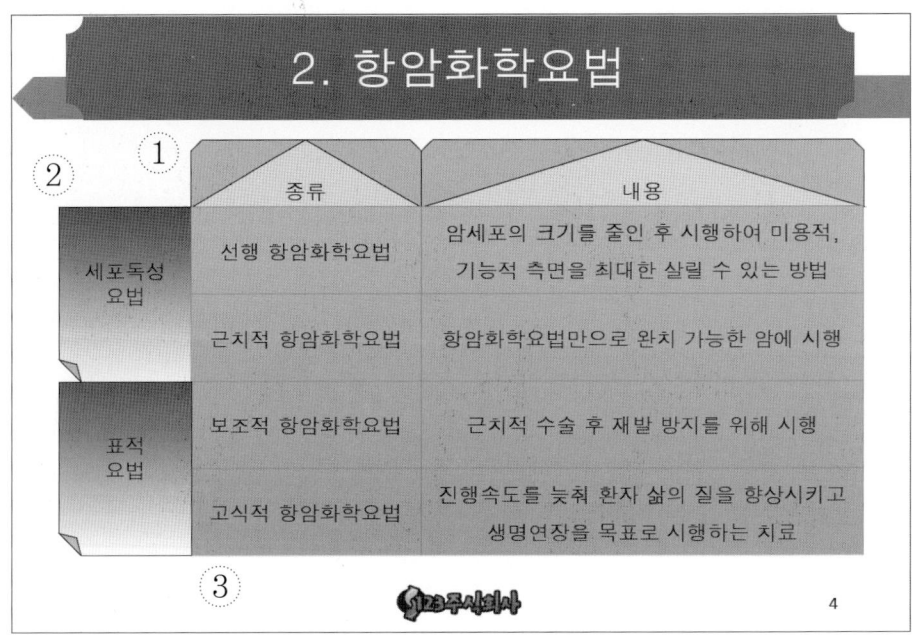

[슬라이드 5] ≪차트 슬라이드≫ (100점)

(1) 차트 작성 기능을 이용하여 슬라이드를 작성한다.
(2) 차트 : 종류(묶은 세로 막대형), 글꼴(돋움, 16pt), 외곽선

세부조건

※ 차트설명
- 차트제목 : 궁서, 24pt, 굵게, 채우기(흰색), 테두리, 그림자(오프셋 왼쪽)
- 차트영역 : 채우기(노랑) 그림영역 : 채우기(흰색)
- 데이터 서식 : 조발생률(명/10만명) 계열을 표식이 있는 꺾은 선형으로 변경 후 보조축으로 지정
- 값 표시 : 2019년의 발생자 수(만명) 계열만

① 도형 삽입
- 스타일 :
  미세효과 – 파랑, 강조1
- 글꼴 : 굴림, 18pt

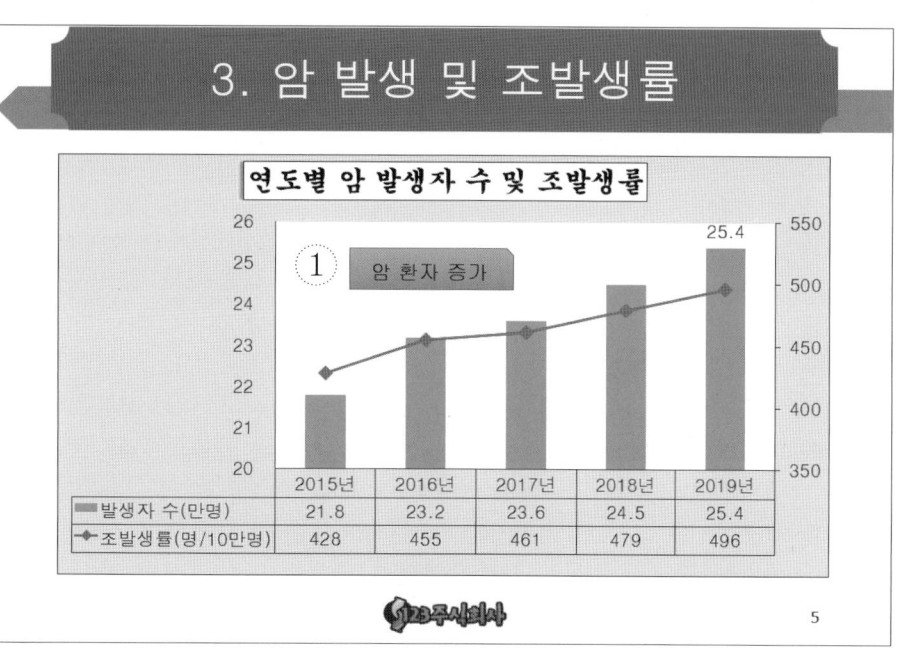

[슬라이드 6] ≪도형 슬라이드≫ (100점)

(1) 슬라이드와 같이 도형 및 스마트아트를 배치한다(글꼴 : 굴림, 18pt).
(2) 애니메이션 순서 : ① ⇒ ②

세부조건

① 도형 및 스마트아트 편집
- 스마트아트 디자인
  : 3차원 만화,
  3차원 경사
- 그룹화 후 애니메이션 효과
  : 바운드
② 도형 편집
- 그룹화 후 애니메이션 효과
  : 실선 무늬(세로)

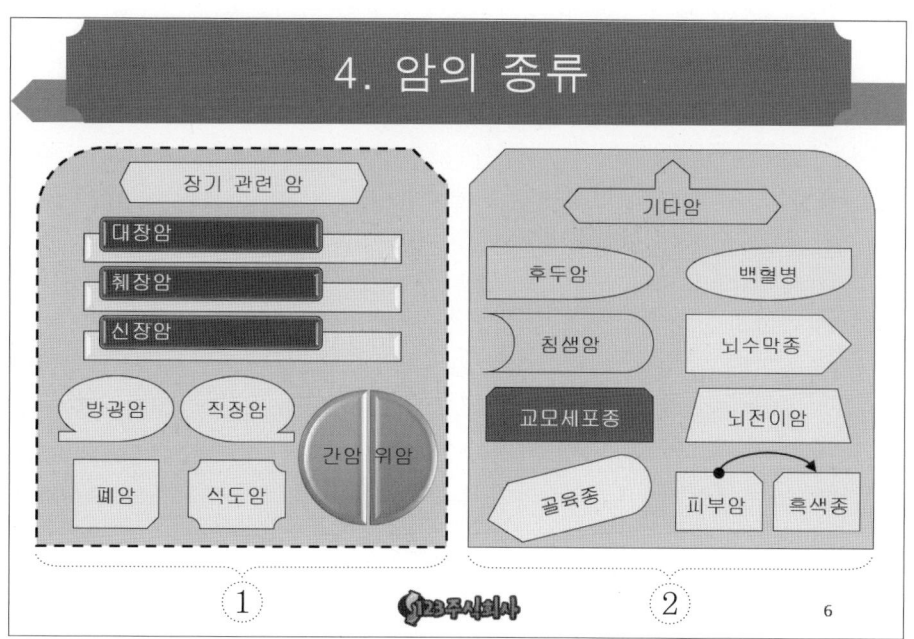

제 16회 정보기술자격(ITQ) 기출제문제

MS오피스

과목	코드	문제유형	시험시간	수험번호	성명
한글파워포인트	1142	A	60분		

수험자 유의사항

- 수험자는 문제지를 받는 즉시 문제지와 **수험표상의 시험과목(프로그램)이 동일한지 반드시 확인**하여야 합니다.
- 파일명은 본인의 "수험번호-성명"으로 입력하여 답안폴더(내 PC\문서\ITQ)에 하나의 파일로 저장해야 하며, 답안문서 파일명이 "수험번호-성명"과 일치하지 않거나, 답안파일을 전송하지 않아 미제출로 처리될 경우 실격 처리합니다(예:12345678-홍길동.pptx).
- 답안 작성을 마치면 파일을 저장하고, '답안 전송' 버튼을 선택하여 감독위원 PC로 답안을 전송하십시오. 수험생 정보와 저장한 파일명이 다를 경우 전송되지 않으므로 주의하시기 바랍니다.
- 답안 작성 중에도 **주기적으로 저장하고, '답안 전송'**하여야 문제 발생을 줄일 수 있습니다. 작업한 내용을 저장하지 않고 전송할 경우 이전에 저장된 내용이 전송되오니 이점 유의하시기 바랍니다.
- 답안문서는 지정된 경로 외의 다른 보조기억장치에 저장하는 경우, 지정된 시험 시간 외에 작성된 파일을 활용할 경우, 기타 통신수단(이메일, 메신저, 네트워크 등)을 이용하여 타인에게 전달 또는 외부 반출하는 경우는 부정 처리합니다.
- 시험 중 부주의 또는 고의로 시스템을 파손한 경우는 수험자가 변상해야 하며, 〈수험자 유의사항〉에 기재된 방법대로 이행하지 않아 생기는 불이익은 수험생 당사자의 책임임을 알려 드립니다.
- 문제의 조건은 MS오피스 2016 버전으로 설정되어 있으니 유의하시기 바랍니다.
- 시험을 완료한 수험자는 답안파일이 전송되었는지 확인한 후 감독위원의 지시에 따라 문제지를 제출하고 퇴실합니다.

답안 작성요령

- 온라인 답안 작성 절차
  수험자 등록 ⇒ 시험 시작 ⇒ 답안파일 저장 ⇒ 답안 전송 ⇒ 시험 종료
- 슬라이드의 크기는 A4 Paper로 설정하여 작성합니다.
- 슬라이드의 총 개수는 6개로 구성되어 있으며 슬라이드 1부터 순서대로 작업하고 반드시 문제와 세부조건대로 합니다.
- 별도의 지시사항이 없는 경우 출력형태를 참조하여 글꼴색은 검정 또는 흰색으로 작성하고, 기타사항은 전체적인 균형을 고려하여 작성합니다.
- 슬라이드 도형 및 개체에 출력형태와 다른 스타일(그림자, 외곽선 등)을 적용했을 경우 감점처리 됩니다.
- 슬라이드 번호를 작성합니다(슬라이드 1에는 생략).
- 2~6번 슬라이드 제목 도형과 하단 로고는 슬라이드 마스터를 이용하여 출력형태와 동일하게 작성합니다(슬라이드 1에는 생략).
- 문제와 세부조건, 세부조건 번호 ○(점선원)는 입력하지 않습니다.
- 각 개체의 위치는 오른쪽의 슬라이드와 동일하게 구성합니다.
- 그림 삽입 문제의 경우 반드시 「내 PC\문서\ITQ\Picture」 폴더에서 정확한 파일을 선택하여 삽입하십시오.
- 각 슬라이드를 각각의 파일로 작업해서 저장할 경우 실격 처리됩니다.

kpc 한국생산성본부

[전체구성] (60점)

(1) 슬라이드 크기 및 순서 : 크기를 A4 용지로 설정하고 슬라이드 순서에 맞게 작성한다.
(2) 슬라이드 마스터 : 2~6슬라이드의 제목, 하단 로고, 슬라이드 번호는 슬라이드 마스터를 이용하여 작성한다.
- 제목 글꼴(돋움, 40pt, 흰색), 가운데 맞춤, 도형(선 없음)
- 하단 로고(「내 PC₩문서₩ITQ₩Picture₩로고1.jpg」, 배경(회색) 투명색으로 설정)

[슬라이드 1] ≪표지 디자인≫ (40점)

(1) 표지 디자인 : 도형, 워드아트 및 그림을 이용하여 작성한다.

세부조건

① 도형 편집
- 도형에 그림 채우기 :
  「내 PC₩문서₩ITQ₩Picture₩그림1.jpg」, 투명도 50%
- 도형 효과 :
  부드러운 가장자리 5포인트

② 워드아트 삽입
- 변환 : 역삼각형
- 글꼴 : 돋움, 굵게
- 텍스트 반사
  : 근접 반사, 4pt 오프셋

③ 그림 삽입
- 「내 PC₩문서₩ITQ₩Picture₩로고1.jpg」
- 배경(회색) 투명색으로 설정

[슬라이드 2] ≪목차 슬라이드≫ (60점)

(1) 출력형태와 같이 도형을 이용하여 목차를 작성한다(글꼴 : 굴림, 24pt).
(2) 도형 : 선 없음

세부조건

① 텍스트에 하이퍼링크 적용
 -> '슬라이드 6'

② 그림 삽입
- 「내 PC₩문서₩ITQ₩Picture₩그림4.jpg」
- 자르기 기능 이용

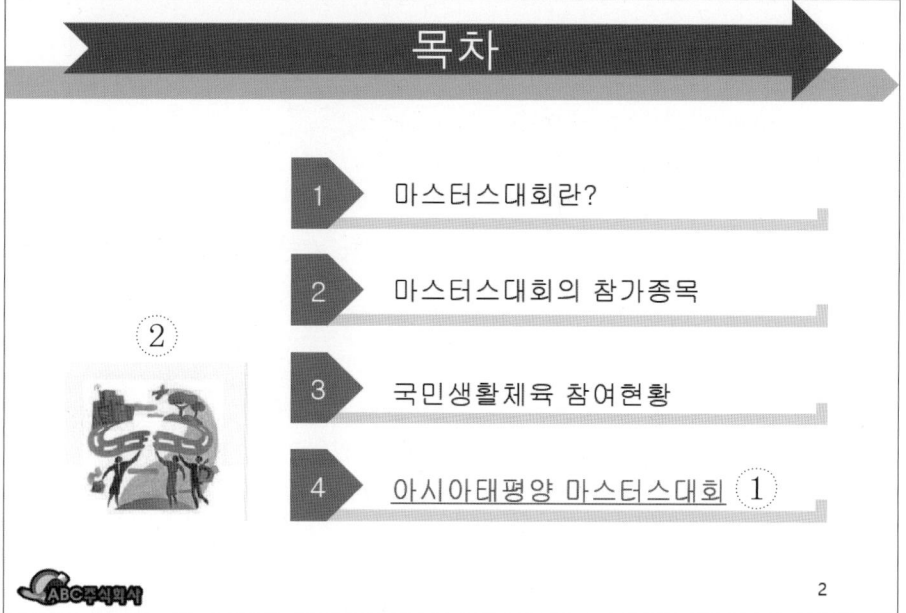

[슬라이드 3] ≪텍스트/동영상 슬라이드≫ (60점)

(1) 텍스트 작성 : 글머리 기호 사용(❖, ✓)
  ❖문단(굴림, 24pt, 굵게, 줄간격 : 1.5줄), ✓문단(굴림, 20pt, 줄간격 : 1.5줄)

세부조건

① 동영상 삽입 :
  - 「내 PC₩문서₩ITQ₩Picture₩동영상.wmv」
  - 자동실행, 반복재생 설정

1. 마스터스대회란?

❖ International Masters Games
  ✓ It is an international sports competition for athletes of all ages, genders, and national sports status, and anyone from all over the world can participate

❖ 마스터스대회
  ✓ 올림픽, 월드컵, 아시안게임 등에 버금 가는 생활체육인의 국제종합체육대회
  ✓ 연령, 성별, 국가 스포츠 지위에 상관없이 전 세계인 누구나 참여 할 수 있는 대회

[슬라이드 4] ≪표 슬라이드≫ (80점)

(1) 도형과 표 작성 기능을 이용하여 슬라이드를 작성한다(글꼴 : 돋움, 18pt).

세부조건

① 상단 도형 :
  2개 도형의 조합으로 작성

② 좌측 도형 :
  그라데이션 효과(선형 아래쪽)

③ 표 스타일 :
  테마 스타일 1 - 강조 6

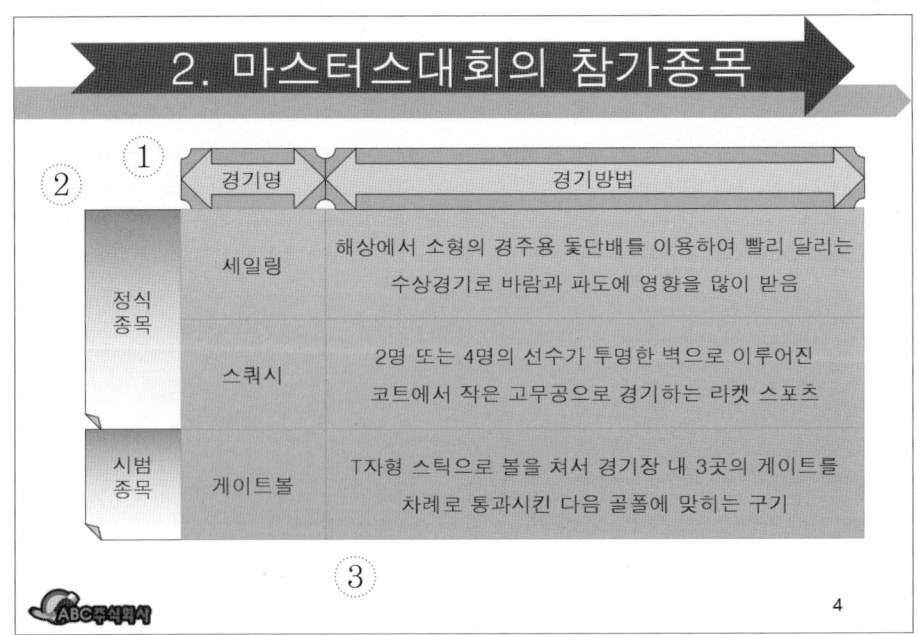

[슬라이드 5] ≪차트 슬라이드≫ (100점)

(1) 차트 작성 기능을 이용하여 슬라이드를 작성한다.
(2) 차트 : 종류(묶은 세로 막대형), 글꼴(돋움, 16pt), 외곽선

세부조건

※ 차트설명
- 차트제목 : 궁서, 24pt, 굵게, 채우기(흰색), 테두리, 그림자(오프셋 오른쪽)
- 차트영역 : 채우기(노랑) 그림영역 : 채우기(흰색)
- 데이터 서식 : 주 2회 이상 계열을 표식이 있는 꺾은선형으로 변경 후 보조축으로 지정
- 값 표시 : 2021년의 주 2회 이상 계열만

① 도형 삽입
  - 스타일 :
    미세효과 – 파랑, 강조1
  - 글꼴 : 굴림, 18pt

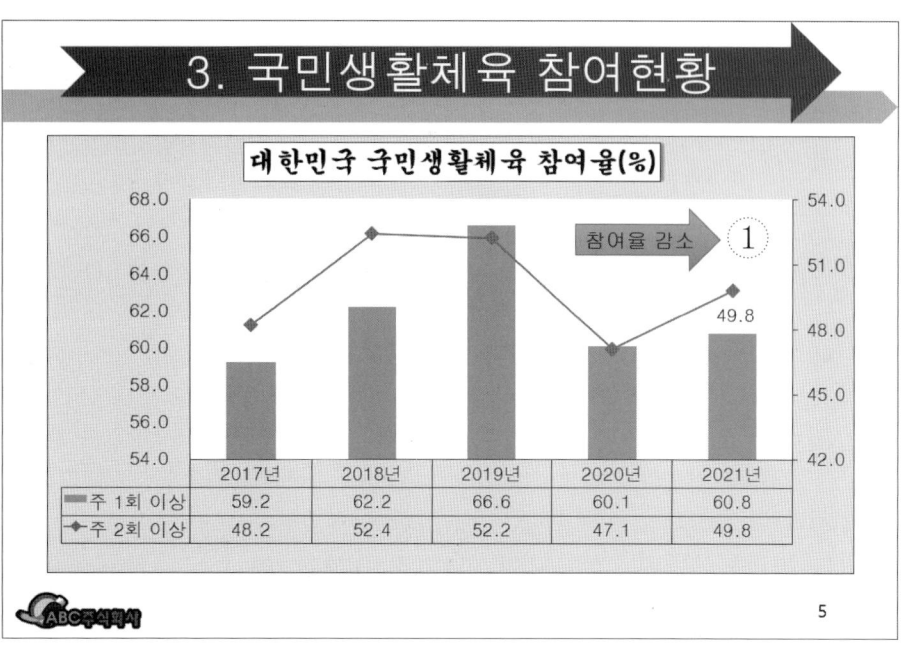

[슬라이드 6] ≪도형 슬라이드≫ (100점)

(1) 슬라이드와 같이 도형 및 스마트아트를 배치한다(글꼴 : 굴림, 18pt).
(2) 애니메이션 순서 : ① ⇒ ②

세부조건

① 도형 및 스마트아트 편집
  - 스마트아트 디자인
    : 3차원 경사,
     3차원 만화
  - 그룹화 후 애니메이션 효과
    : 닦아내기(위에서)

② 도형 편집
  - 그룹화 후 애니메이션 효과
    : 바운드

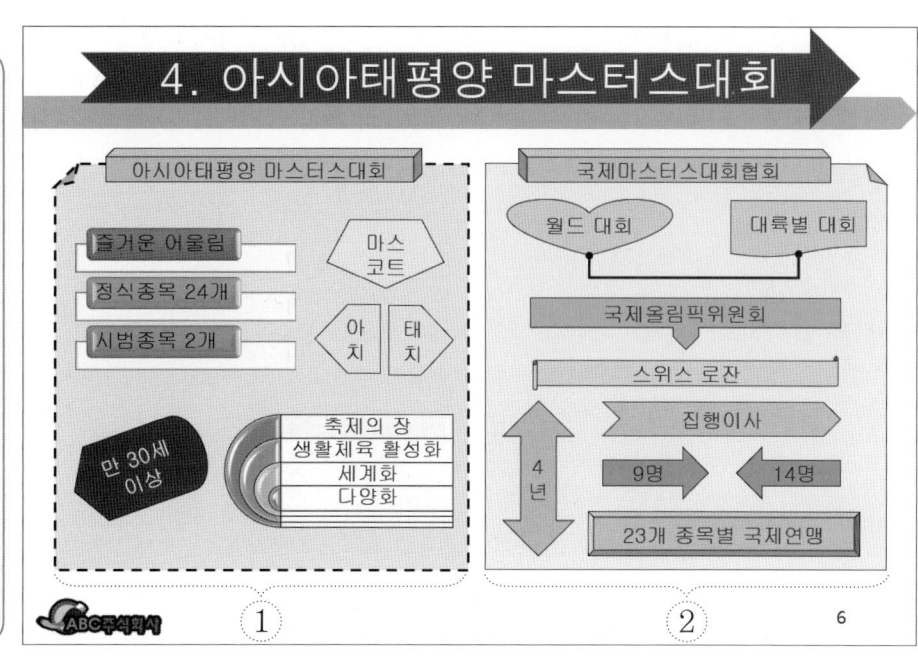

제 17회 정보기술자격(ITQ) 기출제문제

MS오피스

과목	코드	문제유형	시험시간	수험번호	성명
한글파워포인트	1142	B	60분		

수험자 유의사항

- 수험자는 문제지를 받는 즉시 문제지와 **수험표상의 시험과목(프로그램)이 동일한지 반드시 확인**하여야 합니다.
- 파일명은 본인의 "수험번호-성명"으로 입력하여 답안폴더(내 PC\문서\ITQ)에 하나의 파일로 저장해야 하며, 답안문서 파일명이 "수험번호-성명"과 일치하지 않거나, 답안파일을 전송하지 않아 미제출로 처리될 경우 실격 처리합니다(예:12345678-홍길동.pptx).
- 답안 작성을 마치면 파일을 저장하고, '답안 전송' 버튼을 선택하여 감독위원 PC로 답안을 전송하십시오. 수험생 정보와 저장한 파일명이 다를 경우 전송되지 않으므로 주의하시기 바랍니다.
- 답안 작성 중에도 **주기적으로 저장하고, '답안 전송'**하여야 문제 발생을 줄일 수 있습니다. 작업한 내용을 저장하지 않고 전송할 경우 이전에 저장된 내용이 전송되오니 이점 유의하시기 바랍니다.
- 답안문서는 지정된 경로 외의 다른 보조기억장치에 저장하는 경우, 지정된 시험 시간 외에 작성된 파일을 활용할 경우, 기타 통신수단(이메일, 메신저, 네트워크 등)을 이용하여 타인에게 전달 또는 외부 반출하는 경우는 부정 처리합니다.
- 시험 중 부주의 또는 고의로 시스템을 파손한 경우는 수험자가 변상해야 하며, 〈수험자 유의사항〉에 기재된 방법대로 이행하지 않아 생기는 불이익은 수험생 당사자의 책임임을 알려 드립니다.
- 문제의 조건은 MS오피스 2016 버전으로 설정되어 있으니 유의하시기 바랍니다.
- 시험을 완료한 수험자는 답안파일이 전송되었는지 확인한 후 감독위원의 지시에 따라 문제지를 제출하고 퇴실합니다.

답안 작성요령

- 온라인 답안 작성 절차
  수험자 등록 ⇒ 시험 시작 ⇒ 답안파일 저장 ⇒ 답안 전송 ⇒ 시험 종료
- 슬라이드의 크기는 A4 Paper로 설정하여 작성합니다.
- 슬라이드의 총 개수는 6개로 구성되어 있으며 슬라이드 1부터 순서대로 작업하고 반드시 문제와 세부 조건대로 합니다.
- 별도의 지시사항이 없는 경우 출력형태를 참조하여 글꼴색은 검정 또는 흰색으로 작성하고, 기타사항은 전체적인 균형을 고려하여 작성합니다.
- 슬라이드 도형 및 개체에 출력형태와 다른 스타일(그림자, 외곽선 등)을 적용했을 경우 감점처리 됩니다.
- 슬라이드 번호를 작성합니다(슬라이드 1에는 생략).
- 2~6번 슬라이드 제목 도형과 하단 로고는 슬라이드 마스터를 이용하여 출력형태와 동일하게 작성합니다 (슬라이드 1에는 생략).
- 문제와 세부조건, 세부조건 번호 ○(점선원)는 입력하지 않습니다.
- 각 개체의 위치는 오른쪽의 슬라이드와 동일하게 구성합니다.
- 그림 삽입 문제의 경우 반드시 「내 PC\문서\ITQ\Picture」 폴더에서 정확한 파일을 선택하여 삽입하십시오.
- 각 슬라이드를 각각의 파일로 작업해서 저장할 경우 실격 처리됩니다.

kpc 한국생산성본부

[전체구성] (60점)

(1) 슬라이드 크기 및 순서 : 크기를 A4 용지로 설정하고 슬라이드 순서에 맞게 작성한다.
(2) 슬라이드 마스터 : 2~6슬라이드의 제목, 하단 로고, 슬라이드 번호는 슬라이드 마스터를 이용하여 작성한다.
- 제목 글꼴(돋움, 40pt, 흰색), 가운데 맞춤, 도형(선 없음)
- 하단 로고(「내 PC₩문서₩ITQ₩Picture₩로고1.jpg」, 배경(회색) 투명색으로 설정)

[슬라이드 1] ≪표지 디자인≫ (40점)

(1) 표지 디자인 : 도형, 워드아트 및 그림을 이용하여 작성한다.

세부조건

① 도형 편집
- 도형에 그림 채우기 :
  「내 PC₩문서₩ITQ₩Picture₩
  그림1.jpg」, 투명도 50%
- 도형 효과 :
  부드러운 가장자리 5포인트

② 워드아트 삽입
- 변환 : 역삼각형
- 글꼴 : 돋움, 굵게
- 텍스트 반사
  : 근접 반사, 4pt 오프셋

③ 그림 삽입
- 「내 PC₩문서₩ITQ₩Picture₩
  로고1.jpg」
- 배경(회색) 투명색으로 설정

[슬라이드 2] ≪목차 슬라이드≫ (60점)

(1) 출력형태와 같이 도형을 이용하여 목차를 작성한다(글꼴 : 굴림, 24pt).
(2) 도형 : 선 없음

세부조건

① 텍스트에 하이퍼링크 적용
  -> '슬라이드 6'

② 그림 삽입
- 「내 PC₩문서₩ITQ₩Picture₩
  그림4.jpg」
- 자르기 기능 이용

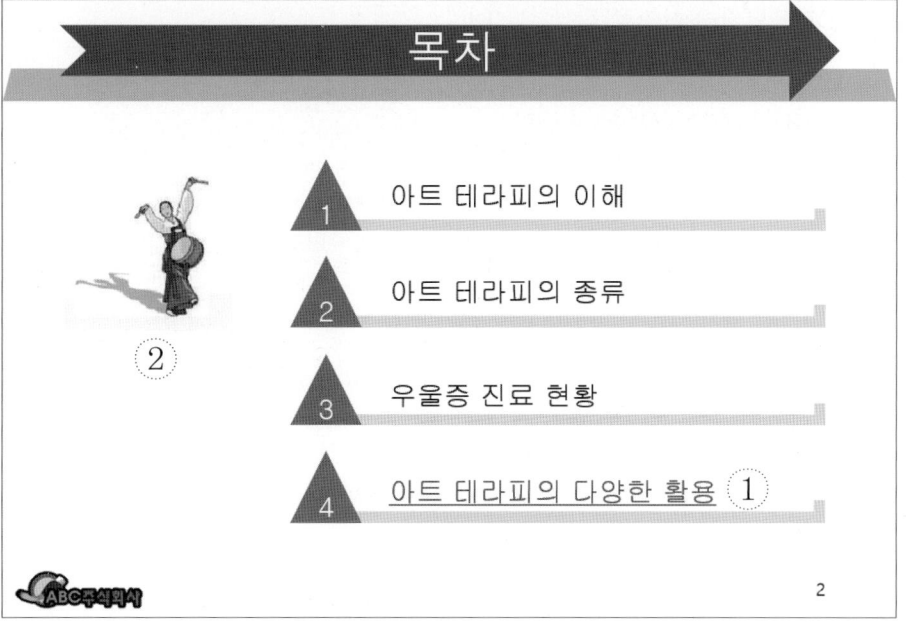

[슬라이드 3] ≪텍스트/동영상 슬라이드≫ (60점)

(1) 텍스트 작성 : 글머리 기호 사용(❖, ✓)
  ❖문단(굴림, 24pt, 굵게, 줄간격 : 1.5줄), ✓문단(굴림, 20pt, 줄간격 : 1.5줄)

세부조건

① 동영상 삽입 :
  - 「내 PC₩문서₩ITQ₩Picture₩동영상.wmv」
  - 자동실행, 반복재생 설정

1. 아트 테라피의 이해

❖ Art Therapy
  ✓ Art Therapy is a mental health profession that uses the creative process of art making to improve and enhance the physical, mental and emotional well-being of individuals of all ages

❖ 아트 테라피란?
  ✓ 음악이나 미술, 문학, 연극, 무용 등의 예술 장르를 사용하여 정서적 안정을 돕는 활동
  ✓ 식재료나 생활소품 등 일상의 소재를 이용하여 친근하게 접근

[슬라이드 4] ≪표 슬라이드≫ (80점)

(1) 도형과 표 작성 기능을 이용하여 슬라이드를 작성한다(글꼴 : 돋움, 18pt).

세부조건

① 상단 도형 :
  2개 도형의 조합으로 작성

② 좌측 도형 :
  그라데이션 효과(선형 아래쪽)

③ 표 스타일 :
  테마 스타일 1 - 강조 6

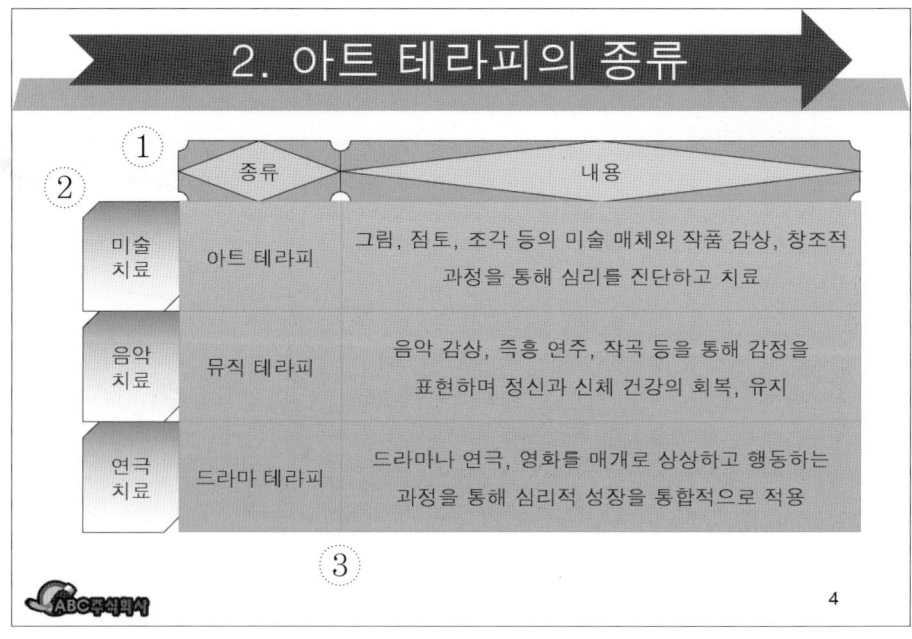

[슬라이드 5] ≪차트 슬라이드≫ (100점)

(1) 차트 작성 기능을 이용하여 슬라이드를 작성한다.
(2) 차트 : 종류(묶은 세로 막대형), 글꼴(돋움, 16pt), 외곽선

세부조건

※ 차트설명
- 차트제목 : 궁서, 24pt, 굵게, 채우기(흰색), 테두리, 그림자(오프셋 오른쪽)
- 차트영역 : 채우기(노랑) 그림영역 : 채우기(흰색)
- 데이터 서식 : 총진료비(억 원) 계열을 표식이 있는 꺾은선형으로 변경 후 보조축으로 지정
- 값 표시 : 2021년의 총진료비(억 원) 계열만

① 도형 삽입
- 스타일 :
  미세효과 - 파랑, 강조1
- 글꼴 : 굴림, 18pt

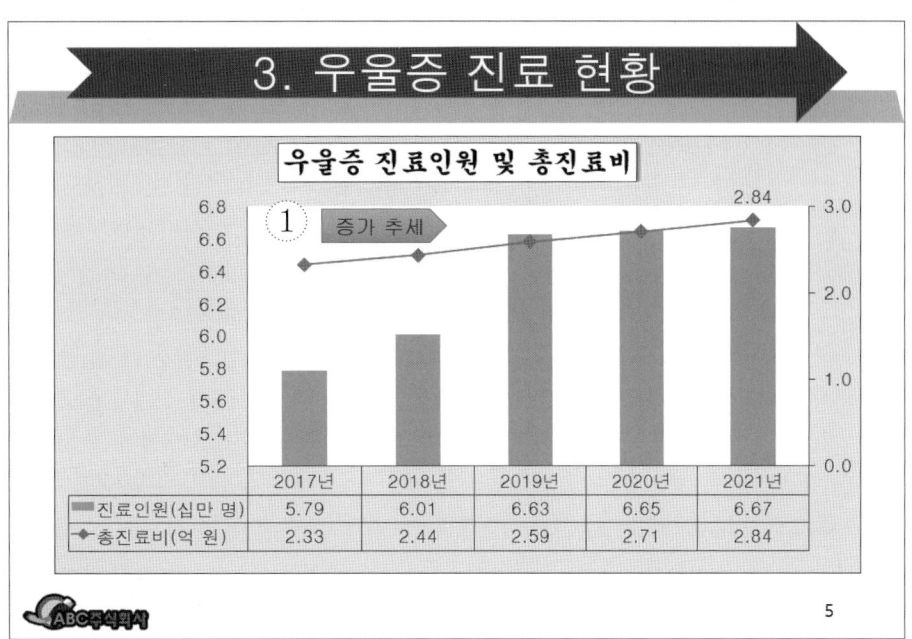

[슬라이드 6] ≪도형 슬라이드≫ (100점)

(1) 슬라이드와 같이 도형 및 스마트아트를 배치한다(글꼴 : 굴림, 18pt).
(2) 애니메이션 순서 : ① ⇒ ②

세부조건

① 도형 및 스마트아트 편집
- 스마트아트 디자인
  : 3차원 경사,
    3차원 만화
- 그룹화 후 애니메이션 효과
  : 닦아내기(위에서)

② 도형 편집
- 그룹화 후 애니메이션 효과
  : 바운드

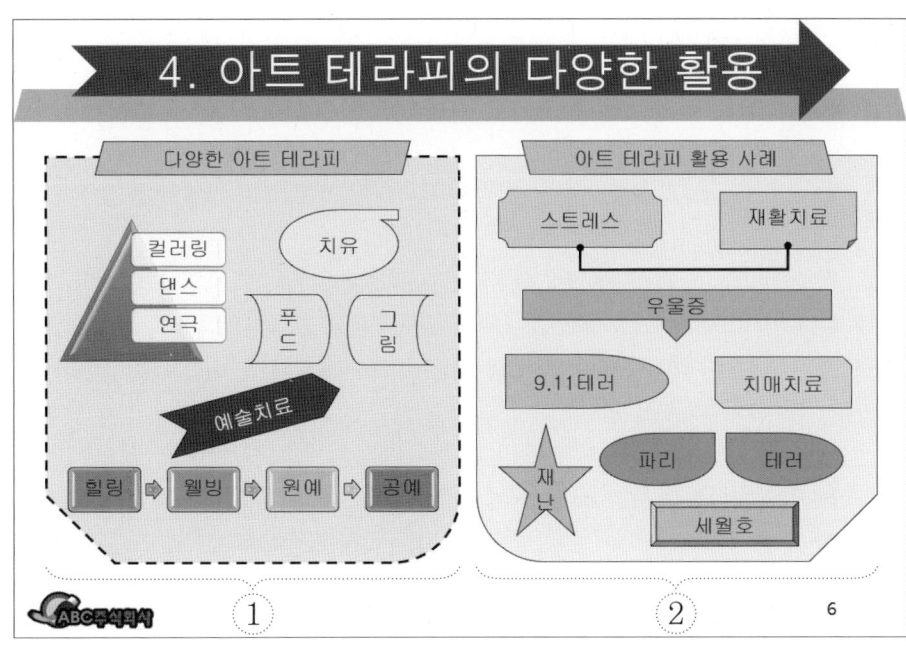

제18회 정보기술자격(ITQ) 기출제문제

MS오피스

과목	코드	문제유형	시험시간	수험번호	성명
한글파워포인트	1142	C	60분		

수험자 유의사항

- 수험자는 문제지를 받는 즉시 문제지와 **수험표상의 시험과목(프로그램)이 동일한지 반드시 확인**하여야 합니다.
- 파일명은 본인의 "수험번호-성명"으로 입력하여 답안폴더(내 PC\문서\ITQ)에 하나의 파일로 저장해야 하며, 답안문서 파일명이 "수험번호-성명"과 일치하지 않거나, 답안파일을 전송하지 않아 미제출로 처리될 경우 실격 처리합니다(예:12345678-홍길동.pptx).
- 답안 작성을 마치면 파일을 저장하고, '답안 전송' 버튼을 선택하여 감독위원 PC로 답안을 전송하십시오. 수험생 정보와 저장한 파일명이 다를 경우 전송되지 않으므로 주의하시기 바랍니다.
- 답안 작성 중에도 **주기적으로 저장하고, '답안 전송'**하여야 문제 발생을 줄일 수 있습니다. 작업한 내용을 저장하지 않고 전송할 경우 이전에 저장된 내용이 전송되오니 이점 유의하시기 바랍니다.
- 답안문서는 지정된 경로 외의 다른 보조기억장치에 저장하는 경우, 지정된 시험 시간 외에 작성된 파일을 활용할 경우, 기타 통신수단(이메일, 메신저, 네트워크 등)을 이용하여 타인에게 전달 또는 외부 반출하는 경우는 부정 처리합니다.
- 시험 중 부주의 또는 고의로 시스템을 파손한 경우는 수험자가 변상해야 하며, 〈수험자 유의사항〉에 기재된 방법대로 이행하지 않아 생기는 불이익은 수험생 당사자의 책임임을 알려 드립니다.
- 문제의 조건은 MS오피스 2016 버전으로 설정되어 있으니 유의하시기 바랍니다.
- 시험을 완료한 수험자는 답안파일이 전송되었는지 확인한 후 감독위원의 지시에 따라 문제지를 제출하고 퇴실합니다.

답안 작성요령

- 온라인 답안 작성 절차
  수험자 등록 ⇒ 시험 시작 ⇒ 답안파일 저장 ⇒ 답안 전송 ⇒ 시험 종료
- 슬라이드의 크기는 A4 Paper로 설정하여 작성합니다.
- 슬라이드의 총 개수는 6개로 구성되어 있으며 슬라이드 1부터 순서대로 작업하고 반드시 문제와 세부조건대로 합니다.
- 별도의 지시사항이 없는 경우 출력형태를 참조하여 글꼴색은 검정 또는 흰색으로 작성하고, 기타사항은 전체적인 균형을 고려하여 작성합니다.
- 슬라이드 도형 및 개체에 출력형태와 다른 스타일(그림자, 외곽선 등)을 적용했을 경우 감점처리 됩니다.
- 슬라이드 번호를 작성합니다(슬라이드 1에는 생략).
- 2~6번 슬라이드 제목 도형과 하단 로고는 슬라이드 마스터를 이용하여 출력형태와 동일하게 작성합니다(슬라이드 1에는 생략).
- 문제와 세부조건, 세부조건 번호 ◯(점선원)는 입력하지 않습니다.
- 각 개체의 위치는 오른쪽의 슬라이드와 동일하게 구성합니다.
- 그림 삽입 문제의 경우 반드시 「내 PC\문서\ITQ\Picture」 폴더에서 정확한 파일을 선택하여 삽입하십시오.
- 각 슬라이드를 각각의 파일로 작업해서 저장할 경우 실격 처리됩니다.

kpc 한국생산성본부

[전체구성] (60점)

(1) 슬라이드 크기 및 순서 : 크기를 A4 용지로 설정하고 슬라이드 순서에 맞게 작성한다.
(2) 슬라이드 마스터 : 2~6슬라이드의 제목, 하단 로고, 슬라이드 번호는 슬라이드 마스터를 이용하여 작성한다.
- 제목 글꼴(돋움, 40pt, 흰색), 가운데 맞춤, 도형(선 없음)
- 하단 로고(「내 PC₩문서₩ITQ₩Picture₩로고1.jpg」, 배경(회색) 투명색으로 설정)

[슬라이드 1] ≪표지 디자인≫ (40점)

(1) 표지 디자인 : 도형, 워드아트 및 그림을 이용하여 작성한다.

세부조건

① 도형 편집
- 도형에 그림 채우기 :
「내 PC₩문서₩ITQ₩Picture₩그림1.jpg」, 투명도 50%
- 도형 효과 :
부드러운 가장자리 5포인트

② 워드아트 삽입
- 변환 : 역삼각형
- 글꼴 : 돋움, 굵게
- 텍스트 반사
 : 근접 반사, 4pt 오프셋

③ 그림 삽입
- 「내 PC₩문서₩ITQ₩Picture₩로고1.jpg」
- 배경(회색) 투명색으로 설정

[슬라이드 2] ≪목차 슬라이드≫ (60점)

(1) 출력형태와 같이 도형을 이용하여 목차를 작성한다(글꼴 : 굴림, 24pt).
(2) 도형 : 선 없음

세부조건

① 텍스트에 하이퍼링크 적용
 -> '슬라이드 6'

② 그림 삽입
- 「내 PC₩문서₩ITQ₩Picture₩그림4.jpg」
- 자르기 기능 이용

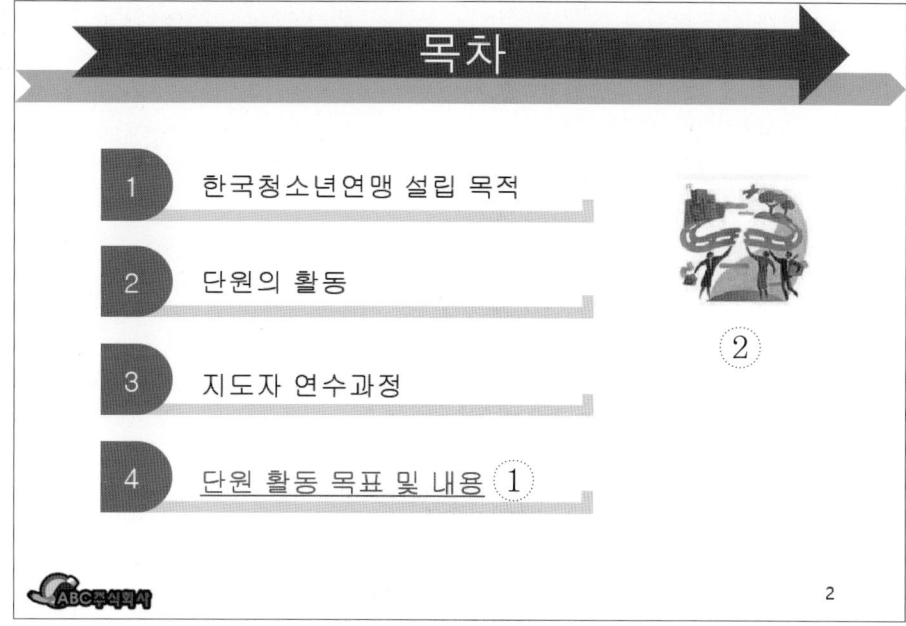

[슬라이드 3]   ≪텍스트/동영상 슬라이드≫   (60점)

(1) 텍스트 작성 : 글머리 기호 사용(❖, ✓)
❖문단(굴림, 24pt, 굵게, 줄간격 : 1.5줄), ✓문단(굴림, 20pt, 줄간격 : 1.5줄)

세부조건

① 동영상 삽입 :
 - 「내 PC₩문서₩ITQ₩Picture₩동영상.wmv」
 - 자동실행, 반복재생 설정

1. 한국청소년연맹 설립 목적

❖ **Purpose of establishment**
  ✓ KOYA is a organization created for the youth to train their body and the mind to cultivate our 'spirit' and maintain a proper national viewpoint and ethical belief

❖ **한국청소년연맹**
  ✓ 청소년이 몸과 마음을 단련하여 올바른 국가관과 윤리관을 기르도록 지도
  ✓ 전통문화를 계승 발전시키고 세계로 뻗어가는 진취적 기상을 함양하도록 지도

[슬라이드 4]   ≪표 슬라이드≫   (80점)

(1) 도형과 표 작성 기능을 이용하여 슬라이드를 작성한다(글꼴 : 돋움, 18pt).

세부조건

① 상단 도형 :
  2개 도형의 조합으로 작성

② 좌측 도형 :
  그라데이션 효과(선형 아래쪽)

③ 표 스타일 :
  테마 스타일 1 - 강조 6

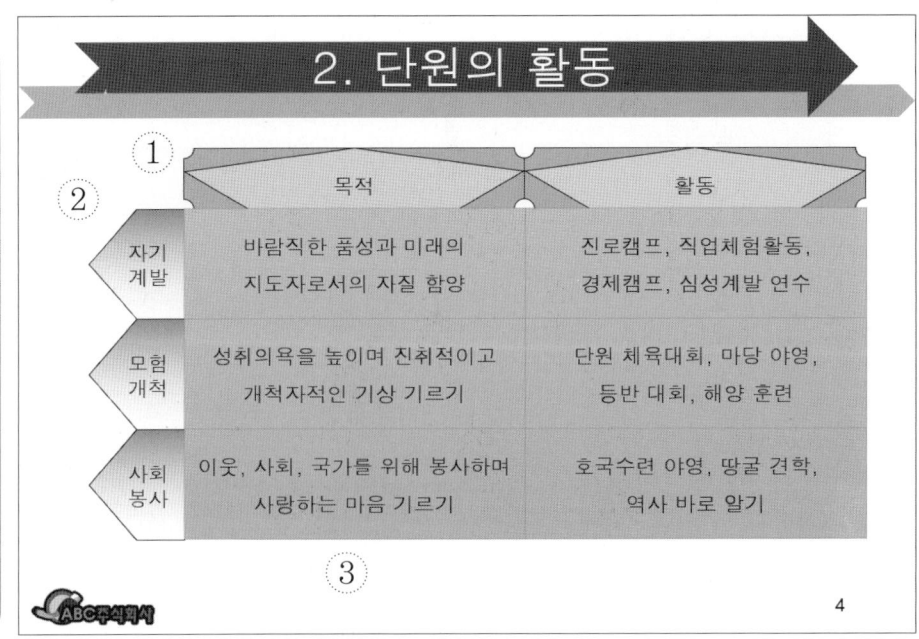

[슬라이드 5] ≪차트 슬라이드≫   (100점)

(1) 차트 작성 기능을 이용하여 슬라이드를 작성한다.
(2) 차트 : 종류(묶은 세로 막대형), 글꼴(돋움, 16pt), 외곽선

세부조건

※ 차트설명
- 차트제목 : 궁서, 24pt, 굵게, 채우기(흰색), 테두리, 그림자(오프셋 오른쪽)
- 차트영역 : 채우기(노랑) 그림영역 : 채우기(흰색)
- 데이터 서식 : 전문연수 계열을 표시이 있는 꺾은선형으로 변경 후 보조축으로 지정
- 값 표시 : 2021년의 전문연수 계열만

① 도형 삽입
- 스타일 :
  미세효과 – 파랑, 강조1
- 글꼴 : 굴림, 18pt

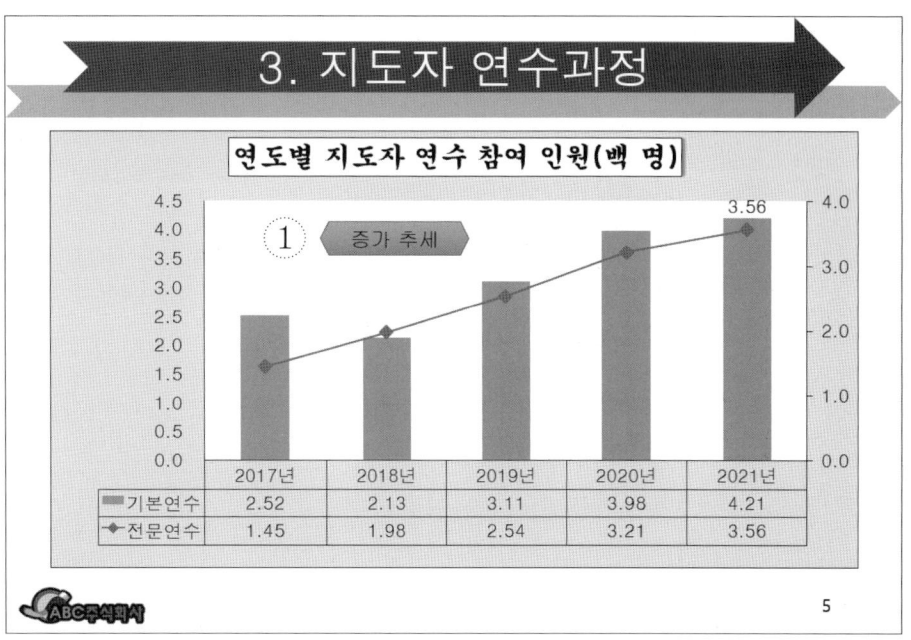

[슬라이드 6] ≪도형 슬라이드≫   (100점)

(1) 슬라이드와 같이 도형 및 스마트아트를 배치한다(글꼴 : 굴림, 18pt).
(2) 애니메이션 순서 : ① ⇒ ②

세부조건

① 도형 및 스마트아트 편집
- 스마트아트 디자인
  : 3차원 경사,
    3차원 만화
- 그룹화 후 애니메이션 효과
  : 닦아내기(위에서)

② 도형 편집
- 그룹화 후 애니메이션 효과
  : 바운드

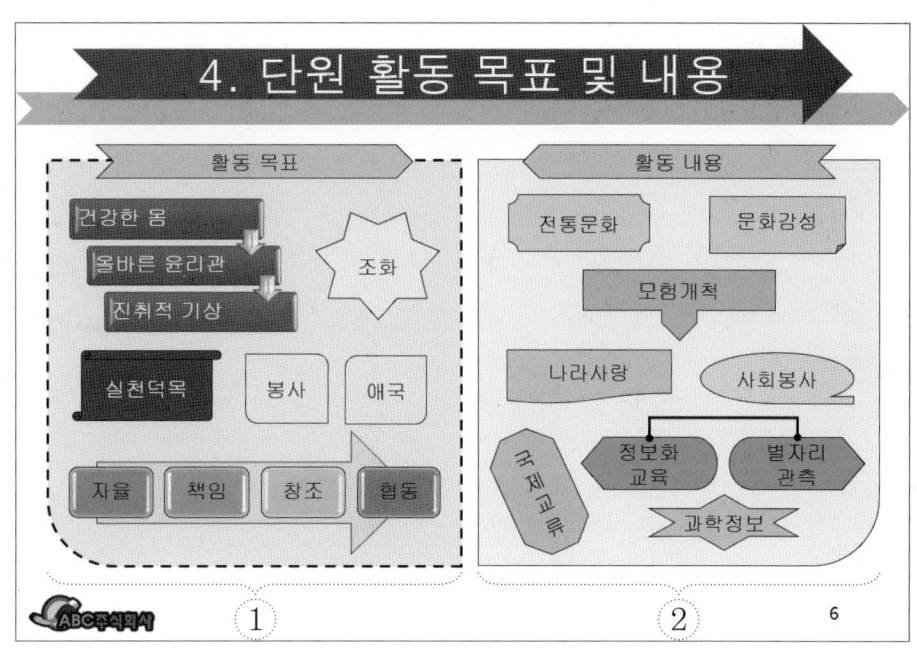

도면으로 보는

한옥 설계집

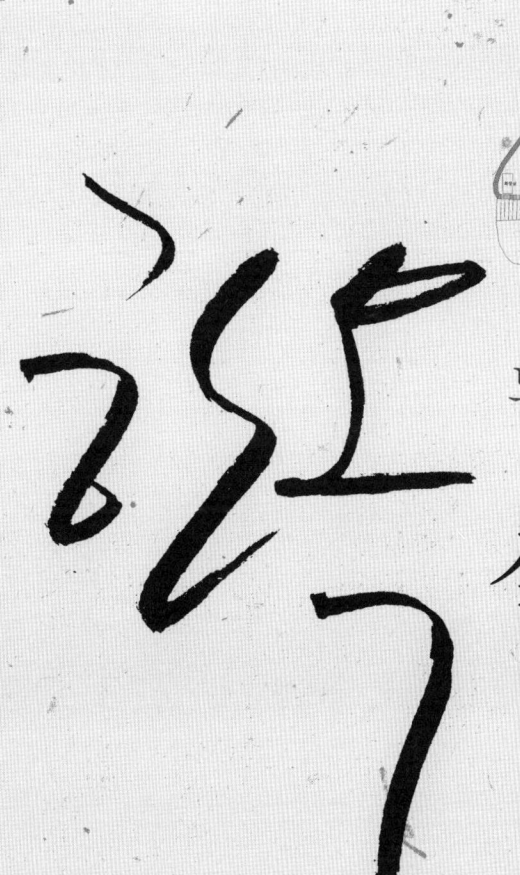

글 신광철 | 사진 이규열

한문화사

들어가는 말

대립과 조화를 해결하는 방법으로서
긍정적 파괴를 자연스럽게 시도하는 한국인

한국의 건축물 중에서도 가장 사람을 닮고 자연을 닮은 것이 한옥이다. 우리의 산하에 흐르는 바람결을, 우리의 마음에 흐르는 심성을 자신도 모르게 닮은 것이 한옥이다. 한옥의 전통은 천 년을 두고 흐른 바람과 세월이 퇴적되어 만들어진 것이다. 전통 속에 깃든 흐름과 누적이란 상관관계는 변화와 역사를 고스란히 담고 있다. 또한, 한옥이 가진 지정학적인 위치, 계절에 따른 혹독한 더위나 추위를 이기려는 환경적인 요소도 담겨 있다. 그 담는 방법과 기질이 나라마다 다르고 지역마다 다르므로 한옥의 연구는 민족성의 한 단면을 엿볼 수 있는 좋은 계기가 된다.

생활과 가장 밀접한 관계에 있는 것이 주거라면 한옥이 가진 의미와 성격에서 우리는 많은 것을 확인하고 유추해 낼 수 있다. 한국인의 기질과 심성의 기저에 깔린 그 무엇을 끌어낼 수도 있다. 천연스러움과 너그러움이 주조를 이루는 한국인의 심성에는 늘 대립과 조화를 해결하는 방법으로 긍정적 파괴를 자연스럽게 시도하고 있다. 더 큰 조화를 꾀하려는 방법으로 전체적인 균일을 고수하기보다는 일부분을 허물어버림으로써 의도적인 불균형을 연출하여 더욱 자연스러운 멋을 뿜어내는 정서를 볼 수 있다. 부분을 파괴함으로써 전체적인 균형을 끌어내는 이러한 시도는 다른 나라에서는 좀처럼 보기 어려운 건축술이다.

대지 위에 집을 짓거나 담을 쌓을 때 다른 나라는 평면을 정교하게 다듬어 수평을 유지하지만, 우리는 그렇지 않은 예를 자주 볼 수 있다. 자연석이나 경사진 지형을 그대로 이용하여 건축물을 올리거나, 자연석이 있는 경우 자연석을 그대로 두고 그 위에 자연석의 생긴 모양에 맞춰서 쌓은 경우이다. 홈이 파였으면 그곳에 맞는 홈을 판 석재나 목재를 올리는 것과 같이 자연을 그대로 두고 인공물을 자연에 맞추는 방법이다. 또한, 잘 다듬어진 원기둥을 일렬로 세워 놓고 그 중 한두 개의 기둥은 가지와 껍질만을 벗겨 다듬지 않고 자연 그대로 기둥을 삼는 도랑주 같은 것이다. 이러한 기질은 완벽을 지향하려는 마음의 절제로 볼 수도 있지만, 그보다는 자연과의 친화에 더 중점을 둔 특질이라고 할 수 있다. 동양화 속을 들여다보면 사람이 중심보다는 부분으로 그려지고, 자연에서 나오는 모습보다는 자연으로 들어가는 모습이 주로 그려진 것에서도 확인할 수 있다. 사람은 자연에서 왔기에 자연으로 돌아가야 한다는 의식이 생활이나 사상에 잠재해 있기 때문이라 볼 수 있다.

사대부 집이나 정자, 정사 같은 유교적인 윤리가 반영된 건축물과 비교적 환경의 영향을 더 많이 받은 서민 집으로서 초가집이나 너와집, 까치구멍집 들을 망라했다. 이러한 한옥을 구체적으로 알아가는 것이 한국인의 심성을 연구하는데 무엇보다 선행되어야 한다. 선조의 주거생활중심이었고 실생활과 밀접한 관계가 있는 한옥에는 한국인이 가진 특성이 더 많이 반영되어 있기 때문이다. 선조의 사상이나 철학, 관습, 나아가 환경 등을 이해하는 데 도움이 된다.

한옥을 구체적으로 이해하는 것은 한국인으로서 한국인의 정체성을 파악하는데 중요한 부분이다. 나를 이 세상의 중심에 세우지 않으면 세상을 파악하는 데 오류가 생길 수 있듯이, 내 마음 안에 중심을 세우는 것과 같은 중요함이다. 나의 사상과 철학을 주체로 한 정체성의 확립이 선행되어야 세상으로 열린 모든 창이 환해진다. 이 책이 우리의 정체성이 담긴 한옥으로 들어가는 입문서로서 중요한 자료가 되리라 본다. 한옥을 연구하는 분이나 한국인의 기저에 다가가고 싶은 분들이 자료로 필요한 책이다. 한옥을 보다 가까이하고 더욱 구체적으로 이해해 가는 길은 무엇보다 보람차고 즐거운 일이다. 글이 완성되기까지 협조해 주신 모든 분께 감사한다.

파주 통일동산에서 신광철

왼쪽_ 명원민속관 전경. 한옥의 마당은 채와 채가 마주보는 관계 속에서 공간이 형성된다. 비울수록 여유가 생김을 깨닫게 하는 집이 한옥이다.

도면으로 보는
한옥설계집

차 례

| 들어가는 말 |

| 왕이 머물던 민가 |

01. 낙선재   서울 종로구 와룡동 창덕궁 내 / 012
02. 연경당   서울 종로구 와룡동 창덕궁 내 / 020
03. 운현궁   서울 종로구 운니동 114-10 / 028
04. 강화 용흥궁   인천 강화군 강화읍 관청리 441 / 036

| 사대부 집-기와집 |

01. 강릉 오죽헌   강원 강릉시 죽헌동 201 / 044
02. 강릉 허난설헌생가터   강원 강릉시 초당동 475-3 / 050
03. 거창 정온고택   경남 거창군 위천면 강천리 50-1 / 056
04. 경주 교동최씨고택   경북 경주시 교동 69 / 064
05. 고성 어명기가옥   강원 고성군 죽왕면 삼포리 551 / 070
06. 광명 이원익종택   경기 광명시 소하2동 1084 / 076
07. 괴산 김기응가옥   충북 괴산군 칠성면 율원리 907-10 / 082
08. 괴산 청천리고가   충북 괴산군 청천면 청천리 76 / 088
09. 구례 운조루   전남 구례군 토지면 오미리 103 / 094
10. 남원 몽심재   전북 남원시 수지면 호곡리 796-3 / 102
11. 논산 명재고택   충남 논산시 노성면 교촌리 306 / 108

12. 논산 이삼장군고택 충남 논산시 상월면 주곡리 51 / 116
13. 담양 고재선가옥 전남 담양군 창평면 삼천리 366-1 / 122
14. 대전 송용억가옥 대전 대덕구 송촌동 198-4 / 126
15. 대전 유회당 대전 중구 무수동 94 / 130
16. 대전 제월당·옥오재 대전 대덕구 읍내동 74-4 / 134
17. 보성 문형식가옥 전남 보성군 율어면 율어리 144 / 140
18. 봉화 남호구택 경북 봉화군 봉화읍 해저리 723 / 144
19. 봉화 만산고택 경북 봉화군 춘양면 의양리 288 / 150
20. 봉화 만회고택 경북 봉화군 봉화읍 해저리 485 / 156
21. 부여 민철식가옥 충남 부여군 부여읍 중정리 537-1 / 162
22. 상주 오작당 경북 상주시 낙동면 승곡리 131-2 / 168
23. 상주 우복종가 경북 상주시 외서면 우산리 193-1 / 174
24. 안동 예안이씨 충효당 경북 안동시 풍산읍 하리 1리 189 / 180
25. 안동 의성김씨종택 경북 안동시 임하면 천전리 280 / 186
26. 안동 임청각·군자정 경북 안동시 법흥동 20 / 190
27. 안동 퇴계선생구택 경북 안동시 도산면 토계리 468-2 / 198
28. 안성 오정방고택 경기 안성시 양성면 덕봉리 246 / 202
29. 여주 김영구가옥 경기 여주군 대신면 보통리 190 / 208
30. 영동 김참판고택 충북 영동군 양강면 괴목리 401-2 / 212
31. 영주 괴헌고택 경북 영주시 이산면 두월리 877 / 216
32. 예산 이남규고택 충남 예산군 대술면 상항리 334-2 / 222

33. 예천 권씨종가별당 경북 예천군 용문면 죽림리 166-3 / 228
34. 정읍 김동수가옥 전북 정읍시 산외면 오공리 814 / 234
35. 청송 송소고택 경북 청송군 파천면 덕천리 176 / 242
36. 청송 평산신씨종택 경북 청송군 파천면 중평리 376 / 248
37. 합천 묵와고가 경남 합천군 묘산면 화양리 485 / 254
38. 해남 녹우당 전남 해남군 해남읍 연동리 82 / 260
39. 홍성 조응식가옥 충남 홍성군 장곡면 산성리 309 / 266
40. 화순 양승수가옥 전남 화순군 도곡면 월곡리 572-1 / 270

| 민초의 집-초가집 |

01. 부안 김상만가옥 전북 부안군 줄포면 줄포리 445 / 278
02. 삼척 신리 김진호너와집 강원 삼척시 도계읍 신리 / 282
03. 일산 밤가시초가 경기 고양시 일산동구 일산동 350 / 286
04. 청원 이항희가옥 충북 청원군 남일면 고은리 190 / 292

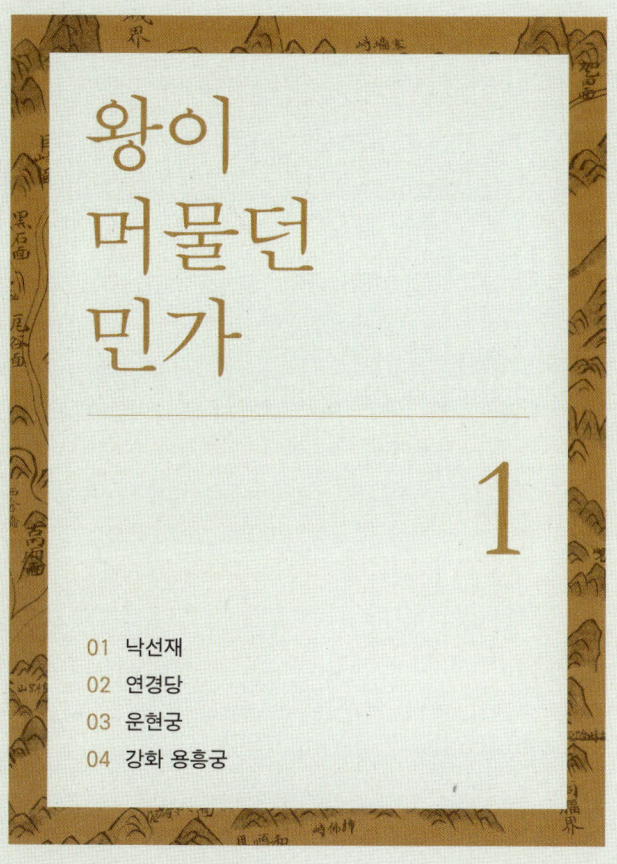

왕이 머물던 민가

01 낙선재
02 연경당
03 운현궁
04 강화 용흥궁

왕이 태어나거나 머물던 민가가 있다. 궁 안에 있는 것도 있고 궁 밖에 있는 것도 있다. 모두 독특한 환경에서 태어난 건물들이다. 왕이 머물던 곳으로 궁 밖에 있었던 강화의 용흥궁과 왕이 태어난 곳으로 한양의 운현궁이 있다. 궁 안에도 민가가 있다. 창덕궁 안에 있는 낙선재와 연경당이다. 왕궁에 왜 민가를 짓고 생활했을까. 특별한 점은 궁 밖에 있는 민가의 이름은 '궁'이고, 궁 안에 있는 민가는 '재'와 '당'이다. 왕세자와 같이 정상법통이 아닌 특별한 사정으로 임금으로 추대된 사람이 왕위에 오르기 전에 살던 집을 잠저라고 하는데, 새로 나라를 세우거나 반정으로 임금에 추대되는 사람, 또는 아들을 두지 못해 종실에서 왕위를 잇게 하는 경우가 있다. 왕세자가 왕위를 이을 준비를 하며 머무는 동궁에 살지 않았기 때문에 동궁과 구분해서 잠저라 하고 왕에 오른 뒤에는 궁으로 승격시켰다. 대표적인 잠저로는 태조의 함흥 본궁과 개성 경덕궁, 인조의 저경궁과 어의궁, 철종의 용흥궁, 영조의 창의궁, 고종이 태어나고 명성황후와 가례를 올렸던 곳으로 조선중흥을 시도했던 고종의 아버지 대원군이 머물렀던 운현궁이 있다.

창덕궁 안에 단청이 되어 있지 않은 건물이 두 곳이 있다. 하나는 낙선재이고 하나는 창덕궁의 후원에 있는 연경당이다. 공통점으로는 창덕궁 안에 자리하고 있는 민가라는 것과 낙선재와 연경당의 대문의 이름이 같다는 점이다. 대문은 장락문長樂門으로 '장락'은 달에 있는 신선의 궁궐인 '장락궁長樂宮'에서 따온 것이다. 민가 형식으로 지어졌기 때문에 궁 안에 있지만 단청을 칠하지 않았다. 낙선재는 왕이 죽으면 새로 즉위한 왕의 비에게 중궁을 물려주고 물러서서 기거하는 대비의 거처이다. 왕의 어머니요 중전의 시어머니로 자칫하면 왕이나 중전을 좌지우지할 염려가 있었다. 새로 즉위한 왕과 왕비에 대한 배려와 동시에 물러나는 대비에 대한 배려의 공간이었다. 무엇보다 왕권의 누수와 선왕 외척들에 대한 견제의 역할도 할 수 있도록 한 조치이기도 했다. 상을 당한 왕비의 자리여서 검소하게 지었다. 단청도 되어 있지 아니한 거처를 주어 스스로 처지를 알고 근신토록 하려는 뜻이 있는 건물이다. 낙선재는 여인들의 공간이었다. 마지막으로 기거한 사람은 영친왕의 부인인 이방자 여사였다.

연경당은 왕이 백성의 생활을 체험하기 위하여 민가를 본떠 지었기에 단청을 하지 않았으나 솟을대문이 두 개나 있는 큰 가옥이다. 민가가 99칸 이상을 짓지 못하도록 되어 있지만 연경당은 백이십 칸으로 규모가 크다. 웅대한 꿈을 품고 왕권회복을 위하여 고심하던 효명세자가 부모인 순조와 순원왕후를 위하여 지은 건물로 지을 당시에는 왕의 가족들을 위한 연회장소로 쓰기 위하여 지었다는 주장이 설득력을 가지고 있다. 고종 때에 와서는 외교사절들을 접견하고 연회를 베푸는 장소로 사용되었다.

용흥궁은 강화도령으로 알려진 철종이 19살까지 살던 잠저이다. 철종은 평상시에도 역적으로 몰려 죽음을 걱정할 만큼 어렵고 가난하게 살았다. 왕이 살았던 다른 민가와는 달리 지금도 규모가 작고 조촐한 기와집으로 이루어졌다. 강화도령으로 살았던 당시에는 세 칸짜리 초가삼간 집이었으나 왕으로 즉위하고 나서 증·개축한 건물이 지금의 모습이다.

운현궁은 용흥궁과는 달리 웅장하고 한때 권력의 중심장소이기도 했다. 고종이 태어난 곳이기도 하고 고종이 명성황후와 가례를 올린 집으로 고종의 아버지인 대원군이 거처하면서 실질적인 권력을 행사하던 곳이었다. 또한, 대원군이 힘을 잃고 몰락으로 가는 것을 운현궁에 갇혀서 바라보아야 했던 장소이기도 하다. 규모 면에서 궁과 다를 바 없었고 꾸밈이나 구조도 다른 어느 궁에 비해서 떨어지지 않는다. 궁의 면모를 갖춘 민가집이라고 할 수 있다.

왼쪽_ 연경당演慶堂. 디딤돌, 툇마루, 대청마루 사이로 안마당과 뒤뜰이 소통한다. 주련과 들어걸개문이 반기는 듯하다.

1 연경당은 궁궐 속에서 민가의 생활을 알기 위해 왕이 민가의 생활과 풍속을 체험하는 공간이었다.
2 운현궁. 샛담 너머로 사랑채인 노안당이 보이고 왼쪽의 대문은 안채인 노락당과 별채인 이로당으로 연결된 솟을대문이다.
3 운현궁 노안당. 대원군이 사랑채로 사용하던 건물로 민씨 척족의 도 정치 아래에서 유배되다시피 은둔생활을 한 곳이다.
4 연경당 안채의 대청마루로 들어걸개문이 걸려 있고 사각기둥에는 주련을 걸었다.

1 미서기 불발기분합문을 떼어내면 커다란 방으로 하나의 공간이 된다.
2 낙선재. 흑창으로 가려진 문얼굴 사이로 중첩된 문얼굴과 그 사이로 화계에 핀 목단이 화사하다.
3 중문인 수인문을 통해 바라본 연경당 안채 모습이다.
한옥의 풍경은 언제나 새로운 시각을 갖게 한다.
한옥은 전체적으로도 아름답지만 바라보는 시선에 따라 색다른 구도의 풍경을 보여준다.
4 낙선재. 내·외벽으로 가린 평대문과 행랑채의 모습이다.

왕이 머물던 민가 01

낙선재 樂善齋 서울 종로구 와룡동 창덕궁 내

국상을 당한 왕후와 후궁들이 거주하던 여인들의 장소

담장이 아름다운 건물로 국상을 당한 왕후와 후궁이 거처하던 장소로 상중에는 소복을 입고 생활을 했다. 상중에 왕후가 거처하던 곳이라 단청도 칠하지 않아 소박해 보이지만, 절대 소박하지만은 않은 아름다움을 곳곳에 들여놓았다. 아기자기한 꾸밈과 은은한 멋을 갖추고 있고 꽃담과 창살이 유난히 아름다운 집으로 알려졌다. 꽃담에 새겨진 문양도 여러 가지지만 창살의 모양은 100여 가지가 된다. 다양함과 함께 화려함에서 소박함까지 두루 갖춘 집이다. 낙선재는 창덕궁에서 독립되어 있지만, 독립이 오히려 안정과 휴식을 느낄 수 있도록 해준다.

승정원일기와 낙선재 상량문에 기록된 것에 의하면 낙선재는 조선 헌종 13년, 1847년에 건립된 것으로 정면 6칸, 측면 2칸의 단층 건물의 겹처마 팔작지붕으로, 누마루가 깔렸고 모두 17칸 반의 규모이다. 장대석기단 위에 초석을 놓고 기둥은 사각기둥이며, 기둥머리에 대들보를 걸고 익공식으로 했다. 누마루 아래에는 아궁이를 내기 위하여 단을 높였고, 아궁이의 벽에는 작은 돌을 불규칙적으로 붙여놓았다. 낙선재는 정면 6칸, 측면 2칸의 석복헌과 이어져 있다. 원래 이곳은 상중에 있는 왕후들이 소복차림으로 기거하던 곳이며, 1963년 일본에서 돌아온 영친왕 이은이 이곳에서 사망하였다.

본채인 보소당·석복헌·수강재·한정당·상량정이 승화루와 연결되어 있다. 흥선대원군이 쓴 현판이 걸려 있는 장락문을 들어서면 바로 앞에 낙선재 본채가 있고 서쪽 면에

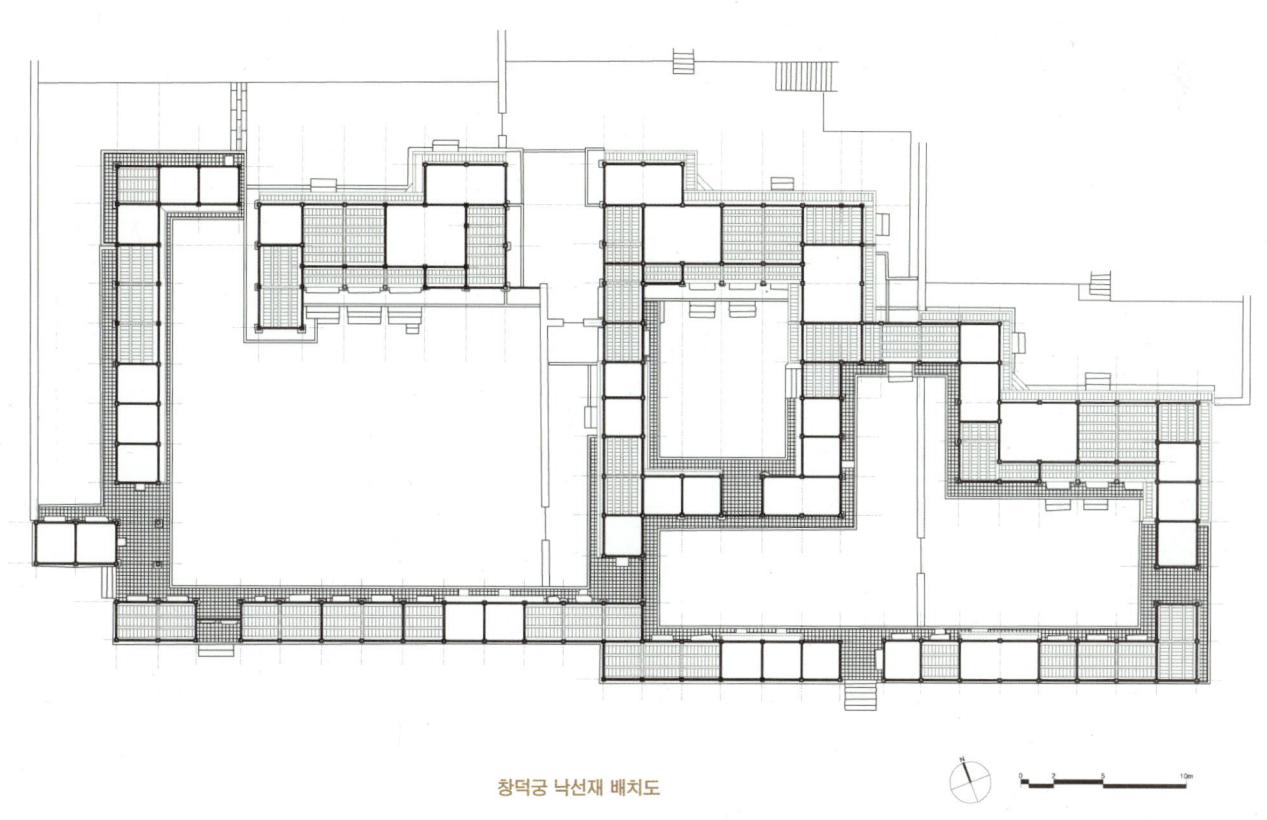

창덕궁 낙선재 배치도

왼쪽_ 낙선재로 드나드는 솟을대문인 장락문은 초헌을 타고 출입할 수 있도록 문지방 중간을 끊어 놓았다. 장락문이란 글씨는 흥선대원군의 친필이다.
오른쪽_ 낙선재, 석복헌, 수강재가 일곽을 이루고 건물들 사이에 행랑이나 사고석담장을 둘러 독립된 공간을 형성하고 있다.
조선 마지막 황세손 이구의 빈청이 마련되었던 곳이니, 실질적으로 조선왕조를 마감한 곳이라고도 할 수 있다.

1 사고석담장. 장대석을 놓고 사괴석을 쌓고 상부는 벽돌을 쌓아 전체적으로 시각적인 안정감을 주었다.
2 낙선재의 편액. 낙선재는 헌종의 서재 겸 사랑채였던 곳으로 '낙선재'라는 현판은 청나라 엽지선이 쓴 글씨이다.
3 보소당. 대청마루 동쪽에 걸린 보소당 현판은 낙선재를 지은 헌종의 당호이기도 하다.
4 석복헌 편액
5 수강재 편액
6 낙선재는 조선 헌종 13년, 1847년에 건립된 것으로 정면 6칸, 측면 2칸의 단층건물의 겹처마 팔작지붕으로 누마루가 깔렸고, 모두 17칸 반의 규모이다.
7 석복헌. 경빈의 처소였던 정면 6칸, 측면 2칸의 규모로 좌·우측에 행각이 연결되어 있는 ㅁ자형의 평면구성이다.
8 수강재. 헌종 당시 대왕대비인 순원왕후가 거처하던 정면 6칸, 측면 2칸의 규모로 동행각 4칸에 대문간이 있다.

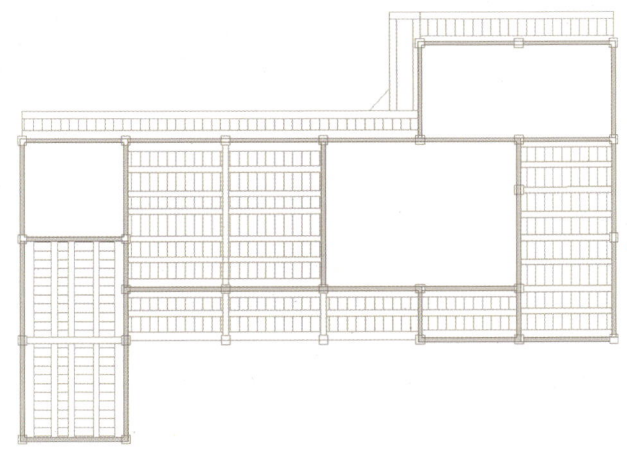

낙선재 평면도

새로 지은 신낙선재가 있다. 특히 낙선재의 뒤뜰은 화강암으로 된 돌난간형식의 화계를 조성하였다. 흰빛이 소박하고 깔끔해 보이면서도 환한 느낌의 화단이다. 석함·석련지·굴뚝을 조화롭게 배치하여 한 폭의 그림을 보는 듯하다. 다양하고 소박하면서도 은은한 아름다움을 가진 무늬로 장식된 담장으로 둘러싸여 한국 전통정원의 대표적인 실례를 보여준다. 또 아름다운 창살·난간·굴뚝·담장들이 골고루 갖추어져 있어 독단적으로 우쭐한 모습을 찾아볼 수가 없다. 상생과 조화의 미가 한국적인 미의 상징이듯 낙선재의 건축미는 다소곳한 정숙미와 단정함을 체화한 아름다움을 가졌다.

궁궐지에는 창경궁에 속한 건물로 기록되고 있다. 근래에는 창덕궁에서 들어가도록 되어 있는 건물로 창덕궁의 동남쪽에 창경궁과 이웃한 곳에 자리 잡고 있다.

낙선재는 고종이 편전으로 사용하기도 하였으며 1917년 대조전이 불탔을 때에는 순종이 기거하였다. 순종비인 순정황후와 조선시대 마지막 공주였던 덕혜옹주도 이곳에서 생활하였으며, 이방자 여사가 1989년까지 생활한 낙선재는 다섯 궁의 전각 중 가장 최근까지 왕실의 사람들이 살았던 곳이다.

낙선재 일곽은 24대 헌종의 처소인 낙선재와 헌종이 사랑한 후궁 경빈 김씨의 처소인 석복헌, 그리고 헌종의 할머니 대왕대비 순원왕후의 처소인 수강재 등 세 전각을 합쳐 낙선재라 부른다. 수강재는 정조 9년에 지어졌으며 동궁의 영역으로 익종이 동궁으로 사용하였고, 후에 헌종 14년에 대왕대비의 거처로 중수되었다.

아버지 효명세자를 일찍 잃은 헌종은, 할아버지 순조를 계승하여 겨우 8살의 나이로 왕위에 오른다. 할머니의 성화로 11살에 맞이한 첫 왕비 효현왕후는 일찍 세상을 떠나자 이듬해 삼간택에 들어가는데, 헌종은 관례를 깨고 자신도 삼간택에 참여한다. 왕실의 순헌황후를 비롯한 사람들은 후일 명헌왕후가 되는 홍씨를 간택하려 했고, 결혼 당사자인 헌종은 경빈 김씨가 마음에 들어 마음의 병까지 얻었다. 왕자를 생산하지 못한 명헌황후를 핑계 삼아 헌종은 후궁을 두게 된다. 결국, 처음부터 헌종이 마음에 두었던 경빈 김씨를 후궁으로 다시 맞게 된다. 경빈 김씨를 깊이 사랑한 헌종은 그녀를 보다 가까이 두고 책을 읽으며 편안하게 지내기 위해 낙선재를 건축하게 된다. 낙선재는 헌종과 경빈 김씨의 사랑의 보금자리였다. 하지만, 헌종은 경빈 김씨를 맞은 지 2년도 채 못 되어 젊음이 한창인 스물셋의 나이에 세상을 떠나고 만다. 낙선재는 궁궐 속에 자리 잡은 사랑의 집이었다.

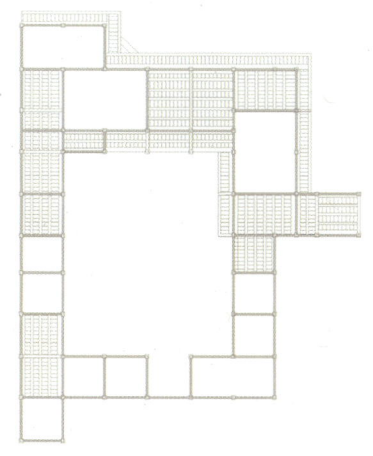
석복헌 평면도

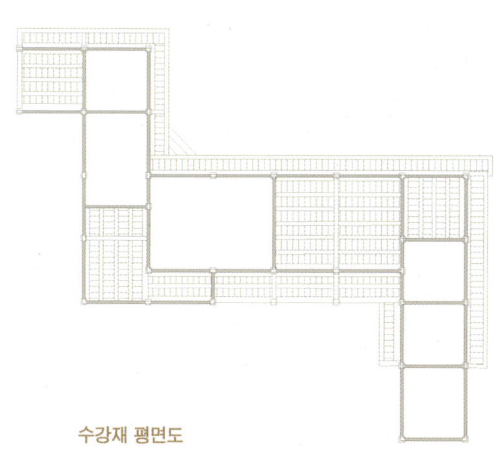
수강재 평면도

1 상량정이 멀리 보이고 왼쪽의 행랑채와 오른쪽의 낙선재가 보인다. 어느 곳 하나 정성을 들이지 않은 곳이 없다.
2 솟을대문과 평대문 좌우로 행랑채가 늘어서 있다.
3 꽃담. 화장벽돌을 이용해 귀갑무늬 문양을 한 담장이다.
4 낙선재 솟을대문인 장락문長樂門으로 '장락'이란 '오래오래 즐거움이 있다'라는 뜻이다.
5 솟을대문 상부에 장락문長樂門 편액이 걸려 있다.

1 종이반자를 한 방으로 도듬문으로 만든 미서기문, 여닫이 쌍창의 다락문과 벽장문이 조화롭고 은은하다.
2 창호의 창살이 절정에 이른다. 왕이 사랑한 여인을 위하여 지은 집답게 최고의 품위를 보인다.
3 누마루 위로 툇간을 이용해 다락을 만들었다.
4 들어걸개문과 아자살, 완자살 창호의 창살모양이 간결하면서도 단정하다.

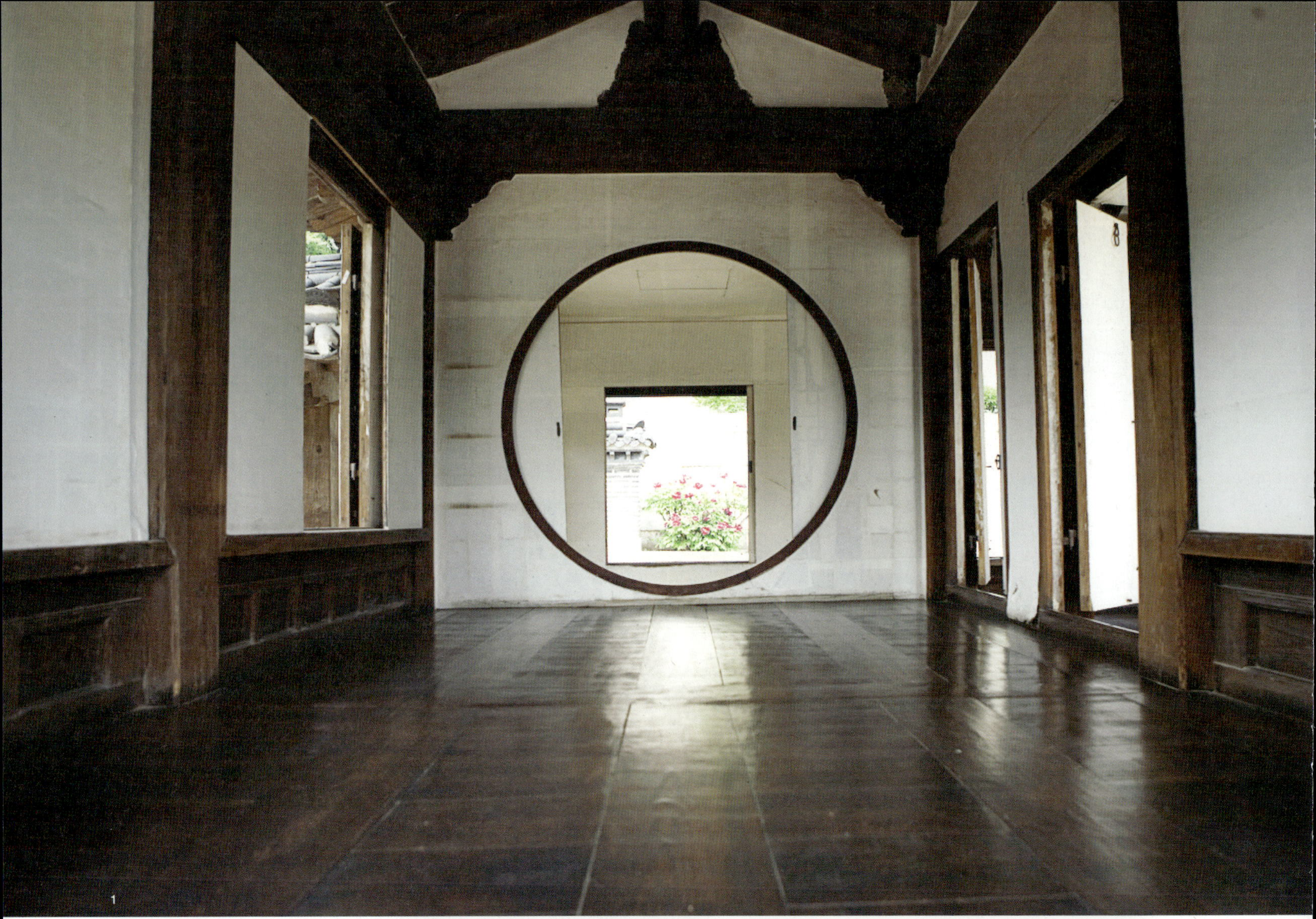

1

2

3

4

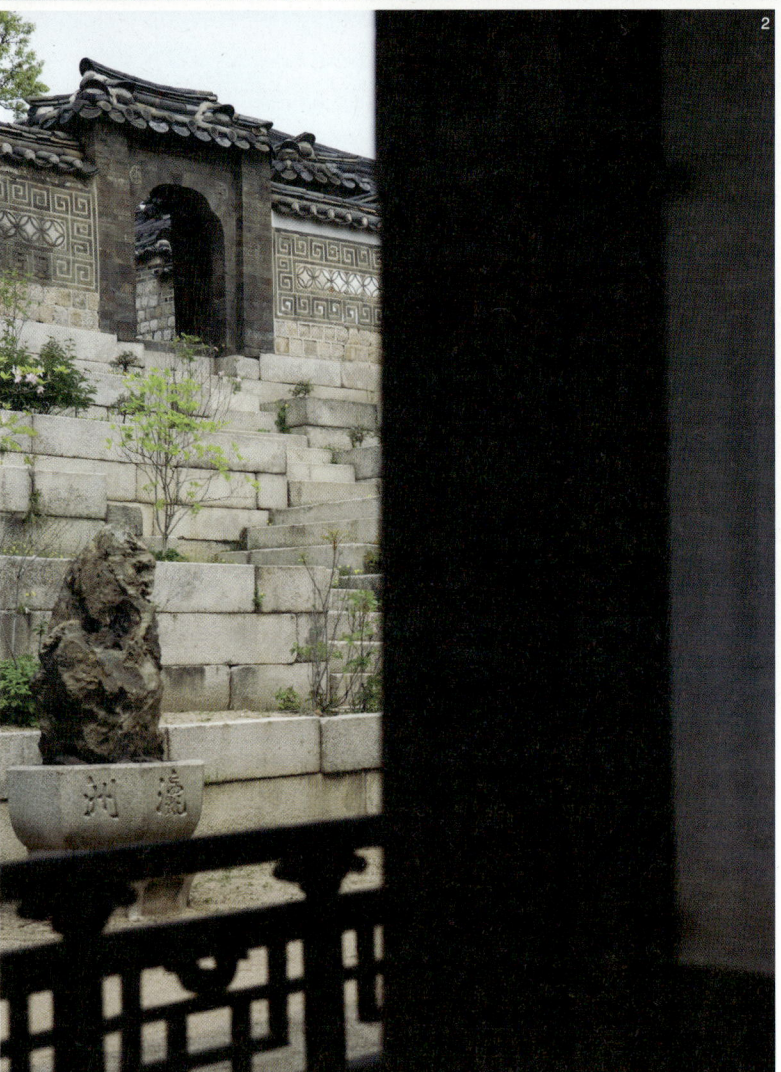

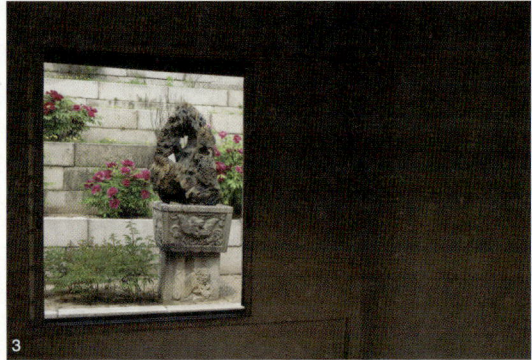

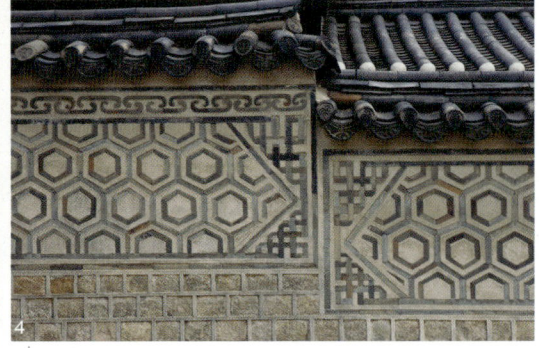

1 만월모양을 한 월문으로 문얼굴에 담긴 풍경이 하늘에 핀 꽃 같다.
2 문얼굴에 담긴 낙선재의 뒤뜰로 평난간, 괴석, 화계, 상량정을 잇는 협문이 보인다.
3 방에서 바라본 화계 풍경이 아름답다.
4 장수를 기원하는 귀갑무늬 모양의 꽃담이다.

1 판벽. 띠장목을 두 줄로 대고 원두정으로 판재를 고정했다.
2 부연이 있는 겹처마로 추녀와 사래의 모습이다.
3 연가(煙家)를 얹은 전축굴뚝. 굴뚝 위에 빗물을 막아주고 배기할 수 있게 한 집 모양 토기로 궁궐에서나 쓰이는 고급스러운 장식기와이다.
4 팔모초석 위 팔모기둥인 동바리기둥이 받친 계단의 구성이 재치 있다.
5 문을 고정하는 단환의 고리와 배목이다.
6 육각형의 상량정은 독자적으로 아름답지만 상량정 밑으로 꽃담과 담장이 전폭적으로 전체구성을 위하여 몰입하고 있다.
7 평난간으로 하협의 조각과 법수의 민흘림 수법이 훌륭한 장인의 솜씨가 느껴진다.

왕이 머물던 민가 02

연경당 演慶堂
서울 종로구 와룡동 창덕궁 내

왕이 민간의 생활과 풍속을 체험하는 공간이라 하나 실제로는 왕의 향연장소

연경당은 왕이 궁궐 속에서 민가의 생활을 알기 위해 가끔 연경당에 들러 민가의 생활과 풍속을 체험하는 공간이었다. 연경당에 머무르는 동안에는 옷차림에서부터 모든 생활양식을 사대부의 제도를 따라 하였다.

창덕궁 후원에는 궁궐과 어울리지 않는 두 채의 건물이 있다. 바로 기오헌과 연경당이다. 기오헌은 순조의 아들인 효명세자가 왕권강화를 위하여 이를 악물고 공부에 정진하던 곳이며, 연경당은 세도가들에게 눌려 뜻 한 번 키워보지도 못하고 좌절하고만 아버지 순조를 위하여 효명태자가 1828년 순조 28년에 지었다. 아버지 순조를 즐겁게 하기 위한 효도의 차원에서 창덕궁 후원에 건립한 것으로 어머니인 순원왕후의 생일축하 행사와 각종 춤과 노래공연을 거행했다.

효명태자는 할아버지 정조대왕의 강력했던 왕권을 회복하는 것을 어린 시절부터 사명으로 삼아 왔고 대리청정을 시작하자마자 과감한 정책으로 왕권강화책을 실천

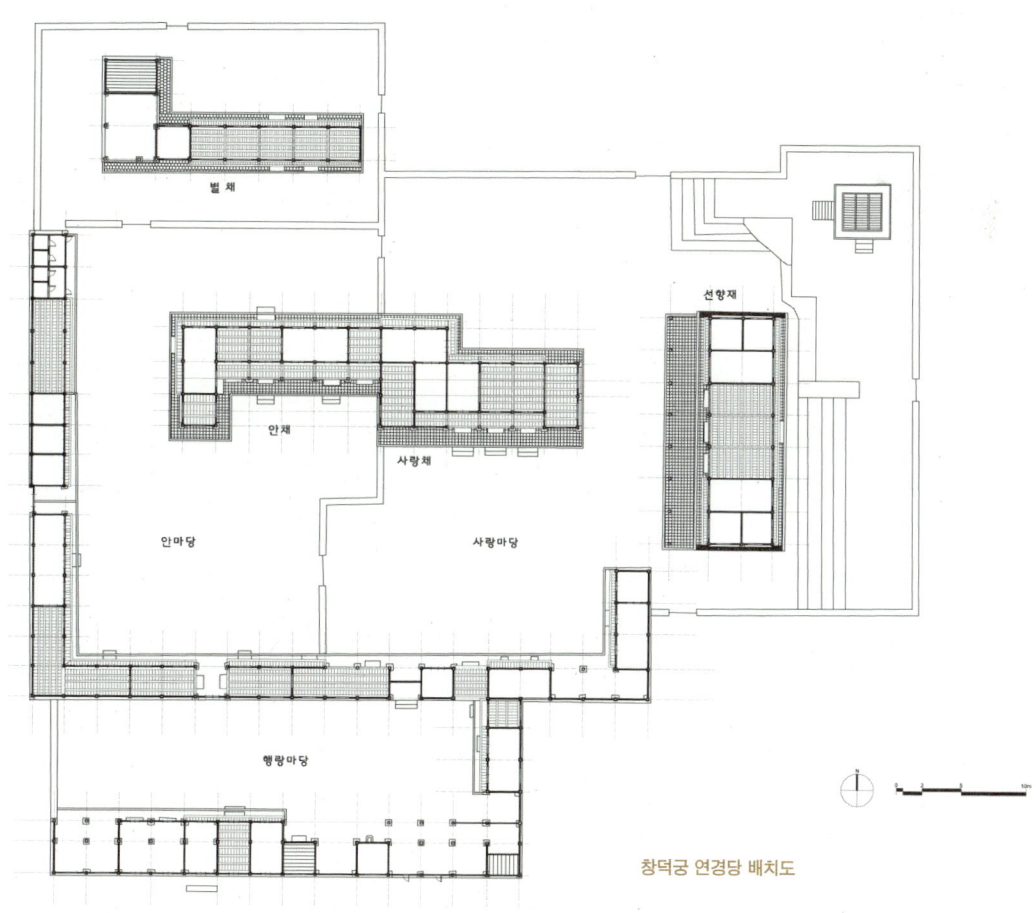

창덕궁 연경당 배치도

왼쪽_ 홑처마 팔작지붕 사랑채로 귀솟음과 앙곡, 안허리곡으로 긴 처마와 기와 때문에 육중해 보이는 지붕의 무게감을 줄이고 날렵하게 보이도록 했다.
오른쪽_ 사랑채와 안채 사이에 나지막한 담을 두어 딴채처럼 보이나 사실은 이어져 있는 같은 채다.

1 연경당 안채. 넓은 안마당과
키 자란 나무가 주는 위용이 남다른 품격을 준다.
2 연경당 안채와 사랑채를 울타리 안쪽에서
내담으로 공간을 분할하였다.
3 사랑채. 정면 6칸, 측면 2칸의 홑처마 팔작지붕으로
4칸의 대청마루와 2칸의 누마루로
단순하지만, 품격이 보이는 절제가 있다.

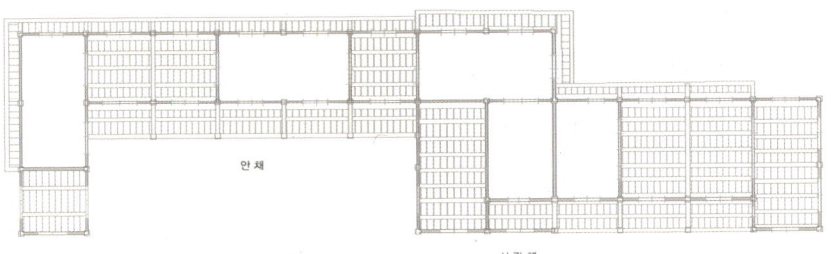

안채·사랑채 평면도

해 나갔다. 하지만, 효명태자는 대리청정 3년 만에 독살로 추정되는 사인으로 죽고 만다. 아들을 잃은 순조는 연경당에서 말년을 왕의 복장이 아닌 양반의 복장을 하고 지냈다. 뜻이 좌절된 왕의 쓸쓸한 모습을 연경당은 담고 있다.

연경당은 당시 민간에서 집을 지을 수 있는 최대 규모인 99칸 집으로 「궁궐지」에는 120칸으로 기록되어 있다. 넓은 터를 행랑과 바깥마당으로 잡아 솟을대문인 장락문을 들어서 오른쪽에 있는 중문 장양문을 거쳐 사랑채에 이르고, 왼쪽에 있는 수인문으로는 안채에 이른다. 남녀의 생활공간이 달라 출입문도 별도로 만들어 놓은 사대부 집의 구조를 그대로 따랐다. 사랑채와 안채 사이에 나지막한 담을 두어 딴채처럼 보이나 사실은 이어져 있는 같은 채다. 연경당의 평면구조는 안채, 사랑채, 안행랑채, 바깥행랑채, 서재인 선향재, 반빗간, 농수정이라는 이름의 정자 등 여러 채의 건물과 마당으로 구성된다. 반빗간이란 반찬을 만드는 곳이란 뜻으로 음식을 준비하던 건물이다. 반찬 만드는 일을 맡아보던 여자 하인을 반빗이라고 불렀다.

연경당은 경축행사를 연행한다는 의미에서 연경이라는 이름을 붙였다. 현 연경당은 1865년 고종 때에 다시 지은 것으로, 위치나 건물의 배치 등이 순조 재위 시와는 많이 다르다. 원래 연경당은 소규모의 연향을 거행하는 데에 매우 적합하게 지어졌음이 동궐도나 의궤 부편에 수록된 연경당도 등을 통해 확인된다. 연경당이 사대부가를 본받아 지었다고 알려졌으나 실상과는 거리가 있다. 그렇다 하더라도 그것은 앞서 언급한 바와 같이 명분에 불과하다. 민간 살림집과는 달리 사랑채나 행랑채 등이 없고 ㄷ자형 구조의 양옆 날개채는 공연의 주 무대인 마당을 둘러싸는 한편 의례 진행에 필수적인 창고와 대기실로 사용되었을 것이고, 중앙 대청은 의례의 주빈이 자리를 잡고 음식과 정재를 받기에 적합해 보인다. 본채 앞의 널찍한 공간은 정재무를 공연하기에 알맞고, 개방형의 마당은 무용수들의 등장과 퇴장이 쉽다. 연경당은 소규모의 연회를 하기 위한 장소라는 주장이 설득력이 있게 되었다. 연경당은 순조와 효명세자의 공동작품이며 세도정치의 올가미에서 벗어나기 위한 왕권강화를 위하여 노력하던 곳이었음은 확실하다.

선향재. 차양을 들어 올린 모습이다.

홑처마 맞배지붕의 행랑채로 여닫이 세살 쌍창을 달았다.

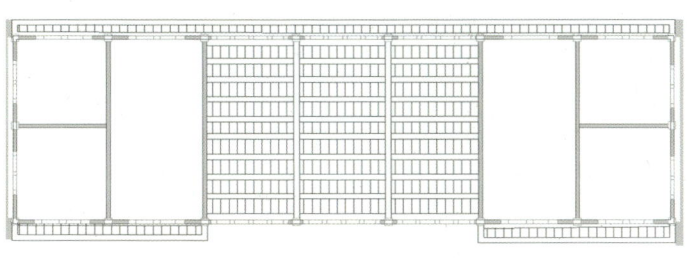

선향재 평면도

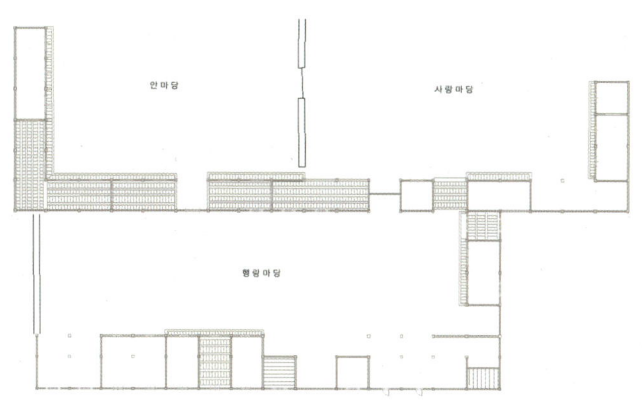

행랑채 평면도

1 방 뒤에 방이 있고 문을 열고 들어가면 문이 또 있다.
2 속이 깊은 건물이다. 들어걸개문을 걸쇠에 거니 내부는 훤하게 트였다. 대청마루는 여름공간으로 적격이다.
3 문얼굴을 사이로 철쭉꽃이 핀 뒤뜰이 보인다. 한옥에서는 어느 곳에서나 문을 열면 새로운 풍경이 기다리고 있다.
4 누마루 안쪽에 삼량가로 연등천장이 노출된 다락방이 있다.

1 장락문. 바깥 행랑채에
대문간을 높게 만든 솟을대문이다.
2 장락문 편액
3 솟을대문인 장락문을 들어서 오른쪽에 있는
중문 장양문을 거쳐 사랑채에 이르고, 왼쪽에 있는
수인문으로는 안채에 이른다. 장양문은 솟을대문이고
수인문은 평대문으로 위계를 달리했다.
4 장양문 편액
5 수인문 편액
6 사고석담장 너머로 중문간채와 바깥행랑채
사이에 행랑마당이 넓게 자리하고 있다.

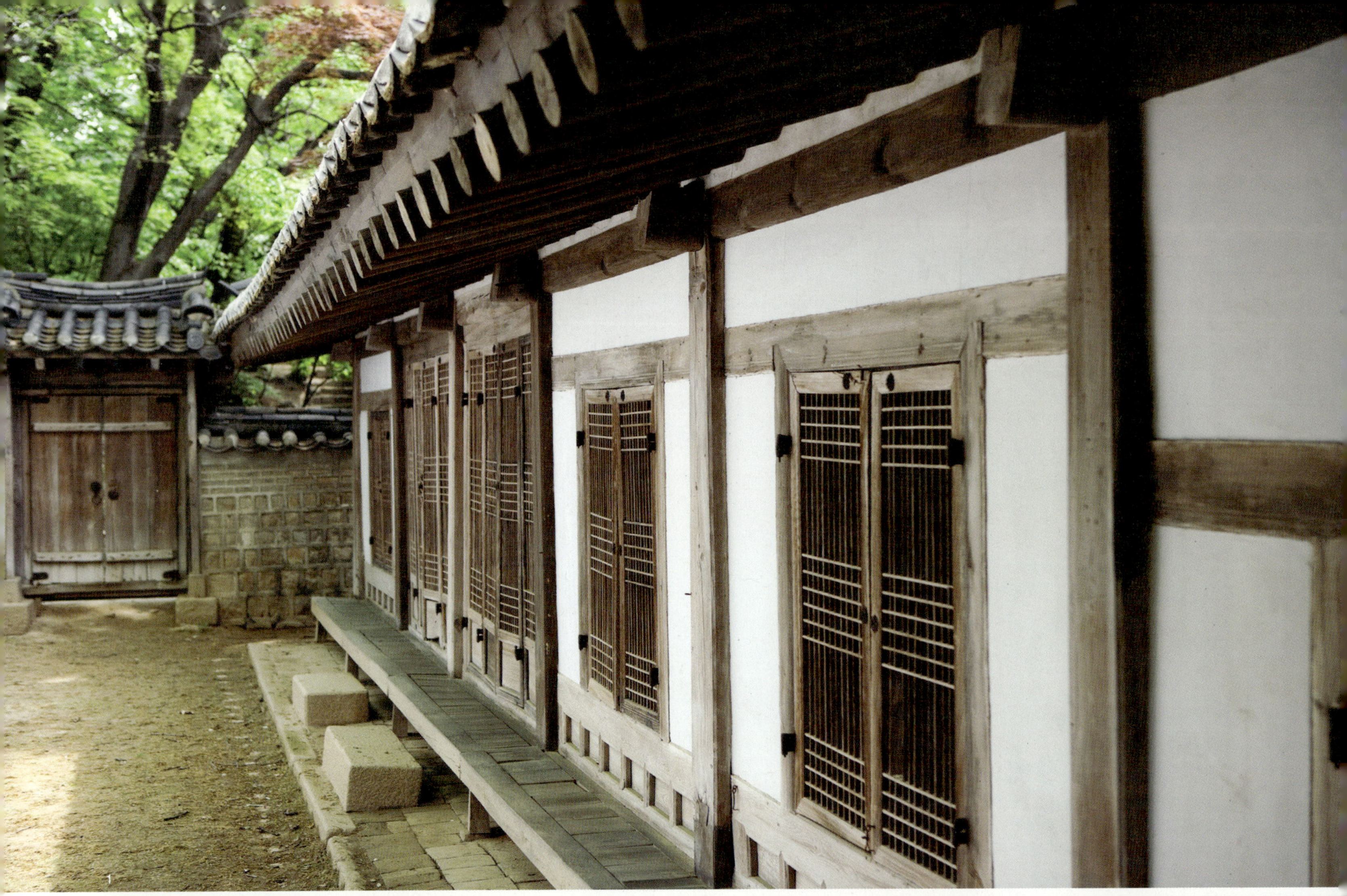

1 여닫이 세살 쌍창에 쪽마루가 길게 이어져 있고
홑처마에서 떨어진 낙숫물 흔적이 보인다.
2 행랑채로 마구간과 측간이 있다.
3 연경당을 들어가려면 은하수를 건너야 하는 오작교이다.
오작교를 건너면 천궁天宮에 다다른다.
4 괴석을 심어 놓은 화분 속에 달의 정령인 두꺼비가 있고 괴석은
화분에 심어진 달에서 자라는 월계수를 상징한다.

1 선향재 돌출 차양의 가구구성 모습이다.
2 서재인 선향재는
도르래 차양을 설치하여 이국적인 느낌이 든다.
3 태정문의 장군목. 빗장으로만 잠그기에는
약할 때 양쪽 문설주에 건너질러 문을 거는 나무를
장군목이라고 한다.
4 쪽문. 사랑채와 안채를 연결하고
주인만 이용하는 극히 좁은 문을 가리킨다.
5 자연과 조화를 이룬 자연석계단이
천상으로 이어지는 길 같다.
6 선향재 벽면에 전돌로 사각과 팔각문양을 내고
안에 파련화를 넣은 길상 문양이다.

왕이 머물던 민가 03

운현궁 雲峴宮
서울 종로구 운니동 114-10

대원군이 살던 집으로 고종이 왕이 되기 전 살던 잠저이다

조선을 통째로 바꾸고 싶었던 사람, 대원군. 아들을 왕으로 만들기 위해 묘를 옮기기까지 한 욕망의 사내였던 대원군은 결국은 아들을 왕으로 만들고 왕의 아버지가 되었다. 운현궁은 대원군의 개인 집이지만, 결코 궁의 권위와 위엄에 부족하지 않은 곳으로 대원군의 둘째 아들인 고종이 출생하여 12세에 왕위에 오르기 전까지 성장한 잠저이기 때문이다. 고종이 왕이 되어서는 아버지 대원군을 만나러 수시로 들고나던 곳이어서 더욱 그랬다. 근본적인 이유는 세상을 바꾸겠다는 대원군의 야망이었지만, 그를 견제하는 세력은 만만치 않았다. 견제와 반대세력을 누르고 대원군은 서원철폐, 경복궁 중건, 세제개혁 등 많은 사업을 추진하였으나, 1882년, 고종이 왕위에 오르고 19년이 되는 해, 임오군란 때 운현궁에서 중국 청나라 톈진으로 납치되었다. 꿈이 좌절되는 순간이었다.

운현궁의 운현이란 당시 서운관이 있는 그 앞의 고개를 가리키는 운현雲峴이라는 명칭이 그대로 사용되었다. 대원군이 좌정하고 앉아 변혁의 고삐를 휘두르던 아재당我在堂은 없어졌다. 당호의 이름이 너무 당당하고 깊다. '내가 있는 집'이라는 섬뜩할 만큼 당당하고 엄정한 선언이 그렇다. 대원군의 배짱과 기개가 보이는 부분이다. 운현궁의 현재는 사랑채인 노안당老安堂, 안채인 노락당老樂堂과 별당채인 이로당二老堂이 남아 있다. 노안당과 노락당 모두 가운데에

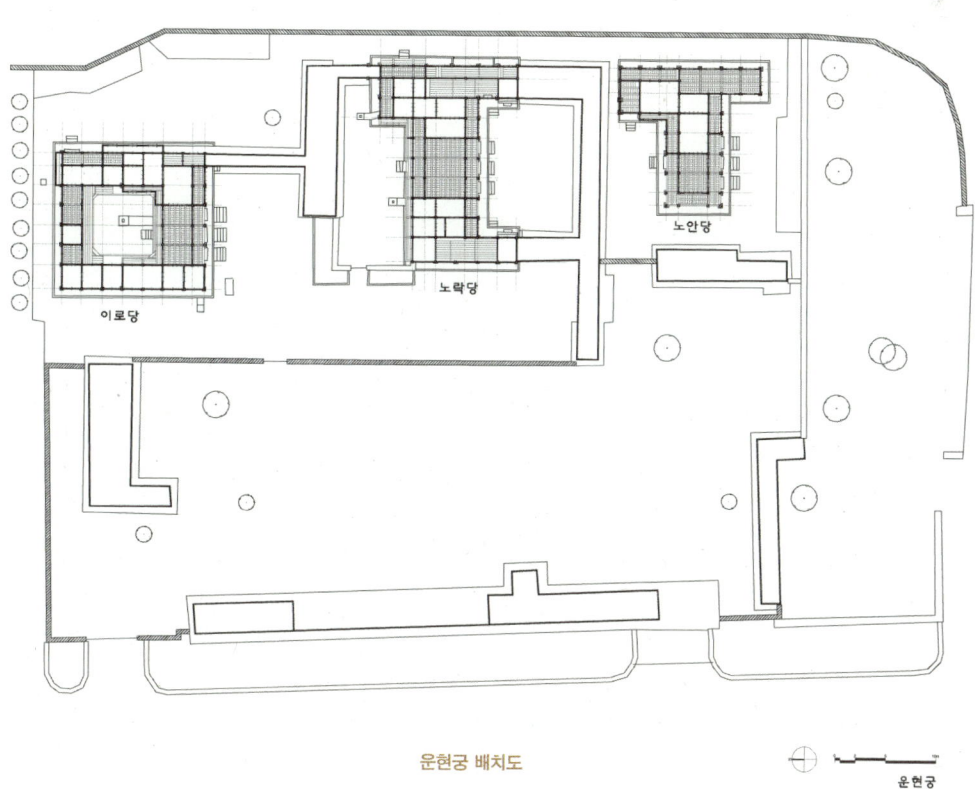

운현궁 배치도

운현궁

왼쪽_ 이로당과 노락당을 복도로 연결한 누마루 밑에 이로당에서 후원으로 통하는 낙양문을 설치했다.
오른쪽_ 운현궁 편액. 운현이란 당시 서운관이 있는 앞의 고개를 가리키는 운현雲峴이라는 명칭을 그대로 사용하였다.

큰 대청을 두고 좌우에 온돌방이 있다. 노안당은 초익공 양식을 이루고 노락당은 칠량가로 우물천장이다.

노안당은 대원군이 사랑채로 사용하던 건물이다. 그가 임오군란 당시 청에 납치되었다가 환국한 이후 민씨 척족의 세도정치 아래에서 유배되다시피 은둔생활을 한 곳이 이 건물이고, 만년에 임종한 곳도 노안당의 큰방 뒤쪽에 있던 골방이었다.

노안당의 가구는 2고주 오량가로 후면의 동북쪽의 내민 부분은 동측 툇간을 걸고 서측 평주와 내진고주 사이에는 대량을 걸어 1고주 오량가로 구성되어 있고, 남쪽으로 내민 누마루 부분은 3량으로 구성되어 있다. 처마는 모두 서까래만 있는 홑처마이다.

운현궁의 중심건물인 노락당은 낙성식 때 고종과 대왕대비가 참여했을 뿐 아니라 고종과 명성황후 민씨가 가례를 치른 곳으로 상징적인 의미가 크다.

이로당은 노락당이 고종의 가례 장소로 사용되고 나서 흥선대원군 일가에서 노락당을 안채로 더는 사용하기 어려워지게 되자, 안채 용도로 새로 건립한 운현궁의 별당 건물로 남자들이 드나들지 못하는 여자들만의 공간이며, 바깥으로 출입문을 내지 않은 지극히 폐쇄적인 ㅁ자형 건물이다. 원래 정면 7칸, 측면 7칸이었던 것으로 보이지만, 건물 서쪽 부분에 덧붙인 칸 때문에 정면 8칸이 되고 건물 가운데에는 중정이 있다. 운현궁 안살림의 최고 책임자였던 이로당의 안주인은 흥선대원군의 부인이자 고종의 어머니인 부대부인 민씨였다.

본래 흥선군의 사저였을 때 운현궁의 위치는 창덕궁과 경복궁의 중간부근으로 지금의 운현궁과 덕성여자대학교 평생교육원 자리에 해당된다. 그러나 증축하여 규모가 가장 커졌을 때는 주위 담장 길이가 수리數里나 되고 4개의 대문이 웅장하여 마치 궁궐 같았다고 한다.

한때 절대 권력의 생산지였던 운현궁은 이름과 명목만 남은 모습이다. 권력은 언제나 슬픈 모습으로 힘을 잃는다. 예술이 오래오래 아름다움을 남기는 것과는 사뭇 다른 모습이다. 권력은 사라지고 축소된 장소지만 운현궁은 아름답다.

노락당과 노안당의 후면 모습이 웅장하고 정제된 건물의 깊이가 느껴진다.

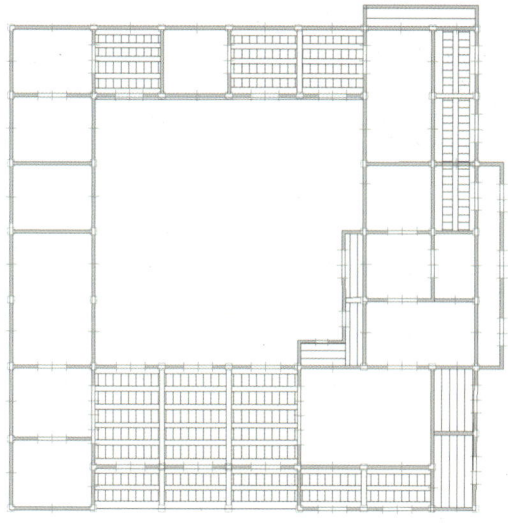

이로당 평면도

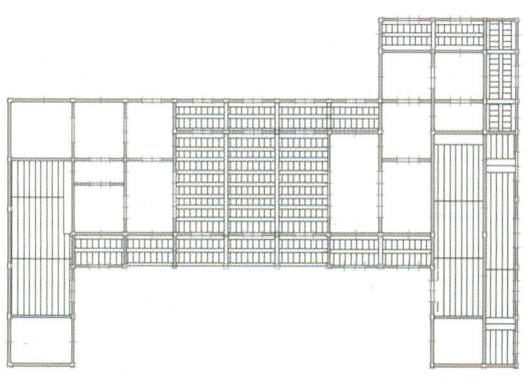

노락당 평면도

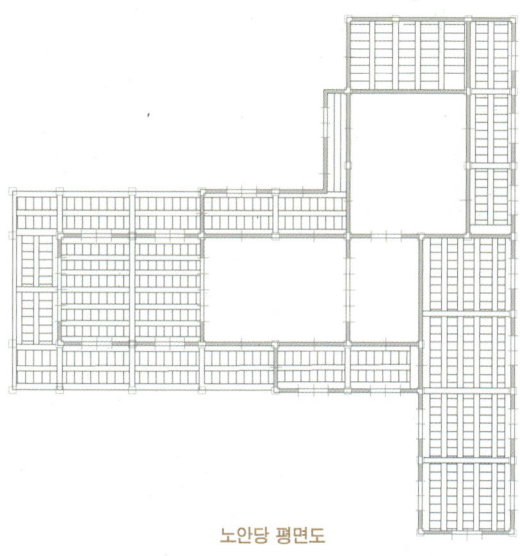

노안당 평면도

1 이로당은 정면 7칸, 측면 7칸의 홑처마 팔작지붕으로 노락당이 고종의 가례 장소로 사용되고 나서 안채 용도로 새로 건립한 별당이다. 여성공간으로 바깥으로 출입문을 내지 않은 폐쇄적인 ㅁ자형의 건물이다.
2 이로당 뒤뜰에서 노락당을 바라본 모습으로 복도로 연결되어 있다.
3 노안당은 대원군이 사랑채로 사용하던 건물로 그가 임오군란 당시 청에 납치되었다가 환국한 이후 유배되다시피 은둔생활을 한 곳이다. 만년에 임종한 곳도 노안당의 큰방 뒤쪽에 있던 골방이었다.

1 이로당 대청에서 바라본 조경 모습. 낮은 화방벽 너머로 노락당이 보인다.
2 문의 윗부분을 곡면으로 하여 한결 부드러워 보이는 협문이다. 문 안에 갇힌 풍경은 모두 아름다워진다.
3 꽃담은 화장벽돌을 사용해서 문양을 장식하는 담장이다. 붉은 색조의 담장에 다양한 문양이 고급스럽다.
4 오죽. 대나무의 빛이 검어 까마귀 오흑자를 써서 오죽이라 한다.

1 횃대. 벽면에 가로로 길게 설치하여 자주 입는 옷이나 도포, 두루마기 등 긴 옷을 걸어 두었다.
2 병풍을 두른 방의 내부모습이다.
3 격식을 갖춘 집에서는 외벽의 창을 쌍창, 영창, 흑창, 갑창의 순으로 삼중의 창을 달았다.
4 방과 방 사이에 설치한 완자살 미서기문이다.

왕이 머물던 민가 33

1 운하연지雲下硯池. 대원군이 난을 칠 때 사용할 물을 조달했던 곳으로 화재에 대비하여 비상용수로 사용하기 위한 수조이다.
2 내림마루 밑으로 넓은 박공에 박은 방환과 골뱅이처럼 접어준 이단의 게눈각이 특이하다.
3 내림마루 밑 박공이음부에 댄 지네철, 못 머리를 크게 장식한 방환, 전돌과 회벽처리한 합각이 장식적이다.
4 통판 널을 쓴 판벽 사이로 우리판문을 달아 만든 수장고이다.
5 차양을 대여 안으로 비가 들이치는 것을 막았다.

1 돌기둥으로 난간을 받치고 있다.
2 구름문양 조각으로 신선이 머무는 이상공간을 표현했다.
3 평난간으로 치마널을 반턱이음을 하였다.
4 장대석을 이용한 석재의 이용이 다양하다. 기단, 계단, 디딤돌, 쪽마루를 받친 돌기둥이다.
5 장대석과 사괴석으로 한단 놓고 전돌로 마무리한 화방벽 위로 봉창과 광창이 있다.
6 전돌로 음양을 살려 수복강녕壽福康寧을 비는 문양을 장식한 고막이벽이다.

왕이 머물던 민가 04

강화 용흥궁 龍興宮
인천 강화군 강화읍 관청리 441

강화도령이 살던 평범한 초가가 어느 날 갑자기 왕이 되어 궁이 된 집

용흥궁은 어느 날 갑자기 역적의 집이었다가 왕이 된 젊은 청년의 이야기가 숨어 있는 곳이다. 산골에서 나무나 하고 농사를 짓던 청년이 왕이 되자 젊은 청년이 살던 초라한 초가는 갑자기 용이 일어난 집이라는 용흥궁龍興宮으로 변한다. 세상 물정 모르고 농사를 짓던 이 젊은 청년이 조선의 25대 왕 철종이다. 이름은 이원범으로 그의 나이 19살이었다.

이원범이란 청년이 강화로 오게 된 것도 버려진 왕족인 이원범이 다시 왕위에 등극하게 된 것도 권력 다툼의 산물이었다. 이원범의 아버지와 형은 역모로 몰려 죽었다. 역모란 왕을 바꾸거나 왕권을 빼앗으려고 시도한 행위를 말한다. 왕족으로 살아가기에는 어려움이 많았고 특히 역모에 휘말리기가 일수였다. 본인의 의사와는 상관없이 추대하려 한 세력에 의해 죽음을 당하기도 했다. 이원범의 형인 이원경 역시 반역으로 처형당하고 말았다. 그리고 이원경의 두 동생인 경응, 원범은 강화도로 유배되어 살고 있었다.

역적의 자손으로 살아가는 이원범이 사는 집으로 군사들이 들이닥쳤다. 나무를 하고 집으로 오던 이원범은 집 앞에 군사들이 진을 친 것을 보고는 겁이 났다. 자신을 잡으러 온 것으로 생각했다. 도망가다 잡히면 아버지와 형처럼 죽음을 당할 것이 뻔했다. 이렇게 해 왕에 오른 인물이 철종이다.

정국이 정상적으로 흘러갔다면, 강화도에서 일반 백성처

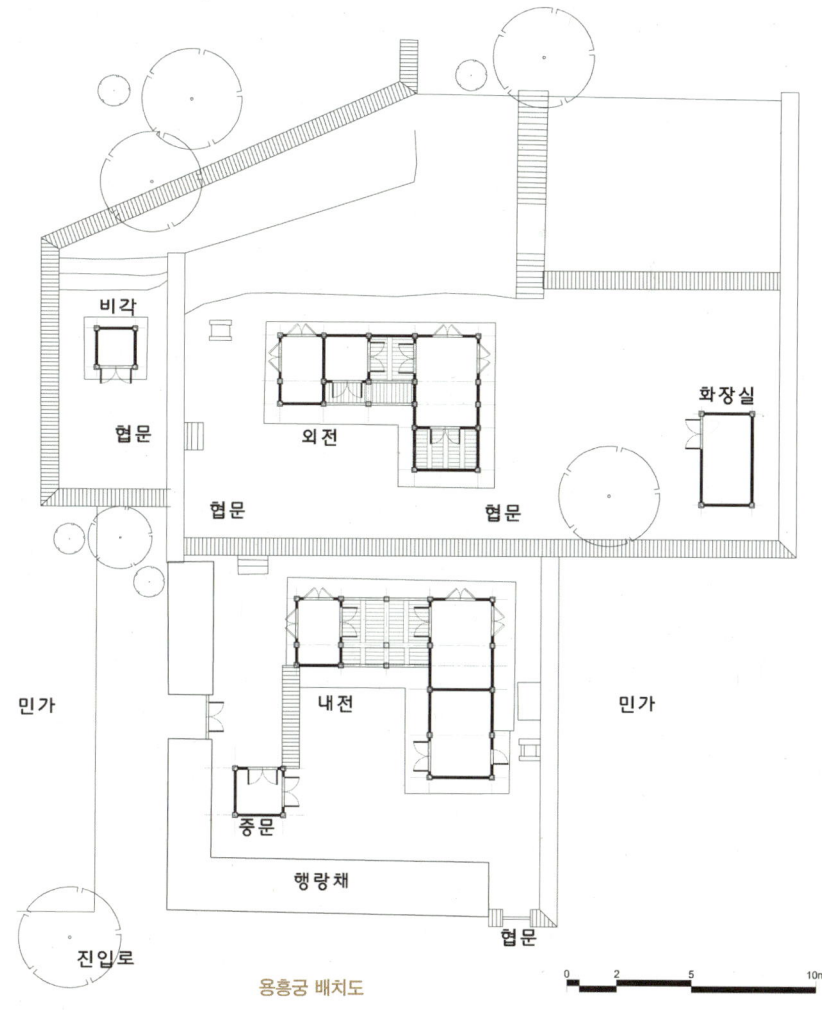

용흥궁 배치도

왼쪽_ 흩처마로 누마루 귓기둥을 돌기둥으로 받혔다.
오른쪽_ 외벌대 기단 위에 지어 안정된 느낌이 들고 ㄱ자로 꺾인 부분에 누마루가 있어 돋보인다.

럼 살다가 죽을 운명이었다. 세상이 돌아가는 사정은 달랐다. 헌종이 후사를 남기지 못하고 죽으면서 차기 왕위를 누가 잇느냐가 문제였다. 처음에는 선조의 아버지 덕흥대원군의 후손 이하전이 물망에 올랐지만, 그는 벽파와 가까워 시파인 안동김씨에게는 위협이 될 수 있어 제외된다. 그래서 다음 후보로 떠오른 것이 바로 강화도에 유배되어 있던 이원범이었다. 가족들이 수없이 역모에 연루되었던 그가 졸지에 차기 국왕으로 지명된 것이다.

철종의 즉위에는 사실 중대한 하자가 있었다. 가계도로 보면 철종은 사실 촌수로는 죽은 헌종의 삼촌이 되어 종묘에 제사를 지내면 숙부가 조카에게 제사를 지내는 우스운 모양새가 된다. 하지만, 이런 상황은 간단히 무시되었다. 이 점을 들어 철종 즉위에 반대한 권돈인과, 그에게 이론적 기반을 제공한 추사 김정희는 유배되었다.

이원범이 살던 집은 역적의 집에서 왕이 살던 집으로 격상되었다. 용흥궁은 철종, 이원범이 왕위에 오르기 전 19세까지 살던 집이다. 1995년 3월 1일 인천광역시 유형문화재 제20호로 지정되었다. 왕세자와 같이 정상법통이 아닌 다른 방법이나 사정에 의해 왕으로 추대된 사람이 왕위에 오르기 전에 살던 집을 잠저潛邸라고 한다.

대개 잠저는 왕위에 오른 뒤에 다시 짓는다. 용흥궁도 원래는 초가였으나, 1853년 철종이 즉위하고 4년이 되던 해에 강화 유수 정기세가 지금과 같은 집을 짓고 용흥궁이라 부르게 되었다. 그 뒤 1903년에 중건하였다. 좁은 골목 안에 대문을 세우고 행랑채를 둔 이 궁의 건물은 창덕궁의 연경당, 낙선재와 같이 살림집의 유형으로 만들어졌다.

현재 남아 있는 건물은 잠저구기비각 1동, 내전 1동, 외전 1동, 별전 1동 등이며, 팔작지붕에 홑처마 주심포집이다. 내전은 정면 7칸, 측면 5칸으로 지어져 있고 별전은 정면 6칸, 측면 2칸인 ㄱ자형 집이다.

강화도령이 평범한 청년에서 조선의 국왕으로 추대되어 갔으나 그의 운명은 그리 행복하지 못했다. 왕이 된 지 얼마 되지 않아 1863년 재위 14년 만에 33세의 나이로 죽고 말았다. 이원범, 즉 철종은 모두 8명의 부인을 두었는데 자식들도 유난히 단명하여 아들과 딸 모두가 일찍 죽고 말았다. 다시 자신의 자식으로 대를 잇지 못하는 왕이 되었다.

외전 평면도

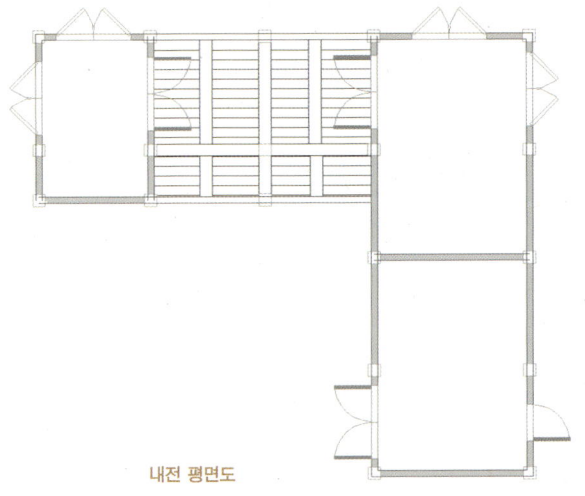

내전 평면도

1 외전은 정면 6칸, 측면 2칸인 ㄱ자형 집으로 건평이 95m²이다. 왕으로 추대된 사람이 왕위에 오르기 전에 살던 집을 잠저潛邸라고 한다. 철종이 왕이 되기 전 19살까지 살던 집이다. 원래는 초가였으나 철종으로 즉위하고 새로 지은 집이다.
2 함실아궁이. 장대석 두 개를 세우고 한 개는 상부를 덮은 모습으로 좀처럼 보기 어려운 형태다.

1 홑처마 팔작지붕 굴도리집으로 장대석으로 기단과 디딤돌을 놓고 기둥은 사각기둥으로 했다.
2 장대석의 디딤돌, 툇마루, 네 짝의 세살청판분합문, 광창이 잘 어울린다.
3 한옥의 아름다움 중 하나는 방으로 들어오는 빛의 은은함이다. 나무와 한지가 빚어내는 색감의 만남이 더없이 차분하다.
4 방과 누마루 사이에 네 짝의 만살분합문을 달았다.
5 한옥의 아름다움 중 빼놓을 수 없는 것이 차경(借景)이다. 차경은 한옥의 방안이나 마루에서 내다보는 경치를 하나의 독립된 풍경으로 만든다.
6 머름 위에 네 짝으로 된 세살의 분합문이다. 단순하면서도 정리된 모습이다.
7 방과 마루 사이에는 네 짝으로 된 만살의 불발기창이 있다.
8 용흥궁에는 두 개의 우물이 있으나 지금은 사용하지 않고 있다. 6각의 장대석 위에 우물 정#자로 마무리했다.

사대부의 집 -기와집

2

01 강릉 오죽헌	21 부여 민칠식가옥
02 강릉 허난설헌생가터	22 상주 오작당
03 거창 정온고택	23 상주 우복종가
04 경주 교동최씨고택	24 안동 예안이씨 충효당
05 고성 어명기가옥	25 안동 의성김씨종택
06 광명 이원익고택	26 안동 임청각·군자정
07 괴산 김기응가옥	27 안동 퇴계선생구택
08 괴산 청천리고가	28 안성 오정방고택
09 구례 운조루	29 여주 김영구가옥
10 남원 몽심재	30 영동 김참판고택
11 논산 명재고택	31 영주 괴헌고택
12 논산 이삼장군고택	32 예산 이남규고택
13 담양 고재선가옥	33 예천 권씨종가별당
14 대전 송용억가옥	34 정읍 김동수가옥
15 대전 유회당	35 청송 송소고택
16 대전 제월당·옥오재	36 청송 평산신씨종택
17 보성 문형식가옥	37 합천 묵와고가
18 봉화 남호구택	38 해남 녹우당
19 봉화 만산고택	39 홍성 조응식가옥
20 봉화 만회고택	40 화순 양승수가옥

 가장 한국적인 모습과 정서를 담은 집이 사대부 양반집이다. 조선의 큰 변화는 사대부의 출현과 성리학의 수용이다. 박지원의 면암집에서 정의하길 '사士'는 독서하는 계층, '대부大夫'는 정치를 수행하는 계층이라 한 것으로 사대부란 성리학을 공부하면서 정치에 참여 또는 참여하려는 적극적인 성리학적 철학을 기반으로 한 계층, 즉 학문적 소양을 갖춘 '학자적 관료'를 의미한다.

 사대부들의 철학을 그대로 반영해 집을 짓고 사대부들이 살았던 집은 대체로 기와집이었다. 부를 쌓은 농·공·상 계급에서도 기와집을 지을 수 있었고, 사대부 집에서도 기와집이 아닌 초가집을 짓고 살기도 했지만, 적어도 사대부들이 살았던 집은 건축물의 배치나 구조가 성리학적인 철학을 기반으로 한 가옥구조를 가졌다.

 사대부 집을 대표하는 기와집의 가장 큰 특징은 지붕의 형태나 온돌과 마루의 공존이라는 일반적인 우리나라 전통가옥의 특징을 가지고 있다. 안마당에는 나무나 화단을 만들지 않고 뒷마당은 산과 인접해 있으며, 화단을 만들어 화초를 심고 장독대를 놓는 등 우리나라 가옥의 일반적인 특징을 수용해 지었지만, 사대부 집의 특징은 공간배치에서 가장 두드러지게 나타난다. 전통한옥으로 오늘날 남아 있는 건물은 대부분 조선시대의 집이다. 따라서 전통한옥을 이야기할 때 조선시대의 사례를 기준으로 삼는 것이 일반적이다.

 사대부 집은 성리학적인 철학을 받아들인 신분과 남녀 공간배치의 구분이 눈에 띈다. 안채와 바깥채로 나뉘어 안채에는 여성공간으로 바깥채에는 남성공간으로 나누고, 엄격하게 남녀의 생활공간을 분리하여 생활하도록 했다. 신분으로 공간을 나누기도 했다. 안채와 바깥채는 사대부의 주인이 사는 공간이었으며 행랑채에는 머슴이나 노비가 거주하였고 안채와 바깥채 중간에 있는 중문간에는 중인계급이 거주하기도 했다. 건물로 위상을 달리하기도 했다. 안채와 사랑채는 기단을 만들어 그 위에 앉혀 위엄이 있도록 하였으며 행랑채는 기단이 없거나 낮게 만들어 사대부와 그에 기대어 살아가는 계급 간에 엄격한 차이를 두었다. 또한, 조상을 모시는 사당이 건축물의 동쪽 안 깊숙한 곳에 자리하는 것이 특징이다.

 사대부 집은 왕권에 의한 견제로 규모와 장식의 꾸밈에서 제한을 받았고 성리학을 기본으로 한 공간적인 배치를 적용하였다. 공간구성에서 안채는 여성들의 공간으로 대문으로부터 가장 안쪽에 있으며 보통 안방, 안대청, 건넌방, 부엌으로 이루어져 있다. 집에서 가장 깊은 곳에 있으며 정신적인 중심장소였다.

 사랑채는 전형적인 남성공간으로 외부세계를 접하는 장소이다. 문화공간이었으며 학문탐구 등의 활동공간으로 손님들을 접대하는 장소로 정치나 문학과 성리학적 담소의 자리였다. 외부세계를 지향하는 장소답게 높고 집 전체를 관망할 수 있는 장소에 짓는 것이 일반적이었고, 품위와 격조를 갖출 수 있도록 최대한 배려한 곳이 사랑채였다. 대문을 들어서면 바로 보이는 장소에 있으며 안채로 들어가는 중문이 보이는 곳에 있다. 규모가 큰 집에서는 사랑마당이

왼쪽_ 김동수가옥. 안채로 ㄷ자형의 좌우대칭구조로 지어졌으며 사랑채보다 안채가 강화된 모습으로 어머니 부엌과 며느리 부엌이 있다.

라 하여 별도로 너른 공간의 중간에 자리 잡았다. 또한, 사대부 집에서는 조상을 모시는 것을 집안의 중대사로 여겨 사당을 지었다. 대문으로부터 가장 안쪽, 안채의 오른쪽에 설치하는 것이 일반적이었으나 안대청 뒤쪽이나 사랑채 뒤쪽 제일 높은 곳에 사당을 마련했다. 보통 사당에는 4개의 신위를 모시는데 서쪽부터 고조, 증조, 조부모의 신위를 모시며 마지막에 부모의 신위를 모셨다.

사대부 집은 조선시대 집에서 가장 널리 분포한 집의 형태이며 성리학적인 철학을 기초로 한 공간구성과 정치지배계층으로서의 면모를 갖춘 집이다. 성리학적 철학과 인문학적인 요소를 반영해서 지었으며 상당히 높은 미적 인식을 건축물에 들인 우리나라 전통한옥에서 가장 보편적이고 가치가 있는 건축물이다.

1 명재고택. ㄷ자형의 안채, 사랑채, 행랑채가 연결되어 있어 ㅁ자형의 구조를 갖추고 있다.
2 심원정사. 대청마루에서 안마당을 바라본 모습으로 마당이 밝으면 대청과 방도 환해진다. 한옥은 빛을 계절에 따라 적극적으로 받아들이기도 하고 걸러서 받아들이기도 한다.
3 운조루. 안채의 대청마루 위로 선반에 생활용품을 담은 대바구니들이 가지런하다.

1 허난설헌생가. 내외담을 사랑채 옆에 쌓아서 안채가 보이지 않도록 시선을 차단했다.
2 퇴계선생구택. 퇴계종택에서 정자인 추월한수정秋月寒水亭과 사당으로 드나드는 중문이다.
3 녹우당. 은행잎이 떨어지는 소리가 빗소리와 같다 하여 녹우당이라 지었다는 은행나무로 500년 넘은 위용이 대단하다.
4 임청각. 삼량가로 홑처마 맞배지붕의 바깥행랑채 모습으로 일렬로 이어진 모습이 품위와 위계가 보이는 건물이다.
5 명재고택. 누마루에 바람 길을 열어놓은 문얼굴 사이로 밖의 풍경이 푸르다.
6 심원정사. 올이 성근 비단으로 만든 사창絲窓에 부드러운 노루가죽으로 문고리를 만들었다.

사대부의 집-기와집 01

강릉 오죽헌 烏竹軒 강원 강릉시 죽헌동 201

율곡 이이가 태어난 신사임당의 친정집

　강릉의 오죽헌은 율곡 이이가 태어난 곳으로 이이를 낳은 신사임당의 친정집이다. 오죽헌의 오죽烏竹은 까마귀의 검은 빛을 따서 검은 대나무를 말하는데 오죽헌은 오죽이 주변에 있어서 붙여진 이름이다.

　오죽헌은 조선 초기의 건물로 건축사적인 면에서 중요성을 인정받아 1963년 보물 제165호로 지정됐다. 안채는 복원한 건물이다. 경내에는 오죽헌을 비롯하여 문성사, 사랑채, 어제각, 율곡기념관, 강릉시립박물관 등이 있다. 문성사는 율곡의 영정을 모신 사당이며, 어제각은 율곡의 저서 『격몽요결』과 율곡이 유년기에 사용한 벼루를 보관하는 유품소장 각이다.

　신사임당은 뛰어난 여류 예술가였고 현모양처의 본보기가 되는 인물이며 이이의 어머니로도 유명하다. 조선시대의 여성 중에서 신사임당처럼 사대부가의 사람으로 그림에 능하고 현모양처의 표본으로 알려진 사람은 없다. 실제로는 현모이기는 했겠지만, 양처라는 말에는 언뜻 동의하기 어려운 부분이 있다. 당연시되었던 남성성에 억눌리지 않고 여성성을 지켜온 여성이다. 남편 이원수가 자신이 자란 친정집에서 결혼생활을 한 것이나 자신의 예술적 문학적 재능을 한껏 발휘한 것도 그렇다. 시대가 인정하지 않던 여성성을 굳건하게 지킬 수 있었던 것은 자신의 영역을 남성의 주도적인 세상에서 표출한 것은 당당함이었다. 신사임당은 죽으면서 남편 이원수에게 재혼하지 말라는 말을 할 정도로 자신의 주장을 강력하게 주장한 여성이다. 신사임당의 아들인 이이는 조선시대 퇴계 이황과 쌍벽을 이루는 뛰어난 학자였으며 정치가였다. 어머니와 아들이 조선의 인물이었고 조선의 예술과 철학의 한 맥을 이룬 사람이다.

　오죽헌을 처음 지은 사람은 조선시대 문신이었던 최치운이다. 문종 2년에 등재하여 대사헌까지 지낸 최응현의 고택에 딸린 별당으로 1536년, 중종 31년에 이이가 태어났다. 본래 신사임당의 외할아버지인 최응현의 집이었던 오죽헌은 그 후손에게 물려오다가 신사임당의 아버지 신명화에게, 신명화는 또 그의 사위에게 물려주었다. 그 후 1975년 오죽헌이 오늘날의 모습으로 정화될 때까지는 이율곡의 후손이 소유하고 있었다.

　오죽헌의 평면구조는 정면 3칸, 측면 2칸으로 된 一자형의 집으로 단출하다. 대청·온돌방·툇마루로 이루어져 있는데, 이이가 태어난 방은 몽룡실夢龍室이라고 적혀 있다. 커다란 장대석으로 쌓은 단층 기단 위에 자연석초석을 놓고 사각기둥을 세워 창방으로 결구했다. 기둥 위에 주두를 놓고 익공으로 처리한 이익공집이다. 정면에는 사각기둥을 측면에는 골판문을 달았으며 지붕은 팔작지붕이다. 방과 대청으로만 구성된 별당만 남아 있고, 본채가 없어 조선 초

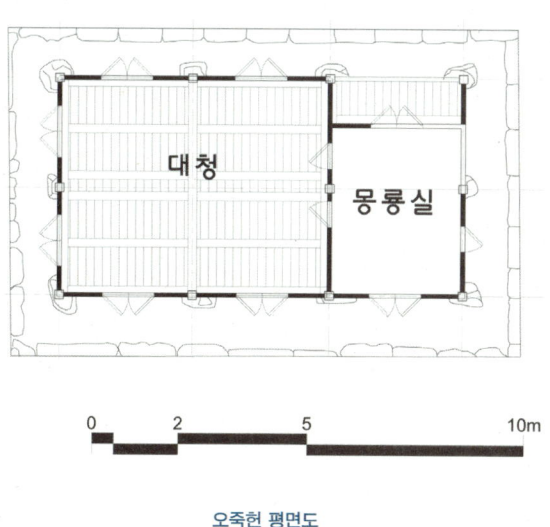

오죽헌 평면도

왼쪽_ 오죽헌. 오죽이 주변에 있어서 붙여진 이름이다.
오른쪽_ 오죽烏竹. 오죽은 까마귀의 검은 빛을 딴 검은 대나무를 말한다.

위_ 오죽헌은 신사임당과 율곡粟谷 이이李珥가 태어난 집이다. 신사임당의 친정집이며 신사임당은 아버지 평산신씨와 어머니 용인이씨 사이에 태어난 다섯 딸 중 둘째였다.
아래_ 오죽헌은 정면 3칸, 측면 2칸의 단층 팔작지붕으로 조선시대 문신인 최치운(1390~1440년)이 지었다. 정면에는 오죽헌, 오른쪽 방은 몽룡실이라 적혀 있다.

기의 주택 구조를 알 수 없는 점이 아쉽다.

신사임당은 19세 때 이원수와 혼인했다. 남편의 동의를 얻어 아들이 없는 신사임당은 자신의 친정에 머물면서 서울 시댁과 율곡리를 내왕하였다. 38세 되던 해 시집 살림을 위해 서울로 왔다. 서울로 온 뒤, 지금의 청진동에서 살다가 48세 때 삼청동으로 이사하였다. 이 해 여름인 1551년 남편 이원수가 수운판관이 되어 아들들과 함께 평안도로 떠났을 때 신사임당은 그리 많지 않은 나이에 갑자기 세상을 떠났다.

이이는 16세의 나이에 어머니 신사임당이 세상을 떠나자 3년간 어머니의 산소를 지켰으며 이때 불교에 관심을 두고 공부하기도 했다. "뜻이 서 있지 않고는 원하는 생을 살 수 없고, 어떤 일도 성공할 수 없다."라는 생각을 한결같이 가지고 살았다.

1 몽룡실인 온돌방은 뒤쪽 반 칸을 줄여 툇마루를 만들었다.
2 명성에 어울릴 만큼 편액이 많이 걸려 있다.
3 오량가로 대청마루를 연등천장으로 꾸몄다. 대들보는 뒤 기둥에 걸쳤으나, 종보 위로 종량宗樑과의 사이에는 대공을 받쳤는데 조선 초기의 주심포柱心包집에서 볼 수 있는 계통을 이은 것이다.

1 온돌방과의 경계에 있는 대들보를 중앙에 세운 기둥으로 받친
3평주 오량가다. 첨차(檐遮)의 형태는 주심포집과 공통되는 특징을 지녀
주심포집에서 익공집으로의 변천과정을 보여주는 구조이다.
2 대들보 위로 충량(衝樑)을 배치하였으며, 그 상부에는
지붕 합각(合閣) 밑을 가리기 위하여 눈썹천장을 만들었다.
3 이익공식으로 기둥 사이에 화반을 두어
장식 겸 구조보강용으로 사용했다.

1 몽룡실. 신사임당이 아들 율곡 이이를 낳은 방이다.
2 용 문양의 자물쇠.
3 기둥 위에 주두를 놓고 익공식으로 처리한 이익공이다.
4 오죽헌으로 들어가는 홑처마 맞배지붕 사주문이다.
5 적당한 높이의 기단 위에 지어진 오죽헌의 사랑채와 안채의 모습
6 부뚜막의 솥과 아궁이가 있고 왼쪽에 눈꼽재기창이 보인다.
7 오죽헌 사랑채의 모습이다.

사대부의 집-기와집 49

사대부의 집-기와집 02

강릉 허난설헌생가터
강원 강릉시 초당동 475-3

여성성의 학대에 맞서 싸운 허난설헌의 집은 아직도 남녀가 유별한 구조의 집으로 남아있다

강릉 바닷가 모래밭이 길게 펼쳐진 옆에 곧게 뻗은 소나무와 휘어진 소나무가 어울려 나름의 솔숲을 만들고 있다. 곧게 뻗은 소나무는 인생은 직선이라고 하고, 곡선으로 굽은 소나무는 인생은 굴곡이라고 이야기하고 있다. 모두가 정답이고 인생의 사연만큼만 세상을 보고 간다. 그 솔숲 안쪽으로 눈을 끄는 한옥이 한 채 있는데, 작은 마을에 자리 잡고 있어 좁은 길을 따라 들어서야 만날 수 있는 조선시대의 대표적인 여류 시인 허난설헌생가터다. 안채와 사랑채, 곳간채가 ㅁ자형의 배치를 하고 있으며 외부는 담으로 둘러싸여 있다.

조선 선조 때의 문신 허엽이 살았고, 그의 딸 허난설헌이 태어난 집이다. 허난설헌은 1563년에 태어나 26년을 살다 간 여인이었다. 허난설헌은 역사의 격랑에 휩싸이게 되는 홍길동의 저자로 알려진 허균의 누나이기도 하다. 천재로 태어나 시대와 한바탕 싸우다 처형을 당한 허균과 마찬가지로 허난설헌도 시대의 관습과 부딪혔다. 허난설헌은 작은 오빠 봉, 동생 균과 같이 강릉에서 태어났지만, 서울 건천동에서 자랐고 결혼생활도 서울에서 하였다.

허난설헌은 남성이 여성보다 우위에 있던 시대적인 관습에 정면으로 도전한 여성으로 여성성에 대한 굴종에 대해 도전을 했다. 여성은 유교적인 논리에 의해 피해를 본 세력이었다. 후세의 사람들이 기억하는 허난설헌은 그의 무모한 도전이 정의였다고 찬양하고 있고 여성 본래의 자유를 위하여 싸웠던 존재로 기억하고 있다.

허난설헌 생가의 구조는 ㅁ자형의 본채와 一자형의 행랑채로 구분된다. 본채는 화강암으로 잘 다듬은 장대석을 이용하여 기단을 쌓았다. 대문을 사이에 두고 사대부 집의 전형적인 형태인 안채와 사랑채로 나뉘며, 그 사이에 광이 있다.

아쉽지만, 지금도 허난설헌이 태어난 집의 구조는 남성공간과 여성공간이 구분되어 있다. 남녀의 구분이 엄격하여 남자들은 솟을대문으로, 여자들은 우물과 방앗간 옆의 협문으로 출입하였다. 또한, 사랑마당과 구분하는 내외담을 사랑채 옆에 쌓아서 출입 시선을 차단하고 있다. 사랑채

는 넓은 대청과 방들로 구성되며 전면에 툇마루가 놓여 있다. 팔작지붕의 높은 처마를 갖춘 장여에 소로 받침이 있는 구조다. 사랑마당, 행랑마당, 뒷마당을 담으로 넓게 나누어 놓아 한국의 아름다운 조경을 볼 수 있고 조선의 유교적인

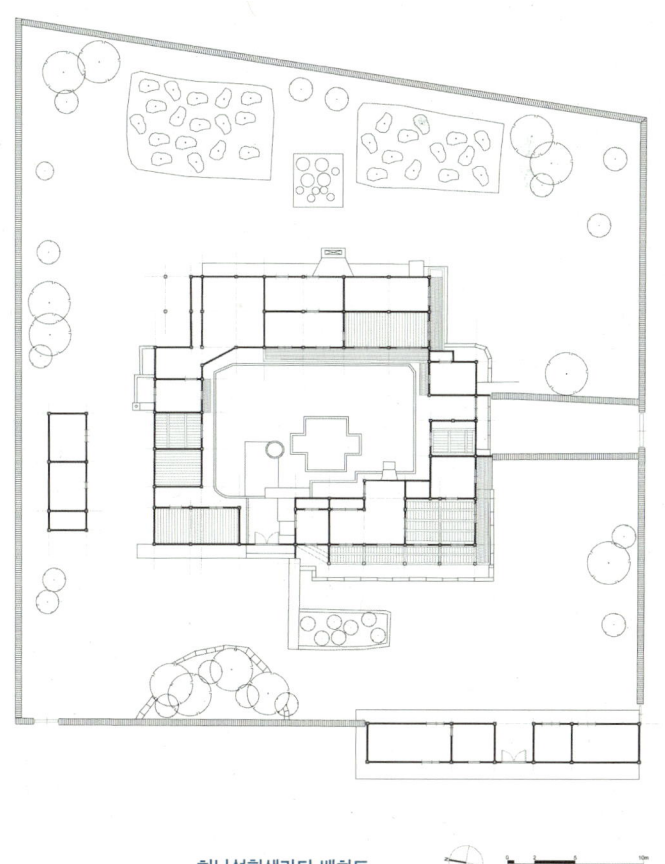

허난설헌생가터 배치도

왼쪽_ 협문 사이로 노인방으로 들어가는 사선의 쪽마루가 보인다.
오른쪽_ 안채의 후면 모습으로 ㅁ자형의 평면구조이다.

1 사랑채는 홑처마 팔작지붕으로
전면에 툇마루, 오른쪽에 대청 2칸이 있다.
2 내외담. 안채 담 너머에 사랑채가 보인다.
안채는 여성공간이었고, 사랑채는 남성공간이었다.
내외담을 사랑채 옆에 쌓아서
출입 시선을 차단하고 있다.
3 안채는 팔작지붕으로 정면 5칸 측면 2칸의 겹집이다.
부엌·방·마루로 구성되어 있다.

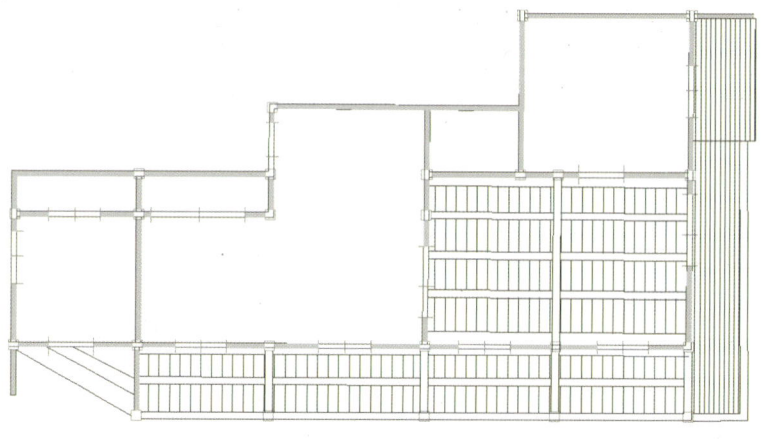

사랑채 평면도

형식에 충실하게 지어진 집으로 남아있다. 집 바깥에는 초가로 된 디딜방앗간이 한 채 있다.

안채는 기와로 된 팔작지붕으로 정면 5칸 측면 2칸의 겹집이다. 부엌·방·마루로 구성되어 있다. 안방의 문은 두 짝 세살문과 용用자살 창호로 된 이중문이며 마루에는 네 짝 분합문이 설치되어 있다. 마루방은 장마루로 연결되어 있다.

사랑채는 기와로 된 팔작지붕으로 이어져 있고, 전면에 툇마루, 오른쪽에 대청 2칸이 있다. 사랑채의 왼쪽 끝 노인방은 안채의 출입문 간으로도 드나들 수 있다. 창호로 둘러싸인 사랑 대청은 연등천장으로 되어 있다. 윗부분의 판대공과 대들보는 툇간만큼 앞쪽으로 돌출되어 구조적인 멋이 느껴진다. 정원이 앞에 있고, 그 앞으로 공간을 구분하는 담과 협문이 있다.

행랑채는 기와로 된 팔작지붕의 솟을대문을 중심으로 하여 오른쪽으로 3칸 크기의 광이 있고, 왼쪽으로는 행랑방과 마구간이 있다.

1 삼량가 맞배지붕으로 ㅡ자형의 행랑채 측면 모습이다. 행랑채는 솟을대문을 중심으로 하여 오른쪽으로 3칸 크기의 광이 있고, 왼쪽으로는 행랑방과 마구간이 있다.
2 문얼굴 사이로 펼쳐진 풍경. 바닷바람이 불어와 공기 좋고 솔바람이 향기로운 이곳에 살던 사람들의 일생은 한결같이 짧고 힘든 인생이었다.
3 사랑채 방으로 벽장과 노인방으로 이어지는 미서기 불발기창이 보인다. 천장은 종이반자로 했다.

1 미서기 불발기창 사이로 사랑방과 대청이 보인다.
2 남성의 출입 공간인 솟을대문이 서 있다. 여성의 출입문은 우물과 방앗간 옆의 협문으로 나 있다.
3 판벽과 안채로 이어지는 중문이 잘 어울린다.

1 사랑채의 툇마루를 장마루로 했다.
2 위에 삼배목이 있어서 밑에서 밀어 열 수 있도록 한 벼락닫이창이다.
3 내림마루와 추녀마루의 모습이다.
4 망와와 머거불을 단순하게 처리되었다.
5 판축기법으로 쌓은 토담이 넓은 공간을 형성하여 둘러싸고 있으며, 주변의 소나무 숲은 전통적인 한옥의 멋을 더해주고 있다.
6 사주문. 여성들이 출입하는 협문이다.
7 붉은 살갗 금강소나무들도 허난설헌을 닮아 하나같이 허리가 꼿꼿하다.

사대부의 집-기와집 03

거창 정온고택 鄭蘊古宅
경남 거창군 위천면 강천리 50-1

죽음으로 지조를 지킨 강직한 선비의 집

정온고택을 들어가는 입구에서 특별함을 만난다. 지조와 절개로 생을 보낸 정온의 일생을 대변한 글이다. 솟을대문 상부에 인조가 내린 정려기 현판 「문간공동계정온지문文簡公桐溪鄭蘊之門」과 사랑채 마루 벽에 정조가 지은 어제시御製詩가 걸려 있다. 한 사람의 일생이 나라의 근본이 되는 행위였기에 뒷날 두 왕이 '정온이 사는 집'이라는 현판을 내려주고 시까지 하사하는 경사를 맞게 된다. 인조와 선조가 내려준 글이 지금도 걸려 있다.

> 일장산색벽차아 日長山色碧嵯峨
> 세월은 흘러도 산은 푸르고 높으며
> 종득건곤정기다 鍾得乾坤正氣多
> 정의로운 기운은 온 천지에 가득하네
> 북거남래동일의 北去南來同一義
> 북으로 가거나 남으로 오거나 의리는 같아
> 정금견석부증마 精金堅石不曾磨
> 금석같이 정결하고 곧음은 닳지를 않네

정온은 1610년, 광해군 2년에 진사로서 문과에 급제했다. 1614년 부사직으로 영창대군의 처형에 부당함을 상소로 올렸다. "그런 짓을 하시고 죽어서 무슨 낯으로 종묘에 들어가서 역대 선왕들을 만나시겠소?"라고 상소내용이 아주 강골이었다. 그래서 광해군으로부터 유배형이 내려져 제주도 대정에서 10년간 유배생활 중에 집 주변에 탱자나무 따위의 가시 울타리를 치고 그 안에서만 살게 하는 위리안치형圍籬安置刑을 받았다. 후일에 추사 김정희가 제주도 유배를 가서 생활한 곳이 정온이 위리안치 됐던 바로 그곳이어서 대정현 사람으로부터 선생의 귀양살이 모습을 듣고 선비다운 처신에 감동 받았다. 추사 김정희는 귀양에서 풀리고 나서 제주도민의 정온에 대한 칭송을 전해주고 「충신당」이라는 현판을 써주고 간 일이 있다.

정온은 1636년, 인조 14년에 그의 강직함과 충절이 드러난다. 병자호란 때 이조참판으로서 김상헌과 함께 끝까지 싸울 것을 주장하지만, 조선의 왕 인조는 결국 항복하고 만다. 야만족이라고 여겼던 청나라에 항복하는 치욕의 현장에 있었던 정온은 칼로 배를 그어 할복자살을 기도하였다. 이를 본 정온의 아들이 급히 쏟아진 창자를 집어넣고 응급조치를 하여 목숨을 건졌다. 사직을 하고 고향 강동으로 내려와 임금을 잘 모시지 못하여 항복하게 되었다는 자책으로 집으로 들어가지 않고 마을 뒤 지석支石에 우거하면서 다시는 조정에 나아가지 않았다. 정온은 자신이 있는 곳을 사람들이 알 필요도 없고 찾을 필요도 없다고 하여 익명

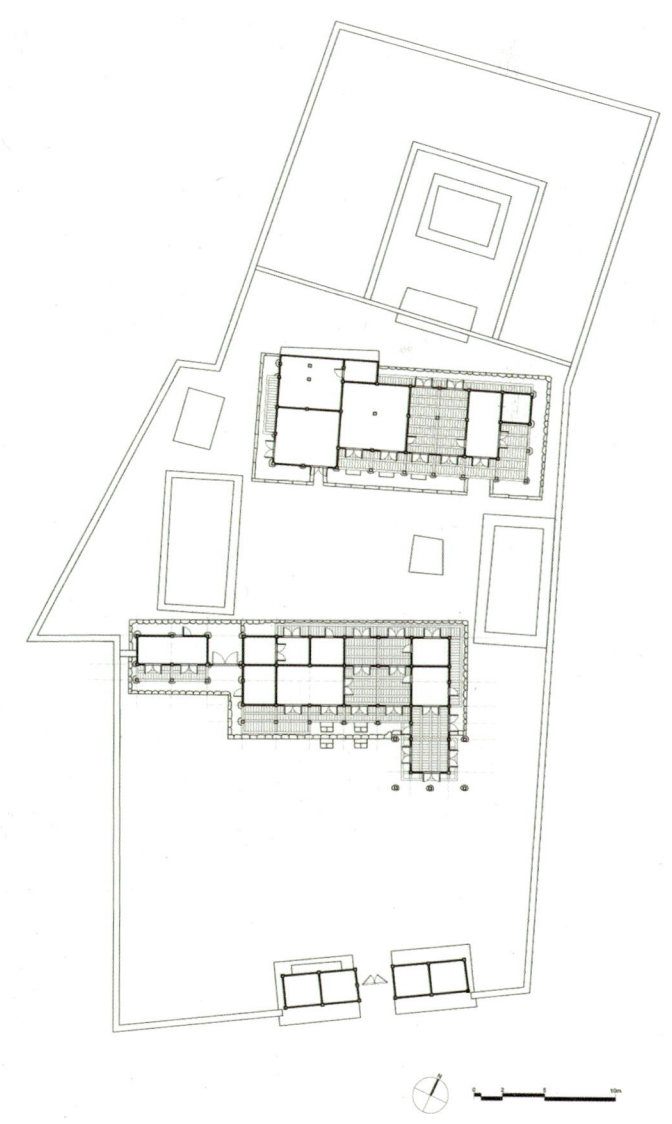

정온고택 배치도

왼쪽_ 누마루에 눈썹지붕과 활주. 사랑채와 안채의 용마루 밑에도 눈썹지붕을 했다.
장식적인 효과도 있고 용마루에서 흘러내린 빗물로 지붕이 상하는 것을 막아주는 역할을 한다.

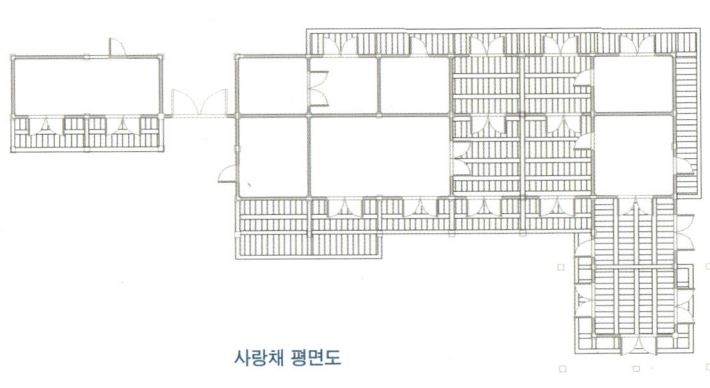

사랑채 평면도

위_ 신분에 따라 공간이 잘 구분된 조선시대 건축의 특징을 잘 반영한 고가이다.
북쪽지방에서 보이는 겹집의 형태를 갖추고 있고 안채나 사랑채의 기단이 낮지만, 툇마루가 높게 설치되어 남쪽지방의 특색을 보여주고 있다.
아래_ 사랑채. ㄱ자의 평면으로 정면 6칸, 측면은 2칸 반이고, ㄱ자로 꺾여 나온 누樓부분이 간반(間半)이다. 두 줄로 된 겹집이며 전퇴를 두었다.

을 말할 때 쓰는 모씨나 모처 할 때의 모某를 써서 자신이 거처하는 곳을 「모리某里」라 명명하고는 이곳에 은거하였다. 정온은 미나리와 고사리를 먹고 살다가 은거한 지 5년 만에 생을 마감했다. 지금도 북상면 농산리에 낙향 후 죽을 때까지 은거했던 그곳을 기리기 위해 유림이 건립한 「모리재某里齋」가 있다.

정온고택은 조선 후기인 1820년에 후손들이 중창하여 세워진 사대부 집으로 중요민속자료 제105호이다. 정온의 사당을 모시고 후손들이 대를 이어 살아온 종택으로 대문채, 큰사랑채, 중문간과 중사랑채, 곳간채, 안채, 안사랑채, 사당으로 구성되어 있다.

남자의 공간인 사랑채는 높은 기단 위에 지어서 권위를 돋보이게 하고 오른쪽에 누마루 방을 내달았다. 정온고택의 사랑채는 정면 6칸, 좌측면 2칸 반에 두 줄로 방을 드렸다. 오른쪽에 1칸 반 크기의 누마루 방을 내달아 지은 큰 건물이다. 둥근기둥 위의 누마루는 전면과 좌우 삼면에 처마 아래로 다시 처마를 덧대고 눈썹지붕을 달아 한껏 멋을 부렸다. 비가 들이치지 못하게 하면서 멋을 부린 지붕으로 드문 형식이다. 지붕 용마루 밑에도 작은 눈썹을 달았다.

안채는 남향으로 정면 8칸, 측면 3칸 반의 전·후퇴가 있는 구조로 지어졌다. 안채와 사랑채의 기단은 낮지만, 툇마루가 높게 설치되어 있다. 곳간채는 서편에 있으며 정면 4칸, 측면 2칸이다. 마당 동쪽에 서향한 아래채가 있는데 4칸 집이다. 사당은 안채의 후원에 삼문을 낀 낮은 토석담장 안에 있다.

전체적으로 남부지방 양반집 형태를 잘 갖추고 있으며, 각 신분에 따라 공간구별이 잘 구분된 조선시대 건축의 특징을 잘 반영한 주거시설로 현재 종손이 관리하고 있다.

안채는 정면 8칸, 측면 3칸 반의 전·후퇴 있는 두 줄의 겹집의 평면구성이다.

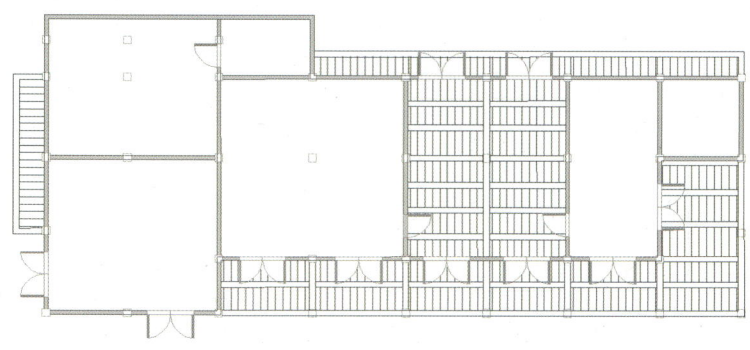

안채 평면도

1 사랑채의 기단은 낮지만 툇마루가 높게 설치되어 있고 부재도 넉넉하여 장대하고 훤칠해 보인다.
2 전면과 좌우 삼면에 처마 아래로 다시 처마를 덧대고 눈썹지붕을 달아 한껏 멋을 부렸다.
3 사랑채 '모와某窩' 편액. 1909년 비운의 의친왕 이강이 구한말 승지를 지낸 이 집 종손 정태균과 한양에서 친하게 지낸 사이로 약 40일간 머물렀다. 그때 남긴 친필이 '모리某里의 집'이라는 뜻의 '모와某窩'다.

1 문을 삼등분해 위·아래는 만살로, 가운데는 완자살로 구성한 불발기창이다.
2 여섯 짝의 세살분합문이다. 격조를 갖추어서 단순반복이지만 질리지 않는다.
3 누의 삼면에 분합문과 광창으로 둘러싸여 누마루가 밝다.

1 홍예가 진 퇴보 위로 도리를 덧대어
가구구조를 보강하였다.
2 사당삼문. 안채의 향원에 있는 전퇴가 있는
3칸 건물이다.
3 솟을대문과 정려기. 10년의 귀양살이를 하면서도
영창대군의 처형을 반대하고 병자호란 때
화친을 반대했던 동계 정온선생의 충절을 기려
인조가 내린 정려기다.
4 계자난간. 세월을 뛰어넘어
최초의 모습을 가진 것은 없다.
하지만, 나무가 세월에 젖어 부서지는 모습에서는
아쉬움과 함께 새로운 미감을 불러일으킨다.

1 추녀를 받친 팔각형의 활주초석이다.
2 판벽과 세로살 붙박이 광창이 이단으로 구성하여 특이하고 무늿결이 고와 품격이 있다.
3 부엌의 널판문 위에 광창을 설치했다.
4 아궁이와 부뚜막의 모습이다.
5 와편굴뚝. 굴뚝과 화단을 구분하는 막돌과 와편이 자연스럽다. 강하게 주장하지 않으면서도 제자리는 지키고 있다.
6 장독대. 잘 다듬어진 토석담장과 항아리의 만남이 따뜻하게 다가온다. 주인의 마음을 닮아 정갈하고 깔끔하다.
7 게눈각. 작고 단순한 변화가 전체를 아우르는 것을 볼 때가 있는데 반달모양의 홈을 두 개 판 것뿐인데 느낌은 사뭇 다르다.

사대부의 집-기와집 04

경주 교동최씨고택 崔氏古宅

경북 경주시 교동 69

한발 물러서서 배려하고 사려 깊은 철학을 실천한 300년 가업의 최부자집

재물은 똥거름과 같아서 한 곳에 모아 두면 악취가 나 견딜 수 없고 골고루 사방에 흩뿌리면 거름이 되는 법이다. 이 말은 부자가 3대를 넘기기 어렵다지만 경주 최부자집은 12대에 걸쳐 3백 년 동안 만석꾼을 유지한 최씨 집안에 내려오는 말이다. 내가 가지고 싶어 하는 것은 남도 가지고 싶어 해서 재물을 많이 오래 가지고 있으면 반드시 화를 당할 것이라는 경계의 말이다. 동학혁명을 비롯한 사회적 변란을 겪으면서도 오랜 세월 부자로 살아올 수 있었던 이유가 있었다. '만 석 이상의 재산은 사회에 환원하라.' '주변 백 리 안에서 굶어 죽는 사람이 없게 하라.'라는 베푸는 온정을 지켜왔고 나눔을 실천한 철학의 기반이 있었기 때문이다.

최씨 집안이 경주시 내남면 이조리에서 이곳 교동으로 이주하여 정착한 것은 조선 중기 무렵으로, 이곳에서 12대 동안 만석지기 재산을 지키고 9대에 걸쳐 진사를 배출했다. 최씨고택은 원래 신라의 요석공주가 살았던 요석궁 터로 원효가 요석공주를 만나 설총을 낳은 곳이다. 현재 이 집은 최씨 후손이 살고 있으나 집을 비롯한 모든 토지를 기부했기 때문에 영남대학교 재단 소유로 되어 있다.

최씨고택은 9대째 자손들이 이어 사는 집으로 1700년 경에 처음 지어졌다고 한다. 집터는 2천 평 규모에 후원이 1만 평이나 될 정도로 넓은 99칸 집이었다. 사랑채 뒤쪽에 있는 안채는 트인 ㅁ자형으로 실제로는 ㄷ자형 평면에 ㄱ자형 사랑채와 ㅡ자형 중문채가 어우러져 있다. 안채의 서북쪽으로 별도로 마련한 가묘가 있다.

넓고 깊은 골목 겸 마당을 들어가게 되면 솟을대문이 있고 대문을 들어서면 넓은 안마당이고 마당의 동편으로 거대한 곳간이 있다. 안채는 주축 선을 설정하고 보면 중문은 동쪽으로 약간 치우쳐 있다. 내·외벽이 시설된 중문의 우측은 4칸의 곳간이고 좌측엔 1칸이 있는데 이는 사랑채에 이어지기 위한 접속의 공간으로 이용한 것이다.

사랑채는 ㄱ자형에 본채 쪽으로 1칸이 이어진 특이한 평면구성인데, ㄱ자형으로 꺾이어 앞으로 튀어나온 부분에 누마루가 있었다. 중문에 들어서면 안뜰로 장독대가 뜰 한 쪽에 있다. 중부지방에서는 뒤뜰에 장독대를 두는데 영남지방에서는 안뜰에 장독대를 두는 예가 흔하다. 중문 맞은

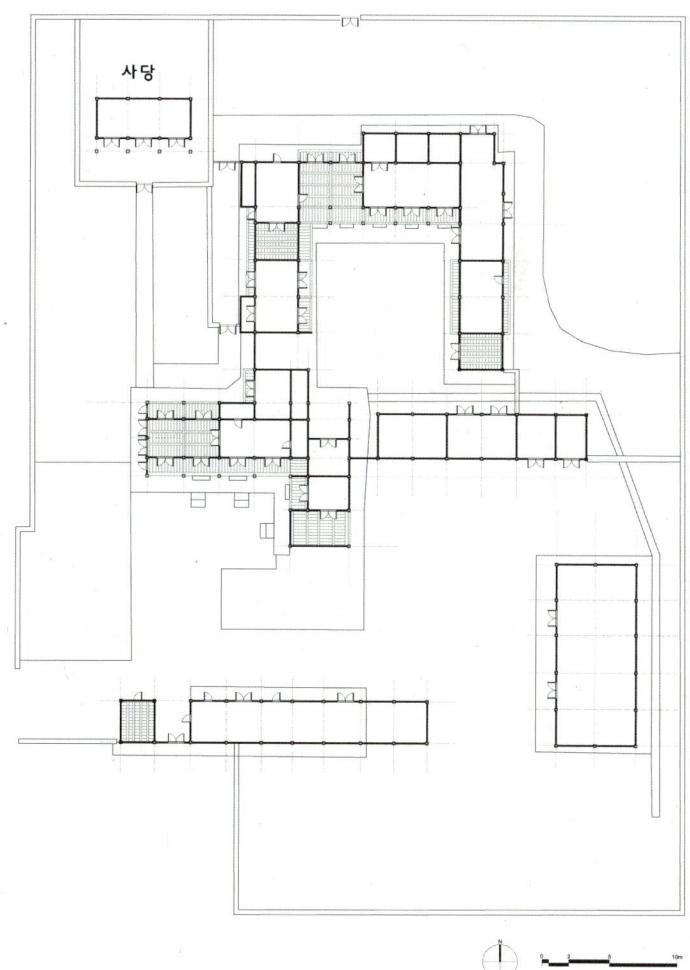

교동최씨고택 배치도

왼쪽_ 중문으로 안채가 훤히 들여다보이지 않도록 시선을 차단하기 위해 내·외벽을 했다.
오른쪽_ 홑처마 맞배지붕 곳간으로 판벽과 우리판문을 했다. 위에는 환기를 위해 세로살 붙박이창을 설치했다.

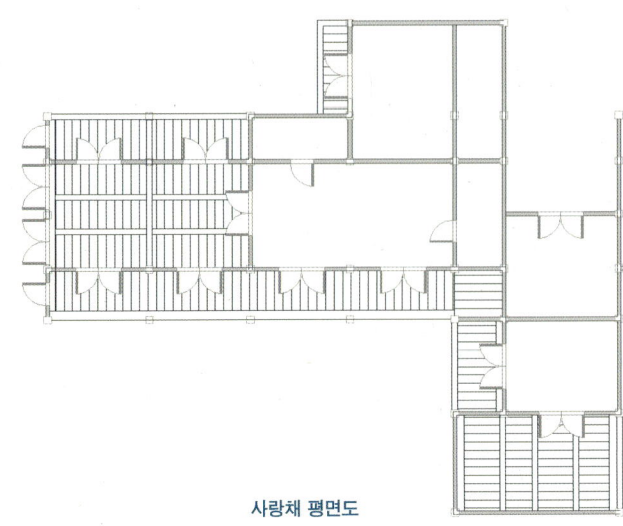

사랑채 평면도

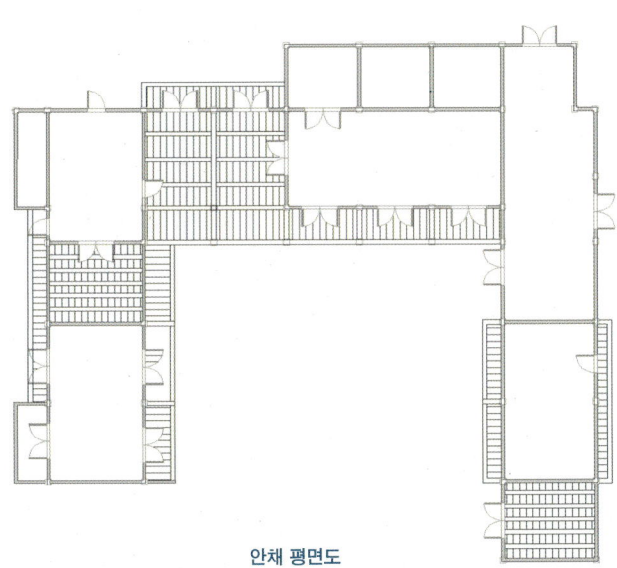

안채 평면도

위_ 용암고택龍庵古宅이란 현판 글씨는 최진립 장군의 14대 종손이며 주인인 충의당 최채량의 글씨다. 최채량의 아호는 '어리석은 산'이란 뜻의 '우산愚山'이다.
아래_ 장독대가 안뜰 한쪽에 있다. 중부지방에서는 뒤뜰에 장독대를 두는데 영남지방에서는 안뜰에 장독대를 두는 예가 흔하다.

편이 안채의 대청이다. 안방은 남향하고 3칸이며 전퇴가 열렸다. 그 왼편에 대청이 널찍하다. 보통의 집은 안방이 좌측에, 대청이 우측에 있으나 이 집은 좌우가 바뀐 배치를 보이며 부엌이 동쪽에 있다. 부엌 남쪽으로 방과 광이 있고 대청 서편에 건넌방 2칸이 있고 다음이 대청, 이어 전퇴가 있는 2칸의 방으로 되어 있다. 방과 그 남쪽의 사랑채와의 사이에 협문 1칸이 있다.

최부자집이 명맥을 이어온 것은 철학과 교육이 대대로 이어지며 지켜왔기 때문이다. '육훈六訓'과 육연六然이 있다. 육훈은 기본지침이면서 부자로서, 사회의 일원으로서의 행동지침이기도 하다. 모두 한발 물러섬의 행동과 배려를 둔 행동철학이었다.

1. 진사 이상의 벼슬을 하지 마라.
2. 만 석 이상의 재산을 모으지 말며 만석이 넘으면 사회에 환원하라.
3. 흉년에는 남의 땅을 사지 마라.
4. 과객過客은 후히 대접하라.
5. 며느리들은 시집온 뒤 3년 동안 무명옷을 입어라.
6. 사방 100리 안에 굶어 죽는 사람이 없게 하라.

육연은 세상을 살아가는데 자연의 이치를 몸으로 받아들이라는 사람의 근본을 깨우치는 가르침이다.

자처초연 自處超然 스스로 초연하게 처신하라
대인애연 對人靄然 남에게는 온화하게 대하라
무사징연 無事澄然 일이 없을 때는 마음을 맑게 가지라
유사감연 有事敢然 일을 당해서는 용감하게 대처하라
득의담연 得意淡然 성공했을 때는 담담하게 행동하라
실의태연 失意泰然 실의에 빠졌을 때는 태연히 행동하라

1 ㄱ자형의 사랑채와 一자형의 중문채가 연결되어 일곽을 이룬다. 내·외벽이 시설된 중문의 우측은 4칸의 곳간이고, 좌측의 1칸은 사랑채에 이어지기 위한 접속의 공간으로 이용한 것이다.
2 두벌대 기단에 장대석 디딤돌을 놓고 쪽마루 위로 여닫이 쌍창과 미닫이 완자살 영창으로 이중창을 했다. 하얀 벽과 창호지 색이 목재와 잘 어울린다.
3 행랑채는 작은 방과 큰 곳간으로 구성되어 있다. 대문을 들어서면 넓은 안마당이 위치한다.

1 홑처마 맞배지붕의 전퇴가 있는 안채로 보통의 집은 안방이 좌측에, 대청이 우측에 있으나 이 집은 좌우가 바뀐 배치를 보인다.
2 왼쪽에 미서기 불발기창, 중앙에 다락과 벽장의 도듬문, 오른쪽에 갑창이 있는 미닫이 영창을 달았다. 콩댐한 방과 종이반자 천장이 안정적인 조화를 이룬다.
3 미닫이 용자살 영창이다. 강렬한 빛이 부드러워져서 마음을 차분하게 해준다. 창호지의 힘은 강함을 순화시켜주는 데 있다. 빛이 창호지를 만나면 순해진다.

1 오량가로 우물마루와 연등천장으로 했다. 종보 위의 판대공을 원형으로 하여서 해가 바다에서 떠오르는 형상을 보여준다.
2 곳간 내부. 3평주 오량가로 조선 최고 부잣집답게 넓고 크다. 중인방 밑으로 판벽을 하고 중인방 위로는 사벽처리를 했으며 천장은 서까래가 노출된 연등천장이다.
3 넓고 깊은 골목 겸 마당을 들어가게 되면 솟을대문이 있다.
4 홑처마 아래로 토석담이 소박하다. 한옥의 멋은 담의 투박스러움과 토속적인 것도 빼놓을 수 없는 멋이다.
5 대청마루에 뒤주가 놓여 있고 회벽으로 깔끔하게 처리한 벽에 여닫이 세살청판문과 앙증맞은 벼락닫이 눈꼽재기창을 설치했다.
6 부잣집답게 광문을 무늿결이 살아있는 통판문으로 했다.
7 3량가 맞배지붕으로 흥예진 대들보와 박공이 춤을 추듯 가벼워 보인다.

사대부의 집-기와집 05

고성 어명기가옥 魚命驥家屋   강원 고성군 죽왕면 삼포리 551

3칸 겹집으로 지어진 산간형 가옥구조

어명기가옥은 고성산불이 일어났을 때 다 타버릴 위험에 있었으나 다행히 일부만 타고 현재까지 잘 보존되어 있다. 어명기가옥은 건축구조의 특별함과 변별성이 있는 평면이 3칸 겹집인 까치구멍집으로 폐쇄성이 강한 산간형 가옥구조를 가졌다. 고성, 속초, 삼척, 양양 지역의 집은 방을 이중으로 배치하고 한쪽에 부엌을 치우쳐 두고 부엌 앞쪽으로 한 칸을 덧달아 전체적으로 ㄱ자형의 구조이다. 어명기가옥은 앞쪽으로 내어 달은 한 칸은 외양간으로 사용하고 있다. 3칸 겹집으로 된 예는 이곳 어명기가옥이 유일하다.

백두대간 일대의 집은 기본적으로 겹집의 구조로 방이 '전田'자의 형태로 배치되는데, 대표적인 곳이 추운 함경도 지역으로 집이 외기에 면하는 면적을 줄이는 것이 중요하다. 백두대간 동해안 쪽을 따라 울진 영덕지방까지 퍼져 있다.

영동지방이 가진 가옥의 특성이 있는데 어명기가옥도 그러한 예의 집이다. 겹집구조 자체가 추위에 대비한 가옥이지만 추위를 피하려는 많은 장치가 되어 있는 점이 특별하다.

첫째로 앞서 설명한 겹집이라는 일반적인 특징과 함께 둘째로는 천장이 흙으로 발라져 있다. 단열을 위하여 나무로 틀을 짜고 산자를 올리고 흙으로 덮어 만든다. 단열효과를 노린 지혜를 발휘하고 있다. 셋째로 '더그매'라는 공간의 활용이다. 방을 모두 평천장으로 하여 대들보 위의 삼각모양의 공간은 터져 있다. 마루에서 올려다보면 연등천장이 다 드러나 보인다. 필요에 따라 이 공간은 다 수납공간이 되는데 일반 집에서는 물건을 올리기 위하여 마루를 깔아 더그매를 만들지만, 이 지역에서는 단열하는 과정에서 자연스럽게 생긴다. 어명기가옥은 더그매를 적극적으로 활용하고 있다. 마루에 면한 벽의 상부를 막지 않고 뚫린 채로 두어 공간을 활용할 수 있도록 하였다.

넷째로 대청 상부는 막지 않고 트여 있다. 보온을 위한 방법으로 열기를 모으기 위하여 부엌에도 거의 창을 내지 않았다. 일반적으로 다른 지역의 집에서는 불을 땔 때 나오는 연기를 배출하고 음식이 상하는 것을 방지하기 위하여 부엌의 통풍에 많은 배려를 한다. 부엌에 개구부를 여러

개 설치할 뿐 아니라 개구부의 크기도 크다. 하지만, 이 지역의 집은 연기 열기조차 빠져나가지 못하도록 하여 연기가 지붕 쪽에서만 빠져나가도록 하였다. 연기를 빼기 위하여 지붕의 팔작지붕 합각 부분에 배출구를 만들어 놓았는

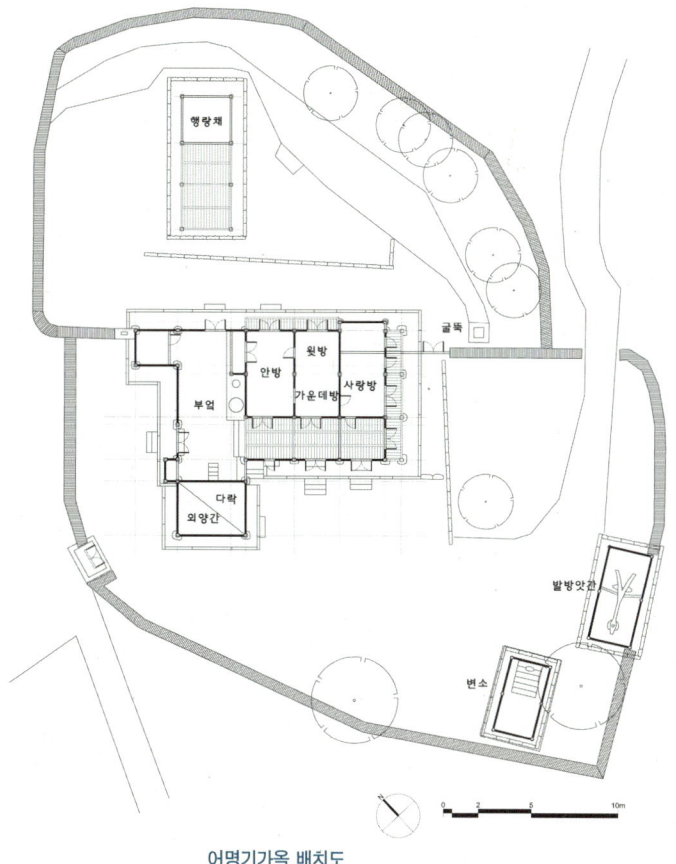

어명기가옥 배치도

왼쪽_ 부뚜막에 무쇠솥이 걸려 있다.
오른쪽_ 소나무 길로 단장한 고샅이다. 나무 목木에 공公자를 써서 소나무 송松자로 대우한 나무는 소나무가 유일하다. 나무 중의 으뜸으로 여긴 소나무는 우리 한국인들에게 특별한 나무이다.

건물 왼쪽에 넓은 부엌과 외양간이 있고 안채와 사랑채는 따로 짓지 않고 한 건물에 정면 4칸, 측면 3칸 규모의 3칸 겹집이다.

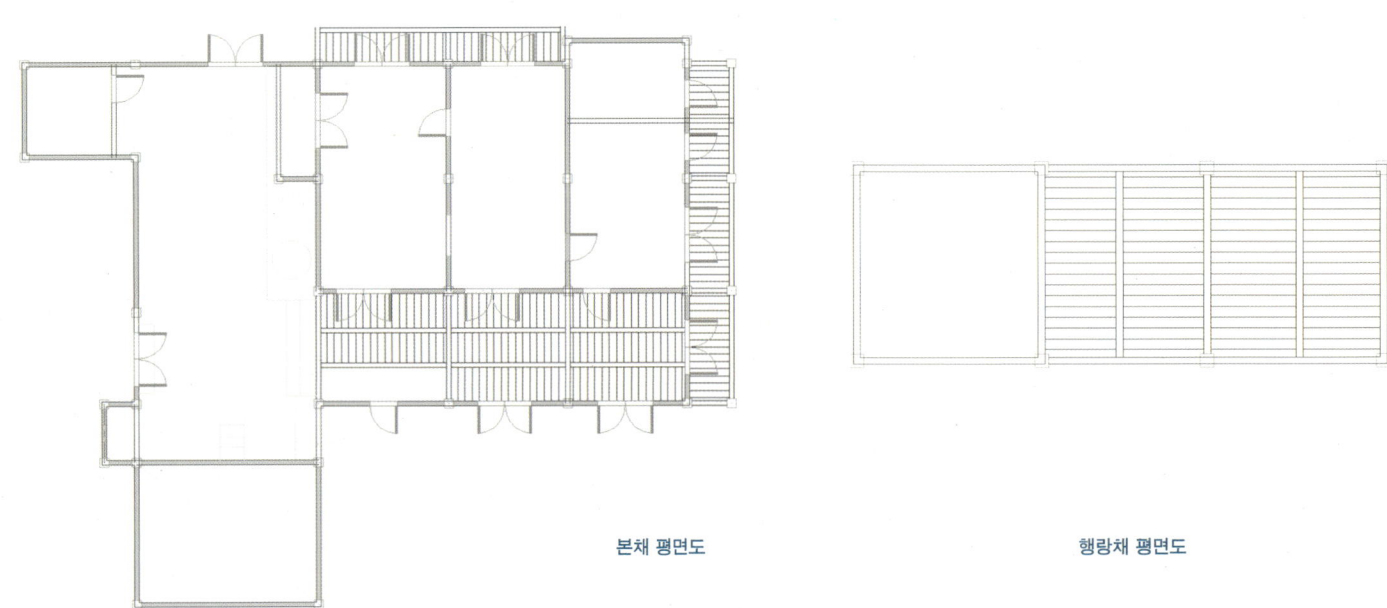

본채 평면도   행랑채 평면도

데 이것을 마치 까치가 드나드는 구멍처럼 생겼다 하여 '까치구멍집'이라 불린다.

겹집구조의 가옥은 소를 키우는 외양간이 건물 내에 위치한다. 외양간 외부도 완전히 판벽으로 둘러쌓다. 집안에 외양간을 설치하는 것은 추운 기후로부터 소를 보호하려는 방법이기도 하지만, 소를 맹수로부터 보호하려는 조치이기도 했다. 부엌살림살이와 가까운 뒷마당은 완벽하게 담으로 둘러싸서 보호한다. 뒷마당에 있는 장독대나 창고를 야생동물로부터 보호하기 위한 구조이다.

어명기가옥은 남서향으로 뒤쪽으로 나지막한 언덕을 배경으로 멀리 운봉산을 바라보고 시원하게 배치하였다. 이곳에서는 설악산의 울산바위도 바라볼 수 있다.

현 주인의 이름을 딴 어명기가옥은 모두 3동의 건물로 이루어져 있다. 어명기의 2대조 어용수가 1860년대에 사들인 집이다. 약 400년 전에 이 터에 처음 자리 잡은 집으로 화재로 탄 것을 영조 26년, 1750년경에 어태준이 옛 모습대로 복원하였다. 경사진 언덕에 넓게 집터를 잡고 ㄱ자형의 본채가 위치하고 왼쪽으로는 방앗간, 오른쪽으로는 행랑채, 뒤쪽으로 헛간채를 두었다. 원래 방앗간채는 건물의 좌측에 있었던 것으로 1996년 고성화재 때 소실된 것을 그후 현 위치에 옮겨 재건하였다.

본채는 안채와 사랑채를 따로 짓지 않고 한 건물에 모두 시설하였다. 정면 4칸, 측면 3칸 규모로 3칸 겹집이다. 건물 왼쪽에 넓은 부엌과 외양간이 있고 중앙에 안방과 건넌방, 대청이 자리 잡고 있으며 오른쪽으로 사랑방 3칸이 세로로 있다. 외양간을 부엌 앞으로 돌출시켰다. 부엌과 외양간 사이에 지붕을 설치하고 뒤쪽으로 뒤주를 붙박이로 하여 곡식을 저장할 수 있도록 하였다. 사랑채 중 가장 앞쪽에 있는 사랑방은 주인의 일상 거처이며, 뒤쪽 2칸의 방은 손님을 맞이하는 곳이다.

1 부엌과 외양간의 측면으로 외벽도 완전히 판벽으로 둘러쌓다. 뒤에 돌출된 부분이 여자 하인들이 거처한 찬모방이다.
2 겹집구조의 가옥은 소를 키우는 외양간이 건물 내에 위치한다. 앙곡으로 추녀 부분이 살짝 들려 있어 새가 날아가는 듯한 모습의 날렵한 모습이다. 판벽과 두 개의 여닫이 만살 독창이 멋진 조화를 이룬다.
3 홑처마 굴도리집으로 퇴보가 있는 사랑방 측면이 단순하면서도 단정하다. 합각에 환기구를 뚫어놓았다.

1 부엌문은 널판문으로 하고 안방문은 여닫이 세살 독창으로 했다.
2 외양간 위로 쇠다락이 설치되어 있다. 오르내리도록 나무계단을 설치했다.
3 겹집구조에서 집의 쓰임새를 좋게 하고 규모를 늘리기 위하여 앞에 마루 한 칸을 덧달았다. 3칸 겹집의 구조가 특별하다.

1 부엌과 외양간 사이에 지붕을 설치하고 뒤쪽으로 뒤주를 붙박이로 하여 곡식을 저장할 수 있도록 하였다.
2 외기가 돌출된 부엌의 천정을 흙으로 마무리하여 단열성을 높였다. 천장구성이 꽉 찬 모양으로 장인의 나무 다루는 솜씨가 예사롭지 않다.
3 2칸의 우진각지붕 홑처마 측간이다.
4 지붕의 합각에 까치구멍을 뚫어 놓은 까치구멍집이다. 연기가 빠져나가는 통로로 만들어 놓은 환기구여다.
5 서까래, 초매기, 연함 위로 기와를 얹고 도리와 서까래 사이의 당골벽을 흙으로 마감했다.
6 일각문이 당당하다. 장대석기단과 사각의 서까래가 아주 의젓하고 기품이 있다.

사대부의 집-기와집 06

광명 이원익고택 李元翼古宅

경기 광명시 소하2동 1084

겸손하고 소박하게 산 사람의 후손은 사람이라는 큰 그늘을 가지고 살게 된다

삶이 아름다우면 그 자취도 아름답다. 한 사람의 발자취가 후손에게 주는 영향은 크다. 이원익의 후손은 겸손하고 소박하게 산 사람이라는 큰 그늘을 가지고 살게 된다.

이원익고택은 조선시대 3대 왕에 걸쳐 영의정을 지낸 이원익과 그 후손의 삶 자취를 그대로 보존해 놓은 곳이다. 이원익은 황희, 맹사성과 함께 조선의 3대 청백리로 꼽힌 인물이다. 청백리란 관직을 수행할 수 있는 능력은 물론이고 품행이 단정하고 순결하며 자기 일신은 물론 집안까지도 맑고 깨끗한 정신을 가진 관리를 말한다.

조선 중기의 문신 이원익은 선조, 광해군, 인조 3대에 걸쳐 영의정을 지냈다. 이원익은 허세가 없고 성품이 곧아 그 업적에 비해 널리 알려지지 못했다. 이원익은 청렴결백하여 오랜 세월 높은 벼슬을 하고도 집은 초가 몇 칸에 지나지 않았다. 이를 알게 된 인조가 집을 하사하여 현 종가가 있게 되었다고 한다. 인조는 집을 하사하면서 관감당觀感堂이라는 당호를 같이 내렸는데 이것은 '청백리로서 귀감이 되어 모든 백성이 보고 느껴야 할 곳'이라는 뜻이다. 관감당은 현재 사랑채의 당호이며 사랑채에는 '관감당'이라는 편액이 걸려 있다.

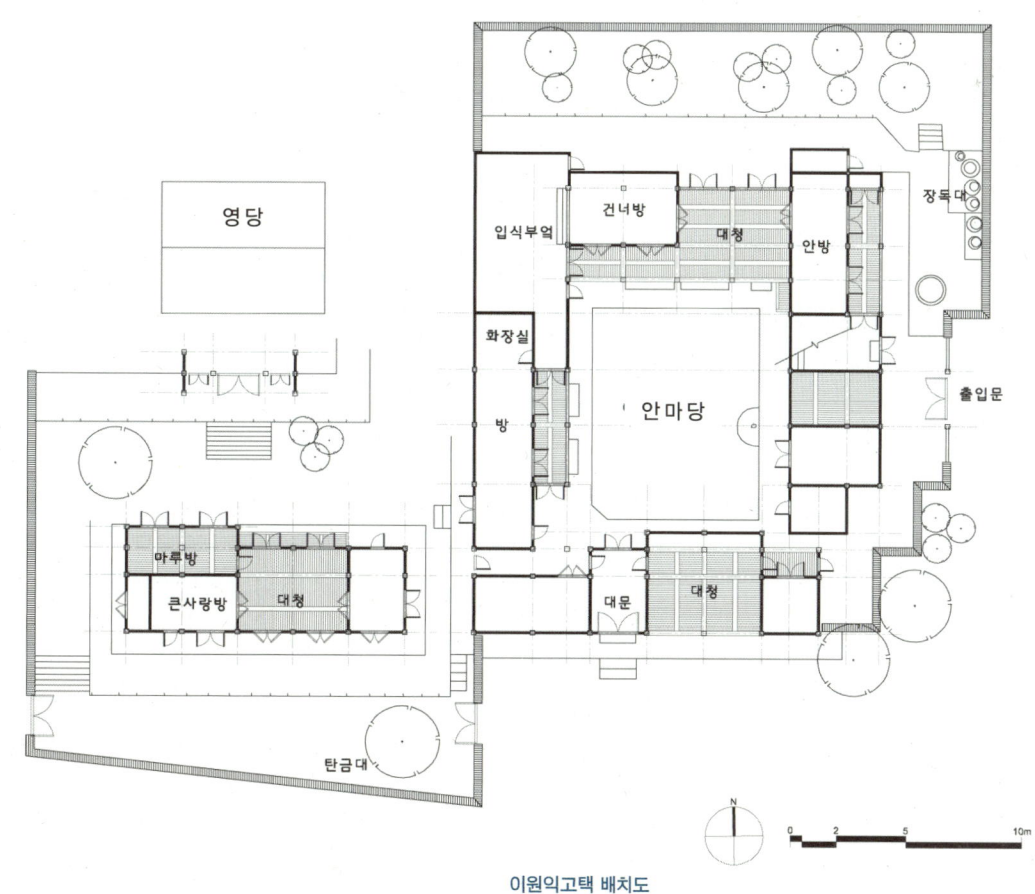

이원익고택 배치도

왼쪽_ 문인석과 무인석의 석물이다.
오른쪽_ 관감당. '청백리로서 귀감이 되어 모든 백성이 보고 느껴야 할 곳'이라는 뜻이다.

지금의 주인인 이원익의 13대 종손인 이승규의 증조부가 집안이 가난해 양자로 와서도 굶자 재산 늘리는 데 힘을 쏟았다. 선진 문명에 밝았던 증조부는 늘 제사를 없애라는 편지를 썼다고 한다. 그래서 종부가 시집 왔을 때 제사가 있기는 했지만, 이 집은 다른 종가처럼 열두 달을 제사 지내는 데 보내지는 않았다.

광명시 소하동 1084번지의 옛 지명은 오리마을이다. 40여 년 전까지만 해도 '시흥군 서면 제일 큰 기와집'이라고만 써도 우편이 들어왔다고 한다. 이 터에는 오리 대감이 말년을 보낸 5칸짜리 집과 종가와 함께 박물관, 서원 등 관련 유적들이 자리 잡고 있다.

이원익고택은 안채는 1917년 증조부가 ㄱ자로 지은 집에 할아버지가 ㄱ자로 증축하여 현재는 ㅁ자형 13칸 가옥

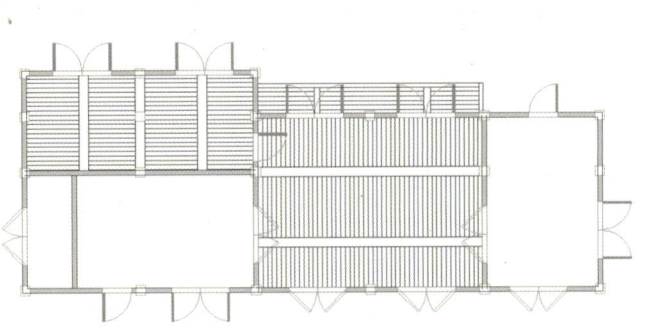

관감당 평면도

위_ 관감당은 정면 5칸, 측면 1칸 반의 홑처마 팔작지붕으로 인조가 초라하게 2칸 초가에서 살던 이원익에게 집을 하사하면서 관감당觀感堂이라는 당호를 같이 내렸다.
아래_ 대청을 중심으로 서쪽에 건넌방이 세 칸, 대청이 두 칸 자리 잡고 있다. 오른쪽에 안방이 두 칸 있고 아래쪽으로 부엌이 세 칸 있다. 현재 모든 툇간에 유리문이 설치되어 있는데 이것은 나중에 설치한 것이다.

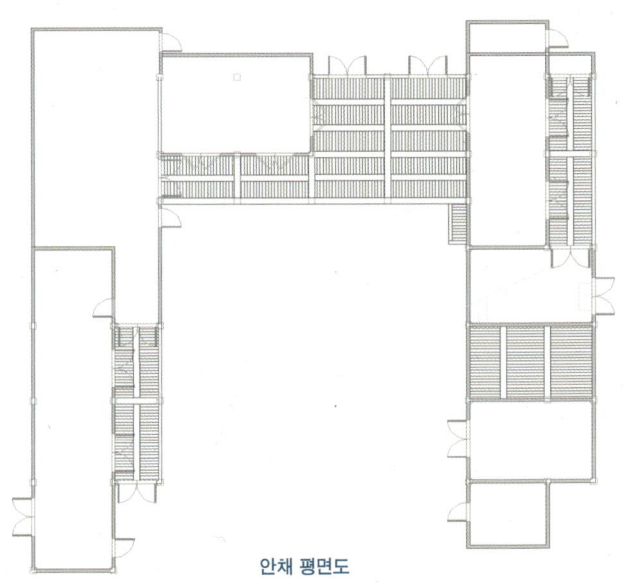

안채 평면도

이다. 종택은 3,000평이 넘는 넓은 대지로 산과 이어져 있어 경사가 시작되기 시작하는 지점 약간 위쪽에 있다. 종택은 특이하게 행랑채가 없는데, 현재 담 밖에 설치된 안내판 위치에 초가로 된 다섯 칸 규모의 행랑채가 있었고 중문간채는 1940년대 다른 집을 옮겨다 고쳐 지었다고 한다. 사랑채인 관감당은 1916년에 지어지고 안채는 다음해에 지었다. 집 구조를 보면 안채나 사랑채 모두 당대의 기법을 보이고 있지만, 기본적으로 사대부 집의 전통방식이 그대로 살아있다.

안채는 ㄴ자형의 중문간채와 ㄱ자형의 안채가 맞물려 튼ㅁ자형 구조를 이루고 있고, 안채로 들어가는 중문간 벽에는 벽돌을 사용했다. 벽돌 재질이 근래 것으로 1980년대 안채 뒤쪽 보일러실을 증축 때 같이 고친 것이다. 중문간채 왼쪽 부분은 안채 쪽으로 3칸 반이 늘어졌는데, 반 칸은 사랑채로 가는 통로가 있고 광 한 칸, 방 두 칸으로 되어 있다.

안채는 1고주 오량집으로 전퇴를 둔 소로수장집이다. 현재 모든 툇간에는 유리문이 설치되어 있는데 이것은 나중에 설치한 것이다. 대청을 중심으로 서쪽에 건넌방이 세 칸, 대청이 두 칸 자리 잡고 있다. 오른쪽에 안방이 2칸이고 안방 아래쪽으로 부엌 2칸 찬모방 한 칸을 늘려 붙였다. 안방과 건넌방 부분은 뒤쪽 처마 밑으로 살강을 들여 수납공간으로 사용할 수 있게 하였는데 구조를 보아서는 후대에 들인 것으로 보인다.

건넌방은 3칸으로 다른 곳에 비하여 규모가 큰 건넌방으로 이루어져 있다. 부엌은 두 칸인데 다른 곳과 달리 찬모방과 같은 높이로 마루를 드려 부엌에서 음식 준비하는 공간으로 활용하도록 하였다. 안채 뒤쪽에는 자연석으로 축대를 쌓아 장독대를 마련해 놓았다. 사랑채 뒤쪽에는 이원익 선생의 영정을 보관한 오리영우悟里影宇가 있는데 이원익 선생을 불천위不遷位로 모시고 있다. 건물은 정면 한 칸, 측면 한 칸 반 규모로 숙종 19년, 1693년에 지었으며, '오리영우'라는 현판은 숙종이 내렸다. 현재의 건물은 19세기 말에 지어진 것이다.

이원익이 우의정, 좌의정, 영의정을 모두 역임한 것을 기념하여지었다는 삼상대三相臺도 있고, 바람으로 목욕한다는 풍욕대風浴臺도 있다. 관감당 뜰에는 4백 년 된 측백나무와 1백 년 이상 된 향나무가 의젓하게 자리 잡고 있다.

1 마당의 디딤돌과 잘 가꾸어진 화초가 푸르다. 벽돌로 만든 화방벽과 회벽이 만들어내는 정갈한 모습 끝자리에 일각문이 곱다.
2 경사지를 잘 이용해 지어 경사가 주는 위계의 멋이 돋보인다.
3 사랑채로 드나드는 반 칸의 협문이 있다.

1 안방 아래쪽으로 부엌 두 칸 찬모방 한 칸을 늘려 붙였다.
2 부엌의 열린 널판문 사이로 바라본 안마당 모습이다.
3 무쇠솥이 걸려 있는 부뚜막 위로 부엌다락이 보인다.

1 자연석으로 쌓은 우물과 장독대가 운치가 있다. 토석담과 어우러져 전통과 현대적인 감각이 만나 또 다른 아름다움을 연출한다.
2 탄금암彈琴岩. 이원익이 앉아서 거문고를 타던 바위다.
3 풍욕대. '바람으로 목욕을 한다는 뜻'을 가진 정자이다.
4 돌담과 토석담의 만남이 고향 같은 받아들임의 미학을 만들어내고 있다.
5 도리 밑으로는 가칠단청을 하고 위로는 긋기단청을 한 사당의 삼문이다.
6 자연석으로 잘 쌓인 석축과 토석담의 만남. 장대석으로 시원스럽게 만들어진 계단. 감나무가 푸르고 푸르다. 물확은 생명을 기르고 싶어 한다.

사대부의 집-기와집 81

사대부의 집-기와집 07

괴산 김기응가옥 金璣應家屋
충북 괴산군 칠성면 율원리 907-10

공간구성의 비밀스런 아름다움, 외벽 장식의 화려함이 돋보이는 가옥

김기응가옥은 공간구성의 비밀스런 아름다움, 외벽 장식의 화려함, 건축 당시 구조물의 보존이 잘되어 있어 전통적 상류주택의 진수를 보여주고 있다. 민가에서는 채용하기 어려운 문양이나 건축양식이 뛰어나고 독특해서 민가건축으로서는 드물게 농축된 아름다움을 보여주고 있다. 김기응가옥은 1982년 중요민속자료 제136호로 지정되었다. 1610년경에 지어진 조선시대 후기의 전형적인 양반가옥으로 1910년경 고종 때 공조참판을 지낸 김기응의 조부 김항연이 사들여 다시 중수하였다. 김기응가옥의 고택 뒷산은 아늑하고 편안한 전형적인 동산의 모습이고 산에는 소나무가 군락을 이루고 있어 집과 멋진 조화를 이루고 있다.

길과 붙여 지은 긴 행랑채의 가운데 솟을대문을 들어서면 바깥마당에 이른다. 솟을대문은 평대문이라고 해도 지나치지 않을 만큼 검소하나 행랑채 벽면의 문양이 시선을 끈다. 토석담 위에 수키와, 수키와 위에 암키와로 모양을 만들었고 그 위는 토담으로 민가에서는 보기 드문 벽체 구성을 하고 있다. 층위별로 퇴적층처럼 결이 곱다. 세월에 퇴색했지만, 아직도 그 여운이 남아 은근한 아름다움을 보여주고 있다.

안으로 들어가면 바깥마당 서쪽에는 광채가 길게 배치되어 있고 동쪽은 공간감을 형성코자 앞의 행랑채가 뒤로 머리를 꼬부렸다. 한 단 높게 마련된 사랑채는 오른쪽으로 바라보면서 왼쪽에 바깥마당으로 향한 문간채 중문을 ㄹ자로 꺾어 들어서면 가운데 마당이 나타난다. 가운데 마당 서쪽에는 중문간채가 몸을 돌려서 ㄴ자로 앉았다. 다시 안채 맞은편에 배치된 광채의 서쪽 칸 중문을 들어서면 안마당에 다다른다. 좁은 길을 걸으며 미로가 보여주는 남녀공간과 신분에 의한 공간구분은 시대의 상황을 훔쳐보는 비밀의 길 같기도 하다.

안채는 안마당을 둘러싸서 ㅁ형으로 배치되고 사랑채는 안 광채 앞에 중문간채와 나란히 배치되었다. 안채 동쪽 날개와 서쪽의 뒤 광채와의 사이에 담장을 둘러 샛마당을 구성했다. 사랑마당은 사랑채 앞에 마련되었는데 바깥마당보

김기응가옥 배치도

왼쪽_ 사랑채와 안채의 광채를 이은 샛담이다.
오른쪽_ 서까래, 초매기, 연함 위에 기와를 얹었다. 지붕 위에 하늘이 담겨 있으니 그늘이 자리를 잡는다. 하늘이 고우니 그늘도 곱다.

안채로 들어가는 중문과 샛담. 여자들의 공간인 안채는 가장 깊숙한 곳에 자리 잡고 있다.

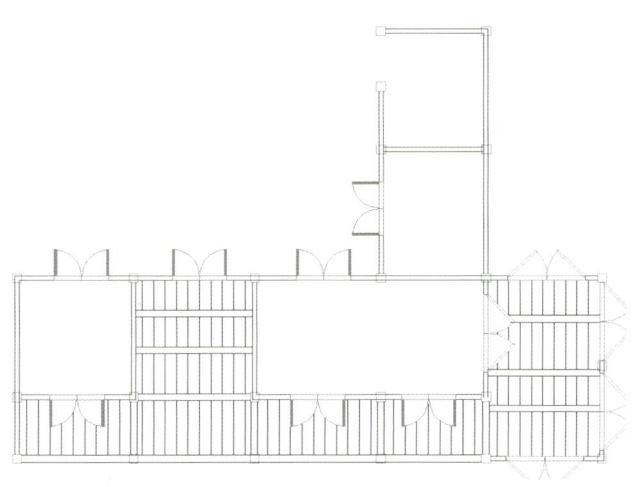

사랑채 평면도

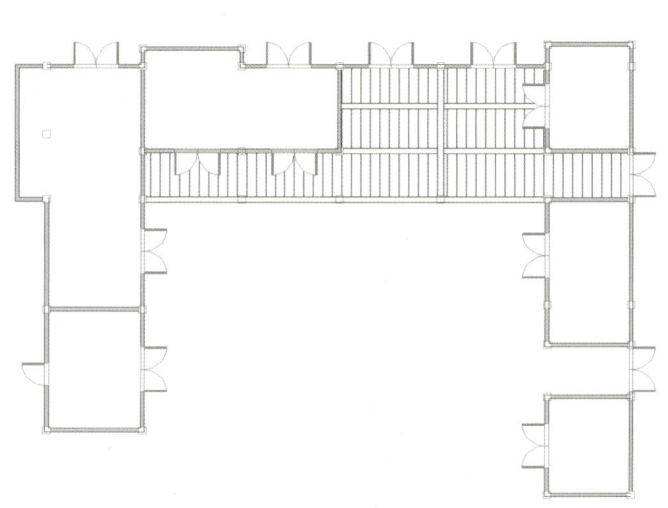

안채 평면도

다 한단 정도 높다. 후원은 사랑채 동쪽에 만들어져 있다. 샛마당과 안마당, 사랑후원과 안마당, 가운데마당과 사랑마당 사이에는 각각 샛문이 설치되어 있어 조선후기의 폐쇄적인 모습을 그대로 보여준다. 문이 주는 개방성보다는 은밀한 소통의 문이었음을 방증한다. 사랑마당과 바깥마당을 일각대문으로 연결하여 외부와의 접촉을 피하는 별당형식의 공간구성을 보인 점은 이채롭다.

안채는 남도방식의 공간구성을 하고 있으며 19세기 초반에 지어진 것으로 추정된다. 안채 서쪽 모퉁이에 세로로 긴 부엌을 두고 안방, 대청, 건넌방의 차례로 배치했다. 안방과 건넌방 앞까지의 사이는 툇마루를 시설했는데 건넌방 앞에까지 연결해서 이동로로 이용하도록 했다. 대청은 마당으로 개방하고 안방과 대청 사이에는 분합문을 설치하여 공간을 구분했다. 부엌 상부에는 뒤의 2칸만 다락을 만들고 헛기둥을 내어서 살강을 설치했다. 살강은 부엌의 부뚜막 및 조리대 위의 벽 중턱에 대나무로 발을 엮거나 통판으로 만들어 밥그릇이나 반찬 그릇을 올려놓고 쓰기에 편리하도록 기다랗게 드리운 간이식 선반이라 할 수 있다.

살강 위에는 밖으로 비를 막기 위해 따로 눈썹지붕을 했고 안방과 건넌방 뒤편에도 헛기둥을 세워 반침을 만들었다.

김기응가옥의 구조는 본채가 1고주 오량가로 날개는 삼량가로 처리했다. 합각부분은 날개 앞까지 합각을 만든 것이 특색이다. 사랑채에는 안채 방향에 부엌, 사랑방, 꺾어져서 대청, 작은사랑을 두었다. 큰사랑채 동쪽에 누마루를 덧달아서 정원을 감상하게 되어 있다.

김기응가옥의 특징은 고급스러운 문양과 공간의 활용에 있어서 담과 문을 이용한 작은 분할에 의한 구성의 특이성에 있다. 건물의 벽에 장식된 건축문양은 장소에 따라 다르고 다양하여 지루하지 않게 한다. 문양도 독특하고 기발하다. 사랑채 후원의 내담 벽은 각종 문양과 장식으로 화려하게 꾸며져 있어 가장 아름답다.

사랑채와 안채의 건물 사이에는 샛담을 쌓아 공간구분을 하였다. 크고 작은 공간들을 나누는 문과 샛담이 연결되어 변화가 많은 공간을 만들어내고 있다. 담과 문이 많아 변화가 많고 지루하지 않으며 비밀스러운 집이다. 하지만, 시대상이 그대로 담겨 있어 그렇게 보일 뿐 품위와 격조가 있는 집으로 미학에 한발을 들여놓은 고택이다.

왼쪽_ 안방과 대청, 건넌방에 툇마루를 설치하여 이동을 편하게 했다.
오른쪽_ 머름 위로 여닫이 세살 쌍창과 용자살 영창의 모습이다.

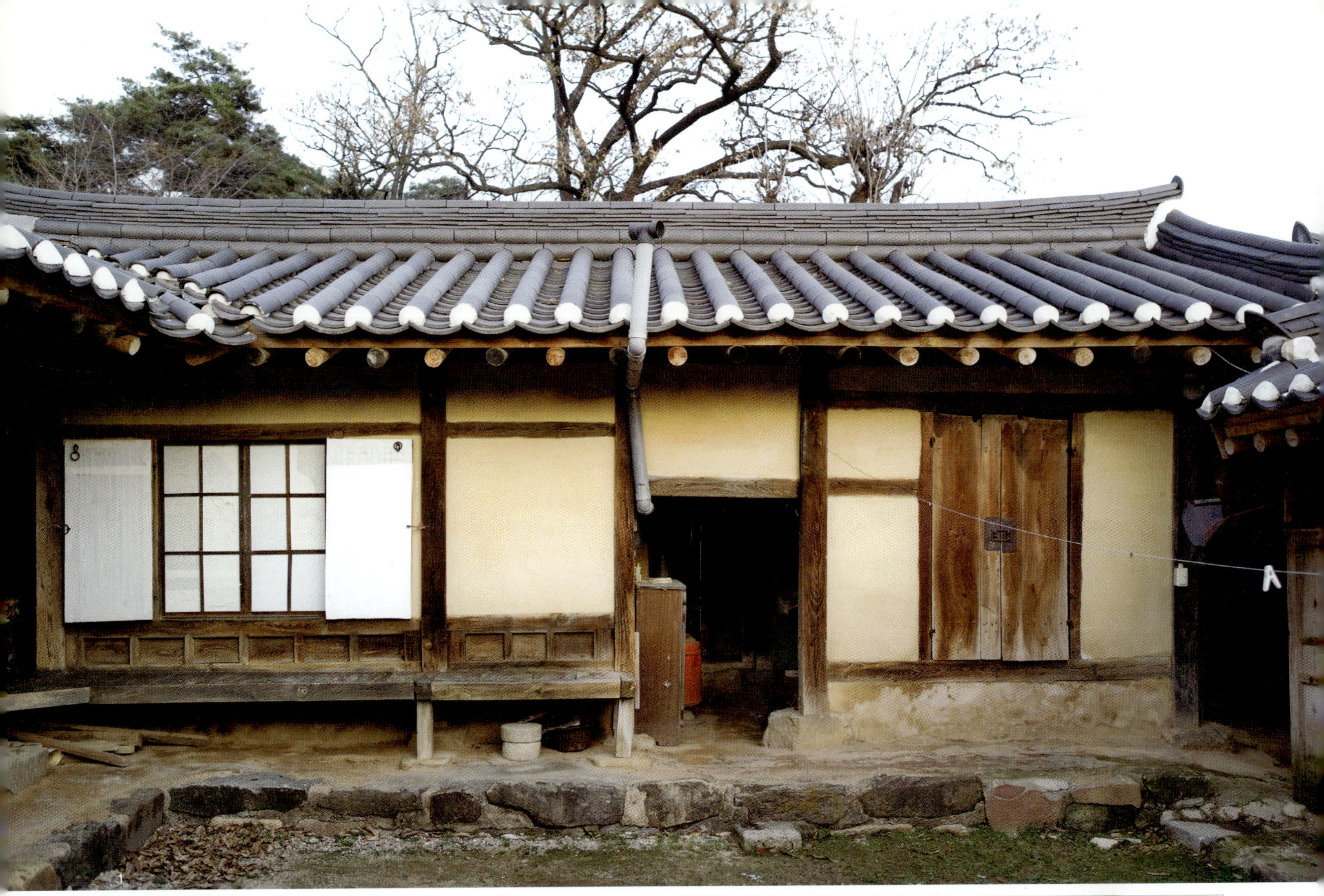

1

2

3

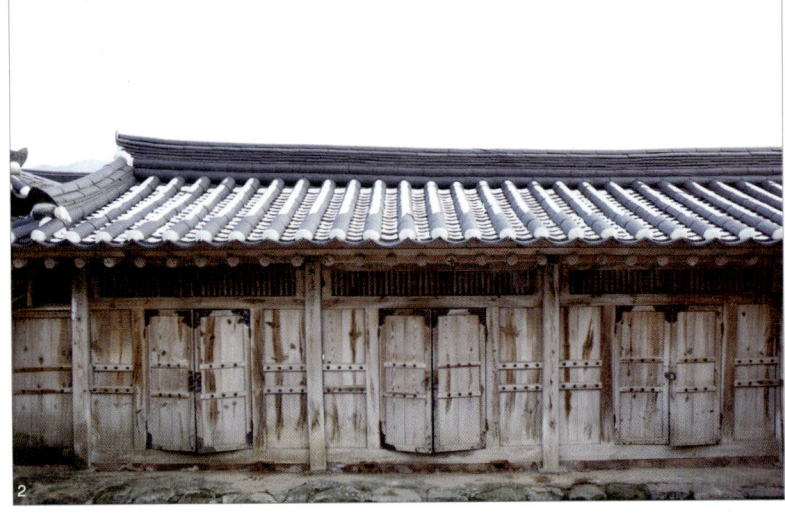

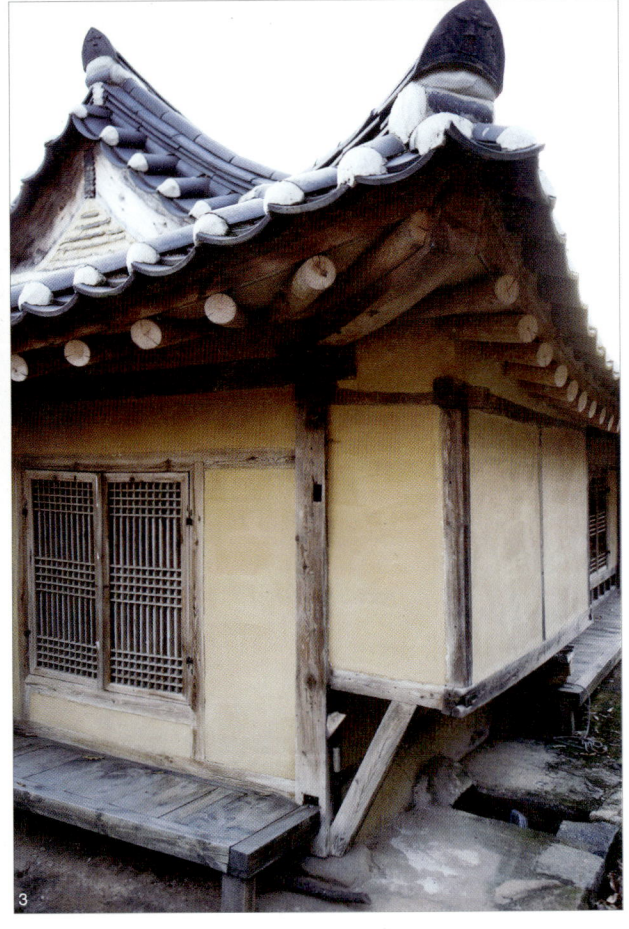

1 아랫방과 대청마루 사이에는 쪽마루를 깔았다.
2 기와지붕의 가지런함과 병렬로 늘어선 곳간의 우리판문이다.
3 건넌방 뒤편에도 헛기둥을 세워 반침을 만들었다.

1 솟을대문. 길과 붙여 지은 긴 행랑채의 가운데 솟을대문을 들어서면 바깥마당에 이른다. 솟을대문은 평대문이라고 해도 지나치지 않을 만큼 검소하게 지었다.
2 안이 밖에서 돌여다보이지 않도록 시선을 차단하기 위해 내·외벽으로 했다.
3 사랑채 옆의 협문 사이로 안채의 중문이 보인다. 사대부 집에서 많이 채용한 공간구획 방법으로 남녀와 신분에 따라 활동공간이 달라 미로처럼 담장으로 공간을 막고 문을 만들어 드나들도록 했다.
4 전돌로 완자무늬를 아로새겼으며 샛마당 광채 벽에는 사랑채에서 바라볼 수 있게 수복壽福무늬를 새기는 등 신경을 많이 썼다.
5 합각을 와편으로 모양을 내었다.
6 큰 자연석으로부터 시작하여 작은 돌로 쌓아 올라가면서 수키와로 문양을 만들었고 그 위에 암키와를 횡으로 쌓았다. 마감을 흙으로 처리하여 은은한 멋을 풍기게 했다.
7 토담에 기와를 얹어 흙의 무너짐을 방지하고 있다. 토속적인 투박함이 따뜻하게 느껴진다.

사대부의 집-기와집 87

사대부의 집-기와집 08

괴산 청천리고가 靑川里古家
충북 괴산군 청천면 청천리 76

권위와 위세가 보이는 높이와 규모의 집으로 송시열가문의 종가이다

집은 위세 있게 높고 크게 지었으나 주변 산세는 부드럽고 안온하다. 부르짖음이 아무리 커도 숲은 흔들리지 않고 산은 움직이지 않는다. 사람 사는 세상에 소슬바람이 불어가고 집은 소슬바람 지나는 길을 내어 놓는다. 한옥은 자연을 거스리지 않고 자연과 소통하는 집이다.

청천리에 자리 잡은 고가는 충북양로원으로 알려진 집이었으나 현재는 새로운 건물을 지어 양로원은 이전하고 양로원 사무실로 이용하는 고풍스러운 집이다. 구한말에 충청감사를 지낸 송시현이 별당으로 지었다고 전한다.

사대부 집이라고 해도 집을 지을 때 금지된 것들이 있었다. 헌데 청천리고가는 이러한 금지된 것들을 건축에 적극적으로 받아들인 것으로 보아 중앙정부의 통제가 느슨해진 시기에 지어진 집이기에 가능했다. 사랑채에 사용된 보아지와 종도리와 뜬창방 사이에 조각한 화반과 문양을 도입했기 때문이다. 목재에 문양을 넣거나 조각을 한 것은 사찰이나 궁궐과 왕 혈족의 집에서만 사용할 수 있었다.

현재 남아 있는 건물은 사랑채, 안채, 광채 및 후원에 있는 사당이지만, 문간채 앞쪽에 마당이 있었고 그 앞에 행랑채가 따로 있었다고 한다. 일반가옥은 배치가 수직적인 모습을 보이며 사랑채 안쪽에 안채가 자리하는 것이 일반적인데 청천리고가는 좌우 대칭구조를 보이고 있고 평면이 ㄷ자형으로 규모가 비슷한 안채와 사랑채가 병렬로 배치되어 있다. 뒤뜰 산 아래에 사당도 마찬가지로 특이하게도 안채와 사랑채를 가르는 중간에 있다.

사랑채의 높이가 높고 위세를 보일 정도로 커 이 집주인은 권위적인 사람이지 않았나 싶다. 청천리고가는 과시적인 면이 보인다. 청천리고가는 우암 송시열가문의 종가로 6대가 거주했던 송씨 가문의 종가다. 그만큼 위세와 권위가 보이는 집이다.

청천리고가 사랑채는 정면 6칸 측면 4칸의 ㄷ자형 집이다. 측면의 한 칸이 앞으로 두 칸씩 돌출되어 ㄷ자 형태를 하고 있다. 본채는 팔작지붕이고 돌출된 부분은 우진각지붕으로 되어 있다. 하나의 본채에 두 지붕양식이 있는 특별한 모습이다. 사랑채는 전후퇴집인 2고주 오량가다. 일반적인 전후퇴집의 경우 가운데 앞에는 한 칸, 뒤에는 반 칸을 들이고 본채가 측면 두 칸으로 되어 있는데, 이 사랑채는 본채가 두 칸 반으로 칸도 넓게 잡혀 있어 건물이 상대적으로 더 크게 보인다.

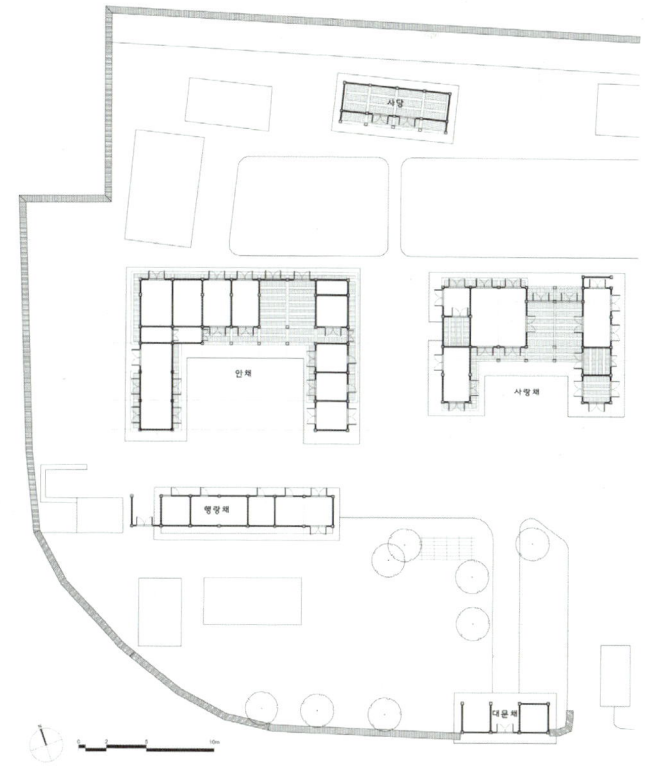

청천리가옥 배치도

왼쪽_ 기단의 단정함과 홑처마 귓기둥이 단아하면서도 품위가 있다.
오른쪽_ 한 말에 충청감사를 지낸 송시현이 별당으로 지었다고 한다. 충북양로원으로 지정되었다가 2007년 괴산 청천리고가로 지정명칭이 변경되었다.

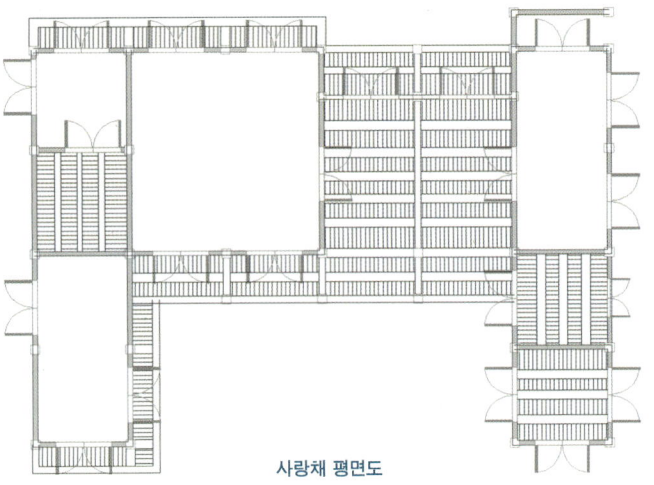

사랑채 평면도

위_ 사랑채는 전면 6칸 측면 4칸의 전후퇴집으로 측면 앞으로 두 칸씩 돌출되어 ㄷ자형의 2고주 오량가다.
아래_ 안채마당 한가운데 장독대가 자리 잡고 있다. 장독대는 정주하는 사람에게 안정과 여유를 제공해준다.

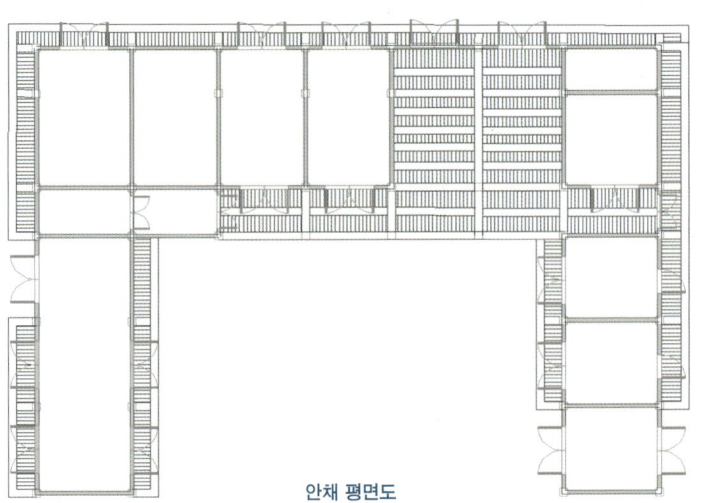

안채 평면도

사랑채는 잘 다듬은 두벌대의 기단에 우뚝 솟아 있는 사랑채의 가운데 4칸 중 우측 2칸이 대청이고 좌측 두 칸은 방으로 꾸몄다. 사랑채 중 큰사랑방은 모두 4칸의 규모인데 이는 깊이가 1칸 반의 규모로 되어 있는 대청보다 더 넓은 규모이다. 큰사랑방은 4칸 규모임에도 가운데 기둥을 빼고 지었다. 큰사랑방의 크기가 대청보다 더 커 큰사랑방을 넓게 쓰려 한 것으로 보인다. 남성 중심적인 면이 다른 집보다 컸거나 바깥주인의 활동이 매우 큰 집안이었던 것으로 보인다. 찾아오는 사람이 많은 종가다운 발상에서 비롯된 것으로 보인다.

사랑채의 북쪽 코너 한 칸은 방으로 들였고 남쪽으로 다락이 설치되었다. 다락 하부에는 아궁이가 있다. 이 방은 큰사랑의 주인을 위한 내실로 보인다. 사랑채의 건넌방 쪽은 방, 마루, 누마루의 순으로 되어 있다. 사랑채답게 누마루를 앞에 배치하였다. 건넌방 뒤쪽으로는 반의 반 칸을 기둥 밖 처마 밑으로 내밀어 건넌방을 위한 다락을 두었다.

사랑채의 구조가 매우 특이하다. 대들보 위에 종보를 올렸는데 종보가 대들보 위에 타는 것이 아니라 고주 윗부분에 걸렸다. 또한, 대들보도 같은 고주에 걸쳐 있는데 대들보의 높이가 퇴보와 같아 맞보형식이 되어 버렸다.

조선에서 낙엽이 진 후 서릿발 같은 유학자인 송시열이 가지는 무게는 묵중하다. 당대 최고의 유학자였으며 동국 18현에까지 배향된 송시열이 마지막 노년을 보낸 이 집은 6대에 걸쳐 이어 살아온 종가로서의 명망도 잃고 일부분이 유실된 채로 자리를 지키고 있다. 의리를 내세우다 귀양을 가는 꼬장꼬장한 지조론은 사라졌지만, 송시열이 살던 집은 아직도 건재하다.

왼쪽_ 사랑채로 본채는 팔작지붕이고 돌출된 부분은 우진각지붕으로 되어 있다. 하나의 본체에 두 지붕양식을 가진 특별한 모습이다.
오른쪽_ 자연석과 암키와 와편으로 막은 고막이벽에 널판문으로 수장고를 만들었다.

1 좌·우측에 한 칸씩 행랑이 있는 평대문으로 '충북양로원'이라는 간판이 붙어 있다.
2 불발기창 위로 굵은 대들보와 판대공이 보인다.
3 누마루 삼면에 머름 위로 각각 네 짝의 세살분합문을 달고 천장은 선자서까래로 했다.
장인과 집주인의 만남이 품위와 격조가 있는 짜임새 있는 한옥을 짓게 했다.

1 들어걸개문. 문을 접어 포개고 들어 올려 서까래에 고정해 늘어트린 걸쇠에 걸면 안과 밖이 따로 없는 하나의 공간이 된다.
2 화반에 문양을 넣거나 조각을 하는 것은 민가에서는 금지되었으나 조선 후기에 들어 산분칠서가
무너지기 시작하고 통제가 느슨해지면서 가능했을 것이다.
3 장혀는 판대공에도 걸리는데 위로부터 종도리, 장혀, 소로를 받는 화반, 뜬장혀의 독특한 구조이다.
4 연등천장으로 판대공이 도리와 서까래의 만남을 주선하고 있다.
5 사랑채와 안채를 드나드는 중문으로 일각문이다. 바람도 드나들고 햇살도 슬쩍 넘나든다.
6 전돌과 회벽으로 만든 전축굴뚝이다.
7 빈지널의 판벽 사이로 널판문을 달고 환기를 위해 세로살 붙박이창을 설치했다.

사대부의 집-기와집 09

구례 운조루 雲鳥樓
전남 구례군 토지면 오미리 103

조선의 건축을 맡아서 한 큰 장인으로 마음의 품도 큰 운조루의 주인, 유이주

운조루는 규모가 큰 만큼 마음의 넉넉함도 함께 갖춘 집이다. 운조루를 지은 유이주는 운조루 터를 닦으면서 '하늘이 이 땅을 아껴두었던 것으로 비밀스럽게 나를 기다린 것'이라고 기뻐했다고 한다. 운조루는 유이주의 작품이자 집으로 유이주는 조선의 큰 건축을 맡아 일한 장인으로 건축의 미적 안목을 가진 인물이었다. 유이주는 수원화성과 남한산성, 상당산성, 낙안읍성 등 주로 성곽 건축과 궁궐 공사를 담당했던 사람으로, 낙안군수로 부임하면서 구례에 운조루를 지었다.

운조루에는 특별한 점이 둘 있다. 대문 위에 걸려 있던 호랑이 뼈와 커다란 나무뒤주다. 대문 위의 호랑이 뼈는 유이주가 한양으로 가던 중 잡은 호랑이인데 호피를 왕에게 진상하니 백호장군이라는 벼슬을 내렸다. 지금은 호랑이 뼈를 훔쳐가 없어졌지만, 의미는 퇴색되지 않고 여전하다. 기개와 배짱이 있는 인물이었다. 운조루의 격을 살린 것은 무엇보다 뒤주에 있다. 뒤주는 곡식을 담아 두는 세간 중 하나로 실생활뿐 아니라 먹을거리의 상징적인 의미가 큰 살림도구였다. 먹을 것이 없어 굶는 사람이 흔하던 시절에 운조루를 지은 유이주는 안채와 사랑채 사이에 곡식이 닷 섬

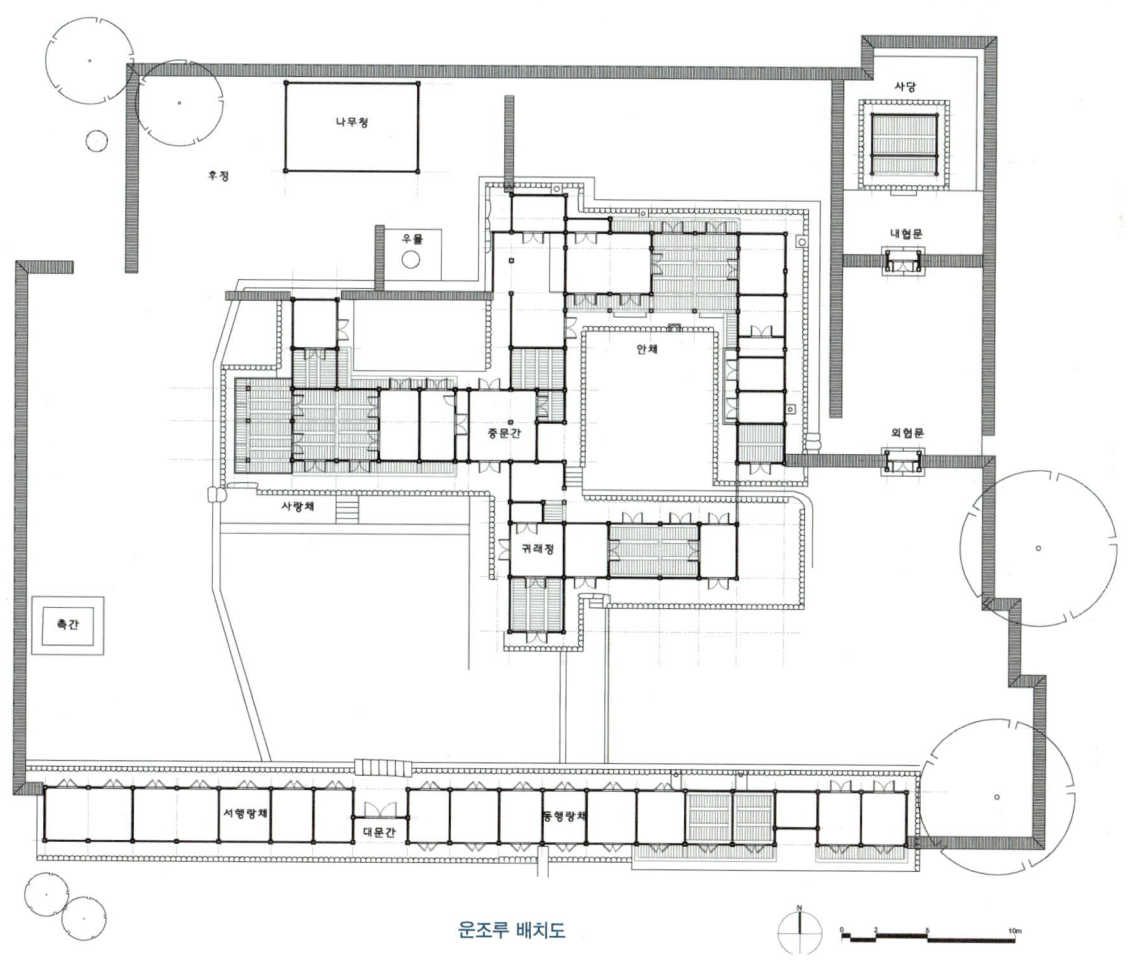

운조루 배치도

왼쪽_ 쪽마루의 받침을 횡으로 하나를 덧대었다. 두 겹으로 묵중함을 느끼게 한다.
오른쪽_ 운조루 편액. 운조루는 도연명이 지은 귀거래혜사歸去來今辭에서 따온 글귀이다. 이 택호는 「구름 속이 새」처럼 '숨어 사는 집'이란 뜻과 함께 「구름 위를 나는 새가 사는 빼어난 집」이란 뜻도 지니고 있다.

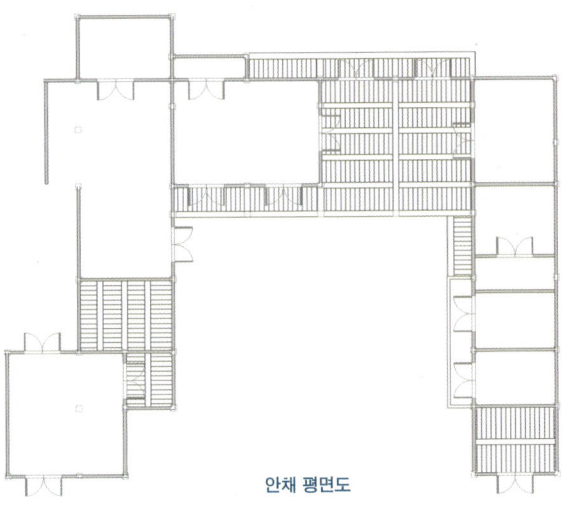

안채 평면도

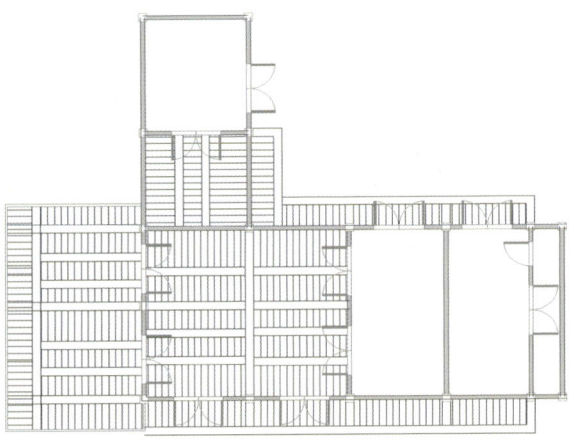

큰사랑채 평면도

위_ 안채는 높이 약 60cm의 활석을 쌓아 올린 기단 위에 있으며, 초석은 큰 괴석을 사용하였다. 전면 마루 끝에 선 것은 둥근기둥이고 나머지는 모두 사각기둥이다.
아래_ 삼량가로 큰사랑채 누마루에서 마루방을 바라본 모습으로 세 짝의 분합문을 설치했다.

들어가는 커다란 뒤주를 두고, 곡식을 꺼낼 수 있는 구멍을 만들어 그 위에 '타인능해他人能解'라 적어 두었다. 타인능해란 '바깥사람만이 뒤주를 열 수 있다.'라는 뜻이다. 이웃의 가난한 사람들이 언제든지 운조루에서 곡식을 먹을 만큼 꺼내 가라는 것이다. 유이주는 아들과 며느리에게 나눔의 미덕을 가르치고, 뒤주에 곡식이 떨어지지 않도록 보살피라고 일러뒀다. 받는 사람이 부끄러워하지 않도록 이 뒤주가 있는 곳에는 안사람들이 출입할 수 없도록 하기까지 했다.

운조루는 1776년, 정조 때 유이주가 전라남도 구례군 토지면 오미리에 지은 대저택으로 집의 구성은 T자형 사랑채, ㄷ자형 안채가 중문간, 행랑채 등과 서로 연이어 있고 사당이 동북쪽에 있다. 유이주에 의해 창건된 운조루는 7년간의 대공사를 거쳐 완공될 만큼 규모가 대단했다. 조선시대 대군들이 지을 수 있었던 60칸을 넘어 99칸 규모였다. 유이주가 두 아들에게 재산을 물려줄 당시의 기록에 의하면 78칸이라고 돼 있으나, 기타 친인척들의 거처를 위해 만들어졌던 방을 생각하면 1백 칸은 족히 되었던 것으로 추정되고 있다. 그러나 2백여 년의 세월이 흐르면서 오늘날에는 60여 칸만이 전해진다.

사랑채는 큰사랑, 아랫사랑채로 나뉘고 주인은 큰사랑채에 거처하면서 손님을 맞거나 손님을 재웠다. 큰사랑채 서쪽에 세 방향이 트인 누마루가 있다. 이 사랑채에 이산루二山樓, 족한정足閒亭, 운조루雲鳥樓, 귀만와歸晩窩 등 편액이 걸려 있다.

큰사랑채에 이어서 ㄱ자형으로 대문 쪽으로 지은 아랫사랑채에 누마루가 있고 이곳을 귀래정歸來停이라 했고 아랫사랑채는 농월헌弄月軒이라고 했다. 안채는 사랑채 사이의 중문을 통해 들어간다. 부엌과 찬간, 곳간, 대청들이 一자형의 모양으로 배치되어 있다. 행랑채는 대문을 중심으로 남쪽 담장 대신 18칸이 일직선으로 늘어선 행랑채의 위엄이 크다. 지금은 헛간과 창고, 마구간 등으로 쓰이지만 옛날에는 노복들이 살았다. 솟을대문 동쪽으로 작은 문이 있어서 옛날에는 안주인이 출입했다.

운조루는 도연명이 지은 귀거래혜사歸去來兮辭에서 따온 글귀이다. 이 택호는 '구름 속의 새 처럼 숨어 사는 집'이란 뜻과 함께 '구름 위를 나는 새가 사는 빼어난 집'이란 뜻도 지니고 있다.

운무심이출수 雲無心以出岫
구름은 무심히 산골짜기에 피어오르고,
조권비이지환 鳥倦飛而知還
날기에 지친 새는 돌아올 줄 안다

문구에서 첫머리 두 글자를 취해 운조루雲鳥樓라 이름을 지었다. 벼슬을 버리고 오미동을 찾은 유이주의 심정을 읽을 수 있는 부분이다. 집의 크기에 비해 장식적인 면이 적어 대범한 면이 보인다. 행랑채를 일렬로 길게 늘여놓아 무인다운 당당함이 보이며 뒤주에서 보이는 마음의 베풂이 크고 활달했음을 운조루에서 확인한다. 사대부 집의 전통을 보이는 집으로 안채와 사랑채의 출입문이 별도로 있으면서도 안채에 안사랑채가 별도로 있는 점도 특이한 점이다. 명가는 마음의 자리가 낳은 집임을 본다.

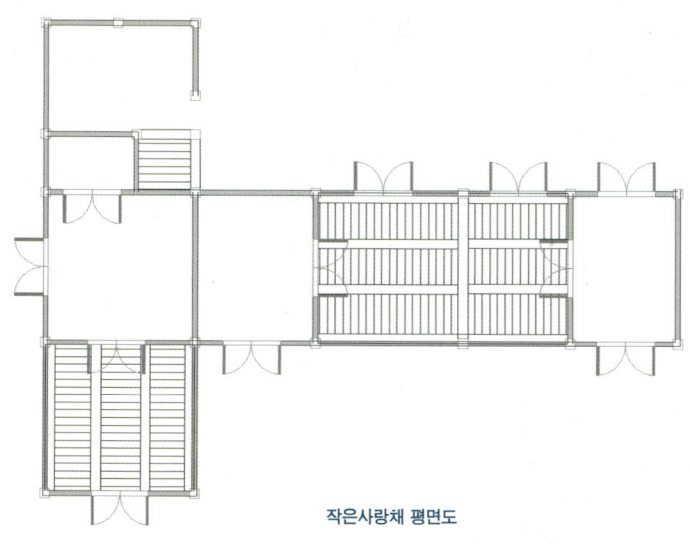
작은사랑채 평면도

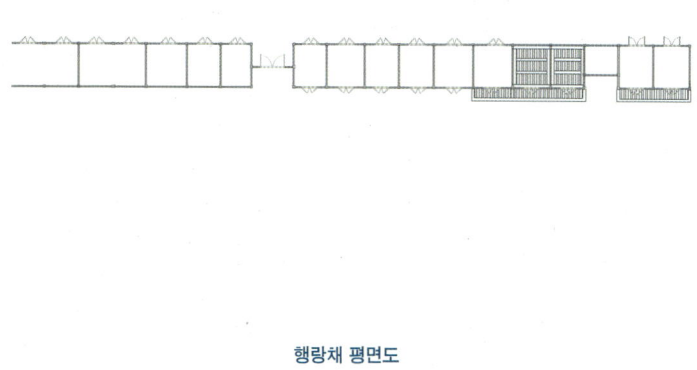
행랑채 평면도

1 안채 대청에서 다락방으로 연결되는 나무계단과 난간을 설치했다.
2 누마루가 아닌 이층구조로 한 것도 한옥에서 보기 드문 경우지만, 2층에 난간을 두고 독립된 공간으로 이용한 면이 특이하다.
3 안채의 대청마루로 홍예진 대들보 위에 도리를 얹은 오량가다.

1 홑처마로 천장을 높여 2층에 수장고를 들였다.
2 안채에서 부엌으로 통하는 문을 널판문으로 했다. 고미반자 위로 다락을 설치했다.
3 홍예진 충량 위로 추녀와 선자서까래가 모이는 합각부분을 간편하게 널판으로 마감하였다.
4 사랑채 누마루에서 올려다본 선자서까래의 모습이다.

1 활주 뒤로 보이는 토석담이 풍경을 자아내고 있다.
2 길게 만든 계자다리에 두 개의 난간대를 두르고, 난간청판과 하협에는 장식을 위한 꾸밈이 보인다.
3 대문과 행랑채 남쪽 마당 건너에 연당이 있는데, 원래는 약 200평 되던 것이 지금은 일부만 남아 있다. 연당은 맞은편에 보이는 오봉산伍峰山 삼태봉三台峰이 화산이어서 화기를 막기 위한 것으로 전한다.
4 안마당 모퉁이 장독대에 옹기종기 모여 머리를 맞대고 키를 맞춰 서 있다.

1 울타리 안쪽에서 공간을 분할하기 위해 쌓은 내담으로 옆에 사람이 다닐 만큼의 공간이 생겼다.
2 중간문에 곡식이 닷 섬 들어가는 커다란 200년 된 뒤주가 있다. 곡식을 꺼낼 수 있는 구멍을 만들어 그 위에 외부인만이 이 쌀독을 열 수 있다는 뜻의 '타인능해他人能解'라 적어 두었다. 이웃의 가난한 사람들이 언제든지 곡식을 먹을 만큼 꺼내 가리라는 뜻이다.
3 벽체에 그을음이 끼는 것은 뒷전으로 하고 억지를 부린 것인지 넉넉함이 넘친 해학인지 모를 까치발이 서 있다.
4 문둔테. 못생긴 것도 가져다가 제 몫을 하고 잘 생긴 것은 잘생긴 대로 제자리를 찾아주어 전체를 화합하게 하는 어울림이 한옥이다.
5 재목의 휜 모습이나 자연석초석으로 사용한 것이나 쓸모없는 것이 없음을 보여준다.
6 원산. 문짝이 밖으로 밀려나가는 것을 막도록 자연석으로 원산을 만들었다.
7 활주초석. 다듬어진 것과 자연 그대로의 돌이 만나 조금은 어색하다. 다름을 천연덕스럽게 받아들이는 미덕은 자연주의에서 비롯되었다고 쉽게 이야기하지만, 한국인의 천성이기도 하다.
8 대문 옆에 문지기가 쓰던 문이다. 널판문으로 덧창을 대었다.

사대부의 집-기와집 10

남원 몽심재 夢心齋 전북 남원시 수지면 호곡리 796-3

노비와 종들을 위해 마련한 정자, 요요정樂樂亭이 있는 몽심재

몽심재는 조선후기 전북지방 상류의 전형적인 가옥형태를 잘 보전하고 있다. 조선 숙종 20년, 1700년에 박동식이 산을 뒤로한 터에 세웠다. 몽심재는 조선시대의 건물 중에 특이한 점이 보인다. 신분의 상하구별이 엄격하던 조선시대 유교사회에서 하인들을 배려한 정자를 만들었다는 점이다. 엄밀히 말하면 대청이지만 난간 손잡이가 마련되어 있어서 정자의 모습을 갖추고 있다. 정자가 아니라고 하더라도 하인들을 위한 공간을 별도로 만들었다는 것은 주인의 사람에 대한 파격적인 생각을 읽을 수 있는 부분이다. 사람의 근본에 위아래가 없음을 간파한 것이다. 이 정자의 이름이 '요요정樂樂亭'이다. 윗사람을 배려하는 일은 살아남기 위한 방법론에서 출발하지만, 아랫사람에 대한 배려는 인본에서 나온다. 사람 위에 사람 없고, 사람 밑에 사람 없다는 진리를 실생활에 들인 인물이 아니면 가능하지 않다.

솟을대문을 바라보았을 때 대문 좌우측에 문간채가 있다. 문간채는 대문 옆에 붙어 있는 방으로 하인들이 거주하는 공간이다. 몽심재는 대문의 오른쪽 문간채에 대청이 한 칸 더 설치된 특이한 구조로 지어졌다. 가로세로 3m 정도 크기의 대청으로 난간 손잡이까지 마련되어 있어서 정자와 같은 형태의 요요정은 하인들의 휴식을 위한 전용 공간이다. 아랫사람들을 위한 별도의 정자를 설치한 사대부 주택은 몽심재가 전국에서 유일할 것이다.

몽심재는 지리산 서쪽 기슭에 자리 잡은 조선시대 후기의 집으로 주변에 넓은 들이 있어서 물산이 풍부한 곳이다. 집은 트인 ㅁ자형으로 경사진 곳에 사랑채와 중문채의 높이를 서로 다르게 하여 배치하였다. 솟을대문이 우뚝 선 문간채는 서쪽 칸에 마루를 깔았고, 동쪽에는 방 2칸, 마루 1칸의 요요정이 있다. 행랑채의 북쪽, 높이 쌓은 기단 위에 사랑채가 있다. 사랑채는 서쪽부터 4칸은 방이고 다섯째 칸은 마루방이며, 둘째 칸 후면에는 아궁이가 설치되어 있다. 셋째 칸에는 '몽심재'라는 현판이 걸려 있다. 몽심재는 이 집주인의 정신적인 중심이 되는 곳이다. 안과 밖을 아우르는 곳에서 손님을 맞고 세상을 이야기하는 교우의 장소

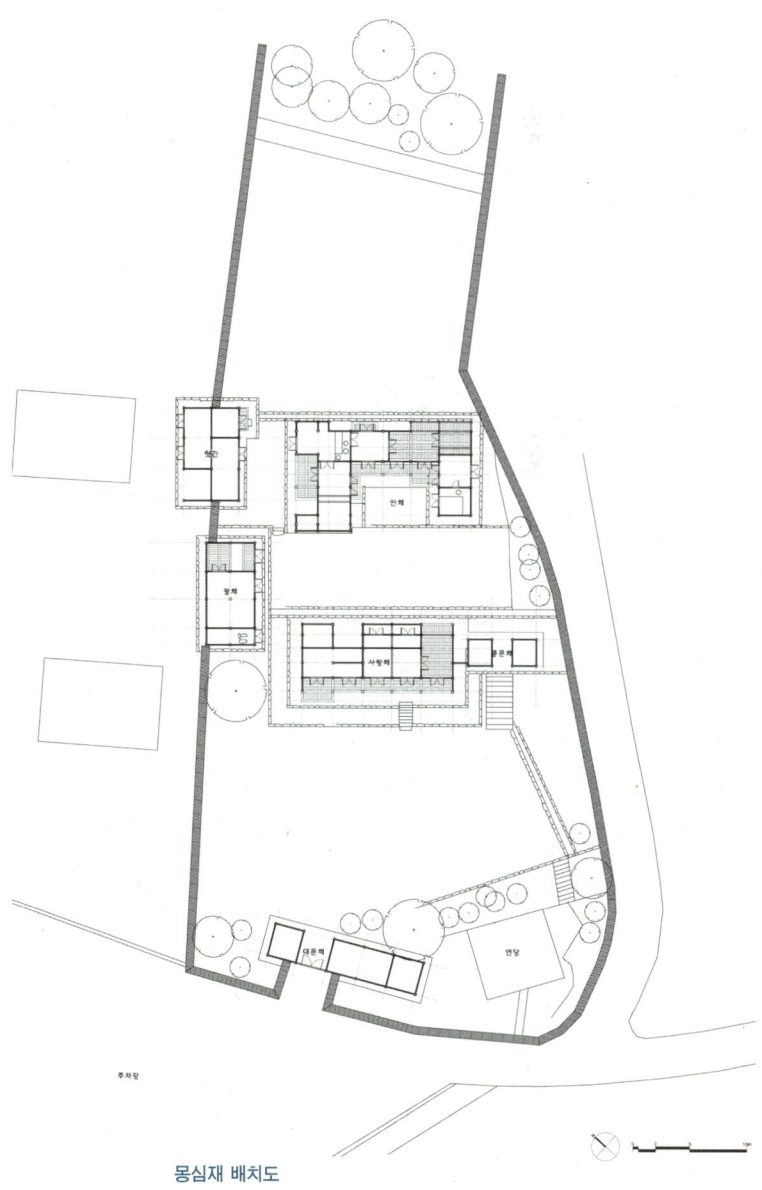

몽심재 배치도

왼쪽_ 사랑채를 언덕 위로 올라간 지점에 지었다. 그렇게 해도 부족한 부분은 기단으로 보완했다. 높은 축대 위에 자리 잡아 시원하고 당당한 모습을 지녔다.
오른쪽_ 몽심재 편액.

위_ 사랑채는 정면 5칸, 측면 2칸의 홑처마 팔작지붕으로 서쪽부터 4칸은 방이고 다섯째 칸은 마루방이며, 둘째 칸의 후면에 아궁이가 설치되어 있다.
아래_ ㄷ자형의 안채에 사랑채와 중문채가 ―자형으로 복합되어 부설된 듯이 보이나 산곡山谷의 폐쇄형 ㅁ자형이라고 보는 것이 타당하다.

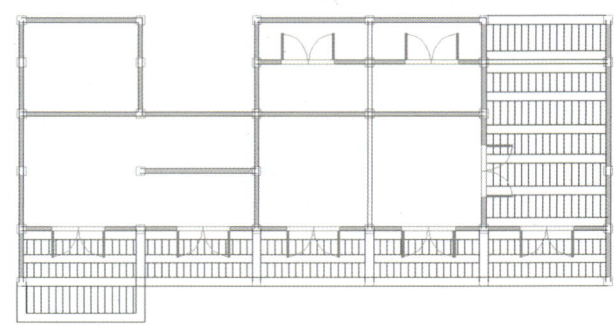

사랑채 평면도

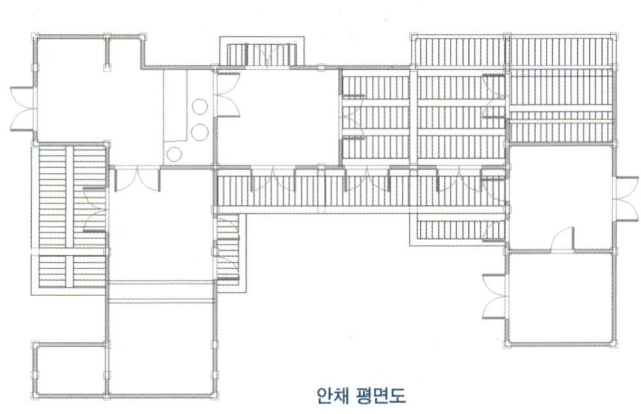

안채 평면도

로 학문의 장소이기도 하다. 몽심재의 특별한 점은 기둥을 팔각형으로 다듬었다는 것이다. 팔각형 기둥이나 원형기둥은 민가에서는 채용할 수 없었다. 또한, 기둥 밖으로 장마루로 덧대어 마루를 확장시킨 점이 특이하다. 정면과 뒷면 양쪽으로 쪽마루와 문이 설치되어 있다. 정면과 뒷면을 모두 사용하는 형태가 되어 실내면적이 많이 늘어난다. 5칸 건물이지만 앞뒤에 마련한 마루로 늘려 실제 사용 가능한 면적은 10칸이다. 사랑채의 동쪽에는 3칸의 중문채가 있는데 가운데 칸에 문이 달렸고, 문 앞에 자연석계단이 설치되어 있다. 몽심재 터는 앞산이 앞을 가로막아서 약간 답답해 보인다. 전체적으로 잘 어우러진 터로 안온하지만, 앞이 훤히 트인 맛이 부족하다. 이를 보완하기 위하여 집터를 되도록 높은 지점에 잡아야 했다. 몽심재의 사랑채는 언덕 위로 올라간 지점에 지어졌다. 그렇게 해도 부족한 부분은 기단으로 보완했다. 몽심재는 높은 축대 위에 자리 잡아 시원하고 당당한 모습을 지녔다. 안채보다 사랑채인 몽심재가 규모에서도 훨씬 크고 당당하다. 몽심재에 올라가는 계단도 5계단이나 된다. 궁궐이나 사찰을 제외한 민가에서는 기단을 2단 이상으로 할 수가 없었다.

안채는 사랑채의 북쪽에 있으며 방과 대청을 중심으로 서쪽에는 2칸의 부엌이 있는데 1칸은 방이다. 방의 서쪽에는 1칸의 툇마루가 있다. 이 부분이 서쪽 날개에 해당된다. 동쪽 날개에는 2칸의 대청이 있으며, 그 옆으로 마루를 깐 방이 있고, 그 아래 방이 1칸 있다. 맨 밑에는 아궁이가 있는 아래층과 다락처럼 구성한 2층으로 되어 있었다.

대청 앞쪽에는 문을 설치하였는데, 이것을 통해서 이 지역에도 대청 앞쪽을 폐쇄하는 유형이 분포되어 있음을 보여주는 좋은 사례가 되는 건물이다. 집은 전체로 보아 트인 ㅁ자형이다. 급한 산기슭의 경사를 이용하여 안채와 사랑, 중문채를 따로 설치하여서 높이가 서로 달라졌다. ㄷ자형의 안채에 사랑과 중문채가 一자형으로 복합되어 부설된 듯이 보인다. 하지만 산곡山谷의 폐쇄형 ㅁ자형이라고 분류하는 것이 타당하겠다.

하인에게도 당당하게 쉴 공간을 마련한 열린 조선 선비의 마음을 담은 몽심재는 어느 곳보다도 당당하다. 몽심재는 사람의 근본은 다르지 않음을 행동으로 실천한 가옥구조를 가졌다는 점이 무엇보다 특별하고 그 인본의 가치가 빛나는 집이 몽심재다.

왼쪽_ 사랑채의 좌측 한 칸을 고상마루로 하고 전면에 계자난간을 설치해 누마루의 형식을 갖췄다.
오른쪽_ 기둥은 팔각기둥으로 하고 툇마루는 우물마루로 했다.

1 툇마루로 마치 궁궐의 회랑을 보는 듯 멋지게 구성하여 우물마루와 팔각기둥의 질서가 돋보인다.
2 문울거미를 짜고 긴 널판을 끼워 만든 우리판문이다. 반 칸의 미닫이 우리판문으로 툇마루를 막으면 마루방이 열리고, 마루방을 막으면 툇마루가 열리는 구조이다.
3 자연석초석 위에 장마루를 받친 까치발이 귀엽다.
4 우물마루 바깥쪽에 장마루를 덧대었다.

1 고상마루에 풍혈과 난간대를 한 계자난간을 설치했다.
2 사랑채의 동쪽에는 3칸의 중문채가 있는데 가운데 칸에 중문이 달렸고, 중문 앞에 자연석계단이 설치되어 있다.
3 중문을 통해 바라본 안채에 있는 와편굴뚝이다.
한옥의 아름다움 중 하나가 문 안에 들어오는 풍경이다.
4 지붕 밑 공간을 이용하기 위하여 눈썹처마를 얹고 외벽을 넓혔다.
5 대문의 오른쪽 문간채에 대청을 한 칸 더 설치한 요요정은
가로세로 3m 정도 크기로 난간까지 마련한 정자와 같은 형태로
하인들의 휴식을 위한 전용 공간이다.
6 민가에서도 많이 볼 수 있는 익공식으로 익공을 직절한 직절익공이다.

사대부의 집-기와집 11

논산 명재고택 明齋古宅
충남 논산시 노성면 교촌리 306

초가에 살기를 고집하고 벼슬을 거부한 '백의정승' 윤증의 집

윤증은 죽은 뒤에 제사상의 크기는 가로세로 3자 90cm로 미리 정해 놓았다. 과분한 상차리기를 하지 말라는 당부였다. 지금도 명재고택에 가보면 3자 안 되는 제사상이 남아 있다. 윤증은 청렴의 철학과 성리학의 이념을 실천한 처사다. 처사는 벼슬을 하라고 해도 하지 않고 초야에 묻혀서 공부하는 선비를 가리킨다. 명재는 왕이 40번 넘게 벼슬을 내렸으나 끝내 벼슬을 거부한 학자로 마지막에는 왕이 윤증의 얼굴도 보지 못한 상태에서 우의정을 내렸으나 윤증은 이것도 거부했다. '대제학 세 명이 처사 한 명만 못하다.'라는 비유는 평생을 처사로 지낸 윤증을 가리킨다. 조선시대를 통틀어 처사는 두 명으로 윤증과 남명 조식이다.

명재고택은 윤증고택이라고도 한다. 충남 논산시 노성면 교촌리에 있는 파평윤씨의 종가다. 명재 윤증은 조선시대의 유명한 성리학자이면서 이조참판, 이조판서 등에 임명되었으나 모두 고사하고 끝끝내 초야에 묻혀 후학을 길러낸 '백의정승'이다. 관복을 입지 않은 정승이라는 뜻이다. 벼슬에 나가지는 않았으나 나라에 중요한 일이 있을 때에는 외면치 않고 상소를 올렸다. 상소를 14번이나 올렸다. 자신의 입신양명보다는 나라의 안위를 앞세웠다. 우암 송시열의 제자였으나 서인이 노론과 소론으로 나뉘면서 우암 송시열이 노론의 거두로써 정쟁의 한가운데에 서 있을 때, 윤증은 사실상 소론을 이끌면서 길을 달리했다. 대쪽 같은 두 선비의 생각은 총론으로는 같았으나 각론에서 달리했다.

명재고택은 크게 남성들의 생활공간인 사랑채, 여성들의 생활공간인 안채와 조상의 위패를 모신 사당 등 3개 영역으로 구성되어 있다. 명재고택의 명물은 항아리가 즐비하게 늘어선 장독대다. 명재고택의 장은 교동 전독 간장이라 부르는데 윤씨 종가만의 전통비법이 항아리 채 300년간 전수되어 오고 있다. 마당 한편에 자리한 우물터가 있는데 풍수지리상 혈구에 해당한다는 맛있는 샘물은 명재고택의 장맛이 뛰어난 비결 중 하나이다.

명재고택은 윤증이 살던 집이 아니다. 윤증은 초가에서 살았다. 제자들이 조금씩 힘을 보태 기와집으로 지었으나 윤증은 새집에 들어가 살지 않았다. 조촐한 생을 즐겼고 조촐한 생에서 철학과 정체성을 지키며 생을 마감했다. 조선 숙종 때 윤증이 지었다고 전해지나, 현재 건물은 19세기 중

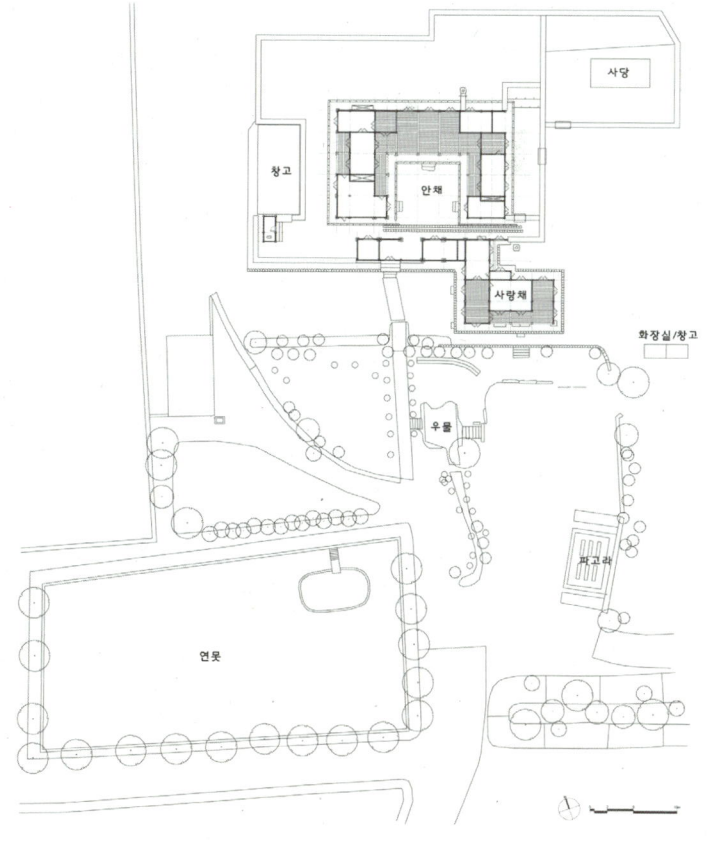

명재고택 배치도

왼쪽_ 숫대살 미닫이 창호와 낮은 와편굴뚝이 초록에 싸여 있어 모습이 선경 같다.
오른쪽_ 300년을 이어온 전통의 장독대라고 한다. 윤씨 종가로서의 맥을 이어온 것이 정신뿐만 아니라 장맛도 같이 이어오고 있다.

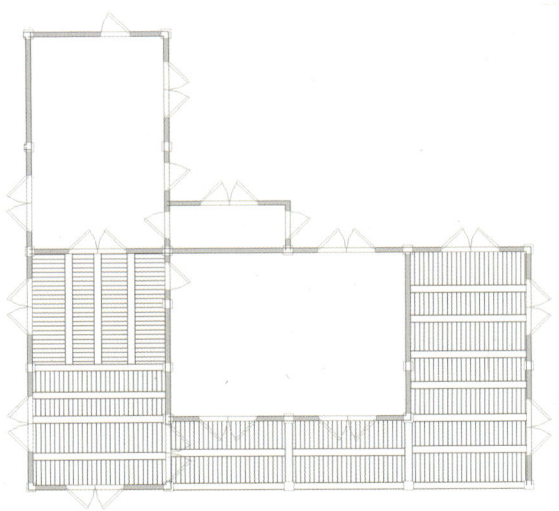

사랑채 평면도

1 사랑채는 정면 4칸, 측면 2칸 규모이다. 대청과 누마루가 있고, 가운데 정면 2칸, 측면 2칸의 온돌방이 있으며, 그 뒤에 또 다른 방이 이어졌다.
2 두 단의 기단을 놓고 위에 사랑채를 지어 품위도 있고 높은 곳에 있는 것이 잘 어울린다.
3 ㄷ자형의 안채, 사랑채, 행랑채가 연결되어 있어 ㅁ자형의 구조를 갖추고 있다.

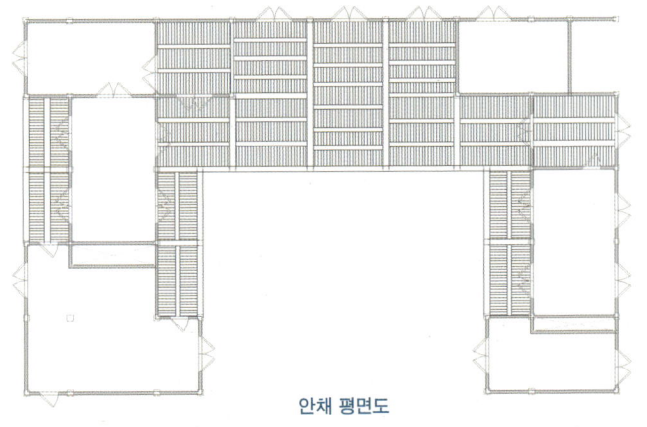

안채 평면도

반의 건축양식을 나타낸 것으로 봐 수리나 증축을 하는 과정에서 변화가 있었던 것으로 보인다. 윤증의 본관은 파평이며 호는 명재明齋이다. 유계, 송준길, 송시열의 3대 사문에 들어가 성리학을 기본으로 당대의 정통 유학을 수학하였다.

안채의 평면구성은 대체로 중부방식을 좇으면서도 남도풍이 들어가는 특이한 구성으로 조성되었다. 전체적으로는 좌우대칭을 하고 있으며 가로 칸은 겹집인 양통집으로 지었다. 구조는 ㄷ자형이며, 중앙에 정면 5칸, 측면 2칸의 대청이 있다. 대청 뒤편 좌우에 고방이 있고, 서쪽에는 정면 2칸과 측면 1칸의 안방과 정면 1칸, 측면 1칸의 윗방이 있다. 남쪽에는 부엌이 넓게 꾸며졌고, 부엌 위에 다락이 있고 동쪽에는 건넌방이 있다.

사랑채는 정면 4칸, 측면 2칸 규모이다. 대청과 누마루가 있고, 가운데 정면 2칸, 측면 2칸의 온돌방이 있으며, 그 뒤에 또 다른 방이 이어졌다. ㄷ자형의 안채, 사랑채, 행랑채가 연결되어 있어 ㅁ자형 구조를 갖추었으며, 구조적인 면과 배치 형태, 창호의 처리 등에서 기능성과 다양성을 볼 수 있다.

사랑채 앞의 축대와 우물, 연못 그리고 몇 그루의 나무들은 당시의 조경미를 느끼게 해준다. 집 앞에는 넓은 바깥마당이 있고 그 앞에 인공연못을 파고 가운데에 원형의 섬을 만들어 정원을 꾸몄다. 연못 한쪽 구석에 섬을 만든 것도 특별하지만, 조그만 다리를 놓아 작은 섬 안으로 들어갈 수 있도록 한 것도 특별하다. 또한, 뒤란의 축대와 장독대, 죽림의 울창함은 우리나라 살림집 공간구조의 아름다움을 보여준다. 완만한 경사지를 이용하여 뒤뜰을 가꾸었다. 고택의 작은 언덕에는 400년 된 느티나무가 있다. 명재고택은 단순히 오래된 집 이상의 의미를 넘어 조선시대 뛰어난 학자의 정신과 삶을 확인할 수 있고 꼿꼿한 선비정신과 실용의 정신을 확인할 수 있는 곳이다.

왼쪽_ 행랑채로 연결된 사랑채 측면으로 왼쪽 1칸은 방이고 오른쪽 2칸은 누마루이다.
오른쪽_ 높은 두 단의 기단 위 누마루는 날개라도 단 듯 가볍다.

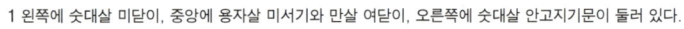

1 왼쪽에 숫대살 미닫이, 중앙에 용자살 미서기와 만살 여닫이, 오른쪽에 숫대살 안고지기문이 둘러 있다.
2 숫대살 안고지기문 뒤로 용자살 영창이 보인다.
3 안고지기문. 두 짝의 문門 중에서 한 짝을 다른 한 짝에 밀어붙이고 나서 이것을 여닫이처럼 열 수 있는 문으로 문틀 일부도 함께 열린다. 상·하 문틀을 분리할 수 있고 한 짝은 여닫이문이기 때문에 나머지 미서기문을 조립하거나 분리하기 쉽게 하였다.

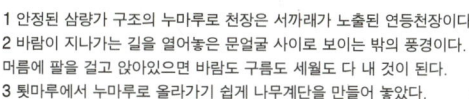

1 안정된 삼량가 구조의 누마루로 천장은 서까래가 노출된 연등천장이다.
2 바람이 지나가는 길을 열어놓은 문얼굴 사이로 보이는 밖의 풍경이다. 머름에 팔을 걸고 앉아있으면 바람도 구름도 세월도 다 내 것이 된다.
3 툇마루에서 누마루로 올라가기 쉽게 나무계단을 만들어 놓았다.

1 도원인가(桃園人家) 편액. '무릉도원에 사는 사람의 집'이란 뜻이 담겨 있다.
누마루를 건너다보이는 풍경이나 마루를 거치지 않은 풍경이나 다 그림 같고 아름답다.
2 사랑채 대청마루로 머름 위에 우리판문을 설치했다.
3 대청에 있는 문얼굴 사이로 낮은 와편굴뚝이 토석담과 조화를 이뤄 한 폭의 그림이다.
4 장마루가 길게 연결된 쪽마루로 신을 신지 않고도 다닐 수 있는 통로 역할을 한다.

1 안채로 드나드는 중문으로 평대문이다.
2 추녀와 선자서까래의 구성모습이다.
3 장독대 뒤로 언덕에는 400년 된 느티나무가 서 있다.
4 사대부 집안답게 벽에 붓이 걸려 있다.
5 우물. 윤씨 종가의 장이 300년을 이어 내려오는 데 이바지한 것이 물맛이라고 한다. 바로 이 우물이 장맛의 근원이다.
6 은행나무 옆으로 정면 3칸, 측면 1칸 반의 전퇴가 있는 사당으로 맞배지붕 측면에 풍판을 대었다.

사대부의 집-기와집 12

논산 이삼장군고택 李森將軍故宅
충남 논산시 상월면 주곡리 51

난을 평정한 공로로 영조가 이삼장군에게 하사한 집

이삼장군고택을 찾아가면 먼저 눈에 띄는 것이 솟을대문 옆에 서 있는 큰 은행나무다. 은행나무의 위용이 대단하고 은행나무와 이삼장군의 인연도 깊어 생전에 타고 다니던 말의 고삐를 매어두던 나무로 사람은 갔어도 은행나무는 여전히 건재하다. 이삼장군의 고택은 상월면 주곡리 마을의 입구에서 좌측에 있는데 조선시대에는 '주막리'로 불리다가 나중에 주곡리로 바뀌었다. 주곡리는 우리말로 '술골'이라 불리는 마을이다.

이삼장군은 이인좌의 난을 평정한 공로로 영조가 이삼장군에게 집을 지을 비용을 하사했고, 그 자금으로 지은 집이 바로 지금 충청남도지정 민속자료 제7호로 지정되어 보호되고 있는 이삼장군고택이다. 이인좌의 난은 영조 4년, 1728년에 소론 강경파와 남인에 의해 일어난 사건이다. 영조의 즉위로 소론이 노론에 밀려나게 되자, 이에 소론 강경파와 그동안 정계에서 밀려나 있던 남인이 연합하여 이인좌를 표면에 내세워 일으킨 무신난이다. 당쟁이 원인이 되어 일어난 난으로 당시 병조판서 오명항 등을 중심으로 한 소론 온건파에 의해 진압된다. 그 진압군 가운데 이삼장군이 있다. 이삼장군은 조선시대 무신으로 여러 벼슬을 거치고 영조 5년에는 병조판서를 했다. 기계 제조와 무술에도 뛰어났으며 저서로는 『관서절요』가 있다.

정신적인 지주인 윤증이 소론의 거두로 세상에 몸을 드러내지 않았지만 소론파의 정신적인 영향력을 가진 절대적인 존재였으며 이삼은 그의 추종자였다. 이삼이 태어나고 자란 술골은 윤증고택에서 불과 1Km 남짓 떨어진 곳에 있는 작은 마을이다. 이삼장군은 조선 영조 때의 무관으로 경종 때 포도대장을 역임했고, 영조 원년에는 어영대장을 지냈다. 이삼은 당쟁과 관련해 귀향 갔다가 나중에 훈련대장이 된다. 이삼장군의 고택도 그 시기인 1727년에 조성되었다. 이삼장군은 이 지역에서 젊은 소론파의 지도자였던 윤증의 열렬한 추종자로 이삼장군고택 역시 윤증 고택을 그대로 본뜬 모습이다. 동쪽의 사당과 ㄷ자형 안채 등에서 윤증고택을 표본으로 해서 지었음을 알 수 있다. 이삼장군고택은 윤증고택보다 작고 아늑하면서도 넓은 마당을 만들어 생활공간을 외부와 분리시켜 독특한 멋을 창출해냈다. 또한, 산돌을 이용해 쌓은 석축이 의연하면서도 높아 장군다운 기개를 보여준다. 구릉을 이용해 쌓은 담장의 곡선은 외부에서 보기에 운치가 있으면서도 위용이 보인다.

건물은 ㄷ자형 안채와 ㄱ자형 사랑채가 이어져 전체적으

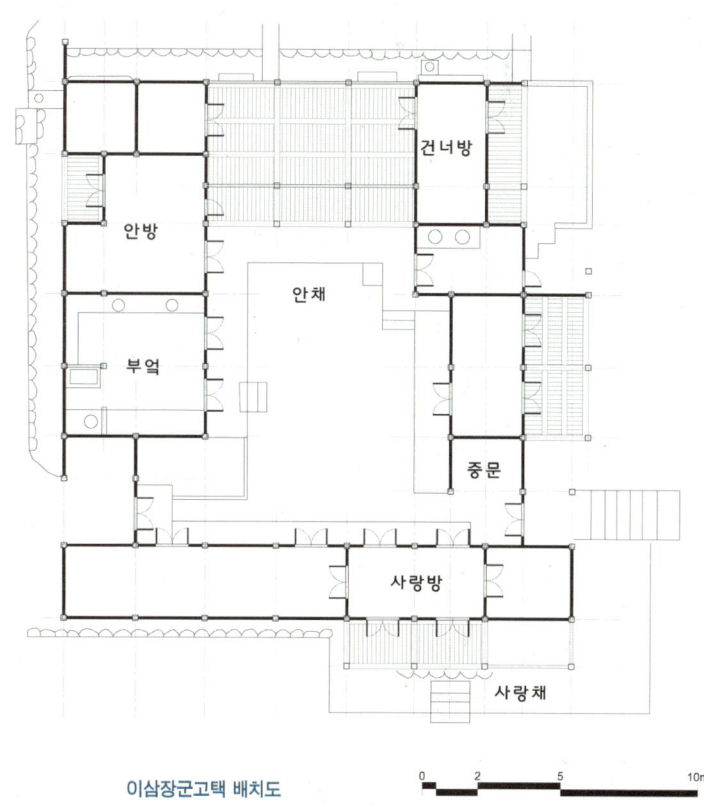

이삼장군고택 배치도

왼쪽_솟을대문. 이삼장군이 말의 고삐를 매어두던 은행나무인데 사람은 떠났어도 은행나무는 지금도 우람하게 자라고 있다.
오른쪽_건물은 ㄷ자형 안채와 ㄱ자형 사랑채가 이어져 전체적으로 ㅁ자형의 구성을 갖추고 있고 사랑채와 안채는 모두 간결한 홑처마 팔작지붕의 민도리집이다.

위_ 사랑채는 정면 3칸, 측면 2칸으로 이루어져 있다. 높은 기단 위에 자리 잡은 고상마루와 툇마루가 다른 모습으로 만났지만 시원스럽다.
아래_ 사랑채는 대청의 정면에 있는데 남쪽에 사랑대청이 2칸의 규모로 되어 있고 사랑대청의 북쪽으로 정면 2칸, 측면 1칸의 사랑방이 있으며, 사랑방의 동쪽으로 이어서 정면 2칸, 측면 1칸에 방 2개가 설치되어 있다.

로 ㅁ자형의 구성을 갖추고 있다. 사랑채 앞으로 문간채가 있고 문간채 오른쪽에 사당이 있다. 고택의 입구는 솟을대문의 문간채로 좌우의 칸은 외부에서 보면 화방벽으로 막혀 있지만, 내부는 입구가 열려 있는 형태로 현재 창고로 이용되고 있다. 솟을대문을 지나면 본채에 이르는데, 본채의 마당은 한 단 높게 막돌로 기단을 조성하고 나서 축조하였고 건물의 서쪽은 지형의 영향으로 층을 달리해 설치되어 있다.

본채는 안채와 사랑채로 되어 있으며 본채의 서쪽에 있는 사랑채는 정면 3칸, 측면 2칸으로 이루어져 있고 이 대청의 북쪽으로 부엌, 안방, 윗방으로 배열되어 있다. 안채의 대청과 윗방은 서로 접하여 있다. 부엌은 정·측면 2칸인데 안방으로 난방시설이 되어 있고 안방은 다락형태의 시설이 되어 있다. 대청의 동쪽은 측면 1칸, 정면 2칸의 건넌방이 있고 이 건넌방의 남쪽에는 부엌시설이 있다.

사랑채는 대청의 정면에 있는데 남쪽에 사랑대청이 2칸의 규모이고 사랑대청의 북쪽으로 정면 2칸, 측면 1칸의 사랑방이 있으며, 사랑방의 동쪽으로 이어서 정면 2칸, 측면 1칸에 방이 2개가 설치되어 있다. 사랑방의 서쪽은 사랑대청과 연결되어 툇마루가 시설되어 있다.

건물의 축조는 화강석을 다듬은 초석 위에 사각기둥을 세웠다. 간결하면서도 힘찬 모습으로 지어진 이삼장군고택은 일부가 변형되기는 했지만 대체로 조선시대 전통 양반 가옥의 형태를 잘 갖춘 집이다.

기단을 막돌로 쌓았다. 막돌로 층을 맞추지 않고 쌓은 모습이 오히려 당당하게 보이고 자연스럽다. 고상마루와 잘 어울린다.

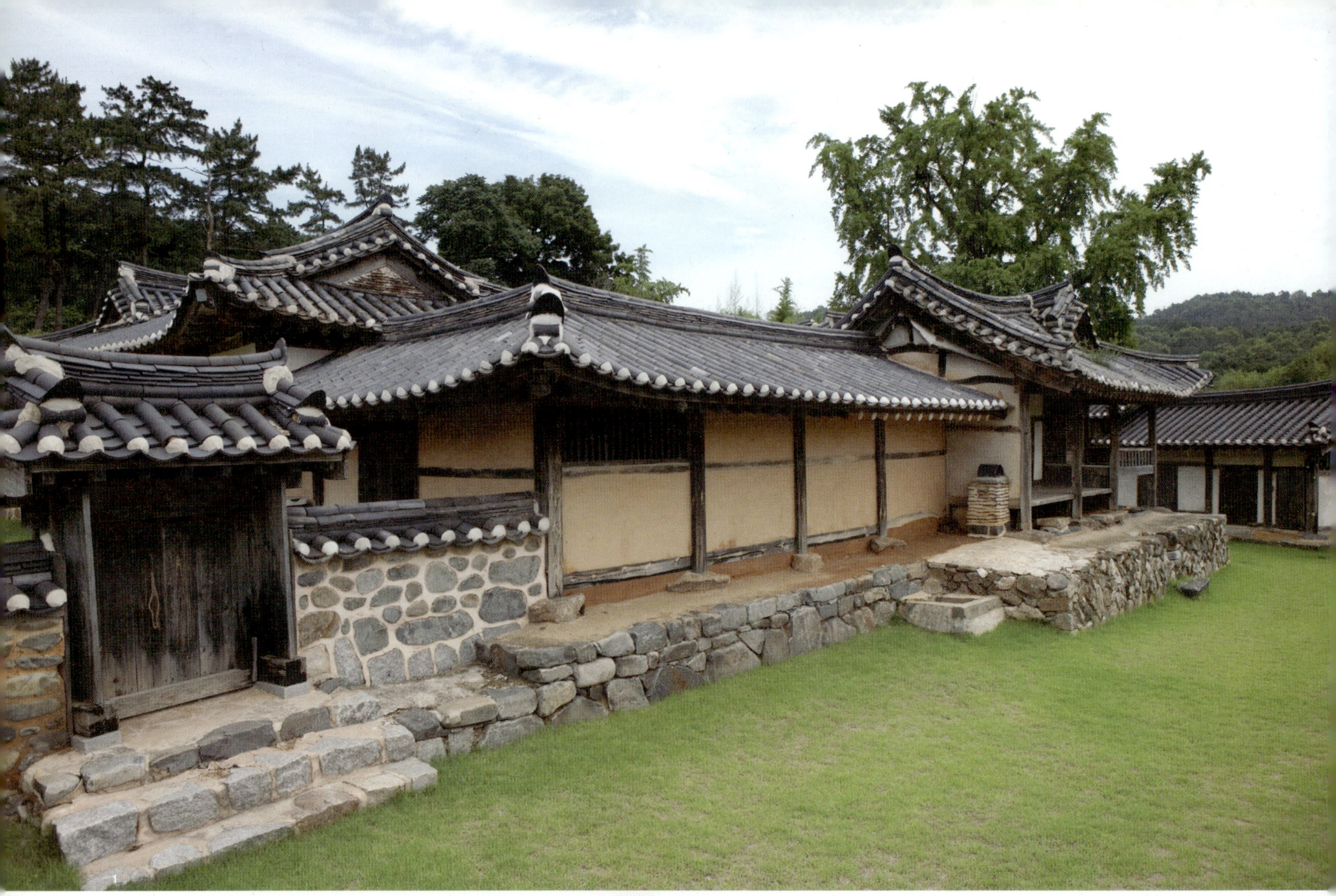

1

2

3

4

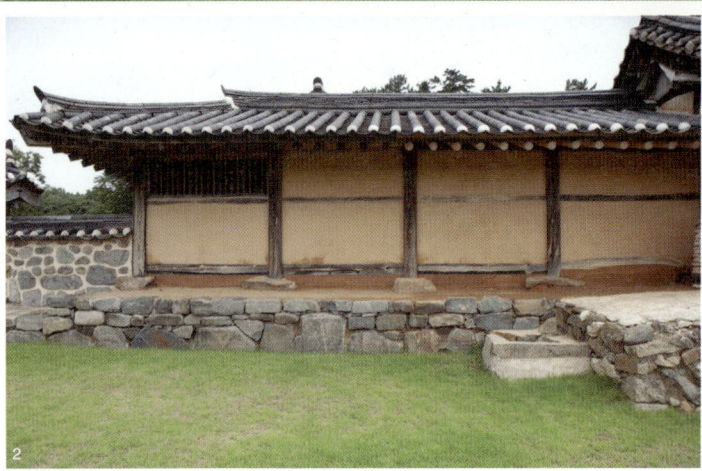

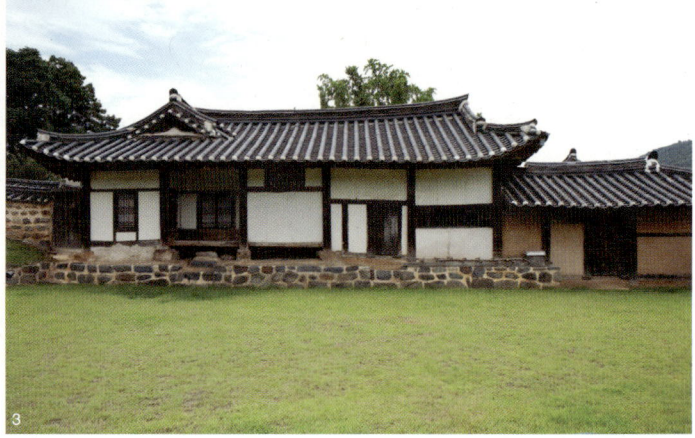

1 기단의 돌과 기와지붕의 만남이 조화롭다.
2 황토로 벽체를 해서 붉게 보인다. 기단과 담장의 돌이 황토와 조화를 이룬다.
3 안채의 뒤뜰에 넓은 마당을 만들어 생활공간을 외부와 분리시켜 독특한 멋을 창출해냈다.
4 구릉을 이용해 쌓은 담장의 곡선은 외부에서 보기에 운치가 있으면서도 위용이 보인다. 토석담과 기와의 가지런함이 만나 멋을 품었다.

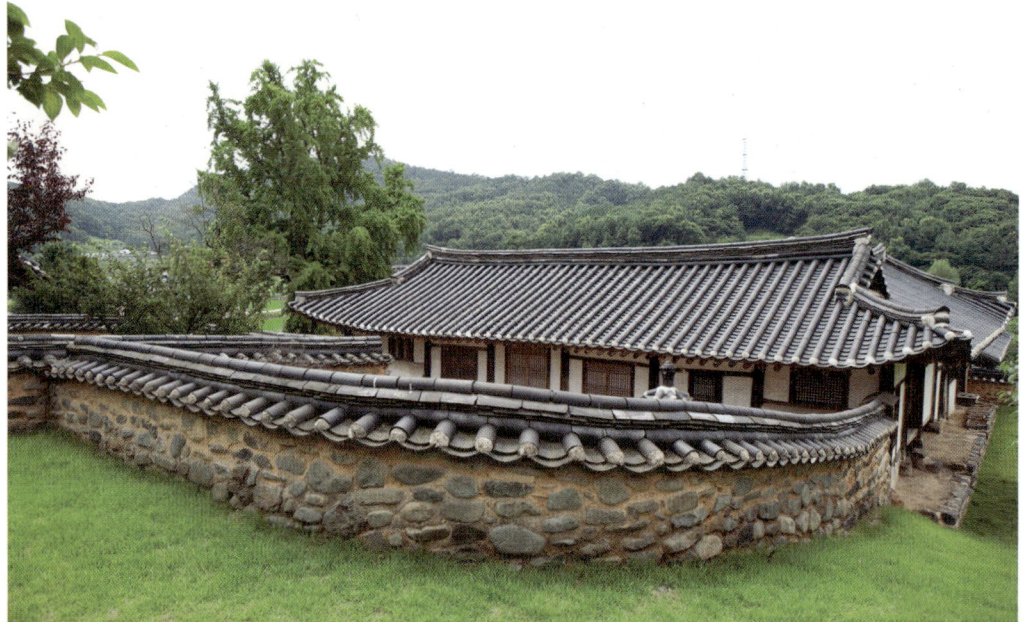

1 울타리 안쪽에서 공간을 분할하기 위해 쌓은 내담이다.
2 뒤뜰이 잔디밭으로 변했다.
노동공간과 잔치마당이었던 장소가 이제는 조경공간으로 변하고 있다.
3 본채 동쪽에 사당이 있고 본채에서 일각문을 통하여 들어가게 되어 있다.
4 사당. 정면 3칸, 측면 한 칸 반으로 전퇴가 있는 홑처마 맞배지붕이다.
5 삼량가에 전퇴를 붙여 후면은 삼량가이고 전면은 오량가인 반오량가이다.
6 사랑채 대청의 우물마루와 달아낸 서까래 사이로 와편굴뚝과 토석담이 자리 잡았다.
서로에게 풍경이 되는 것이 한옥의 특별한 점이다.
7 와편굴뚝 위에 항아리를 얹어 빗물을 막아주고 배기를 가능하게 했다.
8 안채에서 뒤뜰을 통해 들고나는 협문이다.
협문 사이로 새로 쌓은 담장과 기존의 담장이 다르면서 어울린다.

사대부의 집-기와집 13

담양 고재선가옥 高在宣家屋
전남 담양군 창평면 삼천리 366-1

슬로우 시티, 삼지천 마을에서 과거로 가는 길을 안내하는 고재선가옥

서둘러 간 사람이 놓치고 간 것을 다 보고 갈 수 있는 것은 여유와 한가함이다. 마음 안에 평화를 들이면 세상이 다 다가오고, 마음 안에 욕망을 들이면 세상이 적으로 보인다. 담양의 삼지천 마을에 가면 천천히 걸어야 한다. 산과 들이 다가오고, 낮은 돌담과 오래된 한옥이 사람을 느슨하게 만들어 잃어버렸던 과거를 되찾게 되는 마력에 빠지게 된다. 삼지천 마을은 2007년 슬로우 시티로 지정된 마을로 임진왜란 때 유명한 의병장이었던 고경명의 후손들이 세운 마을로 알려졌다. 대표적인 가옥으로는 고재선가옥이 있다. 전형적인 옛 남도 부농의 고택으로 안채와 사랑채 그리고 행랑채 등이 잘 보전되어 있다. 마을은 아담하지만, 높이를 달리하며 완만하게 휘어지는 돌담길이 옛 정취를 느끼게 하는 마을로 추억이 아름다운 것이라는 것을 실감하게 된다. 골목길 사이로 초록 담쟁이넝쿨이 향토색 돌담에 건강한 생명력이 느껴진다. 약 2천여 미터가 남아 있는 삼지천 마을의 담장은 전형적인 토석담에 일부는 돌담으로 만들어져 있다. 돌과 흙을 사용한 토석담으로 감자를 닮고 고구마를 닮은 화강암계통의 둥근 돌을 사용하였고, 돌과 흙을 번갈아 쌓아 줄눈이 생긴 담장과 막쌓기 형식의 담장이 혼재되어 있다. 담 하부에는 큰 돌, 상부로 갈수록 작은 돌과 중간 정도의 돌이 사용되었다. 그다지 높지 않은 돌담 안으로 둥근 몸매를 한 장독대와 작은 밭에 자라는 푸성귀가 푸르다. 담양은 대나무가 바람 소리를 듣는 마법에 걸리고, 사람은 시간여행에 빠져 행복을 만나게 된다.

고재선가옥은 전통적인 상류주택의 모습을 잘 간직한 집으로 1915년경에 원래 있던 자리에 대문채·안채·헛간채 등을 다시 지었다. 대문간은 3칸으로 가운데 칸의 대문을 들어서면 나무와 연못을 만난다. 나무숲에 싸인 네모난 연못이 마련된 사랑마당이 있다. 사랑채는 一자형의 4칸 겹집으로 더운 남도지방은 마루를 우선 배치하는 전통적인 평면구성을 따르고 있다. 사랑채의 평면은 서쪽으로부터 위, 아래로 각 1칸씩 연이어 6개의 방이 있으며 마지막 칸은 상하 2칸의 대청을 배치하였다. 구조는 2고주 7량으로 납도리집이다. 초석은 화강암을 가공한 방형초석으로 위에 사각기둥을 세웠다. 기단은 낮고 안정된 모습의 두벌대로 했다.

사랑채와 안채는 사대부 집의 일반적인 형식대로 담으로 막아 남녀의 공간을 나누었다. 담장을 사이에 두고 사랑채

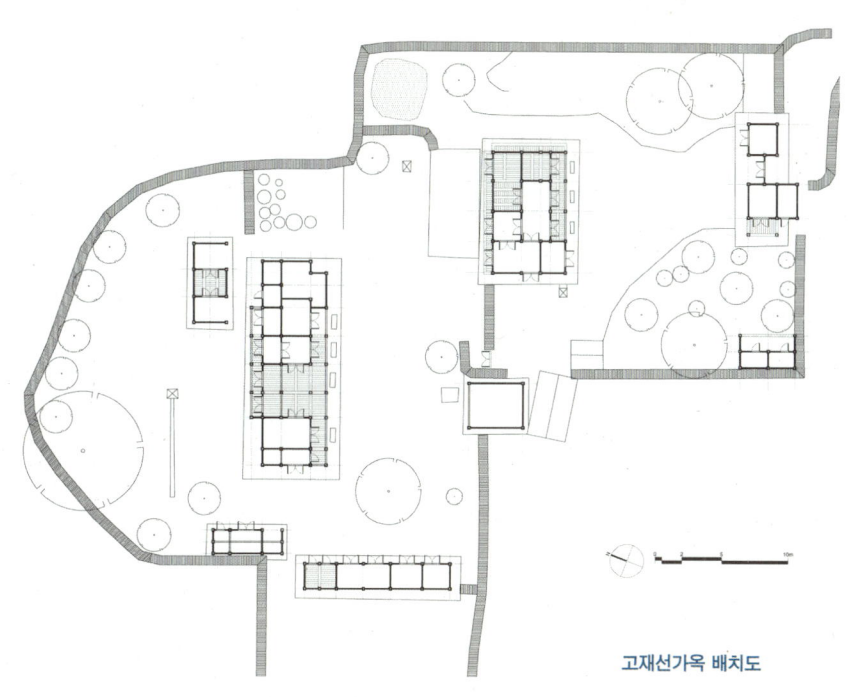

고재선가옥 배치도

왼쪽_동네 길에서 집으로 들어가는 고샅이다. 대문간은 3칸으로 가운데 한 칸의 대문과 양옆으로 행랑채의 방이 있다.
오른쪽_처마의 가지런한 배열과 측면의 벽 분할이 단순하면서 멋지다.

와 안채를 연결하는 중문이 있다. 중문에서 안채로 출입할 때 안채가 직접 노출되지 않도록 시선 차단용 담을 ㄱ자형태로 의도적인 계획을 하였다.

안채는 一자형의 6칸 반의 전후좌퇴집으로 서쪽의 3칸부터 6칸까지 후퇴에 다시 쪽마루를 설치하였다. 평면의 간살이는 왼쪽으로부터 작은방, 대청 2칸이 있고 그다음에 좌우 2칸이 큰 방이며 뒤 툇간은 좌우로 윗방, 다음 칸은 부엌이다.

안마당 서쪽에는 안채와 직각으로 광채를 배치하였고 안채 동북쪽에는 3칸의 식료 창고를 두었다. 광채는 一자형 5칸으로 북쪽 1칸은 마루를 깔고 나머지는 흙바닥으로 되어 있다.

부재가 전반적으로 가늘고 사랑채의 평면구성이 변화되는 등 1910년대 이후의 특징을 보이지만, 치목과 결구가 빼어나며 격식을 잘 갖추어 전체적으로 전통 주거양식을 잘 간직한 집이다.

고재선가옥이 있는 담양의 삼지천 마을은 슬로우 시티로 지정되어 있다. 슬로시티가 되기 위해서는 자연을 훼손하지 않고 그대로 보존되어 있어야 하는 것은 기본이고 여기에 전통문화의 자부심, 슬로푸드, 특산품, 공예품 지키기, 지역의 자발적인 참여와 적극적인 태도가 있어야 자격을 준다. 현재 16개국 116개 도시가 슬로시티로 지정되어 있다. 슬로시티국제연맹은 우리나라 남도 땅에 있는 담양의 삼지천 마을, 중도 마을 등을 아시아 최초의 슬로시티로 지정했다. 담양의 삼지천 마을은 전통한옥과 돌담길, 한과와 장, 쌀엿 등 전통음식을 보전 계승하는 우리나라의 대표적인 슬로시티가 되었다. 삼지천 마을에서는 걷거나 자전거를 타면 바람이 발가벗은 몸으로 덮친다. 돌담길을 따라가다 보면 돌담 너머 보이는 감나무에 푸른 감과 조졸한 농가의 살림살이를 구경할 수 있는 삼지천의 풍경은 사람과 함께 한 폭의 그림이다.

위_ 사랑채의 평면은 서쪽으로부터 위아래로 각 1칸씩 연이어 6개의 방이 있으며 마지막 칸은 상하 2칸의 대청을 배치하였다. 구조는 2고주 7량으로 납도리집이다.
아래_ 안채는 一자형의 6칸 반의 전후좌퇴집으로 서쪽의 3칸부터 6칸까지 후퇴에 다시 쪽마루를 설치하였다.

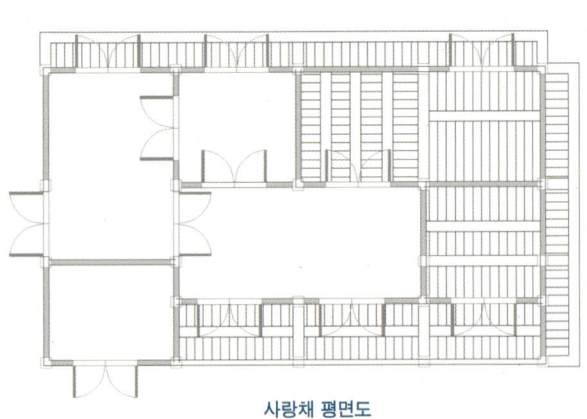

사랑채 평면도

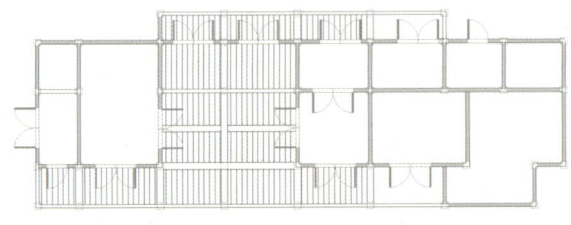

안채 평면도

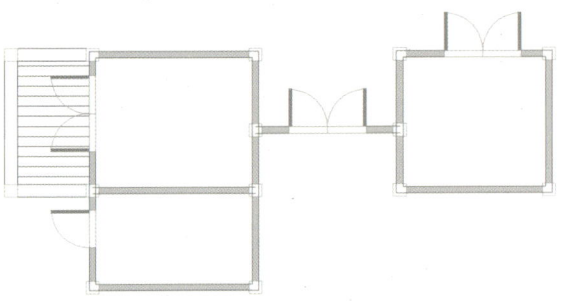

대문간채 평면도

1 사랑채는 一자형의 4칸 겹집으로 더운 남도지방은 마루를 우선 배치하는 전통적인 평면구성을 따르고 있다.
2 평면의 간살이는 왼쪽으로부터 작은방, 대청 2칸이 있고 그다음에 좌우 2칸이 큰 방, 뒤 툇간은 좌우 윗방, 다음 칸은 부엌이다.
3 방과 방, 방과 윗방 사이를 미닫이문으로 공간을 분할하였다.
4 미닫이문을 도듬문으로 하고 천장은 종이반자로 했다.
5 전통이 있는 집답게 서예작품이 자리 잡고 있다. 낙관이 없이 벽지에 붙인 것으로 보아 주인의 작품 같다.
6 안마당 서쪽에는 안채와 직각으로 광채를 배치하였다. 광채는 一자형 5칸으로 북쪽에 1칸 마루를 깔았고 나머지는 흙바닥으로 되어 있다.
7 툇간의 마루는 우물마루로 하고 기둥은 사각기둥에 흘림을 주었다.
8 정면 1칸, 측면 반 칸의 부엌으로 아궁이와 부뚜막이 있고 위에는 부엌다락이 설치되어 있다.
9 합각의 기하학적인 문양을 암키와와 수키와만으로 만들어낸 솜씨가 여간 깊지 않다.

사대부의 집-기와집 14

대전 송용억가옥 宋容億家屋 대전 대덕구 송촌동 198-4

대전이 자랑하는 조선 중기의 여류시인 호연재 김씨가 살던 집

송용억가옥은 동춘당 송준길의 둘째 손자 송병하가 분가하면서 살기 시작하여 현재 11대손까지 사는 세월이 쌓인 집이다. 송용억가옥은 안채와 큰사랑채·작은사랑채, 가묘로 구성되어 있다. 일각문을 들어서면 좌측에 큰사랑채가 있고, 그 우측에는 작은사랑채가 있다. 작은사랑채의 왼쪽에 나있는 중문을 들어서면 ㄱ자형 평면에 삼량가로 간결하게 꾸민 안채가 있다. 안채의 뒤편에는 정면 2칸, 측면 2칸으로 만든 송씨가묘란 편액이 붙어 있는 사당이 있다.

큰사랑채는 정면 5칸, 측면 2칸으로 우물마루의 넓은 대청을 만들고 그 옆에 툇마루가 달린 온돌방을 들였는데 방 사이에 미닫이문을 달았다. 안채 앞에 있는 작은사랑채는 정면 8칸의 一자형의 건물로 오른쪽 끝에는 툇마루보다 한 단 높은 고상마루를 두어 운치를 살렸다.

사랑채가 2동이나 있어 남성공간인 사랑채의 기능이 컸음을 알 수 있다. 송용억가옥은 전체적으로 개방적인 배치를 하고 있어 충청지방 사대부가옥의 특징을 잘 보여주는 조선 중기에서 후기에 이르는 사대부 집의 전통적 구조양식을 지니고 있다. 큰사랑채인 소대헌은 송요화의 당호이고 작은사랑채인 오숙재는 송요화의 아들 송익흠의 호를 따서 오숙재라는 편액을 걸었다. 아버지의 사랑방 이름이 소대헌이고, 아들인 송익흠의 사랑방 이름이 오숙재인 셈이다. 아버지와 아들의 당호를 딴 사랑방이 같은 공간에 있는 것도 처음 본다. 송요화는 송준길의 증손이자 조선조 문인 호연재 김씨의 남편이다.

호연재 김씨는 17세기에서 18세기로 넘어가는 여류문학사의 공백을 메워 줄 만한 여류시인이다. 신사임당과 허난설헌을 잇는 여류시인으로 여성 특유의 감성을 담은 많은 시를 남겼다. 이곳 송용억가옥은 호연재 김씨가 살았던 곳이기도 하다.

천영수성징 泉暎數星澄 샘물에 비친 별빛 맑은 밤
죽엽풍연불 竹葉風煙拂 안개 바람은 댓잎에 스치고
매화우로응 梅花雨露凝 비이슬은 매화에 엉긴다.
생애삼척검 生涯三尺劍 삶이란 석 자의 시린 칼인데
심사일현등 心事一懸燈 마음은 한 점 등불이어라
조장연광모 調帳年光暮 서러워라 한해는 또 저물거늘
쇠모세우증 衰毛歲又增 흰머리에 나이만 더하는구나!

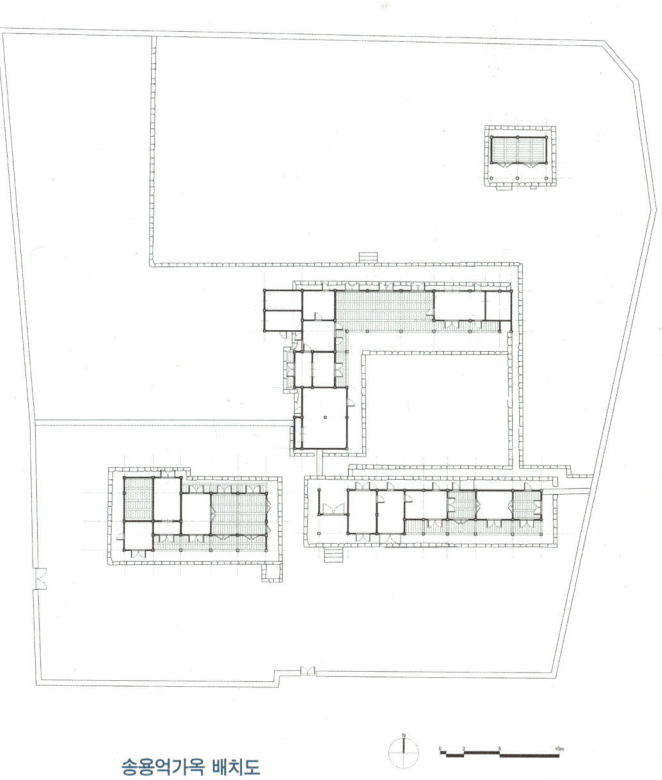

송용억가옥 배치도

야음 夜吟

월침천장정 月沈千樟靜 달빛 잠기어 온 산이 고요한데

왼쪽_큰사랑채 툇마루에서 작은사랑채를 바라본 모습이다.
오른쪽_일각문을 들어서면 좌측에 큰사랑채가 있고, 그 우측에는 작은사랑채가 있다.
작은사랑채의 왼쪽에 나있는 중문을 들어서면 ㄱ자형의 안채가 있고 안채의 뒤편에는 사당이 위치한다.

이곳 송용억가옥에서 조선 중기에 살다간 호연재 김씨가 지은 시이다. '삶이란 석 자의 시린 칼'이라고 한 부분에서 숨이 멈춘다. 호연재 김씨는 송요화와 결혼해 살다가 42살에 세상을 떠났다. 술과 담배를 즐긴 여인이기도 했다. '호연재'가 의미하는 것처럼 크고 당찬 여인이었던 것으로 보인다. 『취작醉作』이라는 시에서는 '취후건곤활 개심만사평 醉後乾坤闊 開心萬事平'이라고 적고 있다. '취하고 나니 천지가 트이고 마음을 여니 만사가 태평일세' 마음을 여니 천하가 태평하다고 한다. 마음 하나 다스리는 일이 세상을 다스리는 일만큼이나 힘이 들다.

송용억가옥에는 호연재 김씨의 시집과 서간문뿐만 아니라 송씨 문중 부녀자들의 살림살이 백과사전이라 할 수 있는 『주식시의酒食是儀』 등의 책이 전해져오고 있다. 300년 내력을 지닌 그 집에서 호연재 김씨가 쓴 시들이 후손에 의해 시집으로 묶여 읽어왔고 100여 년 전에는 『주식시의酒食是儀』라는 제목으로 책을 엮어 집안 대대로 내림해오던 살림 비법을 전수해 옴으로써 조선시대 여성들의 삶이 문자로 기록되어 보존되어 있기 때문이다.

호연재 김씨는 송요화와 1699년 결혼하여 이곳 회덕으로 시집오고 나서 지금의 법동에서 한동안 살다가 현재 송용억가옥으로 이사와 자리 잡았다. 300여 년의 세월이 흘렀다. 이 집이 오늘날 의미가 있는 것은 집안 유품으로 발간된 각종 책자와 생활용품들을 선비박물관을 사재로 만들어 보관하고 있다. 송봉기 선비박물관장 부인이며 대전시 무형문화재 9호로 지정된 윤자덕 여사는 이곳에 살고 있으며, 소나무 순으로 빚은 술인 대전 민속주 '송순주松荀酒'를 만드는 무형문화재이기도 하다.

위_ 큰사랑채는 정면 5칸, 측면 2칸의 홑처마 팔작지붕이다. 우물마루의 넓은 대청을 만들고 그 옆에 툇마루가 달린 온돌방을 설치했다.
아래_ 작은사랑채는 정면 8칸의 ㅡ자형의 건물로 오른쪽에는 툇마루보다 한 단 높은 고상마루를 두어 운치를 살렸다.

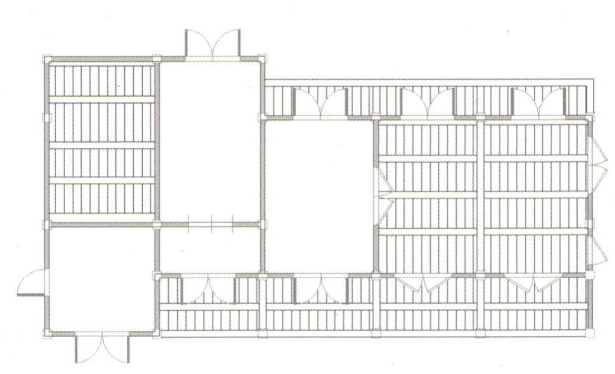

큰사랑채 평면도

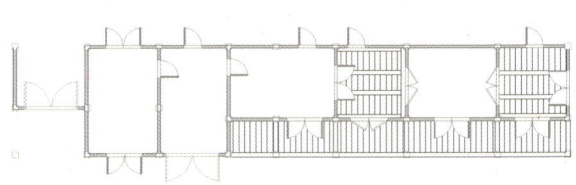

작은사랑채 평면도

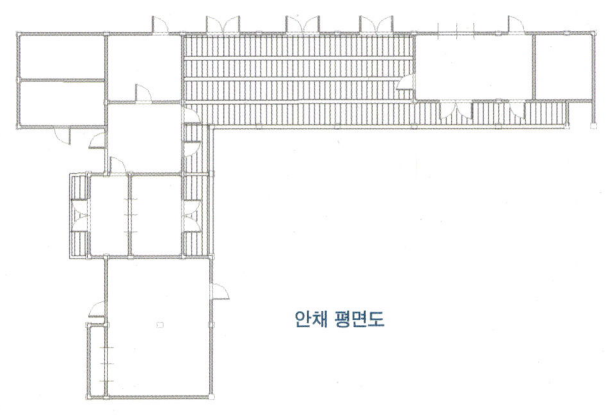

안채 평면도

1 인방의 높이를 달리하여 용도에 맞게 모양과 크기가 다른 공간으로 나누었다.
2 툇마루 끝에 고미반자 위로 다락을 설치하고 한쪽에는 벽장으로 한 공간 활용이 눈에 띈다.
3 대청마루와 방 사이를 불발기창으로 했다.
4 1고주 오량가로 종보 위 판대공에 당초무늬의 문양을 넣었다.
5 오숙재 편액. 작은사랑채인 오숙재는 송요화의 아들 송익흠의 호를 딴 것이다.
6 일각문을 들어서면 좌측에 큰사랑채가 있고, 그 우측에는 작은사랑채가 있다.
7 큰사랑채 후면에 쪽마루를 설치했다.
8 우물마루에 이어서 장마루의 쪽마루를 내어 신을 신지 않고도 이동할 수 있도록 했다. 마루는 쉼터이기도 하고 통로가 되기도 하는 여유 공간이다.
9 툇마루에 한 단을 높여 고상마루를 설치했다.
10 꺾쇠로 박공 부분의 이음을 보강하고 암키와 2개 엎은 문양으로 합각을 단순하게 처리했다.

사대부의 집-기와집 15

대전 유회당 有懷堂 대전 중구 무수동 94

뒷산에 있는 부모의 묘에 제사를 지내면서 독서와 교육을 위해 지은 곳

사람 사는 마을에 근심이 없는 마을이 있다. 대전광역시 중구 무수동에 있다. 무수동無愁洞, 근심이 없는 마을이란 뜻이다. 근심 대부분이 욕망의 산물인데 욕망이 없으면 살 것 같지만, 사람이 사는 힘 대부분이 욕망의 힘인 걸 깨닫게 되면 슬퍼질 수도 있다. 어찌 되었든 무수동에는 유회당이 있다.

유회당은 조선 영조 때 호조판서를 지낸 유회당 권이진이 건물 뒷산에 있는 부모의 묘에 제사를 지내면서 독서와 교육을 하기 위해 지었다. '유회有懷'는 중국 명나라 말기 전목재의 '명발하유회이인明發下有懷二人'에서 따온 것으로 부모를 사모한다는 뜻으로 부모를 간절히 생각하는 효성스러운 마음을 늘 품는다는 뜻이다. 권이진은 집안에서 학문에 정진했으며 외조부인 우암 송시열에게서 22세까지 공부했다. 그 후에 고모부인 윤증에게서 수학하였다. 이런 관계로 권이진은 송시열의 학문을 종합하여 도덕적이고 행동적인 경세사상을 계승하였고 윤증의 무실사상을 계승하여 현실적인 실학의 경세문제를 다루었다. 호조판서로 있으면서 궁중에서 민간의 논밭을 사들이지 말 것과 공물을 정해진 액수 이상으로 거두지 말 것 등을 건의할 만큼 성격이 곧고 강직하였다.

유회당은 묘소가 있는 낮은 야산 기슭에 사고석담장으로 경계를 만들고 서남향으로 배치하였다. 대문 안에 연못이 있고 후면에 자연석으로 축대를 쌓아 유회당을 건립하였다. 유회당 권이진은 글씨를 잘 썼으며, 문집에 『유회당집』이 있다.

유회당은 다른 곳보다 비교적 경사가 급한 구릉지에 배치되어 집으로 오르기 위해 계단을 놓았다. 대문을 들어서 연못 가운데를 지나면 유회당이다. 유회당 후면 남측에 ㄱ자 평면의 조그만 삼근정사가 있고, 북측에 장판각이 배치되어 있다.

유회당은 정면 4칸, 측면 2칸인데 정면과 양 측면에 각각 툇간을 두고 마루를 깔았다. 팔작지붕에 무고주 오량가다. 정면, 좌우의 툇간을 제외하고 전체가 8칸 집인데 가운데 4칸은 대청마루로 좌우측의 각 2칸씩은 온돌방을 두었다. 좌측 온돌방은 '구시제求是齊', 우측은 '불기제不欺齊'라

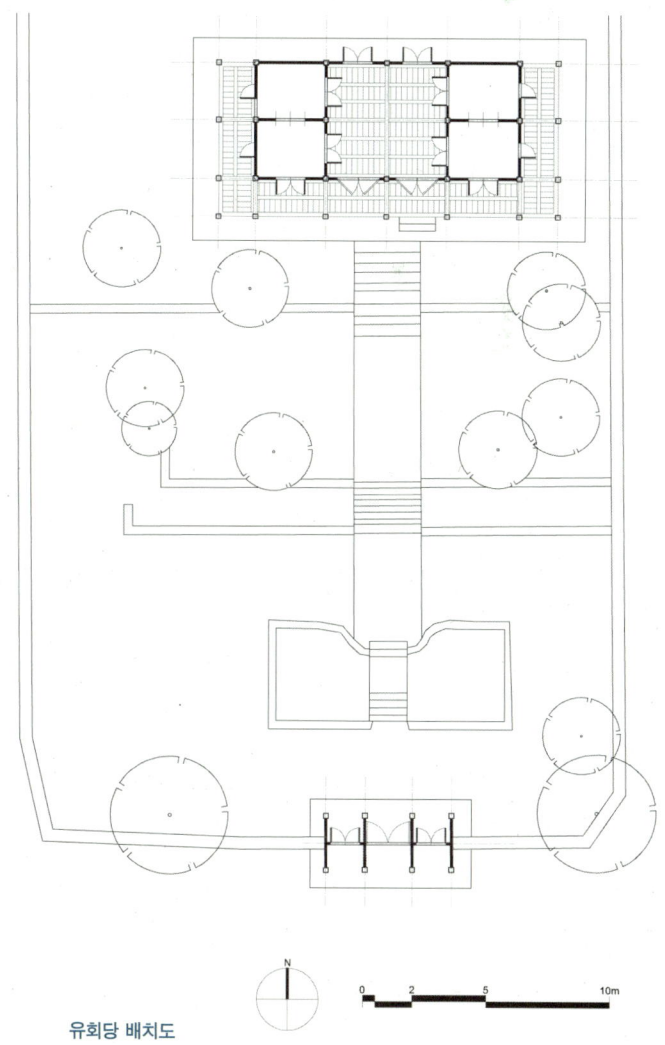

유회당 배치도

왼쪽_ 담장이 이렇게 아름다우면 한 번은 넘고 싶어진다. 잔디 위를 굴러도 좋을 듯하다.
오른쪽_ 충효문. 솟을삼문으로 위용과 위엄이 있는 모습으로 입구를 지키고 있다.

는 편액이 붙어 있다. 양 측면의 온돌방 함실아궁이는 정면의 툇마루 아래에 설치했다.

유회당은 주변 산세와 높은 경사지를 잘 이용해서 건물을 배치하여 자연스럽게 보인다. 화강석을 다듬어 만든 방형초석을 놓고 사각기둥을 세우고 위에는 창방과 대들보를 사개맞춤으로 했다. 대청마루는 우물마루로 천정은 연등천정으로 하고 온돌방의 천정은 천정을 낮게 하여 회벽으로 마감했다. 대청의 앞쪽 두 칸은 사분합 세살문으로 하고 그 외의 문은 분합문을 달았다. 모든 창호의 모양은 세살문으로 하였다.

뒤에는 정면 3칸, 측면 2칸의 평면에 원주를 세운 맞배지붕 건물이 있는데, 이것은 원래 사당이었으나 지금은 판각으로 사용하는 장판각藏板閣이라고 한다. 여기에 문중 선조의 문집과 유회당 문집이 보관되어 있다.

오른편에 있는 삼근정사三近精舍는 시묘를 위한 건물로 그 예를 찾아보기 어렵다. 시묘侍墓란 부모님이 돌아가셨을 때 상복을 입고 3년 동안 묘 옆에 여막을 짓고 기거하며 부모님이 살아 있을 때처럼 아침저녁으로 식사를 올리는 것을 말한다. 삼근정사의 의미는 선친인 권유의 산소와 집 바로 옆의 담 밑을 흘러 지나가는 시냇물, 시내 옆에 우거진 철쭉꽃 숲 셋이 가깝다는 뜻이다. 유회당과 담을 사이에 두고 서쪽에 있는 기궁재는 재실로 관리인이 종토를 경작하여 제사를 모실 준비를 하는 공간으로 사용하고 있다. 유회당과 가까이 붙어 있으며 평면이 ㄱ자형으로 이루어져 있다. 건물의 가운데에 2칸의 넓은 대청을 내었는데, 대청의 오른쪽으로 1칸 크기의 건넌방과 윗방이 있고 왼쪽에는 1칸 반 크기의 안방과 윗방, 또 그 옆으로 꺾어 1칸 반 규모의 부엌을 만들었다. 가구는 체형대공을 대들보 위에 직접 놓아 종도리와 함께 지붕 하중을 받게 하였고, 지붕은 홑처마 팔작지붕을 이룬다. 상량문에 1920년에 중건하였다고 기록되어 있다.

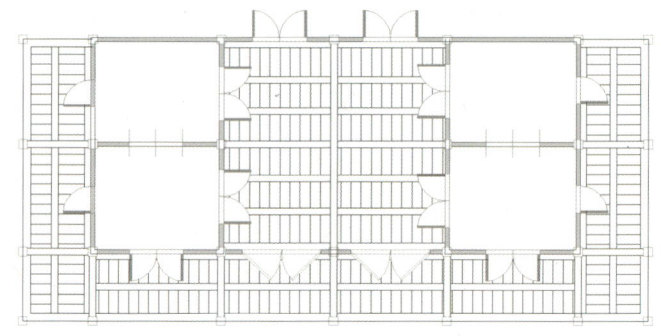

유회당 평면도

위_ 유회당 후면으로 대청마루에 우리판문을 설치했다. 좌우 대칭을 완벽하게 지킨 건물이라 안정감이 있다.
아래_ 유회당은 정면 4칸, 측면 2칸의 무고주 5량가의 팔작지붕이다. 정면과 좌우측면에 각각 툇간을 두었다. 전체가 8칸으로 가운데 4칸은 대청마루로 좌우측의 각 2칸씩은 온돌방을 두었다.

1 툇마루의 평난간 밖의 세상은 낙원이 된다. 평난간에 기대어 시 한 수 읊으면 세상이 날개를 단다.
2 불기제不欺齋 편액. 각각 두 짝의 세살청판분합문을 달았다.
3 멀리 떠나는 듯한 마을길이 보인다. 머무는 것도 떠나는 것도 모두 이별을 경험한다.
4 무너져 내리기 시작하는 담과 지붕이 버거워 보이는 협문이다. 한옥은 퇴락도 아름답다.
5 삼근정사. 삼근정사의 의미는 선친인 권유의 산소와 집 바로 옆의 담 밑을 흘러 지나가는 시냇물, 시내 옆에 우거진 철쭉꽃 숲 셋이 가깝다는 뜻이다.
6 정면 3칸, 측면 2칸의 맞배지붕으로 원래 사당이었으나 지금은 판각으로 사용하는 장판각藏板閣이다.
7 방형의 장주초석 위로 사각기둥을 놓고 사각기둥은 툇마루를 받고 있다.
8 유회당로 건너는 연못 위에 다리가 근사하다. 화강암의 흰색이 볕에 더욱 희다.

사대부의 집-기와집 16

대전 제월당·옥오재 濟月堂·玉吾齋   대전 대덕구 읍내동 74-4

마음 밭은 일구기 어려우니 호미질은 꼼꼼해야 한다는 송상기의 옥오재와 제월당

제월당濟月堂은 서예에 능하고 학문이 뛰어난 조선후기 동춘당 송준길, 우암 송시열 등과 함께 3송三宋으로 불리던 제월당 송규렴이 1676년에 자신의 호를 따 지은 별당이다. 살림집인 안채, 별당인 제월당, 사랑채인 옥오재, 조상에게 제사를 지내는 가묘가 함께 있어 조선시대 양반가옥의 생활모습과 구조를 살펴볼 수 있는 고택이다.

송규렴은 송시열과 송준길에게 공부하고서 효종 5년 문과에 급제하여 벼슬은 예조판서·사헌부 대사헌과 사간원 대사간을 역임했는데, 1674년 예송논쟁에서 송시열이 남인에게 몰려서 남해로 유배되자, 사간으로 있던 송규렴은 상소를 하였으나 삭탈관직 되었다. 송규렴은 서인의 중심인물로 정치적인 변동에 따라 고난과 역경을 겪었다. 그 후 낙향하여 숙종 2년, 1676년에 제월당을 짓고 오직 학문연구에만 힘썼다. 제월濟月은 '비 개인 하늘에 상쾌한 달'이라는 뜻이 있다. 계족산의 주봉인 봉황산을 배경으로 갑천을 향해서 지은 대덕구 읍내동의 제월당은 정면 3칸, 측면 2칸으로 전면과 후면에 각각 사분합문을 만들어서 필요한 때에는 별당 전체를 트게 한 구조로 되어 있다. 제월당은 오른쪽 2칸은 대청마루고 왼쪽 1칸은 온돌방을 들였다. 방 뒤쪽에는 1칸을 더 내어 위는 누다락, 아래는 아궁이로 사용한다.

제월당 옆에는 송규렴의 장남으로서 역시 대제학을 역임한 당대 최고의 석학인 송상기의 고택인 옥오재가 있다. 송상기의 당호가 옥오재인데 집의 이름은 자신의 당호를 그대로 썼다. 송상기는 숙종 10년 문과에 급제하여 박사·검열·수찬·부교리 등을 거친 뒤 홍문관 대제학·사헌부 대사헌을 거쳐 판돈령부사에 이르렀지만, 숙종 15년 기사환국으로 남인이 집권하게 되자 벼슬을 버리고 낙향하여 학문연구에 몰두했다.

옥오재는 명의 유학자 방정학이 "차라리 기와로 온전할지언정 깨어지는 옥은 되지 않겠다."라는 말을 반박하는 "차라리 깨지는 옥은 될지언정 뜻을 굽히지 않겠다."라는 신념에서 당호를 옥오재라고 지었다고 한다. 송상기는 우암을 따르는 노론으로 전라도 강진으로 귀양을 갔다가 그곳에서 죽었다.

아버지와 아들이 지은 건축물이 한 장소에 있으니 더없이 흐뭇하고 따뜻한 일이다. 아버지와 아들이 제월당과 옥오재를 세우고 가풍을 이어가는 모습은 예전이나 지금이나 보기에도 좋다. 성품이 칼칼해서 시대의 격랑을 피해 가지

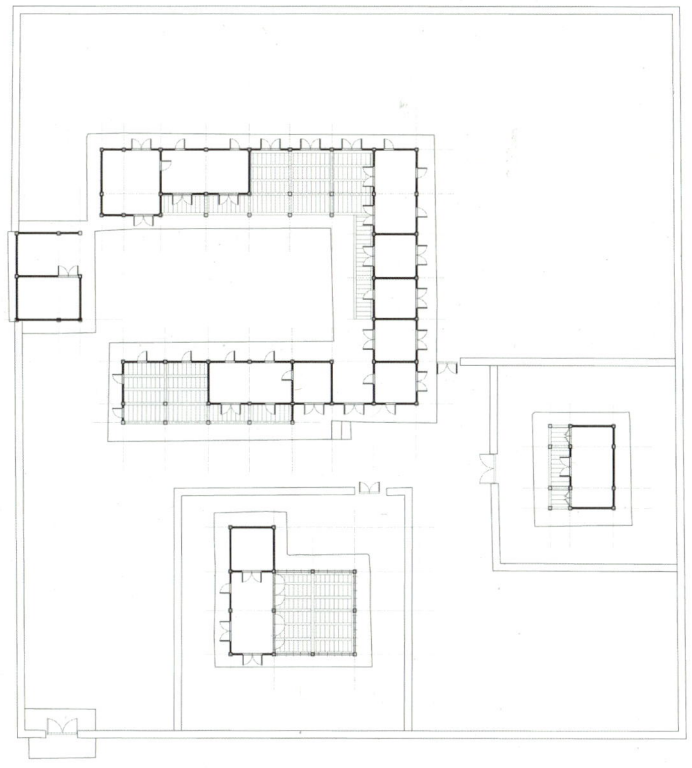

제월당·옥오재 배치도

왼쪽_ 삼량가 맞배지붕으로 함실아궁이 위에 다락을 설치했다.
오른쪽_ 옥오재는 "차라리 깨지는 옥은 될지언정 뜻을 굽히지 않겠다."라는 신념에서 당호를 옥오재라고 지었다고 한다.

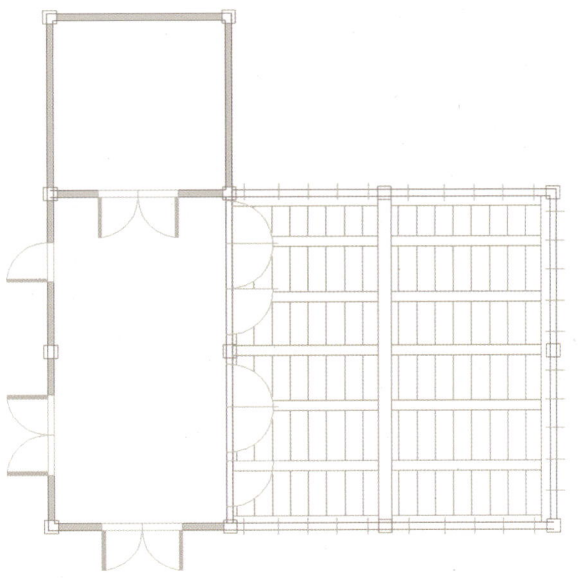

제월당 평면도

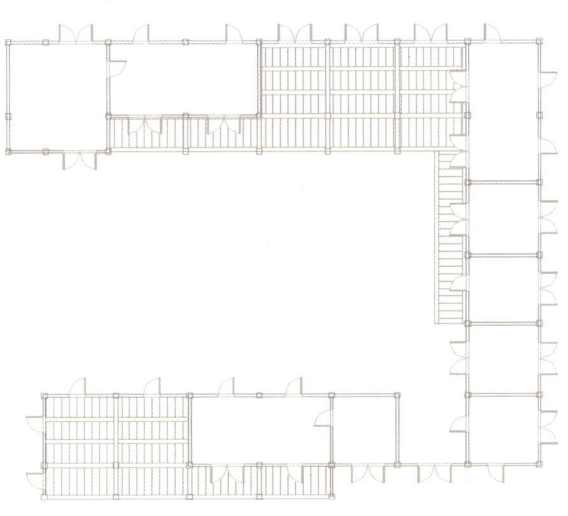

옥오재 평면도

위_ 제월당霽月堂은 서예에 능하고 학문이 뛰어나 조선후기 동춘당 송준길, 우암 송시열 등과 함께 3송三宋으로 불리던 제월당 송규렴이 1676년에 자신의 호를 따 지은 별당이다. 제월당은 정면 3칸, 측면 2칸으로 전후 면과 측면에 각각 사분합문을 만들어서 필요한 때에는 별당 전체를 트게 한 구조로 되어 있다.
아래_ 옥오재. 정면 6칸, 측면 1칸의 우진각지붕으로 반 칸의 툇마루를 내고 눈썹처마를 덧달아 측면을 한 칸 반으로 했다.

를 못하고 아버지와 아들이 다 같이 세파에 흔들렸고 그 책임은 자신에게 있지만 어려움을 당했다. 특히 송규렴의 아들 송상기는 유배지에서 죽음을 당했다. 송규렴은 죽음 직전에 유언처럼 글을 남겼다.

    남아사업태산여 男兒事業泰山如
    남아의 사업은 태산과도 같으니
    구인공부가홀제 九仞工夫可忽諸
    아홉 길 쌓는 공부 소홀할 수 있으랴
    의마역분선맹제 意馬易奔宣猛制
    뜻은 쉬 달아나니 맹렬히 자제하고

    심전난벽합정서 心田難闢盍精鋤
    마음 밭은 일구기 어려우니 호미질은 꼼꼼해야 하니
    요전덕성수소주 要全德性須疏酒
    덕성 보존하려 하면 술을 멀리해야 하고
    욕립신명재독서 欲立身名在讀書
    몸과 이름 세우는 일이 책읽기에 달렸다
    세월일과추불득 歲月一過追不得
    세월은 한번 가면 다시 얻을 수 없으니
    막교허노탄궁노 莫教虛老歎窮盧
    허망하게 늙어서 빈 그릇 탄식하지 마라.

1 솟을대문에서 제월당으로 들어가는 중문으로 사주문이다.
2 방 뒤쪽에는 1칸을 더 내어 위는 다락, 아래는 아궁이로 사용했다.
3 제월당. 대청마루와 방 사이를 크고 작은 두 짝의 만살분합문을 좌우 대칭으로 설치해 안정감과 균형미가 돋보인다.

1 만살의 벽장문, 다락문, 만살분합문을 달았다.
2 제월당 대청의 우물마루와 만살분합문, 선자서까래의 모습이다.
3 좌우 행랑채가 있는 솟을대문이다.

1. 귓기둥에 주련을 달았다.
2. 네 짝의 분합문을 두 짝은 머름 위에 설치한 창으로 하고 나머지 두 짝은 문으로 하여 좌우 대칭의 특별한 모습이다.
3. 자연석초석으로 다듬은 흔적이 보인다. 거슬리지 않을 만큼만 다듬어 허술하면서도 듬직하다.
4. 옥오재는 제월당 송규렴의 아들로 이조판서, 대제학 등을 지낸 송상기가 안채에 붙여 지은 사랑채 건물이다.
5. 한옥은 나무가 연결되는 모습이 노출되어 나무가 가장 아름다운 집이 되는 것을 파악할 수 있는 건축법이다.
6. 부엌문을 널판문으로 하고 위에 만살로 광창을 설치했다.
7. 망와가 먼 곳을 바라보고 있다. 가장 높은 곳에서 먼 곳을 바라보아 망와라고 한다.

사대부의 집-기와집 **139**

사대부의 집-기와집 17

보성 문형식가옥 文瀅植家屋 전남 보성군 율어면 율어리 144

땀 냄새가 나고, 사람냄새가 나는 모두의 가슴 속에 살아있는 고향마을 같은 집

살아가는 일이 힘든 건 삶에 변화와 곡절이 들어 있기 때문이다. 하늘의 일을 걱정하고, 물의 일을 걱정하고, 땅의 일을 걱정하며 살아가는 사람들을 우리는 자연과 함께 사는 사람들이라고 한다. 도시에서 잃어버린 것들을 온몸으로 부딪치며 살아가는 사람들이 있다. 땅을 일구고 씨를 뿌리고는 하늘을 바라보는 사람이 있다. 하늘은 농사의 중요한 변수다. 비가 올 때 비가 내려주어야 하고, 해가 날 때 해가 나 주어야 농사가 된다. 농사는 사람이 짓지만, 대부분을 자연에 맡겨야 하는 것이 농사다.

아직도 농사를 지으며 살아가는 보통사람이 사는 문형식가옥은 땀 냄새가 나고, 사람냄새가 나는 모두의 가슴 속에 살아있는 아주 포근한 고향집 같다. 안채가 서남향 하여 자리하고 맞은편에 축을 이루며 사랑채가 있다. 안마당 동쪽에는 몇 단의 계단을 올라가서 별당이 있는데, 이것은 원래 사당祠堂이었던 것을 고쳐서 만들었다. 안마당 서쪽에는 근래에 토축벽으로 만든 헛간채가 동향하여 배치되었다. 문형식가옥은 고가 중에서는 그리 오래되지 않은 집이지만 사람 사는 집이어서 마음이 끌린다. 생활이 그대로 묻어 있는 집으로 사람의 노동과 사람의 세월이 곳곳에 배어 있다.

안채는 높직한 자연석기단 위에 생긴 그대로의 자연석을 쓴 덤벙주초를 놓았다. 초석 위에는 사각기둥을 세운 5칸 一자형의 집으로 전후좌우에 툇간이 있는 전남지방의 전형적인 중상류 주거의 구성을 취하고 있다. 맨 왼쪽부터 고방

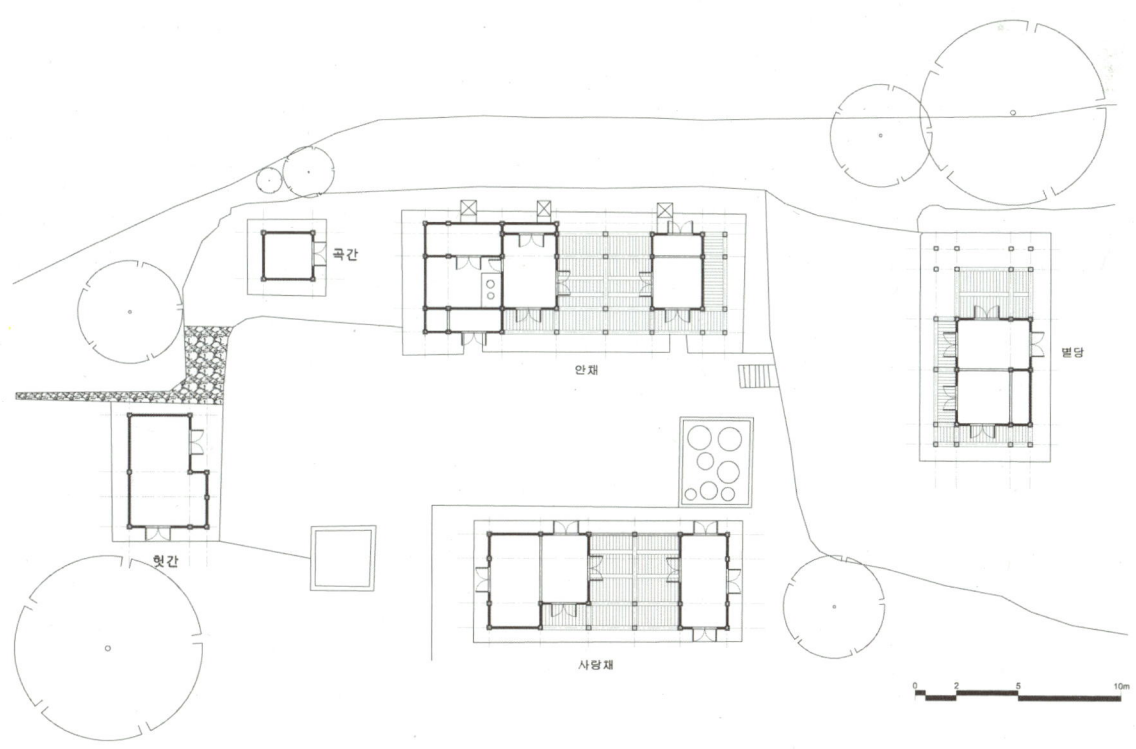

문형식가옥 배치도

왼쪽_ 장독대에는 저마다 키로 햇빛을 만나고 있다. 채송화와 과꽃이 곱다.
오른쪽_ 전위 미술작품 같지만, 부엌의 채광과 환기를 위해 만든 봉창이다. 봉창은 여닫을 수 없는 붙박이로 새나 동물이 들어오지 못하도록 망을 쳤다.

과 부엌, 큰방, 마루, 작은방이 배치되어 있다. 마루는 정면 2칸, 측면 1칸 반으로 규모가 큰 편이고 중앙의 절반을 막아서 후면으로는 고방을 만들었는데 이러한 고방 형식은 남도지방에서 오래전부터 있는 방식이다.

사랑채는 전면 4칸에 一자형의 집으로 원래 초가였으나 기와집으로 고쳐지었다. 전면 4칸에 전후에 툇간을 붙이고 좌우에도 툇간을 붙인 툇집이다. 광, 부엌, 나뭇간, 아랫사랑, 윗사랑, 잠실이 배치되었다. 잠실은 누에를 치는 방으로 개조된 것이다. 누에치는 방에서는 숲 속에서 비 내리는 소리가 난다. 누에가 뽕잎을 먹는 소리가 마치 비 내리는 소리와 비슷하다. 사랑채 앞에는 동쪽으로 한 단 석축을 쌓아 사랑마당을 만들고 서쪽으로 박석을 깔아 집안으로 유도하는 비탈진 진입로를 만들었다. 안마당으로는 사랑채 서쪽에 계단을 두어 올라가도록 했다.

별당은 원래 사당이었던 것을 고쳤는데, 3칸 一자형의 집에 전좌우에 퇴가 있는 구성을 취하고 있다. 감실방, 마루, 광의 순서로 되어 있으나 마루를 고쳐서 온돌로 만들었다. 일종의 작은사랑채에 해당한다. 광 위쪽의 반 칸은 비워두어 헛간으로 사용하도록 초가집으로 복원하였다.

이 집에서 가장 특색 있는 것은 곳간채의 구성이다. 이 집의 곳간은 모두 세 곳으로 우선 안채의 서쪽으로 독립된 한 칸의 곳간이 있는데 전면에는 뒤주처럼 생긴 빈지널문을 설치하였다. 널판을 위에서 아래로 포개어 닫는 문으로 만들어 순서를 알 수 있도록 번호를 넣었다. 지붕은 사모지붕에 기와를 씌워 놓았다. 이곳에는 주로 벼를 수확하여 껍질을 벗기지 않은 상태의 나락을 보관했다.

안마루 후면의 도장이나 안채의 양쪽 끝에 있는 두지 및 곳간은 수장고의 다양한 구성을 보여 주는 독특한 곳이다. 문형식가옥은 현 주인의 부친인 문태휴가 1890년에서 1900년 사이에 건축한 것이다. 이 집이 민속자료로 지정된 것은 물론 집의 형태 때문이지만, 지금도 여전히 살림집으로 쓰이고 있다는 점과 남도의 생활정서가 짙게 느껴지기 때문이다.

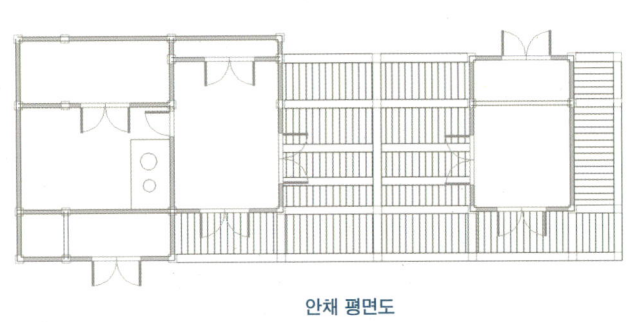
안채 평면도

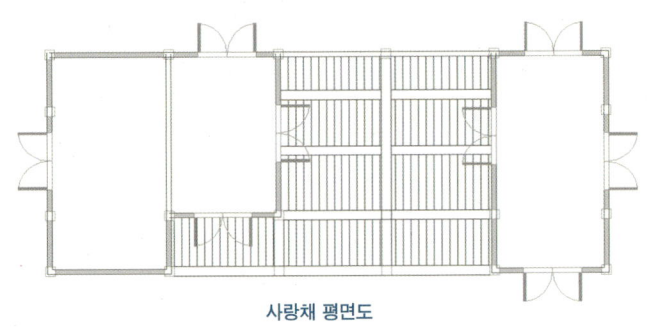
사랑채 평면도

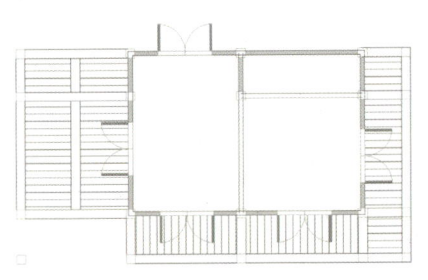
별당 평면도

1 안채는 정면 5칸에 一자형의 전후좌우퇴집으로 겹집의 평면구성이다. 대청의 뒤를 막아 고방車房을 마련했다.
2 사랑채는 전면 4칸에 一자형의 집으로 원래 초가였던 것을 우진각지붕의 기와집으로 개량하고 전후좌우로 툇간을 붙였다.
3 별당은 원래 사당이었던 것을 고쳤는데, 3칸 一자형의 집에 전좌우에 퇴가 있는 구성을 취하고 있다. 밭농사로 거둔 것들은 바지랑대에 걸어놓았다.

1 안채의 가구는 2고주 오량가로 홑처마 팔작지붕이다. 도리의 단면형태가 네모난 방형도리를 쓴 납도리집이다.
2 초가로 지붕을 이은 헛간과 장독대가 푸른 하늘과 만나니 더없이 반갑고 흐뭇하다. 우리가 잃어버린 고향을 찾은 것만 같다.
3 툇마루 뒤로 벽을 판벽으로 하고 세살분합문을 달았다.
4 툇마루를 살짝 높인, 고상마루 밑에 바닥을 낮게 하고 함실아궁이를 설치했다.
5 부뚜막에 무쇠솥이 걸려 있고 위로는 여닫이 세살 독창이 보인다.
6 독립된 한 칸의 곳간으로 빈지널문을 설치하고 지붕은 사모지붕에 기와를 얹었다. 이곳에 벼를 수확하여 껍질을 벗기지 않은 상태의 나락을 보관했다.
7 빈지널문으로 번호를 먹여 순서를 붙여놓았다. 위로 판재를 하나씩 올려 빼내는 분해조립식 판문이다.

사대부의 집-기와집 18

봉화 남호구택 南湖舊宅

경북 봉화군 봉화읍 해저리 723

상해임시정부에서 군자금을 모금할 때 전 재산을 저당 잡힌 돈을 내놓은 인물의 집

바래미 마을이라는 이름에서는 무슨 특별한 사연이 있을 것만 같다. 바래미 마을은 마을이 하상보다 낮은 바다 밑이었다고 해서 바래미, 해저海底라고 부르게 되었다. 마을의 중심에는 학록서당과 큰 샘이 있다. 여름에는 차갑고 겨울에는 따뜻한 샘물이 끊이지 않고 솟아나서 마을주민이 지금도 이용하는 샘물이다. 물맛이 좋고 맑아서 큰 샘이라고 한다. 바래미 마을에서는 과거에 급제하거나 벼슬에 오른 사람이 많다.

바래미 마을은 강단이 있는 선비들의 마을이다. 은둔이 아니라 현장에 참여하는 의식이 있는 선비의 마을이었다. 바래미 마을, 즉 해저리는 몸과 재산을 헌납하며 독립운동에 참여한 숭고한 정신의 강골들이 사는 마을로 14명의 독립유공자를 배출했다. 독립운동의 중심에는 심산 김창숙이 있다.

남호구택도 역사적인 중요한 고비 때마다 한 역할을 한 집이다. 해저리의 아랫마을에 있는 남호구택은 농산 김난영이 조선 고종 13년, 1876년에 지었고 아들인 남호 김뢰식이 살던 집이다. 김뢰식의 당호를 따서 남호구택이 되었다. 김뢰식은 경상도의 아주 명망 높은 부호였으며 상해임시정부에서 군자금을 모금할 때에 전 재산을 저당 잡히고 대부받은 돈을 내놓은 인물이다. 재산 전부를 잃어버린 나라의 독립에 쓰도록 내놓은 숨은 독립운동가다. 역사의 굵직한 사건과 변환의 시기에 집을 저당 잡히면서까지 경제적인 지원을 전폭적으로 한 집이다.

응방산 줄기의 낮은 야산을 배경으로 자리 잡은 이 집은 솟을대문이 문 입구에 버티고 서 있다. 문 양옆으로 같은 모양의 굴뚝이 자리 잡고 있어 다른 집의 구조와 느낌이 다르다. 솟을대문을 중심으로 6칸 행랑채가 붙어 있는데 양쪽이 같은 대칭구조를 하고 있다. 대문간채를 들어서면 안채와 사랑채가 접하여 ㅁ자형을 이루고 있다. 이 지방의 ㅁ자형 집은 사랑채가 있는 가운데에 중문간을 두는 것이 일반적인데 이 집은 측면에 중문간이 있다. 정면 중앙 부분에는 튀어나온 도장방이 있어 특이한 구성을 보이

는데 이 마을에는 이와 같은 유형의 집이 몇 채 남아 있다.

남호구택은 2채의 집으로 이루어진다. 행랑채와 본채이다. 본채는 안정되고 차분한 높이의 기단 위에 자리 잡고 있고 행랑채는 그 앞에 일직선으로 지어져 있다. 행랑채는 상당히 크고 높다.

본채는 경상도 지방의 폐쇄적인 ㅁ자형으로 구성되어 있다. 폐쇄적인 ㅁ자형이긴 하지만 그리 답답하지 않을 만큼

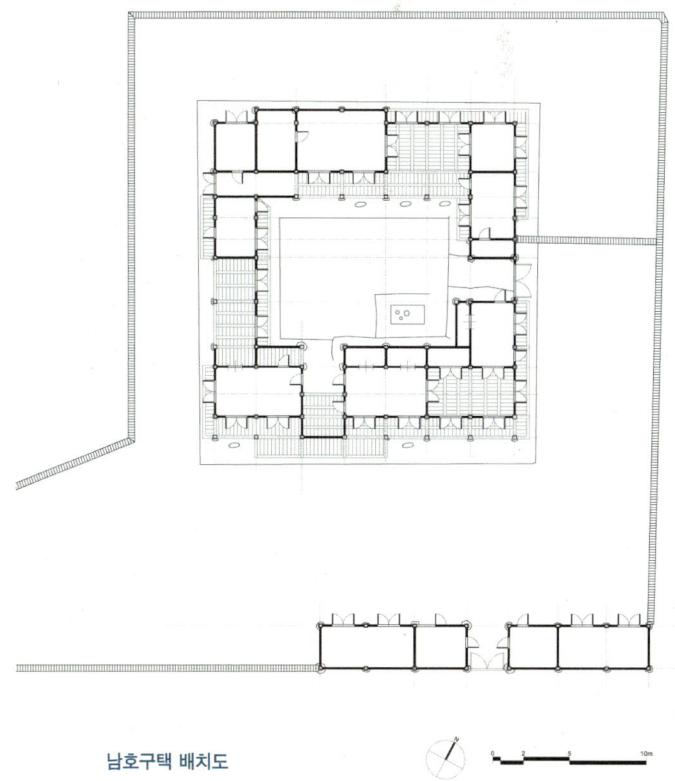

남호구택 배치도

왼쪽_ 솟을대문이 있는 양옆에 서 있는 토축굴뚝과 화방벽 위에 벼락닫이창이 대칭을 이루고 있다.
오른쪽_ 툇마루 뒤로 왼쪽에 여닫이 세살 쌍창과 오른쪽에 세살청판분합문의 구성이 단순하면서도 시원하다.

의 마당과 공간이 있다. 남쪽 건물은 사랑채로 정면 7칸, 측면 1칸 반의 규모이다. '농산당聾山堂'과 '남호南湖'라는 편액이 걸려 있다. 귀머거리를 뜻하는 농聾자를 쓴 데는 그만한 사연이 있을 듯싶다. 농聾은 어리석다는 뜻도 함유하고 있다. 어리석음이 크다는 뜻의 농산聾山은 어리석음으로 산을 이루었으니 결국 큰 어리석음을 말한다. 크게 어리석은 것만큼 큰 깨달음도 없다. 독립운동의 중심이 된 집답게 단정하고 말끔하다.

위_ 사랑채는 정면 7칸, 측면 1칸 반의 규모로 정면 중앙 부분에는 튀어나온 도장방이 있어 특이한 구성을 보이는데, 이 마을에는 이와 같은 유형의 집이 몇 채 남아 있다.
아래_ 오량가의 안채 대청으로 마루는 우물마루로 하고 천장은 서까래가 노출된 연등천장으로 했다.

사랑채 평면도

안채 평면도

위_ 홑처마 팔작지붕으로 민도리집이다.
아래_ 안채에서 사랑채를 바라본 모습으로 안마당에 가지런한 장독대가 놓여 있다.

1 회랑 같은 툇간. 질서의 정연함이 보인다.
2 네 짝의 불발기창과 머름 위 판벽 사이로 우리판문이 있고 우리판문 위로 빛살 광창이 보인다.
3 방. 한지는 소통의 종이다. 안과 밖을 구분하지 않고 바람을 들이고, 햇빛을 들이고, 소리가 들린다. 자연과 사람의 중간에 한지가 자리 잡으면 사람과 자연은 순하게 친화된다.
4 여닫이 세살 독창과 미서기 도듬문에 글로 마무리했다.

1 툇간으로 흥예가 진 툇보와 회벽이 만나 고운 풍경을 만들었다.
2 평난간 위로 남호 편액이 걸려 있다. 농산 김난명 아들인 남호 김뢰식의 당호를 따서 남호구택이 되었다.
3 난간청판에 풍혈이 없는 머름형으로 난간대를 설치한 평난간이다.
4 디딤돌 위의 고무신이 빛나고 아자살 영창도 빛난다.
5 판벽과 우리판문에 장석을 첨부하니 튼튼해 보이고 장식미가 돋보인다.
6 안채로 향해 있는 사랑채 방문을 옆으로 배치하고 간이 벽을 설치하여 안채가 드러나지 않게 했다. 내외구별이 엄격했음을 엿볼 수 있다.

사대부의 집-기와집 19

봉화 만산고택 晩山古宅
경북 봉화군 춘양면 의양리 288

영친왕의 한묵청련 글씨와 대원군이 쓴 만산이란 당호가 붙어 있는 집

　조선 말기에 산 한국인은 불행한 사람들로 나라를 빼앗기는 현장에 있었던 사람들이다. 조선 말기 문신인 만산 강용도 마찬가지다. 강용은 중추원 의관과 도산서원장 등을 지냈다. 벼슬을 지낸 사람일 경우 치욕의 현장에서 가까운 곳에 있었기에 더욱 치욕스러운 현장을 가까이서 보았던 인물이다. 강용은 1910년 이후에는 망국의 한을 학문으로 달래면서 마을 뒷산에 망미대를 쌓고 그곳에 올라 국운이 회복되기를 바라는 시를 읊었다.

　만산고택은 1878년, 고종 15년 강용이 건립한 가옥이다. 현 집주인인 강백기의 5대 조부이다. 대원군 시절 출세가도를 달리던 강용은 을사늑약 이후 관직을 그만두고 이곳에 집을 짓고 여생을 보냈다. 의양리 남쪽의 낮은 산을 등지고 집의 향을 동쪽으로 했다. 사대부 집 중에서도 행랑채가 긴 곳은 그리 많지가 않은데, 행랑채가 크거나 많다는 것은 그만큼 식솔이 많고 큰 농사를 지었다는 이야기다. 정면 11칸 규모의 긴 행랑채 사이로 난 솟을대문을 들어서면 넓은 사랑마당을 사이에 두고 ㅁ자형의 정침이 자리 잡고 있다. 사랑채와 안채가 안마당을 중심으로 둘러싼 형식으로 바깥에서는 안채와 안마당이 보이지 않는다. 안마당에서는 하늘만 빤히 뚫린 모양의 ㅁ자형의 집이지만, 채와 채 사이에 공간이 넓어 그렇게 답답하지는 않다. 사랑마당의 왼쪽에는 서재, 오른쪽에는 별당인 칠유헌七柳軒이 토석담장에 둘러싸여 있다. 사랑채는 2칸을 튼 대청과 사랑방으로 이루어져 있다. 앞쪽에는 툇간이 있고 사랑방 오른쪽에는 감실이 있으며 사랑마루 뒤에는 마루방과 골방이 있다. 감실은 돌아가신 분의 신주를 모시는 방을 말한다.

　마루방 뒤로는 중간 방이 안채 부엌과 왼쪽 날개 모양으로 연결되어 있고, 골방은 사랑채에서 안채로 드나들 때 통로 역할을 한다. 사랑채 오른쪽의 감실 뒤로 난 중문을 통해 안채로 출입할 수 있다. 1800년대 이후의 봉화지역에서

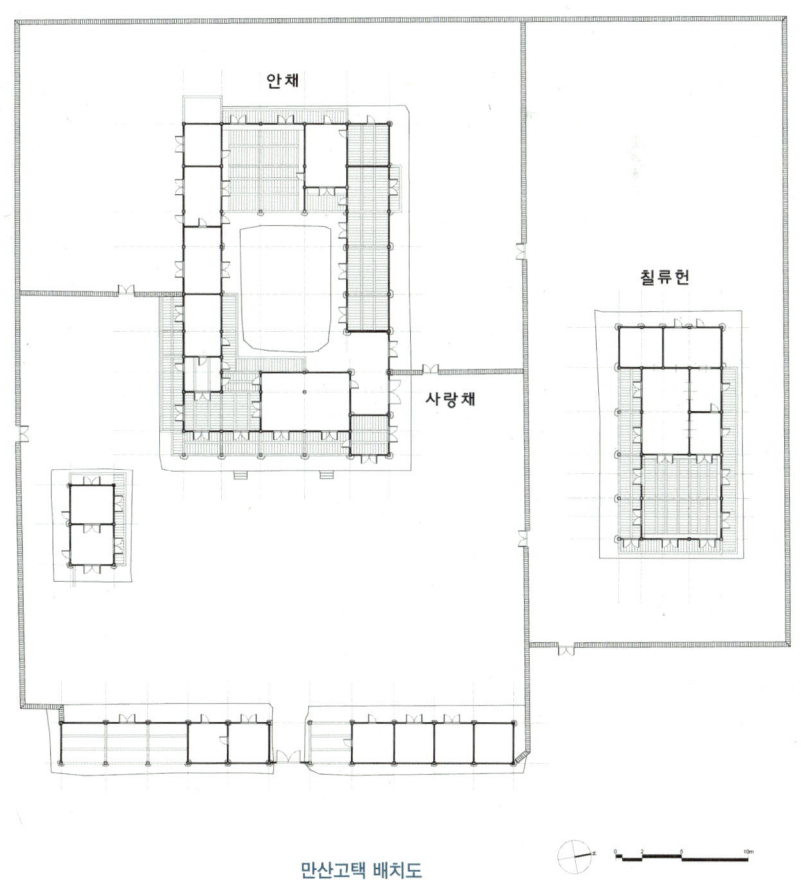

만산고택 배치도

왼쪽_대문에서 바라본 사랑채의 모습.
오른쪽_용자살 영창 하단에 머름의 짜임새가 튼실하다.

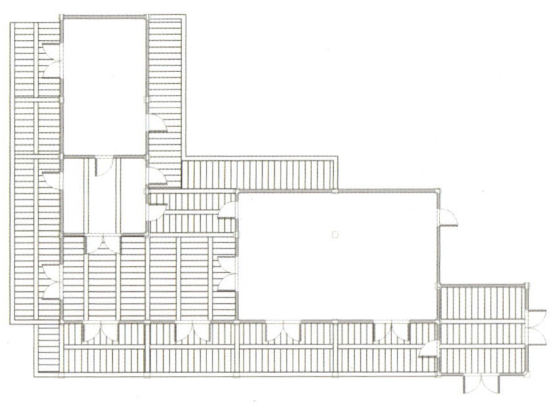

사랑채 평면도

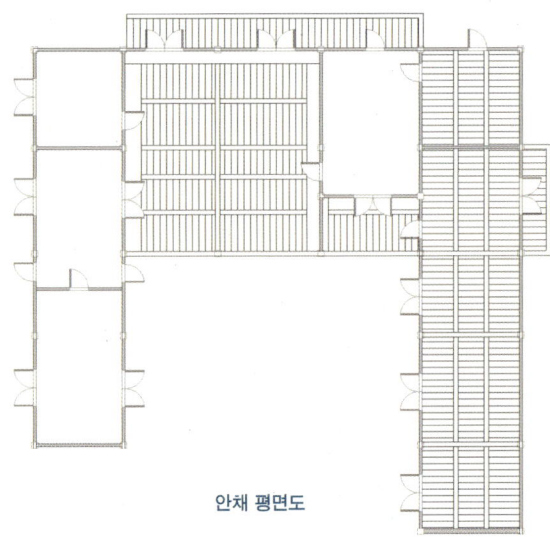

안채 평면도

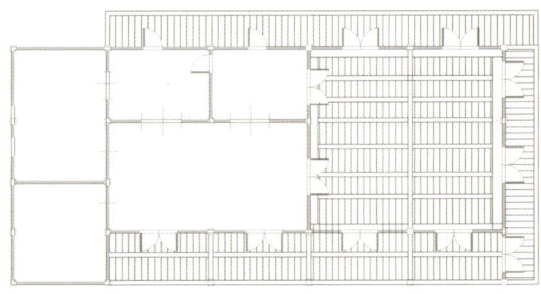

별당 칠류헌 평면도

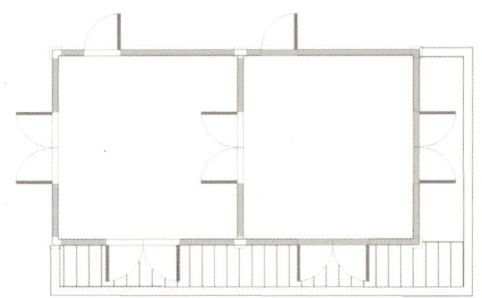

서재 평면도

1 사랑채. 2칸을 튼 대청과 사랑방이 있고 오른쪽에는 돌아가신 분의 신주를 모시는 감실이 있다.
2 별당인 칠류헌七柳軒으로 드나드는 협문으로 일각문이다. 토석담장에 둘러싸여 있다.
3 사랑마당 왼쪽에 있는 서재는 온돌방 1칸과 마루방 1칸으로 구성되어 있다.
조선의 마지막 황태자였던 영친왕이 7세 때 썼다는 한묵청련翰墨淸緣 편액이 붙어 있다.

흔히 볼 수 있는 형태이다.

안채는 사랑채 뒤편과 이어져 안마당을 둘러싸고 있다. 안대청 왼쪽에는 안방이 세로로 길게 자리 잡고 있고, 오른쪽에는 윗방과 마루방 2개가 앞뒤로 있다. 안방 앞쪽으로는 부엌과 중간 방이 왼쪽 날개 모양으로 연결되어 있고, 마루방 앞쪽으로는 3칸의 창고가 오른쪽 날개모양으로 연결되어 있다.

사랑마당 왼쪽의 서재는 온돌방 1칸과 마루방 1칸으로 구성되어 있다. 별당은 기와로 된 팔작지붕으로 왼쪽에는 광이 있고 오른쪽에는 온돌방과 대청이 연결되어 있다. 온돌방 뒤에는 골방이 있고, 대청에는 우물마루를 깔았다.

조선후기의 관리 집답게 만산고택은 조선후기의 인물들과 관련되어 있다. 만산고택에는 조선의 마지막 황태자인 영친왕이 7세 때 썼다는 글씨가 붙어 있다. 한묵청련翰墨淸緣 글씨와 사랑채에는 대원군이 직접 쓴 만산이란 당호가 붙어 있다. 망국과 직접적인 관련이 있는 인물들의 글이 이곳에 모여 있는 것을 보는 것만으로도 애환이 서린다. 당대의 명필이었던 해강 김규진의 백석산방白石山防도 걸려 있다. 또한, 만산고택에는 구한말 우리 역사의 곡절의 한 축에 있었던 원세개와 이홍장의 글이 남아 있기도 하다. 이래저래 나라를 빼앗길 즈음의 조선 말기의 인물들이 등장한다. 만산晩山이란 뜻의 의미를 새겨본다. 만산이란 산을 늦게 이룬다는 뜻도 되고, 날이 저문 산이라는 뜻도 품고 있다. 만산에서 이미 잃어버린 나라를 떠올리는 것은 괜한 회한인지도 모르지만, 조선 말기의 인물들이 이곳과 관련이 있는 것에서 마음은 스산하다.

만산고택은 이곳에서 나는 금강소나무 춘양목으로 지은 집이다. 왕가나 극히 일부 사찰을 제외하고는 사용이 금지되었던 춘양목으로 지어졌다. 춘양목이라는 이름이 붙을 만큼 금강송은 춘양역이 있는 춘양면과 관계가 깊다. 철길이 놓이면서 춘양처럼 오지에 억지로 철길을 놓았다고 해서 '억지 춘양'이란 말이 생기기도 했다. 만산고택은 다시 피어나는 꽃처럼 야생화가 많은 집이다. 회생의 집이기를 바란다.

사랑채와 안채가 안마당을 중심으로 둘러싼 ㅁ자형의 정침이다. 바깥에서는 안채와 안마당이 보이지 않고 하늘만 빤히 뚫린 모양이지만 채와 채 사이에 공간이 넓어 답답하지 않다.

1 사랑채의 감실과 오른쪽에 별당인 칠유헌七柳軒이 보인다.
2 만산고택은 1878년, 고종 15년 강용이 건립한 가옥으로 춘양목으로 지은 명가이다. 어디를 가나 야생화를 잘 가꾸어 놓아 집과 잘 어울린다.
3 안방이 대청 왼쪽에 세로로 길게 자리 잡고 있다. 홑처마 팔작지붕으로 쪽마루와 툇마루가 놓여 넉넉해 보인다.

1 생명력이 강한 야생화가 아름답다.
꽃을 피우는 주인의 솜씨가 예사롭지 않다.
2 만산이란 편액 글씨는 대원군의 친필이다.
3 백 년은 되어 보이는 대추나무가 있다.
만산고택의 애환을 모두 지켜보았을 것이다.
4 길고 잘 짜인 툇간의 구성이 당당하고 듬직하다.
5 정면 11칸 규모의 긴 행랑채 중앙에 솟은 솟을대문이다.
6 머거불 위로 암막새기와를 엎어 놓은 것과 같은 망와이다.
7 평난간으로 마루를 장마루로 했다.

봉화 만회고택 晩悔古宅
경북 봉화군 봉화읍 해저리 485

「파리만국평화회의」에 제출한 '독립청원서'를 작성했던 유서 깊은 집

3·1운동 직후에 독립청원서를 작성했던 역사적으로도 의미 있는 집이다. 3·1운동 직후에 유림이 심산 김창숙 선생을 중심으로 이곳에 모여서 「파리만국평화회의」에 제출한 독립청원서'를 작성했던 유서 깊은 곳으로 1925년 유림단 독립운동자금 모금에는 영남북부지방 유림이 함께 모여서 의논했던 곳이기도 하다. 나라가 위기에 처해 있을 때 전환의 계기를 마련한 집이다.

바래미 마을은 원래는 의령여씨들이 일부 살고 있었는데, 조선 숙종 때 관찰사를 지낸 팔오헌八吾軒 김성구가 이 마을로 와서 우물을 만들고 농토를 새로 개척하면서 정착한 이후 마을도 번창하고 의성김씨들이 많이 모여 살게 되었다고 한다. 현재 의성김씨와 타 성씨를 합하여 90여 가구가 살고 있지만, 조선 말기 전성기에는 의성김씨들만 100여 호가 넘었다고 한다. 일제 강점기에는 유림의 독립운동 중심지였으며 1992년 경상북도지정 전통마을로 지정, 보존되고 있다.

마을을 들어서면 입구에 큰 샘이 있는데 바래미샘이라고 한다. 마을 중앙에는 학록서당이 있고 윗마을에 만회고택이 있다. 마을 전체가 ㅁ자형의 기와집으로 이루어진 의성김씨 집성촌이다.

만회고택은 조선 후기의 문신인 만회 김건수가 살던 집이다. 안채는 김건수 6대조가 이곳에 먼저 정착한 서씨로부터 사들였다고 하는데 정확한 건립연대는 알 수 없다.

안채는 조선 중기 건축으로 추측되며, 안방과 사랑방 뒤쪽에 수납공간을 두는 옛 경북지방의 ㅁ자의 집 평면배치법과 통하는 것으로 조선시대 주택연구에 좋은 자료가 되는 만회고택은 ㄷ자형의 안채와 T자형의 사랑채가 있다. 안채는 남향한 중앙에 대청이 있고, 대청 양쪽에 안방과 상방이 대칭적으로 배치되어 있다. 원래 一자형 중문간채가 있었던 자리에 건물을 새로 지어 사랑채인 '명월루'와 연결시켰다. 대청 좌우에 동서의 날개가 달았다. 서쪽날개에는 골방·마루방·상방과 부엌이 있고 동쪽날개에는 고방·안방·부엌과 헛간이 있다. 대청 뒷벽 바라지창은 두 짝 미닫이로 걸었다.

사랑채는 안채의 동쪽 날개 끝에서 동쪽으로 치우친 위치에 있다. 사랑채에는 왼쪽부터 '만회고택晩悔古宅', '청풍헌淸風軒', '명월루明月樓'등의 현판이 걸려 있다. 사랑채는 애초에 안채 앞쪽의 중문간채에 사랑채가 연속되었던 것이

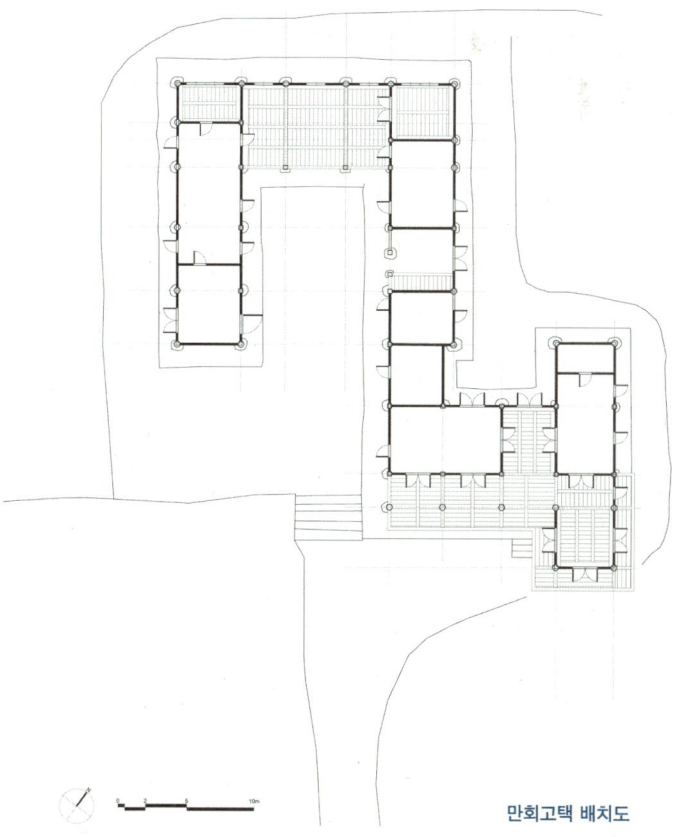

만회고택 배치도

왼쪽_ 삼량가로 안방 옆 고방의 문을 널판문으로 했다.
오른쪽_ 툇마루에서 바라본 누마루 모습으로 누마루에 계자난간을 둘렀다.

사랑채 평면도

안채 평면도

위_ 홑처마 팔작지붕인 사랑채는 정면이 4칸, 측면이 한 칸 반으로 서쪽부터 방 2칸, 대청 1칸, 누 뒤로 건넌방 1칸이 있다. 앞쪽의 평주는 원기둥이고 나머지는 사각기둥이다.
아래_ 대청마루 기둥을 사각기둥 고주로 하고 민흘림을 했다.

다. 사랑채는 높게 쌓은 기단 위에 올라앉았다. 누로 구성된 부분만은 누하주를 마당에 내려딛고 서 있다. 누 뒤편으로 방이 있는데 두 칸 중 1칸은 북쪽으로 돌출하여 사랑채의 평면은 T자형이다. 홑처마로 팔작지붕인 사랑채는 정면이 4칸이고, 측면은 한 칸 반으로 서쪽부터 방 2칸, 대청 1칸, 누의 뒤편에 건넌방 1칸이 있다. 앞쪽의 평주는 원기둥이고 나머지는 사각기둥이다.

만회고택의 명월루는 김건수가 지은 것을 건물이 낡아 철종 원년, 1850년에 다시 고쳐지었고 중간문채는 기울어져서 1981년 임시로 철거하였다가 복원하였다. 만회고택 주변에 수십 년 된 십여 그루의 소나무가 서 있다. 우람하고 키가 크게 자란 모습이 장엄하다. 소나무는 만회고택의 주인이었던 김건수가 조국에 대한 충절을 나타내는 듯 아직도 녹음을 펼쳐 보이고 있다.

조국이 위태로웠을 때 조국을 구하고자 하는 뜻있는 사람들이 모여 독립청원서를 작성하던 역사가 있는 집이다. 자연석으로 기단을 높게 쌓아 사랑채가 의젓하고도 넉넉한 모습으로 자리하고 있다. 사랑채 앞으로 화단을 만들어놓아 계절이 가고 오는 모습을 볼 수 있다.

1 긴 툇마루와 누마루가 시원하게 자리하고 있다. 툇마루는 평난간으로 하고 누마루는 계자난간으로 격을 높였다.
2 ㄱ자로 꺾인 누로 누하주를 마당에 내려딛고 서 있어 날개를 단 듯 비상하려는 가벼운 몸짓처럼 보인다.
3 막돌로 층을 맞춰 쌓은 기단 위에 자리 잡았다. 장독이 문간에 줄 서 있는 모습이 특별하다.

1 오른쪽은 여닫이 세살 독창이고 왼쪽은 독창을 가로 뉘인 벼락닫이창이다. 크기만 다르고 같은 모양의 문을 가지고 횡과 종으로 다니 색다른 느낌을 준다.
2 작은 눈꼽재기창은 바람의 통로로 문만 열면 한여름에도 서늘하다.
3 청풍헌 편액. 맑은 바람이 불어오기를 바라는 주인의 마음이 걸려 있다.
4 충량 위로 공작이 날개를 편 것 같은 선자서까래의 모습이다.

1 툇마루와 누마루에 바람통로를 내었다.
2 한옥에서는 문을 열면 문얼굴 사이로 풍경이 찾아온다. 바깥에서 보면 안에 앉아있는 자신이 풍경이 되는, 서로에게 풍경이 되는 절묘한 건축물이 한옥이다.
3 누마루에 계자난간을 둘렀다.
4 누 뒤편으로 방이 있는데 두 칸 중 1칸은 북쪽으로 돌출하여 사랑채의 평면은 T자형이다.
5 누 뒤에서 우리판문의 문얼굴 사이로 들여다보니 대청마루, 툇마루, 누마루가 한눈에 들어온다.

사대부의 집-기와집 21

부여 민칠식가옥 閔七植家屋
충남 부여군 부여읍 중정리 537-1

건축물의 일부 부재가 백제시대에 만들어진 민칠식가옥

충청남도 부여에 경상도에서 많이 보이는 양식의 민칠식가옥이 있다. 당산의 남쪽에 있으며 서남향이다. 민칠식가옥은 최근 복원한 11칸 행랑채가 있고 중문간과 사랑채를 붙여지어 이들이 안채와 합쳐 ㅁ자형을 이룬다. 본채는 정면 6칸, 측면 7칸 반인데 전면과 후면 우측 부분이 돌출돼 전체적으로 누워있는 ㅂ자형을 이루며 건물 일부가 돌출된 부분이 있는 날개집이다. 이러한 양식은 경상도에서 많이 볼 수 있는 가옥구조로 충청남도에서도 볼 수 있는 것은 민칠식가옥을 개축한 민치준의 경상도 수령을 지낸 경험 때문이다. 개축할 때인 1829년은 실학 정신이 싹을 틔우고 있을 때이나 여전히 유교가 그대로 남아 있을 때다. 남녀가 유별하다는 생각이 지배적인 상황에서 폐쇄적인 경상도 지방의 ㅂ자형의 집은 사대부인 민치준의 눈에 들어왔을 것이다.

솟을대문에 들어서면 넓은 사랑마당이 있다. 과거에는 지형을 그대로 받아들인 자연스러운 경사를 이룬 곳에 사랑채가 있었으나, 지금은 석축을 쌓아 마당에서 한 단 높은 곳에 있으며 사랑채는 동쪽에 배치됐다. 두 칸이 본채에서 튀어나온 형식으로 날개집을 하고 있다. 사랑채는 정면 3칸으로 2칸은 전퇴가 있는 온돌방이고 한 칸은 마루로 되어 있다. 민칠식가옥에서 특별한 점은 건축물의 일부 부재가 백제시대에 만들어진 것이라고 한다. 집을 고치면서 뒷마당에서 석재가 나왔다고 하는데 그것을 가져다 석재로 사용하였는데 백제시대 초석도 있다고 한다.

민칠식가옥의 사랑채에서 보는 전망이 뛰어나 멀리 금강까지 보이는 곳으로 사랑채 좌측에는 안채로 들어가는 중문간이 놓였다. 여성공간인 안채가 보이지 않도록 한 칸 꺾어 안채로 들어가는 구조로 되어 있다. 일반적인 조선시대 한옥은 중문간은 밖에만 문이 설치되나 민칠식가옥은 안쪽에도 문이 달렸고 문에는 홍살이

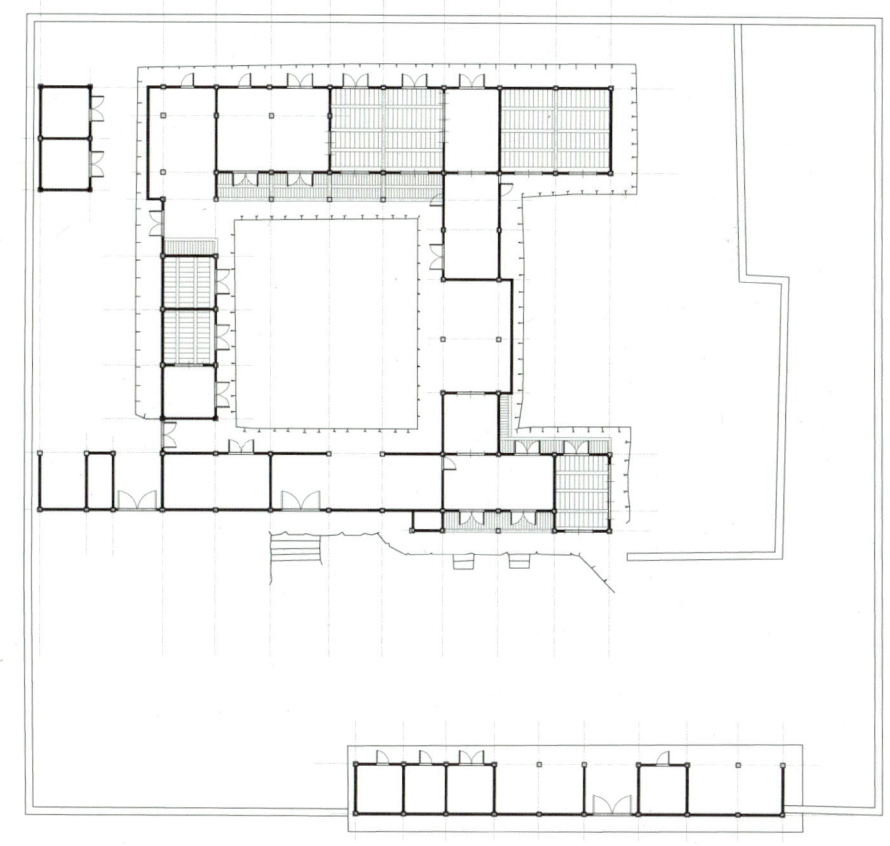

민칠식가옥 배치도

왼쪽_ 뒷간 끝 부분 상하 같은 모양과 크기로 수장고를 만들고 문은 우리판문으로 하여 구성이 고급스럽다.
오른쪽_ 최근 복원한 ㅡ자형의 행랑채가 11칸이고 가운데 솟을대문이 있다.

위_ 사랑채는 전면 3칸으로 2칸은 전퇴가 있는 온돌방이고 1칸은 마루로 되어 있다.
아래_ 안채 동쪽 날개 부분은 안쪽으로부터 방, 문, 부엌, 사랑채와 연결된 책방으로 나뉘어 있다. 부엌에는 상부에 다락이 있다.

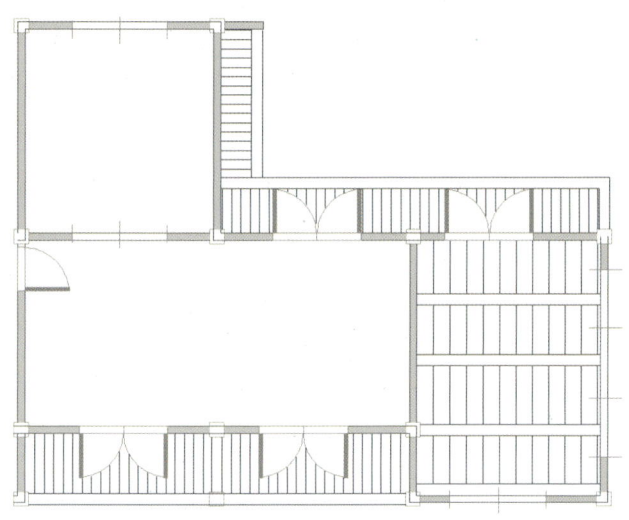

사랑채 평면도

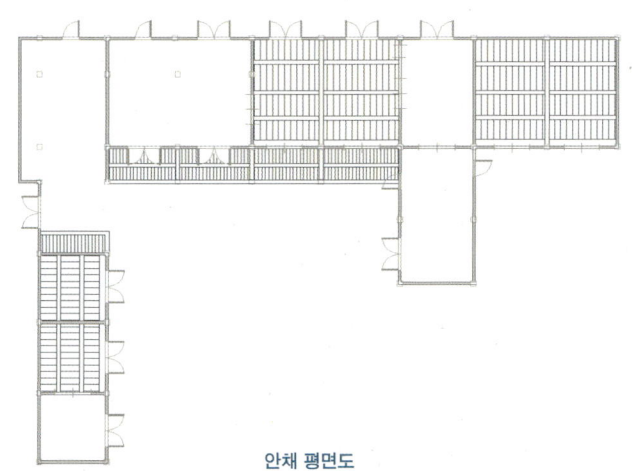

안채 평면도

설치돼 있어 보기 드문 형식이다.

안채는 민도리집으로 전후퇴를 가진 1고주 오량가다. 안채에 현재 남아 있는 모습과 예전 평면과 많은 차이가 있다. 예전 안채 8칸이 왼쪽부터 부엌, 안방, 대청, 건넌방, 안마루로 구성되었으나, 현재는 건넌방을 없애고 5칸 대청으로 개조됐다. 현재 안채 서쪽 날개 부분은 안쪽으로부터 뒷마당과 연결하는 문간, 마루방, 온돌방으로 구성돼 있고 건너편은 방, 문, 부엌, 사랑채와 연결된 책방으로 나뉘어 있다.

사랑채에 연결된 부엌은 한 칸 규모로 상부가 다락이어서 매우 낮으며 바로 옆 한 칸은 마당으로 나가는 문이 달렸다. 예전에는 평면상 안방 옆에 있는 부엌에 솥을 세 개 나 걸 수 있는 부뚜막이 있었고 뒷마당 쪽으로 살강을 드렸다. 사랑채 쪽에는 문이 없었고 문이 설치된 곳까지 포함하여 두 칸이 부엌으로 쓰였으며 안방 쪽 부엌처럼 더 밖으로 나갔다.

민칠식가옥에서 가장 눈길을 끄는 부분은 안채 건넌방 옆으로 돌출된 마루 두 칸이다. 안마루라고 하는데 구조가 대청 부분과 차이를 보인다. 우선 안채가 1고주 오량가인 반면에 안마루는 평오량가다. 일반적으로 대청은 후면이나 측면에 통풍을 위한 창을 설치하지만, 민칠식가옥은 모두 심벽으로 처리했다. 안마루 모습은 일반적인 마루 성격과 많은 차이를 보인다. 날개를 달아 별도로 구성한 것은 이곳이 제청祭廳으로 사용하기 위함이 아닐까 한다. 민칠식가옥은 전형적인 양반집의 배치를 보이는 집으로 군청에서 사들여 개수하고 나서 한옥생활체험관인 「백제관」으로 활용하고 있다.

1 안마당에서 안채를 바라본 모습으로 ㅁ자형의 마당을 중심으로 건축물이 들어서 있다. 경상도의 폐쇄적인 집 구조인데 충청도 부여 민칠식가옥에서 받아들였다.
2 대청에 분합문을 달아 사계절 용도로 사용할 수 있도록 했다.
3 5칸 대청을 우물마루로 하여 넓고 시원스럽다.

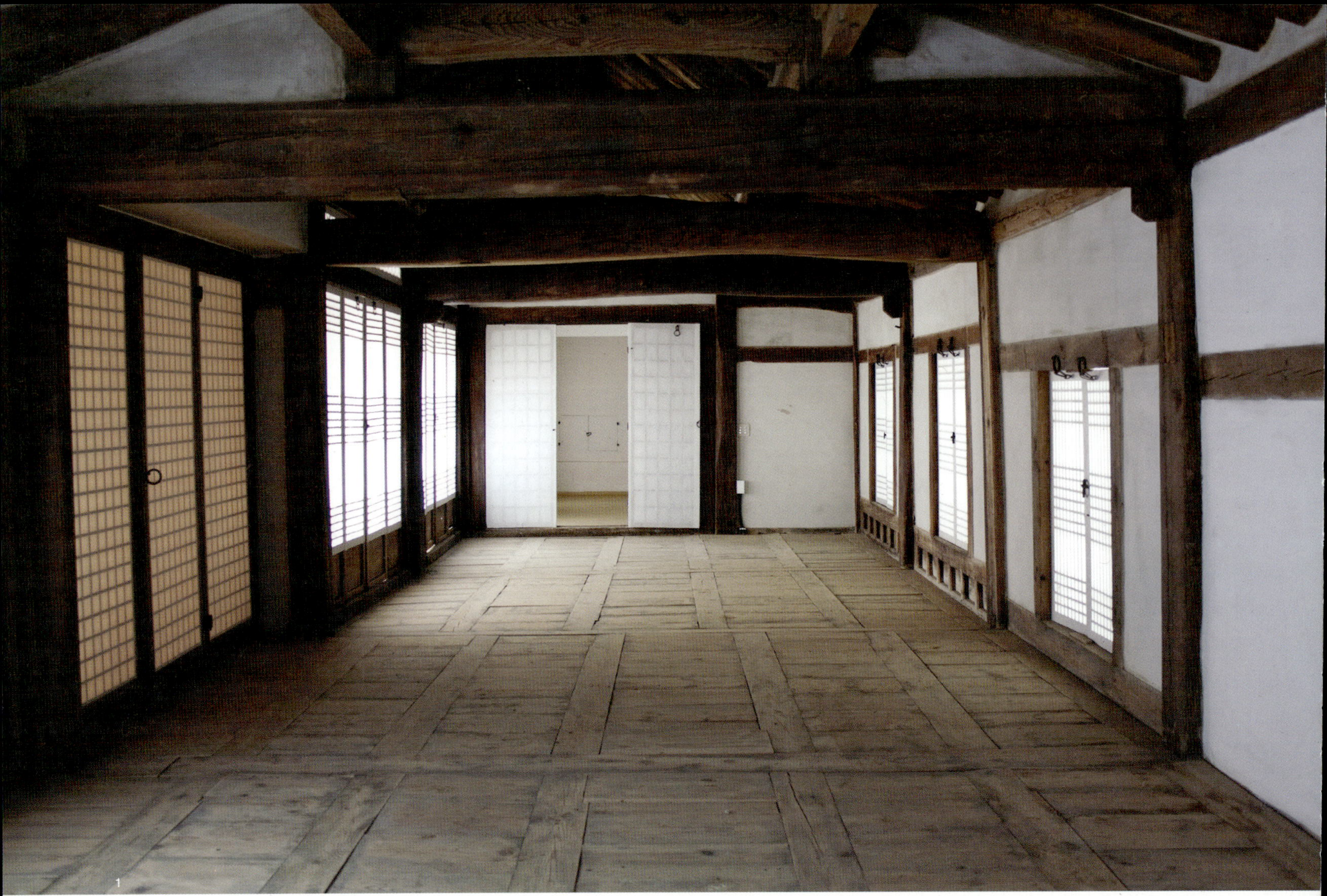

1

2

3

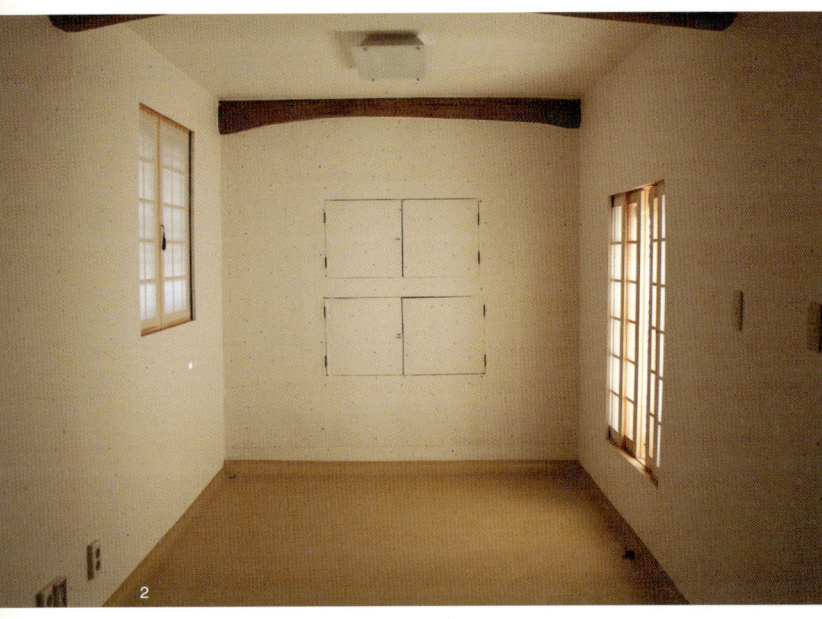

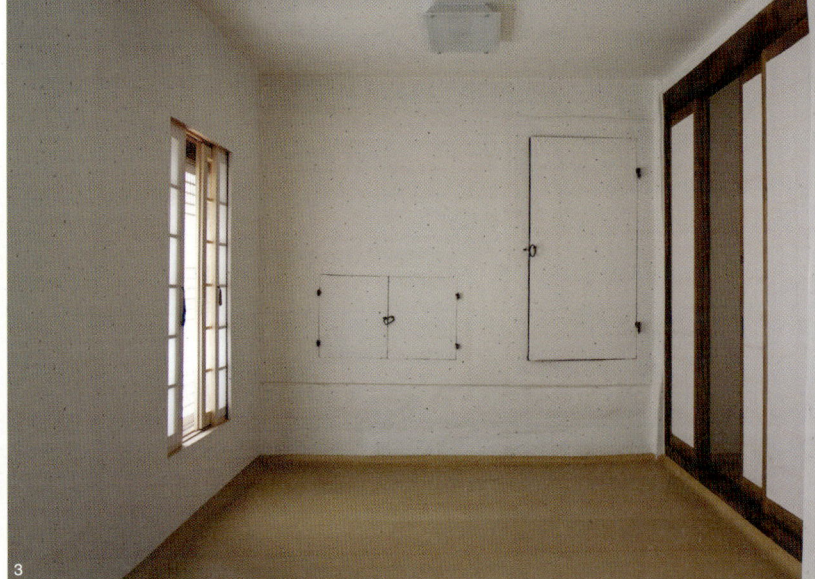

1 안채의 예전 평면은 8칸이 왼쪽부터 부엌, 안방, 대청, 건넌방, 안마루로 구성되었으나 현재는 건넌방을 없애고 5칸 대청으로 개조됐다.
2 벽장을 이단으로 하고 문은 도듬문으로 했다.
3 천장은 종이반자로 하고 창호는 개폐방식을 왼쪽부터 미닫이, 여닫이, 미서기로 했다.

1 안채의 대청은 무고주 오량가로 종보 위의 대공을 동자대공으로 했다.
2 중문간채로 처마와 지붕이 들고 나지만 어색하지 않고 벽체의 구성도 단순하고 소박하지만, 전체적으로 잘 어울린다.
3 중문은 밖에만 문이 설치되나 민칠식가옥은 안쪽에도 문이 달렸고 문에는 홍살이 설치돼 있어 보기 드문 형식이다.
4 화방벽을 돌, 기와로 구성하고 회벽 처리하여 안정적이다.
5 암키와와 사각형의 돌로 화방벽을 구성하고 화방벽 위로 벼락닫이창을 달았다.
6 안채의 뒤뜰로 연이어진 홑처마, 장마루인 쪽마루, 기단의 선이 시원하다. 와편굴뚝이 보인다.
7 안채 서쪽 날개의 온돌방과 행랑채 사이로 뒷마당으로 통하는 협문을 설치했다. 보수한 부분과 옛것이 색은 다르지만 역할은 같다. 퇴색하기 전의 집의 한 부분을 보는 듯하다.

사대부의 집-기와집 22

상주 오작당 悟昨堂 경북 상주시 낙동면 승곡리 131-2

양편이 익사처럼 된 지붕으로 용마루 모양이 H자형을 이룬 오작당

오작당悟昨堂은 '잘못을 깨닫고 뉘우치는 집'이란 뜻으로 후손들이 조상에게 누를 끼치지 않고 잘못을 깨닫고 살아가도록 하기 위해 지었다고 한다. 사람이 살면서 잘못을 깨닫는 일이 쉽지 않아 실수를 반복하며 살아간다. 진리란 상황에 따라 모습을 달리하는 것인지 불변의 것인지 아직도 정의되지 않지만, 사람이 중심이 되어 정의되고 확정되어야 함은 불변일지도 모른다. 남녀유별이 정의인지 시대적인 상황인지 당시에는 인식하지 않고 지키려 한 것이 여러 곳에서 보인다. 신분의 차이가 있어야 함을 당시 석학이나 선비들은 한결같이 고집했다. 노비와 머슴을 당연하게 받아들이고 생활해왔다. 그 방증이 한옥의 평면적인 구조나 양식에서도 보인다. 여성과 남성 행동공간의 구별인 안채와 사랑채의 나눔과 안채 사랑채와 행랑채의 신분에 의한 나눔이 자연스러웠다. 누구도 이의를 달지 않았고 하인을 데리고 다니는 것이 당연했다. 당연시하던 것들이 민주주의와 개인주의가 이 땅에 들어오면서 무너졌다. 모든 건축물은 시대상황을 담고 있고 당대의 정신을 담고 있다. 사당이 우리 한국인의 죽음에 대한 생각을 담은 것과 같다.

양진당 주변의 조성덕 씨 소유의 오작당은 양진당보다 25년이나 앞서 양진당 자리에 세웠던 것을 이곳으로 옮겨 놓은 건물이다. 오작당은 일명 구당舊堂이라고 하는 이유도 여기에 있다. 조정은 처가인 의성김씨 가문으로부터 적지 않은 재산을 물려받았다고 한다. 말년인 65세 때는 처가인 임하면 천전에서 1년쯤 살다가 돌아오면서 99칸 양진당 건물을 옮겨와 짓는데 지금의 양진당 터에 있는 건물을 옮겨야 가능한 일이었다. 양진당 터에 있던 바로 그 건물이 오작당이었다.

오작당은 임진왜란 때 의병장으로 활약했던 조정이 지은 종가로 선조를 추모할 목적으로 지은 집이다. 1601년, 선조 34년 조정이 요포, 현재의 양진당 자리인 옛터에 지었다가 1661년, 조대윤이 은천의 새로운 터인 승곡리 자연부락으로 이전하였다. 이전 당시는 내사 외사 모두 40여 칸으로 모양을 갖춘 큰 규모의 건물이었다. 1781년 중수 시 원형을 잃어버리고 사대부 집의 기본적인 사랑채, 안채 사당만 남은 집이 되었다.

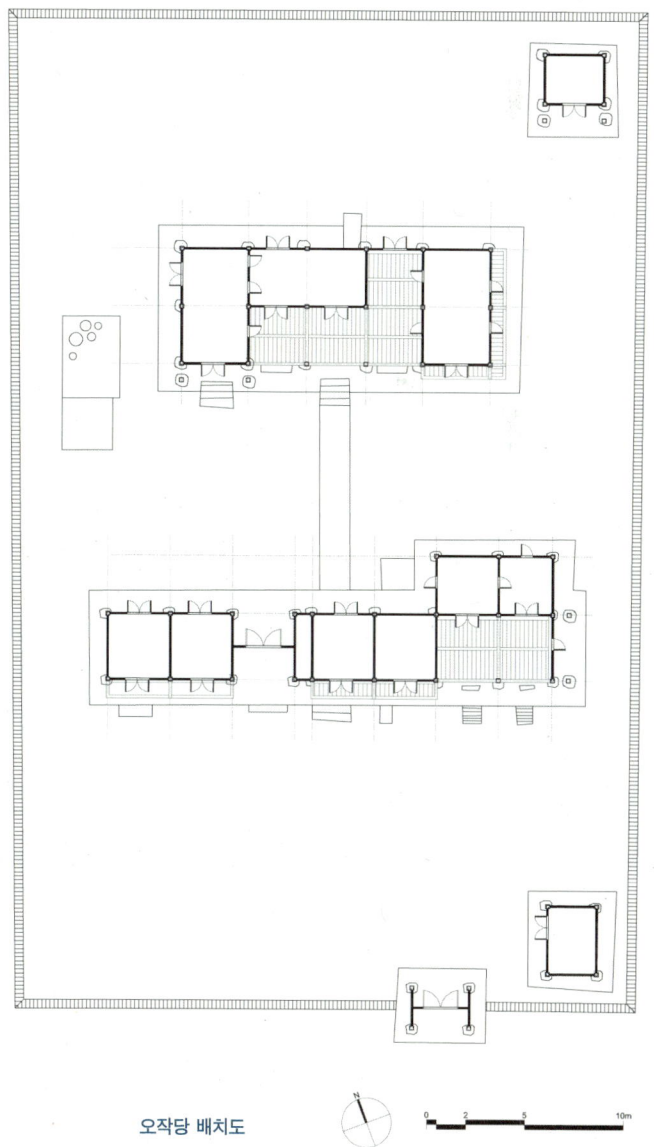

오작당 배치도

왼쪽_ 모자의 변화를 보는 듯하다. 갓이 가장 높은 곳에 있다.
오른쪽_ 오작당 편액. 오작당悟昨堂은 '잘못을 깨닫고 뉘우치는 집'이란 뜻으로 후손들이 조상에게 누를 끼치지 않고 잘못을 깨닫고 살아가도록 하기 위해 지었다.

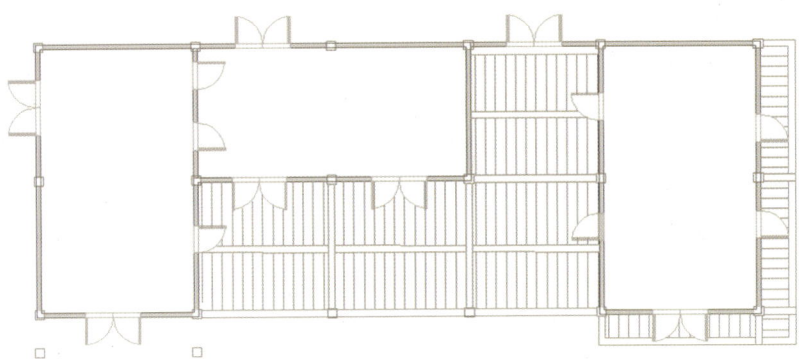

안채 평면도

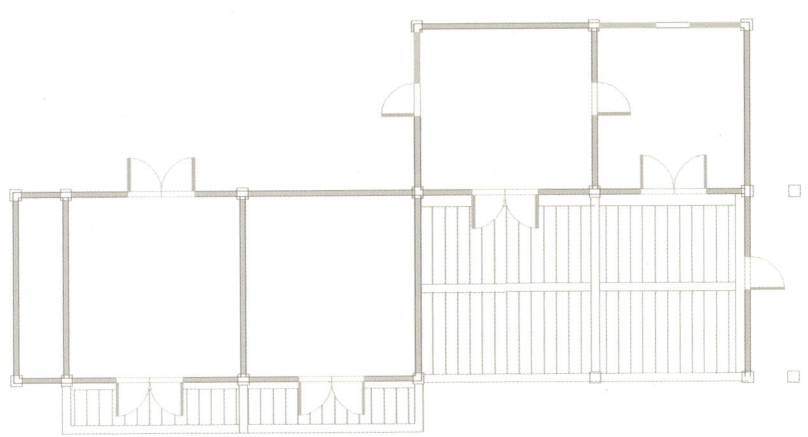

사랑채 평면도

위_ 지붕은 팔작지붕으로 보이나 양편이 익사처럼 된 지붕으로 용마루 모양이 H자형을 이루고 있다.
아래_ 사랑채는 一자형의 구조로 좌측은 마루와 방이 있고 중문 건너편에는 행랑채가 있다.

사랑채는 一자형의 구조로 좌측은 마루와 방이 있고 중문 건너편에는 행랑채가 있다. 안채는 사대부 집의 전형적인 모양이며 수더분하면서도 범접이 쉽지 않을 듯한 기운이 서렸지만, 사람이 사는 공간에서 느낄 수 있는 훈훈함이 전해온다. 좌측 아래에 부엌을 내고 위에는 다락을 내었다. 5칸 중 3칸을 마루가 차지하고 우측은 방이다. 좌우측을 돌출시켜 맞배지붕으로 마감하였다. 사당공간은 앞쪽은 가묘, 뒤편 건물은 조정의 위패를 모신 불천위 사당이다. 조정은 서애 류성룡의 제자이면서 학봉 김성일의 조카사위가 되어 퇴계학파의 맥을 이은 사람이다. 상주 최초의 서원인 도남서원을 세우고 향약을 실시하여 임진왜란 이후 흩어진 민심을 성리학적 질서로 안정시키려 했다.

오작당은 겹집과 홑집이 공존하는 형태로, 안채는 겹집이며 본래 좌우에 익사가 있었으나 없어졌다. 오작당은 양진당의 원초형이다. 건축부재의 세밀하면서도 화려한 조각, 기둥의 모접과 격자창 등은 장인의 손맛이 남긴 뛰어난 능력이 담겨 중후한 멋과 깊이를 더한다. 지붕은 팔작지붕으로 보이나 양편이 익사처럼 된 지붕으로 용마루 모양이 H자형을 이루고 있다.

1 1601년, 선조 34년 조정이 현재의 양진당 자리인 옛터에 지었다가 1661년 조대윤이 승곡리 자연부락으로 이전하였다.
2 아래는 부엌으로 하고 위에는 다락을 들였다. 위를 돌출시켜 맞배지붕으로 마감하고 돌출된 도리는 기둥이 받치고 있다.
3 오래되어 퇴색한 항아리 또한 세월의 흔적을 전해 주고 있다.

1 엇갈리게 배치한 서까래가 노출된 연등천장이다.
2 부엌의 문지방이 굵고 완만하게 휘어져 편안한 모양이고 문도 모서리 부분을 오려내어 특별한 모양이 되었다.
3 큰 통나무를 방형으로 다듬고 '요凹'자의 오목한 쪽을 문지방으로 하고 좌우측에 구멍을 뚫어 문둔테를 만들었다. 근육질의 무늿결이 세월의 흔적을 말하는 듯하다.

1 수굿 뒤로 정성이 담긴 장독대가 보인다.
2 와편굴뚝이 소박하면서도 아담하다. 나름의 멋을 아는 자태다.
3 한 칸에 기둥을 네 개 세워 만든 사주문四柱門이다. 양반집의 위엄과 경계를 구분하는 담은 꽃과 어우러져 오히려 자연스럽다.
4 고개를 숙이고 들어가야 할 정도의 작은 협문이다.
5 돌절구가 물확이 되고 돌 맷돌이 장식품이 되었다. 용도는 달라도 천연덕스러운 모습으로 만들어져 한옥에 잘 어울리는 물품이다.
6 자연석 돌로 만든 돌 맷돌.

사대부의 집-기와집 23

상주 우복종가 愚伏宗家 경북 상주시 외서면 우산리 193-1

청빈으로 초옥에서 살다간 정경세에게 정조가 내린 집

우복종가는 우복 정경세가 살던 집은 아니다. 정경세는 초라한 초당에서 살다 갔다. 정경세는 경상북도 상주 청리면에서 태어나 18세에 서애 류성룡의 문하에 들어갔다. 정경세는 퇴계 이황의 양대 제자인 류성룡과 김성일 가운데 유성룡의 학맥을 잇는 수제자가 되었으며 경상도 관찰사와 홍문관 대제학을 지냈다. 대제학은 권위와 명망이 높았으며 문과출신 관료의 최고 영예의 자리였다. 권력보다는 당대의 최고 석학으로 인정받는 자리였다. 예문관, 춘추관, 집현전, 홍문관 등 국가에서 필요한 학문의 연구, 서적편찬, 문장작성 등을 담당하던 인문학의 정점인 자리다. 정경세는 당쟁이 격화되자 벼슬을 버리고 한양을 훌쩍 떠나 낙향했다. 정경세는 낙향하여 상주 외서면에 정착해 초옥을 짓고 후진 양성에 힘을 쏟았다. 단출한 초옥에서 제자를 가르치며 청빈한 선비의 삶을 살았다.

우복종가는 정경세가 세상을 뜨고 나서 영조 때 그 후손들에게 땅이 내려졌다. 이를 사패지라고 한다. 후손들은 이곳에 새집을 짓고 우복을 추모하며 대대로 살아왔다. 청빈하게 살다간 정경세지만, 그의 후손들이 터를 일구고 살아온 곳으로 그의 정신과 사상이 녹아있는 곳이기도 하다.

우복종가는 초당과 대산루를 지나서 왼편으로 비스듬히 난 가파른 길을 오르면 있다. 토석담으로 주위를 둘러싼 종택은 넓은 공간에 자리하고 있다. 영조가 정경세의 덕을 기려 하사한 터에 5세손인 정주원이 건립하였다. 집 전체 배치는 트인 ㅁ자형이며 1600년경에 지은 집이다. 종택 뒤로 우복산이 펼쳐진다. 솟을대문을 들어서면 사랑채를 만나는데 '산수헌山水軒'이라는 현판이 걸려 있다. 산수헌은 산과 물이 아름답다는 뜻이다. 사랑채 마루에 앉으면 앞으로 산과 개울을 마주하게 된다. 사랑채는 앞쪽에서 보면 높은 기단 위에 있지만, 뒷면은 자연 지세와 맞춰 평형을 이루도록 하여 한옥의 자연친화적인 모습을 잘 반영하고 있다.

담장 안 왼쪽에는 정경세의 사당이 있고 담장 밖 오른쪽에는 정종로의 사당이 배치되어 있다. 한 집에 두 분의 불천위를 모시고 있다. 정경세는 국불천위國不遷位이고 그의 6대손 정종로는 사림불천위士林不遷位이다. 불천위란 나라에 큰 공훈이 있거나 도덕성과 학문이 높은 분에 대해 신주를 땅에 묻지 않고 사당에 영구히 두면서 제사를 지내는 것이 허락된 신위를 말한다.

우복종가는 대산루 남쪽 언덕에 자리 잡아 우산팔경을 한눈에 조망할 수 있는 곳으로 명당지로 알려져 왔다. 토석

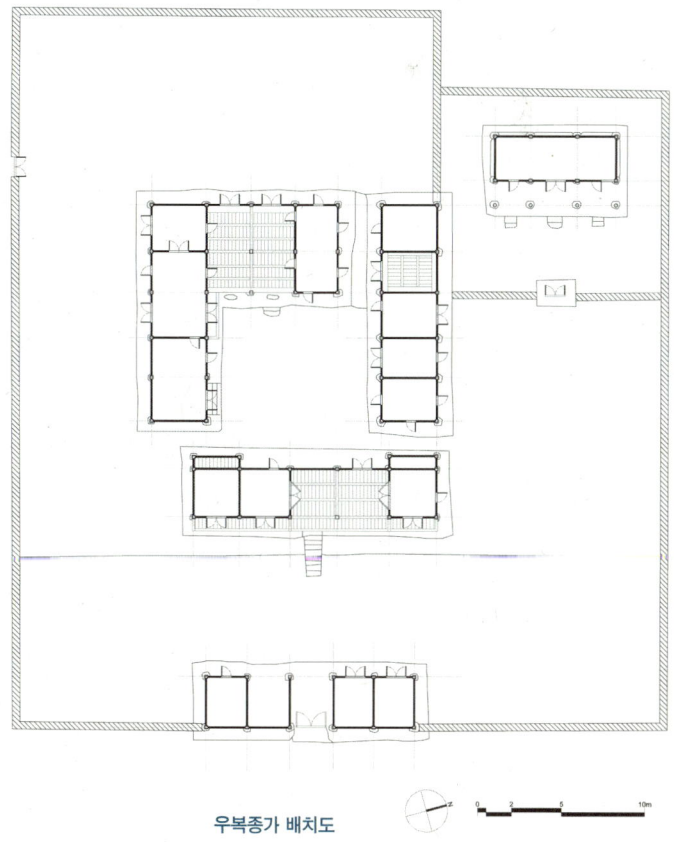

우복종가 배치도

왼쪽_ 우복종가를 끼고 흐르는 시내가 곱다.
오른쪽_ 우복종가로 들어가는 길과 다리이다.

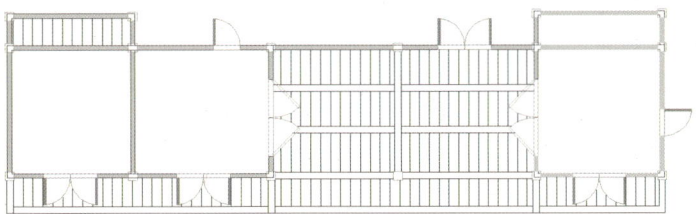

사랑채 평면도

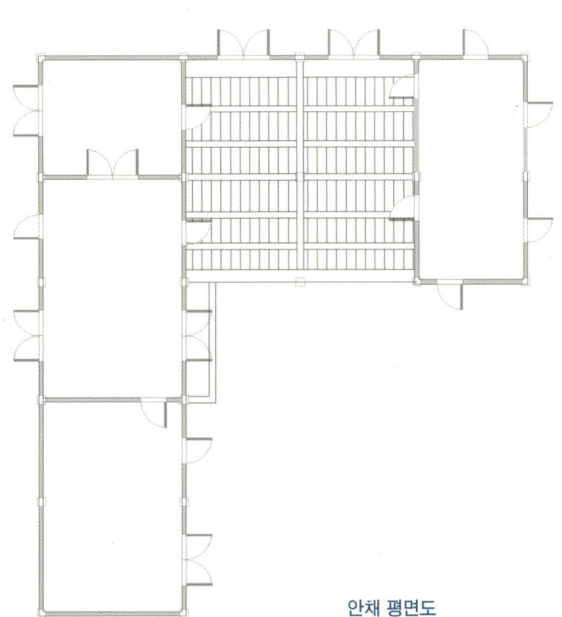

안채 평면도

위_ 솟을대문을 들어서면 사랑마당이 나온다. 공간 한복판에 사랑채가 반갑게 맞이한다.
아래_ 자연 속에 묻혀 후학과 청빈함으로 살다간 정경세의 후손들이 사는 집답게 차분하고 깊은 멋이 있다.

담으로 주위를 에워싼 종가는 넓은 공간에 다섯 동이 있다. 사랑채는 2단으로 쌓은 높은 기단이나 뒷면은 자연지형과 면을 수평으로 안마당과 지면을 맞추었다. 2칸을 통간으로 한 온돌방과 대청마루 2칸, 한 칸의 온돌로 하여 마루 앞은 계자난간을 설치하였다. 단순한 홑처마에 정면 5칸, 측면 한 칸의 팔작지붕이다.

안채는 ㄱ자형의 집으로 남서쪽으로 배치하였는데 안방과 건넌방을 온돌로 하였다. 대청마루와 부엌은 2칸으로, 위는 도장으로 누마루로 만들었다. 정면 4칸, 측면 2칸의 홑처마 맞배지붕을 한 기와집이다. 행랑채 2칸은 뒤주로, 가운데 칸에 마루를 놓은 온돌방을 둔 정면 5칸, 측면 1칸의 맞배지붕이다.

우복愚伏, 어리석을 우愚에 엎드릴 복伏이 의미하는 바가 진정으로 무엇일까를 생각해 본다. 진정 세상을 꿰뚫어보는 자는 어리석어 보이는 것일까, 아니면 낮은 자리에 엎드리는 것이 깨달은 자의 본분일까.

1 정면 5칸의 솟을대문이다. 정경세는 짚으로 엮은 초옥에 살다간 청빈한 선비였다. 영조 때 정경세의 후손들에게 땅이 내려졌다. 이를 사패지라고 한다. 후손들은 이곳에 새집을 짓고 우복을 추모하며 대대로 살아왔다.
2 난간청판에 풍혈을 뚫은 계자난간이다. 난간 너머로 솟을대문이 보인다.
3 긴 쪽마루에 계자난간을 둘렀다.

1 부엌을 입식으로 고쳤다. 한옥에 사는 사람들에게 편리성은 중요하다.
2 세살 사이로 꽃이 곱다. 코스모스가 피었다가 지고 난 후에도 문에는 사계절 코스모스가 피어 있다.
3 단순함과 단순함이 만나면 절제미가 생긴다. 기왓골과 서까래 아래에 줄지어 선 우리판문이 또 다른 풍경을 만든다.

1 정면 3칸의 사당으로 홑처마 맞배지붕이다. 낮은 토석담 사이에는 일각문이 서있다.
2 토석담과 어우러져 활짝핀 보라색의 붓꽃이 절정을 이룬다.
3 우복종가의 사랑채가 산수헌이다. 산수헌은 산과 물이 아름답다는 뜻이다.
4 연등천장과 운형대공. 연등천장은 천장을 반자로 막지 않고 서까래가 드러난 천장을 말한다.
5 장대석계단으로 투박하지만 자연석기단과 만나 어울린다.
6 조리용 부엌이 필요 없는 곳에 아궁이만 만들어진 함실아궁이이다.
7 와편굴뚝 뒤로 쌓여 있는 연탄이 보인다. 도시에서는 대부분 사라진 연탄을 우복종가에서 만난다.
8 정성이 담긴 장독대 모습이다.

안동 예안이씨 충효당 禮安李氏忠孝堂

경북 안동시 풍산읍 하리 1리 189

'가전충효 세수인경家傳忠孝世守仁敬', 세종대왕이 손수 적어 하사한 글

'가전충효 세수인경家傳忠孝世守仁敬, 충성과 효도로 가문을 전승시키고 어질고 공경하는 마음을 지켜나가라.'라는 글자는 세종대왕이 손수 적어 효정공 이정간에게 하사한 글이다. 이 글은 이 세상에 남아 있는 오직 하나의 세종대왕의 필적으로 효정공 이정간은 가훈으로 받들어 대대손손 충효와 예절의 가문이 되었다.

이정간은 1360년, 공민왕 9년에 태어났다. 강원도 관찰사로 재임하던 중, 100세의 노모를 봉양하기 위해 사직하고 향리에 내려와 노모를 봉양하는 데 전심전력하였다. 특히 자신도 80세의 노령이면서 100세의 어머니 앞에서는 색동옷을 입고 병아리를 희롱하여 노모를 즐겁게 해 주었다고 한다. 하늘이 내린 효자로 이름을 날렸다. 세종이 이 사실을 듣고는 그의 품계를 정2품으로, 부인을 정대부인으로 봉하고 궤장을 하사하였다. 궤장이란 고관이나 중신이 은퇴할 때 왕이 내리는 지팡이다.

충효당은 처음 풍산에 내려온 근재 이전의 둘째 아들로, 임진왜란 때 의병장으로 왜적을 막다가 순국한 풍은 이홍인의 종택이다. 이홍인은 무예와 병술에 능숙하였고 임진왜란 때 의병장으로 풍천구담에서 왜적과 싸워 많은 전공을 올린 다음 진중에서 순국하였다. 충효당은 1551년, 명종 6년에 지은 건물이며, 충효당忠孝堂이라 부르는 까닭은 이홍인의 충과 그의 8대손인 이한오의 효를 기리기 위해서이다. 충효당은 안동 풍산에 낙향한 중시조의 집이기에 '예안이씨종택'은 정확한 표기가 아니며, '충효당종택'이라고 불러야 할 것이다.

충효당은 ㅁ자형 평면의 본채와 ㅡ자형 평면의 별당이 따로 건축이 되어 있다. 본채는 서향으로 배치되어 있는데 왼쪽에 사랑방과 대청으로 구성된 사랑채를 두고 그 옆에 중문과 마구간, 방을 두어 안채와 이어 지었다. 안채는 ㅁ자형의 동북쪽 안쪽에서부터 부엌·안방·대청·건넌방을 배치했으며, ㄱ자로 꺾여서 부엌·방·부엌을 두어 중문간채와 연결하고 있다. 부엌 앞쪽으로는 곳간이 2칸 설비되어 있다. 곳간은 사랑대청과 연결되어 있다. 사랑대청은 전면과 측면을 창호 없이 개방하였고 사랑방은 여닫이 세살창을 달았다. 처마는 홑처마로 단순한 모습으로 지었다. 지붕은 우진각지붕 형식과 맞배지붕형식을 다 받아들여지었다.

안채는 막돌을 가지런하게 쌓은 기단 위에 사각기둥을 세웠고 안방 전면과 대청 전면의 기둥은 원기둥으로 세웠다. 가구는 오량으로 대들보를 앞뒤의 평주 위에 놓고 그 위에 동자기둥을 세워 종보를 받치고 다시 판대공을 놓아 종도리를 받치고 있으며, 처마는 홑처마이다. 안채와 사랑채로 구성된 본채의 북쪽 떨어진 곳에 정면 3칸, 측면 2칸 크기의 별당인 백원당百源堂이 있다. 백원당의 구성은 누마루, 온돌방에 이어 반 칸 폭의 퇴를 두었다. 구조는 막돌을 한 줄로 쌓은 기단 위에 자연석초석을 놓고 원기둥을 세워

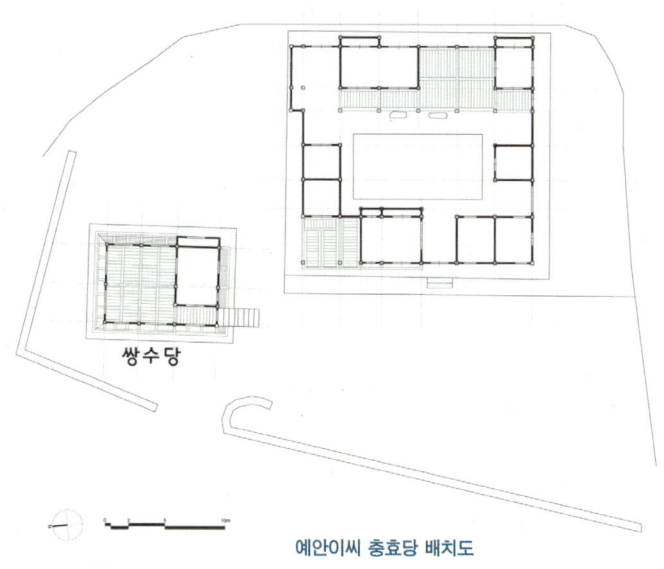

예안이씨 충효당 배치도

왼쪽_ 투박한 문얼굴에 고식의 영쌍창을 설치했다.
오른쪽_ 기단을 2단으로 길고 넓게 쌓아 안정되고 편안해 보인다. 나직한 야산을 배경으로 하고 풍산평야를 바라보며 자리 잡고 있다.

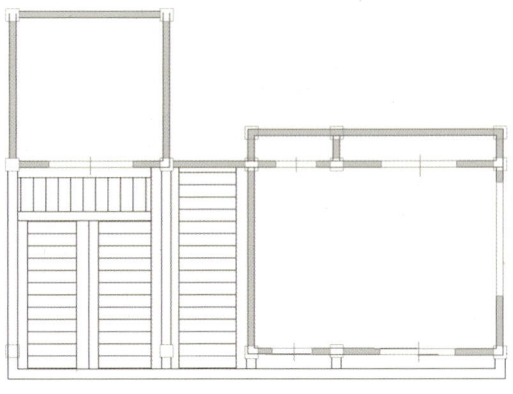

사랑채 평면도

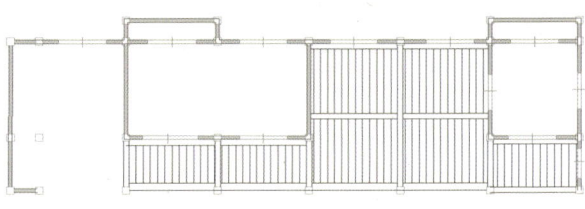

안채 평면도

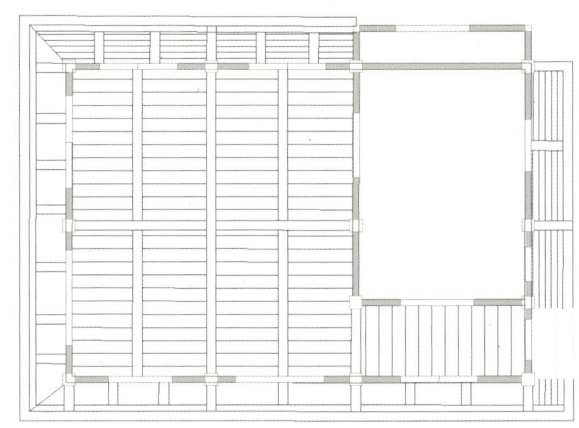

별당 쌍수당 평면도

1 본채는 서향으로 배치되어 있는데 왼쪽에 사랑방과 대청으로 구성된 사랑채를 두고 그 옆에 중문과 마구간, 방을 두어 안채와 이어 지은 ㅁ자형의 평면이다.
2 안채는 ㅁ자형의 동북쪽에 자리 잡고 있는데 동북쪽 안쪽에서부터 부엌·안방·대청·건넌방을 배치하였다.
3 백원당으로 외벌대의 자연석기단 위에 자연석초석을 놓고 원기둥을 세워 창방으로 결구 하였다. 주두를 얹어 쇠서를 내민 이익공의 구조이고 기둥 사이로 창방 위에 소로를 놓아 굴도리의 장혀를 받쳤다.

창방으로 결구 하였고, 주두를 얹어 이익공의 구조를 이루고 있다. 기둥 사이의 창방 위에 소로를 놓아 굴도리의 장혀를 받쳤다. 처마는 홑처마이고 지붕은 팔작지붕이다.

충효당이 있는 마을이름은 '하리리'이다. 상리와 하리를 합하여 '우렁골芋洞'로 불린다. 우芋는 토란을 의미한다. 충효당에는 쌍수당과 백원당이란 현판이 걸려 있다. 이 셋은 다른 뜻이 아니라 서로 주고받는 하나다. 쌍수당이 충효당과 백원당을 끌어안고 있다. 쌍수에서 쌍이란 둘이라는 의미로 충과 효를 함께 닦는 집, 또는 닦자는 다짐을 말한다. 그리고 백원당은 효는 백원百源으로 모든 행실의 근본이라는 백행지원百行之源의 약자이다. 결국, 충과 효를 강조하는 말들로 다른 표현일 뿐 의미는 하나를 향하고 있다.

1 합각과 벽체의 구성이 간결하다.
2 산과 맞닿은 뒤뜰은 별도의 화단이나 조경이 없어도 허전하지 않다. 기단을 높게 쌓아 물길을 냈다.
3 동북쪽에서 바라본 본채 모습이다.

1 기둥 사이에 장귀틀을 놓고 다른 곳과 달리 긴 청판을 키워 넣을 동귀틀을 놓아 우물정#자 모양의 우물마루이다. 천장은 서까래가 노출된 연등천장이다.
2 벽장 밑으로 토축굴뚝이 낮고 소박하다. 곶감이 달린 것으로 보아 가을이 이미 깊었다.
3 디딤돌 위로 사랑채의 여닫이 세살 독창과 옆으로 안채로 들어가는 중문의 모습이다.

1 백원당의 구성은 누마루, 온돌방에 이어 반 칸 폭의 퇴를 두었다. 처마는 홑처마이고 지붕은 팔작지붕이다.
2 안채와 사랑채로 구성된 본채의 북쪽 떨어진 곳에 정면 3칸, 측면 2칸 크기의 별당인 백원당百源堂이다.
3 하단은 돌로 막쌓기하고 중간에는 수키와 암키와를 켜서 문양을 넣었다. 상단은 하얀 회벽으로 처리했다. 올라갈수록 가벼움으로 처리해 안정과 변화를 주었다.
4 측간. 돌과 흙으로 만든 토석담장이 들고나며 경계를 이루고 있다.
5 오량가로 대들보 위에 동자기둥을 세워 종보를 받치고 다시 화반형대공을 놓아 종도리를 받치고 있다.
6 널판문. 하단에는 공기가 통하도록 수키와로 환기구를 만들었다.

안동 의성김씨종택 義城金氏宗宅
경북 안동시 임하면 천전리 280

아버지와 다섯 아들이 벼슬을 한 집으로 육부자등과지처六父子登科之處이다

천전川前마을, 마을이름이 조금은 어색하다. 내 앞마을, 시내가 마을 앞에 있다는 뜻이다. 우리의 산천은 두려움을 주기보다 안온함을 주며 물을 품고 있다. 산이 있는 곳이면 물이 있고 마을이 있다. 이중환의 『택리지』에서 양반, 선비가 살 만한 영남의 4대 길지로 안동의 도산, 하회, 천전, 봉화의 닭실을 꼽았다. 그가 꼽은 4대 길지 중 하나인 천전마을에 의성김씨종택이 있다. 천전마을의 의성김씨종택은 보물이다. 의성김씨의 종가로 지금 있는 건물은 임진왜란 때 불에 타 버렸던 것을 학봉 김성일이 16세기 말 북경에 사신으로 갔을 때 그곳 상류층주택의 설계도를 가져와 재건하였다고 한다. 건물은 사랑채, 안채, 행랑채로 구분되는데, 사랑채의 규모는 정면 4칸, 측면 2칸이고 형태는 一자형이다.

안주인이 생활하면서 집안 살림을 맡았던 안채는 경제중심지였다. 여성은 폐쇄공간인 안채에 머물렀지만, 우리에게 가장 깊은 곳은 가장 중요한 곳으로 종택의 안채는 ㅁ자형이고 다른 주택과 달리 안방이 바깥쪽으로 높게 자리를 잡고 있다.

행랑채는 사랑채와 안채가 연결된 특이한 구성을 이루고 있으며 전체 가옥구성이 '사巳'자형의 평면을 이루고 있다. 그러나 행랑채에서 안뜰로 통하는 중문이 없어 외부사람이 드나들 수 없었는데 이것은 당시 유교사상의 남녀유

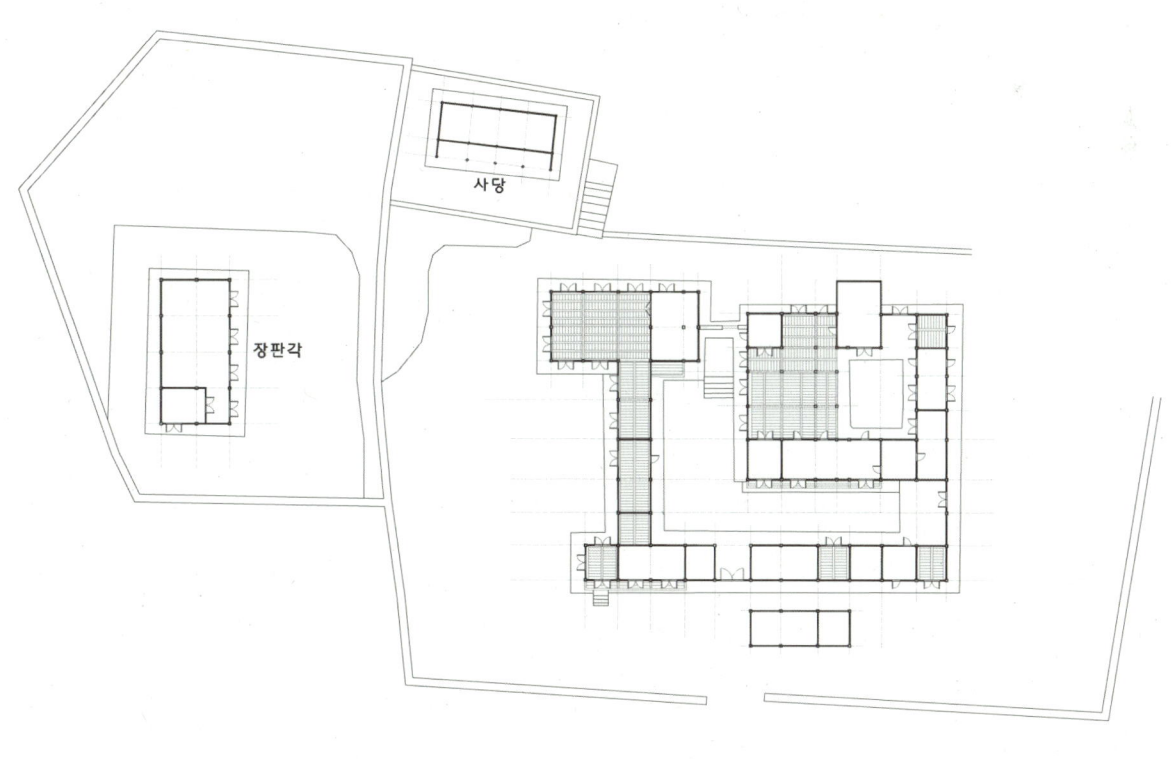

의성김씨종택 배치도

왼쪽_ 행랑채로 오르는 나무계단.
오른쪽_ 홑처마 팔작지붕으로 처마에 양곡을 주어 지붕의 무게감을 줄이고 날렵하게 보이도록 했다.

별, 남녀 사이 내외를 하는 건물구성이 반영되었음을 보여주는 예이다. 사랑채 출입은 행랑채의 대문을 거치지 않고 사랑채로 직접 갈 수 있는 별도의 문이 있다. 사랑채와 행랑채를 이어주는 건물은 2층으로 되어 있으며 위층은 서재로, 아래층은 헛간으로 쓰인다. 이와 같은 2층 구조는 다른 주택에서는 보기 드문 양식이다. 훗날 추가로 연결한 서쪽 끝의 사랑채는 대청 문과 지붕이 커서 집 전체 겉모습에 웅장한 느낌이 들고 있다.

의성김씨들이 이 마을에 집성촌을 이룬 것은 그들이 중시조로 모시는 청계 김진의 조부인 김만근이 임하현의 오씨 부인에게로 장가를 들어 처가인 이곳에서 살면서 점차 그 후손들이 번성하여 형성되었다고 한다.

내창마을에서 가장 웅장한 규모의 의성김씨종택은 김진을 불천위로 모시는 대종가로 오자등과댁伍子登科宅, 육부자등과지처六父子登科之處로 알려진 명당 집이다.

문장이 뛰어난 김진은 생원이 되고 대과를 준비하고 있을 때 한 관상가를 만났다. 관상가가 "살아서 벼슬을 하면 참판에 이를 것이나 자손 기르기에 힘쓰면 죽어서 판서에 오를 것이다."라는 예언을 했다. 김진은 자신의 벼슬보다는 자손의 영예를 선택해 대과를 포기하고 자손들의 학문 장려에 힘썼다. 그 결과 그의 다섯 아들인 극일, 수일, 명일, 성일, 복일이 모두 과거에 급제해 이 집을 다섯 아들이 과거에 붙은 오자등과댁이라 불리게 되었고, 자손들이 높은 벼슬을 하였으므로 김진은 이조판서에 추증되어 이 집을 아버지와 다섯 아들이 벼슬에 오른 육부자등과지처六父子登科之處로 알려지게 되었다.

마을입구에서 집 뒤 현무봉을 보면 마치 편안하게 누운 소가 한가로이 풀을 되새김질하는 모습이다. 풍수형국으로 와우형臥牛形에 해당한다. 이 마을에 사는 후손이 들려준 이야기에 의하면 "종택에 앉아 담 밖으로 지나가는 사람들의 갓이 보이면 땅의 정기가 다 된 증거이니 다른 곳으로 이사하라고 선조가 말했기 때문에, 후손들은 강 건너편으로 길을 만들었고 길에서 마을이 보이지 않도록 소나무 숲을 조성했다."라고 한다.

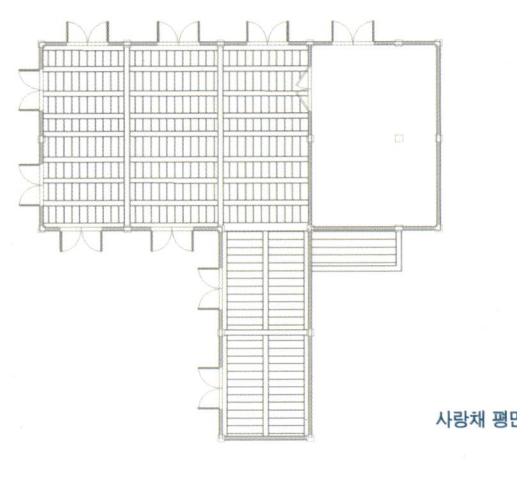

사랑채 평면도

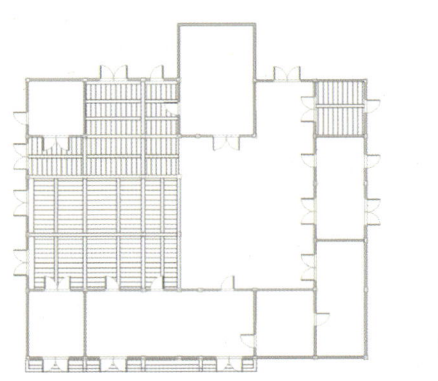

안채 평면도

위_ 사랑채와 행랑채를 이어주는 건물로 2층으로 되어 있으며 위층은 서재로, 아래층은 헛간으로 했고 벽체 전체의 하단을 판벽으로 처리했다. 이와 같은 2층 구조는 다른 주택에서는 보기 드문 양식이다.

아래_ 마을입구에서 집 뒤 현무봉을 보면 마치 편안하게 누운 소가 한가로이 풀을 되새김질하는 모습이다. 풍수형국으로 와우형臥牛形에 해당한다.

1 전체 가옥구성이 '사민'자형의 평면을 이루고 있다. 지금 남아있는 집은 임진왜란 때 불에 타 버렸던 것을 학봉 김성일이 16세기 말 북경에 사신으로 갔을 때 그곳 상류층주택의 설계도를 가져와 재건하였다고 한다.
2 행랑채로 머름형 평난간을 둘렀다.
3 사랑채는 정면 4칸, 측면 2칸이고 형태는 一자형이다. 사랑채 출입은 행랑채의 대문을 거치지 않고 사랑채로 직접 갈 수 있는 별도의 문이 있다
4 사랑채와 안채의 샛담에 사당으로 연결되는 협문을 내었다.
5 정면 4칸, 측면 1칸 반의 전퇴가 있는 겹처마 맞배지붕의 사당 모습이다.
6 문을 통해 보는 한옥은 어디에서나 친숙하고 아름답다.. 서로 풍경이 되고 배경이 되는 한옥의 풍경은 상생의 구도를 하고 있다.
7 지형의 기울기를 기단의 높이로 조절하면서 집을 앉혔다. 판벽 위로 만살의 광창을 설치했다.
8 막돌과 와편을 이용하여 흙으로 결합시킨 샛담과 오래된 문이 토속적이면서도 운치가 있다.
9 판벽 사이로 통머름 위에 우리판문을 설치했다. 널의 무늿결이 대칭을 이뤄 안정적이고 아름답다.
10 머름형 평난간으로 청판에 풍혈이 있고 하엽이나 난간대 없이 난간상방이 난간대 역할을 하고 있다.

사대부의 집-기와집 26

안동 임청각·군자정 臨淸閣·君子亭 경북 안동시 법흥동 20

살아있음을 감사하게 되는 곳, 임청각

어머니의 숨결이 느껴지는 곳, 대한민국의 혼을 내뿜는 곳, 전통적인 기품에 서정적 선율을 간직한 곳, 낭만의 운치와 마음의 여유와 살아있음을 감사하게 되는 곳. 이 내용은 임청각을 소개하는 홈페이지의 내용이다. 더불어 이렇게 적고 있다. "베푸는 데 인색하고 날로 제 몫 찾기 급급한 삭막한 세상, 하루나마 별천지에서 지내보세요. 오래도록 아름다운 보물 182호 임청각으로 오세요." 어느 분의 글인지 마음 안에 하늘을 들인 사람일 거라는 생각이 든다.

임청각은 원래는 99칸 집으로 남자주인의 공간인 사랑채, 여자주인의 공간인 안채, 남자노비들의 공간인 바깥행랑채, 여자노비들의 공간인 안행랑채 등으로 건물을 남녀와 신분별로 나누었다. 안채와 바깥채 기단의 높이 차이가 2.5m나 되어 건물의 위계질서를 분명하게 나타내고 있다. 또한, 별당형식으로 지은 군자정은 사랑채이면서 동시에 정자역할을 수행하는 임청각의 상징적인 건물로 가장 높게 지어 권위와 위엄을 나타낸다.

임청각은 우리나라에서 현존하는 살림집 중에서 가장 큰 규모로 500년의 역사를 지닌 안동 고성이씨의 대종택이다. 안채, 중채, 사랑채, 사당, 행랑채는 물론 별당으로 군자정과 정원까지 조성된 조선시대의 전형적인 상류주택이다.

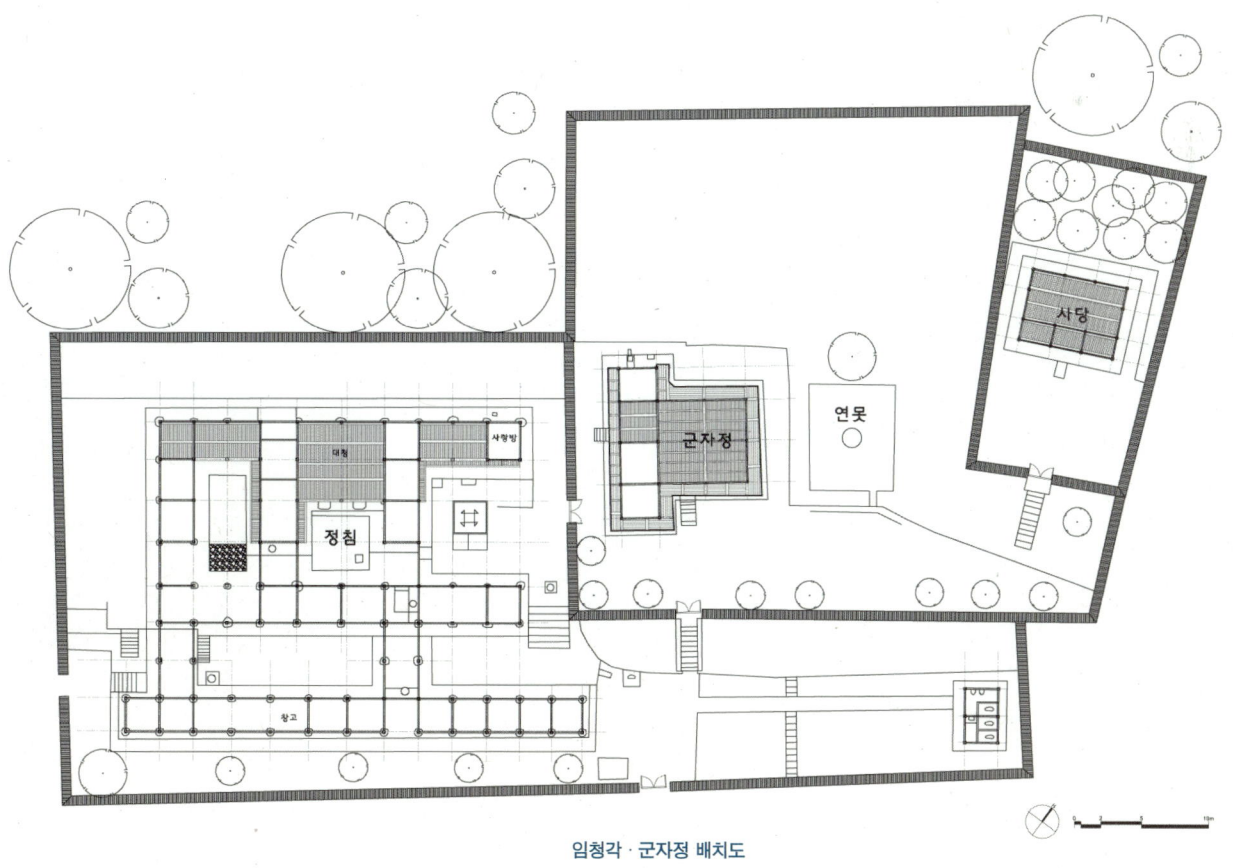

임청각·군자정 배치도

왼쪽_여자노비들의 공간인 안행랑채로 하늘은 마당크기만큼만 열린다.
오른쪽_바깥행랑채. 일렬로 이어진 모습이 도열해 있는 모습과도 같다. 임청각은 품위와 위계가 보이는 건물이다.

위_ '용用'자형의 독특한 평면구성으로 사랑채, 안채, 행랑채, 중채, 사당은 물론 별당으로 군자정과 정원까지 조성된 조선시대의 전형적인 상류주택이다.
아래_ 군자정 둘레에는 쪽마루를 돌려서 계자난간을 세웠다.

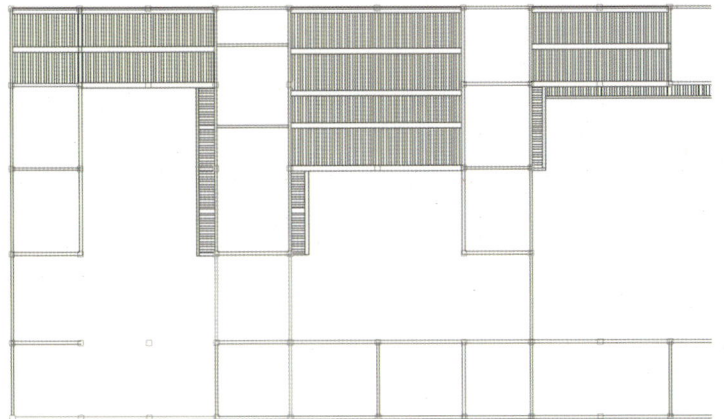

본채 평면도

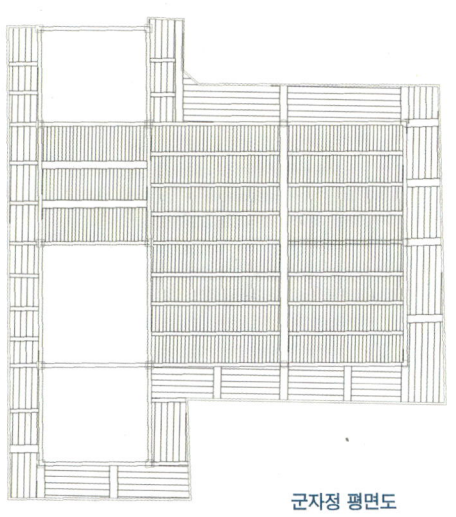

군자정 평면도

마당도 안마당, 사랑채마당, 행랑채마당, 대문진입마당 그리고 헛간마당으로 이루어져 다섯 마당을 이루고 있다. 임청각은 일제 강점기 때 철도 부설을 위하여 50여 칸의 행랑채와 부속건물을 철거당하고도 웅장한 현재의 규모를 가진 대갓집이다.

'임청각'이라는 당호는 도연명의 「귀거래사歸去來辭」구절에서 따온 것이다. 귀거래사 구절 중 임청유이부시臨淸流而賦詩의 '임臨'자와 '청淸'자를 취하여 지었다. '동쪽 언덕에 올라 길게 휘파람 불고, 맑은 시냇가에서 시를 짓노라.'라는 여유와 낭만을 보이는 집이다. 이중환의 택리지에는 "임청각은 귀래정, 영호루와 함께 고을 안의 명승이다."라고 기록되어 있다.

임청각의 가계도를 보면 제일 위에 고려 말의 행촌 이암이 나온다. 우리나라 상고사의 귀중한 자료인 『한단고기』 「단군세기」편을 저술한 학자다. 행촌의 손자가 세종 때 좌의정을 지낸 이원이다. 이원의 여섯째아들인 영산 현감을 지낸 이증이 이곳 안동의 풍광에 매료되어 입향조가 되고 이증 대에 이르러 처음으로 안동과 인연을 맺는다. 이증의 셋째아들로 중종 때 형조좌랑을 지낸 이명이 임청각을 건립했다.

풍류와 절개를 같이 갖춘 임청각 사람들의 면모를 확인할 수 있는 증거가 있다. 임청각의 11대 종손인 허주 이종악은 우리나라 최초의 낙동강 유람기인 '허주부군산수유첩虛舟府君山水遺帖'을 남겼다. 허주에게는 5벽癖이 있었다고 한다. 고서벽古書癖, 탄금벽彈琴癖, 화훼벽花卉癖, 서화벽書畵癖, 주유벽舟遊癖이다. 옛 책을 모으는 취미, 거문고를 타는 취미, 꽃을 기르고 감상하는 취미, 글을 쓰고 그림을 그리는 취미, 배타고 낙동강의 절경을 유람하는 취미이다. 어느 것 하나 제대로 하기 어려운데 이종악은 이 다섯을 전문가 수준에 다다랐다고 한다. 안동지방에서 화첩이 발간된 것은 아마 임청각 사람인 이종악 뿐일지도 모른다.

임청각은 고성이씨의 종택이지만 사당에는 조상의 위패가 없다. 석주 이상룡은 나라가 망하자 노비문서를 불사르고, 집안의 종들을 해방하면서 보상금까지 지급하였다. 1911년 이상룡은 자신을 따르는 50여 명의 식솔과 함께 만주로 떠나면서 "나라가 없어졌는데 종묘가 무슨 소용이냐?"라며 위폐를 전부 땅에 묻고 떠났다. 이상룡이 임청각을 떠나 압록강을 건너기에 앞서 한 편의 시를 지었다.

기탈아전택 旣奪我田宅
이미 내 논밭과 집을 빼앗아 가고
복모아처노 復謀我妻孥
다시 내 아내와 자식을 해치려 하네.
차두녕가작 此頭寧可斫
차라리 머리는 자를 수 있지만
차슬불가노 此膝不可奴
무릎을 꿇어 종이 되게 할 수 없네.

이 시 한 구절에서 선생의 기개를 느낄 수 있다.
이상룡은 거친 겨울바람이 몰아치던 1911년 1월 5일, 52세의 나이에 온 가족을 데리고 망명길에 올랐다. "공자와 맹자는 시렁 위에 얹어두고 나라를 되찾고 뒤에 읽어도 늦지 않다."라는 것이 망명의 변이다. 이상룡은 독립군자금을 마련하기 위해 만석 재산을 다 팔고 그것도 모자라서 집, 임청각을 세 번이나 팔았다. 팔린 임청각을 고성이씨 문중에서 매번 다시 사들였다.

왼쪽_ 대문진입마당과 사랑채마당 사이에는 2.5m 정도 높이의 차이가 난다.
오른쪽_ 사랑채마당. 건물 사이로 크고 작은 사랑채마당, 안마당, 행랑채마당, 대문진입마당 그리고 헛간마당으로 이루어져 있어 공간의 활용도를 높였다.

1 안행랑채로 사각기둥의 고주와 높은 천장고로 가구구성이 시원하다.
2 판문 중에서 문짝을 하나의 판재로 만든 통판문이다.
3 안행랑채로 통하는 협문이다. 석축을 높이 쌓고 옆에 계단을 만들어 건축물이 위엄이 있어 보인다.
4 안채에서 안행랑채를 바라본 모습이다.

위_ 군자정에서 바라본 사랑채모습.
아래_ 군자정君子亭. 임청각의 사랑채로서 조선 중기에 지은 T자형 평면을 가진 정자형의 누樓로,
정면 3칸, 측면 2칸의 팔작지붕의 별당 건물이다. 중심에 남향의 대청이 있고 서쪽에 온돌방이 있다.

1 군자정 출입은 두 군데에 마련해 놓은 돌층계를 이용하게 되어 있다.
2 계자난간의 구성이 빼어나다. 장인의 예술적인 감각이 돋보이는 작품이다.
3 계자난간이 주인의 성품만큼이나 우직하고 강직하다.

1 행랑채 광으로 여닫이 쌍창의 널판문이다.
2 채광과 환기를 위해 설치한 만살 광창이다.
3 널판문 위로 상방과 중방에 문설주를 댄 고식의 쌍창이다. 영쌍창을 여닫이 우리판문으로 했다.
4 세로살 붙박이창이다.
5 사랑채 앞에 명당 혈처로 알려진 우물이 있다.
6 위패가 없는 사당으로 석주 이상룡 선생이 "나라가 없어졌는데 종묘가 무슨 소용이냐?"라며 위패를 전부 땅에 묻고 독립운동을 위해 중국으로 망명길에 올랐다.

사대부의 집-기와집 27

안동 퇴계선생구택 退溪先生舊宅

경북 안동시 도산면 토계리 468-2

이황의 영향력이 조선팔도에 미쳤지만, 생 안동과 영남은 퇴계의 사상적 중심이었다

조선을 대표하는 학자라면 퇴계 이황과 율곡 이이를 꼽을 수 있다. 조선 성리학의 상징적인 존재이며 대가였다. 한국의 철학이 독자적으로 발전하지 못했다고 할 때 불교와 유교의 철학적 사고와 깊이가 철학적 사유를 대신했다고 할 수 있다. 유교에서는 단연 퇴계 이황이 이룬 산은 높다. 이황은 조선 명종·선조 시대의 사람으로 정치보다는 학자 지향형 인물이다.

퇴계는 1501년 11월 25일로 연산군 7년에 태어났다. 이황이 태어난 곳은 경상북도 안동시 도산면 온혜리였다. 아버지는 진사 이식이고, 어머니는 의성김씨와 춘천박씨 두 분이다. 김씨는 잠, 하, 신담부인 등 2남 1녀를 두고 별세하였고, 둘째 부인 박씨가 서, 린, 해, 증, 황 등 5형제를 낳았는데 퇴계는 그 막내이다. 퇴계종택은 도산서원에서 북쪽으로 그리 멀지 않은 도산면 토계리에 자리 잡고 있다. 이황은 50세 때, 이곳 토계의 시냇가에 '한서암'을 짓고 살기 시작하여 후손들이 대를 이어 살게 되었다. 원래의 건물은 임진왜란 때 화재로 없어지고 현 종택은 1926~1929년 사이에 이황의 13대손 이충호가 옛 종택의 규모를 참고하여 다시 지었다. 정문에는 '퇴계선생구택退溪先生舊宅'이란 현판이 걸려 있다.

정면 6칸, 측면 5칸으로 ㅁ자의 형태를 하고 있다. 총 34칸으로 이루어졌고 우측에 있는 '추월한수정秋月寒水亭'은 정면 5칸, 측면 2칸의 팔작지붕이다. 추월한수정은 마루에는 '도학연원 坊道學淵源坊'이란 현판 등이 걸려 있다. 이황의 손자인 이안도가 지은 집으로 대를 이어 살아오다가 1715년, 숙종 41년에 정자인 추월한수정을 건축하였다. 이 정자는 조선 후기의 학자인 창설재 권두경이 이황의 도학을 추모하여지었다.

이황의 영향력이 조선팔도에 미쳤지만, 특히 영남 일대에는 그 파급력이 지대하게 미쳤다. 그중에서도 안동과 청량산이 그렇다. 이황에게 청량산은 남다른 곳이다. 태어난 지 7개월 만에 아버지를 여의고 홀어미 아래서 자랐던 선생은 열두 살 때 청량산 자락에서 숙부인 이우로부터 학문을 배웠다. 글공부를 하던 곳이 오산당으로 현 청량정사이다. 만년에 이황은 청량산을 즐겨 올랐다. 이황이 다니던 길을 '녀던길'이라고 하는데 '퇴계 오솔길'이라고도 한다. 퇴계 오솔길은 도산서원과 퇴계종택, 그리고 농암종택까지 이어진다. 농

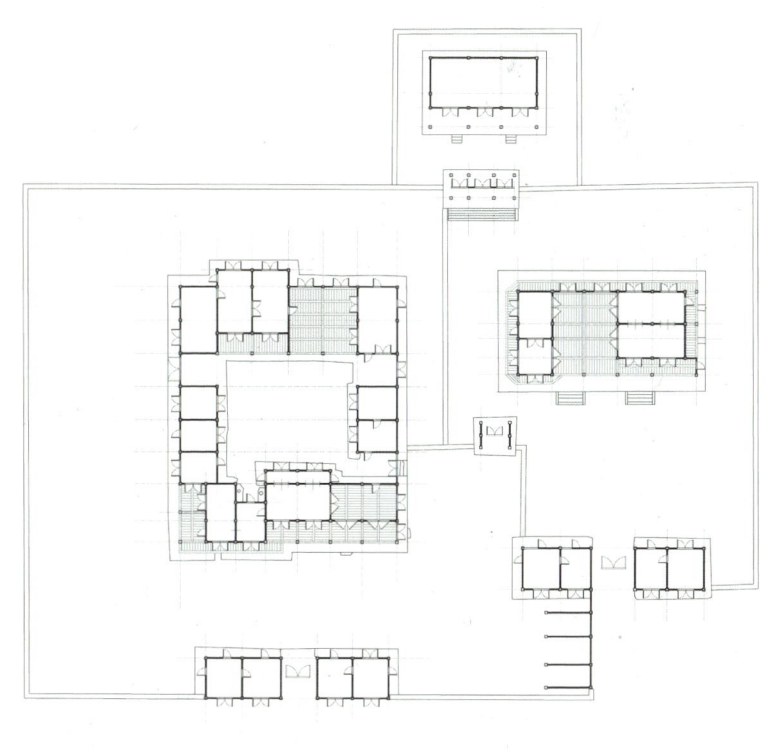

퇴계선생구택 배치도

왼쪽_ 퇴계종택으로 들어가는 솟을대문으로 위에 정려기가 걸려 있다.
오른쪽_ 현 종택은 1926~1929년 사이에 이황의 13대손 이충호가 옛 종택의 규모를 참고하여 다시 지었다.

암종택은 우리나라 시사에서 빼놓을 수 없는 조선 문단의 거목인 이현보의 종택이다. 강호문학의 창시자인 이현보는 어부가를 짓고 세상을 두루 거쳐 온 노선비였고 이황은 그에 비하면 애송이였다. 현격한 나이와 감히 바라볼 수 없는 지위의 차이에도 두 사람은 스승과 제자로서 파격적인 교우를 했다. 이현보와 이황의 나이는 34살 차이였다.

강변을 끼고 퇴계 오솔길을 걷는 것은 특별한 경험이다. 깎아지른 벼랑들이 절경을 이루고 낙동강 상류의 맑은 물이 청량산뿐 아니라 안동을 적시며 흐른다.

고인古人도 날 못 보고 나도 고인 못 봬
고인을 못 봐도 녀던 길 앞에 있네
녀던 길 앞에 있거든 아니 녀고 어쩔꼬

'녀던'은 가다의 옛말이다. 이황의 「도산 12곡」가운데 하나다. 500년의 세월이 흐른 지금도 이황은 건재하다. 산과 절벽과 봉은 여전히 당시의 모습이지만, 물은 바다가 되고 다시 구름이 되어 지상에 내리기를 여러 번 했을 것이다.

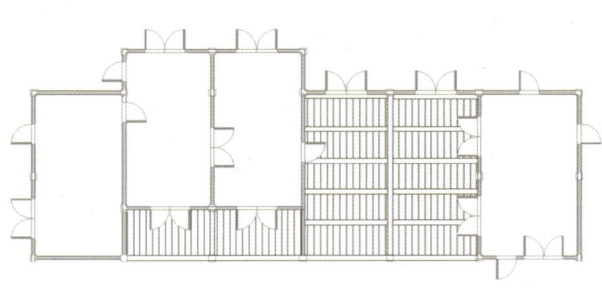

사랑채 평면도

안채 평면도

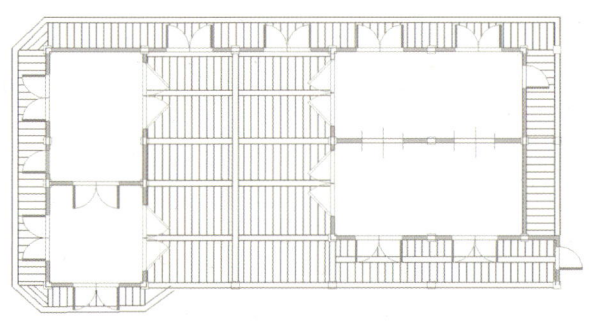

별당 추월한수정 평면도

1 막돌허튼층쌓기로 기단을 만든 위에 집을 앉혔다. 퇴계종택은 정면 6칸, 측면 5칸으로 ㅁ자형으로 총 34칸으로 이루어졌다.
2 안채로 들고나는 중문이다.
3 이황의 손자인 이안도가 지은 집으로 대를 이어 살아오다가 1715년, 숙종 41년에 정자인 추월한수정을 건축하였다. 이 정자는 조선 후기의 학자인 창설재 권두경이 이황의 도학을 추모하여지었다.

1 삼문 중에서 가운데 칸을 특별히 높여 보다 격식이 있는 솟을삼문이다.
2 세벌대의 기단 위에 쪽마루가 보인다.
3 높은 기단과 쪽마루에 계자난간을 둘렀다.
4 한 칸에 기둥을 네 개 세워 만든 사주문이다.
5 신다울루神茶鬱壘. 조선 시대 때 천문, 지리, 측후를 맡아 보던 관청인 관상감에서 붉은 물감으로 귀신을 쫓는 글인 '신다울루神茶鬱壘'라는 대련을 썼다. 신다와 울루, 이 두 신은 귀신들이 다니는 문의 양쪽에 서서 모든 귀신을 검열하는 신이다. 남을 해치는 귀신이 있으면, 갈대로 꼰 새끼로 이 귀신을 묶어서 호랑이에게 먹인다고 한다.
6 이안도 처의 열녀를 기리기 위해 세운 현판처럼 생긴 정려기이다.
7 합각 위로 망와와 머거불이 보인다.

사대부의 집-기와집 28

안성 오정방고택 鳴定邦古宅 경기 안성시 양성면 덕봉리 246

연속된 안채와 사랑채 중간에 담을 두어 안팎을 나눈 특별한 형태의 집

안성시 양성면 덕봉마을이 선비정신을 체험하는 '문화·역사마을'로 변모했다. '덕봉마을 문화·역사마을 가꾸기 사업'은 주민의 자발적 참여로 마을의 문화·역사적 소재를 발굴·육성하여 문화와 환경이 아름답게 조화된 마을로 조성하고자 문화체육관광부에서 도별로 1개 마을씩 선정해 추진하고 있다. 안성 덕봉마을은 지난 2007년 5월 대상마을로 선정됐다. 이곳은 해주오씨 정무공파 집성마을로 덕봉서원·경앙사 등 전통건물과 마을 내 연못·정자·공동우물터·고성산 등의 문화자원이 풍부하다. 산신제, 석전대제 등 전통행사와 국말이 국밥 등 전통음식이 잘 보존된 마을이기도 하다. 덕봉마을에는 오정방고택이 있다.

정무공 오정방은 조선 중기의 무신으로 선조 16년 무과에 장원급제하자 이이로부터 영재라는 칭찬을 받았으며, 임진왜란 당시 맹활약하여 선조의 신임을 받았던 명장이다. 1592년 임진왜란이 일어나자 도총부도사로 영흥지방에서 의병 수천 명과 힘을 합쳐 많은 전공을 세웠다. 광해군 때에는 인목대비의 폐위를 적극적으로 반대하다가 사직을 당했다. 인조반정 후 포도대장에 등용되었으며, 경상좌도 병사를 끝으로 관직에서 물러났다.

오정방고택은 중종 5년, 1510년에 덕봉리에 처음 세웠으나 1650년에 지금의 위치로 옮겨지었고 현재의 건물은 1935년에 중수한 것이다. 현재 문간채, 안채 겸 사랑채, 사당이 남아있다. 이 집은 일반적으로 안채와 사랑채가 떨어져 있는 것과는 달리 연속하여 하나의 건물로 구성하였는데, 특히 ㄱ자

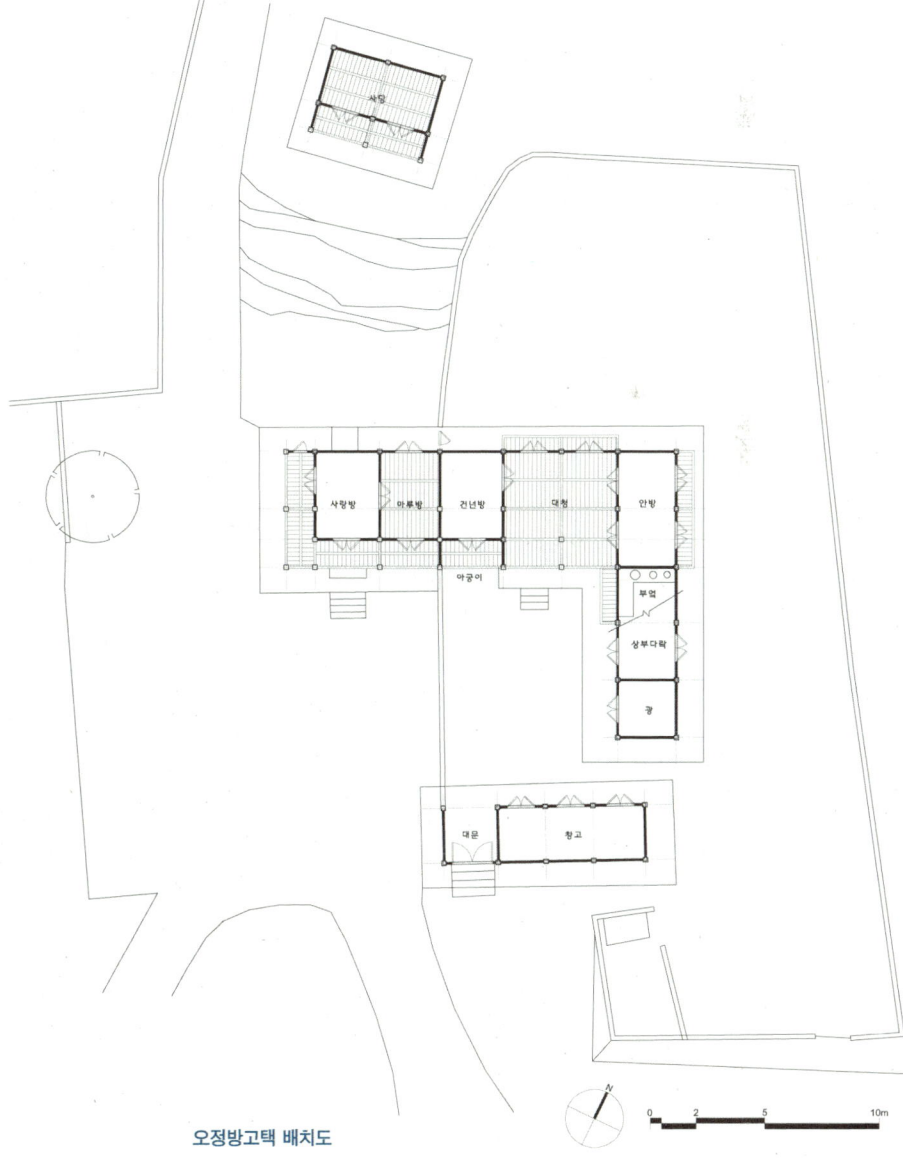

오정방고택 배치도

왼쪽_사랑채 툇간으로 툇간 사이로 보이는 담장과 안채의 지붕마루가 풍경이 된다.
오른쪽_자연석과 황토로 쌓은 토석담으로 사랑채와 안채를 공간분할 하였다.

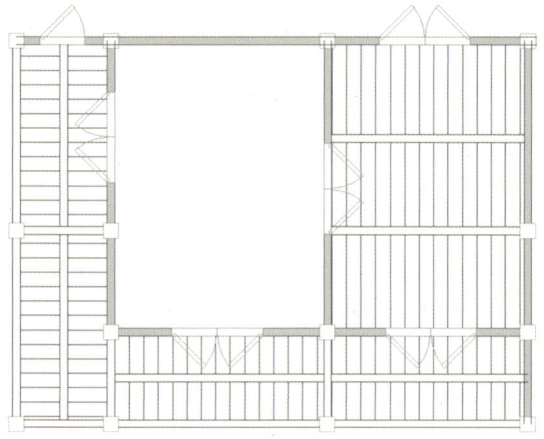

사랑채 평면도

위_ 안채와 사랑채가 연속하여 하나의 건물에 구성하였는데, 특히 ㄱ자형 본채에는 一자형으로 부분을 길게 연장하고 중간에 담을 두어 안팎으로 나눈 수법은 이 집의 특징이다.
아래_ 안채 부분의 구성은 대청 2칸을 중심으로 사랑방 쪽으로 건넌방을 두고 ㄱ자로 꺾이는 부분에는 안방, 날개 부분에는 부엌과 광을 두었다.

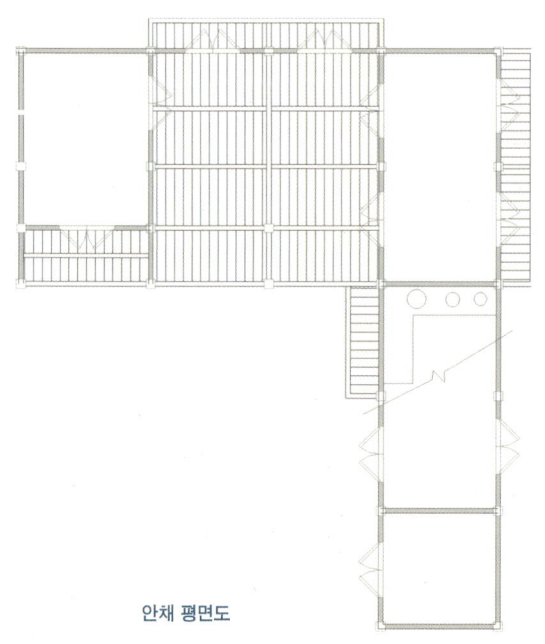

안채 평면도

형 본채에는 일자형으로 부분을 길게 연장하고 중간에 담을 두어 안팎으로 나눈 수법은 이 집의 특징이다. 안채 부분은 기단을 높게 하여 시각적으로 두드러지도록 하였다. 기단이 주는 위엄과 높이가 실제 규모보다 위엄이 있어 보인다. 사당은 사랑채 뒤쪽의 한쪽에 별도로 담장을 둘러 별도의 공간을 이룬다.

현재 안채 부분만 담장이 둘려져 있고 사랑채 부분은 주변에 아무런 경계 없이 외부로 노출되어 있다. 사대부 집의 요소를 두루 갖춘 집으로 현재의 모습이 아니었을 것으로 보인다. 대문을 중심으로 행랑채와 담장이 설치되어 있었을 것이나 현재에는 없다. 안채로 들어가는 문이 있는데 중문으로 사용하던 것이 대문역할을 하는 것으로 보인다. 안채 부분의 구성은 대청 2칸을 중심으로 사랑방 쪽으로 건넌방을 두고 ㄱ자로 꺾이는 부분에는 안방, 날개 부분에는 부엌과 광을 두었다. 날개는 홑집으로 지붕을 낮추고 전면은 창호와 벽면 위주로 매끈하게 구성하여 맞은 편 담장과 함께 세로로 긴 마당을 형성하고 있다.

사랑채는 전면과 측면에 연속하여 툇마루를 구성하고 기단을 높게 만들어 개방성을 두드러지게 함으로써 실제 규모보다 대단히 장중한 느낌이 들게 된다. 초석이나 기단도 장대석으로 다듬은 화강석으로 이루어져 안채와는 다른 형태를 보이고 있다. 특별한 점은 사랑채는 벽에 몸을 걸쳐 일부는 밖으로 돌출되어 있고 일부는 안채에 속해 있는 모습이다. 담장 중간에는 사랑채와 안채로 드나들 수 있는 쪽문을 달았다. 사랑채 전면에 있는 기둥은 상부와 하부는 그대로 사각으로 하고 중간을 귀를 접어 팔각기둥으로 처리하여 눈에 띈다. 이런 기둥의 모습은 매우 희귀한 예다.

1 안채 부엌의 창호구성이 특별하다. 채광과 환기를 위해 밑에는 부엌문 좌우로 세로살과 만살의 광창을 달고 위에는 만살의 광창을 벼락닫이창으로 했다.
2 대청마루에서 안방을 바라본 모습이다.
3 1고주 오량가로 평주가 서 있는 안쪽으로 대청과 툇마루 사이에 고주高柱를 세웠다.

1 부엌 위로 커다란 광창이 보기 드문 양식으로 일렬로 늘어서 있다.
2 건넌방과 사랑채 사이에 쪽문을 달았다.
3 고상마루에 평난간을 둘러 누마루의 형식을 취하고 밑에는 함실아궁이를 설치했다.
4 1고주 오량가로 대공을 판대공으로 하고 천장은 서까래가 노출된 연등천장으로 했다.

1 사각기둥의 위아래는 그대로 두고 중간 부분에만 귀를 접어 팔각기둥으로 만들었다. 예사롭지 않고, 이런 기둥의 모습은 매우 희귀한 예다.
2 서까래를 타고 내려온 지붕하중을 받는 도리의 단면형태가 원형인 굴도리이다.
3 안채로 들어가는 문인데 중문으로 사용하던 것이 대문역할을 하는 것으로 보인다.
4 삼량가 맞배지붕으로 한 칸을 나눠 측간과 헛간을 만들었다.
5 평난간으로 난간동자 사이를 살대로 엮은 교란交欄이다.
6 평난간으로 남성적인 단순함이 돋보이면서도 깔끔하다.

사대부의 집-기와집 29

여주 김영구가옥 金榮龜家屋

경기 여주군 대신면 보통리 190

경기도에서 보기 드문 ㅁ자형의 품위와 격조를 갖춘 집

김영구가옥은 경기도 지역에서 보기 드문 폐쇄된 ㅁ자형의 집으로 경상도 지역에 많이 분포한 가옥형태로 역사가 있고 품위와 격조를 갖춘 집이다.

김영구가옥은 기와수리 공사 중에 발견된 상량문에 의하면 영조 29년, 1753년에 지어진 집임이 확인되었다. 하산군 조경인 때부터 보통리에 세거해 오던 창녕조씨 문중의 조명준이 처음 지은 것으로 창녕조씨는 수많은 인물을 배출해낸 조선후기의 명문거족으로 여주를 대표하는 성씨 중의 하나이다. 조명준의 사후에는 그의 아들 이조판서를 지낸 조윤대를 비롯하여 이조판서 조봉진, 문정공 조석우, 독립운동가 조성환 등의 명망 있는 후손들이 대대로 거주한 역사가 있는 집이다. 그러나 조성환의 부친인 진사 조병희가 독립군의 군자금을 마련하기 위하여 재산을 처분할 때 집도 함께 매각하면서 타인의 수중으로 넘어가 지금에 이르렀다고 한다.

김영구가옥은 집을 짓는 솜씨가 대단하여 어느 하나 소홀함이 없다. 목수의 솜씨는 선자서까래가 짜여 있는 것을 보면 쉽게 알 수 있다. 누마루의 안쪽 천장에 드러나 있는 선자서까래의 맞댄 부분을 보면 바늘 하나 들어갈 틈이 없을 정도로 가지런하면서도 아름답게 짜여 있다. 추녀 곡선도 부드러우면서도 자연스럽게 넘어간다. 보수 중에 적벽돌을 사용하거나 거친 모습이 띈다. 하지만, 원형은 흠잡을 데 없이 신경을 써서 지은 집이다. 누마루의 초석은 장초석으로 받치고 사랑채와 안채의 기단도 잘 다듬은 돌로 쌓아 단정하고 기품이 보인다. 김영구가옥은 사랑채에서 밖을 바라다보면 나지막한 언덕이 집터를 감싸고 있고 그 너머 집 앞으로 작은 언덕이 집을 가려 주고 있다. 막힌듯하면서도 잘 트인 지형을 좌우의 산이 감았고 앞을 가린 안산으로 받쳐주고 있다. 풍수가 좋은 자리는 적당히 둘러쳐진 곳에 자리하는 땅이다. 풍수를 모르더라도 찬탄이 절로 나온다. 참 안온하면서도 시야가 적당히 트인 자리에 집이 자리 잡고 있다.

지금은 없지만, 행랑채가 있었다고 한다. 사랑채 앞, 채소밭으로 쓰는 부분이 행랑채 터라고 한다. 행랑채가 사라지면서 대문도 사라졌지만, 당시에는 번듯한 사대부 집이었다.

김영구가옥의 특별한 점은 작은사랑채가 건넌방 쪽에서

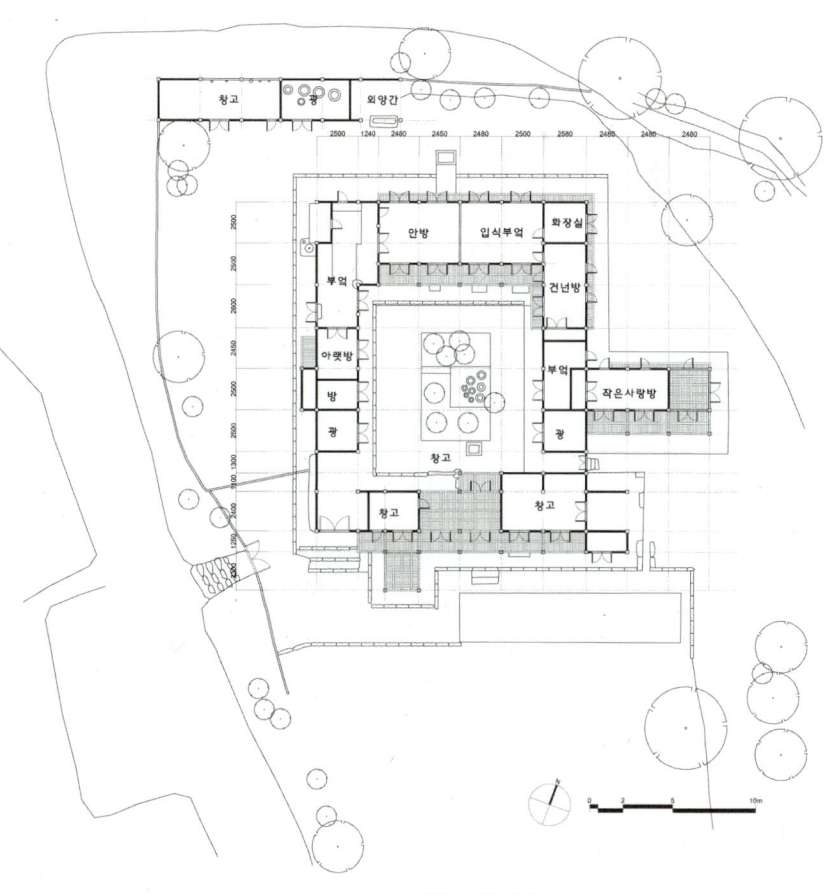

김영구가옥 배치도

왼쪽_ㅡ자형 사랑채 앞에 누마루가 돌출되어 있다.
오른쪽_두벌대의 기단 위로 디딤돌을 놓고 초석 높이만큼 적벽돌로 고막이벽을 설치했다.

밖으로 돌출되어 있으며 작은사랑채의 뒤쪽과 건넌방 뒤쪽에도 툇마루가 있다. 툇마루로 연결되어 있을 뿐 아니라 작은사랑채가 안채의 바깥쪽에 있어 사랑채와 안채가 분리된 공간처럼 보이지만, 며느리가 사는 건넌방과 새신랑이 머무르는 작은사랑채는 바로 통해있는 것과 같다. 이러한 배치는 새신랑에 대한 은밀한 배려 때문일 것 같다.

안채는 ㅁ자형으로 배치되어 있고 안방의 규모가 매우 크다. 부엌 상부에 설치된 다락도 넉넉하고 안방도 대청과 같은 규모이다. 이렇게 넓게 계획된 안방도 보기가 쉽지 않은데 거의 두 칸 규모의 간살이임에도 불구하고 기둥을 설치하지 않아 안방을 넓게 사용할 수 있도록 하였다. 부엌 아래쪽으로는 찬방과 찬모방이 있다. 대청의 구조는 다른 곳에서 보기 드문 구조로 퇴가 있는 대청으로 보이지만, 사실은 툇간이 아니라 두 칸의 대청이다. 안방의 벽체와 맞추어 들어걸개를 설치하였기 때문에 앞에 툇간이 있는 것처럼 보인다.

김영구가옥은 가구는 오량가이고 지붕은 한식기와를 올린 홑처마 팔작지붕이다. 경기지역에 드문 폐쇄적인 공간구조, 잘 가공된 석재, 단면은 작으나 세련되게 다듬어진 목부재, 선자서까래의 구성이 일품인 집이다.

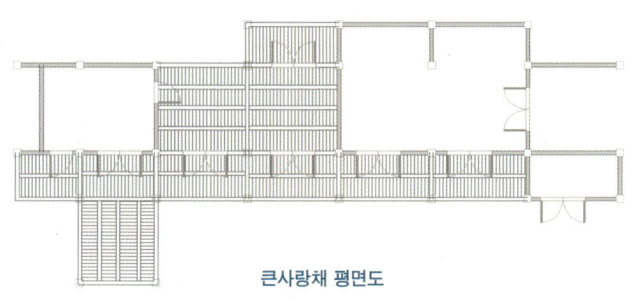

큰사랑채 평면도

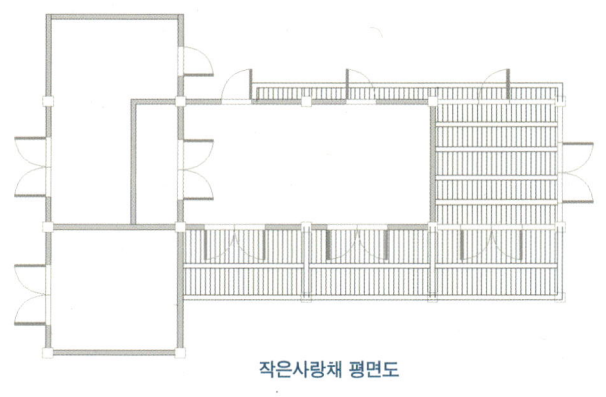

작은사랑채 평면도

1 큰사랑채는 전면 툇마루가 있는 사랑대청을 중심으로 우측에 벽을 튼 방과 아궁이 칸, 좌측에 사랑방과 대문간이 있으며, 사랑방 전면 툇마루 남쪽에는 누마루가 있다.
2 작은사랑채가 안채의 바깥쪽에 있어 사랑채와 안채가 분리된 공간처럼 보이지만, 며느리가 사는 건넌방과 새신랑이 머무르는 작은사랑채는 바로 통해있는 것과 같다.
3 건물의 앞부분과 달리 안채는 상당히 향토적인 분위기를 풍긴다. 낮은 기단 위로 디딤돌이 제각각이다.

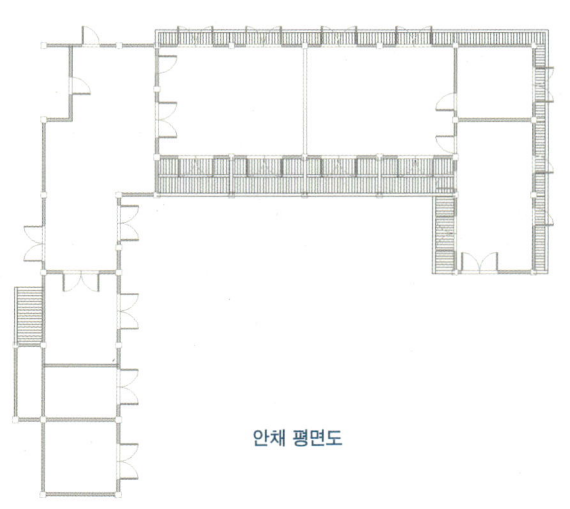

안채 평면도

1 툇간의 목재의 굵기나 배열이 세련되게 다듬어져 시원해 보인다.
2 고상마루 밑으로 함실아궁이가 있었을 것으로 추측되는 공간을 고막이벽으로 막았다.
3 행랑채가 사라지면서 대문도 사라져 협문인 일각문을 대문처럼 사용하고 있다.
4 추녀의 좌·우 측 밖으로 노출된 선자서까래의 모습으로 깔끔하게 마무리하여 멋을 부렸다.
  노출된 서까래 부분은 소매걷이를 하여 날렵해 보인다.
5 누마루를 받는 장주초석이다.
6 안채에서 작은사랑채 앞으로 드나들던 협문이다. 널판문은 흠이 있지만, 목재가 깔끔하고 빈틈이 없다.
7 서까래의 배열과 나무를 다듬은 솜씨가 장인의 뛰어난 능력을 보여준다.
8 지붕골이 만들어지는 회첨을 받는 회첨추녀 끝에 평고대와 연함 및 개판이 모이는 곳을 삼각형 모양으로 구성한 고삽이다.

영동 김참판고택 金參判古宅

충북 영동군 양강면 괴목리 401-2

인공적인 집이지만 자연에 기대 자연의 숨소리를 반영한 집

김참판고택은 우리나라에서 보기 드문 팽나무 군락을 만날 수 있는 곳이다. 팽나무는 남부지방의 산기슭이나 골짜기에서 자란다. 은행나무와 느티나무처럼 오래 살고 크게 자라서 정자나무로 많이 심었다. 김참판고택 뒷산에는 팽나무가 무리를 지어 자라고 있다.

한옥은 같은 집이 어디에도 없다고 한다. 같은 집을 찾을 수 없는 이유가 자연의 지형을 이용해 지어져 산이나 들에 짓는 방식이 다르다. 산의 경사지에 집을 지을 때는 경사를 이용하여 축대를 쌓거나 자연적인 형세를 이용하여 집을 배치하기 때문에 집마다 구조가 다르고, 평지에 짓는 한옥은 주인의 마음에 따라 구조와 모양이 달라지기 때문이다. 김참판고택도 마찬가지로 다른 집에는 없는 점이 몇 가지 있다.

우선 안채가 돌아앉아 있다는 점이다. 대문을 들어서면 건물의 전면이 보여야 하는데 김참판고택은 안사랑채의 뒷모습이 보인다. 그것을 확실하게 보여주는 것이 굴뚝이다. 보통 굴뚝을 안마당에 설치하지 않는데 안마당에 설치되었다. 안채를 돌려 지은 것은 안사랑채를 대문 안에 마련해서 여자들의 공간인 안채가 보이게 되어 있어 그것을 방지하기 위하여 집을 돌려지었다. 둘째로는 건물을 들어서면 보이는 안사랑채의 뒷면에 아궁이가 있는데 아궁이에 문이 달렸다. 다른 곳에 있는 아궁이에는 문을 달지 않았다. 부엌의 용도가 아니라 난방을 위해 불을 때거나 물을 데우는 정도의 역할을 하는 곳인데 굳이 문을 달아놓았다. 안채를 돌아 앉힌 것과 마찬가지로 안채의 방에 불을 지피는 여자들의 모습이 보이지 않도록 배려하기 위해서이다. 셋째로 낮은 굴뚝이다. 나무 장작이나 나뭇잎을 긁어 때는 굴뚝에서 나오는 연기는 오히려 구수하게 느껴지기도 한다. 모깃불 역할도 할 뿐 아니라 벌레들이 덜 모이게 하는 방법이기도 하다.

또 하나의 특징은 안채는 본채와 양 날개를 가진 ㄷ자형의 집으로 홑처마 팔작지붕을 하고 있는데, 일반적인 경우와 달리 양쪽 날개를 같은 모양으로 하지 않고 한쪽은 팔작지붕으로 하고 한쪽은 가구를 들어낸 박공으로 마무리를

했다. 언뜻 보면 한 면은 팔작지붕으로, 다른 한 면은 맞배지붕으로 마감한 것처럼 보이지만, 한쪽의 팔작지붕 구조의 지붕 마감을 박공만으로 처리한 것이다. 박공 처리된 지

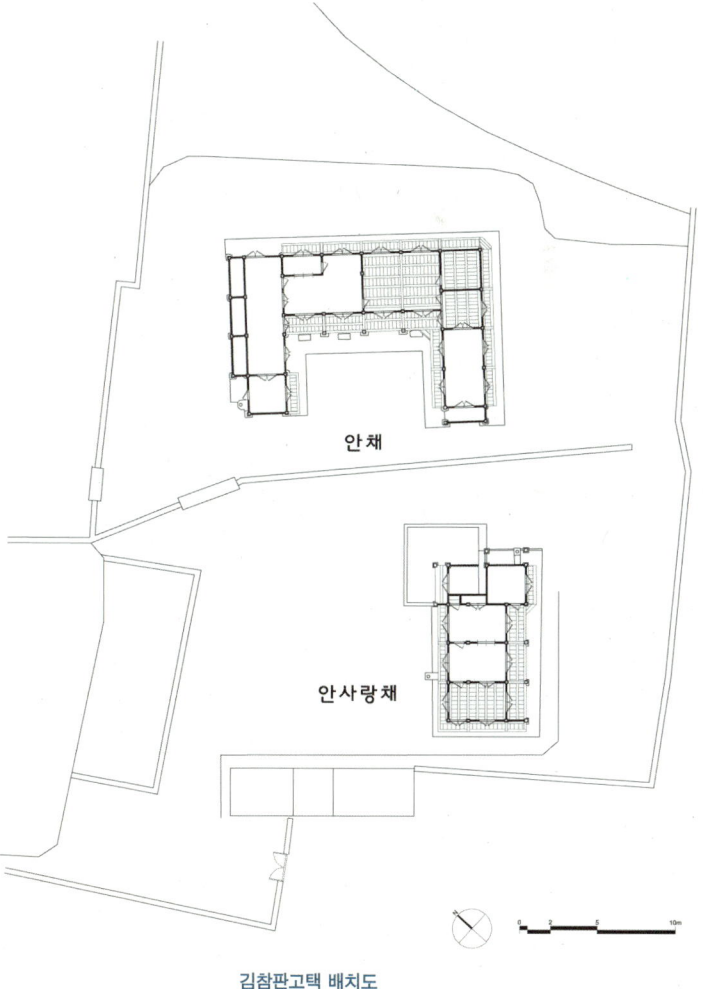

김참판고택 배치도

왼쪽_ 툇마루 끝에 이단으로 수장고를 만들었다. 상하의 구성과 문울거미를 다르게 만들었으나 전체적으로 조화롭게 변화와 안정을 동시에 갖췄다.
오른쪽_ 안채의 우측 날개에서 바라본 문간채와 광채의 모습이다.

붕과 가구가 드러나 삼량가로 지어진 것을 눈으로 확인할 수 있는 왼쪽날개의 측면이 대들보와 대공, 도리, 서까래 등 천정을 구성하는 부재가 노출되어 있다. 연이어진 건물이 있었던 건물을 헐어내어 이렇게 마감하지 않았는가, 추측할 수 있다. 하지만, 노출된 부재가 건물과 조화를 이룬다.

안채는 ㄷ자형의 구조로 부엌·안방·대청을 일직선으로 배열했다. 양옆의 날개 부분에는 부엌 옆으로 아랫방이, 대청 옆으로 찬방과 윗방·아랫방이 있다. 찬방의 주된 기능은 음식을 보관하고 분배하는 곳으로 이용된다. 안방부터 오른쪽 날개 부분의 아랫방까지 앞·뒤 모두 툇마루를 놓아 연결되고 있다.

안사랑채는 대청·윗방·안방·부엌·건넌방이 배열된 一자형 집이다. 모두 툇마루와 쪽마루가 있어 동선이 연결된다. 지정 당시 명칭은 '영동김선조가옥永同金善照家屋'이었으나, 현 소유자의 5대 조부 김기현이 예조참판을 지내다 낙향, 가옥을 사들여 이주한 것을 반영하여 '영동 김참판고택'으로 2007년 1월 29일 지정명칭을 변경하였다.

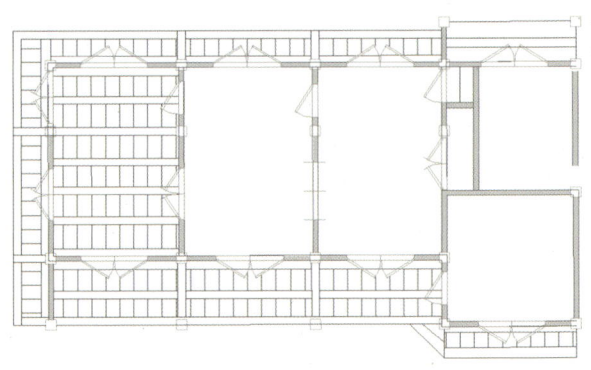

안사랑채 평면도

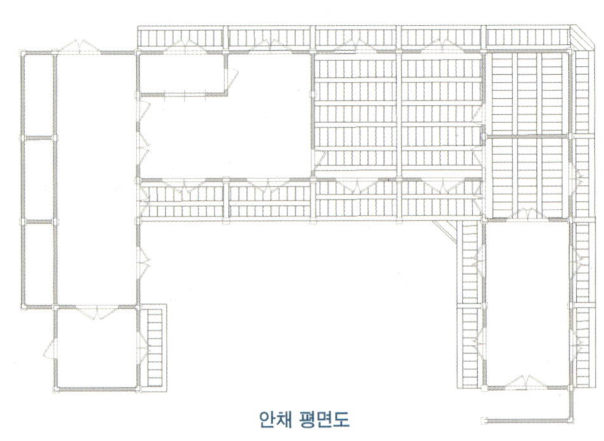

안채 평면도

위_ 안사랑채는 정면 4칸, 측면 2칸의 팔작지붕 홑처마 집이다. 와편굴뚝은 여름에는 모깃불 역할도 하고 벌레 퇴치를 위하여 낮게 설치하였다.
아래_ 안채는 사대부 집에서 흔히 있는 ㄷ자형의 구조로 부엌·안방·대청을 일직선으로 배열했다.

1 안채의 왼쪽 날개 부분으로 부엌과 아랫방이 있다. 맞배지붕으로 마감한 것처럼 보이지만 한쪽의 팔작지붕 구조의 지붕 마감을 박공만으로 처리한 것이다.
2 측면이 대들보와 대공, 도리, 서까래 등 천정을 구성하는 부재가 노출되어 있다. 연이어진 건물이 있었던 건물을 헐어내어 이렇게 마감하지 않았나 추측된다.
3 문얼굴 사이로 문간채가 보인다.
4 굵은 부재를 사용하여 튼튼해 보인다. 벽장문과 다락문을 도듬문으로 했다.
5 미닫이 완자살 영창으로 빛을 적당히 걸러주어 은은하다.
6 서까래가 노출된 연등천장이다.
7 종보 위에 대공을 판대공으로 했다.
8 곳간. 긴 널을 세워 판벽으로 하고 위에는 환기를 위해 세로살 붙박이창을 설치했다.
9 빈지널문으로 순서대로 널판을 끼워 넣고 마지막 널판에는 고리를 만들어 고정할 수 있도록 했다.
10 툇마루와 쪽마루를 연결하여 동선을 편하게 만들었다.
11 측간으로 본채에서 멀고 잘 보이지 않는 곳에 위치한다.

영주 괴헌고택 槐軒古宅 경북 영주시 이산면 두월리 877

은신처가 있는 아주 특별한 집으로 성주단지까지 전승되고 있는 집

괴헌고택은 1779년, 정조 3년에 지은 집이다. 외풍을 막아주고 낙엽 등이 모인다 하여 잘 사는 터로 소쿠리형 또는 삼태기형이라고 하여 명당이라고 한다. 회화나무가 가득하다는 뜻에서 이 집의 당호를 '괴헌槐軒'으로 지었으며 사당과 사랑채, 안채가 유교사상에 입각한 위계질서에 따라 배치되어 있다.

괴헌고택은 당시의 생활상을 잘 보여주는 유물과 전통문화가 온전하게 보존·전승되어 있다. 특히 제작 연대 미상의 오래된 성주단지가 온전하게 보존·전승되고 있는데, 우리 조상이 집안 구석마다 각각 그 장소를 다스리는 신이 있다고 믿은 데서 비롯된다. 특히 신이 있다고 생각되는 안방과 대청 같은 곳의 가장 윗자리에 성주를 모신다. 농경 사회에서 곡식은 특별한 의미가 있으므로 그 곡식을 담는 단지는 신의 집처럼 중요시됐다. 이 단지는 오지로 만든 것으로 조상단지, 신줏단지, 성주단지로 불린다.

성주단지의 형태는 안방 윗목 구석 위에 나무판자로 선반을 맨 후 그 위에다 작은 단지에 쌀을 가득 채워 한지로 덮은 다음 무명실로 묶어 올려놓은 것이다. 또한, 대청의 한 구석에 모셔 두는 단지의 쌀은 매년 10월 상달에 햅쌀을 새로 채우는데, 사람이 먹기 전에 이들 신주의 쌀을 새 쌀로 갈아 먼저 신들에게 고하여 집안의 안녕과 무병장수를 빈다. 성주에 대한 제의 형태는 집을 새로 지었거나 이사하여 새집에 들어갔을 때 음식을 차리고 고사형식으로 지내거나, 크게는 무당을 불러 성줏굿을 하기도 한다. 성주는 집안의 여러 신을 통솔하면서 집안의 평안을 다스리는 신이다.

1972년 수해로 앞에 있던 정자인 월은정月隱亭과 행랑채가 완전히 붕괴하였는데 행랑채를 최근 다시 복원하였다. 복원한 행랑채와 중문에 있는 행랑채로 행랑채가 두 곳에 배치되어 있다. 사랑채가 중문이 있는 안행랑채와 붙어 있어 평면상으로는 일체를 이루지만, 사랑채는 두벌대 정도 높이에 높게 지어져 독립된 건물처럼 보인다. 사랑채는 익공식으로 민가에서는 대부분 익공을 뾰족하거나 물익공 형태로 하지 않고 직절하는 직절익공으로 했다. 사랑채의 익공구조는 주두 바로 위에 보가 없히고 그 위에 도리가 올라타게 되어 보는 보아지가 받게 되는 일반 익공집과는 달리

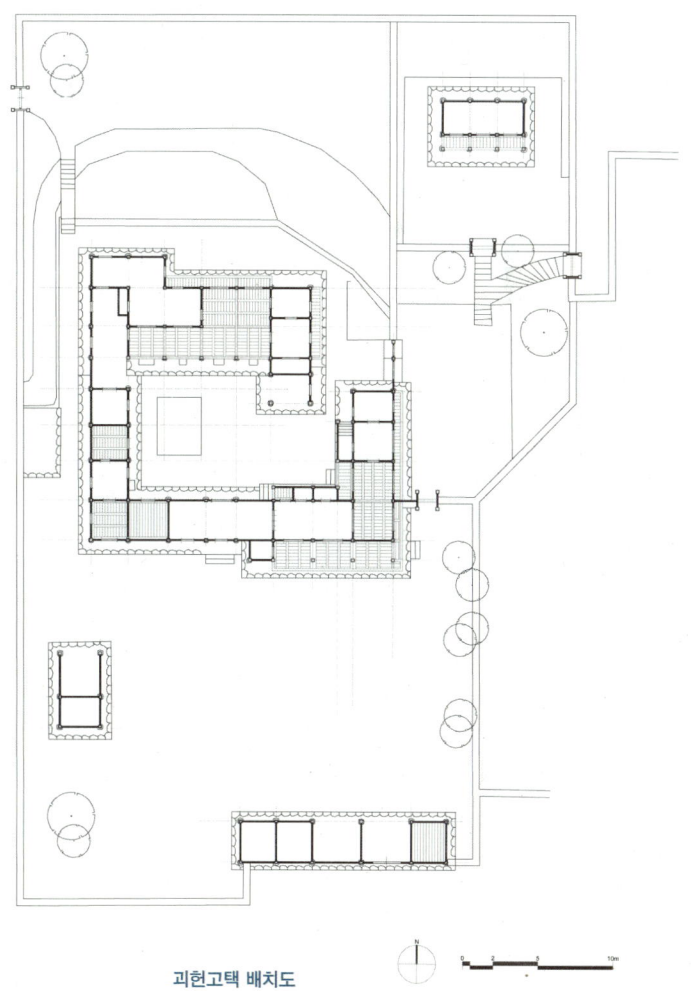

괴헌고택 배치도

왼쪽_ 통머름 위로 여닫이 쌍창과 용자살 영창으로 이중창이다. 위에는 선반에 놓인 다양한 채들을 얹었다.
오른쪽_ 괴헌고택槐軒古宅은 '외풍을 막아주고 낙엽 등이 모인다.' 하여 잘 사는 터로 소쿠리형 또는 삼태기형이라 하는 명당 터 한가운데 지은 집이다.

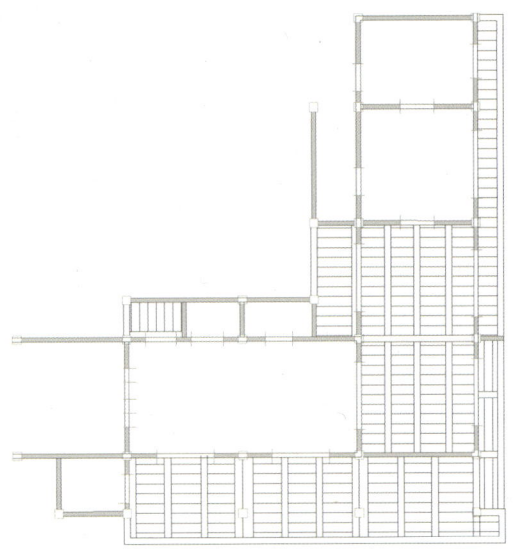

사랑채 평면도

위_ 마당의 잔디밭에 동선이 그림처럼 나 있다.
아래_ 안방 오른쪽 익사翼舍에 부엌이 있고, 그 뒤로 눈썹처마를 내어 창고와 찬방을 두었다.

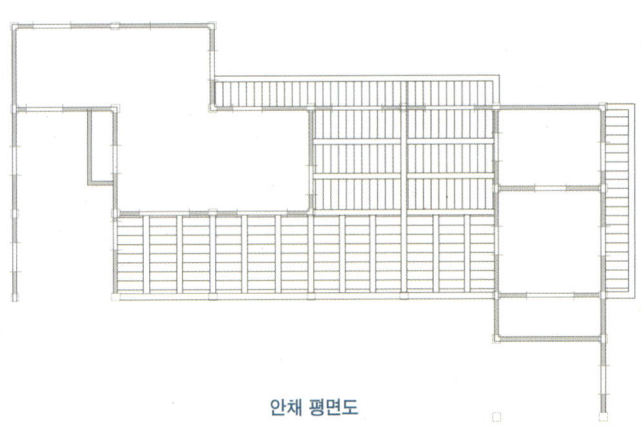

안채 평면도

별도로 설치된 장혀 위에 올라타 있어 특별한 형태이다. 사랑채의 가운데에는 월은정, 관수헌觀水軒, 어약해중천魚躍海中天이라는 편액이 있다.

안채는 ㄷ자형의 민도리집으로 정면 5칸, 측면 2칸인 삼평주 오량가다. 안채는 부엌, 안방, 대청, 건넌방으로 구성되었다. 건넌방의 앞으로 두 칸 돌출된 부분은 창고이다.

괴헌고택의 특이점은 안채 안방 앞 툇간에는 고미반자가 설치되어 있고 고미반자를 설치하여 만들어진 공간에 사람이 숨어 있을 수 있도록 한 것이다. 착탈식 널판으로 지혜롭게 위장해 둔 은밀한 피신처로 일제강점기 등의 시대상을 읽게 하는 흔치 않은 실례이다.

사랑채와 안채는 안채마당을 공유하여 사랑채에서 안채가 자칫 쉽게 들여다보일 수도 있는데, 벽장공간에 벽을 설치하여 문을 열더라도 안채가 직접 들여다보이지 않도록 고려했다.

괴헌고택은 역사의 전환기에 살아남기 위한 은신처가 있는 아주 특별한 집으로 성주단지까지 그대로 전승되고 있어 남다른 애착이 드는 집이다.

1 사랑채로 자연석기단에 자연석초석을 놓고 그 위에 사각기둥을 세웠다. 정면 3칸, 측면 4칸 반의 팔작지붕으로 중문채 오른쪽에 연접하여 ㄱ자형으로 배치되었다.
2 뒤주 위에 성주단지가 있고 선반 위에 소반이 있다. 고택의 생활상을 보는 듯하다.
3 3평주 오량가다. 동자주 사이의 서원십영도 액자 뒤가 독립군의 은밀한 피신처였던 곳이다.

1 널을 뚫어 만든 붙박이창에 낫, 호미 등 농기구가 걸려 있다.
2 사랑채에서 안채가 자칫 쉽게 들여다보일 수도 있는데 벽장공간에 벽을 설치하여 문을 열더라도 안채가 직접 들여다보이지 않도록 고려했다.
3 사랑채와 안채는 안채마당을 공유하고 있어 벽장공간에 벽을 설치했다.

1 용호라고 써 붙이고 판벽으로 처리한 솟을대문의 구성이 이채롭다.
2 괴헌고택槐軒古宅. 중문 위 목각판이 특별한 모습으로 걸려 있다.
3 편액이 걸려 있고 툇마루에 고미반자를 설치했다.
4 안채 안방 툇간에는 고미반자를 설치하여 만들어진 공간에 사람이 숨어 있을 수 있도록 했다.
5 관수헌 편액.
6 사랑채 툇기둥 밖으로 튀어나온 마루에 계자난간을 둘렀다.
7 사당으로 들어가는 공간도 사랑마당과 안마당으로부터 담장을 쌓고 구분하여 위계질서에 따라 배치되었다. 계단 오른쪽으로 밖으로 통하는 협문이 보인다.
8 사랑채 툇마루에 붙여서 쪽마루를 내었다.
9 사당으로 정면 3칸, 측면 1.5칸 규모로 전퇴가 있는 홑처마 맞배지붕이다.

사대부의 집-기와집 32

예산 이남규고택 李南珪故宅
충남 예산군 대술면 상항리 334-2

여성공간인 안채가 전면에 있고 뒤편에 남성공간인 사랑채가 자리 잡은 집

남성공간인 사랑채가 전면에 보이고 그 안쪽에 안채가 자리 잡는 것이 조선시대 한옥의 기본배치방식인데, 이남규고택은 조선시대 양반집의 공식을 과감하게 깬 집이다. 여성공간인 안채가 전면에 있고 약간 벗어난 뒤편에 남성공간인 사랑채가 자리 잡고 있다.

이남규고택은 1637년, 인조 15년에 이남규의 10대조인 한림공 이구가 건립하였다. 건립 당시 주도적인 역할을 한 사람은 이구가 아니라 이구의 부인인 완산이씨라고 한다. 안채가 밖으로 돌출한 것도 그러한 이유였으리라 본다.

이남규고택은 一자형의 사랑채와 ㅁ자형의 안채로, 평원정平遠亭이라는 현판이 걸려 있다. 사랑채는 정면 6칸, 측면 2칸 규모에 전후퇴집으로 대청의 후면 반 칸은 한자 정도 단을 높였다. 서당으로 이용되었을 때는 그 위에 앉아 가르쳤다고 한다. 1846년 다시 지었음에도 처음 지었을 때의 모습을 그대로 유지하고 있다. 툇간의 보아지에 조각을

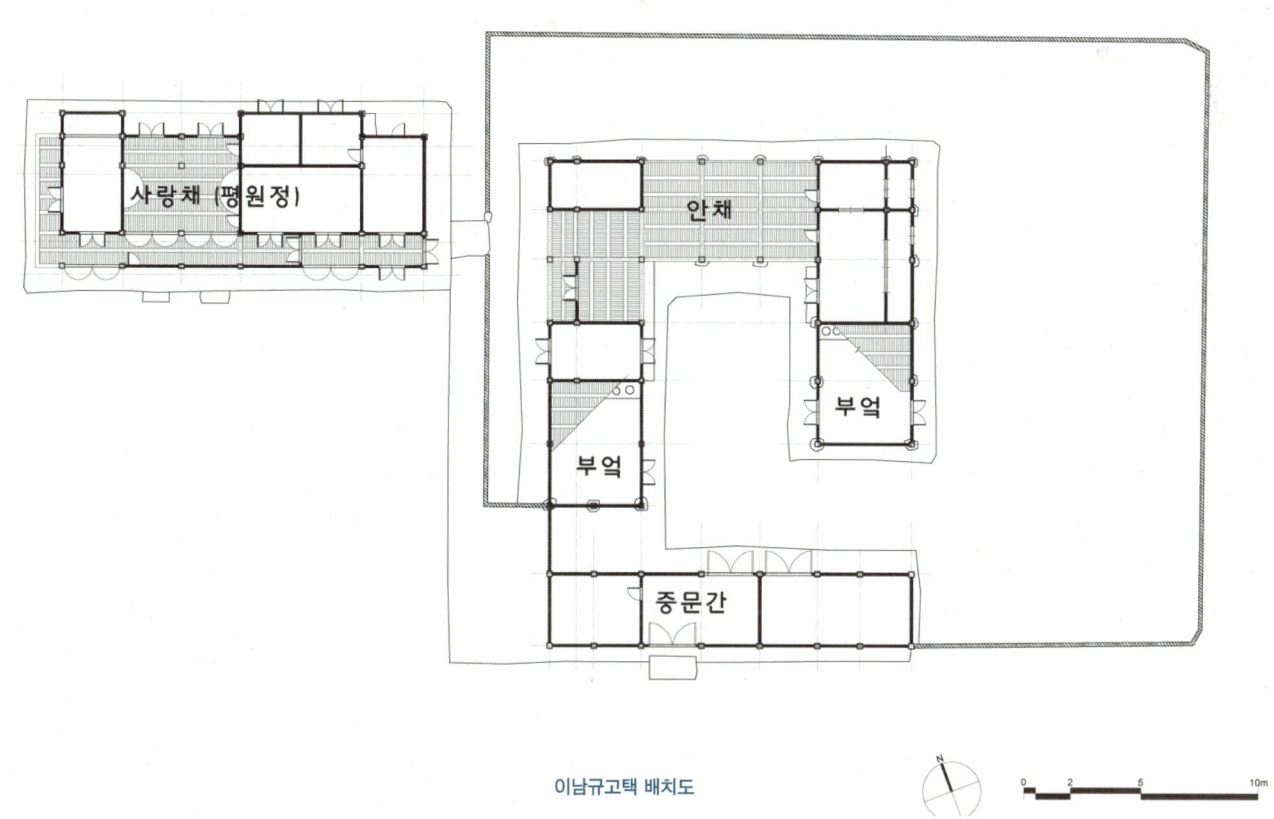

이남규고택 배치도

왼쪽_외부에서 안채가 직접 보이지 않도록 중문을 꺾어 들어가게 내·외벽으로 했다.
오른쪽_탱자나무 꽃 사이로 측간이 보인다.

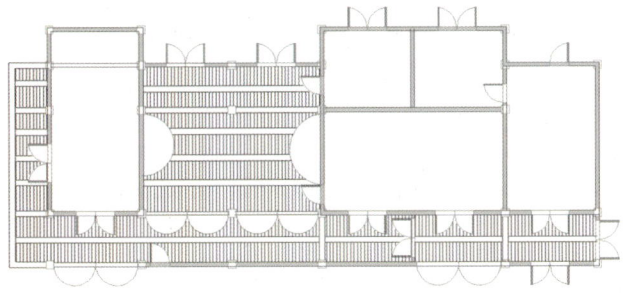

사랑채 평원정 평면도

위_ ㅡ자형의 사랑채는 정면 6칸, 측면 2칸 규모에 전후퇴집으로 대청의 후면 반 칸은 한자 정도 단을 높여 서당으로 이용되었을 때는 그 위에 앉아 가르쳤다고 한다.
아래_ ㅁ자형의 안채로 안방, 대청, 제실, 건넌방, 2개의 부엌이 있다. 오량가 굴도리집으로 팔작지붕이다.

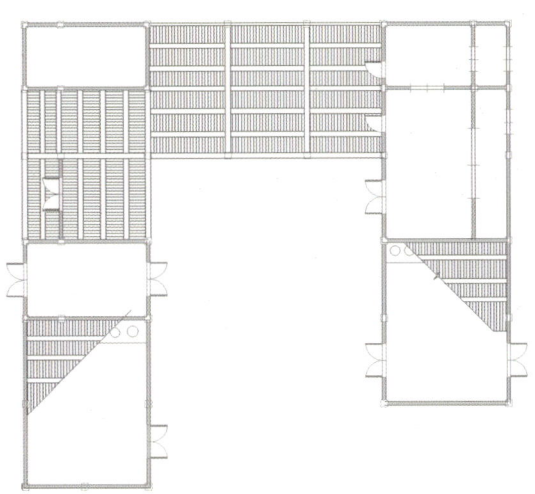

안채 평면도

한 문양이 익공처럼 보이기도 한다. 안채에는 안방, 대청, 제실, 건넌방, 2개의 부엌이 있다. 모두 오량가의 굴도리집으로 홑처마의 팔작지붕이다.

안채로 들어가는 중문 역시 멋지게 장식했다. 문간의 하인방은 문지방 역할을 하며 출입의 편의를 위해 가운데가 낮고 양쪽이 높은 반달모양이고 상인방도 같은 반달모양으로 처리했다. 흔하지 않은 사례로 상·하인방 모두 휘어진 부재를 사용하여 월문의 느낌이 든다. 외부에서 안채가 직접 보이지 않도록 중문을 꺾어 들어가게 내·외벽으로 했다.

안채는 중문간을 一자형으로 전면에 배치하고 안채를 ㄷ자 형태로 감싸서 전체적으로 튼 ㅁ자 형태를 하고 있다. 안채의 건넌방 쪽은 북쪽 한 칸을 돌출된 제실로 벽장을 만들어 사대조의 위패를 모셨다. 제청으로 사용하는 마루가 두 칸 배치되었다. 제실 앞의 대청과 사랑채의 전면 툇간과 직접 연결되도록 안채 외측 담에 일각문을 설치하였다. 안채의 왼쪽 끝은 맞배지붕이나, 대청의 전면은 부연이 있는 겹처마로 되어 있어 빗물이 들이치지 않도록 처리하였다. 안채도 기둥의 보아지를 조각하여 문양을 넣었다. 나무에 조각해 문양을 내는 것을 초각한다고 하는데, 일반 민가에서 초각을 하는 것과 겹처마를 쓰는 것은 금지되어 있었으나 초각과 겹처마를 하였다. 큰 집을 이야기할 때 '육간대청집'이라고 한다. 이남규고택은 대청이 6칸으로 대가의 상징인 육간대청집이다. 사랑채 안채 모두 기단을 높여 권위를 더하였다. 원기둥만을 사용하지 않았을 뿐 당시로써 민가에서 할 수 없는 방식을 여러 가지 채용하고 있다.

이남규의 본관은 한산으로 1875년 사마시에 합격하였고 홍문관교리, 안동부관찰사, 중추원의관을 거쳐 벼슬이 참판에 이른 학문과 덕행이 뛰어난 사람이었다. 1907년 의병을 집에 숨겨주었다가 발각되어 공주교도소에 투옥되었다가 석방되었으나, 일진회의 고발로 일본 경찰에 연행되어 산평재 냇가에서 아들과 함께 피살되었다. 이남규고택은 3대가 독립유공자인 집안으로 애국적인 삶의 시작은 대한제국 말기 항일운동가였던 수당 이남규, 이남규의 아들 이충구, 그의 손자 이승복이 독립유공자이고 증손 장원은 한국전쟁 때 참전하여 전사한 국가유공자이다.

왼쪽_ 중문간채로 중문의 하인방은 문지방 역할을 하며 출입의 편의를 위해 가운데가 낮고 양쪽이 높은 반달모양으로 하고 상인방도 같이하여 월문 같이 보인다.
오른쪽_ 사랑채로 들어가는 입구로 왼쪽에 측간이 보인다.

1 사랑채 후면으로 높은 와편굴뚝과 돌출된 벽장의 모습이다.
2 오량가 맞배지붕으로 소박하고 토속적인 모습이다.
3 부엌문을 널판문으로 하고 채광과 환기를 위해 세로살 붙박이창을 달았다. 위에는 다락을 설치하고 문을 여닫이 세살 쌍창으로 했다.

1 세로살 붙박이창에도 나뭇결이 살아 있는 살대로 멋을 냈다.
2 안채 후면으로 쪽마루와 머름 위로 우리판문을 달았다.
3 들어걸개문을 고정하는 걸쇠로 다른 것들과는 다른 호미모양이다.
4 아궁이에 무쇠솥이 걸려 있고 그 위로 세로살의 그림자가 드리워졌다.
5 망와를 세 개나 설치했다. 드문 경우로 망와의 인상이 고약하면서도 상대방이 웃으면 웃음이 폭발할 것 같은 모습으로 해학적이다.
6 화방벽과 귓기둥이 직접 닿지 않도록 용지판榕枝板을 대었다.
7 박공 끝에 게눈각을 하여 무겁지 않고 역동적으로 보이게 했다.

예천 권씨종가별당 權氏宗家別堂

경북 예천군 용문면 죽림리 166-3

대궐 같은 풍모를 가졌으나 소박함을 받아들인 창의적인 개성을 발휘한 집

사대부의 권위는 가졌으되 형식적인 것은 벗어버린 집으로 소박함을 넘어 거칠어 보이기까지 하지만, 창의성과 실용을 전폭적으로 수용한 집이다. 언뜻 외부를 보아서는 이층집의 구조로 보이나 단층이며, 대궐 같은 풍모를 가졌으나 툇마루도 설치하지 않고 바로 방에서 봉당으로 이어지는 양식을 했다. 방에서 봉당으로 이어지는 집은 산간이나 서민집중에서도 단출하고 소박한 집에서나 있는 방식이다. 사대부 집에서는 툇마루나 쪽마루를 설치하거나 대청을 통한 동선을 만들었다. 예천권씨종가별당은 격식에서 벗어나 창의적인 개성을 발휘한 집이다.

조선 중기 이후에 영남지방 사대부 집에서 채용했던 궁궐양식의 건물이라는 점에서 시선을 끈다. 평지 위에 잡석으로 키 높이 정도의 축대를 쌓아 그 위에 주춧돌을 놓고 기둥은 모두 사각기둥을 세웠다. 주위에 난간을 돌려서 이층구조인 누樓 모양으로 꾸민 이 별당은 정면 4칸, 측면 2칸 규모의 팔작지붕이다. 앞쪽에서 보면 오른쪽 3칸은 대청마루고 왼쪽 1칸은 온돌방인데 온돌방은 다시 2개로 나뉘어 있다. 대청 정면은 문짝 없이 열려 있지만, 측면과 뒷면은 2짝의 판문을 달았다.

예천권씨종가별당과 본채는 임진왜란 직전인 1589년에 초간 권문해의 할아버지인 권오상이 지었다. 보물 제457호로 지정되어 1967년 기와를 갈고 보수를 했다. 권씨종가별당 뒤 야산 끝자락에 서고가 하나 있는데 이 서고에는 권문해가 저술한 『대동운부군옥』 판목 677매와 14대째 전하는 옥피리와 『자치통감강목』 전권 120권이 보관되어 있다. 권문해가 만든 대동운부군옥은 16세기에 만든 우리나라 최초의 백과사전으로 단군 이래 선조 때까지 역사·인문·지리 등을 총망라한 책으로 총 20권 20책으로 중국과 우리나라의 각종 책에서 중요한 내용을 뽑아 운韻에 따라 배열했다. 지리·국토·성씨·인명·효자·열녀·수령·선명·목명·화명·금명 등 11개 항으로 나누었다. 항목 아래에 주요표제어를 쓰고 원문을 실었으며 끝에 출전문헌을 밝혔다. 출전문헌인 중국의 책은 『사기』, 『한서』 등 15종이고 우리나라의 책은 『계원필경』 등 174종에 이르는 방대한 양이다. 임진왜란 이전의 책이 총망라되었는데, 그중에 지금 전

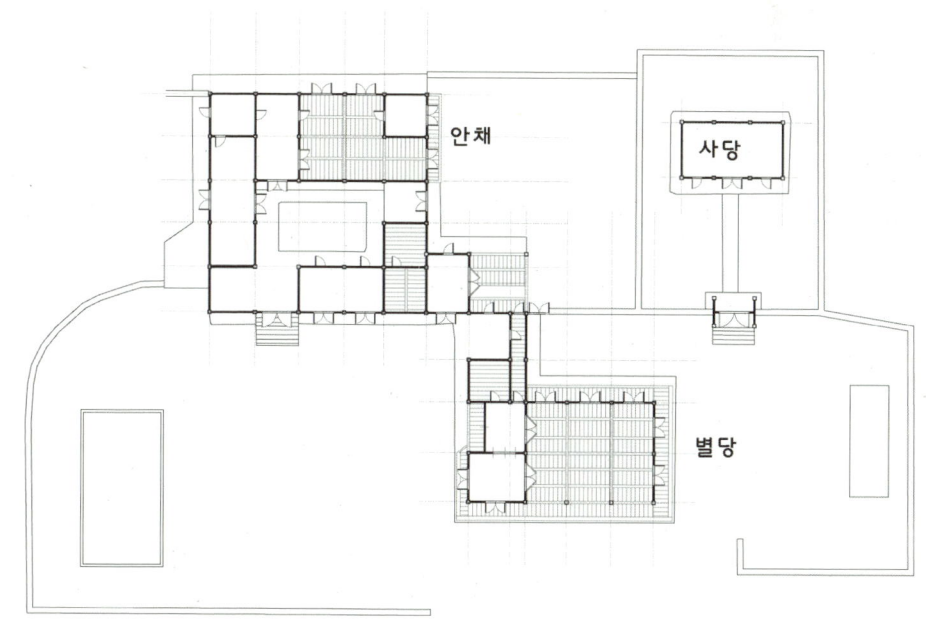

권씨종가별당 배치도

왼쪽_ 안채로 들어가는 대문. 언뜻 외부를 보아서는 이층집의 구조로 보이나 단층인 집이다.
오른쪽_ 사벽처리 한 벽에 구멍을 내고 중깃을 걸고 살대를 대어 봉창을 만들었다.

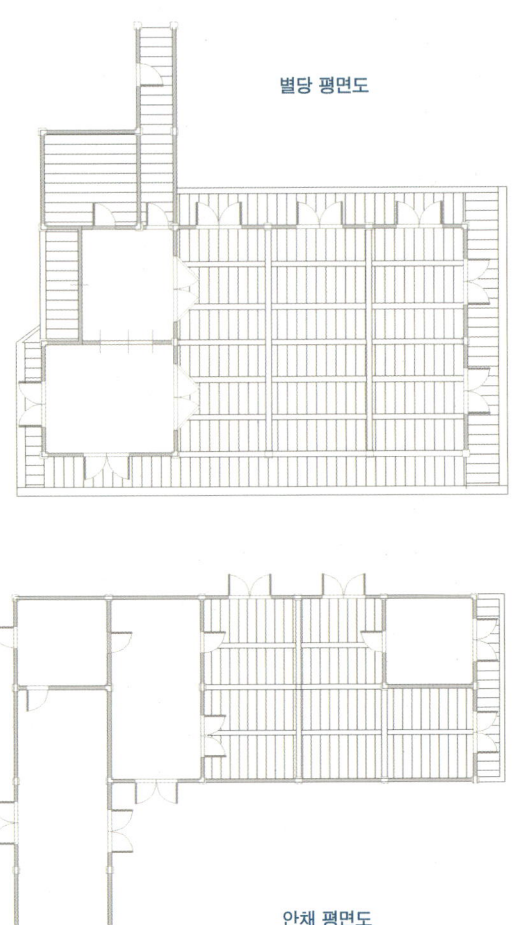

별당 평면도

안채 평면도

위_ 키 높이 정도의 축대를 쌓고 주위에 난간을 돌려서 이층구조인 누(樓) 모양으로 꾸민 이 별당은 정면 4칸, 측면 2칸 규모의 팔작지붕 겹처마다.
아래_ 이층집처럼 벽체 겸 기단을 쌓은 그 위에 아궁이가 설치된 아주 특별한 양식이다.

하지 않는 『수이전』 등이 실려 있어 고대역사와 문학연구에 중요한 자료가 된다. 또한, 『자치통감강목』은 세종 때에 간행된 중국의 역사서이다. 이러한 귀중한 문화재들이 보관된 사료가치로도 한몫을 하는 곳이다.

권씨종가별당이 있는 죽림동 마을은 동쪽으로 나지막하게 자리 잡고 있으며 뒷산이 반달 모양으로 백마산과 아미산이 있어 평온한 둥지 같은 느낌을 받는다. 뒤로는 솔숲이 울창하게 자리하고 있어 후원과 연결되어 있어 아주 넉넉한 느낌이 든다. 소나무 숲을 불어가는 바람이나 세월이 종가별당과 아주 잘 어울린다. 종가별당 건물이 퇴색한 만큼 세월을 끌어안은 모습이 당당하면서도 의연하다.

1 뒤로는 솔숲이 울창하게 자리하고 있고 후원과 연결되어 있어 아주 넉넉한 느낌을 준다.
2 사랑채 측면 모습으로 땔감과 빗자루 등 살림살이가 널려 있어 사람 사는 집임을 실감케 한다.
3 백승각. 서고로 판벽과 우리판문으로 이루어져 있다.

1 사랑채 대청에서 사각기둥 사이로 바라보는 밖의 풍경은 마음 안에 바람을 불게 한다. 시원하고 상쾌하다.
2 대청마루와 접하는 온돌방에 세살청판분합문을 설치했다.
3 종보 위에 대공大工의 형태는 하엽형荷葉形의 받침 위에 첨차檐遮와 초각반초初刻盤을 얹은 형식이다.

1 대들보 위로 충량을 걸고 충량 위로 눈썹천장을 만들어 합각으로 생기는 복잡한 부분을 깔끔하게 치장했다.
2 천장에 서까래가 노출된 연등천장이다.
3 문얼굴 사이로 문이 같힌 것이 아니라 소통의 계단으로 이어져 있다.
4 ㄱ자형의 사랑채에서 안채로 이어지는 계단으로 돌계단과 나무계단이 겹쳐 있다.
5 앞에 보이는 건물이 사랑채이고 뒤가 본채이다. 처마가 깊어서 기둥 밖으로 많이 빠져나온 추녀 밑을 바친 활주(活柱)다.
6 안채로 드나드는 중문으로 왼쪽에 무쇠솥이 걸려 있고 위에는 봉창이 보인다.
7 백승각기. 대동운부군옥을 간행하고 나서 백승각을 짓고 백승각기를 썼다.

사대부의 집-기와집 34

정읍 김동수가옥 金東洙家屋 전북 정읍시 산외면 오공리 814

아흔아홉 칸의 전형적인 상류층 가옥으로 여성공간이 강화된 집

김동수가옥은 흔히 아흔아홉 칸 집이라고 부르는 전형적인 상류층 가옥으로 민가로서는 최고의 집 중 하나다. 김동수가옥은 김동수의 6대조인 김명관이 1784년, 정조 8년에 건립하였다. 창하산을 뒤로 하고 앞에는 동진강의 상류가 흐르고 있어 전형적인 배산임수의 터전에 세운 가옥으로 한양에서 내려온 김명관이 청하산 아래 명당을 골라 10여 년에 걸쳐 집을 완공한 것이라 한다. 김동수가옥은 산외면 오공리에 있는데 오공리는 현재 한자로 오공리伍公里라고 쓰지만, 여기서 다섯 오伍자는 일제 강점기 이전에는 창하산의 모습이 마치 지네처럼 생겼다고 하여 지네 오蜈자를 썼다고 한다. 그리고 김동수가옥 집터 앞으로 흐르는 동진강의 모습이 닭처럼 생겨 닭이 지네를 잡아먹는 형상이라 생각했다고 한다. 그래서 이를 막기 위해 집터 앞으로 지렁이 모양의 연못을 팠고 닭이 지네에게 가기 전에 지렁이를 잡아먹어 지네와 닭이 만나지 않게 하는 의미라고 한다.

조선시대 한옥은 일반적으로 외부 손님을 맞는 사랑채를 집에서 가장 화려하게 꾸미고 누마루를 두어 풍경도 감상할 수 있게 했다. 김동수가옥의 특징은 사랑채의 정자형 마루는 화려하지 않고 소박해 보이지만, 안채가 더 잘 지어졌다. 사랑채는 남자의 공간으로 당연히 존재해야 했지만, 안채에 여성전용 사랑채가 하나 더 있어 여성의 위세가 강화

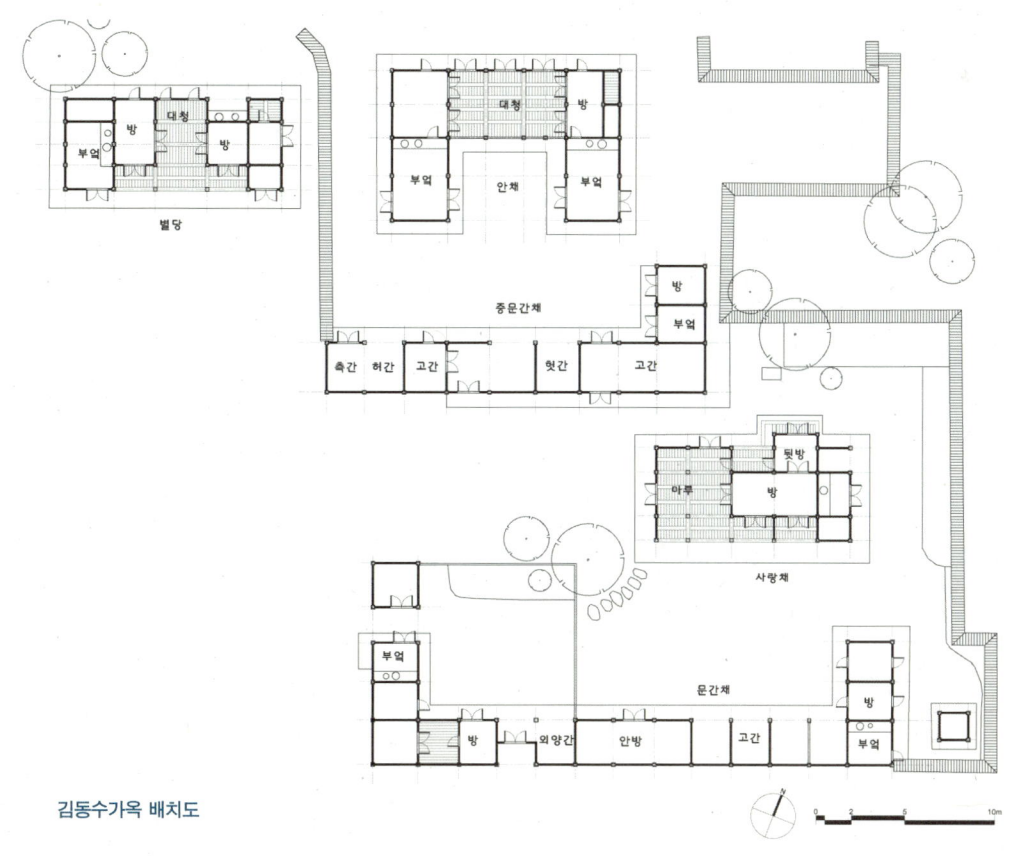

김동수가옥 배치도

왼쪽_ 방에서 바라본 모습으로 문얼굴 사이로 툇간이 보인다.
오른쪽_ 메밀밭 뒤로 긴 토석담이 보이고 집을 평지에 지어 넓어 보인다.

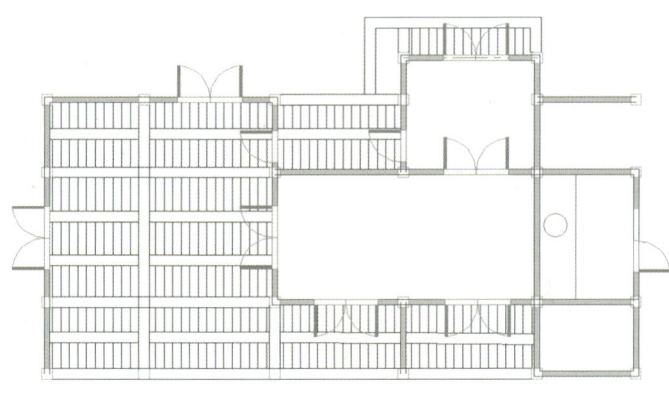

사랑채 평면도

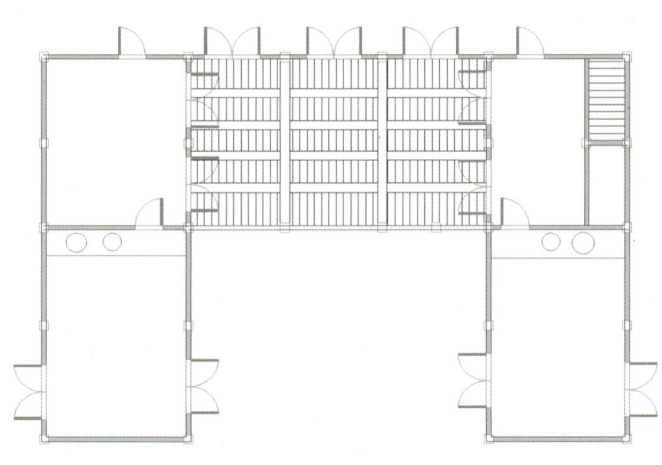

안채 평면도

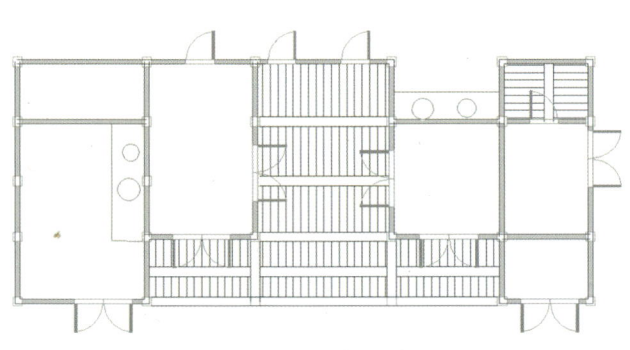

별당 평면도

1 사랑채는 정면 5칸, 측면 2칸 규모로 홑처마 팔작지붕이다. 안채와 비교하면 그 규모나 화려함에 있어 조금 못 미치고 아흔아홉 칸 집의 규모에 비해 소박하다.
2 안채로 ㄷ자형을 하고 있다. 좌우대칭구조로 지어졌으며 사랑채보다 여성공간인 안채가 강화된 모습을 하고 있다.
3 안채의 서남쪽에 있는 정면 6칸의 안사랑채로 홑처마의 팔작지붕이다. 시집간 딸이 오면 머물다 갔다고 한다.

된 모습을 보이는 가옥이다. 또 하나의 특징은 안채에 부엌이 두 개가 있다. 시어머니 부엌과 며느리 부엌이 따로 있다. 며느리가 독립적인 부엌을 사용할 수 있음은 며느리의 역할이나 비중이 상당했음을 알 수 있다.

김동수가옥은 대지 중앙에 ㄷ자형의 안채와 중문간채가 튼 ㅁ자집 형태로 자리 잡고 있다. 안채 남서쪽에 一자형 별당채가 있고 북쪽에는 작은 사당이 있다. 중문간채 동쪽에는 부엌이 독립된 사랑채가 있고 그 남동쪽으로 문간채가 있다.

솟을대문을 들어서면 좁은 마당이 나오고 중문을 거치면 사랑채와 바깥 행랑채가 있고, 안행랑채의 안대문을 들어서면 안채의 육간대청을 중심으로 좌우대칭으로 배치된 방들이 보인다. 대갓집의 상징인 육간대청도 안채에 있고 좌우 앞쪽으로 돌출된 부분에 부엌을 날개처럼 배치한 특이한 평면의 2개의 부엌도 안채에 있어 여성공간의 확장이 여러 곳에 걸쳐 보인다. 안채의 서남쪽에는 안사랑채가 있는데 본채를 지을 때 김명관이 목수들과 임시로 거처하였고 완공 후에는 시집간 딸이 오면 머물다 갔다고 한다.

김동수가옥은 마당의 크기와 위치, 대문간에서 안채에 이르는 동선처리가 독특하면서도 실용적이다. 재미있는 것은 안채 옆으로 사랑채에서 밤에 안채로 다닐 수 있는 통로를 만들어 놓았다. 안채의 며느리 방 쪽에는 중앙의 대청을 통하지 않고 오른쪽으로 바로 들어갈 수 있는 문을 만들었다. 아들과 며느리가 몰래 만날 수 있도록 배려를 했다.

특히 안채는 ㄷ자집 형태의 안마당과 안행랑채 사이의 긴 가로마당이 만나서 아늑함이 느껴진다. 조선시대 양반들의 생활양식을 엿볼 수 있으며, 비교적 가늘고 일정한 두께를 갖지 않은 부실한 부재를 사용하였다. 당시의 물자부족이 빚은 조선 후기 중류 이상의 가옥에 나타나는 일반적인 특징이다. 후세에 보수 또는 개조되지 않아 거의 원형대로 보존되어 있으며, 주위 환경이 잘 정돈되어 있어 가옥과 조화를 이룬다. 주위에는 원래 8채의 노비의 집인 호지護持집이 있었으나 지금은 2채만 남아 있다.

1 13칸 행랑채 사이에 솟을대문을 설치했다.
2 정면 3칸의 호지집으로 각각 한 칸의 부엌, 툇마루가 있는 방, 툇마루가 없는 방으로 구성되어 있다. 초가지붕의 이엉이 날리지 않도록 고사새끼를 연죽에 묶었다.
3 안행랑채. 화방벽을 두르고 창문이나 통기창이 없는 폐쇄적인 모양의 건물이다.

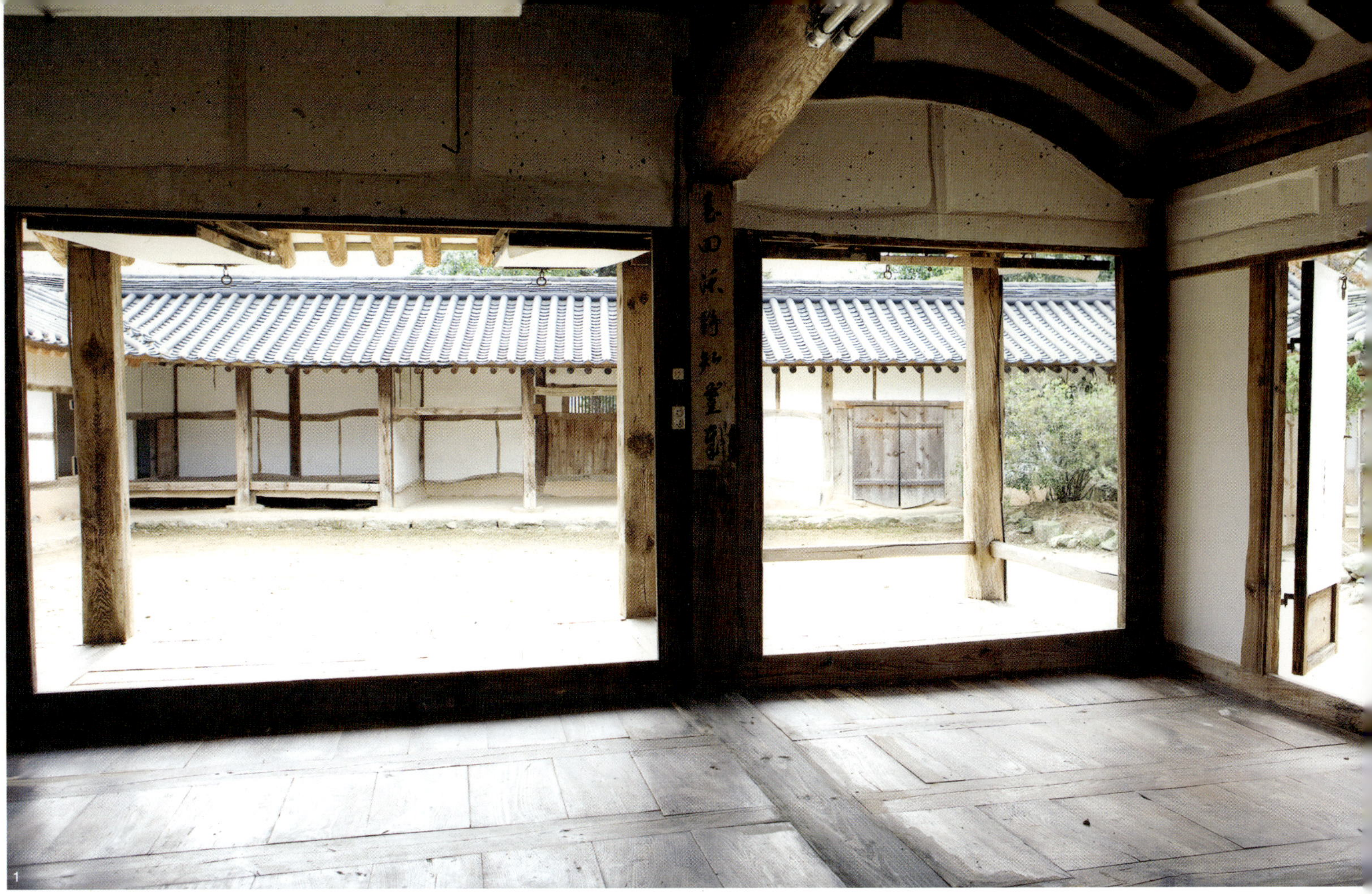

1

2

3

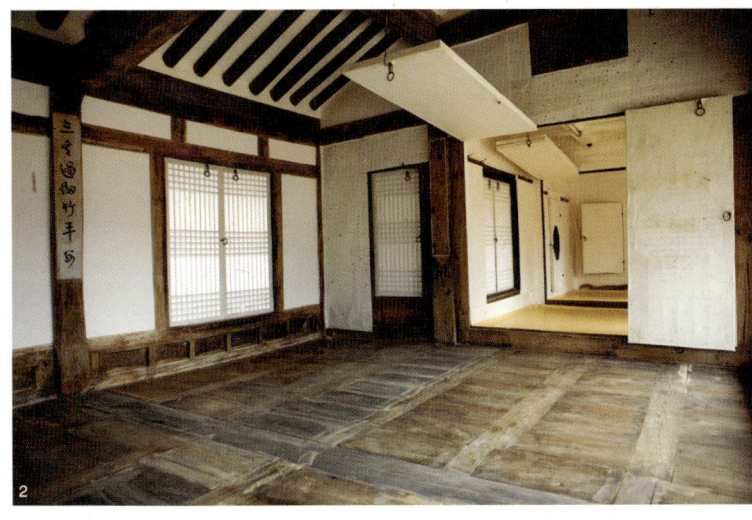

1 사랑채 대청에서 바라본 바깥행랑채의 모습이다.
2 대청을 우물마루로 하고 천장은 서까래가 노출된 연등천장으로 했다.
3 대청과 사랑방 사이의 문을 들어걸개 분합문으로 해서 방과 마루가 통하도록 했다.

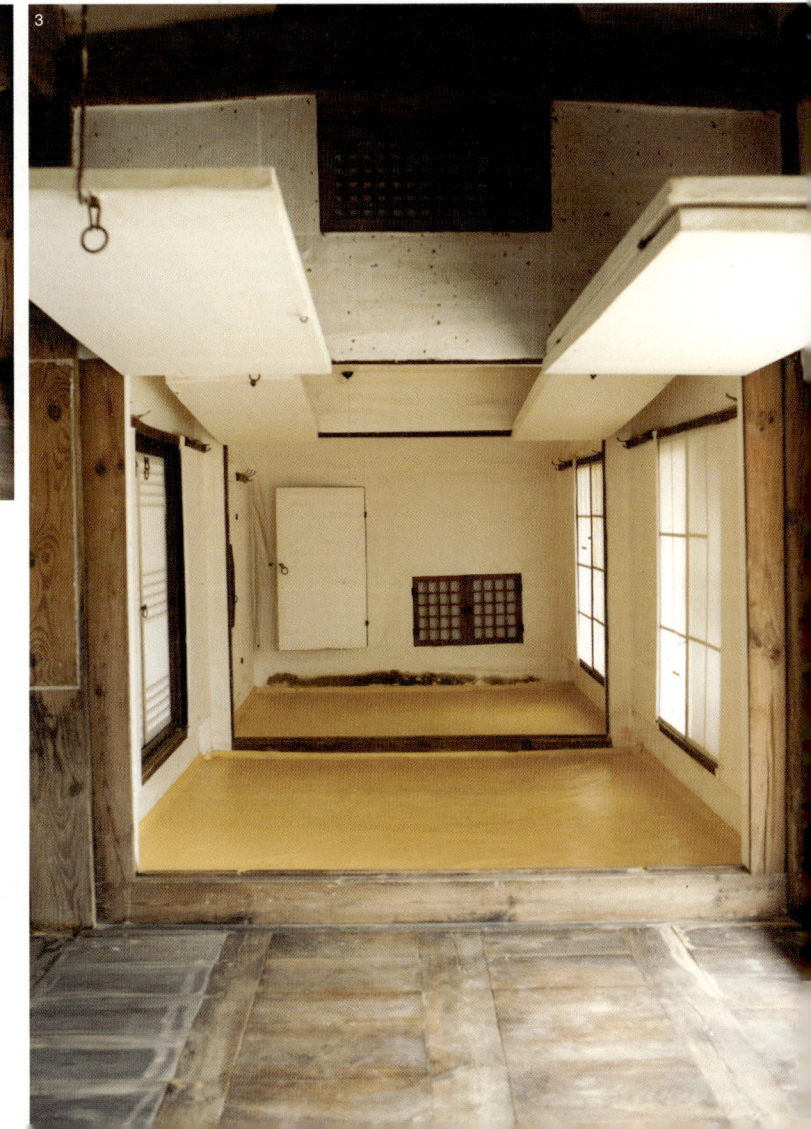

1

2

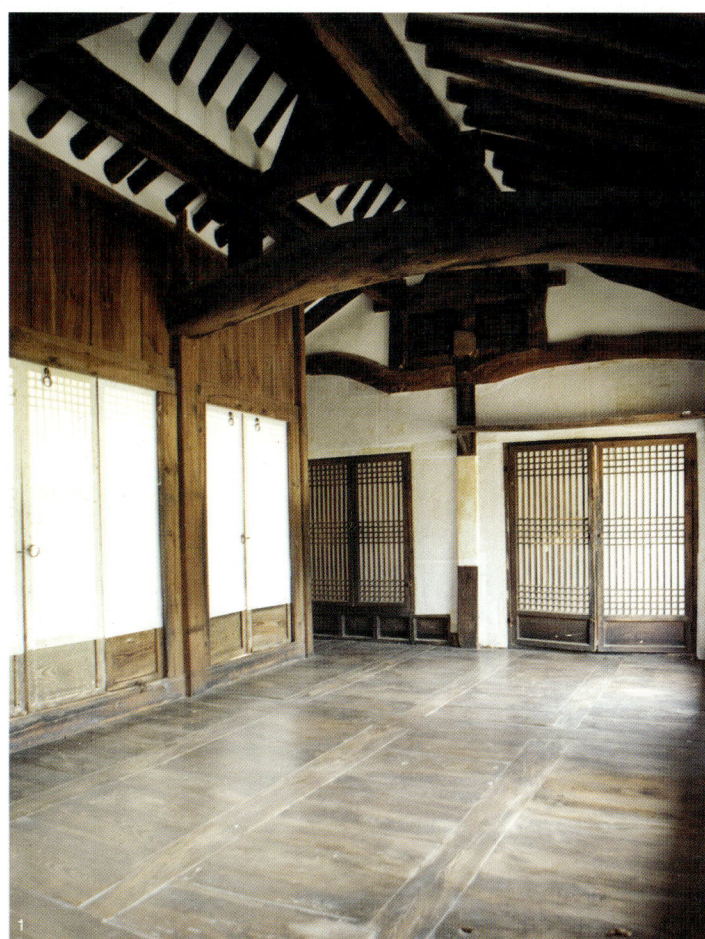

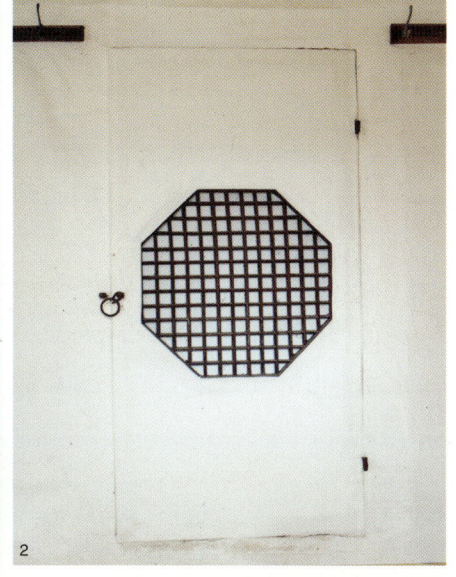

1 안채의 대청. 육간대청으로 넓고 장중해 보인다. 육간대청은 대갓집의 상징이다.
2 여닫이 도듬문을 만살로 팔각형의 모양을 내고 불발기창을 만들었다.
3 방의 왼쪽은 용자살 영창, 중앙의 각기 다른 수장고의 문은 도듬문,
오른쪽은 만살 분합문으로 하고 천장은 종이반자로 했다.

3

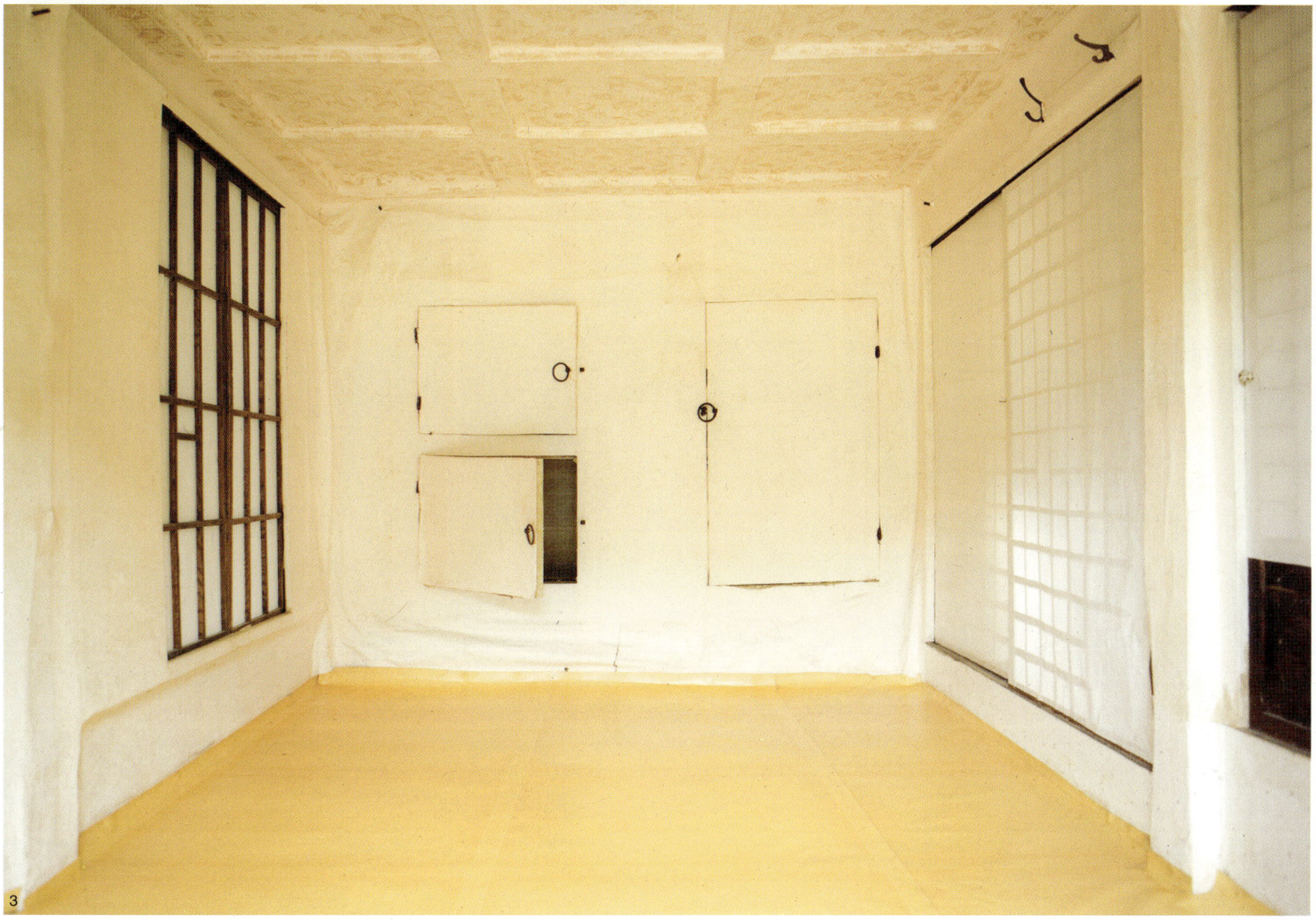

1 용자살 영창 안에 작은 사각형 모양은 밖을 내다볼 수 있도록 별도의 종이나 유리를 끼워 만들어 놓은 부분이다. 한쪽의 살대가 부러져 비대칭을 이룬 모습에 더 호감이 간다.
2 위아래의 장연과 가운데 단연이 노출된 연등천장이다.
3 김동수가옥의 솟을대문은 상당히 높아 당시 위세를 보는 듯하다. 또한, 행랑채와 마구간의 규모를 보면 내부의 크기를 짐작할 수 있다.

1 바깥사랑채 날개의 측면으로 벽의 구성이 단순하면서 소박하다.
2 안채 날개 부분에 있는 부엌의 후면 모습으로 부엌문은 널판문으로 하고 화방벽 위에 채광과 환기를 위해 세로살 붙박이창을 달았다.
3 안채의 뒤로 쪽마루를 길게 만들어 넓은 뒤뜰과 함께 트인 느낌이 든다.
4 툇마루 모양이 각기 다른 크기이고 문의 살대가 거칠고 단순하여 서민 집의 일반적인 모양을 하고 있다.
5 난간대만 걸친 단순한 난간대를 만들었다.
대충 다듬은 자연석초석과 한통속이다.
6 부뚜막 왼쪽에 찬방으로 난 문의 모습이 앙증맞다.
7 홍예가 진 퇴보의 모습이 멋지고 두 단으로 만든 수장고의 여닫이 쌍창을 한쪽은 통판문으로 하고 다른 한쪽은 널판문으로 했다. 전체적으로 구성이 조화롭다.
8 와편굴뚝에 오지를 얹고 암키와를 덮어 연가를 대신했다.
9 걸터앉아 용변을 볼 수 있는 측간 내부 모습이다.

사대부의 집-기와집 35

청송 송소고택 松韶古宅
경북 청송군 파천면 덕천리 176

조선후기 최고 갑부로 9대 간 만석지기 부자가 살던 건물

한옥을 직접 체험해 볼 수 있는 전통한옥체험관으로 문을 열었다. 장작을 가져다 직접 때보기도 하고 잠을 잘 수 있는 곳이다. 아궁이에 불을 때보면 불이 얼마나 투명한 존재인지를 알게 된다. 타닥거리며 타는 소리와 투명한 불이 살아 움직이는 모습을 확인하게 된다. 둥근달이 떠오르면 지붕에 걸린 달이 주는 정취와 정적에 빠져든다. 침묵만 한 고독도 없지만, 침묵만 한 깊이도 없다. 침묵을 잘 다스리면 마음도 깊어지고 성숙해진다. 타인과는 대화를 통해 소통하지만, 자신과는 침묵으로 소통한다. 낮은 마음으로 자연과 소통하는 느림을 배우고 침묵을 배우는 곳이 송소고택이다.

송소고택은 1880년대 조선후기 최고 갑부로 소문난 심처대의 7대손 송소 심호택이 지은 건물로 '송소세장松韶世莊'이란 현판을 걸고 9대 간 만석지기 부자가 살던 건물이다. 조선후기 상류주택의 특징을 잘 간직한 99칸으로 화려하고 넓은 건물로 오랜 세월이 지난 지금도 최고 세도가의 품격이 곳곳에서 느껴진다. 송소고택은 부자만을 고집한 것이 아니라 세상으로 나아가 국가에 이바지하려는 노력 또한 아끼지 않았다. 청송심씨는 조선왕조 500년을 통해 정승 13명, 왕비 4명, 부마 4명을 배출한 명문가로 세종대왕 정비인 소헌왕후도 이 가문 출신이다. 부와 명예를 동시에 거머쥔 얼마 되지 않는 조선의 명가였다.

송소고택은 남동향 집으로 정면에 홍살을 설치한 솟을대문과 좌우 행랑채와 외양간이 있고 외양간 옆으로 곳간이 지어져 있다. 송소고택의 구성은 대문채·안채·별당·큰사랑채·작은사랑채·사당으로 되어 있으며, 각 건물에 독립된 마당이 있다. 안채는 정면 6칸, 측면 3칸의 팔작지붕 건물로 안채·사랑방·상방·대청·안방·부엌으로 구성되었다. 전체적으로는 ㅁ자형의 집으로 큰사랑채는 정면 5칸,

송소고택 배치도

왼쪽_ 작은사랑채 마당에서 바라본 모습으로 작은사랑채 옆으로 안채를 드나드는 중문이 나온다.
오른쪽_ 마당 한가운데에 담이 있는 것이 이상해 보이지만, 큰사랑채와 작은사랑채의 공간을 분할하기 위해 쌓은 내담이다.
한옥은 남녀와 신분에 의한 생활공간과 영역이 구분되어 있기 때문이다.

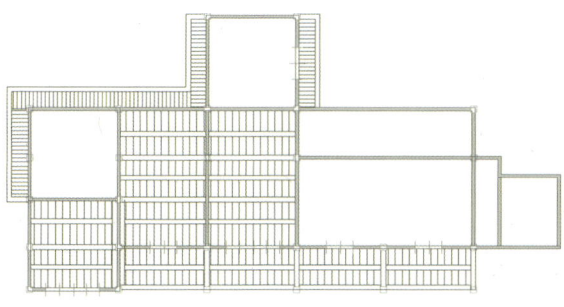

큰사랑채 평면도

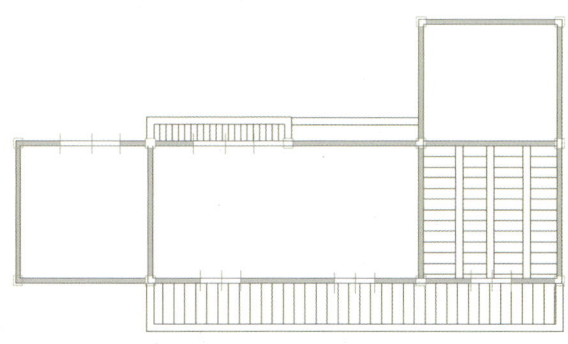

작은사랑채 평면도

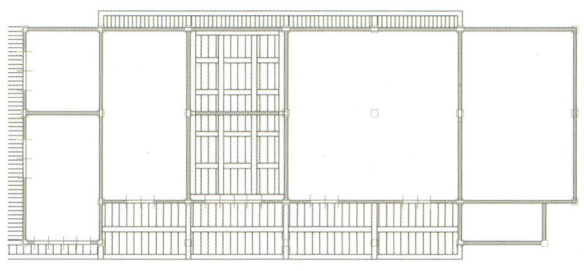

안채 평면도

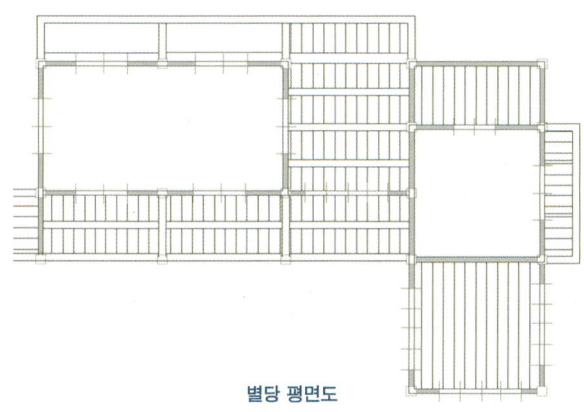

별당 평면도

1 큰사랑채는 정면 5칸, 측면 2칸의 팔작지붕으로 대청·책방·사랑방으로 구성되어 있다.
2 작은사랑채는 정면 5칸, 측면 1칸의 맞배지붕으로 중문, 도장, 사랑방 2칸, 대청으로 구성되어 있다.
3 안채는 정면 6칸, 측면 3칸의 팔작지붕 건물로 안채·사랑방·상방·대청·안방·부엌으로 구성되었다.

마당에 화룡점정龍點睛의 정원을 만들었다. 소박하고 재기 발랄한 발상이다.
4 큰사랑채 마당을 거쳐 별당에 이른다. 한옥에서는 큰 나무를 심는 경우가 드물다. 원형의 화단이 마당에 마련되어 있어 화초류와 소목들을 심어 놓았다.

측면 2칸의 팔작지붕 건물로 되어 있으며 대청·책방·사랑방으로 구성되어 있고 작은사랑채는 정면 5칸, 측면 1칸의 맞배지붕 건물이며 대문간, 도장, 사랑방 2칸, 대청으로 구성된다. 안채와 사랑채 사이에는 남녀생활공간의 구분으로 내외담이 설치되어 있고 내외담에는 수키와로 만든 원형의 구멍이 여러 개 뚫려 있어 사랑채를 찾아온 손님을 볼 수 있도록 한 구멍이다. 남녀가 같이 만날 수 없는 당시 풍속의 한 면을 읽을 수 있는 재미있는 발상이다. 별당은 정면 4칸, 측면 2칸의 팔작지붕 건물로, 마루, 온돌방, 대청으로 구성되어 있고 오른쪽 온돌방 앞쪽으로 누마루가 있다.

한옥체험관에서는 민속놀이를 비롯하여 국악·양악공연 등 다양한 문화체험도 할 수 있다. 송소고택의 한옥체험민속놀이로는 제기차기, 새총쏘기, 투호, 칠교, 굴렁쇠 등 5종류가 있는데, 종목마다 100점 만점으로 총 500점 중 신기록을 내면 경상북도 무형문화재 이무남 선생의 고추장 항아리도 선물로 받을 수 있다. 제기차기는 한 발로 차는 땅강아지, 발을 땅에 대지 않고 차는 헐렁이, 두 발로 번갈아 차는 양발차기 등으로 땅에 떨어지지 않고 차는 숫자를 점수로 환산하며 굴렁쇠굴리기는 집안을 한 바퀴 도는 데 걸리는 시간을 측정해 점수로 매긴다. 투호는 화살 12개를 받아 원통에 던져 넣어 많이 넣은 사람이 이기는 경기이며 새총쏘기는 새총으로 10m 전방의 징을 맞춰 징소리가 들려야 점수를 준다. 또 칠교는 한 변이 10cm 정도인 정사각형 판자를 삼각형 5개와 사각형 1개 평행사변형 1개 등 일곱 조각으로 나눠 인물, 동식물, 건축물 등 500여 가지의 사물을 만들며 노는 일종의 퍼즐게임이다.

우리의 내면을 닮은 한옥체험과 조선부자로 이름을 떨쳤던 청송고택에서의 민속놀이체험은 오래도록 기억에 남을 것이다. 청송고택의 다른 이름인 '청송 호박골 심부자집'은 아직도 건재하게 잘 보존되어 있다.

1 ㅁ자형의 집으로 안채의 왼쪽 날개의 모습이다.
2 안채에서 바라본 작은사랑채 후면과 중문의 모습이다.
3 중문에서 큰사랑마당을 바라본 모습으로 큰사랑마당에 조경하였다. 건너편에 별당으로 드나드는 일각문이 보인다.

1 중문에서 바라본 안채 모습.
2 자연석계단과 자연석기단, 나무를 길게 놓아 툇마루로 올라가기 쉽게 했다.
3 나무를 길게 툇마루 바로 앞에 설치해 놓았다. 그곳에 신발을 벗어 올려놓아 신발을 올려놓기 위한 대로 보이기도 한다.

1 추녀마루와 추녀를 살짝 들어 올려 가볍지도 않고 절대 무겁지도 않은 균형을 이뤘다.
2 내외담 사이에 담 안 3곳에서 살필 수 있도록 일렬로 6개의 구멍을 만들어 놓았다. 남녀의 생활공간이 달랐던 당시의 풍속이 그대로 드러난다.
3 안채에서 사랑채의 동정을 확인할 수 있도록 구멍을 내어 볼 수 있도록 했다. 수키와 두 장으로 만든 구멍이 마치 눈 같다.
4 안채에서 옆 뜰로 통하는 칸에 협문과 함실아궁이를 설치하고 천장을 고미반자로 했다.
5 함실아궁이의 모양을 맨흙으로 만들지 않고 수키와를 중간에 넣어 장식했다.
6 오지굴뚝이 하나는 2단으로 하나는 3단으로 되어 있다. 분명히 바람의 영향을 계산해 굴뚝의 높이를 조절한 것일 것이다. 굴뚝의 높이에 의해 아궁이의 연기가 들이고 내는 정도가 조절된다.

사대부의 집-기와집 247

사대부의 집-기와집 36

청송 평산신씨종택 平山申氏宗宅
경북 청송군 파천면 중평리 376

새 사랑채가 바로 문전에 위엄있게 서 있는 청송 평산신씨 판사공파 종택

평산신씨 시조의 최초 이름은 능산으로 태조 왕건을 위하여 대신 목숨을 바친 고려 개국공신으로 벽상공신 삼중대광 태사에 오른 신숭겸이다. 광해주, 지금의 춘천지방 출신인데 궁예가 세운 태봉의 기장으로 있다가 918년 배현경, 홍유, 복지겸 등과 함께 궁예를 폐하고, 왕건을 추대해 고려를 창업하는 데 결정적인 역할을 하여 고려개국 원훈으로 대장군에 올랐던 인물이다. 신숭겸은 견훤과 일대 격전 중 전세에 몰려 모두 몰사할 위기에 있자, 왕건의 옷과 기를 받아서 왕건으로 위장해 도망가는 채 달아나자 견훤의 군사가 왕건을 죽일 기회라고 보고 좇아 생포한다. 그 사이에 왕건은 평복으로 갈아입고 위기에서 탈출할 수 있었다. 왕건을 대신해 죽음을 맞이한 충성스러운 신하였다.

신숭겸의 12세손인 신현의 손자로 두문동 72현 중의 한 사람인 판사공 신득청에 이르러 판사공파로 나누어진다. 그 후 예남의 현손인 신한태가 청송군 파천면 중평리로 이거를 해 조선 숙종 때 종택을 짓고 집성촌 150여 호를 이루며 현재에 이르고 있다.

마을의 얕은 야산을 등지고 남향으로 자리 잡은 평산신씨 판사공파 종택은 대문간과 안채 사이에 넓은 사랑마당이 있고 이 마당의 우측에 새사랑채가 독립적으로 있다. 안채 뒤 오른편 언덕 위에 사당이 있고 안채 좌측 뒤편에 남향하여 영정각과 서당이 나란히 배치되어 있어 조선시대 사대부 집의 면모를 갖추고 있다. 종택의 본채는 정면 7칸, 양 측면 5칸, 후면 5칸이며, ㅁ자의 정면에 좌우 날개가 한 칸씩 돌출되어 대청을 이루고 있다.

새사랑채는 막돌로 쌓은 높은 기단 위에 당당한 팔작지붕을 하고 있으며 우측에 넓은 대청을 두고 좌측면에 아궁이를 두어 불을 땔 수 있도록 했다. 사랑채의 마루나 방에 앉아 있으면 대문으로 출입하는 사람이 바로 내려다보이도

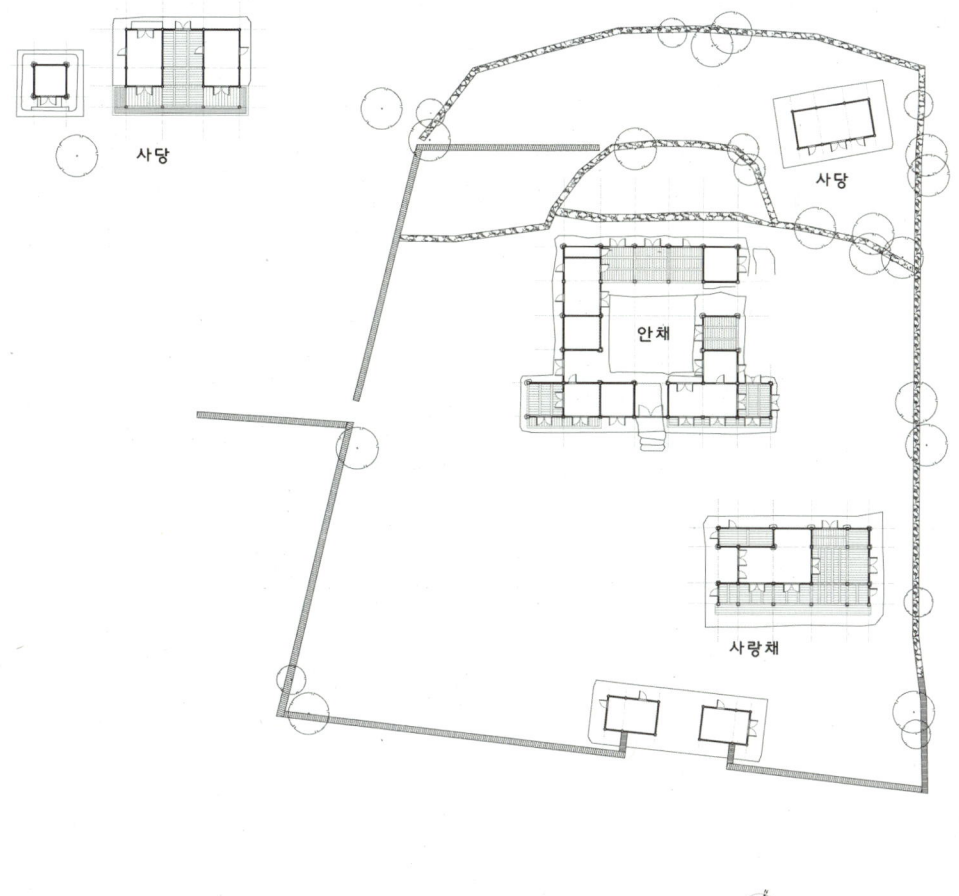

평산신씨종택 배치도

왼쪽_대청은 위상이 높아 보이는 구조를 하고 있다. 건넌방에 여닫이 독창이 두 개 있는데 세살청판문은 출입문으로 세살문은 열손실을 줄일 수 있는 눈꼽재기창으로 용도를 달리했다.
오른쪽_토석담 밑으로 한여름의 쨍쨍한 볕을 받으며 접시꽃이 피었다. 담장과 잘 어울린다.

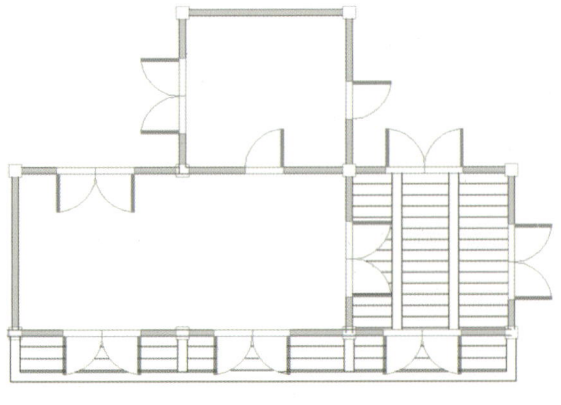

작은사랑채 평면도

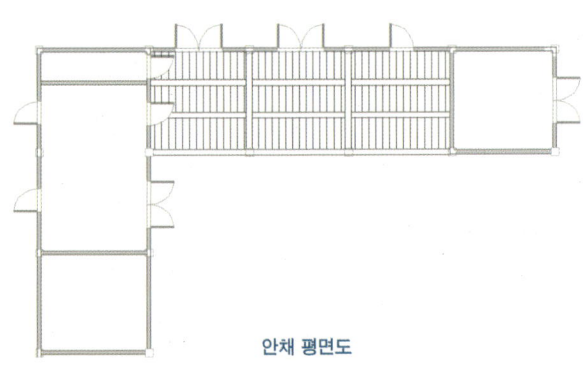

안채 평면도

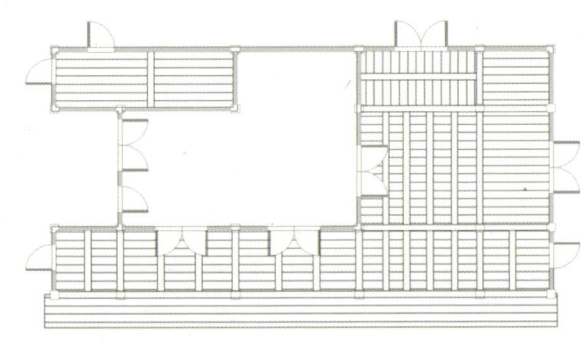

큰사랑채 평면도

1 본채는 정면 7칸, 양 측면 5칸, 후면 5칸의 ㅁ자형으로 정면에 좌우 날개가 한 칸씩 돌출되어 대칭을 이루고 있다.
2 안채는 정면 5칸으로 가장 높은 곳에 3칸 대청이 자리하고 있다. 대청 양옆으로는 방이 하나씩 있고 대청 선반 위에 얹힌 소반이 즐비하다. 종가의 며느리는 찾아오는 손님접대에 쉴 날이 없었다고 한다.
3 만살을 삼단으로 나누어 가운데는 조밀하게 살을 댄 불발기창이다.

록 배치되어 있다. ㄱ자형의 방과 시중드는 사람이 사용하던 방과, 측면의 고방 등으로 구성되어 있다.

본채는 정면 7칸인 ㅁ자형의 건물로 높은 자연석기단 위에 가로축으로 길게 늘어선는데 그 규모가 웅장하고 당당한 면모를 보여 준다. 안으로 들어가는 문은 중앙에 낸 중문으로 출입하게 되어 있다. 정면의 양측 한 칸씩은 연장된 것이며 안마당과 대청은 3칸의 폭으로 이루어졌다. 정면의 좌측 칸은 종부가 사용하고 있어 동네 친구 분들이 놀러 오면 함께 하는 마루방이고, 우측 칸은 사랑의 대청으로 사용되었을 것으로 추측된다. 중문 우측에는 사랑방과 마루방으로 사랑채를 설치하였으며 사랑방 뒤쪽으로 중방을 두어 안마당과 통하게 되어 있다.

안채는 정침으로 갈수록 높아지는 지형을 그대로 이용하여 집을 지었다. 기단 위의 기둥은 대청의 위상이 높아 보이게 고주로 했다. 측면의 지붕 위에 벽이 연장되어 정침의 지붕을 받치는 특별한 형태를 보여주고 있다. 안채마당은 좁고 하늘만 뻥 뚫려 있는 모습으로 폐쇄적인 형태를 갖추고 있다. 대청에는 15개 정도 되는 소반이 한 줄로 선반 위에 올려 있는데, 손님에게 독상을 차려주는 것이 예의여서 일인용 작은 소반이 많다고 한다. 종부의 이야기로는 아침부터 저녁까지 쉴 틈이 없이 손님 접대하느라 시간이 어떻게 갔는지 모르게 살았고, 제사가 끝나면 다음 제사를 준비하느라 정신이 없었다고 한다. 평산신씨 판사공파 종택은 마당이 휑하니 비어 있는 모습이지만, 예전에는 마당에 다른 건물이 여럿 있었다고 한다. 1979년도에 한번 대대적인 공사를 통해 수백 년 전의 모습을 찾기가 어려워졌다. 건물이 헐린 터는 비어 있거나 채소를 기르는 밭으로 변해있다.

1 높은 자연석기단 위에 횡으로 길게 늘어선 건물에 맞배지붕이 직교하여 두 개의 합각이 생겨 대칭을 이루고 있다.
2 자연석으로 만든 계단과 기단, 쪽마루와 머름 위 여닫이 세살 쌍창, 합각의 모습이 단정하다.
3 고미받이와 고미가래를 걸고 고미반자를 설치했다.

위_ 중도리 안은 고미반자로 하고 밖은 노출된 서까래로 천장을 구성했다.
아래_ 새사랑채 대청의 천장 모습으로 대들보 위에 소로, 창방 위에 소로, 장혀, 도리의 가구구성이 특별하다.

1 부엌으로 담 형식의 벽을 만들어 시선을 차단했다.
2 눈꼽재기창으로 눈꼽만하게 작다고 하여 붙여진 이름으로 출입문을 열지 않고도 밖을 내다볼 수 있고 통풍용으로도 사용했다. 이곳의 눈꼽재기창의 용도는 음식을 바로 넣어줄 수 있도록 한 문이다.
3 삼량가의 맞배지붕으로 격식을 갖춘 측간 앞에 나무 한 그루가 서 있다.
4 측면의 지붕 위로 벽이 연장되어 정침의 지붕을 받친 특별한 형태를 보여주고 있다. 환기를 위해 구멍이 세 개 뚫려 있다.
5 솟을대문. 안으로 보이는 우측 건물이 새사랑채이고 안쪽에 있는 건물이 본채이다.
6 처마에 의해 그늘이 자리한 한 쪽마루는 휴식장소다.

사대부의 집-기와집 37

합천 묵와고가 默窩古家
경남 합천군 묘산면 화양리 485

'오래된 집'이라는 뜻의 묵와고가默窩古家, 고가古家라는 명칭을 넣은 것 자체도 특별하다

조선 선조 때 선전관을 역임했던 윤사성이 지었다고 전하는 옛집으로 그 뒤 자손이 대대로 살고 있다. 처음 지을 당시에는 집터가 600평에 여덟 채나 되었고 백여 칸에 이르렀다고 한다. 산기슭에 의지하여 자연지형을 잘 다듬어 경관이 트이도록 높게 지었다.

파평윤씨가 묵와라는 의미를 집에 붙인 건 엄청난 사건 뒤의 일이다. 조선 인조 때 지어진 묵와고가는 선조 때 선전관을 지낸 윤사성의 옛집이다. 묵와고가默窩古家라는 당호에 오래된 집이라는 뜻의 고가古家라는 명칭을 넣은 것 자체도 특별하다. 새집에 고가라는 이름을 붙일 리 없다면 묵와고가는 이미 있던 집에 붙인 이름임을 알 수 있다. 묵와默窩는 침묵하며 웅크린다는 의미가 있다. 세조가 김종서를 주살하고 나서 김종서의 삼족을 멸할 때 김종서의 사위가 파평윤씨였으므로 파평윤씨의 일족도 죽음에 직면하는 곤경에 빠진다. 계유정난은 수양대군을 왕으로 만들면서 많은 반대파가 죽어야 했고 파평윤씨는 엎드려 지내야만 했다. 그 뒤 윤사성의 선대는 후손들에게 묵와라는 의미를 가르쳐왔다고 한다. 폭풍이 지나가고 나서 머리를 들라는 처세를 직접 체험으로 깨달은 것이다. 묵와라는 별칭을 사용했던 윤사성이 살던 집을 후대에 다시 지으면서 묵와고가라는 현판이 걸리지 않았나 싶다.

묵와고가는 오지에 자리 잡고 있어 남부 내륙지방의 산과 강을 돌고 넘어야 비로소 만나게 된다. 묵와고가는 솟을대문을 들어서면 바로 보이는 활달한 누마루의 사랑채가 인상적이다.

묵와고가는 경사지를 이용하여 지어진 집이라 오르막길에 대문이 자리 잡고 있다. 다듬지 않은 사방석모양의 돌로 계단을 올라가야 대문에 다다른다. 대문채는 기단을 쌓은 위에 5칸으로 구성하고 가운데 칸을 솟을대문으로 했다. 솟을대

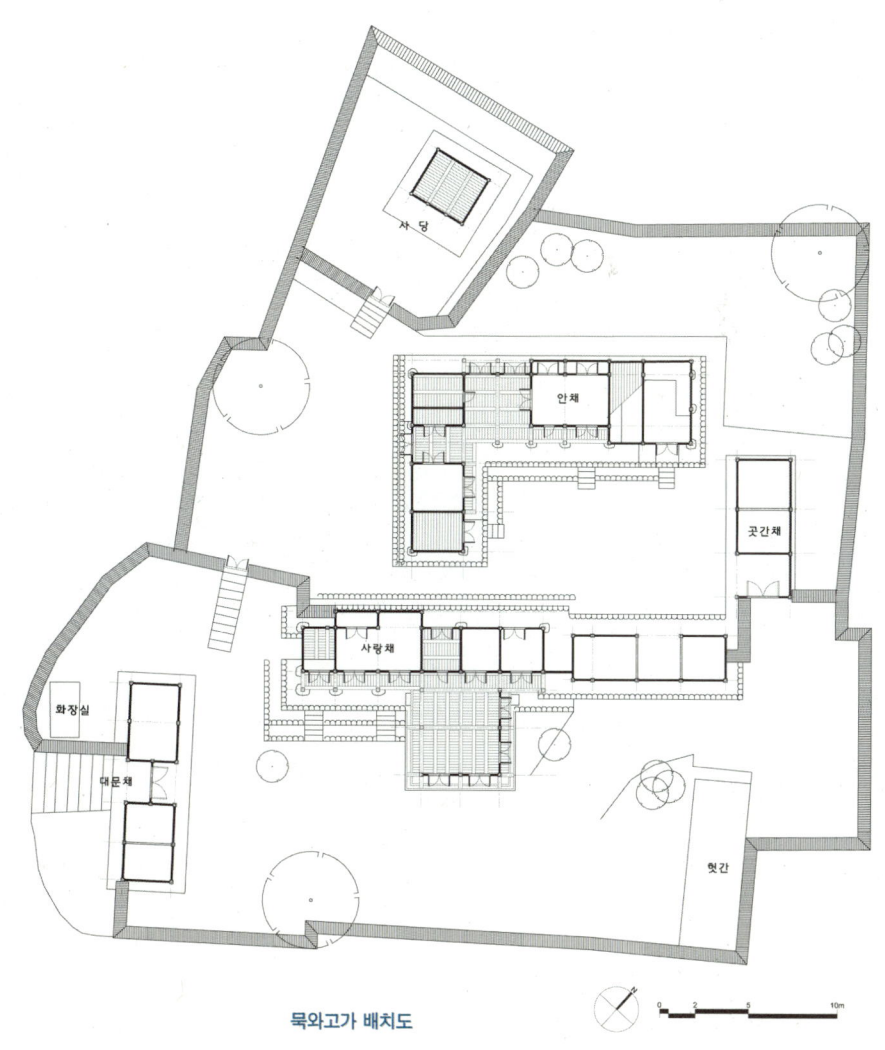

묵와고가 배치도

왼쪽_ 사당으로 드나드는 협문이다.
오른쪽_ 와편굴뚝이 안경을 쓴 모습으로 해학과 재치가 보인다. 친숙한 재료로 재기 발랄한 모양을 만들었다.

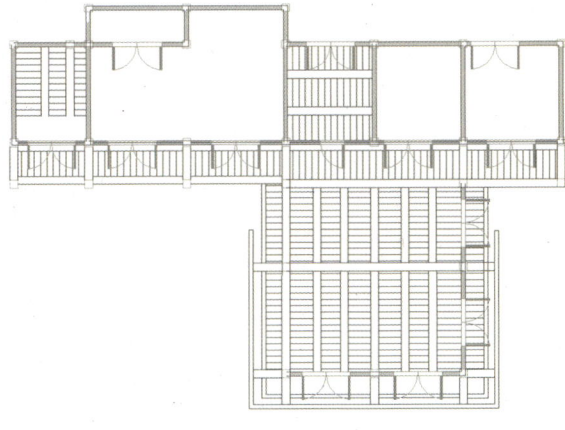

사랑채 평면도

위_ 사랑채의 모습으로 마당보다 훨씬 높게 기단을 쌓고 ㄱ자형으로 지었는데,
왼쪽으로 약간 치우쳐서 누가 앞쪽으로 돌출되어 있다.
아래_ 안채는 ㄱ자형의 홑처마에 맞배지붕으로 기단을 높여 위엄 있게 보인다.

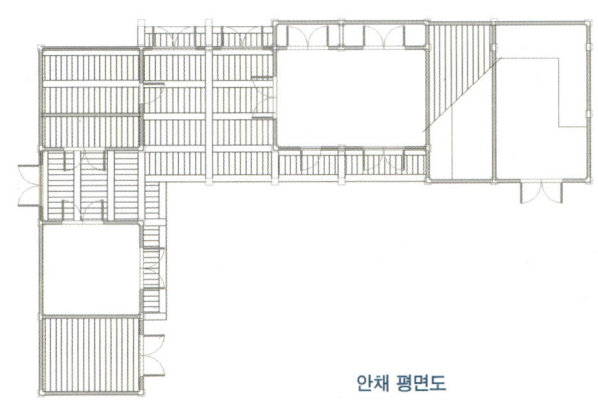

안채 평면도

문은 상하에 곡선을 들여 만월모양의 문으로 만들어 멋지고 우측에는 낮은 와편굴뚝이 배치되어 있는데, 안경을 낀 모습으로 해학적이면서 눈여겨볼수록 재기가 발랄하다. 대문을 들어서면 좌측으로 ㄱ자형 평면의 사랑채가 보이는데 4칸 규모의 누마루가 앞쪽으로 돌출되어 있다. 비교적 높게 설치된 누마루에서 밖을 내다보면 세상이 열린 듯 풍경이 들어온다. 지붕의 한쪽은 맞배지붕으로 하고 누마루 쪽은 팔작지붕으로 하여 다른 모양의 지붕을 배치했다. 누마루에 이어 동편으로 중행랑채가 있고 그곳에 중문이 있어 안채에 드나들게 되어 있다. 사랑채와 안채를 구별한 조선 사대부 집의 일반적인 양식을 따랐다.

안채는 안방, 부엌으로 이어지고 이곳으로부터 ㄱ자형으로 꺾여 이어지는 부분까지 대청이 되어 6칸의 넓은 면적을 차지하고 있다. 육간대청은 부잣집이나 큰집의 대명사로 쓰이기도 했다. 가난한 집을 초가삼간이라는 하는 규모를 비교해보면 작은 집 두 채 규모가 대청이니 대청의 크기가 얼마나 큰가를 알 수 있다. 대청에 이어 건넌방이 있으며, 전퇴가 없고 전실 벽에 큼직한 무늬 창을 내어 독특한 느낌이 든다. 처마는 홑처마에 지붕은 맞배지붕으로 ㄱ자형으로 기와를 이었다. 사당은 보통 가장 깊숙하고 높은 곳에 배치하는데 묵와고가도 마찬가지로 안채 좌측 뒤에 사당이 있다.

1 홑처마 집으로 한쪽은 맞배지붕으로 하고 누마루 쪽은 팔작지붕으로 하여 다른 모양의 지붕을 배치했다. 누마루 밑에는 들마루를 가져다 놓아 쉴 수 있도록 했다.
2 누마루에서 사랑채를 바라본 모습으로 원기둥에 흘림을 주었다.
3 사랑채 방에서 문얼굴 사이로 바라본 누마루 풍경이다.
4 왼쪽에 아자살 영창이 보이고 오른쪽에 만살의 벽장문과 다락문이 보인다.

1 안채는 안방, 부엌으로 이어지고 이곳으로부터 ㄱ자형으로 꺾여 이어지는 부분까지 대청이 되어 6칸의 넓은 면적을 차지하고 있다. 육간대청은 부잣집이나 큰집의 대명사로 쓰이기도 했다.
2 방 벽의 좌우 널판의 배치가 다르다. 왼쪽은 세로로 세워진 판벽이고 오른쪽은 가로로 뉘어져 있는 빈지널문이 달린 수납공간이다. 빈지널문은 가로로 뉘어 차례대로 쌓듯이 판자로 막는데 마지막 것은 잠금장치로 고정한다.
3 사당의 모과나무. 600년이 넘은 모과나무는 줄기의 뒤틀림이나 수형이 홀로 개성을 발한다. 살아온 세월이 모든 풍파를 받아들인 것 같다.

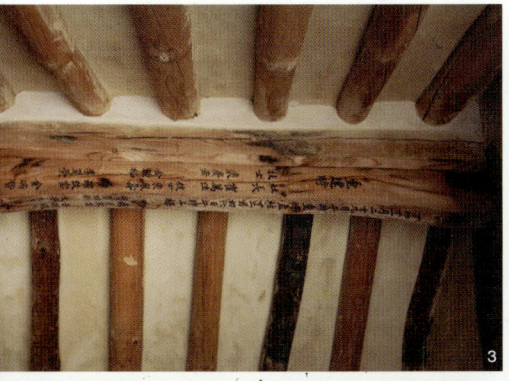

1 묵와고가는 경사지를 이용하여 지어진 집이라 자연석계단을 올라가야 솟을대문에 다다른다. 대문채는 5칸으로 가운데 칸이 솟을대문이다. 상하를 각각 반달모양으로 해 곡선이 주는 미학이 일품이다.
2 머름 위로 여닫이 세살 쌍창으로 하고 중인방과 상인방 사이에 깜찍한 여닫이 아자살창을 내었다.
3 상량문으로 중건 시 일을 맡아 한 사장과 기사들의 이름이 적혀 있고, 용호龍虎라는 글 가운데 날짜가 적혀 있다.
4 외부로 노출된 벽장을 받는 까치발이 모두 다른 크기와 길이로 생긴 그대로의 나무를 사용하는 자연스러움이 보인다.
5 정사각형 아자살창의 문울거미가 기발하고 멋스럽다.. 예기가 열린 장인의 손맛이 보이는 창이다.
6 머름 위 우리판문으로 무늬결이 그대로 살아 있어 역동적이다.
7 안채로 드나드는 중문 옆에 있는 곡식창고에서 뒤주처럼 위로 판재를 하나씩 올려 빼내는 분해조립식 빈지널문이다.
8 문둔테로 필요한 모양대로 잘라내어 한 자리를 차지한 나무의 쓰임이 제격이다. 덤벙주초와 한통속이다.

사대부의 집-기와집 38

해남 녹우당 綠雨堂 <small>전남 해남군 해남읍 연동리 82</small>

우리나라 국문학 사상 시조시인의 최고봉인 윤선도의 집

녹우당綠雨堂, 듣기만 해도 귀가 시원해진다. 녹우당은 집 앞에 있는 장중한 은행나무 잎이 바람에 날리는 소리가 비 오는 것과 같다 하여 녹우당이라 이름을 지었다고 한다. 또 하나는 집 뒤의 비자나무 숲을 스치는 바람 소리가 마치 비 오는 소리와 같다고 해서 붙여졌다고도 한다. 초록비라는 느낌이 발랄하고 신비하게 느껴진다. 현재 사랑채 현판인 녹우당이라는 당호는 고산의 증손자인 공재 윤두서와 절친했던 옥동 이서가 녹우당이라는 현판을 써주면서 이 집의 공식적인 명칭이 됐다. 이서는 실학의 거두인 성호 이익의 형이다. 녹우당의 역사는 고산 윤선도의 4대조이자 해남윤씨 어초은파의 시조가 된 어초은 윤효정이 백연동에 자리를 잡으면서부터 시작되었다.

녹우당은 봉림대군의 스승이었던 고산이 수원에 있을 당시 봉림대군이 왕위에 오르자 스승인 윤선도에게 집을 하사했다. 녹우당은 효종이 죽자 윤선도가 82세 되던 1669년에 수원에 있던 집을 해체해서 뱃길로 옮겨와 지금의 자리에 다시 지었다. 왕이 하사한 집에 대한 각별한 마음이 아니면 어려운 일이었다.

녹우당의 건물배치는 안채, 사랑채, 행랑채, 헛간, 그리고 안사당, 어초은 사당, 고산사당과 좌측 숲 속에 자리 잡은 어초은 추원당이 있다. 원래 호남지역 양반집의 건축양식은 ㄷ자이거나 一자 집이나 녹우당은 서울이나 중부지방 양반가와 같은 구조인 ㅁ자 형식을 취하고 있다. 한때 아흔아홉 칸에 달하던 녹우당 고택은 현재 55칸 정도만 남아 있다. 원래 사랑채의 이름이 녹우당이었으나 지금은 집 전체를 아우르는 이름이 되었다. 녹우당은 서까래가 비대칭인 반오량 구조로 서까래가 짧은 쪽이 툇마루로 연결

녹우당 배치도

왼쪽_ 눈썹지붕을 받는 기둥과 툇마루 앞의 평주는 원기둥으로 하고 **툇마루** 뒤의 고주는 사각기둥의 모를 날린 팔각기둥으로 했다.
오른쪽_ 은행잎이 떨어지는 소리가 빗소리와 같다 하여 녹우당이라 지었다는 바로 그 은행나무다. 500년이 넘은 나무의 위용이 대단하다.
녹우당의 건물배치는 안채, 사랑채, 행랑채, 헛간, 그리고 안사당, 어초은 사당, 고산사당과 어초은 추원당이 있다.

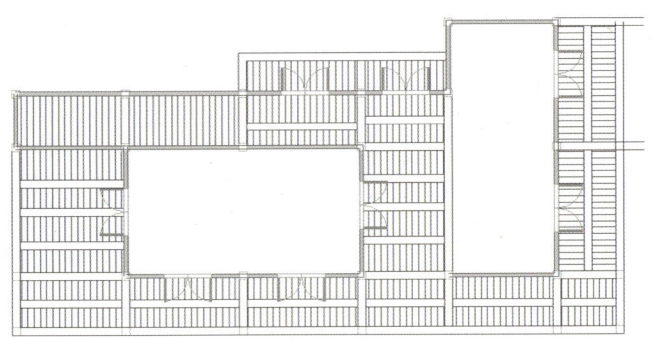

사랑채 평면도

위_ 사랑채. 사랑채의 이름이 녹우당이었으나 지금은 집 전체를 아우르는 이름이 되었다.
아래_ 사랑채는 서향이기 때문에 해가 늦게까지 건물 깊숙이 들어온다. 사랑채 건물 앞쪽에 처마에 잇대어 부설한 눈썹지붕이다.

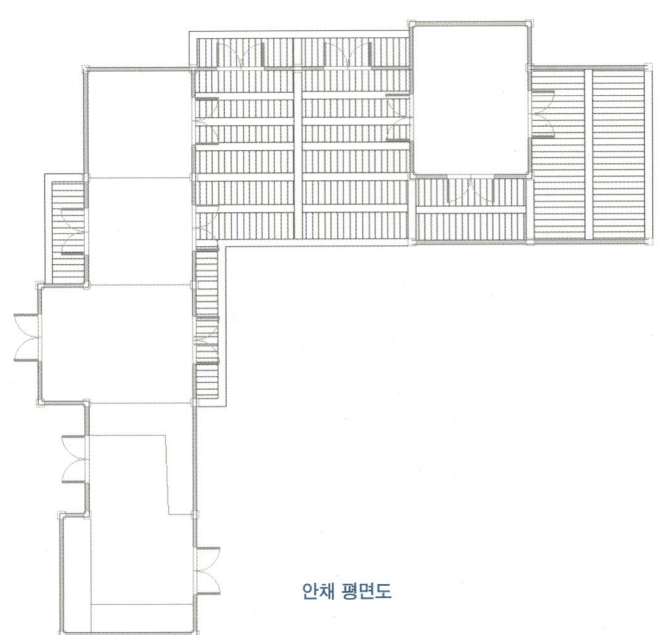

안채 평면도

되어 있다. 집의 구조로 특별한 점은 눈썹지붕을 설치하여 비가 들이치거나 햇살이 직접 들이치는 것을 막도록 했다.

윤선도는 우리나라 국문학 사상 시조시인의 최고봉으로 꼽힌다. 고산의 생애는 한마디로 유배와 은둔의 생활이 거듭된 굴곡 많은 삶을 살았지만, 문학사적으로는 큰 성공을 거둔다. 자신의 삶을 시름과 흥, 바람을 시로 풀어냈다.

내 벗이 몇이냐 하니 수석과 송죽이라
동산에 달 오르니 그것이 또한 반갑구나!
두어라 이 다섯밖에 또 더하여 무엇하리

고산의 본관은 해남으로 1587년, 선조 20년 6월 22일 한성부 동부 현 서울의 종로구 연지동에서 태어났다. 호는 고산孤山 또는 해옹海翁이다. 1636년, 인조 14년에 윤선도의 나이 50세에 병자호란이 일어났다. 애국의 정이 깊었던 고산은 향리 자제와 사졸 등 수백 명의 의병을 이끌고 선편으로 강화도로 향한다. 벌써 왕자들은 붙잡히고 인조는 삼전도에서 치욕적인 화의를 맺고 말았다는 소식을 듣고 뱃머리를 돌려 제주도로 향한다. 이때 배를 타고 남하하다 도착한 곳이 '어부사시사'의 배경이 된 완도의 보길도다. 섬이지만 산이 사방으로 둘러 있어 바닷소리가 들리지 않으며 샘과 돌이 아름다운 섬으로 '물외物外의 가경佳境'이라고 감탄한 곳이며 여생을 풀어놓으며 시가를 완성한 곳이다. 윤선도는 보길도 격자봉 아래에 은거지를 정하고 이곳을 부용동이라 이름 지었으며 낙서재를 세우고 자연에 묻혀 어부사시사를 지었고 숨을 거둔 땅이 보길도다.

1 나무가 주는 위안은 우리가 생각하는 것보다 크고 노거수가 주는 위안의 품은 훨씬 더 크다. 녹음이 지배하는 세상은 기쁨이다.
2 고샅을 들어서야 솟을대문이 나온다. 유배와 좌절로 점철된 윤선도의 삶을 보는 것 같다.
3 사랑방과 대청 앞에 툇마루를 설치하고 눈썹지붕을 길게 내고 넓은 봉당을 만들었다.
4 대청에서 울려다 보이는 천장은 서까래가 다 드러나 보이는 연등천장 양식이고 서까래가 비대칭인 반오량 구조다. 서까래가 짧은 쪽이 툇마루로 연결되어 있다.

1 자연석기단을 계단을 겸해 단정하게 쌓고 그 위에 엄숙함이 보이는 솟을삼문을 설치했다.
2 정면 3칸의 익공식 사당으로 홑처마 맞배지붕이다. 측면에 비바람을 막을 수 있는 풍판을 설치했다.
3 토석담과 대나무가 풍경을 연출하고 있다. 남도의 특색인 대나무가 가슴을 시원하게 해준다.

1 눈썹지붕을 설치하여 넓고 시원한 봉당을 만들었다. 기발한 발상으로 여름공간이 넓어졌다.
2 녹우당 좌측 숲 속에 자리 잡은 어초은 추원당으로 최고의 품격으로 지었다.
 높은 장대석기단에 오르는 계단과 법수의 당당함이 한눈에 들어온다.
3 팔각기둥의 활주 뒤 화계에 상사화가 붉게 폈다.
4 한옥에서는 결구로 마무리하는 것이 일반적인데 결구 부분에 띠쇠를 이용하여 기능을 보강했다.
5 솟을대문의 상부에 X자형의 교란으로 평난간을 한 다락을 설치한 특이한 사례다.
6 팔각형의 장주초석이 길고 시원하게 섰다.
7 토석담 밑에 붉은 상사화가 화사하게 피었다. 꽃이 피어 붉은 사는 세상이 한결 아름다워졌다.
8 초석을 상부만 원형에 가깝게 다듬고 하부는 그대로 두었다.

홍성 조응식가옥 趙應植家屋

충남 홍성군 장곡면 산성리 309

중부지방 가옥의 평면구성에 남도풍이 가미된 집

조응식가옥은 우거진 소나무 숲의 야산이 감싼 곳에 남향한 집으로, 건축양식으로 볼 때 중부지방 가옥의 평면구성에 남도풍이 가미되었다. 집 앞에 연못이 조성되고 주위에 버드나무를 심어 놓았고 뒤로는 소나무 숲이 감싸고 있어 조선시대 가옥 특유의 조형미가 있다.

조응식가옥은 세로축으로 건물을 배치하여 행랑채의 솟을대문을 들어서면 一자형의 사랑채가 있고, 사랑채의 오른쪽 끝에는 중문이 연결되어 있다. 중문을 들어서서 왼쪽으로 돌면 안마당을 감싸며 ㄱ자형의 안채가 있고, 오른쪽에는 一자형의 광채가 자리한다. 이와는 별도의 축으로 광채 오른쪽 뒤에 一자형의 안사랑채를 배치하고 있는데, 담장을 두르고 대문을 따로 내었다. 안채와 사랑채의 구별이라든가 행랑채를 두어 상하의 구분에 의한 신분제도의 시대적인 상황에 어울리는 집이다.

행랑채는 정면 6칸 一자형으로 가운데 솟을대문을 두고 양끝은 박공으로 처리했다. 광채는 맞배지붕으로 광과 헛간으로 구성되었다. 사랑마당 구석에 만들어진 토지광은 단 칸 맞배지붕으로 빈지널벽과 빈지널문을 설치했다.

안채는 8칸 ㄱ자형의 집으로 대청의 정면은 개방하고 안방 앞으로 쪽마루를 놓아 동선을 연결하고, 뒷면도 대청부터 건넌방까지 쪽마루를 놓아 신을 벗지 않고 마루를 통해 이동할 수 있도록 시설을 하여, 편의성에 신경을 많이 쓴 집이다. 가구구조는 가로 칸은 2고주 오량가로, 세로 칸은 1고주 오량가로 대청은 긴보로 이루어진 무고주 오량가다.

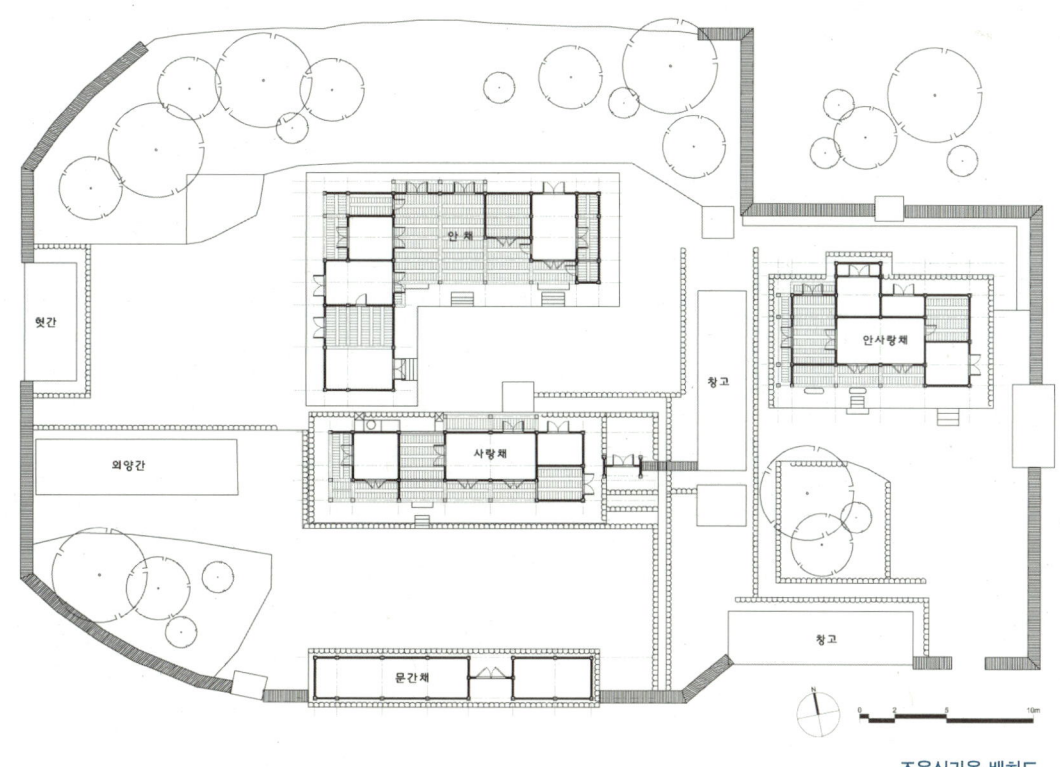

조응식가옥 배치도

왼쪽_ 와편굴뚝을 높게 쌓고 나서 항아리를 얹었다. 높이도 제법 되어서 시원하면서도 토속적인 느낌이 든다.
오른쪽_ 새로 판각을 해 붙인 현판이 나무의 광택에서 드러난다. 신구가 만나 집의 구성을 만들고 있다.

도리는 납도리로 하고 기둥은 사각기둥으로 약한 민흘림을 했다. 기단은 막돌허튼층쌓기로 하고 초석은 자연석초석으로 했다. 지붕의 가로 칸은 팔작지붕으로 하고 세로 칸 남쪽 측면은 맞배지붕으로 처리하여 일반적인 양식으로 소박하면서도 투박한 면은 있지만, 전체적으로는 잘 조화를 이룬다. 안채에는 중남부지방에서 가끔 볼 수 있는 모습으로 사랑방을 두었다.

사랑채는 정면 5칸 一자형의 전좌퇴집으로 왼쪽부터 작은사랑방과 대청·사랑방·사랑부엌이 배치하고 부엌 상부는 다시 칸을 앞뒤로 나누어서 앞에는 누마루를 시설하고 뒤에는 다락을 만들었다. 누마루 정면에는 분합문을 달아 개방할 수 있도록 고려하였으며, 대청의 앞문과 대청과 사랑방 사이를 분합문으로 했다. 지대석은 아랫단을 2단 기단보다 내밀어 쌓았다. 오래된 석축방식이다.

안사랑채는 정면 4칸의 一자형의 전후퇴집이며 평면의 구성은 오른쪽에 부엌을 두고 중앙에 2칸의 안사랑방을, 왼쪽에 대청을 배치했다. 전퇴에는 툇마루가 놓이고 후퇴에는 골방을 만들어 뒤로 헛기둥을 세워 확장하고 처마를 조금 연장해서 마감하였다.

구조는 2고주 오량가로 납도리를 걸고 장혀로 받쳤다. 기단은 자연석 허튼층쌓기이며 사각기둥을 세웠고 지붕은 팔작지붕이다. 안사랑채는 그리 흔하지 않은 건물로 여성에게 손님을 접대하거나 휴식이나 독서공간을 제공하기 위한 배려로 보인다. 지금은 없어졌지만, 서고가 배치되어 있었던 안사랑채에서 책을 보기에 적당하였을 것으로 보인다. 안사랑채 왼쪽 뒤편은 안채와 통할 수 있도록 터놓았다.

특별한 정원시설은 갖추지 않았지만, 집 주위에 심어진 나무와 화초들이 전통조경양식을 따랐다. 특징적인 모습으로는 오지굴뚝에 항아리를 몇 개 세워서 멋을 부린 모양이다. 탑 모양이면서 토속적인 향수를 불러일으키게 하는 특별함이 있다.

위_ 정면 5칸 크기에 一자형의 전좌퇴집으로 동쪽에 부엌을 두고 다음에는 큰사랑, 대청, 작은사랑을 차례로 배치하고 부엌 상부는 다시 칸을 앞뒤로 나누어서 앞에는 누마루를 시설하고 뒤에는 다락을 만들었다.
아래_ 안채는 8칸 ㄱ자형의 평면으로 중부방식이지만 남도풍이 일부 가미되었다. 오른쪽부터 건넌방, 사랑방, 안대청이 있고, 광, 안방, 부엌이 꺾어져 배치되었다.

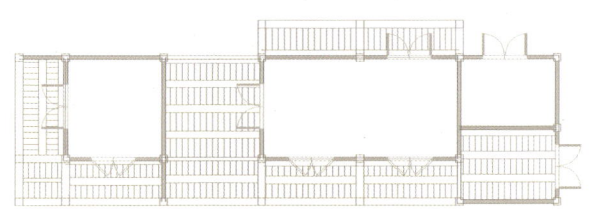

사랑채 평면도

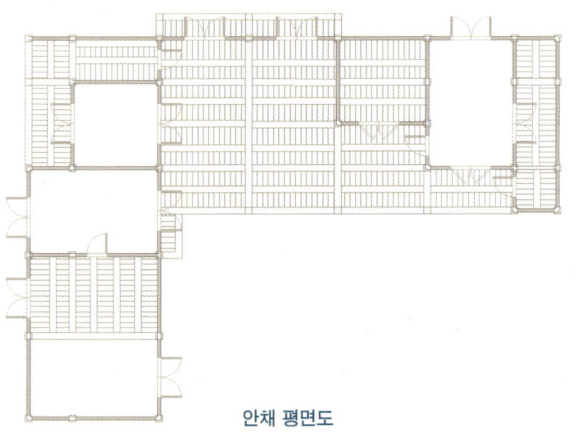

안채 평면도

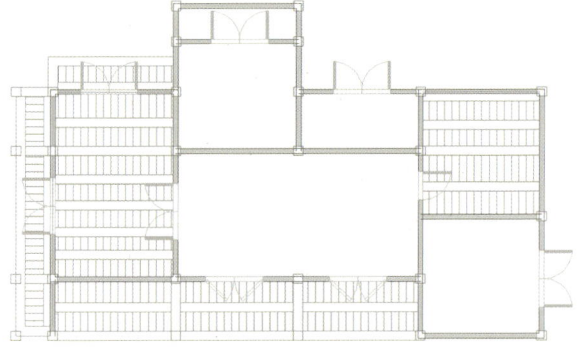

안사랑채 평면도

1 정면 6칸 크기에 ―자형의 평면을 갖춘 행랑채 중앙에 솟을대문이 자리 잡고 있다. 새로 보수한 판벽과 오래된 판벽의 빛깔이 대조적이다.
2 안마당에서 바라본 사랑채의 뒷면으로 간이 벽을 설치하여 안채가 드러나지 않게 했다.
3 사랑채의 오른쪽 끝에 안채로 드나드는 중문이 보인다. 기단의 높이가 다르고, 건물의 높이가 각기 달라 오밀조밀한 느낌이 든다.
4 사랑마당 구석에 만들어진 토지광은 단 칸 맞배지붕으로 빈지널벽에 빈지널문을 설치했다.
5 툇마루에 한 단을 높여 고상마루로 하고 끝에는 두 단을 높여 누마루로 했다.
6 툇마루에서 누마루로 드나드는 문을 우리판문으로 했다.
7 충량 위로 외기를 얹었다. 서까래는 외기에 나란히 걸고 추녀 좌우측에 부챗살 모양의 선자서까래를 건 가구구성 모습이다.
8 안채로 들어가는 협문으로 일각문이다.
9 부엌의 부뚜막과 솥이 걸려 있는 풍경은 언제나 정겹다. 나무에 달라붙은 그을음이 쌓인 세월을 전해주는 느낌이다.

화순 양승수가옥 梁承壽家屋

전남 화순군 도곡면 월곡리 572-1

전체적인 집 모양이 등을 돌리고 벗어나려는 분산형의 집 모양

한옥은 같은 모양과 구조로 지어지는 것으로 생각할 수 있지만, 적응력이 뛰어나 다양한 변화를 보여주는 것이 한옥이다. 정형성에서 벗어나 가구구조의 무한한 변형을 볼 수 있다. 낮은 산을 접한 양승수가옥도 마찬가지로 변화를 보이고 있다. 본채만이 정면을 향하고 날개채가 외면한 형상으로 지어져 건물의 정면을 보는 느낌보다는 측면이나 등을 바라보는 느낌이 강하다. 양쪽 날개의 돌출길이가 달라 하나는 본채의 지붕을 벗어나 돌출된 맞배지붕을 하고 있고, 한쪽은 본채의 지붕 안쪽에서 지붕을 마무리해서 좌우의 모습이 다르다. 전체적인 집 모양이 안으로 모이는 응집형의 모습이 아니라 등을 돌리고 벗어나려는 분산형의 집 모양을 하고 있다. 언뜻 보면 따로 있던 세 채의 집을 붙여놓은 듯하다. 양승수가옥은 원래는 남쪽의 양재국가옥과 한집으로 안채와 사랑채였다고 한다. 그러나 중간에 집이 나누어지자, 부속건물이 헐리고 새로 지어지는 과정에서 양반가옥의 공간 짜임새를 잃었다고 한다.

대문간채는 초가를 얹어 토속적인 정서를 풍기고, 안채는 기와지붕으로 양반가의 모습으로 마당을 중심으로 대문간채와 안채만이 남아 있다. 경사지에 지어져 대문간채의 문으로 들어가기 위해서는 올라가야 하지만 대문을 들어서면 평지의 마당과 안채가 자리하고 있어 입구에서의 모습과는 달리 편안한 느낌이 든다. 대문간채는 기단 없이 지었고 안채는 두벌대의 기단으로 전체적으로는 석축을 들여쌓아 안정감이 있고 막돌을 대충 다듬은 정도의 돌로 소박하게 보인다.

안채는 一자형으로 왼쪽 날개는 3칸 반, 오른쪽 날개는 3칸이고 본채는 4칸이다. 간살이는 오른쪽 날개에 2칸 부엌과 뒤로 부엌방을 두었다. 그다음 중앙 2칸이 큰방이며 뒤 퇴는 각 칸으로 나뉘어 골방이 된다. 본채의 구조는 오량이

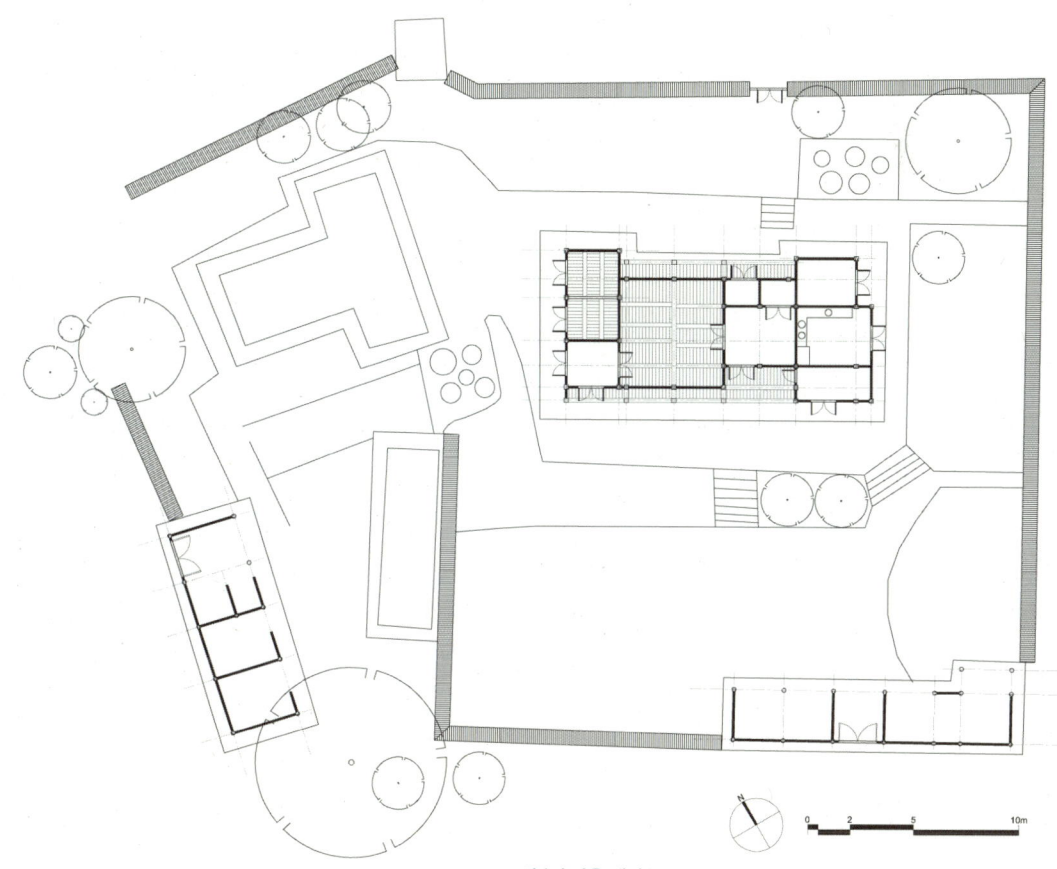

양승수가옥 배치도

왼쪽_ 대청에서 바라본 모습으로 왼쪽 날개 위쪽에 2개의 고방이 있다. 목재의 굵기나 품새로 보아 집이 지어질 당시의 가세를 짐작할 수 있다.
오른쪽_ 오른쪽 날개에 2칸 부엌과 뒤로 부엌방을 두고 부엌 옆으로 덧달아 공간을 확장했다.

고 날개채는 삼량인데 날개채 종도리를 종보로 삼아 본채의 중도리와 종도리가 걸쳐졌다. 기둥은 모두 사각기둥이며 덤벙주초로 받쳤다. 보의 단면은 모를 접은 달걀형이고 대공은 일반적인 형식의 판대공이다. 지붕은 날개채 전후면을 박공으로 하고 본채 양쪽은 날개 용마루에 지붕을 올려 합각으로 처리했다. 오른쪽 날개 정면은 바깥 지붕만을 두어서 눈썹지붕으로 처리하고 큰방 앞에서 지붕이 기울어져 회첨골이 생기는 것을 피했다.

대문간은 6칸의 삼량가 우진각지붕으로 一자형으로 정면을 가로막아 섰는데 평대문으로 만들어져 거부감을 주지 않는다. 소박하고 투박한 모습으로 볏짚을 얹은 초가로 지어져 편안한 느낌이다. 본채의 구조는 2고주 오량가로 장혀를 받치고 납도리를 올리고 종도리는 굴도리로 했다. 기둥은 본채 전후 면은 원기둥으로 했고 나머지는 사각기둥이다. 대청 상부의 구조는 가운데 측면 기둥에서 우미량을 대들보 위에 올리고 그 위에 중도리의 외기를 걸쳐서 그 사이를 우물반자로 마무리 지었다. 지붕은 본채를 합각으로 처리하고 날개채는 앞뒤를 박공으로 하였는데 박공을 많이 내밀어서 처마도리를 굽은 덧기둥이 받치고 있다.

양승수가옥은 경사지에 지어졌지만, 집안으로 들어서면 편안한 느낌이 든다. 평지처럼 다듬어 마당공간을 비교적 넓게 두었고 그 안쪽으로 집을 지어 넉넉하게 보인다. 그리고 석축을 2단으로 들여쌓아 더욱 안정감이 든다.

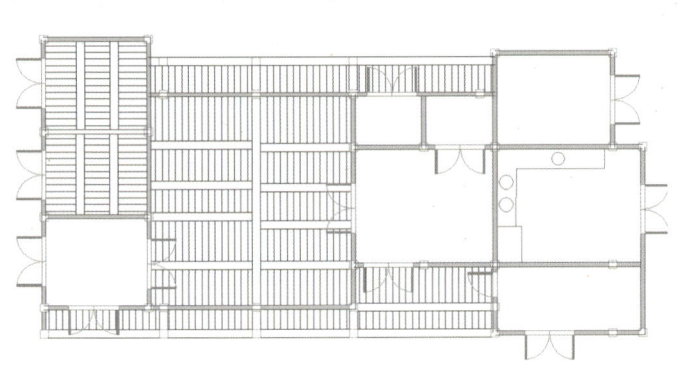

본채 평면도

위_ 안채는 一자형으로 왼쪽 날개는 3칸 반, 오른쪽 날개는 3칸이고 본채는 4칸이다.
아래_ 대문간은 6칸 규모의 삼량가로 볏짚을 얹은 우진각지붕이다.
一자형으로 정면을 가로막아 섰는데 평대문으로 만들어져 거부감을 주지 않는다.

1 본채의 지붕을 벗어나 돌출된 맞배지붕을 까치발이 받고 있다.
2 직선이 주는 질서는 언제나 단정하고 균형이 잡혀 있다.
 서까래와 널판문이 주는 분할이 벽찰 만큼 깔끔하다.
3 오량가로 종보 위를 판대공으로 하고 천장은 서까래가 노출된 연등천장으로 했다.
 새로 고쳐 지은 부분과 오래된 목재가 확연하여 세월도 누적된다는 걸 보여주고 있다.
4 능청스럽게 휘어진 대들보 밑으로 여닫이 세살 독창이 보인다. 벽은 사벽으로 처리했다.
5 툇마루에 붙여 한 단을 달아낸 쪽마루의 쓰임새가 읽힌다. 주인의 마음에 여유가 보인다.
6 다락에 세로살 붙박이창과 벼락닫이창을 달았다.
7 부엌공간을 늘리기 위해 처마 밑으로 내어 달았다.
 상부의 봉창과 세로살 붙박이창이 빛과 공기의 소통을 주관하고 있다.
8 고방으로 바닥은 우물마루로 하고 벽은 판벽으로 했다.
 채광과 환기를 위해 설치한 세로살 붙박이창을 통해 햇빛이 강하게 들어온다.
9 봉창과 널판문 사이로 빛이 틈을 비집고 들어온다. 틈은 생명의 빛을 통과시킨다.

민초의 집 - 초가집

3

01 부안 김상만가옥
02 삼척 신리 김진호너와집
03 일산 밤가시초가
04 청원 이항희가옥

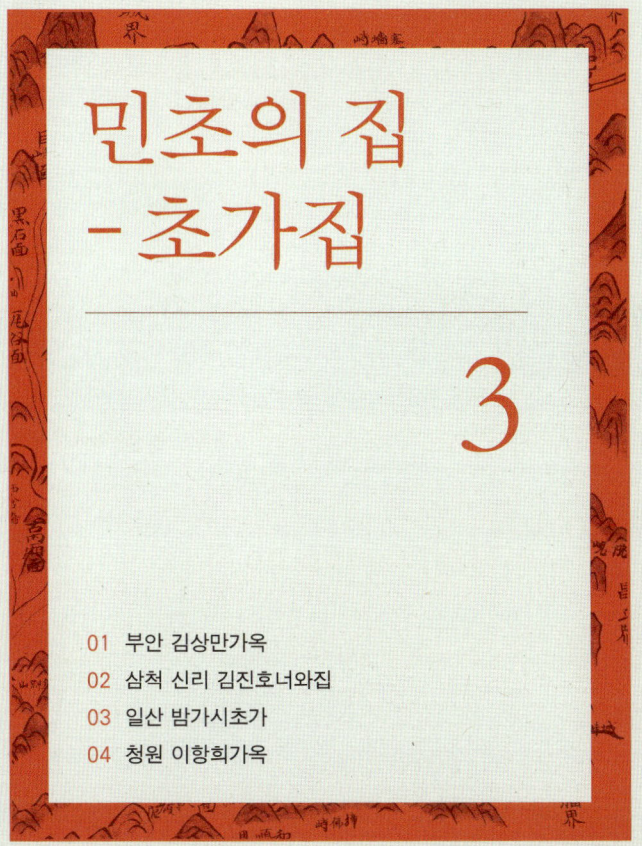

 환경의 영향을 많이 받고 적응력이 강한 건축물이 민초의 집이다. 척박한 산간이나 고지대에서 사는 사람들에게는 추위를 견디려는 방안으로 부엌과 방이 붙어 있는 구조를 가지게 되고, 바람이 많이 부는 제주에서는 지붕을 묶어서 바람에 대비하는 등 환경에 적응하려는 노력이 그대로 건축물에 드러난다. 단순하고 초라하기까지 한 집으로 민초의 생활상이 반영되어 있어 특색이 있는 집이지만, 지금은 대부분 사라지고 소수만이 남아있다.
 우리나라에서 대표적인 서민의 집은 초가집이다. 서민의 집은 사대부의 집과 마찬가지로 온돌과 마루를 함께 사용하고 마당에는 큰 나무를 심지 않고 노동공간이나 집안의 대소사를 여는 장소로 이용하는 등 공통성을 가지고 있다. 큰 틀에서의 가옥구조는 사대부 집이나 서민 집이 비슷한 생활 집으로서의 공통점이 있지만, 성리학적인 면에서는 차이가 드러난다. 서민 집에는 성리학적인 요소와 꾸밈이 전혀 없거나 극히 부분적이라는 점이다. 경제적인 면이나 사치를 들일 여유가 없는 일반 민초에게는 성리학이나 미적인 면을 고려할 여유가 없어 사대부 집에서의 남녀에 의한 공간분할의 구분도 없다.
 집을 짓는 재료는 자연스럽게 주변에서 구할 수 있는 것들로 주재료로는 흙과 돌을 사용했고 나무와 나무껍질·억새·갈대·볏짚·청석 같은 것들을 이용했다. 가장 토속적이고 원시적인 집을 지었다. 부족한 자재로 집을 짓다 보니 최소한의 공간으로 지을 수밖에 없었으며 공간의 활용은 다용도로 사용할 수 있도록 하였다. 방은 식구보다 모자라 방과 대청의 용도를 혼용한 형태로 사용하였다. 한옥에서 기본적인 대청은 물론 툇마루나 쪽마루마저도 없는 경우가 흔해 방에서 나오면 바로 흙으로 된 봉당이나 마당으로 이어져 중간지대가 없다.
 서민 집은 방·마루·부엌을 기본으로 3칸이나 4칸 집이 주류를 이루고 있다. 서부지방은 남부와 북부의 중간지대에 있는 전라남북도 지방과 충청도 일부 지방으로서 一자, ㄱ자, ㅁ자형 등 가옥구조가 다양하게 존재하는 지역이나 마루가 좁아지고 부엌이 가옥의 중심에 있는 ㄱ자형 홑집이 많다. 남부지방은 개방형인 一자형 3칸 초가와 거의 비슷하다. 날씨가 따뜻해 바람이 잘 통하도록 지어졌으며 앞뒤가 훤히 트인 집이다. 간잡이는 3칸 또는 4칸 전퇴집으로 지어졌다.
 북부지방은 추위에 견디기 위하여 겹집으로 지어졌으며 부엌과 방이 밀접해 있고 가축을 기르는 외양간을 부엌 옆에 바짝 붙여 방과 방을 직접 연결하여 통하게 되어 있는 점이 특이하다. 방과 부엌 사이에 있는 정주간은 부엌과의 사이에 벽이 없어 부엌일을 하거나 가족들의 식사 또는 휴식 등 지금의 거실과 같은 역할을 했다.
 집을 구분할 때 흔히 집을 지은 기본구조와 지붕의 재료로 구분한다. 집을 이루는 뼈대에 의한 구분으로는 흙집, 돌과 흙을 섞어 지은 토석집, 통나무로 지은 통나무집, 판잣집 등이 있다. 지붕에 의한 분류는 초가집·기와집·너와집·굴피집 등으로 나눈다. 서민들의 집은 친근한 재료로 쉽게 지어 형식이나 구조가 단순하고 규모가 작으며 최소한의 재료와 최소한의 공간을 만들어 살았다. 기본적인 것만 갖추었으며 생활 집으로서의 역할에 중점을 두어 지어졌다. 기와집은 부잣집, 초가집은 가난한 사람의 집으로 생각하지만, 부안의 김상만가옥은 초가집이지만 사대부가옥의 형식을 적용하여 지어졌으며 지붕만 초가로 지어졌을 뿐이다. 서민 집은 성리학적인 전통이나 아름다움을 들이지 않고 생활공간으로서의 역할에만 충실하게 지어졌으며 주변에서 나는 자재들로 소박하게 지어진 집들이다.

왼쪽_ 이항희가옥. 안채에서 바라본 정면 3칸의 곳간이다.

위_ 김상만가옥. 초가집이지만 재목의 쓰임과 배치가 사대부 집의 면모를 갖춘 집이다. 사랑마당에서 안사랑채로 연결되는 중문에 이엉을 얹어 황토벽과 초가지붕이 어울린다.
아래_ 목책으로 담장을 두른 밤가시초가는 조선후기 중부지방의 전통적인 서민 농촌주택으로 ㅁ자형의 평면 구성이다.

1 김헌용고가. 행랑채로 정면 3칸, 측면 1칸으로 초가지붕이다.
2 김상만가옥. 문간채로 평대문 양쪽으로 2칸씩 5칸의 우진각지붕이다.
3 박도수가옥. 마당 왼쪽에 농사용품을 저장하는 헛간채이고 정면 왼쪽부터 광, 대문간, 부엌겸용의 2칸 방, 외양간이 붙어 있다.
4 볏짚을 엮어 만든 이엉을 이어 초가지붕을 만들고 바람에 날리지 않도록 고사새끼로 묶어 매고 끝은 서까래에 고정한 연죽에 잡아맸다.
5 정상흥굴피집. 산 중에 그것도 깊은 산 중턱에 굴피집이 한 채 달랑 있다. 이제는 마을이 사라지고 정상흥굴피집만 남아있다.
6 대이리 너와집. 너와집은 소나무나 전나무 등을 가로 20~30cm, 세로 40~60cm, 두께 4~5cm 정도 크기로 나뭇결을 따라 도끼로 켜서 만든 너와를 용마루 쪽에서부터 끝을 조금씩 물러나 가며 기와처럼 지붕을 이은 집이다.

민초의 집-초가집 01

부안 김상만가옥 金相萬家屋　전북 부안군 줄포면 줄포리 445

인촌 김성수가 어린 시절을 보낸 초가집

김상만가옥은 초가집이지만 재목의 쓰임과 배치가 사대부 집의 면모를 갖춘 집이다. 일반 초가집은 지붕이 둥근 모양이지만 이 집은 지붕이 마름모꼴로 되어 있어 남성적이고 묵직한 느낌이 든다. 이러한 지붕형태를 풍수적으로 토체라고 해서 아주 상서로운 형태로 본다. 사대부 집으로서의 당당한 면모를 갖춘 초가집이다.

김성수의 양부는 당대의 거부였다. 거부였으나 조촐한 집을 지었다. 23평가량의 안채와 13평 정도의 사랑채, 7평이 채 안 되는 헛간채에 이엉을 얹은 초가집이다.

김상만가옥은 인촌 김성수(1895~1955)가 1907년인 13살부터 양자로 들어가 젊은 시절을 보냈던 곳이다. 김상만가옥은 1895년 안채와 사랑채 헛간채가 완성되고 1903년 안사랑채와 곳간채가 추가되었다. 1984년에 문간채를 다시 지어 전체적으로 ㅁ자형을 이루고 있다. 김성수가 태어나던 해에 이 집은 완성되었고 김성수가 13살이 되던 해인 1907년부터 이 집에 살았다.

안채는 一자형의 집으로 서쪽을 향해 있으며, 남쪽부터 부엌 2칸·방 2칸·대청·방으로 구성되어 있다. 부엌의 1칸은 방이며, 큰방 뒤쪽에 1칸은 벽장이고 나머지 1칸은 툇마루로 구성되어 있다. 작은방은 앞에 툇마루가 있고 뒤쪽에 벽장이 있으며, 대청은 전면 한 칸의 규모로 기둥 사이를 방보다 넓게 잡았다. 다른 부잣집의 대청에 비하여 작은 규모로 아마도 처음에 살림집으로 계획한 집이 아니었기 때문에 대청의 규모가 작아진 것이 아닌가 생각한다. 그런 흔적은 이곳 대청에서 찾아볼 수 있는데 대청에는 위패를 모시기 위한 벽장이 있다. 아마도 초기에 살림집으로 생각하여 지었다면 사당을 만들거나 또는 대청의 벽에 벽감을 만들어 위패를 모셨을 것이다. 그러나 나중에 살림집으로 변화되면서 위패를 모시는 자리를 마련할 수 없어 벽장을 짜 걸어 놓았을 것이다. 부안의 인촌 생가를 보면 어떠한 격식에 맞추어 집을 지은 것이 아니라 그때그때 필요에 따라 집을 키워나간 것을 느낄 수 있다.

대청은 1칸으로 일반 사대부 집에 비하면 작아도 아주 작다. 애초에 이 집이 살림집으로 지어지지 않고 사무용이

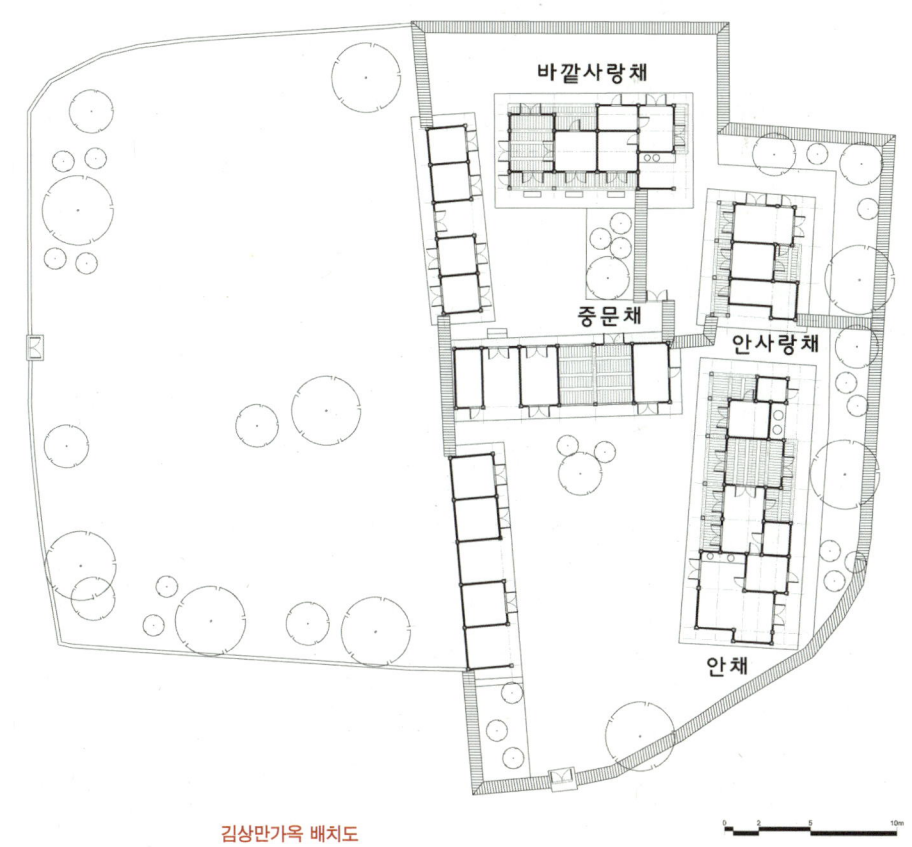

김상만가옥 배치도

왼쪽_ 평대문에서 사랑채를 바라본 모습으로 대문의 홍예진 상·하부가 전체의 분위기를 부드럽게 변화시켰다.
오른쪽_ 두터운 초가지붕은 단열효과가 뛰어나 겨울에는 따뜻하고 여름에는 시원하다. 일 년에 한 번씩 이엉을 갈아주는 번거로움이 있다.

나 임시로 머무르기 위한 거처였기 때문이라고 한다.

사랑채는 일자형의 남향집으로 방이 뒷방으로 숨겨져 있는 독특한 구조이다. 3칸의 방이 있으며, 앞에는 툇마루가 있다. 헛간채는 안채와 사랑채 사이에 있는 一자형 집이다. 제일 서쪽에 1칸의 작은 문이 있는데, 안채와 사랑채의 통로가 되는 문이다. 안사랑채는 一자형으로 서향집이다. 3칸의 방이 있으며, 앞·뒤에 툇마루가 있고 벽장이 설치되어 있다. 문간채는 대문 양쪽으로 2칸씩 구성된 5칸 집이다.

김상만가옥은 남의 집을 사서 해체한 목재로 집을 지었다고 한다. 지금도 집을 살펴보면 새로운 목재를 사용하여 지은 것이 아니라 옛집의 목재를 적절하게 이용하였다는 것을 한눈에 알 수 있다. 부자였으나 검소했다.

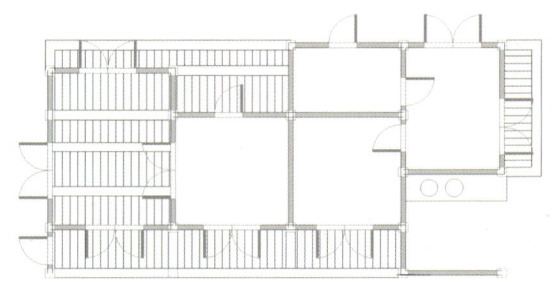

바깥사랑채 평면도

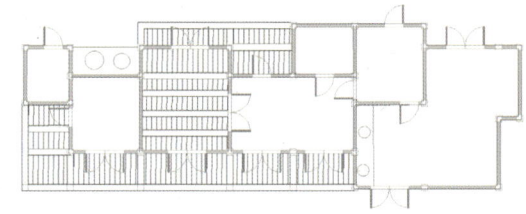

안채 평면도

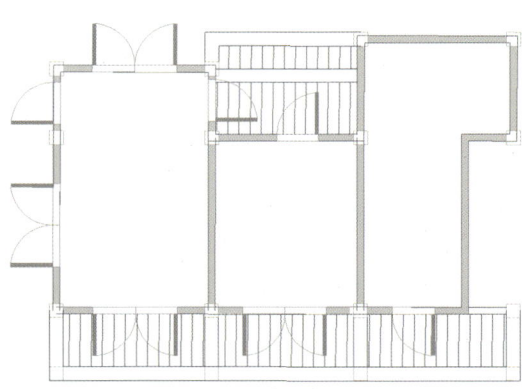

안사랑채 평면도

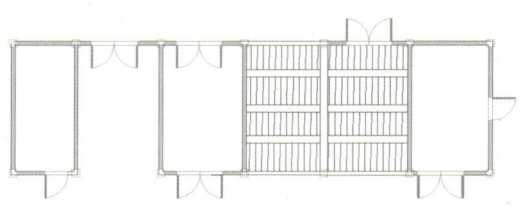

중문간채 평면도

1 사랑채는 一자형의 남향집으로 방이 뒷방으로 숨겨져 있는 독특한 구조로 3칸의 방이 있으며 앞에는 툇마루를 놓았다.
2 안채는 一자형의 집으로 서쪽을 향해있으며, 남쪽부터 부엌 2칸, 방 2칸, 대청, 방으로 구성되어 있다.
3 안사랑채의 숨겨져 있는 뒷방에 쪽마루를 내었다. 추녀를 받는 까치발이 보인다.

1 사랑마당에서 안사랑채로 연결되는 중문에 이엉을 얹어 황토벽과 초가지붕이 어울린다.
2 소나무와 해바라기가 서 있는 가을날에 디딤돌이 길을 훤하게 열어놓은 대문의 풍경이 정취가 있다.
3 초가이긴 하지만 넉넉한 목재로 집을 지어 기와집 못지않은 구성을 하였다. 이런 구조에 이엉으로 마무리한 집이라는 것이 특이하다.
4 와편으로 문양을 넣은 와편굴뚝으로 기와를 얹어 본채와 비교하면 호사를 누리고 있다.
5 위에는 만살로 광창을 내고 아래는 여닫이 세살 독창의 눈꼽재기창을 달았다.
6 안사랑채에서 안채로 드나들도록 샛담 옆으로 통로를 내었다.
7 하인방의 돌출부분을 연결하여 긴 널로 쪽마루를 놓았다.
8 상량문. 살짝 엇갈리게 배치한 서까래 사이를 사벽으로 마감하였다.
9 황토에 짚을 섞어 인장력이 커지고 부서지지 않도록 했다.

민초의 집-초가집 02

삼척 신리 김진호너와집
강원 삼척시 도계읍 신리

춥고 높은 산간지방에 일종의 벽난로인 코클과 화티가 있는 너와집

너와집은 소나무나 전나무 등을 가로 20~30cm, 세로 40~60cm, 두께 4~5cm 정도 크기로 나뭇결을 따라 도끼로 켜서 만든 너와를 용마루 쪽에서부터 끝을 조금씩 물러나 가며 기와처럼 지붕을 이은 집이다. 김진호너와집은 약 150년 전에 지어졌다. 강원도 지방의 일반적인 겹집들의 평면구조를 채택한 정면 3칸, 측면 3칸의 정방형에 가까운 목구조 너와지붕으로 홑처마 팔작지붕의 오량가로 납도리집이다.

안방과 외양간 사이에 흙바닥으로 된 봉당이 있고 마루를 중심으로 사랑방, 고방, 도장방, 안방, 정지, 외양간이 있는 추운 산간지방의 전형인 ㅁ자형의 폐쇄형 구조이다.

김진호너와집의 외부는 일반 서민 집의 한옥과 큰 차이를 못 느끼지만, 집 내부로 들어가면 뜻밖의 상황이 벌어진다. 집 내부에는 축사가 들어 있다. 귀한 재산으로 여겼던 가축을 야생동물로부터 보호하려는 방법이었을 것이다. 방 안에는 난방을 위하여 모서리 부분에 '코클'이라는 일종의 벽난로가 있으며 부엌에는 불씨를 보관하는 '화티'가 아궁이 옆에 있다.

김진호너와집은 봉당 공간에 겨울철 실내작업을 할 수 있는 장소로 이곳에 화티가 있다. 화티는 높이 약 70cm, 길이 약 90cm 정도의 크기로 취사가 끝나고 나서 불씨를 보관하는 곳으로 아침에 꺼내 쓰는데 만약 불씨가 죽으면 집 안이 망한다 하여 잘 보호한다. 예전에는 불씨를 꺼트리면 며느리를 쫓아내기도 했단다. 부엌과 봉당 사이는 벽이 2/3 정도 가로막고 있는데 이 벽체에 두둥불을 설치하였다. 이 두둥불은 원시적인 조명장치로 이곳에 관솔불을 놓아 부엌과 봉당 공간을 밝혔다.

백두대간을 중심으로 분포해 있는 너와집은 너새집, 송판집, 널기와집, 판와가板瓦家라고도 불린다. 우리나라 화전 문화에 뿌리를 두고 있다.

너와집의 평면구성은 홑집, 겹집, 양통집이라고도 하는 3겹집 등 다양하다. 김진호너와집은 출입은 일반주택과는 달리 정면의 대문이 아닌 좌측면의 사랑방과 외양간 사이에 있는 여닫이 쌍창인 널판문을 이용하고 있다. 출입구에 사랑방이 놓여 있는 우리나라 가옥의 특성과 일치한다. 건물 내의 사랑방으로 통하는 쪽마루가 설치되어 있고 그 옆으로는 쇠죽을 끓이는 동시에 사랑방의 난방을 위한 아궁이가 만들어져 있다. 건물의 중앙에는 방을 연결해 주는 마루가 설치되어 있어 고방과 안방으로 출입할 수 있다. 예외적으로 안방을 통해서만 출입할 수 있는 도장방은 곡식을 저장하는 내부창고의 역할과 함께 여자 손님이 방문했을 때 숙소로 이용되기도 한다.

김진호너와집 평면도

왼쪽_ 강원도 지방의 일반적인 겹집들의 평면구조를 채택한 정면 3칸, 측면 3칸의 정방형에 가까운 너와집이다.
오른쪽_ 너와는 소나무나 전나무 등을 가로 20~30cm, 세로 40~60cm, 두께 4~5cm 정도 크기로 나뭇결을 따라 도끼로 켜서 만든다.

봉당의 외양간 쪽에 채독과 김칫독이 놓여 있다. 채독은 싸리로 만든 식량 저장용 독으로 싸리를 항아리처럼 배가 부르게 엮고 바닥을 네모진 널빤지로 막아 소똥을 바른 위에 진흙을 덧발라 말렸다. 콩이나 감자 등을 저장하는 도구이다. 김칫독은 피나무 속을 완전히 파내고 나서 풀을 이겨서 발라 국물이 새지 않도록 한 통나무 그릇이다. 또한, 새끼를 가늘게 꼬아서 엮은 주루막은 현재의 배낭과 같은 것으로 곡식을 나를 때와 낫 같은 도구 및 점심을 넣어 메고 다니는 도구이다. 지금의 성화라고 할 수 있는 설피는 살피라고도 하는데, 눈에 빠지거나 미끄러지지 않게 신발 위에 덧신게 하였다. 이밖에 방우리, 중태, 작두, 베틀, 가마니틀, 창, 낫, 도끼 등이 보관되어 있다.

1 안방과 외양간 사이에 흙바닥으로 된 봉당이 있고 마루를 중심으로 사랑방, 고방, 도장방, 안방, 정지, 외양간이 있는 ㅁ자형의 폐쇄형 구조이다.
2 너와지붕은 서까래 위로 가로목을 대고, 너와를 깔고, 바람에 날리지 않도록 누름대나 누름돌로 고정한다.
3 안에서 올려다보면 얼기설기 얹어놓은 너와가 엉성해 보이나, 연기가 잘 빠져나가고 여름에는 통풍이 잘 되어 시원하다.

1 정면모습으로 눈썹처마를 내어 측간을 만들고 판벽 사이로 두,짝의 여닫이 통판문을 대문으로 했다. 부엌 쪽 판벽에 ㅁ자와 세로살의 환기구를 내었다.
2 널빤지를 이어 붙인 널굴뚝으로 널 틈새로 연기가 새 나온다.
3 대문 옆에 있는 측간 모습이다.
4 동선을 확보하기 위하여 마루를 놓았다.
5 무쇠솥이 걸려 있는 부뚜막 위로 부엌다락을 설치했다.
6 부엌과 봉당 사이는 벽이 2/3 정도 가로막고 있는데 이 벽체에 두둥불을 설치하였다.
7 두둥불은 원시적인 조명장치로 이곳에 때고 남은 관솔을 올려놓아 부엌과 봉당을 밝히는 전등불 역할을 하게 하였다.
8 널판에 길고 가는 세로살을 내어 환기와 밖을 내다볼 수 있는 용도로 만들었다.
9 판벽 사이로 널판문을 달았다.

민초의 집-초가집 03

일산 밤가시초가
경기 고양시 일산동구 일산동 350

조선후기 중부지방의 전통적인 서민 농촌주택의 구조를 원형 그대로 보여준다

밤가시초가의 특징 중 하나는 이름이 독특하다는 점이다. 가시는 제 몸을 보호하기 위하여 가지나 잎이 뾰족하게 변한 것을 말하는데 밤가시는 밤에 바늘처럼 돋은 것을 말한다. 밤가시초가도 마찬가지로 예부터 이 마을은 밤나무가 많아 가을이면 밤가시가 야산에 산재해 있다는데서 밤가시라고 불렸다. 마을이름도 율동이라고 불릴 정도로 밤은 이 마을의 주요 수입원이자 주요 목재이었던 것이다. 밤나무는 재질이 단단하고 내구성이 강해 오래간다.

밤가시초가도 기둥과 문틀·마루·서까래 등이 모두 밤나무로 만들어졌다. 집을 짓는 자재를 마을에서 가장 흔한 나무 중 하나인 밤나무로 지었고 지붕은 볏짚으로 이었다. 서민 집답게 지었고 집 하나하나를 뜯어보면 마음이 끌린다. 가난이 주는 상황과 부족한 재목으로 지어야 하는 처지지만 이를 극복하려는 의지와 한껏 발휘된 순발력이 눈에 띈다. 다정하고 다감하다. 때론 기발하기도 하다.

집을 한 바퀴 살펴보다 안마당에서 지붕을 올려다보면 둥그렇게 하늘이 뚫려 있는 것처럼 보인다. 언뜻 생각하면 똬리가 떠오른다. 똬리는 우리나라 여성들이 머리에 짐을 일 때 머리에 받치는 고리 모양의 물건이다. 짚이나 천을 둥글게 틀어서 만든 물건이다.

집안에 들어서면 햇살이 집 한가운데 동그랗게 양지를 만든다. 이 같은 똬리 지붕형태는 전국적으로도 찾아보기 어려울 정도로 독특한 건축양식이다. 바람과 추위를 어느 정도 막아주는 역할을 하는데 위치상 바람이 강하고 추웠던 지역에 살았던 조상의 지혜를 엿볼 수 있다.

밤가시초가는 정발산 북서쪽 기슭에 있고 조선후기 중부지방의 전통적인 서민 농촌주택의 구조를 원형대로 보여주고 있다. 약 150년 전에 건립된 것으로 추정되는데, ㄱ자형

안채를 중심으로 행랑채가 맞은편에 대칭으로 지어져 있어 전체로 볼 때 ㅁ자형으로 구성되어 있다. 안채는 1칸의 좁은 대청을 중심으로 오른쪽으로는 각각 1칸 반씩의 안방과 부엌, 왼쪽으로는 1칸의 건넌방을 이룬 간단한 구조로 되었으며 안마당 밖의 헛간은 중간에 증축된 것으로 보인다. 전체적으로 소박하면서도 튼튼한 모습을 보여주고 있다.

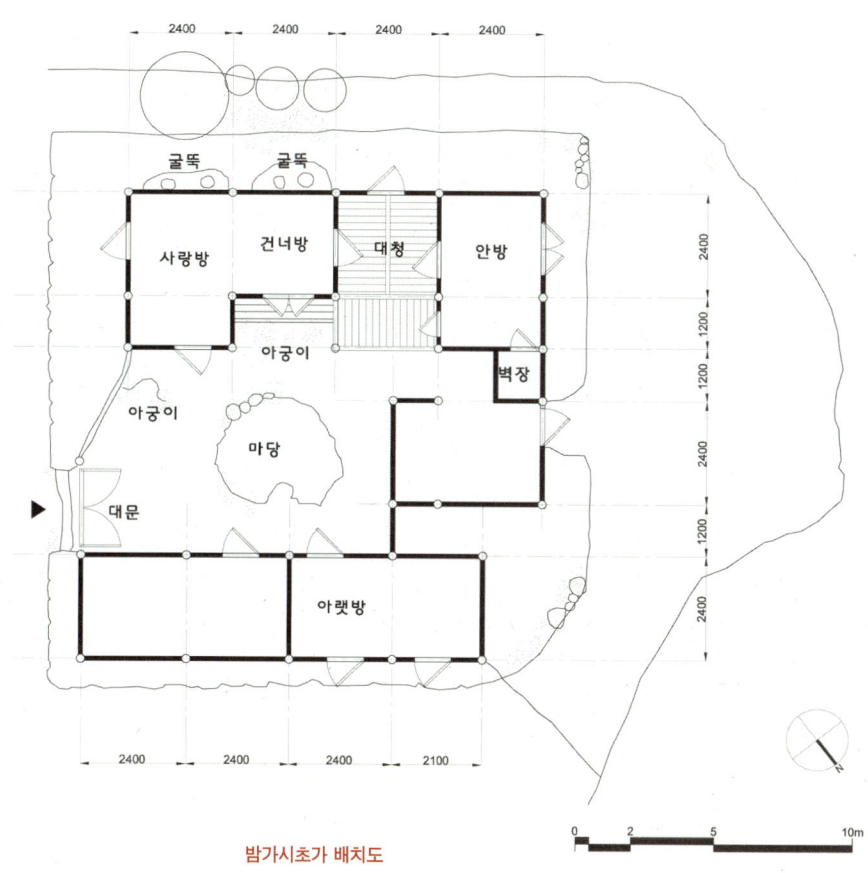

밤가시초가 배치도

왼쪽_ ㅁ자형의 지붕 사이로 하늘이 열려 빛이 쏟아져 들어온다. 처마 끝의 이엉을 다듬지 않아 안으로 둥글게 처진 모습이 독특하다.
오른쪽_ 평사량가로 천장의 목재가 굵고 가늘고, 휘어지고 제멋대로다.

1 조선후기 중부지방의 전통적인 서민 농촌주택의 구조를 원형 그대로 보여주고 있다. 약 150년 전에 건립되었다.
2 높이는 일정하지 않지만, 기단을 막돌로 가지런하게 쌓아 오히려 정감이 간다. 처마가 처지지 않도록 기둥으로 보강했다.
3 화방벽 사이의 평대문을 널판문으로 했다.

밤가시초가는 마당을 지나면 좁은 대청을 사이에 두고 오른쪽에 안방, 왼쪽에 건넌방이 있다. 부엌은 대문에서 정면으로 들여다보이는 것을 막기 위해 벽을 세우고 통로를 만들었다. 기둥을 살펴보면 도끼와 자귀로 거칠게 다듬은 흔적을 발견하게 된다. 목재의 굵기가 일정하지 않고 서까래의 배열도 불규칙해 양반집의 기와집과는 다르다. 농촌 서민가옥의 소박한 특성이라 할 수 있다. 농사를 짓고 살던 서민들의 생활을 살펴볼 수 있는 집이다. 온돌과 외양간, 아궁이 등의 한국 농촌의 생활사를 엿볼 수 있다.

담은 나무로 울타리를 만들고 누구나 마음만 먹으면 넘어 들어갈 수 있을 만큼 낮다. 농기구가 제법 갖추어져 있어 농촌의 생활을 엿볼 수 있는 소박한 살림살이와 전형적인 농촌의 실상을 파악하는데 도움을 준다.

아파트촌이 밀집한 일산신도시에 있는 밤가시초가는 일종의 섬 같다. 한옥을 찾아볼 수 없는 아파트촌에 덩그러니 한 채가 있다. 한옥이 오히려 희귀해진 도시에서 밤가시초가는 가족 나들이나 초등학생 등이 현장학습 장소로 즐겨 찾고 있다.

위_ 오량가구에서 종도리가 없이 도리가 네 줄로 걸리는 평사량가이다.
아래_ 쪽마루 밑에 함실아궁이를 설치했다. 좁은 공간을 활용하려는 방안이다.

1 상하 문얼굴이 어울려 해학적이다. 각각 여닫이 만살 독창을 달았다.
2 마당 한 가운에 따리를 튼 모양으로 지붕을 열어 놓았다.
방풍효과와 단열에 도움이 된다고 하는데 아주 드문 양식이다.
3 굴뚝이 항아리 한 부분을 잘라 얹어 놓은 듯 단정하고 반듯하다.
굴뚝을 만든 사람의 안목이 보통이 아님을 알 수 있다.

1 지붕과 지붕이 만나는 지붕골을 회첨이라고 하는데 기와지붕에서 회첨지붕을 받는 삼각형 모양의 고삽을 바지랑대를 2개 걸어 고삽을 대신했다.
2 대나무로 만드는 연죽을 서까래 끝에 길게 고정했다.
3 목책으로 담장을 두르고 활짝 핀 개나리가 부분적으로 담장 구실을 한다.
4 자연석으로 쌓은 장독대 위에 항아리들이 놓여 있다.
5 자연석과 흙으로 토축굴뚝을 만들어 토속적인 느낌이 든다.
6 집안으로 들어오려는 액운을 미리 막으려고 대문 위에는 가시 달린 엄나무를 걸어 놓았다.

민초의 집-초가집 04

청원 이항희가옥 李恒熙家屋
충북 청원군 남일면 고은리 190

전통적 정원기법으로 꾸며져 고풍스러운 느낌의 정원이 있는 집

왕조가 무너져가고 권위가 이미 기울어져 가던 조선말 철종 때에 지어진 집의 특징을 그대로 보여주는 집이다. 사대부 집에도 건축물의 규모와 꾸밈을 마음대로 할 수가 없었다. 초석이나 기단의 돌은 다듬은 돌을 사용할 수가 없었으며 원기둥이나 단청을 사용하면 제제가 있었다. 이항희가옥은 전통적 건축기법에서 벗어나서 건물의 간살이나 높이 등을 크게 하였고 중앙통제가 약화된 상황에서 자유롭게 건축할 수 있는 시대적인 상황이 반영된 대표적 지주계층의 살림집이다.

안채 상량문에 의거 철종 12년, 1861년에 지은 집임을 알 수 있다. 안채를 제외한 사랑채와 기타 건물은 1930년에 지어졌으리라 추측된다. 안채가 가진 격조와 목재의 수준이 사랑채보다 떨어진다. 같은 시기에 지었으면 이렇게 현격하게 격이 다른 집을 지었을 리가 없었을 것이다.

이항희가옥은 안채를 비롯하여 사랑채, 행랑채, 광채, 곳간채가 있다. 집의 앞쪽에 一자형의 행랑채와 사랑채가 나란히 있다. 행랑채는 낮고 사랑채는 높게 지어 신분의 차별에 의한 조선시대 위계를 따랐다. 안쪽으로 들어가 ㄱ자형의 안채가 자리한다. 광채와 곳간채는 안채의 양옆으로 각각 있어 모든 집안 살림이 안채에서 이루어졌음을 확인할 수 있는 배치구조다. 행랑채는 삼량가 맞배지붕으로 정면 8칸, 측면 1칸 집으로 오른쪽으로부터 대문간, 헛간, 작은구들·큰구들광, 외양간, 잿간으로 구성되어 있다. 사랑채는 행랑채의 오른쪽에 있는데 행랑채의 기단은 낮은 데 비하여 사랑채의 기단이 훨씬 높아서 사랑채가 우람하게 보인다. 사랑채 오른쪽은 언덕으로 연결되며 앞은 넓은 바깥마당이다. 바깥마당이 실질적인 노동공간이었고 행사를 치르는 공간이었다고 할 수 있다. 음식이나 행사의 준비는 안채에서 이루어지고 행사는 바깥마당에서 치르는 것이 일반적인 관례였다. 바깥마당은 담장 없이 외부로 개방되어 있다. 사랑채는 큰사랑방·대청·건넌방이

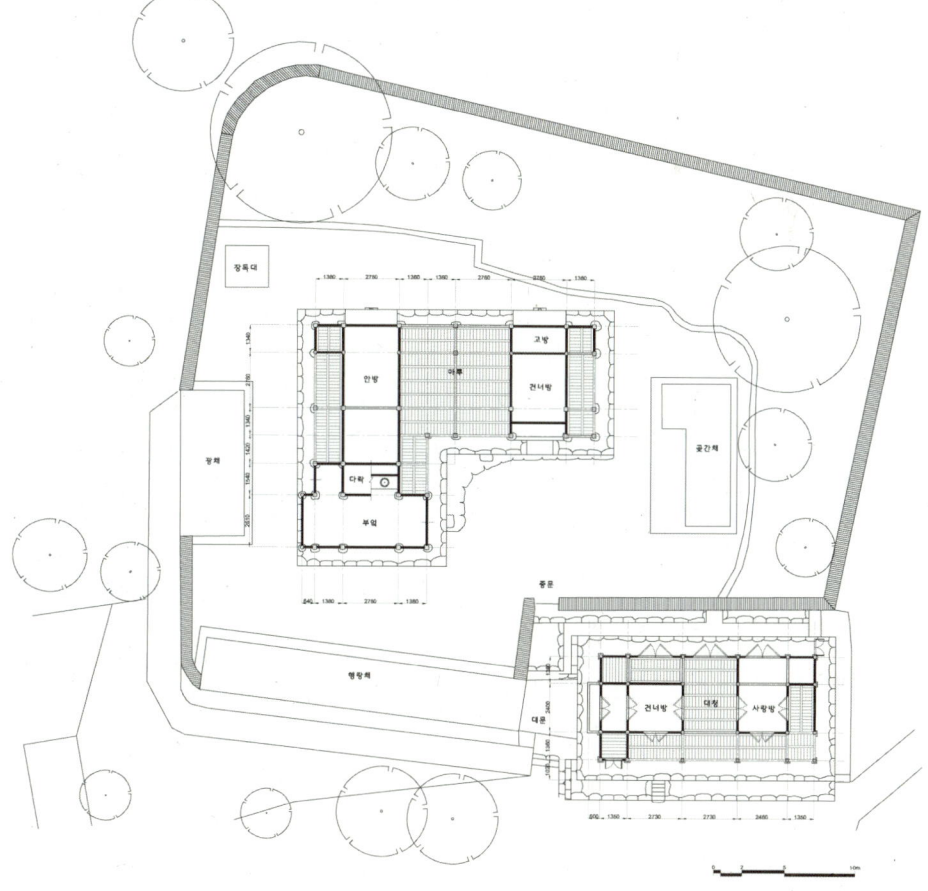

이항희가옥 배치도

왼쪽_ 동선을 잇는 디딤돌의 색이 다르지만, 문을 향하여 가는 것은 같다. 문은 소통과 단절의 이중주의 기반 위에 있다. 사랑과 미움의 이중주인 삶과 다르지 않다.
오른쪽_ 안채는 ㄴ자형의 평면으로 팔작지붕으로 하고 행랑채와 곳간채는 一자형의 평면으로 우진각지붕인 초가지붕으로 했다.

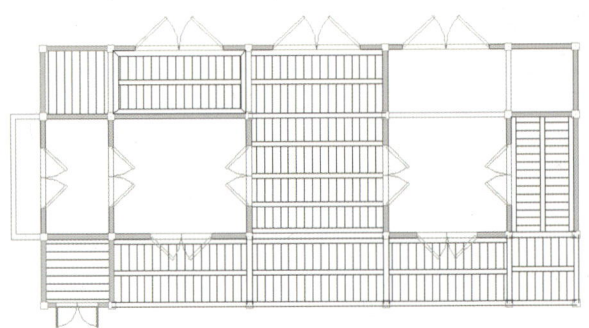

사랑채 평면도

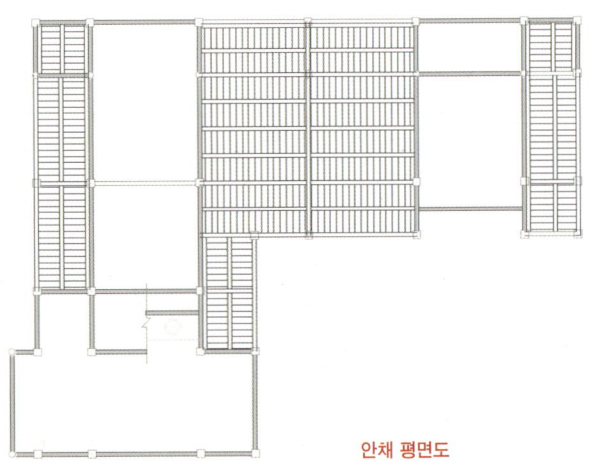

안채 평면도

1 행랑채와 사랑채가 —자로 지어져 있다. 이러한 배치는 드물다. 신분이 낮은 사람들의 처소인 행랑채를 들어서면 공간을 두고 사랑채를 떨어뜨려 짓는 것이 일반적인 형태인데 같은 축선에 지었다. 하지만, 사랑채는 기단을 높여 위계를 달리했다.
2 1고주 오량가인 대청으로 기둥 사이가 넓지만, 기둥 높이는 낮아 안정감을 준다.
3 안마당의 풍경으로 서로서로 배경이 되고, 하나가 주연이 되면 스스럼없이 나머지는 조연이 되지만 주연과 조연의 아름다움이 다르지 않다.

배열되었으며 바깥마당 쪽으로 툇마루를 놓았다. 행랑채의 대문을 들어서면 안채와 사랑채를 구분하기 위한 담장이 있으며 그 사이에 작은 중문을 설치하였다. 안채는 문을 통하여 출입할 수 있다. 남녀의 공간을 나누고, 신분의 차이에 의한 공간을 나누었으며 높이를 다르게 하여 위계를 조절했다. 이항희가옥의 특징 중 하나는 바깥마당과 중간마당, 안마당으로 구분을 지은 마당구성이 특별하다. 또한, 마당의 활용을 확대한 점이 특별한 점이다.

안채는 정면 5칸, 측면 3칸의 팔작지붕이며 2칸 대청을 중심으로 왼쪽에 옆퇴가 있는 안방과 윗방이 있고 그 앞은 부엌이다. 대청 오른쪽은 역시 옆퇴가 있는 1.5칸 규모의 건넌방이다. 양쪽 툇마루 끝에는 우물마루가 깔린 조그만 토광이 있다. 부엌은 앞뒤 칸을 터서 크게 쓰며 위에는 다락과 벽장이 설치되어 있다. 안채는 중앙에 있는 대청을 중심으로 유기적인 연결이 되어 있고 기둥 사이가 아주 넓지만 기둥 높이는 낮아 안정감을 준다. 구조는 모두 2고주 오량가로. 대청 중앙만 1고주 오량가로 되었다. 외벌대 기단을 돌리고 낮은 자연석초석을 놓아 사각기둥을 세웠다.

이항희가옥은 오래된 나무들이 집 분위기를 안정시켜준다. 3,4백 년이 되는 회나무, 안마당 한쪽 화단에 심어진 모과나무·향나무 등은 전통적 우리나라 정원기법에 따라 꾸며져 고풍스러운 느낌이 든다. 마치 숲 속에 든 것처럼 나무가 많다. 특히 후원은 산과 연결이 되어 있을 뿐만 아니라 키가 큰 나무들이 시원스럽게 숲을 제공해주고 있다.

1 기둥 사이에 장귀틀을 놓고 청판을 끼워 넣을 동귀틀을 놓아 우물정#자 모양의 우물마루이다.
2 광채와 곳간채는 안채의 양옆으로 각각 있어 모든 집안 살림이 안채에서 이루어졌음을 확인할 수 있는 배치구조다.
3 제멋대로 인방을 걸고 문설주를 대여 벽장문과 다락문을 만들었다. 천연덕스럽기도 하고, 나 몰라라 하는 듯한 모습이기도 하다. 고집도 멋인 것을 한옥에서 종종 만난다.

1 한옥에서 내담은 경계 짓기 위한 장치지만 담도 풍경이 된다. 담은 높지 않으며 담 너머의 풍경을 고려하여 높이를 조절한다.
2 산의 경사를 자연스럽게 이용해 축대를 쌓고 화계를 만들었다. 조경에 신경을 쓴 집으로 화기가 돈다.
3 자연석을 턱 하니 걸쳐놓으니 단절되었던 공간이 이어진다. 크기와 모양이 달라 더 마음이 간다.

1 평대문으로 초가지붕의 둥근 선과 문지방의 휘어짐이 잘 어울린다. 문지방이 휘어진 것은 자연스러움을 들이려는 장인의 마음이다.
2 안채와 사랑채를 경계 짓는 담장이 ㄱ자로 축조되어 있고 가운데 마당에 안채로 드나드는 일각문인 중문을 설치했다. 양반가에만 심었다는 능소화가 지고 있다.
3 사랑채 뒤뜰에서 밖으로 통하는 쪽문이다.
4 옹기종기 모여 있는 장독대의 모습이다. 묵을수록 맛이 깊어지는 장이 세월을 이야기한다고 나무랄 사람은 없다.
5 빗장과 빗장둔테. 문 사이로 평대문이 보인다.

목조건축시장의 발전
캐나다우드가 함께합니다

캐나다우드(Canada Wood)는
해외에서 캐나다의 목재 제품을 대표하는 비영리 기관으로
캐나다의 연방 정부와 주 정부, 임산업 협회들의 지원으로 운영되고 있으며
한국, 중국, 일본, 대만, 영국, 벨기에, 인도에 사무실이 개설되어 활동하고 있습니다

캐나다우드 한국사무소는 한국 목조 건축 산업의 발전을 위해 친환경적이고
품질이 뛰어난 캐나다산 목구조재와 목조건축의 장점을 홍보하고
정부를 비롯한 목조건축 관련 협회, 학계 등
다양한 기관들과 협력하여 목조건축 관련 건축 법규와
기준의 제정과 개정, 목조 건축 기술 지원 및 보급을 위해 노력하고 있습니다

캐나다우드의 주요 활동

시장접근
- 목구조 관련 건축 법규와 기준 제정 및 개정
- 목구조 내화 및 차음 구조 연구 및 인정
- 경골목구조 내화 관련 한국산업규격 개정
- 목구조 내진구조설계기준 재정
- 목조건축의 설계, 시공, 구조 전문 인력 양성을 위한 교육과 훈련 지원
- 캐나다 목조건축 기술 연수
- 식물 검역 관련 정부 부처간 협의

시장개발
- 세미나 및 워크샵 개최, 기술 문헌의 발행, 기술 지원 및 자문
- 캐나다 임산업, 목조건축산업, 연구시설 등의 견학
- 전시회, 언론매체, 뉴스레터를 통해 캐나다 목재 제품과 목조 건축의 홍보
- 대한민국목조건축대전 후원
- 기업 알선 및 시장 조사 활동

 | 목조건축: 탄소중립의 지속가능한 해결책

캐나다우드 한국사무소 | T. 02-3445-3835 F. 02-3445-3832 | www.canadawood.or.kr

DAEDONG 211

Ceramic Roof Tiles

(주)대동요업®

- 본사 및 공장 : 경북 청도군 금천면 임당리 1943-1
- 대표전화:(054) 371-2345 팩스:(054) 372-0456
- **Head office & Factory :** 1943-1 Yimdang-li, Keumcheon-myeon, Cheongdo-Gun, Kyeongbuk, South Korea
- **Tel :** 82-54-371-2345 **Fax :** 82-54-372-0456

- www.rooftiles.co.kr   www.roofpark.co.kr

匠人精神 장인정신

대한민국 전통기와의 대명사 대동요업은 국내 최고 양질의 점토로 제조하여 반영구적인 수명을 보장합니다

WOODPLUS

www.iwoodplus.com

"다드美"는
목재 현관문의 고유브랜드입니다.

WOOD ENTERANCE DOOR SYSTEM

목재현관문 기본규격
- 주출입문   967×2,100
- 쪽문   333×2,100
- 트랜섬1   1,300×300
- 트랜섬2   1,645×300

▲ 다드미 ™ DADUMI DOORS 한식 현관문

▲ 홍성 한옥

목재 현관문 전문 생산업체

▲ 다드미 1

▲ 다드미 2

▲ 다드미 3

▲ 다드미 6

▲ 다드미 11

▲ 한식 현관문

(주)우드플러스

주소   본사: 경기도 용인시 처인구 모현면 왕산리 745-6   **TEL** 031-334-8278
       공장: 경기도 용인시 처인구 모현면 매산리 200-6   **FAX** 031-334-8480

www.minestone.co.kr

마인스톤의 살아있는 전통의 미소
"마인와편 시리즈"

마인스톤의 와편 시리즈는 우리나라 전통의 아름다움을
현대적인 이미지로 재창출 하여 만들어진 제품입니다.
다양한 색상, 편리한 시공으로 순박한 향토의 美를 느낄 수 있습니다.

마인스톤 Mine Stone

본사·공장 경기도 파주시 광탄면 마장 1리 235-4
TEL 031-947-4004, 5818, 3439   **FAX** 031-947-4005

www.황토와나무소리.com

숯·황토·나무로만 짓는 친환경 건강주택
황토주택 한옥

전통한옥, 황토주택, 흙집, 현대 건축물에 적용할 수 있는 '숯단열황토벽체'
숯단열벽체를 현장에서 조립하면 단열까지 한꺼번에 해결 / 대한건축사협회 **우수건축자재** 추천 제품

속초 석현재 | 45py

산청 특리주택 | 43py

경산 백천동주택 | 37py

진주 충무공동주택 | 51py

김제 치유당 | 36py

완주 구억리주택 | 30py

'숯단열황토벽체' 황토주택은 우리나라 전통한옥 건축방식에서 많이 나타나는 심벽(心壁)을 이중으로 대고 그 사이에 단열, 방음, 습도조절 효과가 우수한 숯을 넣어 보강한 숯단열황토벽체로 지은 집을 말한다. 실측 또는 설계에 따라 공장에서 제작한 후 현장에서 바로 설치하고 황토미장으로 완성한다.

숯단열황토벽체의 구조적 원리
기둥·보 방식의 한식목구조에 숯단열벽체로 벽체를 완성한 후 내·외부를 황토로 미장하면 숯단열황토벽체가 된다. 압축응력이 있는 흙벽과 인장응력이 있는 대나무를 결합해 구조적으로 각종 하중에 안전하다.

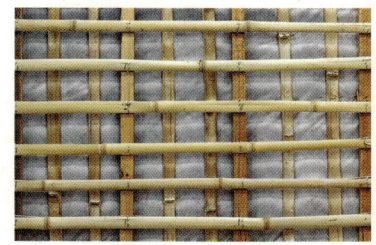
전통방식의 심벽 구조

실측 또는 설계 제작한 벽체 설치 현장

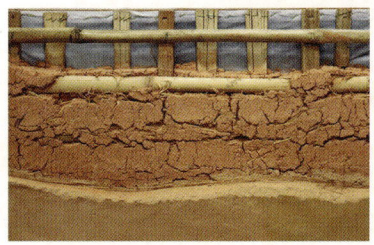
심벽 내·외부에 황토미장하여 완성한 벽체

기둥·보 방식의 한식목구조 벽에 설치한 숯단열벽체

창원 중동주택 | 60py

창원 옥계리 한옥카페 | 60py

포천 무봉리주택 | 42py

가평 행현리주택 | 32py

여수 이천리주택 | 25py

화성 우정읍주택 | 43py

진주 장안리주택 | 48py

합천 고품리주택 | 36py

자연향 가득한 안락하고 쾌적한 숨 쉬는 실내공간

대표 **양 재 홍**   H.P_010-3863-2652
주식회사 황토와나무소리
경남 진주시 명석면 진주대로 2320-31 (오미리 404-7)
Tel_(055)748-9581~3 Fax_(055)748-4412
E-mail_a8632652@hanmail.net

참고문헌

경북 성주의 한개마을 문화

이명식
태학사
1997

김봉렬의 한국건축이야기

김봉렬
돌베게
2006

민가건축 I, II

대한건축사협회 편
보성각
2005

사진과 도면으로 보는 한옥짓기

문기현
한국문화재보호재단
2004

산림경제

국역, 민족문화추진회
1983

손수 우리집 짓는 이야기

정호경
현암사
1999

알기 쉬운 한국 건축 용어사전

김왕직
동녘
2007

어머니가 지은 한옥

윤용숙
보덕학회
1996

우리가 정말 알아야 할 우리한옥

신영훈
현암사
2000

전통 한옥 짓기

황용운
발언
2006

집宇집宙

서윤영
궁리
2005

한국건축의 장

주남철
일지사
1998

한국의 문과 창호

주남철
대원사
2001

한국의 민가

조성기
한울
2006

한국의 전통마을을 가다 1, 2

한필원
북로드
2004

한옥 살림집을 짓다

김도경
현암사
2004

한옥에 살어리랏다

문화재청
돌베게
2007

한옥의 공간 문화

한옥공간연구회
교문사
2004

한옥의 구성요소

조전환
주택문화사
2008

한옥의 재발견

박명덕
주택문화사
2002